Vom Beruf des Juristen

I. Teil

der Festschrift für Albert Pinner
zum 75. Geburtstag

Berlin und Leipzig 1932

Walter de Gruyter & Co.

vormals G. J. Göschen'sche Verlagshandlung — J. Guttentag, Verlagsbuchhandlung
Georg Reimer — Karl J. Trübner — Veit & Comp.

VOM BERUF DES JURISTEN

I. TEIL

DER FESTSCHRIFT FÜR ALBERT PINNER
ZUM 75. GEBURTSTAG

BERLIN UND LEIPZIG 1932

WALTER DE GRUYTER & CO.

VORMALS G. J. GÖSCHEN'SCHE VERLAGSHANDLUNG — J. GUTTENTAG, VERLAGSBUCHHANDLUNG — GEORG REIMER — KARL J. TRÜBNER — VEIT & COMP.

Druck von F. Berger in Horn.

Archiv-Nr. 24 19 32.

Handelsrechtliche und wirtschaftsrechtliche Abhandlungen

II. Teil

der Festschrift für Albert Pinner
zum 75. Geburtstag

Berlin und Leipzig 1932

Walter de Gruyter & Co.

vormals G. J. Göschen'sche Verlagshandlung — J. Guttentag, Verlagsbuchhandlung
Georg Reimer — Karl J. Trübner — Veit & Comp.

HANDELS- UND WIRTSCHAFTSRECHTLICHE ABHANDLUNGEN

II. TEIL

DER FESTSCHRIFT FÜR ALBERT PINNER
ZUM 75. GEBURTSTAG

BERLIN UND LEIPZIG 1932

WALTER DE GRUYTER & CO.

VORMALS G. J. GÖSCHEN'SCHE VERLAGSHANDLUNG — J. GUTTENTAG, VERLAGSBUCHHANDLUNG — GEORG REIMER — KARL J. TRÜBNER — VEIT & COMP.

Druck von F. Berger in Horn.

Archiv-Nr. 24 20 32.

Aktienrechtliche Abhandlungen

III. Teil

der Festschrift für Albert Pinner
zum 75. Geburtstag

Berlin und Leipzig 1932

Walter de Gruyter & Co.

vormals G. J. Göschen'sche Verlagshandlung — J. Guttentag, Verlagsbuchhandlung
Georg Reimer — Karl J. Trübner — Veit & Comp.

AKTIENRECHTLICHE ABHANDLUNGEN

III. TEIL

DER FESTSCHRIFT FÜR ALBERT PINNER
ZUM 75. GEBURTSTAG

BERLIN UND LEIPZIG 1932

WALTER DE GRUYTER & CO.

VORMALS G. J. GÖSCHEN'SCHE VERLAGSHANDLUNG — J. GUTTENTAG, VERLAGS-
BUCHHANDLUNG — GEORG REIMER — KARL J. TRÜBNER — VEIT & COMP.

Druck von F. Berger in Horn.

Archiv-Nr. 24 21 32.

FESTSCHRIFT

HERRN RECHTSANWALT UND NOTAR JUSTIZRAT

Dr. jur. h. c. ALBERT PINNER

ZU SEINEM 75. GEBURTSTAG

GEWIDMET VON
DEM DEUTSCHEN ANWALTVEREIN,
DEM BERLINER ANWALTVEREIN
UND DER FIRMA WALTER DE GRUYTER & CO.

BERLIN UND LEIPZIG 1932

WALTER DE GRUYTER & CO.

VORMALS G. J. GÖSCHEN'SCHE VERLAGSHANDLUNG — J. GUTTENTAG, VERLAGSBUCHHANDLUNG — GEORG REIMER — KARL J. TRÜBNER — VEIT & COMP

Druck von Ferdinand Berger in Horn

Archiv-Nr. 24 12 32

Sehr verehrter Herr Justizrat!

Als Sie vor fünf Jahren in jugendlicher Frische Ihren 70. Geburtstag feierten, wehrten Sie die Huldigungen Ihrer Gratulanten mit den Worten ab, Sie seien nicht gesonnen zu feiern, Sie würden künftig die Ihnen lieb gewordene Arbeit ebenso leisten wie bisher.

Sie haben Ihr Wort gehalten, Sie haben in den letztvergangenen fünf Jahren wahrlich nicht gefeiert, sondern mit unverminderter Kraft gearbeitet. Ihre Arbeit galt in gleicher Weise Ihrem Berufe, Ihrer Wissenschaft und Ihrem Stande. Als Senior eines im Inland und Ausland rühmlichst bekannten Anwaltsbüros haben Sie einen bedeutsamen Anteil an der Organisation und der Reorganisation der Wirtschaft genommen, und gar manche Neugestaltung trägt den Stempel Ihres Geistes und Ihrer Persönlichkeit. Ihre wissenschaftliche Arbeit, insbesondere der „Staub“, steht nach wie vor auf stolzer Höhe; der vor einigen Monaten erschienene Ergänzungsband zeigt Sie als Meister in der Behandlung auch der modernsten Rechtsschöpfungen. Die Aktienrechtskommission des Deutschen Anwaltvereins zählt Sie zu ihrem eifrigen Mitarbeiter, die Kommission für Treuhandwesen hat Sie zu ihrem Leiter erwählt.

Die Deutsche Rechtsanwaltschaft dankt Ihnen in erster Linie, daß sie einen der ersten und gefeiertsten deutschen Juristen zu den ihrigen zählen kann; sie dankt Ihnen ferner für Ihre unermüdliche Tätigkeit in der Standesbewegung. Als Mitglied des Vorstands des Deutschen Anwaltvereins, als Vorsitzender des Vorstands des Berliner Anwaltvereins haben Sie einen großen Teil Ihrer kostbaren Zeit der Standesarbeit zur Verfügung gestellt, und wenn auch nicht alles erreicht wurde, was Sie erstrebt haben, so sind doch — nicht zuletzt durch Ihre beharrliche und zielbewußte Führung — manche Wünsche in Erfüllung gegangen.

Die vorliegende, vom Deutschen Anwaltverein und Berliner Anwaltverein in Verbindung mit der Firma Walter de Gruyter & Co. herausgegebene Festschrift soll ein äußeres Zeichen der Dankbarkeit und der Ergebenheit sein. Die Mitarbeiter sind Ihre Freunde, Mitstreiter und Schüler. Die Beiträge sind denjenigen Gebieten entnommen, denen Ihre Arbeit und Wirksamkeit gegolten hat. Die Schrift wird den um die Standesbewegung in der Deutschen Anwaltschaft verdienten Rechtsanwälten unentgeltlich zur Verfügung gestellt.

Im Namen der Herausgeber:

Felix Bondi, Rudolf Dix, Richard Graßhoff,

Paul Marcuse, Ernst Wolff.

Inhalt

Erster Teil.

Allgemeines und Standesrecht.

Zweiter Teil.

Handels- und Wirtschaftsrecht.

Dritter Teil.

Aktienrecht.

I.

Allgemeines und Standesrecht

Inhalt

Vom Beruf des Juristen als Ausdruck seiner Persönlichkeit.

Im Anschluß an einen im Mai 1932 in der Gesellschaft für Ausdruckskunde und Seelenforschung in Berlin gehaltenen Vortrag.

Von Rechtsanwalt Dr. Hans Fritz Abraham in Berlin.

I.

Der Beruf des Juristen dient der Schöpfung, der Anwendung und der Lehre des Rechts. Was aber ist Recht? Diese Fragestellung führt uns in bedenkliche Nähe von Pontius Pilatus' „Was ist Wahrheit?“.

Es ist nicht meine Absicht, im Rahmen dieser Erörterungen das Thema vom Wesen des Rechts allzuweit auszuspinnen. Gesagt sei nur, was notwendig ist, um einen Ausgangspunkt zu gewinnen.

Der in der allgemeinen Vorstellungswelt lebendige Gegensatz zwischen wirklichem Recht und „Juristerei“ drängt sich auf. Man spricht gemeinhin von „trockener Jurisprudenz“, von „Paragraphenwissen“, von der „Tyrannei der Akten“. Wir selbst nennen unser geistiges Rüstzeug „Jurisprudenz“, Rechtsgelehrsamkeit. Wer könnte auch leugnen, daß das Logisch-Scholastische ein wichtiges Element aller juristischen Erkenntnis ist. Aber daß es nicht alles ist, sagt uns unser Rechtsgefühl. Aus diesem Zwiespalt erwächst der häufig betonte Gegensatz zwischen formalem, positivem Recht und der Rechtsidee als solcher, der dann in oft nahezu metaphysischer Überbewertung die Attribute der Heiligkeit, der Göttlichkeit, der Ewigkeit zugesprochen werden.

Von beiden Extremen, sowohl von der Überbetonung des

Formalen, wie von der Überbewertung der Rechtsidee als solcher müssen wir uns fernhalten.

Was ist nicht alles schon im Zeichen des Rechts heilig gesprochen worden: Das heilige Privateigentum, das anderen als Diebstahl gilt, die heiligen Verträge, die von den vertraglich Gebundenen als Schmach- und Schandverträge verflucht werden, die gottgewollten Abhängigkeiten, deren Aufrechterhaltung den „Abhängigen" als verwerfliche Rückständigkeit gilt.

Gerade wir Juristen müssen uns der Relativität des Rechts bewußt bleiben, der Erkenntnis, daß das Recht an die Bedürfnisse und den Wechsel der geistigen und sittlichen Anschauungen der Zeiten gebunden ist. Hat Goethe alles Irdische als das lebendige Kleid der Gottheit bezeichnet, so ist das Recht das lebendige Kleid aller diesseitigen Lebensbeziehungen und mit ihnen dauernder Veränderung unterworfen.

Durch diese Relativität büßt das Recht an Wert und Bedeutung nicht ein; im Gegenteil, für eine Epoche das ihr adäquate Recht zu schaffen, zu erforschen, zu verkünden und anzuwenden, fordert Befähigung zu Höchstleistungen, fordert weit mehr als Beherrschung der Logik, der rein juristischen Technik. Intensivstes Einfühlungsvermögen in die Bedürfnisse und Entwicklungstendenzen der Zeit, nur erreichbar bei vollem Verständnis auch für fremde Verhältnisse und fremde Eigenart, Unbefangenheit gegenüber Gegensätzlichem und Gegnerischem, Phantasie hinsichtlich der Auswirkung der Normen, historischer Sinn, richtige Einschätzung des Gegenwärtigen, Unterscheidungsvermögen für Dauerndes und Vorübergehendes, alle diese seltenen Eigenschaften sind Voraussetzungen jeder rechtsschöpferischen Tätigkeit, mag es sich um die allgemeine gesetzgeberische Normensetzung, mag es sich um die Gestaltung des Einzelfalles handeln. Der geniale rechtsschöpferische Jurist muß geradezu als ein geistiger Wünschelrutengänger angesprochen werden, der die unterirdischen, noch latenten Strömungen aufspürt und auf sie reagiert.

II.

Für den Wirkungsgrad des Rechts ist seine suggestive Kraft von entscheidender Bedeutung. Rechte und Rechtsformen, von denen keine suggestiven Wirkungen ausgehen, sind zum Untergange verurteilt. Autoritäten, an die man nicht mehr glaubt, kann kein physischer Zwang auf die Dauer stützen (Nietzsche: Menschliches, Allzumenschliches Band I, 328/441). Staatsformen, die keine Suggestivkraft entfalten, weichen Mächten, von denen die stärkeren suggestiven Wirkungen ausgehen. Monumentales Beispiel einer die Jahrhunderte überdauernden suggestiven Kraft ist Schicksal und Entwicklung der katholischen Kirche, auch soweit sie als Rechtspersönlichkeit auftritt.

Dabei darf indes nicht vergessen werden, daß die Gegenwart Möglichkeiten der Massensuggestionen in einem Umfange auslöst, wie man sie früher nie gekannt hat. Die Massenverbreitung der Presse, die Massenbeeinflussung durch die übrigen, der öffentlichen Meinungsbildung dienenden Organe vermag suggestive Wirkungen auszulösen, die der Durchsetzung des Rechtsgedankens oft geradezu entgegenstehen.

Derartige Suggestionen können auch auf dem Gebiete der Rechtsentwicklung Verzerrungen und Abwege begünstigen. Welch schädliche Folgen derartige Fehlleitungen des Rechts für die Gesamtheit des kulturellen und wirtschaftlichen Lebens auslösen, dessen ist man sich heute noch keineswegs hinreichend bewußt.

Allem Recht wohnt eine starke dynamische Kraft inne, nicht in dem Sinn, als ob das wirkliche Recht sich stets durchsetzen müßte. Der Satz „Recht muß Recht bleiben" findet in diesem Sinne nur selten Bestätigung. Wohl aber wirkt sich jede fehlerhafte Rechtsschöpfung und Rechtsbildung früher oder später in verhängnisvoller Weise aus. Juristisch fehlsame Wege führen immer wieder zu neuen Fehlerquellen, bis schließlich, wenn es überhaupt noch Lösungen gibt, nur die gewaltsame

Lösung übrig bleibt. In diesem Sinne kann man eher den Satz prägen: „Unrecht muß Unrecht bleiben“.

Sinn und Verständnis für echte suggestive Kraft zu haben und gleichzeitig die Fähigkeit zu besitzen, sich von vorübergehend in den Vordergrund drängenden Massensuggestionen fernzuhalten, diese Charaktereigenschaften erscheinen mir als die wichtigsten Persönlichkeitsvoraussetzungen des Juristen der Gegenwart, Anforderungen, die durchaus in gleicher Weise an den Gesetzgeber und Schöpfer der allgemeinen Normen wie an den den Einzelfall gestaltenden praktischen Juristen zu stellen sind.

Bei aller Rechtsschöpfung muß man sich bescheiden. Als Gesetzgeber soll man nicht in dem Glauben leben, daß es Aufgabe des Juristen sein könnte, ewiges Recht, Normen für Jahrtausende zu schaffen. Das Wort vom mangelnden Beruf einer Zeit zur Gesetzgebung, seit Savignys berühmter Schrift immer wieder von denen vorgeschützt, denen es an Kraft und Instinkt zur Rechtsschöpfung fehlt, ist ein gefährliches Schlagwort. Mehr denn je drängt gerade die Gegenwart zur Setzung von Rechtsnormen; nur dürfen sie nicht so starr wie früher gefaßt sein. Auch müssen die rechtsleeren Räume respektiert werden und darf nicht versucht werden, alles einheitlich zu regeln. Statt der Uniform bedürfen wir der Differenzierung. Die Mannigfaltigkeit des Lebens und der Lebensverhältnisse spottet einer Rechtsordnung, die eine einzige Regelung als die allein gerechte durchsetzen will. Nur dann, wenn wir uns der Grenzen der Wirkungsmöglichkeiten des Rechts bewußt sind, werden wir zu einer Ordnung gelangen, die, mag sie auch das Ideal der „segensreichen Himmelstochter“ nicht ganz erfüllen, doch wenigstens nicht von den durch sie Beherrschten als eine höllische Zwangsjacke empfunden wird.

III.

Über dem Blick auf die großen Zusammenhänge darf die Einzelarbeit, das eigentlich Rechtstechnische nicht vernachlässigt werden. Die Beherrschung des Rechtstechnischen ist vielmehr eine unbedingte Voraussetzung jeder wirklichen Rechtsschöpfung. Das „Juristisch-Technische" muß sich von selbst verstehen, genau so wie für den Künstler die Beherrschung der technischen, handwerklichen Grundlagen. „Mißachtet mir die juristische Technik nicht", so wäre man versucht, auszurufen.

Nur den Wert eines törichten und sachlich bedeutungslosen Schlagwortes hat es, wenn man gegenüber der juristischen Schulung den „gesunden Menschenverstand" als das höher zu Bewertende anspricht. In dem „gesunden Menschenverstand" ist gemeinhin sehr wenig Menschliches und nur wenig Verstand und noch weniger Gesundheit enthalten, sondern gerade Subjektivität, engster Gesichtskreis, mangelnde Schulung, Unterwerfung unter eine den eigenen Wünschen gefällige Suggestion.

Ebenso irreführend ist der ständige Ruf nach einem einfachen Recht. Komplizierte Lebensverhältnisse lassen sich ohne eine komplizierte Technik nicht bewältigen. Nur dürfen die Techniker den Zusammenhang mit dem großen Ganzen nicht verlieren und müssen sie fähig sein, die Rechtsidee sinnfällig zu gestalten, gerade so, wie in der Technik das vollendete Werk imponierend wirkt, obgleich dem Laien das Verständnis für die technischen Einzelheiten versagt ist.

IV.

An diesem so geschilderten Stoffe sich zu erproben, ist der Beruf des Juristen, wobei im folgenden von den eigentlichen Fachjuristen gesprochen werden soll; denn daß es neben den Fachjuristen auch geniale, nicht streng fachlich geschulte Rechtsmenschen und Rechtschöpfer gibt, das beweisen alle großen Reformen und Revolutionen. Dabei darf immerhin bemerkt werden, daß auch die großen „außerfachlich" ja oft im Kampf gegen das anerkannte Juristenrecht gereiften Rechtsideen in der Regel nicht ohne Mithilfe der

Fachjuristen in die historisch gegebenen Zusammenhänge eingeordnet werden können.

V.

Die Frage, welche Art von Persönlichkeiten sich dem Juristenberuf zuwendet, ist schwer zu beantworten. Während bei anderen akademischen Berufen regelmäßig der junge Mensch schon eine bestimmte Vorstellung von dem Wesen seines künftigen Arbeitsgebietes hat, während dort bald naturwissenschaftliche, bald technische Neigungen oder sonst eine bestimmte Ausprägung der Persönlichkeit zur Berufswahl zu führen pflegen, sind für die Wahl des juristischen Berufs derart individuelle Wesenszüge nur selten ausschlaggebend. Der juristische Stoff und vollends die Anwendung der juristischen Kenntnisse in der Praxis sind Dinge, hinsichtlich deren dem jungen Menschen eine wirkliche Vorstellung regelmäßig fehlt, und von denen er nicht im Entferntesten wird sagen können, wieweit sie seiner Persönlichkeit entsprechen.

Es ist daher eine längst bekannte Erfahrungstatsache, daß jedenfalls in Deutschland der Beruf des Juristen vielfach ohne besondere Neigung, zum Teil auch aus äußerlichen Gründen gewählt worden ist und gewählt wird, und daß in der Regel erst das weitere Schicksal darüber entscheidet, ob Persönlichkeit und Berufsausübung durch ein innerliches Band verknüpft werden. Vielfach begünstigt gerade der Mangel einer individuellen Ausprägung, eine mehr allgemein-intellektuelle, auf das Universelle eingestellte Geistesrichtung die Wahl des juristischen Berufes. In der Tat dürfte auch eine gewisse Universalität der Denkrichtung der Ausübung des juristischen Berufs adäquat sein. Richter und Anwälte sind nicht Spezialtechniker, sondern sie sollen in erster Linie die Fähigkeit haben, auf das Ganze zu sehen. Der Mangel der Ausprägung einzelner Sonderneigungen ist also noch kein Mangel der Persönlichkeit des jungen Juristen. Hinzu kommt, daß bei zahlreichen Menschen und oft gerade bei den wertvollsten sich die charakterliche Ausbildung erst verhältnismäßig spät vollzieht. Dies hat zur Folge, daß wir unter den Juristen, die ihren Beruf anfangs ohne eine bestimmte Neigung gewählt haben, letzten Endes Persönlichkeiten mannigfachster Art finden, ein Ergebnis, das freilich dann wieder des Versuches spottet, von vornherein einen zum Juristenberuf prädestinierenden Typus festzustellen.

VI.

Inwieweit wirkt nun Berufserziehung und Berufsausübung auf die Persönlichkeit des Menschen?

Zweifellos begünstigt der juristische Beruf die allgemeine logische Schulung und die Selbstdisziplinierung des Menschen. In diesem Sinne hat sich auch die Juristenausbildung, insbesondere in ruhigen Zeiten, durchaus bewährt.

Dagegen wird vielfach übersehen, daß die Beschäftigung mit dem Recht auch gefährliche Suggestionen auslöst.

Alles von Menschen gesetzte und gesprochene Recht ist Macht gewordene Sprache; nicht in dem Sinne, als ob sich darin das Wesen des in Sitte und Herkommen wurzelnden Rechtes erschöpfte, wohl aber setzt alles im Wege der Gesetzgebung oder des Richterspruchs entstehende Recht Macht und sprachlichen Ausdruck voraus, beides Verführerinnen ersten Ranges, von denen Gefahren der Autosuggestion und des Mißbrauchs ausgehen, Gefahren, denen der freie ebenso wie der beamtete Jurist ausgesetzt ist. Die Gefahr des Machtrausches bedroht allerdings besonders den beamteten Juristen. Sie ist um so größer, je kleiner die Persönlichkeit des Machtträgers ist. Es mag vorkommen, daß die Formel: „Im Namen des Königs“, „Im Namen des Volkes“ ähnliche Suggestionen auslöst wie früher das Wort „Von Gottes Gnaden“. Die privilegierte Stellung des Richters begünstigt diese Wirkung. Beim Richter scheidet ein wichtiger Faktor der Selbsterziehung um deswillen aus, weil ihm fast regelmäßig Fehler seines Handelns verborgen bleiben. Ganz abgesehen davon, daß die eigentliche Fehlerquelle meist nur der schwer nachweisbare Mangel des Instinkts ist, können dem Richter die Folgen eines Fehlspruchs meist um deswillen nicht zur Kenntnis kommen, weil er durch seinen Spruch in andere, ihm fremde und fremd bleibende Sphären eingreift. Insofern liegen die Dinge hier ungünstiger als bei anderen Berufen, etwa bei dem des Arztes oder des Technikers, wo dem Fehler, dem Mißbrauch meist rasch der Widerstand des Stoffes folgt. Dort zwingt jedes dem Handelnden offenkundige Mißlingen zur Selbstbesinnung und Kritik. Anders bei fehlerhaft gesetztem oder gesprochenem Recht, dies kann beim Mangel hinreichend starker Gegenkräfte lange Schaden stiften, ohne daß die zugrunde liegenden Irrtümer erkennbar zutage treten.

Die zweite Gefahrenquelle liegt in dem Stoff, mit dem der Jurist arbeitet. Ich wiederhole: Alles von Menschen gesetzte und gesprochene Recht ist Macht gewordene Sprache. Sprache aber läßt sich nur zu leicht mißbrauchen, sowohl vom beamteten wie vom freien Juristen. Bedauerliche Exzesse, deren sich Rechtsanwälte bisweilen schuldig machen (etwa nach Form und Inhalt unangemessene Angriffe auf gegnerische Parteien und andere Prozeßbeteiligte), sind meist Auswirkungen des Machtrausches, der durch die dem Anwalt vom Gesetz gewährte Machtstellung (§ 193 StGB.) und durch den keinen Widerstand findenden Stoff (Wort und Schrift) begünstigt wird.

Starke Suggestionen gehen auf den Anwalt auch von der von ihm bearbeiteten Sache aus. Der Laie glaubt oft, daß der Anwalt nicht aufrichtig sei, er wirft ihm vor, daß er in einem Prozesse sowohl diese wie jene Sache vertreten könne, je nachdem ihm gerade das Mandat übertragen werde, daß er als Verteidiger einen Angeklagten vertrete, obwohl er unmöglich an die Unschuld seines Klienten glauben könne.

Diese gegen den Anwalt erhobenen Vorwürfe sind in weitem Umfange nicht gerechtfertigt. Es wird dabei verkannt, welche starke Suggestion, welche Macht das Werk, die bearbeitete Sache auf den Bearbeiter ausübt. Der Anwalt, der Verteidiger ist zuletzt nicht mehr voll objektiv, er kann die eigene Sache, in die er sich mit ganzer Kraft hineingedacht hat, schließlich nicht mehr unbefangen ansehen. Freilich gehört zum guten Juristen gerade die Selbstkontrolle, die solche Erscheinungen möglichst vermeidet oder wenigstens einschränkt. Aber trotz dieser Kontrolle ist es eine an zahllosen Beispielen erprobte Erfahrungstatsache, daß auch bedeutende und selbstkritische Anwälte in weitem Umfange dieser Suggestion durch das Werk erliegen.

Die rein bürokratische Ausbildung, die wir heute dem Juristen geben, eine Ordnung, die den jungen Menschen von vornherein zum Machtträger, zum Beamten stempelt, ist wenig geeignet, der Gefahr dieses Machtrausches entgegenzuwirken. Dieser Gefahr entgeht am besten derjenige, der um die Erringung seiner Lebensstellung unabhängig und ohne jede Stütze durch eine fremde Macht hat kämpfen müssen.

VII.

Bevor wir prüfen, wie die Gegenwart die Persönlichkeit der deutschen Juristen beeinflußt, widmen wir den Verhältnissen der deutschen Vergangenheit eine kurze Betrachtung.

Die stabilen, jedenfalls für stabil gehaltenen Zustände der Vorkriegszeit drückten der Persönlichkeit der deutschen Juristen ihren Stempel auf. Hier wirkte sich im Gegensatz zu anderen Ländern, insbesondere zu England, die soeben in anderem Zusammenhange erwähnte bürokratische Schulung der Juristen aus. Etwas Konventionelles haftete dem Wesen des Juristen an, eine gewisse konservative Grundgesinnung herrschte vor. Strenge Unterordnung unter das Gesetz kennzeichnete die Handhabung der Justiz. Die freirechtlichen Ideen von Ernst Fuchs stießen auf Ablehnung, ja geradezu auf Verhöhnung bei den maßgebenden Instanzen.

Von politischer Beeinflussung waren trotz aller Ableugnung unsere deutschen Juristen auch damals nicht frei, aber, wie vorweggenommen sei, in anderem Sinne als heute, jedenfalls anders als in derjenigen Staatsepoche, die gegenwärtig einen gewissen Abschluß zu finden scheint. Soweit man damals von einer politischen Justiz sprechen konnte, betätigte sich diese im Sinne des maßgebenden Staatsgedankens, als dessen Vollstrecker sich die Richter fühlten.

Eigenartig gestaltete sich in der Vorkriegszeit das Verhältnis zwischen Zivil- und Strafjustiz. Die Strafkammern waren nicht durchweg zureichend besetzt; drängten doch alle tüchtigen, qualifizierten Richter zur Ziviljustiz, eine Tendenz, die von der Justizverwaltung bei der Personalauswahl noch begünstigt wurde. Gerade auf dem Gebiete der Strafjustiz zeitigte die Vorkriegszeit eine recht bedenkliche Anzahl von Fällen übertriebenen Machtgefühls des Strafrichters. Wenn ich an dieser Stelle auch einige persönliche Erinnerungen einflechten darf, so stehen neben nie zu vergessenden Erinnerungen an hohe Zivilrichter der Vergangenheit — ich nenne als Kammergerichtsanwalt nur Namen wie Coing, Schepers, Röpell, von Linsingen — sehr trübe Bilder aus meiner ersten strafrechtlichen Praxis. Noch heute denke ich an eine Gretchen-Tragödie vor einem gefühl- und verständnislosen Untersuchungsrichter, an einen zynischen Strafkammer-Vorsitzenden, der während der Sitzung vom Richtertisch herabstieg und ironisierend vor dem Angeklagten hin- und herging. Ironie, eine im Leben zwar oft beliebte, aber ethisch nur gering zu bewertende Waffe, sollte überhaupt vom Richter in seiner amtlichen Funktion stets vermieden werden. Ironie ist nur dann zulässig, wenn die Waffen gut und gleich sind, und das ist niemals dort der Fall, wo die machtlose Partei dem die Staatsgewalt verkörpernden Richter gegenübersteht.

Was die Anwaltschaft der Vorkriegszeit betrifft, so stellte sie eine Art intellektueller akademischer Elite des Bürgertums mit allen seinen Vorzügen und Mängeln dar.

Trotz starker geistiger Beweglichkeit fehlten ihr politischer Einfluß und politische Macht nahezu völlig. Sie stellte tüchtige Fachleute, jedoch nur selten Führer im Rechtsleben und teilte insofern das Schicksal der beamteten Juristen.

Seine ideale Verkörperung fand der Typus der deutschen Juristen in einer Reihe universell gebildeter, harmonischer, abgeklärter Persönlichkeiten.

Der Anlaß der Entstehung dieser Festschrift, die Huldigung, die wir einem der bedeutendsten deutschen, mit der Vorkriegszeit ebenso wie mit der gegenwärtigen Rechtsentwicklung verbundenen Juristen bringen, gibt mir Gelegenheit, heute neben Albert Pinner auch zweier anderer Männer zu gedenken, die so wie er klassische Repräsentanten ihres Standes genannt werden dürfen: Kahl und Riesser. Sie verkörperten die Universalität der Rechtsidee. Sie exponierten sich noch bis in ihr hohes Lebensalter hinein für den Rechtsgedanken. Ich las jüngst in einem Nachruf auf Riesser dessen Wort aus dem Jahre 1896: „Wie ein Mensch gegen Unrecht und Rechtsverletzung reagiert, das vor allem erscheint mir bezeichnend für seinen Charakter."

Kahls unerschrockene Stellungnahme zur Todesstrafe, sein menschlich so überaus achtenswertes, von Tagesmeinungen unabhängiges Schwanken in dieser Frage, sein Eintreten für Frieders und Bullerjahn charakterisiert seine kämpferische Persönlichkeit.

VIII.

Wie ist das Bild des deutschen Juristen durch die Revolution und ihre Folgeerscheinungen beeinflußt worden?

Soweit das Wesen des Juristen gleich dem aller anderen Deutschen durch die Konflikte und die Zerrissenheit der Nachkriegszeit betroffen worden ist, handelt es sich um Erscheinungen, deren Würdigung und Kritik über den Rahmen dieses Aufsatzes hinausgeht. Nur skizzierend kann dieser Einwirkungen gedacht werden.

Die politische Zerklüftung des deutschen Volkes hat vor den deutschen Juristen nicht Halt gemacht. Unverkennbar trat innerhalb der nachrevolutionären Justizbeamtenschaft ein starker Widerstand gegen die Beeinflussung des allgemeinen staatlichen Verwaltungsapparates durch parteipolitische Rücksichten zutage. Sofern sich hierin ein Gegensatz zwischen Justiz und allgemeiner Staatsverwaltung offenbarte, konnte er dadurch nur verstärkt werden, daß sich innerhalb der Justizbeamtenschaft und sogar innerhalb der Richter einander entgegengesetzte politische Strömungen abgrenzten (vgl. DJZ. 1930, 399). Daß man schließlich sogar der Justiz zumutete, zu noch nicht abgeschlossenen Tageskämpfen, zu in der Entwicklung begriffenen historischen Erscheinungen Recht sprechend Stellung zu nehmen, trug nicht dazu bei, dem deutschen Richter die überparteiliche Rolle zu sichern, die gerade für sein Amt Lebensnotwendigkeit ist.

Was die Stellung des deutschen Anwalts betrifft, so wurde sie am meisten durch die wirtschaftlichen Nöte der Gegenwart betroffen. Die Inflation vernichtete zahlreiche bürgerliche Existenzen; der vielfach überwuchernde, solider Grundlagen entbehrende Geschäftsgeist verstrickte auch manchen Angehörigen freier akademischer Berufe in seine Netze.

In alledem lag eine Bedrohung der sicheren stabilen Grundlagen, auf denen in der Vorkriegszeit das Leben und Wirken der innerhalb der Justiz tätigen Personen ruhte.

Ich will, wie hervorgehoben, diese mit der allgemeinen Entwicklung zusammenhängenden Gedankengänge nur streifen. Wesentlich liegt mir daran, einige spezifische Veränderungen zu erörtern, die gerade das Wesen der deutschen Juristen, ihr Wirken und ihre Persönlichkeit betroffen haben.

IX.

Die Arbeit der innerhalb der Gesetzgebung und als akademische Lehrer tätigen Juristen ist in ihren Grundlagen durch die Erscheinungen der Gegenwart nicht wesentlich verändert worden.

Zu beklagen mag es sein, daß der Einfluß der Fachjuristen auf die Gesetzgebung im wesentlichen auf die Angehörigen der Ministerial-Bürokratie beschränkt geblieben ist, daß die freien Juristen und die beamteten Praktiker nach wie vor nur in überaus geringem Umfange an der Gesetzgebung teilnehmen. Aber die Feststellung dieser Tatsache und ihrer Gründe interessiert nicht im Rahmen unserer Problematik.

Was die akademische Lehrtätigkeit betrifft, so mag sie durch den großen Zudrang zum akademischen Studium erschwert und durch die Hinzuziehung von Praktikern in gewisser Hinsicht beeinflußt worden sein, aber auch hier zeigt sich kein entscheidender Wandel.

Demgegenüber ist es erstaunlich, wie wenig Beachtung, zum mindesten außerhalb des Rahmens der engeren Fachliteratur, die Veränderungen gefunden haben, die sich hinsichtlich der Funktion der Justiz, insbesondere der Ziviljustiz, in der Nachkriegszeit vollzogen haben.

Charakteristisch für diese Veränderung ist die ungeheure Machtsteigerung, die der Richter, jedenfalls in der zuletzt vergangenen Periode, gegenüber den übrigen Faktoren des Staates erfahren hat. Der unabhängigste und dauernde Faktor der Staatsgewalt, die Monarchie, verschwand, und damit änderte sich die Stellung der Inhaber der höchsten Verwaltungsämter, die bis dahin, abhängig lediglich von dem Träger der Krone, oft jahrzehntelang ununterbrochen die Staatsgewalt repräsentiert hatten. Die Spitzen des Verwaltungsapparates wurden dem Einfluß politischer Parteien unterworfen, ihre Amtsführung oft plötzlichem Wechsel ausgesetzt. Unabhängig, unantastbar, grundsätzlich zeitlich unbegrenzt, blieb allein das Richteramt.

Hand in Hand mit dieser relativen Machtsteigerung ging eine ungeheure Erweiterung des Aufgabenkreises der Justiz. Dabei wurden die dem Wesen der Rechtsprechung gezogenen Grenzen weit überschritten. Ein typischer Fall jener richterlichen Machtübersteigerung, vor der wir eingangs gewarnt haben, trat ein.

Freilich hat sich die Justiz nicht zu den ihrem Wesen fremden Aufgaben gedrängt, sondern sie kam zu dieser Übersteigerung richterlicher Machtbefugnis in dem Zeitpunkt, wo, insbesondere in der Inflationszeit, die Gesetzgebung versagte.

Unter der Herrschaft des Satzes „Mark gleich Mark" war eine völlige Verzerrung des Rechtslebens eingetreten. Die an und für sich dem Gesetzgeber obliegende Abwehr des Unrechts unterblieb, und die Justiz sah sich gezwungen, die Rechtsordnung durch Richterspruch (Aufwertungs-Rechtsprechung) wieder sicherzustellen. Als dann der Gesetzgeber, dem Richter folgend, in beschränktem Umfange das neue Rechtsgebiet regelte, blieb außerhalb des Gesetzes dem Zivilrichter die mit dem Beginn der Stabilisierungsperiode notwendig werdende Neuordnung des Rechtslebens überlassen.

Damit beginnt im Rahmen des Zivilrechts und des Zivilprozesses eine Periode der Rechtsgestaltung, die sich ins Uferlose ausgewachsen hat. An und für sich ist der Sinn der Zivilrechtsprechung in erster Linie die Feststellung des Rechts; die Rechtsgestaltung ist die Ausnahme. Jetzt aber wird die Rechtsgestaltung zur Regel. Die Gerichte leugnen zwar, daß sie, wenn sie aufwerten, gestalten, sie behaupten, immer nur den Sinn des Rechtsgeschäfts festzustellen. Das ist aber nicht die Wahrheit. In weitestem Umfange disponiert das freie richterliche Ermessen über riesenhafte Summen. Die Justiz entfernt sich immer mehr von ihrem wirklichen Wesen. Dem Richter wird im Rahmen des § 242 BGB. zugemutet, auf sämtlichen denkbaren Rechts- und Wirtschaftsgebieten alle Umstände des Falles zu beurteilen, Entscheidungen zu treffen, „wie sie dem Billigkeitsgefühl aller gerecht Denkenden entsprechen". Damit sind vielfach dem Richter unmögliche, für ihn nicht lösbare Aufgaben gestellt worden. Formeln wurden geprägt, die nicht selten der Verschleierung einer allzu freien Rechtsgestaltung dienten.

Statt derartigen Grenzüberschreitungen der Justiz zu begegnen, mehrten sich die wissenschaftlichen Versuche, theoretisch diese Machtsteigerung des Richters zu rechtfertigen.

Das Rechtsgefühl des Richters wurde zur Rechtsquelle gestempelt, dem Richter wurde eine Stellung über dem Gesetz zugewiesen, nicht nur die formelle Kontrolle des Zustandekommens des Gesetzes, auch die Nachprüfung des Inhalts der Gesetze wurde für die Justiz gefordert; durchweg gefährliche Irrwege, die das allgemeine Rechtsgefühl soweit verwirrten, daß man jetzt dem Richter sogar die Aufgabe zuweisen wollte, das Deflationsproblem der sogenannten „Abwertung", eine offenkundig nur im Wege der Gesetzgebung zu behandelnde Frage, justizmäßig zu lösen!

Durch eine Machtübersteigerung der Art, wie wir sie im Rahmen der Ziviljustiz letzthin erfahren haben, gefährdet man die Unabhängigkeit des Richters, die ihm nur deshalb gewährleistet wird, weil an und für sich seine Funktion, Hoheitsrechte auszuüben, eine begrenzte ist. Die Unabhängigkeit des Richters korrespondiert mit seiner Gebundenheit, seiner Unterwerfung unter das Gesetz. Einem nach Art des Verwaltungsbeamten frei regelnden und gestaltenden Beamten kann man eine derartige Unabhängigkeit nicht gewähren.

Der Richter ist hier den Einflüssen einer Augenblicks-Konstellation unterlegen. Eine zeitweise Schwäche des Staates, eine Schwäche der Gesetzgebung hat ihn verführt. —

Richterliche Machtüberschätzung hindert auch auf einem anderen Gebiete die Innehaltung der der Justiz gezogenen Grenzen.

Charakteristisch ist insofern der Streit, der gegenwärtig in Deutschland über den Umfang der Beweiserhebungsbefugnisse des Richters ausgefochten wird. Im Einklang mit dem bei anderen Nationen maßgebenden Rechtszustande und in Übereinstimmung mit dem vor 1900 in vielen deutschen Ländern geltenden Recht, fordert heute eine Minderheit deutscher Juristen auch für Deutschland die stärkere Betonung der urkundlichen Formulierung für den Nachweis von Rechtsgeschäften, gestützt auf die Auffassung, daß die unbeschränkte Zulassung des Zeugenbeweises für den Nachweis rechtsgeschäftlicher Vereinbarungen eine Fülle unkontrollierbarer Fehlerquellen in sich schließt. Die große Mehrzahl der deutschen Juristen und der Richter widerspricht einer solchen Einschränkung. Argumente für und wider häufen sich im Kampf der Meinungen. Der deutsche Richter traut sich die Macht zu, ungeachtet aller Schwierigkeiten ein fundiertes Urteil über noch so komplizierte mündliche Vertragsabreden durch Vernehmung von Zeugen gewinnen zu könen. Diejenigen, die den Urkundenbeweis befürworten, leugnen diese Fähigkeit des Richters, nicht etwa indem sie eine persönliche Unzulänglichkeit des Richters geltend machen, sondern sie betonen die allgemeinen Grenzen des menschlichen Erkenntnisvermögens, Auch hier also spielt sich unter dem äußeren Anschein einer literarischen „prozeßrechtlichen Fehde" ein Kampf um die Grenzen richterlicher Macht ab..

X.

Soviel über den deutschen Zivilrichter, nun ein Wort über den deutschen Strafrichter, und eine kurze Gegenüberstellung beider Richtergattungen.

Innerhalb des Gebiets der Strafjustiz hat die Prozeßpraxis in weitem Umfange zur Schulung moderner Richterpersönlichkeiten beigetragen. Hier hat die Kritik der Presse, mag sie auch bisweilen ihre Grenzen überschritten und fehlgegriffen haben, Gutes geleistet.

Der Strafrichter ist in allen seinen Handlungen dieser öffentlichen Kritik ausgesetzt. Er kann nicht, wie der Zivilrichter, über streitenden Parteien thronen, er steht selbst im Kampf. Die Prozeßleitung fordert von ihm eine ungleich größere Aktivität als vom Zivilrichter. Die ganze Beweisaufnahme, die Vernehmung der Zeugen vollzieht sich im Lichte der Öffentlichkeit, nicht im ruhigen, der Öffentlichkeit entzogenen Amtszimmer, wie im Zivilprozeß. Hier sind in weitem Umfange erzieherische Faktoren wirksam geworden, die im Zivilprozeß ganz oder doch im erheblichen Umfange fehlen.

Daß die Denkrichtung des Strafrichters vielfach eine andere ist, als die des Zivilrichters, zeigt sich in der Art, wie der Richter den Tatbestand würdigt.

Wir finden beim Strafrichter viel häufiger als beim Zivilrichter das Bekenntnis dazu, etwas nicht zu wissen, eine Erkenntnis, die nach dem Grundsatz „in dubio pro reo" zum Freispruch des Angeklagten führt. Im Rahmen des Zivilrechts hat die oben geschilderte Rechtsentwicklung, die den Richter, im wesentlichen ohne jede Einschränkung der Mittel der Beweiserhebung, dazu aufruft, „alle Umstände des Falles zu beurteilen", die Meinung „aller Gerecht- und Billigdenkenden" in seinem Urteile zum Ausdruck zu bringen, den Richter geradezu verführt, die Grenzen seiner Erkenntnismöglichkeiten zu überschätzen. In auffälliger Weise erkennt man beim Zivilrichter die Tendenz, irgend eine positive Feststellung zu treffen, sei es, daß er ohne Beweiserhebung von sich aus den Tatbestand wertet, sei es, daß er bei der Beweisaufnahme nicht selten geneigt ist, in die Aussagen und Erklärungen der von ihm vernommenen Personen seine eigene aus den Akten gewonnene Anschauung hineinzutragen.

Diese meine Kritik darf nicht so aufgefaßt werden, als ob sie den deutschen Richtern oder auch nur der Mehrzahl derselben mehr oder minder bewußte Machtüberschreitungen zum Vorwurf machte. Im Gegenteil sind diese Ausführungen von der höchsten Achtung für den deutschen Richter und für den Richterberuf getragen. Wer aber, wie der Verfasser dieser Zeilen, ein Menschenalter im Dienste der deutschen Justiz gestanden hat, dem wird man das Recht einer dem positiven Aufbau zugewandten Kritik nicht versagen dürfen, zumal, wo es gilt, die Berufsgefahren zu skizzieren, denen die Persönlichkeit des deutschen Richters in der Gegenwart ausgesetzt ist.

In diesem Zusammenhange möchte ich nicht unterlassen, des hervorragenden Buches des Berliner Landgerichtsdirektors Dr. Sachs zu gedenken, der, ausgestattet mit dem Rüstzeug moderner Wissenschaft und moderner

Psychologie, es sich zur Aufgabe gemacht hat, in eindringlichster Weise die Bedeutung einer sachgemäßen Tatsachenfeststellung für den Prozeß zu würdigen. Was in diesem Buche gesagt ist, darf geradezu als vorbildliches Erkenntnismaterial für den Straf- und Zivilrichter, wie überhaupt für jeden, der als Organ der Rechtspflege tätig ist, gewertet werden.

XI.

Ich habe in den vorangehenden Zeilen sehr viel vom deutschen Richter gesprochen und zwar um deswillen, weil, wie ich glaube, von allen Juristenpersönlichkeiten Art und Wesen des Richters am bedeutungsvollsten für das Schicksal der Nation ist. Der Richter repräsentiert das Recht in seiner Lebendigkeit. Überall, an allen Orten und innerhalb aller Lebensverhältnisse ist der Richter tätig. Im Richteramte übt die große Menge aller beamteten Juristen ihre Funktionen aus. Hier muß sich in erster Linie die Person des deutschen Juristen formen und bewähren.

Es kann auch keinem Zweifel unterliegen, daß die Persönlichkeit der Anwälte entscheidend durch die Art der Richter bestimmt wird, vor denen sie ihre Funktion ausüben. Wir Anwälte kennen kein größeres Verlangen, als vor wirklich überlegenen Richtern unserem Beruf zu dienen; und jeder gewissenhafte, sich als Organ der Rechtspflege fühlende, nicht auf die Mängel der Justiz spekulierende Anwalt hat nur das eine Interesse, daß die Justiz selbst ordnungsgemäß funktioniert. Insofern hat sich als eine beklagenswerte Folge des oben geschilderten Rechtszustandes ergeben, daß heute dem deutschen Anwalt eine der wichtigsten Aufgaben verkümmert wird, nämlich die Prognose des Ausgangs eines Rechtsstreites. Selbstverständlich läßt sich das Schicksal eines Prozesses niemals voraussehen. Aber wenn man die Faktoren der Unsicherheit häuft, wenn man im Rahmen der reinen Tatsachenfeststellung den sicheren Boden verläßt, wenn ein dem Anwalt von dem Ratsuchenden vorgelegtes erschöpfendes Urkundenmaterial doch für ihn keine maßgebende Erkenntnisquelle bildet, sondern durch jede beliebige Zeugenaussage entkräftet werden kann, wenn man dem Richter die Betätigung seines freien Ermessens in zu weitem Umfange überläßt, wenn dann letzten Endes die Entscheidung auf einer Kombination wesensfremder Bestandteile, auf einer Vereinigung formaler Erwägungen mit allgemeinen Ermessensgesichtspunkten beruht, dann nimmt man dem Anwalt eine seiner wichtigsten, sozial wertvollsten Funktionen, die der Prozeß verhütenden Ratserteilung.

XII.

Von der deutschen Anwaltspersönlichkeit der Gegenwart habe ich an dieser Stelle wenig gesprochen und nur kurz angedeutet, inwieweit sie durch die Erscheinungen der nachrevolutionären Zeit beeinflußt ist. Ich begnüge mich auch insofern mit einer kurzen spezifischen Feststellung.

Ich sehe die größte Gefahr für das Schicksal der deutschen Anwaltspersönlichkeit darin, daß man unbekümmert um die Entwicklung der Gegenwart und die sich in ihr auf allen staatlichen, wirtschaftlichen, wie überhaupt allen geistigen Gebieten vollziehende Differenzierung und Arbeitsteilung daran festhält, nur einen einzigen Anwaltstypus auszubilden und diesen mit einheitlichen öffentlich-rechtlichen Befugnissen zu bekleiden. Auch die Funktionen des deutschen Anwalts müssen sich in Zukunft immer mehr differenzieren, wobei ich nicht allein an das rein fachliche Spezialistentum denke. Soziale Aufgaben, Fürsorge für die Minderbemittelten, werden sich mit rein privatrechtlichen Funktionen kreuzen. Das Recht des Armenanwalts wird wesentliche Änderungen erfahren. Ähnlich wie auf ärztlichem Gebiete wird auch hier die Fürsorge für die Minderbemittelten immer stärker in den Vordergrund rücken. Die außergerichtliche, beratende Funktion des Anwalts wird sich von der des Gerichtsanwalts mehr und mehr scheiden. Nach alledem halte ich es für eine zwingende unausbleibliche Zukunftsentwicklung, daß wir entsprechend der Differenziertheit der Aufgaben auch die Anwaltspersönlichkeit differenziert ausbilden und ihren verschiedenen rechtlichen Funktionen entsprechend ausgestalten. Wie dies im einzelnen zu regeln ist, wie insbesondere die von mir geforderte Zweiteilung der deutschen Anwaltschaft organisatorisch zu gestalten ist, das habe ich an anderer Stelle (Vom Rechte, das mit uns geboren 1929) ausgeführt. Ich verweise hierauf. Im Rahmen dieser Erörterung liegt mir daran, zu betonen, daß es für die Gestaltung der deutschen Anwaltspersönlichkeit eine Lebensfrage ist, ob es rechtzeitig gelingt, klare Grenzziehungen, klare Zielrichtungen zu finden. Entsprechend der Verschiedenartigkeit der Aufgaben des Anwalts werden auch die Standespflichten der einzelnen Anwaltsgattungen verschieden zu bemessen und zu bewerten sein. Eine die Gegensätze verschleiernde Verschwommenheit hindert die Ausbildung eines der modernen Anwaltspersönlichkeit wirklich entsprechenden differenzierenden Standesrechts.

XIII.

Ich bin mir bewußt, dem Thema, das ich mir gestellt habe, nur in ganz begrenztem Umfange gerecht geworden zu sein. Wesentlich lag mir an der Feststellung, daß den deutschen Juristen der Gegenwart vor allem zwei Berufsgefahren drohen: Dem deutschen Richter die Gefahr der Machtübersteigerung und der Überschreitung der dem Wesen der Justiz gezogenen Grenzen; der deutschen Anwaltschaft die Gefahr fortdauernder Vereinigung wesensverschiedener Funktionen in einer Person.

Diese Auffassung führt zu der Erkenntnis, daß es nicht genügt, mit allgemeinen Leitsätzen die gegenwärtige Entwicklung zu kritisieren, sondern daß organisatorische Änderungen notwendig sind.

Es geht nicht an, erkannten Mängeln gegenüber sich mit

dem Urteil zu begnügen, daß auch ohne Rücksicht auf die Art der Organisation die geeigneten Persönlichkeiten aller Schwierigkeiten Herr werden würden. Man darf sich nicht immer hinter dem Satz „men not measures" verschanzen, sondern es gilt zu sagen: „men and measures".

Soweit ich Fehler in der Organisation der deutschen Anwaltschaft gerügt habe, ergibt sich die Notwendigkeit der Organisationsänderung aus den von mir gestellten Forderungen.

Soweit ich Reformen für die Erziehung und Auslese unserer Richter wünsche, habe ich an anderer Stelle zum Ausdruck gebracht, daß ich einen wesentlichen Mangel der Persönlichkeitsschulung unserer Richter darin erblicke, daß diese eine rein bürokratische Ausbildung erfahren. (Vortrag im Berliner Anwaltverein vom 25. Januar 1932, abgedruckt in der Zeitschrift Der Referendar vom 15. 2. 32 Seite 29.) Auch insoweit darf ich auf die a. a. O. eingehend dargelegten Vorschläge verweisen.

Ganz gewiß aber können diese Organisationsänderungen nicht das letzte Ziel darstellen, sondern es gilt, darüber hinaus ein Bild davon zu gewinnen, welcher Art Juristen Deutschland in naher und ferner Zukunft bedarf, welche Persönlichkeitswerte bei ihnen im Vordergrund stehen müssen.

Wir Juristen müssen uns bewußt werden, daß alle großen Probleme der Gegenwart in weitestem Umfange Rechtsprobleme sind. Mag man um die Aufrechterhaltung und die Grenzen des Privateigentums, mag man um die Entwicklung im Sinne einer sozialistischen oder staatskapitalistischen Wirtschaft kämpfen; mag man darüber debattieren, ob an die Stelle der Wirtschaftsfreiheit eine mehr oder minder planmäßige Wirtschaft treten soll, mag man an den Umbau unserer Reichs- und Länderverfassung herantreten oder die völkerrechtlichen Beziehungen zwischen den Staaten neu knüpfen, überall handelt es sich um Verwirklichung neuen Rechtes, überall gilt es, Klarheit über die Grenzen rechtlicher Gestaltungsmöglichkeiten, über den einzuschlagenden „Rechtsweg“ zu gewinnen.

Vor allem bei unseren jungen Juristen muß das Bewußtsein für diesen Gärungsprozeß allen Rechtes geweckt werden; sie müssen die Aufgaben erkennen, die ihrer im Leben der Gesellschaft, im Leben des Staates und innerhalb der Beziehungen zwischen den Staaten harren.

Nicht den Richter möchte ich in der Arena dieses künftigen geistigen Kampfes sehen (der Richter mag im Kampfe gestanden haben, bevor er Richter wird), wohl aber aus den Kreisen der freien Wissenschaftler und der freien Anwälte sollten sich die Männer rekrutieren, die von der Nation als Träger des Rechtsgedankens anerkannt werden, die auch Mut und Entschlossenheit genug haben, im Streite für das Recht herrschenden Massensuggestionen, mögen sie auch noch so machtvoll erscheinen, entgegenzutreten.

Einzelne Juristen können einer solchen Aufgabe überhaupt nicht genügen, es bedarf der Gemeinschaftsbildung, nicht im Sinne einer gewerkschaftlichen Berufsorganisation, die das individuelle Hervortreten des einzelnen Kämpfers oder einzelner Kämpfergruppen erschwert. Es bedarf einer Gemeinschaft etwa der Art, wie seinerzeit auf dem Gebiete der Künste die Sezession entstand. Eine solche Sezession müßte auch ein dem Kampfe um das neue Recht dienendes Publikationsorgan haben. Enthält sich doch heute in Deutschland die eine unserer führenden juristischen Zeitschriften unter Beschränkung auf die Lehrfunktion grundsätzlich jeder Behandlung von Reformfragen, während die zweite ihrem Wesen nach mehr einen unparteiischen Ausschnitt aller Strömungen der Gegenwart gibt, jedenfalls nicht als Kampforgan gewertet werden will und kann. Charakteristisch ist, daß bisher das Fehlen einer solchen Kampfgemeinschaft, eines solchen Kampforgans weder von den deutschen Juristen, noch von den deutschen Laien als Mangel empfunden ist.

Weiter aber wird man fragen, wie eine solche Juristengeneration heranzuziehen ist. Ich erwidere darauf, daß in einer Zeit, in der wir Fachjuristen der jungen Generation bisher fast nichts als Abwehr und Warnung geboten haben, es schon von großer Bedeutung ist, wenn wir den Blick der Jugend auf ein positives neues Ziel lenken.

Darüber hinaus aber habe ich auf diese Frage eine Antwort schon vor fünf Jahren in einem Vortrage in der Berliner Juristischen Gesellschaft (abgedruckt im 69. Jahresbericht) und vor drei Jahren in meinem Buche „Vom Rechte, das mit uns geboren" gegeben. Ich habe schon damals betont, daß die Erziehungsarbeit an der kommenden Generation, und zwar nicht nur an der juristischen, im Geiste Nietzsches geleistet werden müsse. Diese Antwort ist keineswegs eine theoretisch-idealistische, sondern hat eminent praktische Bedeutung, was auch von anderer Seite, neuerdings insbesondere von Mess in seinem hervorragenden Buche „Nietzsche der Gesetzgeber" (vgl. JW. 1932 S. 33) bestätigt worden ist.

Es ist aufs tiefste zu beklagen, wie sehr bisher bei der Erziehung unserer deutschen Jugend die in Nietzsches Schriften verborgenen Schätze mißachtet oder gar einseitig entstellt worden sind. Es gibt keinen modernen Denker, der in gleicher Weise wie Nietzsche sich das klare Urteil gegenüber allen verzerrenden Suggestionen bewahrt hat, der gleich ihm gezeigt hat, wie wirkliche Erkenntnis, wirkliches Wissen zu erlangen und wie ein geistiger Kampf kraftvoll und doch vornehm zu führen ist. Die Schulung durch Nietzsches Werk ist der beste Weg zur Erziehung geistig freier, unabhängiger Persönlichkeiten. Nietzsches Werk zwingt zur Selbstbeschränkung dort, wo sie geboten ist; es rüttelt zum Kampfe auf, wo es gilt, unter Aufbietung aller geistigen und seelischen Kräfte Widerstände zu überwinden. Auf der Basis seiner geläuterten Erkenntnisse ist wirkliche Erfassung des Lebens der Gegenwart, ist Rechtsgestaltung, ist im Dienste des Rechts Erziehung zur Reife, zur Führerpersönlichkeit möglich.

Die Mängel des heutigen Statusrechts.

Von Rechtsanwalt Dr. Dr. Richard Graßhoff in Berlin.

Allgemeine und geschichtliche Vorbetrachtung.

Tria sunt, quae habemus: libertatem, civitatem, familiam. Mit diesem Satze beschreibt der Römer (Paulus libro secundo ad Sabinum in L. 11 D. de cap. min. 4, 5) die drei Grundlagen, auf denen sich die Stellung des Menschen im Rechtsleben aufbaut. Die heutige Rechtslehre und die Gesetzgebung der Gegenwart läßt die klare Herausarbeitung dieser Grundlinien in der Darstellung der Rechtsperson vermissen. Man wird die Erklärung hierfür teils in der üblich gewordenen Tennung der Normen des öffentlichen von denen des bürgerlichen Rechts, teils in der Übertragung des Begriffes der Rechtsperson auch auf juristische Personen, teils darin finden müssen, daß man glaubt, das Element oder die Eigenschaft der Freiheit wegen der Abschaffung jeder Art von Sklaverei, Leibeigenschaft, Hörigkeit oder Untertänigkeit neben den Elementen oder Eigenschaften der Staatsangehörigkeit und des Familienstandes überhaupt nicht mehr für das Rechtsleben bewerten zu können oder zu bewerten zu brauchen. Bei näherer Betrachtung versagen aber alle diese Erklärungsversuche, und es zeigt sich im heutigen Recht für den Theoretiker ebenso wie für den Praktiker nur eine große Lücke und eine kaum zu begreifende Rechtsverwirrung, die beide durch die Preisgabe des Satzes von der Bedeutung der drei Status für das gesamte Rechtswesen entstanden sind. Diese Mängel treten besonders in der Schwierigkeit der Ermittlung eines Status für die einzelne Rechtsperson und in der oft gegebenen Unmöglichkeit zutage, einen strittigen Status rechtswirksam zu klären.

Man kann der vorstehenden allgemeinen Feststellung nicht entgegenhalten, daß die heutige Reichsverfassung sich bemüht, durch ihre Artikel 111 und 114, 110, 119 die Bedeutung der menschlichen Freiheit, der Staatsangehörigkeit und des Familienstandes unter den Grundrechten der Deutschen in das rechte Licht zu rücken. Alle diese Bestimmungen entbehren des organischen Zusammenhanges, und so fallen dann auch diejenigen einzelnen Rechtspartien der deutschen Gesetzgebung auseinander, die man als die Ausführung oder Erfüllung der in den genannten Artikeln aufgestellten Grundsätze ansprechen könnte.

Ganz anders haben die Römer die Statuslehre ausgebaut. Für sie waren die drei Status nicht bloß allgemeine Wahrheiten; sie dienten ihnen vielmehr als das Fundament für das Recht des Staates und der in ihm lebenden Menschen. Das tritt uns in der Einrichtung des Zensus und der Statusklagen (der querellae) entgegen. Indem die Zensoren für jeden Einwohner die Status öffentlich vermerkten, und die Eintragungen alle fünf Jahre (nach einem Lustrum) überprüft wurden, erreichte man die Festlegung der Status für jeden einzelnen mit dem Ablauf der fünf Jahre, da die Statusklage für denjenigen verloren ging, der sie nicht innerhalb der fünf Jahre anstrengte, um eine etwaige Unrichtigkeit der Eintragung hinsichtlich seiner Person zu beseitigen. Die Listen der Zensoren wirkten für und gegen jeden. Die gleiche allgemeine Kraft und zwar als Rechtskraft wohnte ebenso denjenigen Urteilen inne, die auf eine querella seitens des Zentumviralgerichtshofes gefällt wurden. Das Ansehen dieses Gerichtes und dessen Bedeutung für die Statusklagen erkennt man am besten aus der Schilderung bei Cicero de oratore Buch I Kapitel 38 fg.; man ersieht aus dieser Schilderung insbesondere, daß der status libertatis das ius postliminii (die Kriegsverschollenheit) mit umfaßte, und daß der status familiae die Vormundschaft und damit die Geschäftsfähigkeit sowie den Erbgang einschloß. Streitigkeiten auf allen diesen Rechtsgebieten konnten hiernach auf dem Boden des Zensus durch Urteile geklärt werden, die jedermann banden. Es ist daher begreiflich, daß gerade aus der Bewunderung für eine solche Rechtssicherheit Cicero dazu hingerissen wird, die „Zwölf Tafeln" des ius civile — auf deren Auslegung der Römer sein ganzes Recht zurückführt — hoch über alle sonstigen Werke menschlicher Weisheit zu stellen und die gewaltige Überlegenheit der römischen Rechtsordnung vor dem Rechte aller anderen Völker zu preisen. Er versteigt sich zu dem Ausspruch l. c. Kapitel 44: „Denn es ist unglaublich, wie unvollendet und fast lächerlich ein jedes ius civile außer dem unsrigen ist". Und er hat recht, recht nicht nur gegenüber den alten Griechen, sondern auch gegenüber den heutigen Zeiten. Rechtsgeschichtlich lehrreich ist in der ciceronianischen Darstellung der in diese eingeflochtene Kampf gegen das Auftreten nicht rechtskundiger Parteivertreter und die aus Kapitel 41, 42 l. c. hervorleuchtende klare Erkenntnis des Juristen Cicero davon, daß hinter der Überfülle der einzelnen Rechtsfälle ein der logischen Gliederung unterworfenes Rechtssystem steckt.

Cicero betont l. c. Kapitel 40 § 183 den Zusammenhang des Zensus mit den Statusklagen. Außer seinem Zeugnisse besitzen wir in zwei gelegentlichen Andeutungen des neuen Testaments starke Hinweise hierauf, die bei dem Zusammenhalt mit der Schilderung Ciceros von dieser eine Beleuchtung erfahren und um so bedeutsamer sind, als damit die gesicherte Dauer jener römischen Einrichtung über Jahrhunderte hinweg belegt wird. Im Ev. S. Lucä lesen wir im zweiten Kapitel von dem Gebot des Kaisers Augustus, daß alle Welt geschätzt würde, und dieses Gebot zwang jeden Bewohner Syriens, sich zur Aufnahme seiner Schätzung von seinem Wohnort an die für ihn zuständige Stätte seiner Herkunft zu begeben. Der Evangelist stellt sich also unter der Schätzung nicht die Aufnahme einer bloßen Statistik der Bevölkerung oder die bloße Feststellung ihrer Steuerkraft, sondern die Aufnahme der Status nach Geschlecht (Staatsangehörigkeit) und Familie, d. h. einen Zensus vor. Wie weit die

Geschichte die Legende hier begründet, ist für unsere Untersuchung ohne Belang. Die Legende beweist, daß zur Zeit ihrer Entstehung die Einrichtung des Zensus und zwar auch in den Provinzen des römischen Reiches bestanden hat. Der Apostel Paulus wird vor der Geißelung dadurch bewahrt, daß er sich auf sein römisches Bürgerrecht beruft (Apostelgeschichte Kap. 22); in seiner Unterhaltung mit dem römischen Hauptmann erzählt dieser, daß er das Bürgerrecht um Geld erworben habe, während Paulus betont, daß er römisch geboren sei. Beide müssen hierüber notfalls Urkunden haben beibringen können, deren Beweiskraft im ganzen Reiche anerkannt war und die nur in der Einrichtung des Zensus ihre Erklärung finden können. Denn die Ausdehnung des römischen Bürgerrechts auf alle freien Bewohner des Reiches geschah erst unter Caracalla im Jahre 212 nach Christo. Mag dieser Schritt des Kaisers auch finanziellen Beweggründen entsprungen sein, um die Steuerlast zu Gunsten des Staates auszudehnen, so schuf die Einheit des Staatsbürgertums doch gleichzeitig eine stärkere Einheit des Rechts und sicherte noch mehr für den Einzelnen die Statusgrundlage des rechtlichen Lebens in dem ganzen großen Reiche. Hand in Hand mit der Rechtssicherung ging die Erstarkung der tatsächlichen Ordnung aller Lebensverhältnisse. Die gigantischen Straßenbauten im ganzen Reiche und die Grenzsicherungen mit ihren Soldatensiedlungen sind für den Geschichtsschreiber der Beweis dafür, daß man die römische Kaiserzeit in den ersten Jahrhunderten unserer Zeitrechnung wohl als die glücklichste Periode der europäischen Kultur bezeichnen kann; für den Künstler ergibt sich dieser Beweis aus dem Hellenismus und den Juristen überzeugt hiervon die Rechtstatsache, daß das römische Recht nur mit einem Verschwinden von Personen und Sachen bei kriegerischen Ereignissen an den Grenzen des Reiches in dem ius postliminii sich befaßte, aber keinen Anlaß fand, die Folgen einer Verschollenheit eines Menschen innerhalb des Reiches selbst zu regeln — offenbar, weil solche Vorkommnisse bei der allgemeinen Sicherung des Lebens außerhalb der Gedanken des Gesetzgebers lagen. Es ist kaum ein Zufall zu nennen, daß unter den Cäsaren derselbe Caracalla die staatsmännische Tat des Jahres 212 vollzog, der vorher die Thermen vor der Porta Capena erbaute und im Jahre 213 seinen Zug durch die Provinzen antrat, um die Grenzen vom Westen bis zum äußersten Osten neu zu sichern. Wie heut der Besucher in Rom auf die Ruinen der Thermen blickt, so sieht auch unser geistiges Auge auf das Trümmerfeld der römischen Statuslehre, deren geistige Größe an die architektonische in den Ruinen vor der Porta Capena gemahnt. Im Leben des Geistes läßt sich aber wieder ein Aufbau vollziehen, und wir brauchen die Hoffnung nicht aufzugeben, daß wir innerhalb unseres heutigen Rechts Verbesserungen in der vernachlässigten Rechtsordnung der drei Status schaffen können.

Zunächst verlohnt es sich, die drei Steine des Anstoßes zu entfernen, von denen im Anfange dieser Betrachtung gesagt war, daß man in ihnen wohl die Hemmnisse erblicken müsse, die in der heutigen Juristenwelt einer klaren Erfassung des Ewigkeitswertes der drei Status für das gesamte Rechtsleben entgegenstehen. Die Trennung des öffentlichen Rechts von dem bürgerlichen Recht beruht auf Willkür. Sie ist nur eine äußerliche, eine taktische, die in der Trennung der Gewalten wurzelt. Für die Rechtsbegriffe aber gilt eine logische Einheit. Genau so wie der Römer sein gesamtes Recht auf das ius civile zurückführt und betont, daß alle rechtliche Klarheit nur von diesem ausgehen kann, so gilt diese Wahrheit auch für uns. In dem Privatrecht und zwar dem materiellen und dem Prozeßrecht sind die Rechtsbegriffe entwickelt und voneinander abgegrenzt worden, d. h. diese Begriffe sind ein jeder in sich klar und ein jeder ist in seinen Grenzen deutlich, so daß man durch den einzelnen Begriff hindurch zum benachbarten blicken und zu diesem gelangen kann, wodurch sich dann ein begriffliches System von selbst aufbaut. Man denke z. B. an Begriffe wie Eigentum und Besitz, Anfechtbarkeit und Nichtigkeit, absolutes und relatives Recht oder auch an die Gliederung der Spielarten des Zivilprozeßes. Das öffentliche Recht muß sich wohl oder übel an alle diese Begriffsbildungen anlehnen; es ist überhaupt nur insoweit klar und verständlich, als es sich selbst dieser Begriffsbildungen bedient. Es nützt nichts, wenn die Praxis des Staatsrechts und des Völkerrechts sich dadurch von dieser natürlichen geistigen Abhängigkeit zu befreien sucht, daß sie einzelne Sätze eines bürgerlichen Rechts wie bei uns die §§ 119, 123, 133, 139, 157, 226, 242 BGB. für ihr Gebiet zwar gelten lassen will, dabei aber jede unmittelbare oder mittelbare (analoge) Anwendbarkeit der Bestimmungen selbst ablehnt und lediglich den inneren gedanklichen Gehalt gleichsam als eine Art heiliges Recht verwerten will. Diese Versuche laufen auf bloße Ausflüchte hinaus. Die drei Status können also als gemeinsames Fundament des bürgerlichen und des öffentlichen Rechts behandelt werden.

Was sodann die heutige Zweizahl von Rechtspersonen anlangt — die natürlichen und die juristischen Personen —, so ist es verfehlt, wenn man für die zweite Gattung die drei Status für nicht gegeben erachten wollte. Eine juristische Person lebt vielmehr in ihrem Rechtsdasein gleichfalls auf dem Boden der drei Status. Der Status der Freiheit — richtig verstanden — ist gerade für sie von größter Bedeutung; denn er ist nichts anderes als die Anerkennung ihrer Rechtspersönlichkeit im Kampfe gegen die etwaige Verneinung einer solchen für den Einzelfall. Die Staatsangehörigkeit spielt auch für die juristische Person eine Rolle (art. 10 EG. z. BGB.; art. 7 Pr.AG. z. BGB.). Selbst der Familienstand greift für sie Platz, wenn man ihre gesetzliche Vertretung, die Mitgliedschaft zu ihr und ihre etwaige Rechtsstellung bei einem Erbgange als Ausflüsse dieses Status — und zwar mit Recht — ansieht. Wer die Neigung verspürt, die Zweizahl der Rechtspersonen auf eine Dreizahl zu erhöhen, indem er die verselbständigten Vermögensmassen als die dritte Rechtsperson erkennt, wird auch für die letzte die gleiche Betrachtung übernehmen müssen. Das Problem des internationalen Konkursrechtes z. B. gewinnt erst bei dieser Konstruktion seine volle Klarheit; denn die Kernfrage lautet hier dahin: ob die inländische Gesetzgebung nur den inländischen Konkursmassen oder ob sie auch den ausländischen Konkursmassen ein ius commercii d. h. Rechtspersönlichkeit im bürgerlichen Verkehr und Parteifähigkeit im Prozeß zugestehen will oder nicht.

Völlig verkehrt endlich ist es, den status libertatis auf den Gegensatz zwischen Freien und Unfreien im Sinne solcher Gesetzgebungen zu beschränken, die die Einrichtung der Sklaverei oder ähnlicher Unterdrückungen des Menschen kennen. Der Status der Freiheit ist ein Element, das begrifflich in jeder Gesetzgebung und in jeder Rechtsordnung vorkommen muß, es ist ein Element von doppeltem Kraftgehalt. Einmal besagt die Freiheit eines Wesens im Recht, daß dieses Wesen vor dem Recht eine Persönlichkeit ist — gegenüber Existenzen, die vor dem Recht der Persönlichkeit (und damit auch der Parteifähigkeit im gesamten Verfahrensrecht vor irgend welchen Behörden) ermangeln. Ferner besagt die Freiheit aber weiter für die Rechtsperson, ob diese in vollem Sinne bewegungsfrei oder irgend welchen rechtlichen oder tatsächlichen Beschränkungen durch die Rechtsordnung z. B. hinsichtlich der Freizügigkeit oder der Erduldung von Haft unterworfen ist oder nicht. Diese Dinge sind für das Einzelwesen von der größten Bedeutung in seinem Rechtsdasein.

In Wahrheit sind die drei Status die Plattform, auf der das Einzelwesen in dem Rechtsverkehr für seine Umgebung steht und die Aufgabe einer jeden Rechtsordnung ist es, diese Plattform so fest und beständig wie nur möglich zu gestalten und Vorkehr dafür zu treffen, daß jedermann diese Plattform klar erkennt. Wie erfüllt unser deutsches Recht diese Aufgabe? Die Antwort wird im Folgenden gegeben werden.

Zu unterscheiden ist die Aufgabe für das materielle Recht und für das Verfahrensrecht. In beiden stoßen wir auf Lücken und Unklarheiten, wobei diejenigen des Verfahrensrechtes die übelsten sind. Man wahrt den Überblick am besten, wenn man jeden der drei Status nacheinander und zwar sowohl in seiner heutigen materiellen Ausgestaltung als auch in seiner verfahrensmäßigen Behandlung erörtert.

Der Stand der Freiheit.

Der Status der Freiheit ist zunächst vom BGB. dahin geregelt, daß jede natürliche Person — jeder Mensch — auch eine Persönlichkeit vor dem Rechte ist. Diese Folgerung aus § 1 BGB. schließt die Ablehnung jeder Art von Sklaverei, die Gleichstellung inländischer und ausländischer Menschen als Rechtspersonen und auch die Verwerfung der Einrichtung des bürgerlichen Todes in sich; der letzte Gedanke wird noch durch art. 87 EG. z. BGB. bekräftigt. Im Einklang damit sichert § 50 ZPO. für einen jeden Menschen die Parteifähigkeit. Beides — die Rechtsfähigkeit und die Parteifähigkeit des Menschen — dauert bis zum natürlichen Tode; die Todeserklärung ändert daran nichts; sie erzeugt nur die widerlegbare Vermutung des natürlichen Todes. Wenn art. 31 EG. z. BGB. und § 24 EG. z. ZPO. vom 30. Januar 1877 dahin verstanden werden können, daß sie gegenüber Ausländern im Wege des Vergeltungsrechts auch eine Aufhebung aller oder einzelner dieser Sätze zulassen, so handelt es sich um eine bewußte Abweichung von der Norm für außerordentliche Zeiten. Alles was man aus dem bürgerlichem Recht entnehmen kann, gilt in den beschriebenen Sätzen für den Menschen auch in seiner Teilnahme am öffentlichen Recht — unbeschadet der Sonderbehandlung nach Staatsangehörigkeit, die ja ein anderer Status ist.

Nach dem Status der Freiheit regelt sich ferner das gesetzliche Maß der Bewegungsfreiheit des Menschen im Rechtsverkehr und sogar in tatsächlicher Hinsicht. Neben der Freizügigkeit in ihren Elementen — dem Rechte der freien Niederlassung und der freien Betätigung — beherrscht der Status der Freiheit das ganze Gebiet, an das art. 114 RV. denkt. Wie groß dieses Gebiet ist, zeigt ein Blick auf die §§ 15, 17, 40 Abs. 2 Satz 2 des Preußischen Polizeiverwaltunggesetzes vom 1. Juni 1931 (GS. 1931 S. 77) und auf die Preußische Ausländerpolizeiverordnung vom 27. April 1932

(GS. 1932 S. 179), deren Normen weitgehende Ergänzungen zum Strafrecht, Strafvollzug und Auslieferungsrecht auf dem Gebiete der gesetzlichen Freiheitsentziehung bilden. Ein Beweis für die Unvollständigkeit der vielen materiellen Rechtsnormen dieser Seite des Status der Freiheit liegt schon darin, daß sie zu einem großen Teile nur landesrechtlich gegeben sind.

Die juristischen Personen nehmen grundsätzlich an allen Fragen des Status der Freiheit teil. Streitigkeiten um ihre Rechtsfähigkeit, um ihre Parteifähigkeit, um ihr Niederlassungswesen und um ihre Zulassung zum Grunderwerb sind Kämpfe um den status libertatis. Der neuerdings gerade von ihnen so oft beanspruchte Namensschutz fällt wie der § 12 BGB. überhaupt gleichfalls unter diese Betrachtung. Es bedarf keiner weiteren Darlegung, daß in Ansehung der juristischen Personen (und noch mehr der verselbständigten Vermögensmassen) die gesamte heutige materielle Gesetzgebung des bürgerlichen und des öffentlichen Rechts der Einheitlichkeit entbehrt und die Rechtsprechung fortgesetzt auf diesem Gebiete vor die schwierigsten kaum lösbaren Aufgaben gestellt wird.

Läßt uns schon das materielle Recht oft genug bei der Untersuchung des Status der Freiheit im Stich, so versagt das Verfahrensrecht hier noch weit mehr. Machen wir uns dieses an folgenden Beispielen klar:

1. Ein Mensch, der durch Ausschlußurteil für tot erklärt wurde, kehrt nach Jahren heim. Seine Identität wird von manchen bezweifelt. So muß er sich von Fall zu Fall bei jedem der von ihm unternommenen rechtlichen Schritte zur Durchsetzung seiner Rechtsperson die von dem Gegner bestrittene Identität immer von neuem erkämpfen. Denn unser heutiges Aufgebotsverfahren kennt — im Gegensatz zu der jetzt abgeklungenen Sondergesetzgebung über die Kriegsverschollenheit aus Anlaß des letzten Krieges — nach Ablauf eines Monats seit Erlaß des Ausschlußurteils keine Möglichkeit mehr, eine unrichtige Todeserklärung wirksam für jedermann richtigzustellen. Der Entwurf einer Zivilprozeßordnung sucht in

seinen §§ 684 bis 688 diesen Mangel in Anlehnung an die früheren Sonderbestimmungen der Kriegsverschollenheit zu beheben. Beide Gesetzgebungen — die gegenwärtige und die zukünftige — haben bei der Anfechtungsklage wegen Unrichtigkeit der Todeserklärung für ein amtliches Untersuchungsverfahren und für die allgemeine Rechtskraft des die Todeserklärung aufhebenden oder den Todestag berichtigenden Urteils gesorgt, gleichwie beide auch das amtsgerichtliche Aufgebotsverfahren auf amtliche Untersuchung der wahren Sachlage abgestellt haben.

Um so verwunderlicher ist es, daß beide — § 969 ZPO. und § 677 des Entwurfes — bestimmen, daß der Amtsrichter das Verfahren auszusetzen habe, sobald sich jemand als der angeblich Verschollene meldet und als solcher von dem Antrag nicht anerkannt wird, ohne daß gleichzeitig dem Leser gesagt wird, wie er sich nun die weitere Aufklärung des Streites denken soll. Anscheinend ist an einen Prozeß zwischen dem Antragsteller und dem Heimkehrer über dessen Identität mit dem angeblich Toten gedacht. Mangels jeder Regelung dieses Prozesses müßte sich ein solcher Identitätsstreit in dem gewöhnlichen von dem Vortrage der Parteien und deren prozessualem Verhalten abhängigen Verfahren abspielen; ein etwaiges Urteil wirkt nur für die Parteien und was hinterher der Aufgebotsrichter damit anfangen soll, bleibt ein Geheimnis des Gesetzgebers, der eben diesen Richter an die Inquisitionsnorm des § 970 ZPO. und des § 678 des Entwurfes bindet.

2. Das Recht der Handelsgesellschaften kennt den Streit um die etwaige Nichtigkeit derjenigen Gesellschaften, die eigene Rechtspersönlichkeit besitzen (§§ 309 bis 311.320 Abs. 3 HGB., §§ 75—77 des G. betr. die G. m. b. H., §§ 94 bis 97 des G. betr. die Erwerbs- und Wirtschaftsgenossenschaften und daneben die §§ 144, 177 RfG.). Es ist unverständlich, warum nicht derselbe Streit allgemein für die juristischen Personen im bürgerlichen Vereinsrecht und im Vereinsregisterrecht geregelt ist; es ließe sich auch seine Ausdehnung auf die verselbständigten Vermögensmassen,

insbesondere die oHG. durchführen. Ebenso unverständlich ist, warum man den Streit im Falle der Klage nicht ebenso in Form eines Inquisitionsprozesses geregelt hat, während man das Vorgehen des Registerrichters sich doch inquisitorisch vorstellen muß.

3. Ein Mensch wird zur Vollstreckung des rechtskräftigen Strafurteils in die Strafanstalt eingeliefert; er bestreitet, daß er der Verurteilte sei. Ein angeblich Geisteskranker wird in eine geschlossene Anstalt verbracht; er bestreitet die Krankheit. Prüft man die den Festgehaltenen zustehenden Rechtsbehelfe, so ergibt sich folgendes Bild:

Im ersten Falle erscheint nur das Beschlußverfahren aus § 458 StPO. gegeben; im zweiten Falle wäre zu unterscheiden, ob die Verbringung in die Heilanstalt von der Polizei aus § 15 Abs. 2 des Preußischen Polizeiverwaltungsgesetzes geschah oder ob die Verwahrung als eine Betätigung der Fürsorge für die Person des Mündels vom Vormund aus § 1901 BGB. veranlaßt wurde. Handelt es sich um eine rein polizeiliche Maßnahme, so könnte man die Rechtsmittel gegen polizeiliche Verfügungen heranziehen, womit dem Ergriffenen der Weg bis zum OVG. geöffnet wäre, soweit nicht etwa das besondere Recht des öffentlichen Gesundheitswesens Einschränkungen rechtfertigt. Handelt es sich um einen Eingriff des Vormundes, so führt der Versuch einer Bekämpfung der Maßnahme zum Vormundschaftsrichter.

In allen diesen Fällen — abgesehen von der etwaigen Klage des angeblich Geisteskranken aus § 49 des Polizeiverwaltungsgesetzes — begnügt sich unsere Rechtsordnung mit einem nicht öffentlichen Verfahren, dessen Instruktion wesentlich bei derjenigen Stelle liegt, gegen die sich der Vorwurf unberechtigter Antastung der Freiheit richtet. Diese Regelung entspricht nicht derjenigen Sicherung des Status der Freiheit, die man berechtigt wäre, vom Gesetzgeber zu erwarten. Die Rechtslage dessen, der sich verletzt fühlt, ist kaum eine bessere als die des mit Ausweisung oder sonstigen Beschränkungen der Freiheit polizeilich bedrohten Ausländers in Preußen, dem unser Recht ausdrücklich die Klage im

Verwaltungsstreitverfahren abspricht (§ 54 des Polizeiverwaltungsgesetzes in Verbindung mit § 44 der Ausländerpolizeiverordnung).

Das Reich und die Länder kennen keine öffentlichen Verzeichnisse der Insassen öffentlicher Anstalten. Deren Verbleib im Einzelfalle zu ermitteln, ist Aufgabe der Angehörigen und sonstigen Interessenten. Über Leute, die den Offenbarungseid geleistet haben, führen wir öffentliche Listen und Karteien.

Der Stand der Staatsangehörigkeit.

Die Römer kannten nur eine civitas: das römische Bürgertum. Die Verneinung dieser Eigenschaft bedeutete den Ausschluß vom römischen Recht. Die Zulassung der Fremden zum beschränkten Rechtsverkehr war nur ein Zugeständnis, das durch das Wachstum Roms erforderlich wurde. Hand in Hand mit diesem Zugeständnis muß auch im Gerichtsgebrauch innerhalb des in sich erstarkenden Weltreichs die Rücksichtnahme auf die Provinzialrechte geübt worden sein. Die Erwähnung des Census für Syrien schon im Anfang der Kaiserzeit deutet sogar an, daß in den öffentlichen Listen neben der römischen Civität auch die Zugehörigkeit einer Person zu einer Provinz als gleichsam einer anderen Civität erwähnt wurde. Bei der überragenden Stellung des römischen Bürgertums und bei der Aufnahme aller freien Bewohner des Weltreichs in dieses Bürgertum trat wohl schließlich der Gegensatz zwischen dem römischen Recht und den Provinzialrechten als Statusgegensatz völlig zurück und löste sich in dem einem einheitlichen Recht angehörenden Gedanken auf, daß der Richter beide Rechte, und zwar das auf den einzelnen Rechtsfall anwendbare Provinzialrecht als sein primäres Recht und in dessen Ergänzung das allgemeine römische Recht als subsidiäres Recht anzuwenden habe. Für den Römer lief also auf der höchsten Entwicklungsstufe seiner staatlichen und rechtlichen Ordnung die Untersuchung des status civitatis eines Menschen auf die Frage hinaus, ob er ein civis Romanus oder ein barbarus sei, dem die Teilnahme am Rechtsverkehr innerhalb des römischen Reiches genau so fehlte, wie dem Römer, der in die Hand der Barbaren gefallen war und den man im gleichen Augenblick aus der Reihe der Lebenden ausstrich, wie das ius postliminii und die fictio legis Corneliae beweisen.

Für uns gestaltet sich die Regelung der Staatsangehörigkeit weit schwieriger. Bei der großen Zahl der im heutigen Rechtsverkehr der Erde sich gegenseitig anerkennenden Staaten muß der einzelne Staat zwar die in seinem Gebiete weilenden Ausländer als Personen der verschiedensten Staatsangehörigkeit erachten; er selbst kann aber nur den Erwerb und Verlust der Angehörigkeit einer Rechtsperson (und zwar sowohl der natürlichen wie auch der juristischen Person) sich selbst gegenüber regeln. Daraus folgt, daß er allgemein verbindliche Sätze oder behördliche (auch richterliche) Feststellungen über eine fremde Staatsangehörigkeit nicht aufstellen und nicht zulassen darf. Bei dem besonderen Aufbau des Reiches und der Länder entsteht für das deutsche Recht noch die weitere Schwierigkeit in der Ausgestaltung der Zugehörigkeit des einzelnen zum Reich allein oder gleichzeitig auch zu einem Lande oder gar zu mehreren Ländern.

Das materielle deutsche Recht sucht die beschriebenen, ihm gestellten Probleme in dem Reichsgesetz vom 22. Juli 1913 (RGBl. S. 583) zu lösen. Man kann über die Zweckmäßigkeit dieser unmittelbar vor dem Weltkriege gesuchten und gefundenen Lösung für die Gegenwart vielleicht zweifeln. Anzuerkennen ist aber auf alle Fälle, daß das Gesetz die materiellen Bestimmungen klar und erschöpfend gibt.

Um so verwunderlicher ist es dann freilich, daß bei diesem Status, und zwar der deutschen Staatsangehörigkeit, das Verfahrensrecht völlig versagt. Wir kennen keine sicheren öffentlichen Vermerke über unsere Staatsangehörigkeit; das polizeiliche Meldewesen und das Paßwesen kann nicht als Ersatz für einen echten Census angesprochen werden. Den einzelnen trifft der Listenmangel um so stärker, als ihm gegenüber Anzweiflungen von irgend welcher Seite der Nachweis seiner Reichs- und Staatszugehörigkeit obliegt. Das bestimmt § 2 Abs. 2 des Reichsgesetzes über die Freizügigkeit vom 1. November 1867 ausdrücklich. Diesen Nachweis kann jede Paßbehörde und sonstige Polizeibehörde, insbesondere auch das ordentliche Gericht gegebenenfalls z. B. in Eheprozessen nach § 606 Abs. 4 ZPO. verlangen. Jeder von uns weiß, welche Verzögerungen von Anträgen und Klagen durch einen solchen oft gar nicht zu behebenden Zweifel entstehen.

Dem Listenmangel gesellt sich das völlige Fehlen einer Statusklage über die Staatsangehörigkeit in unserem Recht. Das Reichsgesetz vom 22. Juli 1913 kennt in seinem § 40 nur eine beschränkte Rechtsgarantie für gewisse Fälle der Ablehnung von Anträgen auf Aufnahme, Einbürgerung oder Entlassung, wozu Preußen im § 155 des ZustG. vom 1. August 1883 die Anrufbarkeit des OVG. gefügt hat. Diese Dinge liegen aber neben der eigentlichen Statusklage. Wird jemand von irgend einer Behörde in Deutschland als Ausländer behandelt, der von sich behauptet, daß er Inländer sei, so gibt es für ihn keine Möglichkeit, seine Eigenschaft als Inländer rechtskräftig feststellen zu lassen; er sieht sich bei jedem rechtlichen Schritt, den er selbst unternimmt oder der gegen ihn unternommen wird, immer wieder vor die Notwendigkeit gestellt, sein deutsches Bürgertum zu beweisen.

Noch verzweifelter ist die Rechtslage des Ausländers, der sicher nicht Deutscher ist, dessen Staatsangehörigkeit aber im übrigen auf Zweifel stößt. Diese Zweifel gegenüber einer deutschen Verwaltungsbehörde oder einem deutschen Gericht zu beseitigen, kann nur nach langwierigen Untersuchungen und sehr oft wird es niemals gelingen. Dabei spielen solche Untersuchungen in der Praxis bei Prüfung von Ehehindernissen durch den Standesbeamten, bei Scheidungsklagen und bei der starken Betonung des Grundsatzes der Staatsangehörigkeit für den gesamten privatrechtlichen Verkehr nach Art. 7 bis 31 EG. z. BGB. eine entscheidende Rolle. Abhilfe gegen diese Mängel könnte nur ein zwischenstaatliches Abkommen und ein internationaler Statusgerichtshof schaffen.

Um in unserem Überblick vollständig zu sein, müssen

wir an dieser Stelle nochmals betonen, daß der status civitatis auch bei juristischen Personen (und den verselbständigten Vermögensmassen) sich findet. Gerade im deutschen Recht erfordern art. 10 EG. z. BGB., art. 88 EG. z. BGB. und die von uns geschlossenen Konsular- und Niederlassungsverträge gebieterisch vom Gesetzgeber klare materielle und verfahrensrechtliche Normen über die Ermittlung und die Klärung zweifelhafter Status auf diesem Gebiete. Hieran gebricht es durchaus.

Der Familienstand.

Wir dürfen den status familiae nicht auf die im vierten Buche des BGB. behandelten Status der Ehe, der Verwandtschaft und der Vormundschaft beschränken. Zu ihm rechnen die die Geschäftsfähigkeit einer Rechtsperson berührenden Momente wie das Lebensalter und seelische von der Rechtsordnung bewertete Eigenschaften, darunter auch der Zustand der Entmündigung. Man wird hierhin ferner die Klärung von Zweifeln über den Geschlechtscharakter eines Menschen und über die zeitliche Folge der Geburt von Zwillingen, sowie über die Rechtsnatur von Mißgeburten zu zählen haben. Wer den Streit um die Beilegung eines Namens nicht wie wir oben unter den status libertatis stellen will, wird auch diesen endlich dem status familiae einordnen müssen.

Das deutsche materielle und zwar bürgerliche Recht regelt alle auf den status familiae bezüglichen Fragen eindeutig. Es kennt nur zwei Geschlechter. Es nimmt eine feste Zeitfolge bei Mehrgeburten — vermerkbar im Standesregister — an, lehnt also im Gegensatz zum früheren preußischen Recht die etwaige Entscheidung der Zeitfolge durch das Los ab. Es gliedert die Geschäftsfähigkeit nach Altersstufen und nach dem Vorhandensein bestimmter seelischer Defekte — bald mit, bald ohne Entmündigung —. Es kennt als dauernde Rechtsverhältnisse unter Angehörigen die in seinem Familienrecht geschilderten drei Beziehungen.

So klar diese sachlichen Vorschriften auch sind, so versagt doch auch hier wieder das Verfahren. Es gilt dieses zunächst für die Möglichkeit einer Ermittlung des Status. Unser Standesregister verzeichnet lediglich Geburten und damit das Lebensalter, den Eheschluß und die Todesfälle. Es verzeichnet die Entmündigungen garnicht (ebenso wenig wie das Grundbuch), sodaß bei dem Mangel des Schutzes des guten Glaubens im Rechtsverkehr mit nicht geschäftsfähigen Personen der Dritte nicht nur des Rechtsschutzes entbehrt, sondern nicht einmal irgendwie gewarnt wird (abgesehen von der auf Entmündigung und Bemündigung von Verschwendern und Trinkern beschränkten Veröffentlichung nach § 687 ZPO.). Soweit das Standesregister den Familienstand verzeichnet, steht selbst diese umfangreiche Tätigkeit außer Verhältnis zu dem praktischen Nutzen, den sie eigentlich stiften sollte und könnte. Denn die Reichsgesetzgebung konstruiert die standesamtlichen Urkunden als Begleiterscheinung zufälliger Aufenthalte von Personen und sieht keinerlei Verknüpfung der Eintragungen untereinander vor. Zieht ein Ehepaar von Ort zu Ort, so werden die Geburten ihrer Kinder zusammenhanglos in verschiedenen Registern vermerkt. Geburten und Todesfälle in Kliniken und Krankenhäusern werden von dem Standesamt aufgezeichnet, in dessen Bezirk die Anstalt — oft weit ab von dem Wohnsitze der Mutter oder des Sterbenden — gelegen ist. Es ist daher ein Unding für denjenigen, der nicht genau mit der Geschichte der betreffenden Familie vertraut ist, die für den Nachweis familienrechtlicher Zusammenhänge gebotenen standesamtlichen Urkunden ausfindig zu machen. Es wäre Aufgabe des Reiches, die deutschen Standesämter zu einer Verbindung zwischen den Registereinträgen über denselben Menschen oder über dieselbe Familie anzuhalten. Preußen hat den Weg hierzu endlich — ein halbes Jahrhundert nach dem Inkrafttreten des Reichspersonenstandgesetzes vom 6. Februar 1875 — versucht einzuschlagen. In seiner Ausführungsverordnung vom 31. Dezember 1925 (GS. 5/26) zu dem Reichsgesetz hält Preußen seine Standesbeamten dazu an, Mitteilungen aus Anlaß von Geburten, Todesfällen und Heiraten an andere Standesämter derart zu machen, daß durch entsprechende Vermerke auf den Urkunden dem Leser eine Art von Ariadnefaden überreicht wird, mittels dessen er sich durch das Labyrinth der Standesbücher zurecht finden kann. Diese Hinweise sind freilich auf Standesfälle für die Zeit von 1926 ab beschränkt; doch bestimmt § 7 der Verordnung:

> Auch für Standesfälle aus der Zeit vor 1926 ist es gestattet, die Hinweise und Mitteilungen (§§ 1 bis 6) nachträglich zu machen. Auf Antrag eines Beteiligten sind sie gegen Entrichtung der festgesetzten Gebühr zu machen.
>
> Ein preußischer Standesbeamter, der eine Mitteilung der gedachten Art empfängt, muß in seinem Standesregister den entsprechenden Hinweis machen.

Die Verordnung bemüht sich auch, die Hinweise durch Mitteilungen der preußischen Standesbeamten auf andere deutsche Standesregister auszudehnen; bezeichnend für die Unsicherheit dieses Versuches ist die Vorschrift im § 3 der Verordnung:

> „Die Mitteilung unterbleibt, wenn bekannt ist, daß das andere Standesamt nach den dort geltenden Vorschriften den Hinweis nicht machen darf."

Auf jeden Fall ist der preußische Versuch rühmenswert und müßte sich der weitesten Unterstützung durch Anwälte und Notare erfreuen, wenn auch die Erfüllung der guten Absicht bei der bisher 50 Jahre hindurch beliebten Vernachlässigung eines jeden Zusammenhanges unter den Standesämtern und bei der Gleichgültigkeit anderer Länder gegenüber dem preußischen Versuche in weiter Ferne liegt. Geschichtlich von Interesse ist hierzu noch die Feststellung, daß die preußische Verordnung einen Vorläufer in dem Decretum „Ne temere" des Papstes Pius X. vom 2. August 1907 hat, worin sich bei der Neuregelung der kirchlichen Voraussetzungen für das Verlöbnis und die Eheschließung die Vorschrift befindet, daß der bei der Eheschließung anwesende Geistliche diese nicht nur sofort im Eheprotokollbuch, sondern auch im Taufbuch vermerken und, falls ein Ehegatte an einem anderen Orte getauft ist, den für diesen Ort zuständigen Pfarrer von der Eheschließung benachrichtigen soll.

Noch trüber als mit den öffentlichen Aufzeichnungen über den status familiae sieht es im heutigen Recht mit der Feststellung eines strittigen Familienstandes aus. Das sechste Buch der ZPO. bedeutet nur einen bescheidenen Anfang zur Klärung des Problems. Durch die Einführung des Grundsatzes der richterlichen Untersuchung (§§ 617, 622 ZPO.), durch die Heranziehung der Staatsanwaltschaft (§§ 607, 632 ZPO.) und durch die Erweiterung der Rechtskraft gewisser Urteile im Gegenstand (§ 616 ZPO.) und im Personenkreise (§ 629 ZPO. und § 1564 BGB.) hat unser gegenwärtiges Recht bewiesen, daß es sich über die Problemstellung klar ist. Es hat auch durch die Einbeziehung der Streitigkeiten über gewisse Rechtsfragen der Verwandtschaft (§§ 640 bis 644 ZPO.) in das sechste Buch, sowie durch die Erwähnung der beiden Ehefeststellungsklagen im § 606 ZPO. und durch die Sondervorschrift über das Versäumnisurteil gegen bestimmte Statuskläger (§§ 635, 638, 640 Abs. 1) eine beträchtliche Verbesserung gegenüber dem Rechtszustande vor 1900 vorgenommen. Es ist aber in diesen Anfängen stecken geblieben. Durch § 628 ZPO. lehnt es nach wie vor die Feststellbarkeit eines strittigen Ehestatus mit Rechtskraft für jedermann nach dem Tode eines Ehegatten ab; dieser Gedanke kehrt für Eltern- und Kindesprozesse in den §§ 640, 641 ZPO. wieder. Dabei ist die Aufklärung der fraglichen Status für das Familienleben und die erbrechtliche Lage der Überlebenden von der größten Bedeutung (vgl. §§ 1329, 1338, 1342, 1597, 1699 fg., 1721, 1933, 2077, 2265, 2268, 2335 BGB.). Indem das Gesetz in allen diesen Fällen eine allgemein wirksame richterliche Feststellung des wahren Status verweigert, zwingt es die Beteiligten und die Gerichte, von Fall zu Fall eben dieselbe strittige Statuslage stets von neuem zu prüfen, wobei einander widersprechende Entscheidungen nicht nur möglich, sondern zwangsläufig sind, weil der strittige Status in diesen Prozessen nur einen vereinzelten Entscheidungsgrund (einen Inzidentpunkt) bildet und die Prozesse in der gewöhnlichen Prozeßart mit der Verfügungsgewalt der Parteien über den Streitstoff geführt werden.

Der statusrechtliche Verfahrenswirrwar wird noch durch folgende Momente selbst innerhalb der Regeln des sechsten Buches der ZPO. gesteigert:

Das Gesetz verbietet nicht ausdrücklich Teilurteile, teilweise Rechtsmittel und die Zerreißung der Aussprüche über Klage und Widerklage (besonders wichtig bei bedingten Endurteilen). Erst die Praxis des Reichsgerichts hat zu diesem Punkte den Satz von der logischen Einheit des Urteils in Ehesachen aufgestellt. Das Gesetz verbietet nicht die volle Anwendbarkeit der Grundsätze von der Wiederaufnahme des Verfahrens auch auf Urteile, die in den Verfahren des sechsten Buches erstritten wurden — selbst wenn inzwischen im Vertrauen auf das Urteil neue Statusverhältnisse geschaffen oder vermögensrechtliche Geschäfte geschlossen wurden. Die hierdurch geförderte Rechtsunklarheit gilt nicht nur für den Fall der Scheidung oder sonstigen Beseitigung einer Ehe durch Urteil mit nachfolgender Wiederverheiratung des einen Teils mit einer dritten Person und späterer Zertrümmerung des Urteils; sie ergreift ebenso Fälle auf der Basis des zweiten und dritten Abschnittes des sechsten Buches. Man denke daran, daß ein wegen Geistesschwäche Entmündigter mit Erfolg die Anfechtungsklage oder die Aufhebungsklage anstrengt, sich dann im Rechtsverkehr betätigt, hinterher aber das frühere rechtskräftige Urteil auf Grund einer Nichtigkeitsklage oder einer Restitutionsklage beseitigt wird, sodaß die Entmündigung in Wahrheit immer fortbestanden hat. Hier versagt selbst der sonst so umsichtige § 115 BGB. Bemerkenswert ist, daß der Entwurf einer ZPO. alle diese Unklarheiten bestehen läßt.

Willkürlich ist, daß das sechste Buch sich auf die in seinen drei Abschnitten behandelten status familiae beschränkt. Ein Kampf um Minderjährigkeit oder Volljährigkeit einer Rechtsperson, ein Kampf um den Zustand der Geschäftsunfähigkeit nach § 104 Ziffer 2 BGB. und ein Kampf um die Amtsstellung eines Vormundes oder Pflegers vertragen durchaus die Eingliederung in das sechste Buch, wenngleich der Entwurf sich hierzu noch nicht bekennt.

Vor allem gilt diese Forderung an den Gesetzgeber unserer Tage aber für die Streitigkeiten um ein Erbrecht, hinter denen absolute Rechtswirkungen sich verbergen.

Erbklagen als Statusklagen.

Die Römer bauten die Erbklagen in den status familiae ein. Diese Würdigung des Charakters der Erbklagen entspricht der Entstehung des Erbrechts aus dem Familienverbande; noch heut wird ja gegenüber dem Ansturm des Staates und der Gesellschaft gegen das Erbrecht darauf hingewiesen, daß das Erbrecht seine sittliche Rechtfertigung in der Pflicht der Fürsorge für die nächsten Angehörigen über den Tod hinaus finde. Wie man sich aber auch zu dieser systematischen Frage stellen will, so ist doch folgendes klar:

Der Erbgang erzeugt gewisse absolute Rechtslagen, die nicht nur für den erbrechtlichen Erwerber und einen etwaigen bestimmten Gegner von ihm bedeutungsvoll sind, deren Fixierung vielmehr auf eine unbegrenzte Zahl beliebiger Personen einwirkt. In dem § 2081 BGB. treffen wir die Aufzählung solcher Rechtslagen gelegentlich an. Diese Aufzählung beweist, daß der Gesetzgeber sich der absolut rechtlichen Bedeutung der von ihm hervorgehobenen Rechtslagen des Erben jeder Art und des Testamentsvollstreckers bewußt ist. Man muß auch anerkennen, daß unser heutiges materielles bürgerliches Recht die Entstehung und den Untergang aller dieser Rechtslagen klar beschreibt (vgl. z. B. §§ 1953, 2139, 2202, 2226, 2227, 2368 Abs. 3 Ende und 2344 BGB.).

Diese klare sachliche Rechtsbildung nützt nun aber im Streitfalle garnichts. Denn hier versagt das Verfahrensrecht völlig. Nicht nur stehen die Instanzen des Nachlaßgerichts innerhalb der freiwilligen Gerichtsbarkeit in der Bildung ihrer Rechtsmeinung über die Gültigkeit von Testamenten völlig unabhängig gegenüber der Beurteilung der gleichen Tatbestände durch die Prozeßgerichte da. Es gebricht außerdem den Urteilen der Prozeßgerichte über einen strittigen Erbgang oder eine strittige Testamentsvollstreckung an der allgemeinen Rechtskraft für und gegen jedermann. Eine solche ließe sich auch nur in einem Statusprozesse nach dem Vorbilde des sechsten Buches der ZPO. erzielen; die Erbklagen werden aber bei uns im gewöhnlichen Prozesse verhandelt. Siegt der gesetzliche Erbe gegen den Testamentserben, so ist das Urteil ohne Wert für die Beziehungen der Nachlaßgläubiger zu dem richtigen Erben; selbst Vermächtnisnehmer, deren Bedenkung auf dem in den Urteilsgründen für nichtig befundenen Testament beruht, sind nicht gehindert, den vermachten Gegenstand vom Testamentserben zu verlangen. Bis zu welchem Widersinn unser materielles Erbrecht und unser unvollkommenes Verfahrensrecht sich steigern können, dafür bietet die Darstellung der Erbunwürdigkeit ein Beispiel. Das BGB. schreibt für deren Feststellung eine Anfechtungsklage vor, für die die ZPO. keine besonderen Bestimmungen vorsieht. Der § 2344 BGB. schildert als materielle Rechtswirkung des auf Erklärung der Erbunwürdigkeit des Beklagten erstrittenen Urteils, daß der Beklagte als Erbe wegfalle. Wen zwingt dieses Urteil in seinen Bann? Nach der Vorstellung des bürgerlichen Rechts einen jeden, nach § 325 ZPO. nur die Parteien. Wollte man das bürgerliche Recht hier für maßgeblich erachten, so hätten es die Parteien in der Hand, kraft der Verhandlungsmaxime durch das Urteil die Erblage entgegen der Wirklichkeit umzugestalten. Man setze einmal den Fall, daß der leichtsinnige Erbe eines überschuldeten Erblassers die Inventarfrist versäumte und um der persönlichen Haftung gegenüber den Nachlaßgläubigern zu entrinnen, sich von einem nach § 2341 BGB. zur Klage berechtigten Verwandten gegen die Erbunwürdigkeit aus einem verabredeten erdichteten Tatbestande belangen läßt. Durch das ihm willkommene Urteil würde der Erbe alle Sorge um die Erfüllung der Nachlaßverbindlichkeiten los! Es ist eine unlösbare Preisaufgabe für den deutschen Juristen, zu ergründen, was sich der Gesetzgeber wohl bei diesem Widersinn zwischen BGB. und ZPO. gedacht hat.

Der Einklang zwischen dem materiellen Erbrecht und dem Prozeßrecht ist nach dem Vorbilde der Römer mit Leichtigkeit dadurch zu erzielen, daß man die auf eine absolute Wirkung begrifflich gerichteten Erbklagen in das sechste Buch der ZPO. einreiht. Durch öffentliche Mitteilungen des Gerichts kann der weiteste Interessentenkreis auf die Klage aufmerksam gemacht und dadurch können unbillige Folgen für Dritte durch das sie mitergreifende Urteil verhütet werden, indem man gleichzeitig sie an dem Rechtsstreite auf ihren Wunsch teilnehmen läßt.

Das Ergebnis.

Durch unsere Betrachtung ist uns für das gegenwärtige Rechtsleben klar geworden, auf welche Schwierigkeiten die Ermittlung eines Status stößt, und daß es oft unmöglich ist, einen strittigen Status rechtswirksam zu klären. Veranschaulichen wir uns zum Schlusse noch einmal an einem besonders in der Öffentlichkeit bekannt gewordenen Rechtsfalle die Hilflosigkeit, in der unser Recht hierbei steckt.

Auf einem Berliner Standesamt wird gemeldet, daß in dessen Bezirk die Ehefrau eines deutschen Grafen einen Knaben geboren habe. Die Geburt wird vermerkt und die Geburtsurkunde gilt damit nach § 15 des Reichspersonenstandsgesetzes als der urkundliche — wenn auch widerlegbare — Nachweis der Geburt. Die Gräfin stand in einem Alter, in dem Frauen allgemein nicht mehr gebärfähig sind. Mit der Geburt des Knaben war der weitere Verbleib eines Familienfideikommisses im Falle des Todes des Grafen für dessen Angehörige gesichert. Die weitere Familie wollte an die Echtheit der Geburt nicht glauben. Es tauchte das Gerücht auf, daß der Knabe im Auslande geboren und Sohn einer einfachen Frau sei. Daraus entwickelten sich die verschiedensten Gerichtsverfahren. Zunächst erhob man Anklage gegen das gräfliche Ehepaar aus § 169 StrGB. und zwar, da nach dem Tatbestande ein Verbrechen vorlag, vor dem alten Schwurgericht. Die Geschworenen verneinten nach tagelanger Verhandlung, die mit den stärksten Spannungen geladen war, die Schuldfrage. Was wurde durch den hiernach erfolgenden Freispruch der Angeklagten rechtswirksam festgestellt? Nicht das geringste über den Familienstand und über die Staatsangehörigkeit des Kindes (wie es das Volk aber natürlich verstand), sondern nur, daß der Anspruch des Staates auf Sühne eines angeblichen Verbrechens zu verneinen war. Darauf befaßte sich die freiwillige Gerichtsbarkeit mit der Anregung auf Berichtigung des Standesregisters durch etwaige Vernichtung der Berliner Geburtsurkunde in einem Verfahren, das sowohl das damalige preußische Recht als auch das heutige RFG. § 69 fg. kennt. Man lehnte die Berichtigung ab, weil dieses Verfahren nicht dazu bestimmt schien, einen solchen verwickelten Tatbestand zu klären. Nunmehr strengte die ausländische Mutter die Klage auf Herausgabe des zum Jüngling heranwachsenden Knaben gegen das Grafenpaar an; in einem rechtskräftig bedingten Endurteile wurde der Klageanspruch auf Herausgabe des Minderjährigen von einem Eide der beklagten Gräfin abhängig gemacht. Vor der Erledigung dieses Urteils starb die Gräfin. In dem nach § 471 ZPO. aufgenommenen Rechtsstreit unterlag der jetzt nur noch beklagte Graf; auf seine Revision aber wurde das Urteil aufgehoben und die Klage mit der Begründung abgewiesen, daß nach dem inzwischen in Kraft getretenen neuen deutschen bürgerlichen und Verfahrensrecht die Klage aus § 1632 BGB. (Art. 203 EG. z. BGB.) begrifflich im Falle eines Streites um die Elternschaft ausgeschlossen sei und dieser Streit nur nach Maßgabe der §§ 640, 643 ZPO. entschieden werden könne. In der Tat hätte ein etwaiges rechtskräftiges Urteil auf Herausgabe des Jünglings auch nicht das geringste über seinen Familienstand und über seine Staatsangehörigkeit entschieden. Man erkennt hieran gelegentlich den großen Fortschritt der Rechtstechnik durch die Aufnahme der Kindschaftsklagen in das sechste Buch der ZPO. Nun wartete die Rechtswelt gespannt auf die Klage der Mutter gegen den herangewachsenen Sohn und den Grafen. Diese aber kam niemals zum Austrag, weil sich die Beteiligten hinter dem Forum verständigt hatten. Der Staat besitzt auch heute keine Macht, um die Anstrengung von Kindschaftsklagen zu erzwingen; er kann auch die etwa angestrengte Klage seinerseits nicht gegen den Willen der Parteien aufgreifen; die Staatsanwaltschaft ist in diesen Klagen nach §§ 607, 640 ZPO. eine Nebenfigur. Vor einiger Zeit las man in der Zeitung, daß der so umstrittene Mann gestorben sei; er starb als Graf. Niemand aber kann nach seinem Tode eine Klärung der Rechtsfrage herbeiführen, welchen Familienstand und welche Staatsangehörigkeit er wirklich gehabt hat; daran hindern §§ 628, 640 ZPO. selbst die überlebenden Beteiligten.

Sind nun die von uns aufgedeckten Schwächen unseres heutigen Verfahrensrechts in Statussachen unheilbar? Keineswegs. Man habe nur den Mut der Römer und schaffe:

1. Eine öffentliche Liste oder mehrere Listen über die sämtlichen Status einer jeden — wenigstens einer jeden deutschen — Rechtsperson, der natürlichen wie der juristischen.

2. Die Verwertbarkeit des sechsten Buches der ZPO. für alle Statusklagen unter gleichzeitiger Ausmerzung der dem Buche selbst noch anhaftenden Mängel.

3. Die Verbindung aller zu 1 geforderten Listen untereinander und mit den erlassenen Statusurteilen.

Bei der Zersplitterung der Völker und bei der Bedeutung der jeweiligen Staatsangehörigkeit des einzelnen für sein ganzes Rechtsdasein kann allerdings die Vollendung der angestrebten Rechtssicherheit erst in der Ergänzung der Einrichtungen der einzelnen Staaten durch gegenseitige Anerkennung der Listen und Urteile bei den verschiedenen Staaten und durch die Schaffung eines internationalen Statusrechts und Statusgerichtshofes für diejenigen Fälle erreicht werden, in denen die Staatsangehörigkeit des einzelnen dunkel ist oder Staatenlosigkeit besteht. Wenn man die Kraft zu einem internationalen Markenregister fand, wird man sie auch zur Aufzeichnung von Menschen aufbringen können und die Versuche einer Vereinheitlichung des Wechselrechts, der Internationalisierung des Konkursrechts (d. h. der Rechtspersönlichkeit der Konkursmasse) und die schon bestehenden Haager Abkommen im Gebiete des Familienrechts zeigen, daß die Hoffnungen auf ein allgemeines Interesse an den aufgeworfenen Fragen begründet sind und daß die Lösung der Probleme keine Utopie ist. Warum sollte das heutige Menschengeschlecht sich nach 2000 Jahren nicht wieder auf die Höhe der staatlichen und rechtlichen Kultur der Römer zurückfinden können? Denken wir daran, daß es für den Römer nicht nur den civis Romanus, sondern wie der Beiname des Kaisers Titus zeigt, auch das genus humanum gab.

Fünf Jahre Berliner Rechtsanwaltschaft.[1])

Ein Streifzug durch Protokolle und andere Schriften.

Von Rechtsanwalt Dr. Willy Alterthum in Berlin.

Kapitel I: Kriegsliquidation.

Wer es unternimmt, die Geschichte der Berliner Rechtsanwaltschaft im ersten Jahrfünft nach dem Kriege festzuhalten, dem drängt sich unwiderstehlich der Eindruck auf, daß sich in der Geschichte dieser lokal begrenzten Berufsgruppe die Geschichte des ganzen deutschen Volkes wiederspiegelt: ein leidvolles, wechselvolles Jahrfünft deutschen Schicksals, das die gesellschaftliche Struktur des Volkes, insbesondere aber seines intellektuellen Mittelstandes an der Wurzel trifft. Nichts mehr lehrt das Geschehen dieses Jahrfünfts als die Erkenntnis, daß die Anwaltschaft ein Teil des Volkes, ein Teil der Gesellschaft ist, und daß, was auch immer das Volk bewegt und erregt, seine Rückwirkung in diesem Teil des Ganzen — geformt in einer eigenen Ebene — äußert. Und so müssen auch die geistigen Bewegungen, die die Anwaltschaft in dieser Zeit ergreifen, auf diejenigen Kräfte und Lebenstatsachen zurückgeführt werden, die für das Schicksal der Gesamtheit entscheidend waren.

Betrachtet man den historischen Ablauf des Zeitabschnittes 1918 bis 1923 im Berufskreise der Berliner Rechtsanwaltschaft unter diesem Gesichtspunkt, so wird sofort deutlich, daß das Kriegsende und der Zusammenbruch des Jahres

[1]) Die Arbeit war ursprünglich als ein in sich abgeschlossener Beitrag für diese Festschrift gedacht. Die Fülle des vorliegenden Materials hat den angenommenen Rahmen gesprengt. Es werden daher hier nur die beiden ersten Kapitel veröffentlicht.

1918 hier wie auch im Volke sonst einen Übergang von einigermaßen statischen zu dynamischen Verhältnissen bedeutet. Die Kriegsgeneration, noch erfüllt von dem Geiste kameradschaftlicher Solidarität und zitternd über die Schmach der Niederlage geht daran, das Gewordene in dem Bewußtsein neuen Werdens nachzuprüfen und sie wirft, getragen von tiefstem sittlichen Ernst und in der Überzeugung ihrer Sendung die Frage nach den Grundlagen des Berufes und der Gestaltung seiner Aufgaben im Rahmen der Rechtspflege auf.

Vergessen wir nicht: Dies ist die Zeit der Liquidation des Krieges, der militärischen und wirtschaftlichen Demobilmachung. Seelisch und physisch gebrochene Menschen kehren aus Krieg und Gefangenschaft, wurzellos geworden und der Hoffnungslosigkeit preisgegeben, in die Heimat zurück. Hier führt der Rat der Volksbeauftragten ein provisorisches Regiment, nachdem die bisherigen Herrschaftsformen beseitigt sind. Um die Grundlagen der künftigen Gestaltung des gesellschaftlichen und staatlichen Lebens des Volkes wird noch gerungen. In blutigen Straßenkämpfen sucht die Spartakusbewegung ein bolschewistisches Rätesystem nach russischem Muster auch in Deutschland mit Waffengewalt durchzusetzen. Der Gedanke einer Sozialisierung der Wirtschaft steht im Brennpunkte der Erörterungen.

Die Strebungen und Bewegungen der Berliner Anwaltschaft dieser Tage zeigen ein ähnliches Bild. Auch in sie strömen die Kriegsteilnehmer zurück, die, wie so viele andere Volksgenossen vor dem Nichts stehend, der Kenntnis der inzwischen erlassenen Gesetze und den Berufsgeschäften durch lange Abwesenheit entfremdet, eine völlig neue Existenz aufzubauen versuchen müssen. Aus ihren Kreisen erhebt sich der Ruf nach einer Sozialisierung der Anwaltschaft.

Um die Lage der Kriegsteilnehmer zutreffend zu würdigen, sei ein kurzer Blick auf die wirtschaftlichen Verhältnisse der Anwaltschaft jener Tage vorangestellt.

Schon in den Jahren vor dem Kriege waren — trotz blühender Wirtschaft — Anzeichen dafür bemerkbar geworden, daß den in den Beruf hineinströmenden Kräften ein ausreichendes Feld der Betätigung nicht geboten werden könne. Auf dem Würzburger Anwaltstage 1911 wurde die Frage erörtert, ob sich gesetzgeberische Maßnahmen gegen eine Überfüllung des Anwaltsstandes empfehlen und dieser Frage die Antwort gegeben, daß der Anwaltstag in der Freiheit der Rechtsanwaltschaft die sicherste Gewähr für die Tüchtigkeit und Unabhängigkeit erblicke und alle vorgeschlagenen Maßregeln, welche einer etwaigen Überfüllung des Standes dadurch vorbeugen wollten, daß sie die Zulassung zur Anwaltschaft in irgend einer Weise mehr als bisher beschränkten, für ungerecht und im Interesse der Rechtspflege und des Standes für schädlich halte. Hatte man danach zwar das vorgeschlagene Mittel gesetzgeberischer Maßnahmen gegen die Überfüllung, weil standesschädlich, verworfen, so war doch der letzte Grund der Erörterung, das Absinken eines Teiles der Berufsgenossen in drückende wirtschaftliche Verhältnisse und daß ein weiterer Zudrang den gefährlichen Verarmungsprozeß beschleunigen müsse, erkennbar geworden und bestehen geblieben. Über die Einkommenslage der Anwaltschaft vor und während des Krieges fehlen genaue statistische Angaben. Man wird aber mit Feuchtwanger[2]) annehmen dürfen, daß vielen verhältnismäßig geringen und mittleren Einkommen eine nicht sehr große Zahl hoher und höchster Einkommen gegenüberstand.

> „Die Arbeits- und Einkommensverteilung innerhalb der Anwaltschaft ist immer ungleich gewesen. Glück, Begünstigung, Beziehungen, unterschiedliche Tüchtigkeit — sei es anwaltliche oder solche in der Beschaffung oder Verwertung von Beziehungen, vor allem aber eine verfehlte Organisation — sind die Ursachen."

Fast noch stärker als im Lande ist in den Großstädten und insbesondere auch in Berlin der Mangel einer wirtschaftlichen Homogenität der Standesgenossen zu Tage getreten

[2]) Sigbert Feuchtwanger: Die freien Berufe. Im Besonderen: Die Anwaltschaft. München 1922, Seite 290.

und hat schon in der Vorkriegszeit der Anwaltschaft der Reichshauptstadt ihren Stempel aufgeprägt. Kein Wunder, daß die heimkehrenden Kriegsteilnehmer als Angehörige einer sozial zerklüfteten, in ihrer wirtschaftlichen Existenz schwer bedrohten Berufsgruppe den jähen Zusammenbruch des Jahres 1918 nicht als ein zufällig äußeres Geschehen hinnehmen wollen: Sie erblicken vielmehr in ihm den innerlich notwendigen Sturz eines Systems, dessen Ursachen es nachzuprüfen und die es zu überwinden gilt [3]).

[3]) „Schuld ist die Entwicklung, der das deutsche Volk, vor allem das Bürgertum sich hingab, nachdem die Reichseinheit erstritten war. Gemeinsinn, Bekennermut, Idealismus starben ab; der Erwerbstrieb artete zum Mammonismus aus. Neben ihn trat das Streben nach äußerer, staatlich oder gesellschaftlich abgestempelter Geltung. Nur Zahl, Maß, Gewicht wurden maßgebend. An die Stelle der Ideen traten unduldsame Schlagworte. Ein widerlicher Servilismus verbreitete sich...

Die Anwälte ihrerseits nahmen an der Entwicklung des Bürgertums teil. Die Sorge um die eigene Praxis verdrängte den Gemeinsinn. Der verengte Horizont ließ nur die Wenigsten erkennen, wie sehr dem Anwaltsstand straffe Disziplin und rührige Interessenwahrung not tut. Stagnation, Quietismus — dann Pessimismus...

Zog sich das Bürgertum von der Politik zurück, so trat die erwachende Arbeiterschaft vollends dem Staate ablehnend gegenüber. In die so entstandene Lücke trat — und mußte treten — der bürokratische Obrigkeitsstaat. Es bildete sich jene schroffe Zweiteilung zwischen den Beherrschten und der Pyramide der Herrschenden. Der Außenstehende war ein Ignorant, dessen Ratschläge man als Anmaßung abtat. Das System, stets bestrebt, Umfang und Macht zu erweitern, war sich Selbstzweck; es stand über dem Moralgesetz wie über der Verfassung.

Seine Angestellten wählte das System aus bestimmten Teilen der Bevölkerung. Ihre Arbeitskraft vielfach übermäßig ausbeutend, entlohnte es sie schlecht. Durch die Verwendung nichtiger und nichts kostender Surrogate: Titel, Orden, Bevorzugung in gesellschaftlicher Geltung wurde der Hang der Zeit zur Äußerlichkeit noch gesteigert. Natürlich, das System vertrug keine aufrechten Charaktere, sondern nur Leute mit engem Gesichtskreis, die eine Bekämpfung von innen heraus nicht befürchten ließen.

Hier ist aber auch der Schlüssel für die Mißstände der Rechtspflege und für die Entstehung der Anwaltsnot... Instinktiv mußte eine Abneigung herrschen gegen diese von berufswegen kritischen, auf gefällige Formen manchmal so wenig gebenden Männer mit (scheinbar) hohen Einkommen, die sich der Hierarchie nicht einfügten, die ihre eigene Meinung verfochten und die selbst dem vom System Geächteten ihren Schutz boten. Darum sah das System verständnislos zu, als sich

Kein Wunder auch, daß radikale Denker die Möglichkeit des Bestehens einer wirklich unabhängigen, innerlich freien Advokatur innerhalb einer kapitalistischen Wirtschaftsordnung verneinen, die Freiheit als Scheinfreiheit, die Unabhängigkeit als eine ideologische Fiktion bezeichnen. Sie fordern, durchdrungen von der Erkenntnis, daß der den mittelständischen Schichten angehörende Anwaltsstand von den im kapitalistischen System sich gegenüberstehenden gesellschaftlichen und wirtschaftlichen Kräften über kurz oder lang zerrieben werden müsse, dessen Sozialisierung, um damit zugleich auch die vorhandenen wirtschaftlichen Ungleichheiten zu beseitigen und auf diese Weise die Kriegsteilnehmer in den anwaltlichen Arbeitsprozeß organisch wieder einzufügen [4]).

---

die Existenzbedingungen der Anwaltschaft rapide verschlechterten, beförderte dies sogar durch mancherlei Maßnahmen in materieller und ideeller Hinsicht. Für das Verhältnis zum Ärztestand gilt ähnliches; wie denn das System überhaupt niemals begriffen hat, daß gut fundierte freie Berufe für das Gesamtwohl notwendig, daß sie namentlich auch in der Politik wertvolle Mitarbeiter sind. Unserem Vaterlande haben die freien Berufe nur Parteimänner geben können, dem Auslande schenkten sie — wir haben es im Kriege gespürt — Staatsmänner.

Es kam der Weltkrieg. In gleichem Maße wie Macht und Umfang wuchsen, verringerten sich Homogenität, Niveau und Autorität. Bis an einem trüben Tage das ganze Volk — durch Hunger und Grippe, mehr noch von der Überzeugung von der Unhaltbarkeit des bestehenden Zustandes gelähmt — regungslos dem Verbrechen zusah, wie eine Handvoll Desperados den Staatsbau überrannte." — Leo Pasch, „Anwaltsnot", Entwurf eines Reich- und eines Preuß. Landesgesetzes zur Bekämpfung der Notlage der Anwaltschaft und zur Verbsserung der Rechtspflege mit Begründung, Berlin 1920, Verlag Franz Vahlen, Einleitung Seite IX—XI.

[4]) Festere Formen haben diese Gedanken nicht angenommen; es bleibt aber als Zeichen der Zeit bemerkenswert, daß Bruno Marwitz in einem kleinen Aufsatz „Die Sozialisierung der Anwaltschaft" (Zeitfragenverlag Berlin-Zehlendorf 1919, Schriftenreihe: Deutschlands Wiederaufbau Nr. 5) diese Gedanken vom Standpunkte der historischen Entwicklung aus zu bekämpfen unternimmt:

„Sowohl die Sozialisierung des Anwaltsstandes wie auch die Sozialisierung des Wirtschaftlebens bedroht die Unabhängigkeit des auf seine Freiheit bisher stolzen Anwaltsstandes. In beiden Fällen wird er zum Sklaven des herrschenden Systems. Damit wird er ausgeschaltet aus dem öffentlichen Leben, für das er notwendig ist, damit verliert er auch das Vertrauen des Publikums, welches ihm bei der Erfüllung

Einen Konzentrationspunkt finden die Kriegsteilnehmer in der schnell gegründeten „Vereinigung kriegsgeschädigter Rechtsanwälte“, die die Bewegung auffängt und sie unter bewußter Zurückstellung aller standespolitischen Fragen grundsätzlicher Art in eine solche zur Durchsetzung wirtschaftlicher Fürsorgemaßnahmen verwandelt.

In bewußtem Gegensatz zu den auf eine Sozialisierung der Anwaltschaft abzielenden Tendenzen hat sich zu etwa gleicher Zeit im sogenannten Dezember-Ausschuß ein zunächst noch kleiner Kreis von Standesgenossen gefunden, die den Zusammenbruch in der Heimat miterlebt haben, an dem von der Vergangenheit entwickelten Typus des im Gneistschen Sinne freien, unabhängigen Advokaten festhalten, aber eine Neuordnung des anwaltlichen Lebens und seiner Gehalte herbeiführen wollen. Er faßt jene Kräfte zusammen, die den Gedanken des Volksstaates aufgreifen und ihn mit dem bisherigen Standesleben in eine engere geistige Verbindung zu bringen suchen. Weil diese Bewegung sich in der Berliner Anwaltschaft mehr und mehr durchsetzt und in der Folgezeit die für das Standesleben maßgebenden Entscheidun-

seiner schweren und verantwortlichen Aufgabe unentbehrlich ist. Damit wird aber auch seine wissenschaftliche Bedeutung herabgedrückt; nicht mehr wie bisher wird er, soweit er sich wissenschaftlich beschäftigt, voraussetzungslos und ohne nach oben oder unten zu sehen, arbeiten können, er wird Rücksichten zu nehmen haben, die mit dem Wesen der Wissenschaft unvereinbar sind.

Der Sozialismus ist der Tod des freien Anwaltsstandes, wie er notwendig der Feind jeden freien Berufes sein muß. Der Staat als Alleinherrscher kann keine Bürger dulden, die, auf eigener Initiative fußend, sich dem Staatssystem nicht eingliedern können. Darum muß der Anwalt sich gegen den Sozialismus als gegen den Feind seines Standes, als seinen eigenen Feind, wenden.

Der Anwaltsstand mag sich gewerkschaftlich organisieren: die Ereignisse haben gelehrt, daß nur organisierte Massen und organisierte Stände die Möglichkeit haben, ihre Lebensinteressen genügend zu vertreten. Der Anwaltsstand soll und mag in dieser von ihm zu schaffenden Organisation nicht nur für sich, sondern auch für das Staatsinteresse wirken, er mag und soll den Interessen des Staates dienen, aber er richtet sich selbst zugrunde, wenn er sich, anstatt diesem freie Dienste zu leisten, vom Staate beherrschen läßt. Und diese Beherrschung droht ihm vom Sozialismus.“ — Marwitz aaO. S. 15—16.

gen auf das Stärkste beeinflußt, erscheint es geboten, aus ihren Wünschen und Plänen einiges festzuhalten.

An den Gedanken, daß ein System zusammengebrochen sei, knüpft auch sie an. Im Bewußtsein der Pflicht und Verantwortung vor der Allgemeinheit solle der Versuch unternommen werden, die althergebrachten Organisationsformen der Anwaltschaft mit neuem Geiste zu erfüllen und sie den Bedürfnissen einer neuen Zeit entsprechend umzuformen. Schon im Dezemberheft 1918 der deutschen Juristenzeitung hat Hans Fritz Abraham[5]) die Zukunftsaufgaben der deutschen Rechtsanwaltschaft umrissen:

„Mehr als vier Kriegsjahre, lang als eine Kette der Opfer und Entbehrungen, überstürzend kurz als Einleitung zu einer neuen Geschichtsepoche haben den Strom des Lebens in andere Bahnen gelenkt. Neu zu ordnen sind nicht nur die Formen des Verfassungsstaates; nach schöpferischer Rechtsgestaltung verlangen vor allem die Lebensinhalte, denen jene Formen dienen sollen. Theorie und Praxis, beamtete und freie Berufe werden bei diesem Werk mithelfen müssen, nicht an letzter Stelle die deutsche Anwaltschaft, die schon durch die Art ihrer Berufstätigkeit den unmittelbarsten Einfluß auf das Rechtsleben und die Rechtsanschauungen des Volkes auszuüben in der Lage ist."

An anderer Stelle heißt es:

„So groß die Pflichten sind, die der Anwaltschaft innerhalb ihres engeren Berufes obliegen, die Hingabe an diesen Wirkungskreis reicht nicht aus, um der Anwaltschaft im Leben der Nation die ihr zukommende führende Stelle zu verschaffen. Die Anwaltschaft muß wieder, wie früher, hinaus ins öffentliche Leben, sie muß der politischen — und der Rechtsentwicklung Richtung und Inhalt geben."

Hier wird mit aller Deutlichkeit der Anspruch der An-

[5]) Hans Fritz Abraham, Deutsche Juristenzeitung, Dezemberheft 1918, S. 730.

waltschaft zur Führung des Volkes angemeldet. Ein Anspruch, der in der Folgezeit aus dem Gefühl der Verantwortung erhoben, immer wieder hervorbricht. Abraham wirft die Frage auf, ob die Juristen solchen Ansprüchen gewachsen seien, und in ähnlicher Weise wie Pasch antwortet er:

> „Vieles rein Fachliche haben wir in der Zeit vor dem Kriege geleistet, aber wir haben doch fast ausschließlich juristische Innenarbeit getan; große, das Volk begeisternde Gedanken, Richtlinien für die ganze Entwicklung haben wir, wie dies in früheren Epochen geschehen, dem Volke nicht gegeben."

und endlich:

> „Für eine solche schöpferische Rechtsgestaltung bedarf es auch schöpferischer Juristen. Die Gedanken einer neuen Zeit müssen von Männern einer neuen Zeit geboren und durchgesetzt werden. Die Anwaltschaft, durch ihren Beruf an den vollen Einsatz der Persönlichkeit gewöhnt, ohne Scheu vor der Übernahme der Verantwortung, begünstigt durch den Vorzug der Jugend und der Unabhängigkeit, in unmittelbarster Fühlung mit dem Leben und der Gegenwart muß vor allem dabei mithelfen, dem Rechtsleben der Zukunft Form und Inhalt zu geben."

Am 28. Dezember 1918 tritt der Dezember-Ausschuß mit einer ersten Kundgebung in die anwaltliche Öffentlichkeit. Als Männer der Lebenspraxis können seine Gründer an programmatischen Erklärungen kein Genüge finden und so geben sie in den Referaten, welche in dieser denkwürdigen Versammlung gehalten werden, eine Fülle praktischer Anregungen, deren Verwirklichung in fünf der Versammlung vorgelegten Resolutionen gefordert wird.

Resolution I. Wir sprechen die bestimmte Erwartung aus, daß unter Beseitigung des jetzigen unwürdigen und für die Rechtspflege schädlichen Zustandes unverzüglich allgemein die bei einem Berliner Landgericht zugelassenen Rechtsanwälte gemäß § 10 RAO. auch bei den anderen Landgerichten zugelassen werden, zugleich aber auch bestimmt wird, daß die in der Bekanntmachung des Reichskanzlers vom 11. März 1910 (§ 9) bezeichneten Orte als ein Ort im Sinne des § 18 Abs. 2 RAO. anzusehen sind.

Resolution II. Wir fordern die im Interesse der ordnungsmäßigen Erledigung und Wahrnehmung von Terminen seit langem gebotenen, durch die schlechten Verkehrsverhältnisse der letzten Jahre besonders dringlich gewordene Zusammenlegung aller Zivilkammern und Kammern für Handelssachen der drei Berliner Landgerichte in eine geeignete Zentralstelle.

Resolution III. Wir verlangen im Interesse der Rechtspflege, daß die Verleihung des Notariats grundsätzlich jedem Anwalt nach einer fest bestimmten Wartezeit auf seinen Antrag bei sonstiger Geeignetheit erteilt wird. Die Gründe der Ablehnung sind mitzuteilen.

Es wird vorgeschlagen, die Wartezeit auf 10 Jahre zu bemessen, wobei für Kriegsteilnehmer die im Felde oder in Gefangenschaft verbrachte Zeit in erhöhtem Maße in Anrechnung gebracht werden soll [6]).

Resolution IVa. Wir erstreben die organisierte Zusammenfassung der deutschen Rechtsanwälte in Berufsvereinen, zu denen die Anwaltsvereine — ohne Beeinträchtigung ihres wissenschaftlichen Tätigkeitsgebietes — auszugestalten sind. Dieser Zusammenschluß der Berufsgenossen ist schon um deswillen unentbehrlich, weil nur durch ihn es gelingen kann, die bedrohten beruflichen und wirtschaftlichen Interessen der Anwaltschaft zu schützen und die un-

[6]) Absatz 2 dieser Resolution wurde mit der Maßgabe angenommen, daß die Wartezeit auf höchstens zwei Jahre zu bemessen ist, und daß die Verweigerung der Zulassung des Notariats nur dann zulässig ein soll, wenn die zuständigen Berufsorgane Widerspruch erheben.

geheuer großen, der Anwaltschaft harrenden sozialen Zukunftsaufgaben zu bewältigen, als deren dringlichste die Mitarbeit an der wirtschaftlichen Wiederaufrichtung der Kriegsgeschädigten erscheint.

Resolution IV b. Wir verlangen die Befreiung der Rechtsanwaltschaft von obrigkeitsstaatlichen Einschränkungen, insbesondere durch gesetzliche Schaffung

1. eines keinerlei staatlichen Aufsicht unterworfenen Rechtes der Kammer und ihres Vertretungsorgans auf Mitwirkung im Rechtsleben, insbesondere bei der die Rechtspflege und die Rechtsanwaltschaft selbst betreffenden Angelegenheiten,
2. eines die ganze deutsche Rechtsanwaltschaft vertretenden öffentlich-rechtlichen Organs,
3. einer lediglich von Rechtsanwälten auszuübenden mit eigener Gerichtsgewalt auszustattenden Ehrengerichtsbarkeit,
4. eines die Parteirechte des Betroffenen wahrenden Aufsichtsverfahrens, das sich jeder Einmischung in rein private, den Beruf nichts angehende Angelegenheiten, wie jeder einen Strafcharakter tragenden Maßregel zu enthalten hat.

Der Leiter der Versammlung, Ernst Wolff, hat in seinen Einleitungsworten die Frage aufgeworfen, warum eine solche Versammlung notwendig sei, wo doch die Anwaltschaft in zwei Organen, der Anwaltskammer und ihrem Vorstand sowie dem Berliner Anwaltverein, bereits die erforderliche Vertretung besäße. Es verdient hervorgehoben zu werden, was er hierzu ausführt:

„Was den Anwaltverein anlangt, so zielen unsere Bestrebungen, wie Sie aus der Resolution IV ersehen, auf seine Ausgestaltung ab. Hierzu kann aber der Hebel zunächst nur von außen angesetzt werden, denn der Anwaltverein kann der ihm von uns zugedachten Aufgabe nur gerecht werden, wenn die überwiegende Mehrzahl der Berliner Kollegen ihm beitritt. Hierzu anzuregen gehört zu den Aufgaben der heutigen Versammlung.

Der Vorstand der Anwaltskammer ist — wie Ihnen bekannt — in den letzten Jahren Gegenstand sehr heftiger Angriffe gewesen. Zu diesen Angriffen Stellung zu nehmen, bietet die heutige Tagesordnung keine unmittelbare Möglichkeit. Versammlungen wie die heutige liegen aber gleichwohl m. E. ebenso im Interesse des Vorstandes, wie in dem seiner Kritiker. Das Verhältnis zwischen dem Vorstand und der großen Masse der Anwaltschaft litt bisher — darauf wird im Zusammenhang mit Resolution IV noch näher einzugehen sein — darunter, daß die Anwaltschaft nicht organisiert war .....

und er fügt, getragen von dem Bewußtsein der Sendung einer neuen jungen Generation hinzu:

„Heute kommt es nicht so sehr darauf an, neue Forderungen aufzustellen, als die alten mit soviel Nachdruck zu vertreten, daß wir gehört werden, Sprachrohr zu werden für Forderungen, die andere schon aufgestellt haben, mit denen sie aber nicht durchgedrungen sind .....

Man hat von der Anwaltschaft im allgemeinen gesagt, daß sie reich an Ideen sei, daß es ihr aber sehr schwer falle, sich auf ein bestimmtes Programm zu einigen. Die heutige Versammlung steht im Zeichen der Jugend; denn so wenig wir uns in einen Gegensatz zur älteren Kollegenschaft stellen wollen, so ist es doch, wie ein Blick beweist, heute vor allem eine Versammlung der jüngeren Kollegen, die den größten Teil ihres Berufslebens noch v o r sich haben, von denen viele von vorn anfangen müssen, die deshalb an den Standesfragen, die wir heute beraten wollen, besonders beteiligt sind. Möchte die jüngere Anwaltschaft heute ihren Befähigungsnachweis erbringen, indem sie zu der Fülle von Anregungen, die der Anwaltschaft nie gefehlt haben, die

Selbstbescheidung und Selbstdisziplin hinzufügt, an welche Erfolge im praktischen Leben gebunden sind [7]).

Will man diese geistige Bewegung richtig deuten, so wird man sie als eine auf dem Gebiete des anwaltlichen Standeslebens erkennbar werdende Parallelerscheinung der Tendenzen bezeichnen können, die im Leben der Volksgesamtheit die Ordnung staatlichen Lebens in einer neuen Verfassung verwirklichen wollen. Indem sie die Verantwortlichkeit des Anwalts vor der Volksgesamtheit und für diese in den Vordergrund schiebt, erweist sie sich als ein Aufbruch geistig-seelischer Kräfte ethischen Gehalts, die einem fest umrissenen standespolitischen Ziele zustreben.

Den beiden so gekennzeichneten, in ihren Tendenzen grundverschiedenen Kräftegruppen ist nur eins gemeinsam: ein den bisherigen Organisationsformen entgegengebrachtes, deutlich spürbares Mißtrauen. Diese stehen daher vor der Aufgabe, das vorhandene Mißtrauen zu überwinden und die in beiden Gruppen lebendigen Kräfte für das Standesleben fruchtbar zu machen und sie ihm einzufügen.

Der damals noch selbständige, mit dem Deutschen Anwalt-Verein weder personell [8]) noch organisch verbundene Berliner Anwaltverein ist in der Vorkriegszeit im wesentlichen — seinem satzungsgemäßen Zwecke entsprechend — ein wissenschaftlicher und geselliger Vereinigungspunkt gewesen [9]).

[7]) Ein genauer Bericht über die Versammlung ist abgedruckt in JW. 1919, S. 24 ff.

[8]) Auch Magnus gehört damals noch nicht dem Vorstande des Deutschen Anwaltvereines an; er ist erst 1925 in ihn berufen.

[9]) Die noch im Jahre 1919 geltende Satzung vom 21. Dezember 1899 bezeichnet als seinen Zweck, einen wissenschaftlichen und geselligen Vereinigungspunkt der Mitglieder zu bilden, die Standesehre zu wahren, die Standesinteressen und die Kollegialität zu fördern. Über die Anfänge des Vereins berichtet Weißler, „Geschichte der Rechtsanwaltschaft“, Leipzig 1905, S. 553 ff.:

„In Berlin führte, anscheinend unabhängig vom Preuß. (Anwalts-) Verein, ein aus Anwälten aller dortigen Gerichtshöfe gebildeter Anwaltverein ein unbedeutendes unbemerktes Dasein, der sich aber neu organisierte und seitdem bei bedeutender Mitgliederzahl eine hervorragende Wirksamkeit entfaltet hat. In seinem Vorstande sind neben

Während des Krieges ist zu seinem bisherigen Wirkungskreis die Fürsorge für die Kriegsabwesenden und für die Angehörigen der im Kriege gefallenen Berufsgenossen getreten. Seine Leitung liegt bis zum Januar 1919 in den Händen des um Wissenschaft und anwaltliches Standesleben gleich verdienten Eduard Goldmann. Sein Nachfolger wird Julius Magnus, der als Schriftleiter der Juristischen Wochenschrift schon damals in der gesamten Juristenwelt hohes Ansehen genießt und kraft der Beweglichkeit seines Geistes und seines Ideenreichtums wie kaum ein anderer dazu berufen erscheint, den Anwaltverein durch die Wirren und Fährlichkeiten der ersten Nachkriegszeit hindurchzuführen.

Mit außerordentlicher Entschlossenheit und bewunderungswürdigem Mut wenden sich Magnus und seine Mitarbeiter den ihnen gestellten schwierigen Aufgaben zu, von denen die Sorge für die Kriegsteilnehmer als die vordringlichste erscheint. Demgemäß macht der Berliner Anwaltverein, um den Wünschen der Kriegsgeschädigten zu genügen, bereits am 22. Februar 1919 bekannt [10]), daß er eine Liste der an einem Groß-Berliner Gericht zugelassenen Rechtsanwälte aufstellen wolle, die infolge Behinderung in ihrer Berufsausübung durch Abwesenheit während des Krieges, durch Verwundung im Kriege oder durch Erkrankung infolge ihrer

---

Dorn und Wilmowsky bedeutsam hervorgetreten: Richard Wilke, Laué, Lesse, Makower, Lewy."

Weißler hebt dann die Verdienste dieser einzelnen Männer und ihre Mitarbeit hervor. Über das eigentliche Leben des Vereins erfahren wir nichts. Seit dem Jahre 1908 unterhält er eine Fachschule, deren Aufgabe es ist, den jungen Nachwuchs des Anwalts- und Notariats-Angestelltenfaches auszubilden. In wissenschaftlichen Vorträgen und in geselligen Veranstaltungen pflegt er das Standesleben. Für besondere Zwecke werden Kommissionen eingesetzt. So hat z. B. in der Vorkriegszeit eine Pressekommission eine umfängliche Arbeit geleistet, um den Auswüchsen anwaltlicher Presserekiame entgegenzutreten. In nur äußerer Verbindung mit dem Verein steht die sogenannte „Geschäftsstelle", die, ehrenamtlich von einem Vorstandsmitgliede geleitet, sich mit der Verwaltung und Einrichtung der Anwaltszimmer beschäftigt und für diesen Zweck gesonderte Beiträge erhebt. Diese Geschäftsstelle ist nach dem Kriege aufgehoben, ihre Funktionen werden vom Berliner Anwaltverein übernommen.

[10]) Blätter für Rechtspflege 1919, S. 14.

Teilnahme am Kriege Schaden erlitten hätten. Die Liste soll als Unterlage für die zu Gunsten dieser kriegsgeschädigten Anwälte eingeleiteten Schritte dienen. Über die Aufnahme in die Liste soll ein Ausschuß entscheiden, in dem neben den Mitgliedern der anwaltlichen Organisationen Vertreter der Vereinigung kriegsgeschädigter Rechtsanwälte sitzen. Wenig später, am 3. März 1919, erläßt der Preußische Justizminister auf dahingehende Vorstellungen eine allgemeine Verfügung [11]) zur Hebung der wirtschaftlichen Lage der durch den Krieg geschädigten Rechtsanwälte, in der angeregt wird, zu Pflegschaften, Konkursverwaltungen usw. vor allem kriegsgeschädigte Anwälte heranzuziehen. Unter dem 28. Mai richtet der Ausschuß, der inzwischen die Vorarbeiten für die Aufstellung der Liste beendet hat, eine Eingabe [12]) an das Reichsjustizamt, in der es als eine dringende Notwendigkeit bezeichnet wird, unverzüglich geeignete Maßnahmen zu treffen, um die wirtschaftliche Wiederaufrichtung Kriegsgeschädigter zu sichern. Als geeigneter Weg wird die Fortbildung der Geschäftsaufsichtsverordnung in der Richtung empfohlen, daß

---

[11]) Jusitzministerialblatt 1919, S. 67: Sie lautet in ihrem wesentlichen Inhalte wie folgt:

„Es erscheint geboten, diesen Anwälten in ihrer schwierigen Lage, soweit angängig, behilflich zu sein, namentlich durch Verschaffung von Gelegenheit zur Berufbetätigung. Eine Möglichkeit hierzu bietet sich bei der den Gerichten oder Gerichtsvorsitzenden obliegenden Bestellung von Pflegern, Nachlaßverwaltern, Testamentsvollstreckern, Konkursverwaltern, Aufsichtspersonen bei der zur Abwendung des Konkurses angeordneten Geschäftsaufsicht, Zwangsverwaltung, Verteidigern in Fällen der notwendigen Verteidigung und Armenanwälten in Sachen, bei denen Aussicht auf Erstattung von Kosten besteht.

Wenn auch die Gerichte und Gerichtsvorsitzenden unter den für die Bestellung in Betracht kommenden Personen die Auswahl auf Grund freier Entschließung unter Würdigung der etwa vorliegenden besonderen Umstände zu treffen haben, so wird es doch eine nicht geringe Zahl von Fällen geben, in denen bei voller Beachtung dieses Grundsatzes die Berücksichtigung eines durch den Krieg geschädigten Anwalts erfolgen kann.

Um eine möglichst umfassende Berücksichtigung zu sichern, werden die Vorstände der Anwaltskammern Listen der in Betracht kommenden Anwälte dem Oberlandesgerichtspräsidenten behufs Mitteilung an die ihnen nachgeordneten Gerichte übersenden.

[12]) Blätter für Rechtspflege 1919, Seite 72.

nach Ablauf der Schutzfrist (1. Juli 1919) den Kriegsgeschädigten Gelegenheit gegeben werden müsse, sich unter dem Schutz einer Treuhandschaft emporzuarbeiten. Zur Lösung dieses national-wirtschaftlich so überaus wichtigen Problems wird die Berücksichtigung kriegsgeschädigter Anwälte bei der in Aussicht genommenen Treuhandschaft empfohlen.

Inzwischen ist auf Veranlassung des Deutschen Anwaltvereins ein Kriegsfürsorge-Ausschuß (Unterausschuß für Arbeitsfürsorge) gegründet worden, der eine Geschäftsstelle in Berlin unterhält und als Vermittlungsstelle für den Nachweis von Vertretern, Hilfsarbeitern oder Sozien dient und insbesondere die Kriegsgeschädigten bittet, von dieser Vermittlungsstelle Gebrauch zu machen [13]). Einen weithin sichtbaren Erfolg haben die Bestrebungen, als der Preußische Justizminister durch Erlaß vom 31. Oktober 1919 den vielfach geäußerten Wünschen, es möchten bei Vergebung von Aufträgen in Prozessen des Fiskus solche Rechtsanwälte in erster Linie berücksichtigt werden, die durch ihre Teilnahme am Kriege ihre Praxis vollständig oder zum größten Teil eingebüßt hatten, als berücksichtigenswert erklärt, sofern bei der Auswahl der Prozeßbevollmächtigten das Interesse des Fiskus an einer sachgemäßen Vertretung gewahrt werde. In einer vom 18. Februar 1920 datierten Bekanntmachung des Vorstandes der Anwaltskammer [14]) teilt dieser mit, daß der Kammergerichtspräsident beauftragt worden sei, nach Benehmen mit dem Kammervorstand ein Verzeichnis solcher Rechtsanwälte vorzulegen, welche bei der Auswahl von Prozeßbevollmächtigten vorzugsweise in Betracht kämen, und er forderte dann die in die bereits aufgestellte Liste aufgeführten Kollegen auf, falls sie bei der Vertretung von fiskalischen Prozeßmandaten berücksichtigt zu werden wünschen, dies anzuzeigen und dabei das gewünschte Spezialgebiet an-

[13]) Hierauf bezügliche Bekanntmachungen befinden sich in den Blättern für Rechtspflege 1919, S. 102/121. — September 1920 wird er zum „Arbeitsamt der Deutschen Rechtsanwaltschaft" umgestaltet — (Denkschrift anläßlich des zehnjährigen Bestehens des Arbeitsamtes — Selbstverlag, 1928 S. 3).

[14]) Blätter für Rechtspflege 1920, Seite 25.

zugeben. Da inzwischen auch die Vertrauensmänner der Kriegsgeschädigten zur Mitarbeit an den übrigen Vereinsgeschäften herangezogen sind, auch Vorstandsämter erlangt haben, hat diese Bewegung infolge des idealen Zusammenwirkens [15]) der Standesorganisationen (Berliner Anwaltverein, Vorstand der Anwaltskammer, Deutscher Anwaltverein) und dank der Hilfe der Justizverwaltung ihr Ziel erreicht und ist von dem Berliner Anwaltverein zu seinem Nutzen reibungslos aufgesogen worden.

Weniger leicht gelingt es den Männern des Dezember-Ausschusses, ihre Gedanken in die Organisationen der Berliner Anwaltschaft hineinzutragen. Der erste Versuch, Vorstandsämter im Berliner Anwaltverein zu erlangen, führt Mitte Januar 1919 zu einem glatten Mißerfolge. Günstiger schneidet die Bewegung bei der am 25. Januar 1919 stattfindenden Wahl zum Vorstand der Anwaltskammer ab, bei der mehrere ihrer Anhänger — darunter Ernst Wolff — in den Vorstand gewählt werden. Sie stellt jedenfalls einen Kristallisationspunkt dar und bald schließen sich ihr auch Männer der älteren Generation an, die — der Standesbewegung bisher fernerstehend — sich ihre Gedanken zu eigen machen [16]).

[15]) Ein Beweis hierfür ist die Bekanntmachung des Vorstandes der Anwaltskammer vom 30. September 1919. Sie knüpft an den Versuch einzelner Kriegsteilnehmer an, durch Vorstellung bei Amtsstellen Prozeßmandate für sich zu erlangen. Ein solches Verhalten wird nicht nur als ein unzulässiges Werben um Praxis, sondern auch als geeignet bezeichnet, die berechtigten Interessen anderer, insbesondere der übrigen kriegsgeschädigten Kollegen zu verletzen. Die Bekanntmachung fährt dann fort:

„Wir richten daher an die Herren Kollegen das Ersuchen, in Zukunft derartige Gesuche zu unterlassen. Zu den Aufgaben derjenigen anwaltlichen Organisationen, welche zu dem Zwecke errichtet sind, um den kriegsgeschädigten Kollegen die Wiederaufrichtung ihrer wirtschaftlichen Existenz zu ermöglichen und zu erleichtern, gehört es, sich mit den staatlichen und kommunalen Stellen, die Prozeßaufträge zu vergeben haben, in Verbindung zu setzen, damit bei der Übertragung solcher Mandate, soweit irgend angängig, die kriegsgeschädigten Kollegen berücksichtigt werden. Dieser Aufgabe haben sich die erwähnten Organisationen nicht ohne Erfolg unterzogen." (Blätter für Rechtspflege 1919, Seite 101.)

[16]) So wird Albert Pinner am 5. Februar 1919 in den Dezember-Ausschuß gewählt.

In der Organisationsfrage, die einen wesentlichen Teil der Forderungen des Dezember-Ausschusses darstellt, kommt man nur langsam vorwärts. Zunächst arbeitet der Ausschuß selbst eine neue Satzung des Berliner Anwaltvereins im Sinne einer Umgestaltung zu einem wirklichen Berufsverein aus und legt sie ihm nebst einer Begründung vor. Aus dieser Begründung, die mehr als eine nüchterne Zusammenfassung von Zweckmäßigkeitserwägungen ist und noch einmal das Programm der Bewegung herausstellt, mag einiges festgehalten werden:

Ist bisher als Zweck des Vereins angegeben worden, daß er den wissenschaftlichen und geselligen Vereinigungspunkt zu bilden, die Standesehre zu wahren, die Standesinteressen und die Kollegialität zu fördern habe, so sind die Ziele des Vereins anders gefaßt. Sie lauten:

Aufgabe der Organisation soll sein:

a) Schutz und Förderung der geistigen, sozialen und wirtschaftlichen Interessen seiner Mitglieder, insbesondere Erhaltung eines nach jeder Richtung unabhängigen Anwaltsstandes.

b) Nutzbarmachung der gesamten positiv schaffenden, aufbauenden Kräfte der Anwaltschaft im Dienste der Allgemeinheit.

Zu a) wird ausgeführt: „Auf die Hervorhebung der Unabhängigkeit des Standes ist besonders Gewicht gelegt im Hinblick darauf, daß diese Unabhängigkeit gerade in der Gegenwart von mehr als einer Seite bedroht ist.

Der Berliner Berufsverein soll in enge Beziehungen zu gleichartigen Organisationen in anderen Städten treten, insbesondere dort auch die Neubildung ähnlicher Vereinigungen fördern. Der DAV., ausgestaltet zu einem Reichsverband deutscher Anwälte, soll die Krönung des ganzen Gebäudes bilden."

Zu b) heißt es: „Der Berufsverein der Anwälte darf nicht ausschließlich das spezielle Standesinteresse betonen. Er muß im Gegenteil klarlegen, welche hohe Bedeutung eine leistungsfähige Organisation der deutschen Anwälte für die Gesamtheit bedeute."

Und weiter wird die anwaltliche Arbeit als Abwehr gegen staatliche Eingriffe für das schutzwürdige Individualinteresse gekennzeichnet, aber zugleich hervorgehoben, daß sich daneben eine Fülle von sozialen Pflichten und Aufgaben ergebe, deren Übernahme durch den Anwaltsstand sowohl dem Anwalt nützlich wie in gleicher Weise auch aufbauend und Werte schaffend für das Wohl der Allgemeinheit sei.

„Es handelt sich hier in erster Linie um die Sanierung und Wiederaufrichtung des gesamten Wirtschaftslebens. Der freie Jurist soll mitwirken an der Gestaltung der Rechtsordnung, an dem Ausbau der Organisation, die für den Neuaufbau der Wirtschaft notwendig werden. Er soll Leiter und Mitarbeiter in der Organisation der verschiedenen Berufe werden. Er soll auch als Verwalter, Pfleger, Treuhänder bei der Wiederaufrichtung kriegsgeschädigter Existenzen mithelfen und eine Vermittlerrolle zwischen Gläubiger- und Schuldnerinteressen spielen . . . . Hier eröffnen sich große Arbeitsgebiete, innerhalb welcher die Leistung des einzelnen Anwalts keineswegs reine Individualarbeit ist. Wenn tausende von Pflegschaften zu regeln sind, so können diese sehr wohl von einer Berufsorganisation gleichmäßig unter bedürftige Berufsgenossen verteilt werden, sofern, was selbstverständlich ist, diese ihre berufliche Zuverlässigkeit an sich bewährt haben."

Und endlich wird gefragt:

„Wie wurde bisher Recht geschaffen? Lediglich durch die staatliche Gesetzgebungsmaschinerie, die die Vorarbeiten und Mitarbeit seitens des Staates ausgewählter Gelehrter heranzog. So kann es in Zukunft, wenn wir wirklich ein Volksstaat werden wollen, nicht bleiben. Dann muß das Recht aus dem Volke kommen. Die Arbeit des *einzelnen* Wissenschaftlers ist aber keine Volksüberzeugung. Volksüberzeugung setzt einen gemeinschaftlichen Willen voraus. Einen solchen Kollektivwillen gilt es durch die Zusammenfassung der Anwaltschaft in Arbeitsgemeinschaften mit dem Richtertum zu bilden. Was vormals durch Juristentage und ähnliche Einrichtungen geleistet ist, muß zu einer ständigen Recht bildenden Einrichtung werden"[17]).

Aus der Erwägung, daß nicht „einem kleinen Kreise tätiger Personen eine interesselose große Masse gegenübersteht, die an dem Gesamtschicksal der Organisationen keinen tätigen Anteil nimmt", wird die Schaffung eines Kreises von Vertrauensmännern vorgeschlagen, der, zwischen dem Vorstand und der Masse der Mitglieder stehend, die Aufgabe haben soll, in allen wichtigen Fragen, die sich mit Rücksicht auf Art oder Umfang oder aus anderen Gründen zur Erörterung in der Vollversammlung nicht eignen, mit dem Vorstand zu beraten. Dem gleichen Gedanken entspringt der Vorschlag der Berufung eines geschäftsführenden Sekretärs und der Einrichtung einer Geschäftsstelle.

Man wird sagen müssen, daß in der Begründung, die der Dezemberausschuß seinem Satzungsentwurf gibt, sich das Selbstgefühl von Männern wiederspiegelt, die sich als Träger einer Renaissance der Anwaltschaft fühlen und es ist psychologisch verständlich, daß sie, als die Beratungen, die zunächst in einem vom Berliner Anwaltverein und dem Dezemberausschuß eingesetzten gemischten Ausschuß aufgenommen und schließlich zu Ende geführt sind, ungeduldig drängen, der Satzung in der Vollversammlung die abschließende Beratung zuteil werden zu lassen[18]).

[17]) Hans Fritz Abraham hat diese Gedanken noch einmal in der Berl. Jur. Gesellschaft am 10. 5. 1919 in einem Vortrage „Wesen und Ziel einer neuen Organisation der deutschen Rechtsanwaltschaft" (JW. 1919, S. 427) zusammengefaßt. Er fordert hier u. a. auch die Beteiligung der Anwälte an der Justizverwaltung, insbesondere auch die Einsetzung von Anwaltsausschüssen in die Geschäftsführung der Gerichte u. a. m.

[18]) In einem von einem Mitgliede des Dezemberausschusses an den Vorsitzenden gerichteten Schreibens vom 16. 2. 1920, das in dieser Beziehung sehr charakteristisch ist, heißt es:

„Die gegenwärtigen Tarifverhandlungen haben wohl aufs Deutlichste bewiesen, wie sehr die Anwaltschaft unter dem Mangel einer

Die Klage verhallt nicht ungehört. Wenige Monate später, am 15. April 1920, gibt sich der Berliner Anwaltverein seine neue Verfassung, durch welche die wichtigsten Forderungen des Dezemberausschusses ihre Verwirklichung finden. Damit ist eine den veränderten Bedürfnissen angepaßte Organisationsform gefunden, die einer neuen Entwicklung den Weg ebnet und in den Stürmen einer späteren bewegten Zeit sich als eine sichere Grundlage der Standesbewegung erwiesen hat.

Seine äußere Anerkennung findet die Arbeit des Dezemberausschusses auch dadurch, daß am 11. März 1920 Albert Pinner[19]), später auch andere Männer dieses Kreises in den Vereinsvorstand gewählt werden. Magnus' Energie ist es damit innerhalb Jahresfrist gelungen, die vom Sturme des Zusammenbruchs entbundenen, zunächst außerhalb der Standesorganisation stehenden starken Kräfte in den normalen Strom anwaltlichen Standeslebens einzubeziehen und sie für es nutzbar zu machen.

Drohen der Standesorganisation aus diesen Strömungen

wirklich arbeitsfähigen Organisation leidet. Trotzdem die Versammlung vom 12. d. M. noch im Ergebnis gut und verhältnismäßig diszipliniert verlief, habe ich doch wieder von einer Reihe von Kollegen gehört, daß sie sich durch diese Art der Behandlung gemeinschaftlicher beruflicher Angelegenheiten geradezu abgestoßen fühlen. Wie wertvoll wäre es schon jetzt, die immer wieder geforderten Zwischenorganisationen (vereinigte Ausschüsse oder Vertrauensmänner-Versammlung) zu besitzen. Wie produktiv wäre die Ausgabe eines Geschäftsführers, der sicherlich der Gesamt-Anwaltschaft auch bei den gegenwärtigen Tarifverhandlungen förderlich gewesen wäre und ihr Ausgaben erspart hätte. Wenn immer wieder Satzungs- und Geschäftsordnungsänderungen an die letzte Stelle der Tagesordnung gestellt werden, so können diese natürlich niemals zur Verhandlung gelangen."

Wie recht der Briefschreiber hatte, möge man daraus ersehen, daß in den folgenden Monaten kurz hintereinander, nämlich am 11., 15. und 26. 3. 1920 drei Vereinsversammlungen stattfanden. Kein Wunder, daß die letzte außerordentlich schwach besucht war; das Protokoll verzeichnet, daß die Anfangszahl der Besucher von 9 schließlich auf 33 gestiegen sei. Dabei betrug schon damals die Zahl der Mitglieder des Berliner Anwaltsvereins (bei etwa 1900 im Bezirk des Kammergerichts zugelassenen Rechtsanwälten) etwa 1050.

[19]) Am 24. 3. 1920 wird Pinner zum Kassenwart und am 20. 9. 1920 zum dritten Vorsitzenden gewählt.

und Bewegungen Schwierigkeiten, die aus dem Kreise der Berufsgenossen selbst herausgewachsen sind, so erhebt sich etwa zugleich mit dem Zusammenbruch eine weitere ernste Gefahr. Sie geht von Kräften aus, die außerhalb der eigentlichen Standessphäre liegen und die Anwaltschaft in Auseinandersetzungen von solcher Schwere verwickelt, daß das Fortbestehen der Standesorganisation in Frage gestellt wird: Es sind dies die Kämpfe, die um den Abschluß eines Tarifvertrages mit den Verbänden der Rechtsanwalts- und Notariatsangestellten geführt werden müssen.

In der Tarifvertrags-Verordnung vom 23. Dezember 1918 war das legitime Recht der Arbeitnehmerschaft auf den Abschluß unabdingbarer Tarifverträge gesetzlich festgelegt worden. Im Berufskreise der Rechtsanwaltschaft sind Verträge solcher Art bis dahin unbekannt geblieben. Eine Stellungnahme der Spitzenorganisation der Anwaltschaft zu dieser Frage liegt nicht vor [20]). Als daher die Angestellten-Verbände Anfang 1919 an den Berliner Anwaltverein herantreten und um Verhandlungen bitten, regt sich ein heftiger Widerstand. Verhältnismäßig wenigen Kanzleien mit einer größeren Arbeit-

[20]) Erst der dritte außerordentliche Anwaltstag, der erste nach dem Kriege, der am 13. und 14. 9. 1919 in Leipzig stattfand, befaßt sich mit dieser Frage. In einem hierzu gefaßten Beschluß erkennt er das Bestreben der Büroangestellten, ihre Arbeitsverhältnisse in Tarifverträgen zu regeln, mit der Maßgabe als berechtigt an, daß die Tarifverträge der Verschiedenheit der Verhältnisse in den einzelnen Anwaltskanzleien und der Verschiedenheit der örtlichen Verhältnisse in ausreichendem Maße Rechnung tragen müßten.

Er führt dann weiter aus, daß, um die Voraussetzungen zum Abschluß von Tarifverträgen auch für solche Orte zu schaffen, in denen es an geeigneten Organisationen fehlt, oder eine Einigung zwischen den örtlichen Vereinigungen nicht zu erzielen sei, eine Änderung der Rechtsanwaltsordnung wünschenswert sei, durch die den Anwaltskammern die Befugnis verliehen wird, Tarifverträge für ihre Bezirke mit der Wirkung zu schließen, daß sie nur in Ermangelung örtlicher Vereinbarungen in Kraft treten. Und schließlich heißt es, daß der Abschluß eines Reichstarifvertrages, der sich auf die Gehaltsregelung erstrecken soll, für untunlich und unnötig gehalten werde. Nur wenn eine andere Regelung nicht zu erreichen sei, würden über einen Reichstarifvertrag unter Ausschluß der Gehaltsfrage Verhandlungen zu führen sein. Ein solcher Tarifvertrag soll aber nur mit Genehmigung der Vertreter-Versammlung beschlossen werden dürfen.

nehmerzahl steht die große Menge von Zwergbüros gegenüber, in denen vielfach noch patriarchalische Zustände herrschen, die aufzugeben man nicht gewillt ist. Es wird auch befürchtet, daß die Nivellierung der Gehälter eine solche der Leistungen hervorrufen werde. Die Anwaltschaft und insbesondere die Berliner Anwaltschaft hat, wie sich auch hier zeigt, einen starken Hang zum Festhalten an bestehenden Verhältnissen. Es ist daher verständlich, daß sie sich nur widerstrebend und mißtrauisch zu einem Schritt entschließt, der auf unbekanntes Neuland [21]) führte. Auf der anderen Seite steht die stürmische Bewegung der auf ihre Arbeitskraft als einzigen Einkommensfaktor angewiesenen Bevölkerungsschicht, die als Träger des Volksstaatsgedankens das Recht für sich in Anspruch nimmt, die ihr im ersten Ansturm nach dem Zusammenbruch eingeräumten Rechte auch der Anwaltschaft gegenüber zur Verwirklichung zu bringen. Die ersten Verhandlungen bleiben ergebnislos. Der Schlichtungsausschuß wird angerufen — ohne Erfolg. Der Reichsarbeitsminister greift ein.

Man muß es Magnus und seinen Mitarbeitern, die in ihrem Kampf tatkräftig von der jüngeren Generation, insbesondere auch von den Männern des Dezember-Ausschusses unterstützt werden, als Verdienst anrechnen, daß sie diese Verhandlungen mit Energie und Weitblick geführt und trotz schwerer Konflikte innerhalb der Anwaltschaft deren drohenden Auseinanderfall verhindert haben. Bereits ist im Juli 1919 ein Tarifvertrag zustande gekommen [22]), der die Grundlage des heute noch geltenden, den Arbeitsfrieden verbürgenden Berliner Tarifwerks ist [23]).

[21]) Wie ungeklärt übrigens auch die Rechtslage war, beleuchtet ein Schreiben des Reichsarbeitsministers vom 22. April 1919, das zur Frage der Zuständigkeit und des Kompetenzumfanges des „Schlichtungsausschusses für Rechtsanwälte und Angestellte" Stellung nimmt — Blätter für Rechtspflege 1919 S. 45.

[22]) Abgedruckt: Blätter für Rechtspflege 1919 Heft 7 S. 69.

[23]) Außer den in solchen Verträgen üblichen Bestimmungen, wie die über Eingruppierung, Tarifierung, Arbeitszeit, Urlaub, Zeugniserteilung und Kündigung, ist die Einrichtung eines paritätischen Stellen-

Das Jahr 1919 bringt dem lang gehegten Wunsche der Berliner Landgerichtsanwaltschaft Erfüllung, an allen drei Berliner Landgerichten simultan zugelassen zu werden. Hierauf gerichtete Bemühungen sind im Jahre 1910 erfolglos geblieben. In Eingaben, die der Vorstand der Anwaltskammer schon am 12. Dezember 1918 an das Justizministerium und an den Kammergerichtspräsidenten richtet, werden unter Hinweis, daß Groß-Berlin sich in immer steigendem Maße zu einem einheitlichen Wirtschaftsgebiet entwickelt habe, dessen kommunalpolitische Zusammenfassung voraussichtlich nahe bevorstehe, die früheren Wünsche in einer den Bestimmungen der Rechtsanwaltsordnung entsprechenden Form erneut zum Ausdruck gebracht. Durch einen ersten Plenarbeschluß vom 22. Februar 1919 erklärt das Kammergericht die Zulassung von mehr als 300 Rechtsanwälten, die entsprechende Anträge gestellt haben, im Interesse der Rechtspflege für förderlich; weitere Plenarbeschlüsse folgen alsbald.

Am 30. Juli 1919 hat auch die Preußische Landesversammlung beschlossen, daß alle Rechtsanwälte, welche ein Dienstalter von 15 Jahren erreicht haben und an ihrem Amtssitz mindestens 10 Jahre ansässig seien, zu Notaren ernannt werden sollen, sofern gegen ihre Eignung keine Bedenken bestehen. Dabei soll die Kriegsdienstzeit besonders berücksichtigt werden [24]). Damit ist die bis dahin bestehende Ungleichheit der Voraus-

nachweises und die Zahlung einer einmaligen Wirtschaftsbeihilfe vorgesehen. Für Fälle der Minderleistungsfähigkeit des Arbeitgebers oder Arbeitnehmers sollte der Schlichtungsausschuß Abweichungen von dem Tarifvertrag bewilligen können — eine frühzeitige Verwirklichung des Lockerungsgedankens! Zur Schlichtung und Entscheidung von Streitigkeiten aus dem Arbeitsverhältnis sollte der bestehende Schlichtungsausschuß für Rechtsanwälte und deren Angestellte unter Ausschluß des Rechtsweges zuständig sein. Der Vertrag war unkündbar bis zum 31. Dezember 1919. Interessant ist die in Ziffer 17 Abs. 2 enthaltene Bestimmung, daß der Vertrag am 15. November 1919 außer Kraft träte, falls nicht bis dahin eine allgemeine Erhöhung der Gebühren stattgefunden habe, eine Bestimmung, die deutlich erkennen läßt, für wie untrennbar verbunden man damals die Höhe der tariflichen Gehaltsbemessung mit dem Anwaltseinkommen hielt.

[24]) Die heutigen Bestimmungen sind in der allgemeinen Verfügung vom 23. September 1924, JMBl. 1924 Seite 362 zusammengefaßt.

setzungen für die Notariatsverleihung in Preußen beseitigt und es erfolgt demgemäß von Anfang 1920 ab der große Notarschub, der zwar früheres Unrecht beseitigt, das Notariat als Einkommensfaktor für den Einzelnen aber entwertet. Dem Berliner Anwaltverein erwächst in Erwartung dieser Neuordnung die Aufgabe, die Notariatsanwärter für ihren Beruf vorzubereiten. Für den Winter 1919 werden daher Notariatskurse eingerichtet, deren Leiter Männer wie Pinner, Oberneck, Goldmann und Mankiewitz sind. Parallel laufen Kurse für die Büroangestellten, die von Anwälten und erfahrenen Notariatsbürovorstehern gehalten werden. Der Initiative von Magnus verdankt auch eine Reihe weiterer Fürsorgeeinrichtungen ihre Entstehung, die als eine Politik der kleinen Mittel gedacht, in zäher Arbeit aufgebaut werden. So wird im Gebäude des Landgerichts I Berlin eine Zentralkanzlei in Räumen geschaffen, die neben dem Anwaltzimmer liegen und die der Landgerichtspräsident gegen eine sehr mäßige Miete eingeräumt hat. Hier können während der Gerichtszeit Diktate entgegengenommen werden, eine umso notwendigere Einrichtung, als die aus dem Kriege heimgekehrten notleidenden Kollegen, die sich kein eigenes Büro und keine Schreibmaschine halten können, auf diese Weise in den Stand gesetzt werden, ihre Wartezeit an Gerichtsstelle nutzbringend auszufüllen. Daneben werden Kurse in Stenographie, Schreibmaschine und Bürokunde für die Angehörigen (Frauen und Töchter) der Mitglieder des Berliner Anwaltvereins abgehalten, die nach einem in den „Nachrichten" [25]) enthaltenen Bericht von etwa 100 Familienangehörigen Berliner Rechtsanwälte besucht werden. Eine weitere Erleichterung für die Berliner Anwaltschaft bringt die damals ins Leben gerufene Briefaustauschstelle (Basta), deren erster Leiter Albert Pinner ist. In dieser Zeit wird auch der Arbeitsnachweis für Buroangestellte eingerichtet, der im Jahre 1920 bereits monatlich 150 bis 200 Vermittlungen von Angestellten zustande bringen kann.

Es ist begreiflich, daß in dieser Zeit die Aufgabe des Berliner Anwaltvereins, den wissenschaftlichen Geist

[25]) Jahrgang 1920 Seite 216.

der Berufsgenossen wach zu halten, in den Hintergrund treten muß. Ist dies doch die Zeit, in der die Nachwirkung einer vierjährigen Hungerblockade noch immer die Rationierung der Lebensmittel erzwingt, der Schleichhandel mit Wucherverordnungen bekämpft und Unterkunft und Lebensmöglichkeit für diejenigen Volksgenossen beschafft werden muß, die nach Abschluß des Friedensvertrages aus den abgetretenen Gebieten in die jetzt enger gewordene Heimat abströmen. Es ist dies die Zeit, in der in den deutschen Abstimmungsgebieten, um deren Schicksal gerungen wird und in der eine stets sich steigernde Wohnungsnot eine Umbildung des Mietsrechts und schwere Eingriffe in das persönliche Leben des Einzelnen und in das Eigentum notwendig macht. Wenn sich daher auch neue Rechtsprobleme in Fülle bieten, so ist der Sinn der Anwaltschaft vor diesem tragischen Hintergrunde weniger auf wissenschaftliche Belehrung und Fortbildung als auf die Dinge gerichtet, die dem sich täglich erneuernden Kampf um das nackte Leben gelten. Immerhin werden noch vor den Gerichtsferien 1919 im Berliner Anwaltverein Vorträge über „Sozialisierung und Rätesystem“ und über „Die Sozialisierung im Bergbau“ gehalten: Themen, die für jene Zeit charakteristisch sind.

Zusammenfassend läßt sich sagen, daß die Arbeit, die der Berliner Anwaltverein im Jahre 1919 geleistet hat, geeignet ist, bei einem normalen Verlauf der Entwicklung der Nachkriegsaufgaben Herr zu werden und das Standesleben in ruhigere Bahnen zu leiten. Daß es hierzu nicht kommt, die Leiden der Anwaltschaft sich von Jahr zu Jahr häufen, hat in Verhältnissen seinen Grund, die außerhalb des Machtbereichs standespolitischer Maßnahmen liegen, vor allem in dem nun immer stärker einsetzenden, alle Lebens- und damit auch Rechtsverhältnisse umstürzenden Währungsverfall.

Kapitel II: Geldentwertung.

Der Vertrag von Versailles, mehr ein Instrument politischer Verblendung und wirtschaftlicher Kurzsichtigkeit als ausgleichenden Friedens, ist unterzeichnet und ratifiziert;

weite Teile deutschen Gebietes sind an die Siegermächte abgetreten oder als besetztes Gebiet in ihrer Hand geblieben. Sein schwerster Fehler, das Reparationsproblem vertagt zu haben, beginnt seine unheilvollen Wirkungen zu äußern: Im Schuldnerland erwächst eine hochgradige, die Wiederaufnahme des Wirtschaftslebens hindernde Unsicherheit. Sie steigert sich zu dumpfer Hoffnungslosigkeit, als erkennbar wird, daß die siegreichen Gläubiger die Anerkennung der einseitig errechneten Schuldsumme unter Anwendung des Druckmittels wirtschaftlicher und politischer Sanktionen erzwingen [26]). Auf dem Untergrunde der Verzweiflung wächst das deutsche Erbübel: die Zwietracht. Zwar gelingt es im Notbau von Weimar, die Volkskräfte zu nationaler Willensbildung zusammenzufassen und der Berliner Märzunruhen und der Wirren der Münchener Räterepublik des Jahres 1919

[26]) In Spaa (5. Juli 1920) wird das Reparationsproblem ernstlich noch nicht erörtert. Auch die Brüsseler Verhandlungen (Dezember 1920) führen über allgemeine Erörterungen des Reparationsproblems nicht hinaus. Erst als (Januar 1921) der Oberste Rat der Alliierten in Paris zusammentritt und sich auf eine bestimmte Lösung festlegt, wird die deutsche Regierung zu der am 1. März in London beginnenden Konferenz eingeladen. Simons, der die Deutsche Delegation führt, lehnt den Pariser Zahlungsplan ab und versucht, einen deutschen Zahlungsplan zu entwickeln. Folge: Stellung eines Ultimatums, bis zum 8. März die Annahme des Zahlungsplans zu erklären, widrigenfalls man von Sanktionen Gebrauch machen wolle. Die Erklärung bleibt aus, Düsseldorf, Duisburg und Ruhrort werden von den Alliierten besetzt, zwischen dem besetzten und unbesetzten Gebiet Zollgrenzen errichtet und die deutschen Zolleinnahmen an der Westgrenze mit Beschlag belegt. Die Reparationskommission fordert die Zahlung von einer Goldmilliarde innerhalb von acht Tagen und droht für den Fall der Nichtzahlung mit der Überführung des Goldbestandes der Reichsbank nach Koblenz oder Köln. Deutschland weicht dem Druck. Am 25. April 1921 setzte die Reparationskommission die deutsche Gesamtschuld auf 132 Goldmilliarden fest. Am 5. Mai 1921 entwirft der Oberste Rat den sogenannten Londoner Zahlungsplan. In ultimativer Form wird von der deutschen Regierung die Annahmeerklärung innerhalb sechs Tagen gefordert und damit die Drohung verbunden, daß bei Nichtannahme zu militärischen Maßnahmen zu Lande und zur See gegriffen und das Ruhrgebiet besetzt werden werde. Das Kabinett Fehrenbach demissioniert. An seine Stelle tritt das Kabinett Wirth-Rathenau. Unter Billigung des Reichstages nimmt es den Londoner Zahlungsplan zugleich mit dem Bekenntnis zur Erfüllungspolitik an.

Herr zu werden. Aber schon regen sich die Gegenkräfte. Am 13. März 1920 ziehen Kapp[27]) und die Ehrhardtbrigade in Berlin ein. Wenige Tage später scheitert der Putsch zwar am Generalstreik und an der Weigerung der höheren Beamtenschaft, den Anordnungen der neuen Machthaber Folge zu leisten, zugleich aber wird blitzartig klar, auf wie schwankendem Grunde das neue Staatsgebäude ruht. In Mitteldeutschland und im rheinisch-westfälischen Industriegebiet, wo die Arbeiterschaft den Putschisten bewaffnet entgegengetreten ist, entwickeln sich neue kommunistische Unruhen. Eine „Rote Armee“ kann nur mit Hilfe der Reichswehr entwaffnet werden. Etwa ein Jahr später flackert die Bewegung im mitteldeutschen Industriegebiet wieder auf[28]).

Das Wirtschaftsleben ist nichts weniger als normal. Wichtige Teile der deutschen Industrie sind mit ihren Erzeugnissen aus dem Welthandel ausgeschaltet und durch den Friedensvertrag wichtiger Rohstoffquellen beraubt. Der Weg zur Wiedereinschaltung in die Weltwirtschaft ist durch die Auslieferung der Handelsflotte an die Siegermächte versperrt, der Handel stockt. Die Arbeitnehmerschaft ruft nach Brot und Arbeit. Eine Geldentwertung, die in ihren Ursachen und ihrer Bedeutung zunächst nicht voll begriffen wird, und deren erste Anzeichen bereits während des Krieges erkennbar geworden sind, führt zum Währungsverfall[29]). Sie verstärkt die At-

[27]) Er erklärt, daß die gesamte Staatsgewalt auf ihn als Reichskanzler und Preußischen Ministerpräsidenten übergegangen sei und eine neue Regierung der Ordnung, der Freiheit und der Tat gebildet werden solle.

[28]) In ihrem Mittelpunkt steht der Bandenführer Hölz. Die Aufständischen werden auseinandergetrieben. Kleine selbständige Abteilungen suchen mit Mitteln der Gewalt und des Terrors die Macht über das Gebiet an sich zu reißen. Sie nehmen Geiseln gefangen, plündern öffentliche Kassen und Lebensmittellager. Als am 29. März 1920 das Leunawerk, ihr letzter Stützpunkt, eingenommen war, bricht der Aufstand zusammen.

[29]) Der Kurs des Dollars beträgt

am 6. 2. 1919	(Zusammentritt der Nationalversammlung)	8,67 Mk.
am 28. 6. 1919	(Friedensvertrag)	13,06 Mk.

mosphäre der Unsicherheit [30]).

Um der äußeren und inneren, besonders der wirtschaftlichen Schwierigkeiten Herr zu werden, muß die Gesetzgebungsmaschine mit Hochdruck arbeiten. In den Parlamenten ist vielfach an die Stelle des juristischen Fachmannes der politische Funktionär oder wirtschaftliche Interessenvertreter getreten, und so muß die Gesetzgebungsarbeit häufig genug der gründlichen Vorbereitung unter Zuziehung des gelehrten Juristenstandes entraten: Das schafft Erbitterung. Sie steigert sich, als die Saat der inneren Zwietracht aufgeht und das Mißtrauen gegen die in die Dienste der Republik getretenen Amtsträger des kaiserlichen Regimes erwacht. Man zeiht sie der politischen Befangenheit und es kommt zu jener Strömung, die unter dem Schlagwort „Vertrauenskrise der Justiz“ in die Erscheinung tritt. Sie will das Privileg der Richter, das Juristenmonopol, brechen und greift nach ihrer Unabhängigkeit [31]). Unter dem Drucke dieser Strömung tritt unter Führung namhafter Juristen, auch von der Anwaltschaft freundlich begrüßt, Ende 1919 der Deutsche Juristenbund [32]) ins Leben, der dem gelehrten Juristentum die ihm gebührende Stellung erhalten, alle Interessen, die den gesamten Juristenstand angehen, gemeinsam vertreten und bei der Gesetzge-

---

am 2. 1. 1920	49,80 Mk.
am 31. 3. 1920	72,— Mk.
am 31. 12. 1920	73,37 Mk.
am 31. 12. 1921	184,— Mk.

[30]) Es ist bezeichnend, daß in dieser Zeit kein Mittel angewendet wird, die Mark zu stabilisieren. Der erste Versuch einer größeren Stützungsaktion fällt in den Sommer 1922.

[31]) In der Verordnung vom 16. November 1918 hatte die vorläufige Regierung die Aufrechterhaltung der Unabhängigkeit der Richter zugesagt und in der Antwort auf die Eingabe des Präsidenten des Reichsgerichts und anderer hoher richterlicher Beamten, der juristischen Fakultäten und Vorstände der Anwaltskammern vom 31. Dezember 1918 betont, daß sie nicht gewillt sei, an diesen Grundsätzen rütteln zu lassen. — Schiffer: Die Deutsche Justiz, Seite 11.

[32]) In seinem Vorstand sitzen führende Anwälte, Magnus gehört dem geschäftsführenden Ausschuß an. Jedoch hat die zwölfte Vertreterversammlung (22. Februar 1920) der Anregung auf Beitritt des Deutschen Anwaltvereins zum Deutschen Juristenbunde keine Folge gegeben.

bung an den Entwürfen mitwirken will [33]). In eine Anfang 1920 an die Mitglieder des Reichsrates gerichteten Erklärung warnt er davor, Gesetze, welche für längere Zeiträume ihre Wirkung äußern sollen, in übereilter Weise zu verabschieden und kennzeichnet die Art, wie die Gesetze vorbereitet, durchberaten und verabschiedet werden, als einen schweren Schaden für das deutsche Volk und Recht. Er verlangt, daß die Gesetze, die für die Dauer bestimmt seien und die Grundlagen der deutschen Rechtsverfassung bilden sollen, nicht nur von politischen Erwägungen diktiert sein dürfen und legt ernste Verwahrung dagegen ein, daß solche Gesetze verabschiedet werden, ohne juristische Sachverständige hinzuzuziehen.

Diese Besorgnisse finden einen weiteren Ausdruck in einer im Herbst 1921 vom Deutschen Juristenbund, dem Deutschen Anwalts- und dem Deutschen Notarverein sowie von den juristisch vorgebildeten Mitgliedern des Berufsvereins höherer Verwaltungsbeamten und des Berufsvereins höherer Kommunalbeamten unterzeichneten Erklärung, in der diese warnend ihre Stimme erheben, daß der bei dem Preußischen Landtage gestellte Antrag:

> „nach welchem hervorragend befähigte und praktisch erfahrene Personen aus allen Kreisen des Volkes nach Ablegung der Gerichtsassessoren-Prüfung die Befähigung zum Richteramt sollen erlangen können, auch wenn sie den bisher vorgeschriebenen Ausbildungsgang nicht durchgemacht haben."

Gesetz werde [34]).

[33]) „Mit dem Deutschen Juristenbund tritt nach langen Bemühungen eine Organisation ins Leben, die vor allem die großen berufsständischen Vereinigungen: Richter, Anwälte, Verwaltungsbeamte und Professoren, wie die dem Juristenbund sonst Angehörenden aus dem ganzen Reich vereinigt. Damit erhalten endlich alle Deutschen Juristen ihre gemeinsame standesgemäße Vertretung." Blätter für Rechtspflege 1919, Seite 123.

[34]) In dieser Erklärung heißt es:

„Für den Richter, den Anwalt und für den Notar ist, wie für jeden Fachmann, eine berufsmäßige Schulung erforderlich. Nur durch sie kann eine geschlossene harmonische Bildung, Sachlichkeit des Denkens, Un-

Die Gegensätze verschärfen sich schließlich so, daß Radbruch bei der Übernahme des Reichsjustizministeriums am 30. Oktober 1921 in einer Ansprache sagen kann, daß „ein Kriegszustand zwischen Volk und Justiz ausgebrochen sei“ [35]).

Die Anwaltschaft dieser Tage, von der Justizkrise nur mittelbar [36]) berührt, scheint an sozialer Geltung zu gewinnen. Mehr als bisher wird ihre Erfahrung in den Dienst der Allgemeinheit gestellt [37]). Ein Sondergesetz (11. März 1921) beseitigt den § 180 des Gerichtsverfassungsgesetzes und hebt damit die Ungebührstrafe gegen Rechtsanwälte auf.

abhängigkeit des Urteils und Beherrschung des von jeder Einzelentscheidung berührten ganzen Rechtssystems erlangt werden.

Die Prüfung, jetzt nur der äußere Abschluß jahrelanger Arbeit, kann für sich allein auch bei geistig hochstehenden Personen diese Schulung niemals ersetzen.

Diesen grundsätzlichen Bedenken gesellt sich die nicht abzuweisende Befürchtung, daß bei der Beurteilung der geistigen Hochwertigkeit politische Gesichtspunkte eine nur zu große Rolle spielen werden. Gerade in so stark bewegter Zeit würden Richter, die sich durch ihre politischen Anschauungen leiten lassen und die dadurch die Rechtspflege zur Dienerin der jeweilig herrschenden Partei herabwürdigen, dem Staate seine festeste Stütze, jeder Sittlichkeit und Kultur die unentbehrliche Grundlage rauben.

Wir Juristen sind entschlossen, uns solcher Vernichtung der in jahrelanger Arbeit endlich gefestigten deutschen Rechtspflege zum Heil unseres Vaterlandes mit allen Kräften zu widersetzen.“ — Blätter für Rechtspflege 1921, Seite 89/90.

[35]) Schiffer: Deutsche Justiz, Seite 15.

[36]) Dem Kampf des Richterstandes um seine Unabsetzbarkeit und Unabhängigkeit hat sie nicht nur kraft ihrer beruflichen Verbundenheit, sondern auch im wohlverstandenen eigenen Interesse wirksam Beistand geleistet. So hat der Deutsche Anwaltverein (Nachrichten 1921, S. 55) am 22. Januar 1921 an den Preußischen Justizminister eine Eingabe gerichtet, in der die Erwartung ausgesprochen wird, daß der Justizminister jedem Versuch, an der Unabsetzbarkeit und Unabhängigkeit der Richter zu rütteln, in aller Entschiedenheit entgegentreten werde.

[37]) Der erste Kanzler des Reiches nach der Nationalversammlung, Fehrenbach, ist Rechtsanwalt, eine Reihe von Ministerien und anderen hohen Amtsstellen im Reich und in den Ländern sind auf längere oder kürzere Zeit von Rechtsanwälten verwaltet. Zur Tätigkeit als Vorsitzende in den Schlichtungsausschüssen oder Mieteinigungsämtern, in Preußen auch zur Mitbearbeitung von Gnadensachen, werden sie herangezogen.

An die Wurzel ihrer Existenz greift die Geldentwertung. Damit wird das Einkommensproblem zum Angelpunkt der Standespolitik. Dieses Problem, das Feuchtwanger mit den Worten umschreibt: „Tüchtigen Anwälten genügendes Einkommen zu verschaffen, ohne daß ihre Leistungen zur Ware, sie selbst zu Händlern werden“, ist, wenn die Selbständigkeit und wirtschaftliche Unabhängigkeit des Einzelanwalts aufrechterhalten werden soll, in einer kapitalistischen Wirtschaftsordnung nur so lange lösbar, als eine prosperierende Wirtschaft anwaltliche Berufsarbeit angemessen bezahlen kann; nur dann kann der große Durchschnitt ein erträgliches Einkommen finden. Mindert sich das Gesamteinkommen der Anwaltschaft, sei es, daß durch eine allgemeine Wirtschaftskrise oder durch andere Faktoren sich das Arbeitsquantum mindert, sei es, daß das Arbeitsentgelt infolge schlechterer Entlohnung allgemein sich senkt, so sinkt damit der Durchschnittsanteil des Einzelnen am Gesamteinkommen. Daneben läuft, gleich wichtig, das Problem der Verteilung. Kompliziert sich die allgemeine Wirtschaftskrise durch einen alle ökonomischen Begriffe verfälschenden Währungsverfall, so bildet sich jener gefährliche Nebel, der selbst das Nächstliegende in verschleierter Form erscheinen läßt.

Die Lage ist: die notleidende Wirtschaft kann angemessene Anwaltsentgelte vielfach nicht mehr bezahlen. Diese, als Gebühren starr und durch die ein Unterbieten versagende Standesauffassung geschützt, halten dem Drucke stand. Infolgedessen zieht sich die Wirtschaft auf die billigeren Surrogate anwaltlicher Tätigkeit zurück: die Selbstvertretung ohne und mit Hinzuziehung mehr oder weniger geschulter Kräfte, die Indienststellung vertragsgebundener, festbezahlter Rechtsberater (Syndici) [38]), die Beschäftigung gewerblicher Rechtskonsulenten, die für Teilgebiete, beispielsweise die Beitreibungssachen ausreichende Kenntnis und Erfahrung besitzen. Eine weitere Folge: die Begünstigung solcher Verfahren, in

---

[38]) Drucker: Festnummer der „Zeitschrift der Anwaltskammer im Oberlandesgerichtsbezirk Breslau“ 1928 S. 6.

denen der verteuernde Anwaltszwang nicht gilt, insbesondere des amtsgerichtlichen Verfahrens und der Schiedsgerichte.

Fortschreitende Geldentwertung kompliziert den Vorgang. Sie führt, da die Gebührengesetze dem Tempo der Geldentwertung nicht folgen können, zur unaufhörlichen Herabminderung des Realentgelts für anwaltliche Leistung, Minderung des Risikos durch Senkung der Bürounkosten scheitert an dem Faktor der Löhne, die, häufig tarifgebunden, der Geldentwertung schneller angepaßt werden müssen als die Gebühren sich steigern lassen. Selbsthilfe wird notwendig. Sie greift zu freier Honorarvereinbarung oder Gebührenzuschlägen auf kartellähnlicher Grundlage [39]). Ihnen wird die Erstattungsfähigkeit durch die Gerichte abgesprochen. Das ruft die an Kostenersatz gewöhnte Wirtschaft auf den Plan. Sie verschreit als Verteuerung, was für die Anwaltschaft notwendiger Ausgleich ist. Verzweifelt sieht sich die Anwaltschaft neuem Drucke preisgegeben. Erst das Gesetz vom 8. Juli 1921 (Reichsgesetzblatt S. 910) bringt Abhilfe [40]). Als Ergebnis

[39]) Der dritte außerordentliche Anwaltstag (Leipzig 13/14. September 1919) erhebt das Verlangen nach unverzüglichem Erlaß von Notverordnungen auf Erhöhung der gegenwärtig geltenden Gebührensätze um mindestens 50% und nach sofortiger Inangriffnahme einer organischen Reform der Gebührenordnung für Reich und Länder und anerkennt zugleich das Recht und die Pflicht der Anwaltschaft, bis zur gesetzlichen Regelung im Sinne der ersten Forderung im Wege der Selbsthilfe und freien Vereinbarung eine Steigerung der Gebühren zu standesgemäßer und lebensnotwendiger Höhe herbeizuführen. Die 12. Vertreterversammlung (Leipzig, 22. Februar 1920) stellt fest, daß seit dem Erlaß des Gesetzes über Teuerungszuschläge vom 18. Dezember 1919 die wirtschaftlichen Verhältnisse, insbesondere soweit sie sich für den Bürobetrieb und das Einkommen der Rechtsanwälte geltend machen, eine erhebliche Verschlimmerung erfahren haben, deren weiteres Fortschreiten zu erwarten ist. Dadurch wird die Unzulänglichkeit der durch das erwähnte Gesetz eingeführten Gebührenzuschläge in hohem Maße fühlbar, sodaß die Berechtigung zu regelmäßigen Vereinbarungen über Erhöhung der Gebühren anzuerkennen ist. Solche Vereinbarungen sind durch Beschlüsse örtlicher Anwalts-Vereinigungen für deren Bezirk herbeizuführen.

[40]) Das Gesetz läßt Teuerungszuschläge zu, indem es bestimmt, daß im Falle wesentlicher Änderungen der wirtschaftlichen Verhältnisse die Reichsregierung nach Anhörung der Vereinigung der Anwaltskammervorstände mit Zustimmung des Reichsrats die Teuerungszuschläge anderweit festsetzen kann (beweglicher Faktor). Es ver-

läßt sich zusammenfassend feststellen: Neben einem notdürftigen Ausgleich für die Geldentwertung steht eine ungeheure Verminderung anwaltlichen Arbeitsstoffes.

Die Gegenwehr der Anwaltschaft ist schwach. Das Spezialistentum, das durch überlegene Fachkenntnis die halbgebildeten Konkurrenzkräfte aus dem Felde schlagen könnte, findet keine Gegenliebe [41]). Die theoretisch mögliche Stärkung monopolistischer Tendenzen scheitert in der Praxis, weil die Klinke der Gesetzgebung gegen das Rechtskonsulententum nicht in Bewegung zu setzen ist und die Herabsetzung der amtsgerichtlichen Kompetenz in der noch nicht simultan zugelassenen Amtsgerichtsanwaltschaft einen starken Gegner findet. Die Schiedsgerichtsbewegung wird nicht an ihrer Wurzel, sondern in ihren Auswüchsen bekämpft [42]), das Syndikusproblem, zunächst nur standesrechtlich, nicht standespolitisch betrachtet und so schädlicherweise auf ein falsches Gleis geschoben [43]). Nur auf einem Gebiete hat die Gegenwehr Erfolg. Es gelingt, als Auslagenersatz eine wenn auch mäßige Bezahlung der bisher unentgeltlich geführten Armensachen aus Staatsmitteln herbeizuführen: Damit ist der für die Zukunft bedeutsame Grundsatz der Gewährung eines Entgelts für die Führung von Armensachen anerkannt [44]). Gegenüber

---

bietet jedoch generelle Teuerungszuschläge durch Anwaltsübereinkommen und erklärt die auf solchen Vereinsbeschlüssen beruhenden Einzelvereinbarungen als unverbindlich.

[41]) Schon im Oktober 1919 hat der unermüdliche Görres diejenigen Berufsgenossen aufgerufen, welche die Förderung des Spezialistentums erstreben (Blätter für Rechtspflege 1919 S. 108). Der Deutsche Anwaltstag (Leipzig 11./12. September 1920) sieht jedoch von einer Beschlußfassung über das Spezialistentum ab.

[42]) Gegenstand des Kampfes ist das in Schiedsgerichtsordnungen häufig wiederkehrende Verbot der Anwaltsvertretung. Vorschläge, das ordentliche Prozeßverfahren einfach, schnell und billig zu gestalten, treten nur schüchtern hervor.

[43]) Drucker aaO. S. 6.

[44]) Gesetz vom 18. Dezember 1919 (Reichsgesetzblatt 2113). Bezeichnend ist die in der 12. Vertreterversammlung (Leipzig, 22. Februar 1920) der Forderung gegebene Begründung, die die Zahlung nicht als ein Mittel der Einkommensmehrung bezeichnet, sondern sich gegen die im Gegensatz zur Reichsverfassung der Anwaltschaft durch die unentgeltliche Armensachenführung aufgezwungene Enteignung ihrer Ar-

den übrigen starken Verlusten ein — wenn auch zunächst nur kleiner — Gewinn.

Neue Gefahr zieht herauf, als offenbar wird, daß die Vertreter der Gewerkschaften aller Richtungen die Ausschließung der Anwaltschaft von der erstinstanzlichen Vertretung im kommenden arbeitsgerichtlichen Verfahren betreiben, dieses Verfahren den ordentlichen Gerichten ausgliedern und es als Sondergerichtsbarkeit aufrichten wollen. In der Anwaltschaft regt sich leidenschaftlicher Abwehrwille. Der Gegensatz zu den Gewerkschaften tritt zutage. Der Kampf geht nicht nur gegen die drohende Einengung des Tätigkeitsfeldes, sondern um das Prestige der Anwaltschaft [45]). Indem sie den Gedanken der Sondergerichtsbarkeit ablehnt und verlangt, daß sie als berufsmäßiger, legitimierter Parteivertreter vor sämtlichen Gerichten zugelassen werde, erweitert sie zugleich die Plattform des Kampfes, um das durch die Abspaltung der Gewerbe- und Kaufmannsgerichtsbarkeit verloren gegangene Arbeitsgebiet zurückzugewinnen.

Kein Wunder, daß auch die Anwaltschaft von der allgemeinen Stimmung der Hoffnungslosigkeit, ja der Verzweiflung ergriffen wird und daß auch sie, in ihrem Gesamteinkommen gemindert, durch die Unsicherheit der Geldentwertung zermürbt, in Zwietracht verfällt.

Gewiß, die Anwaltschaft ist einig in dem Bemühen um die Angleichung der Gebühren an die Geldentwertung, um die Bezahlung der Armensachen und in der Abwehr gegen den Verlust von Arbeitsgebieten. Sie versagt in der Behandlung des Verteilungsproblems. Hat sie sich im Jahre 1919 noch darüber verständigt, den Kriegsgeschädigten in Anerkennung ihrer der Gesamtheit geleisteten Dienste eine Bevorzugung

beitskraft verwahrt und nachdrücklichst auf die in erheblichen Teilen der Anwaltschaft bestehende Absicht zur Einstellung der Tätigkeit in Armensachen hinweist. Der Streikgedanke liegt in der Luft! — Marquardt: „Nachrichten" 1921 S. 17.

[45]) „Der Ausschluß der Anwälte von den Sondergerichten ist eine beispiellose, durch nichts begründete Kränkung der Anwaltschaft." — Beschluß der 14. Vertreterversammlung vom 28./29. Januar 1932, „Nachrichten" 1922 S. 18/21.

zuzugestehen, es hingenommen, daß, um altes Unrecht gutzumachen, das Notariatseinkommen durch Erhöhung des Divisors zugunsten einer breiteren Masse zerlegt wird, so ist die Folgezeit erfüllt von Auseinandersetzungen anwaltlicher Gruppen, deren letztes wirtschaftliches Ziel eine anderweite Einkommensverteilung ist. Es ist die Zeit der sogenannten Querverbände, Ideen- oder Interessenvereine, die Zeit, in der die Amtsgerichtsanwälte mit verstärkter Kraft den Ruf nach Zulassung bei den übergeordneten Landgerichten erheben [46]), die Landgerichtsanwälte zur Abwehr greifen [47]). Als sich am 4. November 1920 der Vorstand des Deutschen Anwaltvereins im Sinne der früheren Beschlüsse des Anwaltstages [48]) für die Simultanzulassung der Amtsgerichtsanwälte ausspricht und den Vorständen der Anwaltskammern und den Justizverwaltungen empfiehlt, Anträgen auf Simultanzulassung gegenüber das weitestgehende Entgegenkommen zu betätigen, löst dieser Beschluß bei den Kollegialgerichtsanwälten, insbesondere der kleineren Landgerichte eine außerordentliche Erregung aus. Am 23. Januar 1921 finden sich in Leipzig die Vertreter von 97 Landgerichtsanwaltschaften Preußens und Bayerns zu einer ersten Tagung zusammen, die die Einführung der Simultanzulassung der Amtsgerichtsanwälte bei den Landgerichten als eine schwere Schädigung der Rechtspflege und des gesamten Anwaltsstandes bezeichnen und der Über-

[46]) Hawlitzki: JW. 1919 S. 990, Kanter: Nachrichten 1920, S. 20; Hawlitzki: Nachrichten S. 115. — Den Anlaß bietet der Vorgang der für Berlin durchgesetzten Simultanzulassung.

[47]) Martin Goldschmidt: „Die Simultanzulassung der Amtsgerichtsanwälte beim Landgericht". Carl Heymanns Verlag, Berlin 1921.

[48]) Mit der Frage hatte sich der 17. deutsche Anwaltstag (Hannover 1905) beschäftigt und im Sinne der Amtsgerichtsanwaltschaft positive Beschlüsse gefaßt. Der 21. deutsche Anwaltstag in Breslau, der den gleichen Gegenstand behandelte, hatte von einer Beschlußfassung mit Rücksicht auf die von den Anwälten der kleinen Kollegialgerichte erhobenen Bedenken abgesehen und die weitere Vorbereitung dem 4. Ausschuß des Deutschen Anwaltvereins übertragen. In diesem Ausschuß war ein Antrag Soldan-Mainz angenommen worden; er ging dahin, daß bei der demnächst zu erwartenden Reform der Rechtsanwaltsordnung eine Änderung der bisherigen Bestimmungen über die Simultanzulassung nicht zu erstreben sei.

zeugung Ausdruck geben, daß durch sie die wirtschaftliche Existenz der Anwaltschaft an mittleren und kleineren Landgerichten gefährdet, teilweise vernichtet würde. Die Verständigungsbemühungen des Deutschen Anwaltvereins mißlingen; die Gemüter erhitzen sich mehr und mehr. Am 22. Mai 1921 wird von Carstens und seinen Anhängern der Verein Deutscher Landgerichtsanwälte als Kampfbund gegründet. Die Diskussionen in den Vereinszeitschriften werden mit leidenschaftlicher Erbitterung fortgeführt [49]). Warnende Stimmen mahnen zur Einigkeit [50]) — ohne Erfolg. Am 9. September 1921 findet in Frankfurt a. M. ein „Deutscher Amtsgerichts-Anwaltstag" statt, der von 1000 Amtsgerichtsanwälten besucht ist. Er beschließt, den Verein der Amtsgerichtsanwälte neu zu organisieren. Aufgerüstet stehen sich Ende 1921 zwei kampfbereite Fronten gegenüber. Wird es gelingen, die tiefe Kluft zu überbrücken [51])?

---

[49]) Selbstverständlich verlangen die Landgerichtsanwälte Lokalisation im Interesse der Rechtspflege und ebenso selbstverständlich die Amtsgerichtsanwälte mit dem gleichen Hinweis die Simultanzulassung. Als Dittenberger in dem Bericht zu dem Vorstandsbeschluß vom 4. November 1920 bemerkt, daß die Erörterung klar herausgestellt hätte den Gegensatz zwischen einer mehr ideellen Forderung der Amtsgerichtskollegen und einem im Grunde wirtschaftlichen Interesse eines Teils der Kollegialgerichtsanwaltschaft (Nachrichten 1920 S. 228), wird ihm das verübelt. Er muß (Nachrichten 1921 S. 34) zu Kreuze kriechen, was er mit der Wendung tut, daß er nicht bekundet habe, es lägen bei den Amtsgerichtskollegen nur ideelle, bei den Landgerichtskollegen nur wirtschaftliche Interessen vor. Er habe weder ein wirtschaftliches Interesse der Amtsgerichtsanwälte verneint, noch auch der Stellung der Landgerichtsanwälte die ideelle Richtung abgesprochen.

[50]) Marquardt: Nachrichten S. 165; Kröger ebenda S. 166.

[51]) Das Jahr 1921 schließt insofern mit einem etwas günstigeren Ausblick, als der Vorsitzende des vom 4. Ausschuß eingesetzten Unterausschusses vom Vorstand des Deutschen Anwaltvereins die Ermächtigung erbittet, die Arbeiten des Unterausschusses fortführen zu dürfen und den Ausschuß zu einer mündlichen Verhandlung einzuberufen. Bei den schweren Gefahren, die der Anwaltschaft von allen Seiten drohen, sei dringend zu wünschen, daß die Arbeiten des Ausschusses den Keim des Zwiespaltes beseitigen. Es erscheine deshalb auch zweckmäßig, die leicht zur Verschärfung der Gegensätze führende Diskussion in den Vereinszeitschriften vorläufig abzubrechen und abzuwarten, zu welchen Ergebnissen der Ausschuß gelange. — Nachrichten 1921, S. 209.

Auch in der Reichshauptstadt bildet die Sicherung des Berufseinkommens den Mittelpunkt der Bemühungen der Anwaltschaft. Den Entscheidungen der Regierungsgewalten räumlich nahe, in weiten Schichten von der Krise schwer getroffen, greift sie die Standesprobleme auf, die im Berliner Milieu eine eigene Note erhalten. Mit großer Lebhaftigkeit beschäftigt sie sich mit der Gebühren- und Honorargestaltung und treibt auf diesem Gebiete die Standespolitik in der vom Deutschen Anwaltverein verfolgten Richtung vorwärts. Nur Einiges sei herausgegriffen:

Als charakteristisches Kennzeichen der Berliner Gebührenpolitik läßt sich eine Bevorzugung des gemischten Gebührensystems feststellen, wie es der bisherigen Gebührengesetzgebung entspricht. An dieser Auffassung ändert auch der Währungsverfall nichts und man ist geneigt, alle Schwierigkeiten in Kauf zu nehmen, die die Anpassung der Gebühren an die Geldentwertung mit sich bringt. Die Gefahr liegt auf der Hand, daß der notleidende Teil der Anwaltschaft zu Unterbietungen gezwungen wird, die das Allgemein-Niveau des Arbeitsentgelts herabzudrücken geeignet sind. Die großstädtischen Verhältnisse lassen eine strenge Standeskontrolle nicht zu und stehen einer kollegialen Beeinflussung im Wege. Daher findet die in dieser Zeit einsetzende „Los-von-der-Gebührenordnung"-Bewegung in Berlin keinen rechten Boden. Dies findet seinen Ausdruck in einer stark besuchten Vereinsversammlung (13. Januar 1921)[52]), in der nach einem Referat von Irmler mit überwiegender Mehrheit eine Entschließung angenommen wird. Darin finden sich die Sätze:

> Es empfehle sich nicht, die feste Gebührentaxe durch den freien Honorarvertrag zu ersetzen: die Grundlage der anwaltlichen Entlohnung habe entweder die feste Gebührentaxe oder der mit der Partei innerhalb der Grenzen der Mäßigung geschlossene Vertrag zu bilden.

Mit umso größerer Entschlossenheit greift die Berliner Anwaltschaft zur Selbsthilfe, als die Teuerung eine Erhöhung

[52]) Nachrichten 1921, S. 44.

der Angestelltengehälter erzwingt und die Gesetzgebung die Anwaltschaft im Stiche läßt. Schon am 12. Juni 1919 entscheidet sich die Berliner Anwaltschaft für die Erhebung eines 50%igen Zuschlages zu den geltenden Gebührensätzen, der im Wege der Vereinbarung erhoben werden soll [53]). Sie zögert auch nicht, als das Gesetz vom 18. Dezember 1919 — viel zu spät — erlassen wird und sich als durch die Entwicklung überholt erweist, einen weiteren Beschluß zu fassen (11. März 1920), der die Erhebung eines Teuerungszuschlags von 50% zu den nunmehr geltenden gesetzlichen Gebühren sowie die Einführung einer Vorschußpflicht in Höhe der voraussichtlich entstehenden Gebühren und Auslagen für notwendig erklärt. Sie verstärkt den Druck gegenüber zögernden und unsicheren Berufsgenossen, indem sie die Durchführung dieses Beschlusses zur Standespflicht erhebt. Damit macht sie zum ersten Male von der Klausel Gebrauch, die den verfemt, der sich nicht fügt. Bedenken tauchen auf. Sie werden überwunden und der Beschluß vom 11. März in einer Versammlung vom 5. April 1920 erneut bestätigt. Die Hoffnung, daß die Gerichte die so im Wege der Selbsthilfe geschaffenen Teuerungszuschläge als erstattungspflichtig erklären werden, trügt. Sehr bald stellt sich heraus, wie schwer es ist, sie einer Klientel gegenüber durchzusetzen, die an die Erstattung der Kosten durch die unterliegende Gegenpartei gewöhnt ist. Dies erklärt die in der Versammlung vom 13. Januar 1921 in die Erscheinung tretende Stellungnahme, an dem Grundsatz der Erstattungsfähigkeit der vollen Anwaltskosten festzuhalten und zu fordern, daß die Teuerungs-

[53]) Unter dem 6. Juli 1919 folgt der Vorstand des Deutschen Anwaltvereins und gibt bekannt, bei der Reichsjustizverwaltung und bei den Landesjustizverwaltungen vorstellig werden zu wollen, daß die geltenden Gebührensätze um 50 v. H. erhöht werden sollen. Er fügt hinzu, daß angesichts der bestehenden außerordentlichen Teuerungsverhältnisse nichts anderes übrig bleibe, als bis zu der vorgesehenen gesetzlichen Regelung grundsätzlich die Übernahme von Aufträgen davon abhängig zu machen, daß die Partei sich zur Zahlung der Zuschläge verpflichtet. Dieser Vorstandsbeschluß wird durch die Stellungnahme des 3. außerordentl. Anwaltstages (Leipzig 13./14. September 1919) wirksam unterstrichen.

zuschläge, wie sie von den örtlichen Vereinen erhoben werden, durch Gesetz zu Zuschlägen zu den jetzt gesetzlich geltenden Sätzen erklärt würden.

Eine weniger bedeutende Rolle für die Gebührenpolitik spielt die Frage, ob die Zuschläge fest oder gestaffelt zu erheben sind. Die Berliner Anwaltschaft hat sich zunächst für feste Zuschläge entschieden, offensichtlich im Interesse der Klarheit und Einfachheit. Erst als bereits der Gesetzentwurf für das dann am 8. Juli 1921 verkündete neue Gesetz bekannt wird, entscheidet sie sich für die gestaffelten Zuschläge, die bei einem Streitwert bis zu 5 000 M. 50%, von 5 000 bis 20 000 M. 75% und über 20 000 M. 100% der gesetzlichen Gebühren betragen sollen.

Sehr wesentlich waren die Verhandlungen des Berliner Anwalt-Vereins und insbesondere die der Versammlung vom 13. Januar 1921 für eine im Zuge der Zeit liegende Neuerung: die Festsetzung der jeweiligen Höhe der gesetzlichen Teuerungszuschläge nicht mehr im Gesetz selbst zu treffen, sondern sie einer Stelle zu überlassen, die sie — ohne den schwerfälligen Apparat der Gesetzgebungsmaschine — auf Anregung und nach Anhörung der anwaltlichen Organisationen mit gesetzlicher Kraft treffen kann. Sie fallen auf fruchtbaren Boden und haben dank der Energie, mit der die Forderung in Gegenwart der Vertreter der Ministerien verfochten wird, Erfolg. Verbietet das Gesetz vom 8. Juli 1921 auch die kartellähnlichen Vereinbarungen, so trägt es doch dem hierauf gerichteten Verlangen der Anwaltschaft Rechnung. Die Berliner Rechtsanwaltschaft hat in diesem Kampf in der ersten Linie gestanden und durch ihr Eingreifen die Gesetzgebung wesentlich beeinflußt [54]).

Ein Kapitel für sich bildet die Berliner Tarifpolitik. Sie leiten Gedanken, die nicht nur dem Grade nach, sondern auch im Grundsätzlichen von den Auffassungen großer Teile der

[54]) Zu den vorbereitenden Verhandlungen im Reichsjustizministerium ist der Berliner Anwalt-Verein zugezogen. Ihm wird auch der Entwurf des Gesetzes zugeleitet und er nimmt zu ihm in der Versammlung vom 7. April 1921 Stellung.

Deutschen Anwaltschaft [55]) abweichen. Nicht nur aus einem den praktischen Bedürfnissen dienenden Zweckmäßigkeitsstreben [56]), sondern vor allem mit dem Ziele der Sicherung des Arbeitsfriedens und in der Überzeugung, damit der Gesamtanwaltschaft im standespolitischen Interesse einen Dienst zu erweisen [57]), bekennt sie sich zum Tarifvertragsgedanken und sie weiß es durchzusetzen [58]), daß der Deutsche Anwalt-Verein den örtlichen Vereinen die Freiheit der Entschließung läßt. Unabhängig von fremdem Einfluß geht sie ihren Weg. Er soll in großen Zügen festgehalten werden.

Mit dem Ende des Jahres 1919 läuft der im Juni geschlossene erste Tarifvertrag ab. Noch einmal treten sich 1920 Freunde und Gegner des Tarifvertragsgedankens gegenüber, als die fortschreitende Geldentwertung zu immer neuer Anpassung der Gehälter an die sinkende Kaufkraft des

[55]) In einem Briefwechsel tadelt der Vorstand des Deutschen Anwaltvereins (Mai 1921) die Schrift des Berliner Vereins: „Der Rechtsanwalt als Arbeitgeber"; Berlin verteidigt sie.

[56]) Den Nutzen erläutert die Schrift „Der Rechtsanwalt als Arbeitgeber" in mehreren Kapiteln, deren Überschriften lauten: „Kollektivverträge sichern die Arbeitgeberschaft vor der Willkür der Arbeitnehmerorganisation." — „Nur die mit der Angestelltenschaft vertraglich vereinbarte Tarifierung kann die Anwaltschaft vor dem Vorwurf der Lohndrückerei bewahren." — „Der Tarifvertrag bewahrt unsere Berufsgruppe vor der ihr drohenden Personalabwanderung."

[57]) Das kleidet die Schrift „Der Rechtsanwalt als Arbeitgeber" in die Worte:

„Jede Möglichkeit einer so gerichteten fruchbringenden Betätigung (gemeint ist die Mitarbeit am Arbeitsrecht) wäre der Anwaltschaft aber genommen, wollte sie — sozusagen im eigenen Hause — dieser Entwicklung nicht Rechnung tragen. Darum ist die Anwaltschaft es ihrer Stellung in der Öffentlichkeit und der Besonderheit ihrer Berufsaufgaben schuldig, bei der Regelung der für ihre Büros geeigneten Arbeitsmethoden und des Vertragsverhältnisses mit ihren Angestellten der nicht wieder rückgängig zu machenden Entwicklung Rechnung zu tragen und von den Individual- zu Kollektivverträgen überzugehen. Hierbei muß sie so Vorbildliches leisten, daß sie sich das Vertrauen weiter Bevölkerungsschichten erhält und neu erwirbt, ohne das die gedeihliche Tätigkeit einer pflichtbewußten Anwaltschaft nicht möglich ist."

[58]) § 8 Abs. 2 der jetzt geltenden Satzung des Deutschen Anwaltvereins.

Zahlungsmittels zwingt. Die Berechnung der Bürounkosten entbehrt der festen Grundlage und schließt die Möglichkeit sicherer Kalkulationen aus. Die Unruhe wächst, als die Tarifverhandlungen in rascherer Folge wiederkehren, immer neue Gehaltserhöhungen bringen und durch den Juli-Streik der Angestellten zu Schwierigkeiten führen, von denen man bisher verschont geblieben ist. So kommt es, daß der Gedanke Wurzel schlägt: An allen Mißlichkeiten trage mehr noch als die Geldentwertung der Tarifvertrag die Schuld. Man sagt, daß trotz Vertrages die Angestelltenbewegung nicht zur Ruhe gelange, der Vertrag also nicht Frieden schaffe, sondern die Begehrlichkeit steigere und den Kampf verewige.

> „Der Fehler dieser Deduktion liegt zunächst darin, daß die Zeit einer rapiden Geldentwertung, wie sie die Jahre 1919/1920 darstellen, einer Beurteilung des Problems nicht günstig sind. Gegen den Sommer 1919 waren die Kosten der Lebenshaltung im Dezember 1919 um 119 Prozent, im Juli 1920 um sogar 155 Prozent gestiegen und betragen jetzt noch 131 Prozent. Dieser exorbitanten Steigerung der Kosten für den Lebensaufwand folgte naturgemäß die Erhöhung der Gehaltssätze und da die Steigerung selbst nicht allmählich, sondern vielfach sprunghaft einsetzte, konnten die Gehaltserhöhungen nur nachhinken und waren vielfach nur unvollkommen."

Diese Sätze sind der Broschüre „Der Rechtsanwalt als Arbeitgeber" entnommen, die im Winter 1920 vom Berliner Anwalt-Verein herausgegeben ist. Sie treffen den Kern des Problems, das damals noch nicht allseitig begriffen wird.

So kämpft die Tarifvertrags-Kommission, in der die besten Kenner des Arbeitsrechts zusammensitzen, einen Kampf mit zwei Fronten. Den Angestellten gegenüber hat sie die undankbare Aufgabe, mit Energie die Arbeitgeberseite zu vertreten, die eigenen Berufsgenossen aber stehen ihr mißtrauisch gegenüber, weil sie den Nutzen nicht erkennen. Wohl in keiner Kommission wird mit soviel Hingabe und Liebe zur Sache praktische Arbeit geleistet wie in dieser, in keiner entwickelt sich besser die Homogenität des Urteils und des Handelns und der Geist echter Kollegialität. Sie ist das am sichersten funktionierende Instrument der Vereinsarbeit. Durch ihre Leistungen erringt sie sich Schritt für Schritt das Vertrauen des Vorstandes und der Vereinsmitglieder. Selbst der Streik und seine Folgen bringt ihrem Ansehen nur Mehrung. Sie macht kaum einen Vorschlag, der nicht die Billigung der Vollversammlung fände. Als sie in der Broschüre „Der Rechtsanwalt als Arbeitgeber" die Summe ihrer Erfahrungen zieht und sie den Berufsgenossen zur Kenntnis bringt, wird ihr im Januar 1921 einstimmig die allgemeine Vollmacht zur Abänderung des Tarifvertrages und zur Annahme etwaiger, auf Grund des Vertrages ergehender Schiedssprüche erteilt.

Der Hauptvorzug der von dieser Kommission befolgten und von dem Verein unterstützten Tarifpolitik liegt in der Gradlinigkeit. Sie hat sich von dem Gedanken der Tarifvertragstreue niemals abbringen lassen, aber sie hat auch von den Vertragspartnern die gleiche Treue verlangt. Deswegen kommt es zum Konflikt, um die Vertragstreue wird im Streik gerungen. Ein kurzer Blick auf die Vorgänge jener Tage: Am 31. Mai 1920 läuft ein Tarifabkommen ab. Die Teuerung ist gewachsen. Die Angestelltenverbände verlangen eine fünfzigprozentige Gehaltserhöhung. Nur 25% werden zugestanden. Die Angestellten lehnen ab. Am nächsten Tage (5. Juli) wird vom Anwaltverein, wie im Vertrage vereinbart, der Reichsarbeitsminister angerufen; der bestellt den Vorsitzenden des vorgesehenen Schlichtungsausschusses. Inzwischen hat am Abend des 5. Juli der Zentralverband der Angestellten den Streik erklärt und damit die Sitzung des Schlichtungsausschusses vereitelt. Etwa 80 bis 90 Büros werden vom Streik betroffen. Eine Streikabwehrkommission ergänzt die Arbeiten der Tarifvertragskommission. Sie steht den Betroffenen zur Seite, versorgt sie mit Personal und hilft über die ersten Schwierigkeiten hinweg. Dennoch gibt es Bedenken, die aus der Auffassung des Berufs als Organ der Rechtspflege fließen. Im großen ganzen jedoch werden die Weisungen der Tarifvertragskommission befolgt und während des Streiks die Zubilligung von Gehaltserhöhungen abgelehnt. Indessen führt der Verein den Gegenschlag und beantragt beim Landgericht II gegen den Zentralverband den Erlaß einer einstweiligen Verfügung, in der diesem unter Androhung einer Geldstrafe untersagt wird, den Streik der Berliner Anwaltsangestellten zu leiten oder zu fördern. Die Verfügung wird erlassen, an den Anschlagsäulen bekannt gemacht und durch die Tagespresse veröffentlicht. Sie wirkt wie eine Bombe und löst die schwersten Proteste der Angestelltenschaft aus. Am 11. Juli 1920, einem Sonntag vormittag, findet in den Sophien-Sälen eine Versammlung der streikenden Angestellten statt. Das Referat hält der Reichstagsabgeordnete G i e b e l. Er bezeichnet die einstweilige Verfügung als einen direkten Bruch der Reichsverfassung und insbesondere des Artikels 159. Sie sei eine Kriegserklärung an die gesamte freigewerkschaftliche Arbeiterschaft. Wenn sie nicht sofort beseitigt werde, würde alles still stehen, sobald der Zentralverband zur Solidarität aufrufe. Alle Gewerkschaften seien hierzu bereit. Im Gegensatz zu der vom Anwaltverein vertretenen Auffassung stelle er fest, daß der Zentralverband nicht tarifbrüchig geworden sei. Er fügte die Mitteilung hinzu, daß alle Anwälte, sowohl Angehörige der mehrheitssozialdemokratischen Partei wie auch Unabhängige die Vertretung des Zentralverbandes gegen den Anwaltverein abgelehnt hätten. Im gleichen Sinne spricht der Vorsitzende der Berliner Gewerkschaftskommission und ein Vertreter des Ortskartells der deutschen Bankbeamten. Ein parlamentarisches Nachspiel wegen des von dem Landgericht II begangenen Verfassungsbruchs wird angekündigt. E i n Anwalt nimmt in der Versammlung das Wort: Gustav A. G. G o l d s c h m i d t, der die Haltung des Anwaltvereins verteidigt. Die von der Versammlung angenommene Resolution gipfelt in dem Satz: „Gestützt auf die Solidarität der arbeitnehmenden Bevölkerung werden die Anwaltsangestellten ihre Forderungen gegen die Rechtsanwälte durchfechten."

Die Tageszeitungen sind erfüllt von sensationellen Meldungen über die Versammlung. Plakate des Zentralverbandes erscheinen an den Anschlagsäulen. Aber schon am nächsten

Tage kommt es zu neuen Verhandlungen vor dem im Reichsarbeitsministerium inzwischen zusammengetretenen Schlichtungsausschuß. Mit einem Spruch, der eine Aufbesserung der Gehälter von etwa 45% vorsieht, und dessen Annahme die Parteien drei Tage später erklären, endet die Bewegung und der Streik.

Ihre Haltung in diesem Streik hat die Tarifkommission in der Broschüre „Der Rechtsanwalt als Arbeitgeber" mit den Worten gerechtfertigt:

> „Und wie die Anwaltschaft, wenn sie Verträge schließt, sie bis zum Ende erfüllen muß, mögen sie ihr lästig, ja selbst unerträglich sein, so muß sie sich in der schärfsten Weise dagegen wehren, wenn diese Verträge von ihren Vertragsgegnern zerrissen und ihr als Fetzen Papier vor die Füße geworfen werden. Darum hat der Berliner Anwaltverein im Juli 1920, als die Angestellten in den Streik traten, mit allen gesetzlichen Mitteln den nach seiner Auffassung vorliegenden Vertragsbruch der Gegenpartei bekämpft und jene vielbesprochene einstweilige Verfügung des Landgerichts II erwirkt, die der anderen Vertragspartei auf Grund des auch vom Gericht angenommenen Vertragsbruchs das Recht absprach, den Streik zu propagieren. Dies war nur möglich, weil ein Kollektivvertrag vorlag. Er bildete die Grundlage der Rechtsanwendung. Daß das damalige Vorgehen des Anwaltvereins nicht verstanden, daß es als ein Angriff auf das verfassungsmäßig garantierte Koalitionsrecht angesehen wurde, war nur möglich, weil die gegnerische Vertragspartei meinte, die durch den Vertrag vereinbarten Wege der Verständigung erfolglos erschöpft zu haben. Andererseits wurde die Tendenz des Vorgehens, durch schärfste Hervorkehrung des Rechtsstandpunktes unsere Gegner auf den Vertragsweg zurückzubringen, auch in den Kreisen der Berliner Anwaltschaft selbst vielfach mißverstanden und der Ausgangspunkt von Angriffen gegen den Vertragsgedanken. Sehr zu Unrecht!

Denn der damalige Vorgang beweist jedenfalls nichts gegen den Kollektivvertrag an sich, sondern nur, daß das bisherige Vertragsinstrument in einem wesentlichen Punkte vielleicht unklar war und verbessert werden mußte."

Sie sorgt dafür, daß diese Gedanken nicht nur in der Anwaltschaft, sondern auch in der Tagespresse verbreitet werden. Sie werden auch von der Arbeitnehmerschaft verstanden und führen die notwendige Verbesserung des Vertrages herbei. Sie finden in den Worten der Broschüre, die diesen Abschnitt beschließen mögen, ihren Niederschlag.

„Gut ist ein Kollektivvertrag aber nur — und das ist das Entscheidende — wenn er den Arbeitsfrieden gewährleistet. Ein guter Kollektivvertrag stellt daher die beste Streikabwehr dar."

So wichtig auch die Tarifpolitik für die Gestaltung der Ausgabenseite des anwaltlichen Bürohaushaltes ist und so sehr um sie gerungen wird, so setzt sie sich doch mehr und mehr durch und hat in der Folgezeit die Einigkeit der Berliner Anwaltschaft nicht mehr gefährdet. Konflikt entsteht um eine andere Frage: das Galopinswesen, ein Problem der Einkommensverteilung. Die Tatsachen sind: Eine den großstädtischen Bedürfnissen unangemessene Gerichtsorganisation, die Schaffung dreier Landgerichte in weit auseinanderliegenden Stadtteilen, erschwert die anwaltliche Berufsarbeit. Sie zwingt die Landgerichts-Anwälte im Interesse persönlicher und ökonomischer Entlastung zu Assoziationen. Man sucht sich Juniorpartner, die in die Praxis häufig nur die Arbeitskraft und keine Beziehungen einbringen. Trägt es die Praxis, so wird die Zulassung bei den Landgerichten genommen, der Normalfall. Kommen Zeiten wirtschaftlicher Not, so wird die Zulassung des jüngeren Sozius bei dem Kammergericht bevorzugt, um den Ertrag der aus der Praxis hervorwachsenden Kammergerichtssachen dem Sozietätseinkommen zuzuführen. Der Juniorpartner verhandelt zwar vor dem Kammergericht, er unterstützt aber vornehmlich den älteren Kollegen in der Wahrnehmung seiner Landgerichtspraxis und terminiert für ihn vor den unteren Instanzgerichten. Dort tritt er in Untervollmacht auf. Gestützt wird das Verfahren auf die Bestimmung des § 27 Abs. 2 der Rechtsanwaltsordnung, nach der der Rechtsanwalt die Ausführung der Parteirechte und für den Fall, daß der bei dem Prozeßgericht zum Prozeßbevollmächtigten bestellte Rechtsanwalt ihm die Vertretung überträgt, auch diese übernehmen kann. Das führt, je mehr sich diese Form der Sozietät verbreitet, zu einer starken Einschränkung des Arbeitsfeldes der Kammergerichtsanwälte. Ein Abwehrkampf setzt ein; durch die Berliner Anwaltschaft geht ein Riß. Die ersten Bemühungen der Kammergerichtsanwaltschaft, ihren Besitzstand zu wahren, fallen in das Jahr 1911. Sie erneuern sich mit der Krise der Jahre 1920/1921 und nehmen die Erörterungen über die Erhöhung der amtsgerichtlichen Zuständigkeitsgrenze auf 3000 Mk. (Gesetz vom 11. März 1921, RGBl. 1921, S, 229) zum Ausgangspunkt eines neuen Vorstoßes. In Eingaben, die an das Reichsjustizministerium und den Kammergerichtspräsidenten gerichtet sind, werden gesetzliche Maßnahmen, insbesondere die Änderung des § 27 Abs. 2 der Rechtsanwaltsordnung gefordert [59]). Das Reichsjustizministerium wendet sich an den Deutschen Anwaltverein, der Kammergerichtspräsident an den Vorstand der Anwaltskammer Berlin; sie sollen sich gutachtlich äußern. Da greift der Vorstand des Berliner Anwaltvereins ein und gibt in einer Vereinsversammlung vom 24. Februar 1921 den folgenden Beschluß bekannt:

> „Die Zahl derjenigen Anwälte, die nur formell beim Kammergericht zugelassen sind, den Schwerpunkt ihrer Tätigkeit indessen bei den erstinstanzlichen Gerichten

[59]) Im § 27 Abs. 2 der Rechtsanwaltsordnung sollen die Worte: „und für den Fall, daß der bei dem Prozeßgericht zum Prozeßbevollmächtigten bestellte Rechtsanwalt ihm die Vertretung überträgt, auch diese“ gestrichen oder in einer besonderen Vorschrift die Landesregierungen ermächtigt werden, je nach Bedürfnis für einzelne Oberlandesgerichtsbezirke eine Bestimmung dahin zu treffen, daß die bei dem Oberlandesgericht zugelassenen Rechtsanwälte in Zivilsachen bei einem anderen Kollegialgericht in ordentlichen bürgerlichen Rechtsstreitigkeiten nicht auftreten dürfen.

haben, ist fortgesetzt gewachsen. Dieser Zustand in Verbindung mit dem Mißbrauch des Substitutionswesens bildet eine schwere Schädigung der Rechtspflege, wie der Interessen der Berliner Anwaltschaft."

Er hat kein langes Leben. Der Deutsche Anwaltverein bagatellisiert die Frage zu einer causa berolinensis, lehnt die geforderte allgemeine gesetzliche Ermächtigung zur Einführung von Beschränkungen außerhalb Berlins ab und glaubt, die Äußerung darüber, ob für Berlin besondere Maßnahmen erforderlich seien, dem Vorstande der Anwaltskammer Berlin überlassen zu sollen [60]). In Berlin selbst aber regt sich die Gegenbewegung. Schon am 21. April 1921 beschließt die Vereinsversammlung, dem Vorstandsbeschluß [61]) nicht beizutreten. Sie lehnt eine Verkürzung der sich aus dem § 27 Abs. 2 der Rechtsanwaltsordnung ergebenden Rechte im Wege der Gesetzgebung oder der Verwaltungsmaßnahmen ab und fügt hinzu, daß etwaige Mißstände auf dem Gebiete des Substitutionswesens durch die anwaltliche Selbstverwaltung zu beseitigen seien. Das führt zur Krise. Entsprechend einem vorher gefaßten Beschlusse legen die Vorstandsmitglieder sofort die Ämter nieder. Verhandlungen setzen ein. Im Wege des Kompromisses wird die Einsetzung eines besonderen Ausschusses vereinbart, in dem alle Gruppen vertreten sind. Seine Aufgabe soll es sein, zu prüfen, ob und in welchem Umfange Mißstände bei den Berliner Gerichten bestehen und festzustellen, welche Maßnahmen zur Beseitigung dieser Mißstände im Wege der Selbstverwaltung zu ergreifen sind. Wenig später werden die ausgeschiedenen Vorstandsmitglieder wiedergewählt und auf Veranlassung der siegreichen Gruppe die gefaßten Beschlüsse dem Reichsjustizministerium, dem Vorstand der Anwaltskammer und dem Deutschen Anwaltsverein übermittelt. Sie verfaßt eine Denkschrift und reicht sie dem Vorstand der Anwaltskammer ein. Indessen ist der neue Aus-

---

[60]) Nachrichten 1921, Seite 53/54.

[61]) Er wird von Richard Kann, der referiert, eingehend begründet.

schuß zusammengetreten und hat eine Reihe von Grundsätzen aufgestellt, die den zutage getretenen Mißständen Einhalt gebieten sollen. Eine Materialsammlung wird in die Wege geleitet. Demgemäß erstattet der Kammervorstand am 14. Juni 1921 seinen Bericht. Er führt etwa Folgendes aus: „Die Berliner Anwaltschaft sei ernstlich bemüht, den zweifellos bestehenden Übelständen energisch entgegenzutreten und zu ihrer Abhilfe im Wege der Selbstverwaltung die geeigneten Maßregeln zu ergreifen. Im übrigen glaube er eine Änderung des § 27 Abs. 2 der Rechtsanwaltsordnung so lange nicht befürworten zu sollen, als nicht diese Maßregeln durchgeführt seien und ein Urteil über ihre Wirkung abgegeben werden könne. Die angeregte Gesetzesänderung werde deshalb nicht empfohlen, weil das darin liegende Verbot des Auftretens des bei einem Kollegialgericht zugelassenen Anwalts bei einem anderen Kollegialgericht nicht für das ganze Reich erlassen werden könne. Falls eine im Sinne dieser Änderung liegende Ermächtigung der Landesregierungen erwogen werde, solle von ihr nur mit Zustimmung des Vorstandes der Anwaltskammer Gebrauch gemacht werden." — Mit diesem Ausklang ist der Kampf zunächst beendet und der Frieden in der Berliner Anwaltschaft einstweilen wieder hergestellt.

Indessen schreitet trotz aller dieser Sorgen der Ausbau der inneren Organisation des Vereines fort. Den neuen Satzungen entsprechend werden Ausschüsse gebildet und zur Arbeit herangezogen. Die Hauptarbeit liegt aber nach wie vor beim Vorstand, der in einer Unzahl von Sitzungen einen ungeheuren Arbeitsstoff bewältigt. Mit fast allen Problemen des Standeslebens setzt er sich auseinander. Die Schiedsgerichtsbewegung, das Rechtskonsulententum, die die Rechtspflege berührenden Vorlagen [62]) werden in den Kreis der Erörterungen gezogen und, falls notwendig, vor das Plenum ge-

---

[62]) Gegen die beabsichtigte Ausschließung der Anwälte in dem kommenden Arbeitsgerichtsverfahren wird schon am 17. Juni 1921 — also vor dem Protest der Vertreterversammlung vom 22. Januar 1922 — Verwahrung erhoben.

bracht[63]. Zur Einrichtung einer Geschäftsstelle des Vereins überläßt die Justizverwaltung ihm mietweise Räume im Gebäude des Landgerichts I. Mitte Juli 1921 ist der erste Geschäftsführer im Amt[64]. Rapide steigt die Mitgliederzahl[65]. Die bestehenden Vereinseinrichtungen, Fachschule, Arbeitsnachweis, Zentralkanzlei und Basta[66], werden fortgeführt und ausgebaut. Neu eingerichtet wird eine Beratungstelle für Assoziationen und eine Schiedsstelle für Dissoziationen. Eine Schiedsgerichtsordnung für ein Vereinsschiedsgericht ist in Arbeit. Stärker als im Jahre 1919 tritt die Pflege des wissenschaftlichen Geistes hervor. In eine Reihe von Vorträgen, die mit den Gegenwartsproblemen in enger Beziehung stehen, kommen Männer, deren Namen in der Juristenwelt hohes Ansehen genießen, zum Wort[67]. Das führt dem Verein neue Freunde zu und sichert sein Ansehen. Sein Einfluß steigt bei den Behörden. Gut geführt und stark organisiert fühlt er sich

[63]) So wird am 24. Februar 1921 mit Nachdruck erneut und einstimmig Zusammenlegung der drei Berliner Landgerichte verlangt, deren räumliche Trennung das Galopinswesen geradezu gezüchtet hat.

[64]) Der erste Geschäftsführer Wiemers scheidet am 1. Juli 1922 aus. Nachfolger ist Fritz Italiener, der im März 1923 verstirbt. Ihn ersetzt bald darauf Ewald Friedländer, der dem Vorstand schon vorher angehört hat.

[65]) Es betrug die Mitgliederzahl am 1. Januar 1919 (bei 1868 im Bezirk der Anwaltskammer Berlin zugelassenen Rechtsanwälten) 1050, am 1. Januar 1922 (bei 2386 im Bezirk der Anwaltskammer Berlin zugelassenen Rechtsanwälten) 1943.

[66]) Nicht ohne Widerstand der Reichspostverwaltung, die die Einrichtung auf Grund des Monopols für unzulässig hält. Am 13. März 1921 verlangt die Oberpostdirektion die Einstellung des Betriebes. Man beschließt, es auf einen Kampf ankommen zu lassen. Am 19. September 1921 berichtet Pinner, daß er als Leiter der Basta von der Staatsanwaltschaft wegen Vergehens gegen das Postgesetz vernommen worden sei.

[67]) So sprechen u. a. Bumke: über den vorliegenden Entwurf zum Gerichtsverfassungsgesetz, James Goldschmidt: über den zur Strafprozeßordnung, Lion: über die Steuerpflichten des Anwalts, Mittelstein: über das neue Mietrecht, Heinsheimer: über die Krisis der Vertragstreue, Weck: über die deutsche Rechtsanwaltschaft und die Ausführung des Friedensvertrages, Mügel: über die Goldmark als Rechnungswert im Rechtsverkehr, Fuchs: über das Reichsausgleichsgesetz. In einer sommerlichen Sitzung in Potsdam hält Hetzel seinen geistvollen Vortrag „Richard Wagner als Jurist".

als Vortrupp der Deutschen Anwaltschaft und springt für sie, bald mit, bald ohne Auftrag, in die Bresche. Nicht alles findet Beifall und mit dem Deutschen Anwaltverein drohen Differenzen. Das führt auf das Zentralproblem: Die Neuorganisation des Deutschen Anwaltvereins. Sein Wunsch ist Ortsgruppenbildung. Berlin lehnt ab. Die Zeit ist noch nicht reif. Es fehlen die gleichzeitig notwendigen Voraussetzungen: Die Sicherheit einer fehlerfreien, alle in der Anwaltschaft vorhandenen Strömungen ausgleichenden Willensbildung und jener Einrichtungen der Zentrale, die vor gefährlichem Nebeneinander bewahren: Eine eigene Geschäftsstelle und ein eigener Geschäftsleiter in der Reichshauptstadt, in der die politischen Entscheidungen fallen.

Drei Jahre leitet Magnus den Verein und führt ihn mit sicherer Hand durch mancherlei Gefahren. Dann wächst aus den eigenen Reihen ihm Widerstand entgegen und hindert ihn an der Vollendung seines Werkes [68]).

Der äußere Hergang ist: Eine Gruppe [69]) jüngerer Kollegen findet sich — Anfang 1921 — in dem Bestreben zusammen, gewisse Mißstände, die sich als Folge der Kriegs- und Nachkriegszeit im Terminieren herausgebildet haben, zu beseitigen. Sie bekämpft die Lockerung des Robenzwanges [70])

[68]) Noch am 27. Januar 1921 ersetzt die Mitgliederversammlung, in der Erkenntnis, sich Magnus' Persönlichkeit auch für die Zukunft sichern zu müssen, ein bis dahin geltendes Standesgesetz, die Lex Neumann, durch eine Lex Magnus. Sie ermöglicht, daß Magnus, dessen Wahlperiode abgelaufen ist, am 10. Februar 1921, getragen von dem Vertrauen der Mitglieder, durch Zuruf erneut in den Vorstand gewählt wird.

[69]) Scherzhaft „Pro Gentilezza" — Bewegung genannt.

[70]) Anfang 1919 hat der Berliner Anwaltverein beim Kammergerichtspräsidenten beantragt, in geeigneten Einzelfällen Anwälten auf ihr dahin gehendes Gesuch nachzulassen, ohne Amtstracht vor Gericht aufzutreten. Der Kammervorstand befürwortet die Eingabe, der Kammergerichtspräsident gibt ihr Folge. (Blätter für Rechtspflege 1919, Seite 45.)

Im Oktober 1920 gibt der Verein bekannt, daß die Verteidiger vor dem Schwurgericht in Robe erscheinen müßten. Er weist darauf hin, daß jeder Kollege zum Schwurgericht seine eigene Robe mitbringen müßte, da es nicht möglich sei, neue Roben zum allgemeinen Gebrauch anzuschaffen. Vor der Strafkammer sei das nicht erforderlich.

und will das Ansehen der Anwaltschaft mittels straffer Disziplin bei Wahrnehmung der Termine stärken. Sie wendet sich an den Verein. Der Vorstand nimmt die Bestrebungen auf. In langwierigen Verhandlungen werden Richtlinien aufgestellt, die eine bessere Regelung des Terminsdienstes und Unterbringung der Terminssachen unter Zuhilfenahme bezahlter Vertrauensanwälte zum Ziel haben. Der Übersendung von Akten auf das Gericht soll ein Riegel vorgeschoben, ihre Unterbringung durch die Anwaltsbeamten von der Entrichtung einer Gebühr abhängig gemacht werden. Zwar hat die Vereinsversammlung die Einsetzung der Kommission gebilligt, auch die Absicht eines Umbaus des Anwaltszimmers am Landgericht I zur Kenntnis genommen, eine förmliche Ermächtigung hat sie nicht erteilt. Während der Ferien wird der Umbau durchgeführt, nach ihrem Ende sollen die von den Vorständen des Vereins und der Kammer unterzeichneten Richtlinien in Kraft treten. Weder der Umbau noch die Richtlinien finden Beifall. Die erste Sitzung nach der Ferienpause bringt stürmische Auseinandersetzungen: Der Ton der Richtlinien wird als unangemessen empfunden, die Erschwerung der Unterbringung der Terminssachen auf das heftigste angegriffen, in dem Umbau eine Eigenmächtigkeit des Vorstandes erblickt [71]). Die Diskussion verläuft ergebnislos und endet

---

Im Mai 1921 richtet der Vorstand auf Vorschlag der eingesetzten Richtlinienkommission eine Eingabe an den Kammergerichtspräsidenten, die die Wiedereinführung des Robenzwanges fordert. Später beantragt der Deutsche Anwaltverein beim Preußischen Justizminister, den Zwang zum Robetragen aufzuheben. Der Berliner Anwaltverein wird zur Stellungnahme aufgefordert und erklärt, daß an dem Robenzwange festgehalten werden solle. Es ist bezeichnend für die damalige Desorganisation der Anwaltschaft, daß selbst in dieser Frage eine einheitliche Willensbildung nicht zu erzielen ist.

[71]) Ein Redner führt aus, durch die Richtlinien ginge ein Ton der Bevormundung, der gegenüber ihrer Verantwortung bewußten Männern nicht angebracht sei. Ein anderer meint, die sachliche Diskussion werde nicht dadurch erleichert, daß Äußerungen eines Diskussionsredners sogleich ein Mitglied des Vorstandes auf den Plan rufe. Ein dritter Redner meint, die Neuerungen seien geeignet, eine vernichtende Wirkung auszuüben. Wieder ein anderer meint, in der Beseitigung der vor dem Umbau im Anwaltszimmer vorhandenen Kojen den Tod des

mit der Ablehnung eines Vorstandsantrages. In den beiden folgenden Versammlungen wird äußerlich ruhiger, weiter verhandelt. Dennoch zeigt sich mehr und mehr, daß der Vorstand das wachgewordene Mißtrauen nicht zu überwinden vermag. Nachdem zwei seiner Mitglieder ihre Ämter niedergelegt haben, bespricht der Vorstand am 25. Oktober 1921 die Lage. Einmütig stellt er fest, daß er dreimal dem Mißtrauen der Versammlung begegnet sei und sucht nach Ursachen und Auswegen. Als zwei weitere Mitglieder erklären, ihre Ämter aufgeben zu wollen, beschließen die übrigen die Gesamtdemission.

Wir sehen also, daß um eine scheinbar zweitrangige Zweckmäßigkeitsfrage, eine im wahren Wortsinne häusliche Angelegenheit, Streit entsteht, der die Gemüter heftig erregt, einen Konflikt heraufbeschwört, dem ein verdienstlicher Vorstand zum Opfer fällt und fragen, wie dies möglich sei. Verfehlt wäre es, sich etwa mit der Erklärung zu begnügen, daß die Besucher jener Versammlung, um ein Goethe-Wort zu gebrauchen, zu den Preußen gehören, die immer alles besser wissen als andere Leute. Nicht erschöpfend wäre es auch, etwa zu sagen, es sei der Gegensatz von Alt und Jung, der hier zutage tritt, eines Alters, das aus einer gewissen Bequemlichkeit konservativ und einer Jugend, die neuen Bindungen geneigt sei. Näher kommt man der Deutung, wenn man die der Anwaltschaft eigentümliche innere Bereitschaft zur Kritik in Rücksicht zieht, die nicht gewillt ist, die Dinge in dem Glauben an ihre Unabwendbarkeit hinzunehmen. Zu tiefst erklären sich die Vorgänge aber aus den seelischen Unwägbarkeiten der Zeit. Auch die Anwaltschaft Berlins hat Hoffnungslosigkeit und Verzweiflung ergriffen. Zermürbt und gequält vom täglichen Kampf um die Grundlagen der Existenz genügt ein Funke, um die Leidenschaften zu entzünden. Diesen Menschen Neuerungen aufzwingen zu wollen, die sich gegen allmählich gewordene Gewohnheiten des Gemein-

letzten Restes von Korpsgeist der Berliner Rechtsanwaltschaft feststellen zu müssen. — Dies eine Kostprobe aus der Debatte!

schaftslebens richten und sie reglementieren sollen, war ein psychologischer Fehler; sie durch Beredsamkeit überzeugen zu suchen, ein aussichtsloses Beginnen.

Am 18. Januar 1922 wird der Vorstand neu zusammengesetzt. Enttäuscht zieht Magnus sich zurück. Die höchste Anerkennung, die Ehrenmitgliedschaft des Vereins, wird ihm zuteil. Sie sichert ihm ein Denkmal in der Geschichte der Berliner Rechtsanwaltschaft.

Sein Nachfolger an der Spitze des Vereins wird am 18. Januar 1922 Albert Pinner.

Untersuchungen über Wesen und Wandlung des Standesrechts,

im besondern

Die Pflicht zur Wahrung des guten Scheins.

Von Rechtsanwalt, Dr. oec. publ. Sigbert Feuchtwanger in München.

Inhaltsangabe.

I.

Das gesellschaftliche Leben ist allenthalben durchsetzt mit Tatbeständen des Scheins. Der Schein tritt auf in mannigfaltigen Formen. Die Soziologie [1]) hat sich zu befassen mit Beziehungsformen wie Verstellung, Geheimnis, Schwindel, Illusion, Mißverständnis, Cant, Maskierung, Abbild. Der Häßliche will schöner erscheinen als er ist. Der Hochstapler zieht Nutzen aus dem dem Kavalier geschenkten Vertrauen. Alter täuscht sich selbst und anderen Jugend vor. Absterbende Stände und Klassen suchen den Schein der Unentbehrlichkeit und Würde aufrechtzuerhalten. In ihrer Funktion als „Ideologie-Enthüllerin“ deckt die Soziologie die hinter idealen Begründungen waltenden interessierten Vorurteile auf. Unter dem Schein der Wahrung vaterländischer Belange (Verhütung der Überfremdungsgefahr) verschaffen sich Ak-

[1]) Vgl. v. Wiese, Allgemeine Soziologie (Beziehungslehre) (1925) I S. 56 f. 264 f.; ferner Stok, Geheimnis, Lüge und Mißverständnis, beziehungswissenschaftliche Studie (1929).

tionärgruppen in ihren Gesellschaften die Herrschaft auf Kosten der Minderheit. Der Engländer — aber nicht nur der Engländer — „sagt“ (nach einem bekannten Worte Heinrich Heines) „Gott und meint Kattun“ [2]). Im Namen der Kultur, der Religion, des Fortschritts haben die europäischen Kolonialvölker exotische Völker ausgebeutet, ausgerottet. Im innerpolitischen Kampf der Parteien, im außenpolitischen der Staaten werden mittels Jurisprudenz und Diplomatie Gewaltakte — Staatsstreich, Vertragsbruch, militärischer Überfall auf friedliche Staaten — von ihren Veranlassern als rechtmäßige Handlungen dargestellt. Siegende Staaten pflegen die brutale Ausnützung ihres Sieges gegenüber dem Besiegten sittlich und rechtlich als Strafe für schuldhafte Kriegsverursachung zu rechtfertigen. Auch rechtlich verbotene privatwirtschaftliche Akte streben, sich in das Gewand einer Scheingesetzlichkeit zu hüllen. Wirtschaftliche Akte treten zur Vermeidung von unerwünschten, z. B. steuerlichen Folgen auf unter dem Schein eines zu wirtschaftlich anderen Zwecken bestimmten Rechtsgeschäfts. Technisch verwandt damit ist das richterliche Bedürfnis, das für gerecht und billig erachtete Ergebnis, das nur freirechtlich zu begründen wäre, scheingesetzlich logisch zu konstruieren unter Anführung positiver Gesetzesbestimmungen, mittels derer auch das Gegenteil logisch begründet werden könnte (Kryptosoziologie).

Bei der Wichtigkeit des Scheins ist es unvermeidlich, daß sich gewisse Regeln des Verhaltens an ihn knüpfen. Wahrung des guten, Meidung des bösen Scheins kann Pflicht werden. So verlangen etwa die Gebote der gesellschaftlichen Sitte oder des Taktes Verbergung der wahren Gesinnung hinter höflichen Formen. Die modernen Tafelsitten dienen der Vermeidung des Scheins der Unmäßigkeit, nicht der Vermeidung der Unmäßigkeit [3]). Die Technik des geschäftlichen Vorteils macht Freundlichkeit zur Pflicht des Verkäufers („Keep

[2]) Anatole France von den Amerikanern (Wilson) bei deren Eintritt in den Weltkrieg: „In der einen Hand die Bibel, in der andern ein Muster Baumwolle ...“

[3]) Vgl. Jhering, Zweck in Recht (4. Aufl.) II S. 339.

smiling“). Dagegen verwirft das Wahrhaftigkeitsgebot einer rigorosen Ethik jegliche Unterdrückung der Wahrheit, auch wo der unwahre Schein nützlich wäre. Doch können sittliche Pflichten verschiedener Wertgebiete in Kollision geraten; Täuschung kann Pietäts-, kann patriotische Pflicht sein. Gesellschaftliche, Amts-, etc. Pflicht kann dem nicht religiös Gesinnten vorschreiben, den Schein der Religiosität zu erwecken, z. B. durch Erfüllung ritualer Gebräuche; kann dem Notleidenden vorschreiben, den Anschein der Wohlhabenheit zu erwecken. Politische Pflicht jedes Machtinhabers ist es, auch nicht den Anschein der Schwäche erwachen zu lassen, doch kann ein Mittel der Beherrschung fremder Völker sein, ihnen den Schein der Selbständigkeit zu belassen. Häufig hinwiederum sind dem Bedürfnis nach Wahrung des Prestiges, nach Wahrung des Anscheins der Ehre, der Macht Opfer an wirklichen nationalen Interessen — Freiheit, Wohlfahrt, Sicherheit — gebracht worden [4]). — Die chinesische Sitten- und Sittlichkeitslehre verlangt von dem Gebildeten, daß er in jeder Lage des Lebens „das Gesicht wahre“; er soll lieber wertvolle materielle Güter aufgeben als „sein Gesicht verlieren“. Nach den Regeln des „Li“ fördert die Wahrung des schönen Scheins im Verkehr der Menschen die Sittlichkeit der Welt. — Auch Paulus verfolgt wohl ein sittliches Ziel, wenn er empfiehlt, „Von jedem Schein des Bösen haltet euch fern“ [5]).

Nur ein engerer Ausschnitt aus diesem großen Gebiet ist das Kapitel des rechtlichen Scheins. Wir begegnen ihm auf verschiedenen Gebieten des Rechtslebens. Der Schein greift zu tief in die zwischenmenschlichen Beziehungen ein, als daß die Rechtsordnung ihm gleichgültig gegenüber stehen könnte. Er bedarf der Regelung, und zwar tritt hier das Recht auf in seiner eigentlichen Funktion, während wir vorhin Erscheinungen begegneten, in denen Jurisprudenz als Technik der Verhüllung dazu diente, ungerechten Hand-

[4]) Über den „Schein“ als politisches Machtmittel bzw. als Selbstzweck vgl. Ruedorffer(-Riezler), Grundzüge der Weltpolitik in der Gegenwart (1914) S. 90 ff., 94.

[5]) 1. Thess. 5, 22 (ἀπὸ παντὸς εἴδους πονηροῦ ἀπέχεσθε).

lungen der Schein der Rechtmäßigkeit, gerechten Entscheidungen den Schein positivistischer Gesetzmäßigkeit zu verleihen [6]). Der Schein kann zu irrtümlichen Erklärungen verleiten. Der Irrende darf seine Erklärungen anfechten. Das Prinzip des Rechtsscheins schützt den auf ihn gutgläubig Vertrauenden. Ein nur scheinbar bestehendes Recht wird in gewissen Fällen von der Rechtsordnung als wirklich bestehend behandelt. Wer nicht dafür sorgt, daß das Grundbuch hinsichtlich eines Immobiliarrechts in Ordnung ist, muß dem darauf Vertrauenden, der nicht das Gegenteil kennt, für den Buchinhalt einstehen. Wer seinem Uhrmacher eine Uhr zur Ausbesserung gibt, muß dessen absichtliche oder unabsichtliche widerrechtliche Verfügung über die Uhr anerkennen gegenüber dem, der an das scheinbare Eigentum des Uhrmachers ohne grobe Fahrlässigkeit geglaubt hat. Der Vertretene, der den ihr Vertretenden in eine äußere Stellung gebracht hat, die gemäß der Verkehrssitte eine Vollmacht bestimmten Umfanges zu umfassen scheint, muß die im Rahmen solcher Vollmacht liegenden Handlungen des Scheinvertreters gegen sich gelten lassen. Das jahrelange Hinnehmen eines zu geringen Mietzinses, das jahrelange Zahlen eines zu hohen Mietzinses erzeugt den Anschein entsprechenden Rechtstands, der sich mit fortschreitender Zeit immer mehr verstärkt und schließlich wirklich ein Recht schafft: der Mietzins gilt als ermäßigt, bezw. der zu viel bezahlte Betrag kann nicht wegen ungerechtfertigter Bereicherung zurückgefordert werden. Derjenige also, in dessen Rechtssphäre der Scheintatbestand sich ereignet, muß sich im Verhältnis zu den darauf Vertrauenden behandeln lassen, als ob der Rechtsschein wirkliches Recht wäre. Nicht etwa verletzt er eine rechtliche Wahrheitsnorm, etwa den Rechtssatz: Vermeide die Erzeugung fal-

[6]) Eine rechtspolitische (gesetzestechnische) Regel ist allerdings auch aus dieser Erscheinung zu ziehen. Dem richterlichen Ermessen ist vom Gesetzgeber ein Spielraum für freie und verantwortungsbewußte Wertung zu belassen. Sonst öffnet man, anstatt der Idee des Rechtsstaats zu dienen, „den Weg für logische Scheinkünste und verantwortungslose kryptonormative Bildungen". Mezger, Strafrecht (1931) S. 398 f.

schen Scheins! Die Ratio ist eine andere: Wahrung der Verkehrssicherheit. Vertrauensschutz wird aber vom Recht — Gesetz oder Rechtsprechung — nicht grundsätzlich gewährt, sondern nur in bestimmten Fällen. Wer fahrlässig auf die Scheinvollmacht vertraut, wer grobfahrlässig an das Scheineigentum desjenigen glaubt, der über anvertraute fremde Gegenstände verfügt, ist nicht geschützt. Der Satz „jura vigilantibus scripta sunt" — kein Rechtssatz, sondern eine Lebensweisheit — gilt grundsätzlich für den, der von der Gefahr der Täuschung durch Scheintatsachen bedroht ist.

Strengere Normen gelten für die Tatbestände absichtlicher Verwendung falschen Scheins als Mittel der Verhüllung und Täuschung. Scheinrechtliche Einkleidungen des wahren Tatbestandes werden als nicht vorhanden behandelt, z. B. im Steuerrecht. Strafbar und zum Ersatz verpflichtet ist der Betrüger. Die moderne Ordnung des Wettbewerbs duldet nicht, daß der falsche Schein eines günstigen Angebots geschaffen wird. Der Gesetzgeber gewährt zivilrechtlichen und, — unter erschwerten Voraussetzungen, — auch strafrechtlichen Schutz gegen die unlautere Erzeugung des Tatbestands der Verwechslungsfähigkeit, des Anscheins, als sei eine eigene Leistung identisch mit der des Wettbewerbers. —

Diese Tatbestände des Scheins sind durch Normen des positiven Rechts geregelt und haben in der Rechtsliteratur eine eingehende Behandlung gefunden. Beides gilt nicht von den **Tatbeständen des Scheins im Standesrecht**; im besondern im Anwaltsstandesrecht, denen unsere Untersuchungen besonders gewidmet sein sollen. Es empfiehlt sich, sie auf den Hintergrund der hier skizzierten Fälle des gemein-bürgerlichen Rechts zu betrachten; denn ihr in vieler Hinsicht eigenartiges Profil gewinnt damit an Deutlichkeit.

Für das Zivil- und das Strafrecht sind die Tatbestände des Scheins peripheriche Erscheinungen, Störungen des normalen Verkehrs; dessen Sicherheit verlangt insbesondere Vorkehrungen gegen unerwünschte Erzeugung des „Rechtsscheins", verlangt Ahndung betrügerischer Scheinerzeugung u. a. m. Eine andere Funktion aber hat der Schein — der gute und sein Widerspiel, der böse — im Standesleben. Daher geht auch das Bedürfnis der rechtlichen Regelung des Scheins hier nach anderer Richtung. Der gute Schein, die Geltung, das Ansehen ist das Lebenselement des Anwaltsstandes. Der Gesetzgeber hat in der Rechtsanwaltsordnung den äußeren Eindruck eines Verhaltens zum Maßstab gemacht für die Prüfung der Kompatibilität — Vereinbarkeit eines Amtes oder einer Beschäftigung mit der Würde der Rechtsanwaltschaft gemäß § 5 Ziff. 4 — und für die Prüfung des beruflichen und privaten Wohlverhaltens des Einzelnen, das gem. § 28 der Achtung würdig sein muß, das der Beruf erfordert. Vorschriften, die im allgemeinen bürgerlichen Bereich oder im Bereich gewisser gesellschaftlicher Gruppen, höchstens als Normen des Taktes, der Sitte, der Höflichkeit Geltung haben, sind für den Anwaltsstand Rechtsnormen: Vermeide den bösen Schein, wahre den guten Schein!

Psychologisch geht es um Empfänglichkeit der Außenstehenden für guten und bösen Schein allerdings sowohl hier wie dort. Im bürgerlichen und im Standesrecht rechnet die Rechtsordnung damit, daß die Menschen viel auf den äußeren Schein geben, daß sie nicht immer fähig sind, die — manchmal sehr anders gestaltete — Wirklichkeit hinter dem Schein zu erkennen. Das Rechtsscheinprinzip schützt in gewissen Fällen das auf den Rechtsschein irrtümlich vertrauende Individuum, weil es nun einmal — unerwünschterweise — dem Schein vertraut hat. Die allgemeine Wettbewerbsregelung schützt wegen der Täuschungsfähigkeit, wegen der Vertrauensseligkeit der Menschen den Besitzer individueller Werte gegen deren Beeinträchtigung durch Schaffung verwechslungsfähigen Gebildes. Sicherheit des Verkehrs, Reinlichkeit des Wettbewerbs sind die zu schützenden Rechtsgüter.

Im Standesleben aber ist das Vertrauen selbst das erwünschte, das zu wahrende Gut. Die Volksgemeinschaft bedarf eines vertrauenswürdigen Standes von Anwälten. Die Beziehungen zwischen Anwalt und

Klienten müssen behrrscht sein von Vertrauen. Vertrauen ist die Atmosphäre, in der die Anwaltschaft arbeitet. Anders ist sie nicht lebensfähig, es sei denn, sie gäbe ihr spezifisches Wesen auf, Anwaltsleistung wandle sich in rein geschäftsmäßige Dienstleistung. Dieses Vertrauen in den Stand, diese Vertrauenswürdigkeit ersteht nicht selbsttätig, am wenigsten innerhalb einer individualistisch-kapitalistischen Wirtschaftsordnung. Denn diese ist auf egoistischem Austausch von Leistungen gegen Geld und dementsprechend auf Mißtrauen der in Austauschbeziehung stehenden Individuen gegründet. Wo aber die Erfüllung einer sozialen Aufgabe auf solcher Grundlage nicht möglich ist, sondern Vertrauensbeziehungen zwischen Leistenden und Leistungsempfängern voraussetzt, müssen Vertrauen, Vertrauenswürdigkeit Gegenstand rationaler Pflege und entsprechender rechtlicher Regelung werden. Um die Erhaltung der Vertrauensstellung des Standes willen ist mindestens der Schein der Vertrauenswürdigkeit jedes einzelnen Standesgenossen zu wahren. Standesrechtswidrig ist daher auch die Erzeugung des falschen Anscheins einer rechtswidrigen Handlung [7]). Erschütterung des Vertrauens in den Einzelnen gefährdet die Vertrauensstellung des ganzen Standes. Vertrauen ist Standesgut. An diesem hat jeder einzelne Genosse Teil; für Wahrung dieses Standesgutes ist jeder einzelne Genosse verantwortlich.

Es sind dies allerdings rechtliche Regeln, die nicht ein unstreitiger Bestandteil der offiziellen Standesordnung sind. Diese einschränkende Feststellung ist nicht so gemeint, als handle es sich hier um den in juristischen Auseinandersetzungen üblichen Gegensatz von „herrschender" und „abweichender Meinung". Es handelt sich nicht um die problematische Auslegung positiver Rechtssätze, sondern um einen sich vollziehenden und z. T. schon vollzogenen Wandel des Standesrechts.

Zum Verständnis dessen, was gemeint ist, ist unerläßlich

[7]) Beispiele hiefür aus der ehrengerichtlichen Rechtsprechung werden kritisch behandelt im Abschnitt IV.

einerseits ein Versuch, den Inhalt der Begriffe „Vertrauen", „Vertrauensstellung", „Vertrauenswürdigkeit" festzustellen, im besondern deren Bereich abzugrenzen gegenüber dem Bereich der benachbarten Begriffe „Ansehen", „Würde", „Achtung" u. ä.; anderseits eine Untersuchung, die die subjektive Seite betrifft: Wer ist Träger der auf Vertrauen, Würde usw. bezüglichen Rechte und Pflichten?

II.

Die Rechtsanwaltsordnung kennt nicht den Begriff des Vertrauens, obwohl er elementarer Bestandteil des geltenden Anwaltsrechts, wenn noch nicht geworden, so doch zu werden im Begriffe ist. Das Standesrecht hat sich gewandelt und ist in weiterer Wandlung begriffen bei gleichbleibendem Wortlaut des Gesetzes. Die positive Gesetzesregel des § 28 RAO. ist elastisch genug, um diese Wandlungen in sich aufzunehmen, wenn auch der auf Würde, auf Achtung abgestellte Gesetzeswortlaut die Erkenntnis des Wandels und dessen Aufnahme in das Rechtsbewußtsein erschwert. Der Rechtswandel hat sich nicht vollzogen, bevor er den Standesgenossen bewußt, von den Führern der Standespolitik, von den aufsichtlichen, richterlichen und wissenschaftlichen Wahrern des Standesrechts anerkannt ist. Für die Entscheidung vieler Einzelfragen kann dieser Mangel Bedeutung haben. In den ehrengerichtlichen Entscheidungen ist in positivistischem Subsumierungsbedürfnis immer noch mehr die Rede von „Würde" und „Ansehen", als von „Vertrauen". Selbst in dem führenden Friedländer'schen Kommentar, dessen Verfasser den sich vollziehenden Wandel des Standesrechts anerkennen und sich der Problematik jedes literarischen, geschweige gesetzgeberischen Versuchs einer abschließenden Kodifikation des Standesrechts bewußt sind [8]), fehlt noch ein Hinweis auf die vollzogene oder doch in Vollziehung begriffene Umwertung gerade jener wichtigen Standeswerte [9]). Der positiv-

[8]) Exkurs II zu § 28 Anm. 1, 1 a ff.

[9]) Das Sachregister des Kommentars enthält das Stichwort „Vertrauen" überhaupt nicht; desgl. nicht die Sachregister der EGH.-Entscheidungen.

rechtliche, dogmatische Versuch [10]) der Feststellung des geltenden Rechts an Hand des Gesetzes und der Entscheidungen des Ehrengerichtshofs läßt den Wandel naturgemäß weniger erkennen als die kritische Prüfung des offiziellen Rechts auf seine wirkliche Geltung hin, also seine Betrachtung im Spiegel des wirklichen Anwaltslebens, und als die teleologische Prüfung der Eignung der geltenden Regeln zur Erfüllung der durch die Standesordnung zu erfüllenden Zwecke. Das Standesrecht dient der Erhaltung der Funktionsfähigkeit des Standes in einer sich wandelnden Umwelt. Jene teleologische Prüfung bedeutet also nicht die Anlegung eines unwissenschaftlichen, aus irgendwelchen irrationalen Wertgebieten hergeholten Maßstabes an die anwaltliche Standesordnung. Der Maßstab ist vielmehr geaicht an Wertgrößen, die der zu beurteilenden und zu gestaltenden Ordnung immanent sind.

Dem allgemeinen Wandel, der sich in Wirtschaft, Recht und Politik vollzieht, müssen die Anwaltschaft und ihr Recht sich anpassen. Disziplinar-Normen dürfen nicht zu selbstzwecklichen Dogmen erstarren.

Es wird damit für die Auslegung des § 28 RAO. — richtiger für die Bestimmung des Inhalts des Standesrechts — die Anwendung einer Methode verlangt, die mehr und mehr sich auf anderen Rechtsgebieten durchsetzt, besonders auch auf dem Gebiete des öffentlichen Rechts. Jede rechtliche Betrachtung und Gestaltung muß sich an einer tragenden Idee, an dem Sinn der rechtlichen Ordnung orientieren. Die Gesetzesauslegung, die dies versäumt, droht ein logisches Jonglieren zu werden. Für das öffentliche Recht führt zu diesem Problem Triepel in seinem Vortrag „Staatsrecht und Politik" (Heft 1 d. Beitr. z. ausl. öff. R.) aus: Bei aller Anerkennung des Wertes einer logischen Konstruktion müsse man sich bewußt sein, „daß sie nur bequeme Schubfächer öffnet, in denen wir die zu prüfenden Rechtserscheinungen vorläufig unterbringen können, ehe wir sie nach grundsätzlich werten-

[10]) Etwa nach der Art Rumpf's in dessen „Anwalt und Anwaltstand."

der Interessenabschätzung endgültig beurteilen". Freilich muß die Jurisprudenz die Maßstäbe kennen, nach denen sie die Abwägung vollzieht. Auch die scheinbar rein dogmatische Jurisprudenz ist übrigens geheime Interessen-Jurisprudenz. Sie ist sich nur nicht bewußt, daß auch sie Interessenmaßstäbe anwendet. Erich Kaufmann, in seiner auf der Münchner Staatsrechtstagung 1928 gehaltenen Diskussionsrede (vgl. Veröffentlichungen der Vereinigung der Deutschen Staatsrechtslehrer Heft 4 1928) verlangt zur Vermeidung einer Entartung der Rechtswissenschaft zu reiner Dialektik ein Zurückgehen auf die Rechtsinstitute, denn in ihnen liegen „gewisse letzte Normen eingeschlossen, deren Auffindung und Darlegung die eigentliche wesentliche Aufgabe der Rechtswissenschaft ist und die auch der Verwaltungsbeamte, der Richter und die Disziplinarbeamten anzuwenden hat und ständig anwendet". Freilich müsse man sich dabei bewußt sein der Notwendigkeit einer soziologischen Fundierung unseres Staatslebens. Dies bedeute, daß man die letzten Rechtsgrundsätze als Ausdruck der jeweils herrschenden gesellschaftlichen und politischen Erkenntnis zu begreifen suche. Nur so bleibe die Erdgebundenheit der Rechtsgestaltung gewahrt. In gleichem Sinn erklärt Smend, Verfassung und Verfassungsrecht (1928 S. 5): „Der juristische Formalismus bedarf methodischer Erarbeitung der materiellen — um nicht zu sagen soziologischen und teleologischen — Gehalte, die Voraussetzung und Gegenstand seiner Normen sind". Insbesondere also bedürfe die Staatsrechtslehre einer materiellen Staatstheorie. Vgl. dort S. 128 f. die Kritik an Laband's vermeintlich und scheinbar voraussetzungsloser und formalistischer Konstruktion und an seiner agnoszistischen Skepsis gegenüber allem über die positivistisch erfaßte Einzelheit hinausgehenden Wirklichkeits- und Normengehalt. Laband's rein begriffstechnische Methode sei damit „ein Symptom und zugleich eine Ursache der entpolitisierenden Erziehung der im Bismarck'schen Reich aufwachsenden Generation". Tartarin-Tarnheyden (Z. f. d. ges. St. W. 85, 1 ff.) verlangt, daß Schluß gemacht werde mit der Ignorierung des Politischen in Staatsrecht und Staatsrechtslehre bei aller Anerkennung der Notwendigkeit einer begrifflichen Formulierung. Ohne Soziologie ist der Staat geistig nicht zu erfassen. Der Staat ist mehr als juristische Konstruktion. Mustergültig für Anwendung dieser Methode auf ein Spezialproblem, das dem anwaltlichen besonders nahe steht, sind Köttgens soziologisch-juristische Untersuchungen „Das deutsche Berufsbeamtentum und die parlamentarische Demokratie" (Berlin 1928). Vgl. dort insbesondere S. 57 ff., 85 ff., 116 ff., 120 ff. über die Veränderungen des Bandes zwischen Staat und Beamtentum infolge Aufhörens der monarchischen Staatsform.

Eine Standesrechtslehre kann nur errichtet werden auf der Grundlage einer materiellen Standestheorie. Nur eine so fundierte Untersuchung kann einen Maßstab liefern für die Scheidung zwischen legitimen und illegitimen Bestrebungen, für die Nachprüfung der Rechtsprechung der Ehrengerichte daraufhin, ob und inwieweit ein Wandel des Standesrechts sich vollzogen hat, im Vollzug begriffen ist, und für die Aufstellung von Forderungen dahingehend, welche Wandlungen des Standesrechts sich vollziehen müssen, damit die Anwaltschaft funktionsfähig bleibe.

Wie eine bislang unsichtbare Schrift unter dem Wortlaut des § 28 tritt mehr und mehr hervor die Norm: „Der Anwalt hat sich durch sein Verhalten des Vertrauens würdig zu erweisen, das sein Beruf erfordert"[11]).

Richtig verstandene Anwaltsdisziplin muß den § 28 RAO. so handhaben, als habe er diesen Wortlaut. Eine positive Gesetzesänderung ist hier so wenig nötig, wie dies bei der Handhabung der gleichlautenden beamtenrechtlichen Disziplinarnormen erforderlich ist. Hier wie dort vollzieht sich ein Wandel, der zusammenhängt mit dem allgemeinen sozialen und politischen Wandel, von dem Staat und Gesellschaft ergriffen sind.

---

[11]) Vgl. dazu Jessen, AnwBl. 1929 S. 266 ff.; ferner Feuchtwanger „Die freien Berufe" S. 63 ff., 505 ff.

Die Anpassung des Wortlauts der anwaltlichen Disziplinarnorm an die — historisch älteren — beamtenrechtlichen Disziplinarnormen war kein Zufall, auch nicht etwa eine Unfähigkeit zu legislativer Formulierung. Genetisch bestand zum Teil geradezu Identität zwischen Beamtentum und Anwaltschaft. Der preußische Justizkommissar war Beamter, der kgl. Advokat in Bayern vom König ernannt. Es bestand in Funktion und sozialer Stellung eine Verwandtschaft, auf Grund deren die Anwälte, Träger eines öffentlich-rechtlichen Dienstes [12]) in der Rechtspflege, den Staatsbeamten ähnlicher waren als Geschäftsleuten und Gewerbetreibenden. Die staatsamtliche Herkunft wirkt noch fort in dem beamtenhaften Charakter der Ausbildung. Zwischen-, Referendar- und Assessor-Examen sind gemeinsam für die gesamte Juristenschaft und im wesentlichen zugeschnitten auf das Bedürfnis der öffentlichen Verwaltungen nach Beamten- und Richternachwuchs. Eine eigentliche Anwaltsschule fehlt — im Gegensatz zu den Zuständen der englischen und romanischen Länder —, wo die jungen Juristen in der Gemeinschaft der Anwälte, also in einer Meisterschule, heranwachsen [13]).

Freilich ist der Zwittercharakter dem Anwaltsberuf wesentlich. Er ist eine überzeitliche, übernationale Eigenschaft des Berufs. Zeitlich und national verschieden sind nur diejenigen Formen, in der dieser Zwittercharakter sich ausdrückt. Denn alle Verwirklichung von Individualrechten im Kampf gegen Behörden und sonstige Mächte bedarf der helfenden Tätigkeit von zwar nicht rein amtlichen, aber auch nicht rein geschäftlichen Sachwaltern. Dieser Doppelcharakter, diese Personalunion zwischen Amt und Gewerbe, hat den Juristen immer „Verlegenheit bereitet" [14]), und stellt Wissenschaft und Praxis fortgesetzt vor schwierige Probleme. Nicht nur hat die Wissenschaft immer und immer versucht, das Wesen der

[12]) Noch heute bezeichnen manche Kammervorstände ihre disziplinäre Tätigkeit als „D i e n s t aufsicht".

[13]) Vgl. die Darstellungen der Zustände der bezügl. Länder bei M a g n u s „Die Rechtsanwaltschaft" (1929).

[14]) T r i e p e l „Staatsdienst und staatlich gebundener Beruf" (1911) S. 20.

Anwaltschaft begrifflich zu erfassen. Derartige Versuche, eine geeignete Formulierung zu finden, sind die Begriffe: „Halbamt", „Sozialamt", „amtähnlicher Beruf", „staatlich gebundener Beruf" u. a. m. Im Grunde beruhen die meisten und schwierigsten, je und je neuer Lösung bedürftigen Disziplinarprobleme darauf, ob und inwieweit es dem Anwalt als dem Träger eines öffentlichen Amtes erlaubt ist, seine Betätigung in Form und Inhalt geschäftlich zu gestalten. Selbst über das Wesen der Disziplin gingen die Ansichten unter den bedeutenden Juristen schon bei Entstehung der Rechtsanwaltsordnung auseinander. Nach Laband, Staatsrecht (3. Aufl.) I S. 435 ff., II, S. 416 „unterscheidet sich die Anwaltsdisziplin in ihrem Begriff und Wesen von der Disziplin der Beamten in nichts". Dagegen fordert Gneist, Die freie Advokatur S. 60, für die Anwaltschaft eine Selbstdisziplin, „die sehr verschieden von der Disziplin der Staatsbeamten ihren eigenen Regeln und Lebensbedingungen folgt" [15]).

Jene Verwandtschaft aber, die Amtsähnlichkeit, existiert als charakter indelebilis. Sie in Abrede stellen, heißt ein Wesenselement des Anwaltsberufs in Abrede stellen. Die Zweifel können sich nur beziehen auf das Überwiegen des einen oder des anderen Bestandteils.

Das deutsche Berufsbeamtentum selbst befindet sich in einer Krise, die — richtig gesehen — schon auf die Zeit des Übergangs vom Absolutismus zum Konstitutionalismus — eines Übergangs, der in den meisten deutschen Ländern niemals zu einer befriedigenden Lösung gediehen ist — zurückgeht und vollends brennend und einer größeren Allgemeinheit bewußt wurde durch den Krieg und seine Folgen, den poli-

[15]) Vgl. hiezu „Die freien Berufe" S. 482 ff. Ohne daß vielleicht eine starke Verschiedenheit in der inhaltlichen Vorstellung von der richtigen Gestaltung einer Anwaltsdisziplin bei diesen beiden Männern obwaltete, erklärt sich der Unterschied ihrer Auffassung aus der Verschiedenheit ihres wissenschaftlichen Ausgangspunktes. Gneist schwebte als Vorbild die englische Institution des Baristers vor, die auf der Selbstverwaltung des Standes aufgebaut, zugleich der Ausbildung der höchsten Richter dient; Laband hatte vor Augen das deutsche Staatsbeamtentum, aus dessen hierarchischem Aufbau als Ableger der deutsche Rechtsanwalt sich ablöst.

tischen Umsturz, den Übergang von der Monarchie zur Republik und durch die noch im Gang befindlichen wirtschaftlichen und sozialen Änderungen. Weder dieser allgemeine Prozeß noch auch die spezielle Entwicklung der Idee des Berufsbeamtentums im Zusammenhang mit ihm kann hier eingehend dargelegt werden [16]). Wir müssen uns hier darauf beschränken, solche Fäden des verschlungenen Gewebes der Wirklichkeit zu bezeichnen, die für den Wandel der Anwaltsideologie kennzeichnend sind.

Der Staatsdiener hat den Weg vom Fürstendiener zum Diener der Nation zurückgelegt. Richtiger ausgedrückt: Die Entwicklung ist nicht abgeschlossen. Auch der Begriff der Nation wandelt sich. Die Staatsidee steigert sich mit Auflösung der ständisch-dynastischen Gesellschaft, auf der die Staatsidee des absoluten Staates geruht hatte und die ersetzt wird durch die Idee der Nation. Mehr und mehr wird die soziale Gemeinschaft Träger der Staatsidee. Die deutsch-preußische Entwicklung war nicht geradlinig. Dem nationalen Aufschwung im Verfolg der französischen Revolution und der Freiheitskriege (Frh. von Stein) folgte die Reaktion. „Der preußische Staat beruhte nach wie vor auf einer gesellschaftlichen Organisation, die weithin jene eigenartigen ständisch-dynastischen Züge trägt" und hielt fest an der aus dem Absolutismus übernommenen gesellschaftlichen Organisation als der nach wie vor für geeignet erachteten Basis des staatlichen Lebens. „Der deutsche Konstitutionalismus hat die nationale Idee immer nur außenpolitisch verstanden", ohne dabei zu berücksichtigen, daß die Voraussetzungen einer solchen Auswirkung der Nation nach außen ihre Existenz im Innern sein müßte. Entsprechend gestaltet war die persönliche Politik der konstitutionellen Monarchie bezüglich „Heer und Beamten-

---

[16]) Vgl. hiezu und zu den folgenden Ausführungen Köttgen aaO. S. 61 ff.; die Zitate im Text, bei denen eine Quellenangabe unterlassen ist, stammen aus Köttgens Schrift. Vgl. ferner Carl Schmitt „Geistesgeschichtliche Lage des heutigen Parlamentarismus", und Gerber, Von Begriff und Wesen des Beamtentums, Arch. f. öff. R. 18 u. f. S. 1 ff.

tum, die in den entscheidenden Stellen den Angehörigen bestimmter sozialer Schichten vorbehalten blieben".

Auch die staatlichen und gesellschaftlichen Vorstellungen von dem idealen Anwalt waren hiedurch wesentlich beeinflußt, wenn hier auch entgegenwirkte die Gegenvorstellung von der eigentlichen Funktion des Anwalts als des Vertreters des Volkes oder — richtiger — doch der Individuen (Feuerbach, Mittermaier, Gneist). Das Volk, als dessen Vertreter gegenüber Mächten aller Art der Anwalt sich fühlte, kam mehr in Betracht als die Summe von Privatleuten, von Individuen, wie auch die Anwaltschaft selbst in der damaligen Vorstellung der Allgemeinheit und ihrer selbst weniger als Anwaltstand, denn als Summe einzelner Anwälte lebte und dementsprechend in der Anwaltsordnung gestaltet war.

Die Herrschaft der Staatsbehörden über die Anwaltschaft — staatliches Ernennungsrecht, Handhabung der Disziplin über die Anwälte durch die Gerichte — wurde weitgehend beseitigt. Freiheit der Advokatur, Selbstverwaltung des Standes waren Leitziele bei Schaffung der geltenden Anwaltsordnung — aber dieser Befreiungsakt stand unter dem Diktat eines behördlichen Mißtrauens gegen diesen aus der behördlichen Zucht entlassenen und zum Schutz der Staatsbürger gegen Gewalten aller Art berufenen Juristenstand. So entstand jenes nicht gerade organische Gemisch von individualistisch-ständisch-obrigkeitlicher Regelung. Der Staat erzieht den Anwalt in seinen Beamtenschulen. Der werdende Jurist, der einer „staatsfeindlichen" Partei angehörte, konnte in der Zeit der Monarchie in manchen deutschen Staaten die Schwelle der Staatsprüfung nicht überschreiten — eine Beschränkung der Freiheit der Advokatur, d. h. der freien Zulassung zu ihr, gegen die sich der Anwaltsstand — und gerade er — um seiner eigenen Freiheit willen und in Wahrung seiner Funktion als Führer und Vertrauensträger aller Teile des Volkes nachdrücklich hätte verwahren müssen. Die Vorstellung des Gesetzgebers von dem anständigen Anwalt war bestimmt durch seine Vorstellung von dem anständigen Beamten. Daher die beamtenhafte Gestaltung der materiellen Disziplinarnorm

(§ 28), daher die staatliche Kontrolle und Mitwirkung bei ihrer Anwendung. Überdies wurde staatlich erwünschtes Verhalten von den Justizverwaltungen mit Titeln — Justizrat, Geheimrat und dgl. — belohnt, unerwünschtes Verhalten durch Versagung solcher staatlicher Auszeichnungen bestraft — also administrative illegale Disziplin neben der gesetzlich geregelten Disziplin; auch gegen diese Illegalität hat der Anwaltstand nicht nur nicht protestiert, sondern sich freudig daran — und zwar gerade in seinen angesehensten Vertretern — beteiligt. Sogar die richterliche Sitzungspolizei mit Strafbefugnissen über den Anwaltstand blieb aufrecht erhalten. Eine gesetzliche Gebührenordnung gestaltete den anwaltlichen Anwaltsverdienst gehaltsähnlich. Überschreitungen der Taxen wurden unter Strafe gestellt, die Entscheidung von Zweifelsfragen der Auslegung der Taxe den Gerichten überlassen, die die meisten zu Ungunsten des Anwaltstandes entschieden haben. Geldverdienst mittels kaufmännischer Verdienstformen wurde durch Gesetz und Richterspruch erschwert. Nur als Ausnahme wurde zugelassen das freie Honorar; dessen Vereinbarung erschwert durch den Schriftzwang, die Ausnahme noch verstärkt — mit Berufung auf die amtliche Funktion des Anwalts — durch gerichtliche Diffamierung des Erfolgshonorars, besonders in der Form der quota litis. Praxisverkauf wurde durch die Rechtsprechung als unsittlich verboten, weil mit dem Wesen der amtlichen Funktion genau so unverträglich wie Ämterschacher. Die Anwaltschaft wurde an das vornehme, bewußt volksferne Berufsideal des juristischen Staatsbeamtentums gebunden.

Dieser Versuch der Lösung des Problems Amt—Gewerbe trug also noch deutlich den obrigkeitlichen Stempel und hat es der Anwaltschaft erschwert, das zu werden, was sie der Idee nach ist und was sie praktisch werden muß, um bestehen zu können: Rechtsorgan des Volkes. —

Die Parallele zwischen der Entwicklung des Berufsbeamtentums und der Anwaltschaft wirkt bis in die Gegenwart fort. Der Umsturz hat die Entwicklungsstörung zur akuten Krisis verstärkt und damit zugleich die Lösung der

Problematik umso dringender gemacht. Das Beamtentum wurde in ideeller Beziehung durch die Lösung seiner Bindungen an die Dynastie vor ein Dilemma gestellt, das zugleich auch die alte Frage auf materiellem Gebiet — Gehalt = Arbeitsentgelt? Gehalt = Fürsorgeleistung des Staates für die seinem Schutz befohlenen Beamten? — neuartig kompliziert. Hier das Ideal völliger Gleichstellung des Staatsbeamtenverhältnisses mit dem Angestelltenverhältnis in der Privatwirtschaft auf dem arbeitsrechtlichen Generalnenner des Sozialrechts [17]), dort das Ideal eines der Nation verantwortlichen, ihr dienenden, von dem Vertrauen des Volkes getragenen öffentlichen Beamtenstandes [18]), beruhend auf der durch die politischen Wandlungen herbeigeführten völligen Vereinigung von Staat und Volk, auf der Ersetzung der Dynastie durch die soziale Gemeinschaft der Staatsangehörigen, durch die Nation. Damit ist der unter der konstitutionellen Monarchie, die das Beamtentum bewußt gesellschaftlich aus dem Volkstum gelöst hatte, fehlende Kontakt mit der Bevölkerung geschaffen [19]). Unter der Monarchie war die Beamtenschaft zu einem Stand gestaltet, der kastenartig seine Angehörigen in all ihren Lebensäußerungen beeinflußte. Diese kastenartige Abschließung vom Volk liegt aber nicht im Begriff des „Standes" als solchen [20]). Denn nur ein sich als Gesinnungsgemeinschaft

[17]) Am schärfsten vertreten gedanklich von Potthoff, politisch von den verschiedenen Beamtengewerkschaften; vgl. die Einrichtung des civil service in Amerika und England; dazu Köttgen S. 71 f.

[18]) Am schärfsten ausgeprägt in der formal-demokratischen, aber praktisch nirgends verwirklichten Idee der vom Volk gewählten und abzuberufenden Beamten bezw. des bürgerlichen Reihendienstes — einem Ideal, das an der Verkennung der jeder sozialen Gemeinschaft notwendig immanenten aristokratischen Tendenz krankt.

[19]) „Die Vorstellung einer nationalen Verantwortlichkeit war dem Gros der konstitutionellen Bürokratie fremd. Nur ganz langsam, insbesondere im Krieg begann sich das Beamtentum mit derartigen Vorstellungen vertraut zu machen, um sich dann allerdings unter dem Druck der Revolution offen zu ihnen zu bekennen." (Köttgen S. 88.)

[20]) A. M. Köttgen S. 88 ff., der sich zur Stellung der Frage genötigt sieht, „wer Nachfolger des Standes sein wird". Auch Köttgen aber sieht eine Gefahr in aller bloß berufsständischen Entwicklung (S. 90): „Die Beamtengewerkschaft wäre der Schlußstein in der Geschichte des alten deutschen Beamtentums." Mit der Vergewerkschaftlichung würde der Beamte „die seelische Verbindung mit seinem

fühlender Beamtenstand wird als leistungsfähiger, verantwortlicher Träger seiner spezifischen Aufgaben im modernen Volksstaat, insbesondere als Gegengewicht gegen wechselnde Parteigruppierungen fungieren und starke moralische Gegenkräfte entwickeln können, gegen die ihn und damit den Staat bedrohenden politischen und materiellen Zersetzungserscheinungen. Weder der kastenmäßig sich von dem Volk abschließende, sich den höheren Schichten der Gesellschaft verbunden fühlende Beamte, noch auch der wie ein Privatangestellter seine Arbeit um des Lohnes willen verrichtende Beamte ist fähig, die amtlichen Funktionen zu erfüllen, wie sie durch die Verbindung von Staat und Volk sich gestaltet haben. „Wenn je ein Staat, so ist der moderne Staat auf die innere Anteilnahme seiner Bevölkerung angewiesen“ [21]). Diese Anteilnahme aber verwirklicht sich durch ein Beamtentum, das sich als einen Teil des Volkes und als Träger des Vertrauens des Volkes empfindet [22]). Stand und Volksvertrauen schließen sich nicht aus, sondern gerade die ständische Organisation macht erst einen Beruf wahrhaft fähig, eine soziale Funktion verantwortlich zu erfüllen und damit die eigentliche Voraussetzung für nachhaltiges Vertrauen, also ein Vertrauen, das nicht auf Schein beruht, zu schaffen [23]).

Amt“ verlieren. Vgl. hiezu Gerbers scharfe Herausarbeitung des Wesens des modernen Beamtentums, des ständischen Beamtenbegriffs und des Wandels dieses angesichts der allgemeinen Wandlungen in Geist und Wirtschaft in Arch. f. öff. R. aaO. S. 62 ff., 81 ff.

[21]) Nach der treffenden Formulierung Wittmayer's, Weimarer Rechtsverfassung S. 88 sei mit Wegfall der Person des Monarchen „die autoritative Grundlage der Bürokratie weggefallen“, das „Schwungrad dieser Bürokratie sei daher ausgewechselt“. Das neue Triebrad sei ein „verdichteter Gemeinsinn“.

[22]) Gerber aaO. S. 83 verlangt, daß der Beamte „seine Amtshandlungen allein bestimmen läßt von der Einsicht, Organ seines im Staat rechtlich organisierten Volks zu sein“.

[23]) Ob die Gesetzgebung dieser außerhalb des Gesetzesbereichs vollzogenen Rechtswandlung legislative Rechnung trägt, ist nicht entscheidend. Nicht die Norm, sondern der Geist, in dem sie angewendet wird, entscheidet hier mehr denn irgendwo anders. Die preußischen Disziplinarnormen verlangen übrigens von dem Beamten ausdrücklich, daß er sich durch sein Verhalten „der Achtung, des Ansehens oder des Vertrauens, die sein Beruf erfordert“, würdig zeige (BDStrO. 27. I. 32 § 2, RiDStrO. 27. I. 32 § 1).

Auch für die Anwaltschaft hat der Umsturz die ideelle und materielle Problematik verstärkt, sie damit aber auch mehr ins allgemeine Bewußtsein gehoben und damit mindestens eine gedankliche Voraussetzung für eine Lösung verwirklicht. Die ideellen und wirtschaftlichen Bedingungen für einen großbürgerlichen, den höheren Klassen der Gesellschaft sich zurechnenden Anwaltstand sind brüchig geworden. Der Gegensatz zwischen der Entgeltsunfähigkeit aller echten Schutz- und Hilfearbeit und der Entgeltlichkeit der Anwaltsarbeit im praktischen Leben war als Problem kaum peinlich empfunden worden in einem Wirtschaftszustand, der mindestens eine ausreichende Ernährung aller Standesangehörigen, vielen von ihnen aber ein das mittelständische Maß bei weitem übersteigendes Einkommen gewährleistete. Bei Wirtschaftzuständen, die eine aristokratische Weltanschauung ermöglichen, versteht sich das Geld mehr oder weniger von selbst; man spricht nicht davon, weil man es als ererbten Reichtum hat oder weil es, wenn schon Gelderwerb an Arbeit sich knüpft, in Gestalt genügend hoher, gesetzlich geregelter Gehälter oder Gebühren anwächst. So hatte die Summe der Gebühren aus den einzelnen Mandaten — wie der Gehalt den Beamten — den einzelnen Anwalt ernährt. Die dem Nahrungsgedanken zugrunde liegende Idee eines Standes, der für Leistung an das Volk von diesem Nahrung empfängt, war freilich kaum bewußt geworden. Die Institution der Pflichtanwaltschaft — die unentgeltliche Vertretung armer Parteien im Bereich des Anwaltzwangs — stand weder dem Volk noch der Anwaltschaft als eigentliche und wesentliche Leistung des Standes als solche für das Volk vor Augen.

Das Pflichtmandat war eine aristokratische Leistung des Höherstehenden für den Niederen, „nobile officium“. Das große und weite, mit zunehmender Verwickeltheit der wirtschaftlichen und sozialen Verhältnisse und mit zunehmender Volksverarmung wachsende sonstige Gebiet des Rechtsbedürfnisses des Volkes war der Anwaltschaft als ihre eigentliche Berufsdomäne kaum bewußt geworden. Die Befriedigung dieses Bedürfnisses hatte der Anwaltstand kampflos anderen Stellen — karitativen, gewerkschaftlichen, kommunalen, genossenschaftlichen, politischen, religiösen — überlassen. Volkstümliche Surrogate, wie Winkeladvokaten aller Art, hatten mehr und mehr die Funktion des „Volksanwalts" versehen. Der diffamierend gebrauchte Zusatz „Winkel..." darf nicht darüber täuschen, daß im Volk auch das Bedürfnis nach einer Rechtsberatung im bescheidenen Winkel[24]) bestand, das durch noble, mit ihrer Aufmachung den kleinen Mann eher abschreckende Kanzleien nicht befriedigt worden ist. Den Gewerkschafts- oder Gemeindebeamten, den Rechtskonsulenten, mit denen er sich vertraulich — als Gleicher mit Gleichen — aussprechen kann, empfand und empfindet der kleine Mann eher als sein Rechtsorgan als den Rechtsanwalt.

Der deutsche Anwalt war nicht — und ist noch nicht — in genügendem Maße Volksanwalt, Rechtsorgan des Volkes. Die Disziplin war — und ist noch — mehr auf Würde, denn auf Vertrauen bedacht. Damit hängt zusammen, daß die an den Anwaltsberuf sich technisch naturgemäß anheftende Funktion des politischen Führers dem deutschen Anwalt mehr und mehr entglitten ist. Das Volk hatte im wesentlichen den Anwalt gesehen, der dem Großbürgertum bei seinen Geldgeschäften zur Seite stand[25]). Tragisch war, daß diese Vorstel-

---

[24]) Daß die Rechtskonsulenten aus diesem Zugeständnis nach dem Muster der „Geusen" die Legitimation schöpfen würden, des Titels „Winkeladvokat" sich fortan als Ehrentitel zu bedienen, ist kaum zu befürchten. Aber das Echte soll immer auch lernen von dem populäreren Ersatzmittel, soll nachdenken über die Gründe des Bedürfnisses nach diesem. Man denke an die Geschichte der Zünfte und ihrer — je länger, je weniger von der Staatsgewalt unterstützten — Kämpfe gegen die Bönhasen und gegen die aufkommenden kommerziellen und industriellen Formen der Bedarfsdeckung.

[25]) Die Befürchtung einer Verbürgerlichung der Anwaltschaft hat schon G n e i s t in seiner Schrift über die freie Advokatur (S. 95) als dringlicher denjenigen entgegengehalten, die von der Freigebung der Advokatur vielmehr eine Verstärkung der ultraradikalen, destruktiven Elemente in der Gesellschaft befürchteten. „Ein Zweifel könnte eher in entgegengesetzter Richtung entstehen, ob nicht ein starkes Personal von Rechtsanwälten das Übergewicht der besitzenden Klassen, denen die Advokatur am leichtesten zugänglich ist, befördern." Er erwartete aller-

lung übernommen wurde in eine Zeit immer weiter um sich greifender Proletarisierung der Anwaltschaft. Auch hier ein Auseinanderklaffen von Schein und Wirklichkeit!

Eine Umwertung alter Werte scheint sich zu vollziehen. Wie im Bereich des Beamtentums in nie gekannter Schärfe sich auseinandersetzt die Idee der „Beamtengewerkschaft" mit der Idee des „Beamtenstands", so bei der Anwaltschaft die Idee der völligen Beseitigung der sozialen und rechtlichen freiberuflichen Sondergestaltung [26]) — es soll nur noch entweder gewerbliche oder angestellte Sachwalter geben — mit der Idee einer von ständischem und sozialamtlichem Geist und vom Vertrauen des Volkes getragenen, dessen Rechtsbedürfnissen dienenden Anwaltschaft. Die alten gesetzlich und disziplinär geschützten Berufsideale, besonders soweit sie die Zurückhaltung im Geldverdienen betreffen, haben an Geltung bei den Standesangehörigen in dem Maße verloren, als der reglementierte Geldverdienst unfähig wurde, sie zu ernähren. Eine sachlich bedingte Entkräftung erfahren sie überdies aus dem „wirtschaftsrechtlichen" (geschäftlichen) Arbeitsgebiet her, auf das der Anwalt notwendig seine Tätigkeit ausdehnen muß [27]). So steht auf der einen Seite der hungernde Kavalier,

---

dings, daß „das Interesse der jüngeren Advokatur auch den unvermögenden Parteien gerne dienstbar sein" werde. Vgl. hiezu Feuchtwanger „Die freien Berufe" S. 534 f., JW. 1929 S. 3129); dort auch ein Hinweis darauf, daß der Schutz der kleinen Sparer und Kleinaktionäre gegen die Ausbeutung durch das Großkapital von der Anwaltschaft in Vernachlässigung ihres natürlichen Berufs anderen Organen (Presse, Schutzvereinigungen) überlassen wurde, und zwar in einer gerade in der Öffentlichkeit besonders hervorstechenden Weise.

[26]) Die Entwicklung dahin sucht als unaufhaltsam neuerdings in eindringlicher Weise darzustellen Heindl Justiz Mai/Juniheft 1932 auf Grund der zunehmenden kollektivistischen Entwicklung der Gesellschaft, in der für den Anwalt im heutigen Sinn überhaupt kein Raum mehr sei. Dagegen treffend Lewin, Holz, Breslauer aaO., Kisselbach JW. 1932, 2121, Österreich JW. 1932, 2231, vor allem grundsätzlich und praktisch wichtig Ph. Löwenfeld, Justiz 1932 S. 446 ff.

[27]) Ein Mittel der Rettung der Anwaltschaft aus dieser zugleich geistigen und materiellen Krise sehen viele in einem gesetzlichen Eingriff, der die zum schädlichen Schein gewordene Einheit des Stands beseitigt und an deren Stelle setzt eine „Zweiteilung der Anwaltschaft" in eine gerichtliche und Geschäftsanwaltschaft; vgl. besonders Abra-

auf der anderen der nüchterne Geschäftsmann. Ersterer, der sich bemüht, den Schein einer vornehmen Berufsübung aufrecht zu erhalten, droht in den Augen der Öffentlichkeit zur tragikomischen Figur zu werden. Er genießt auch beim Volk nicht das berufserforderliche Vertrauen. Zweifellos aber auch nicht der in rein geschäftlicher Weise in smarter Anpassung an die Geschäftspraxis der nichtanwaltlichen Sachwalter, seinen Beruf ausübende Anwalt. Als Lebensgrundlage eines Standes ist beides gleich ungeeignet. Ein Stand dieser Art genießt keine besondere Achtung, auch nicht Verachtung, kein besonderes Vertrauen, auch nicht Mißtrauen. Er wird als Stand überhaupt nicht mehr beachtet, ist gleich zu achten einem absterbenden, überflüssig gewordenen Organ.

Die staatlichen Mächte — Regierung und Parteien — scheinen zwischen Wohlwollen und Mißwollen zu schwanken. Solchen Oberflächenerscheinungen hat anwaltspolitische Besinnung auf den Grund zu gehen; für sie handelt es sich um Vertrauen und Verständnis, Mißtrauen und Mißverstehen. Nicht aber nur Besinnung tut not. Auch entspechendes Verhalten; denn dieses schafft die Bedingungen für Vertrauen und Verständnis. Wir müssen uns hier mit der ausführlicheren Würdigung zweier ideell und materiell besonders einschneidender Akte begnügen, ohne damit die für den Strukturwandel symptomatische Bedeutung anderer anwaltsrechtlicher Wandlungen [28]) verkleinern zu wollen.

---

ham „Vom Rechte, das mit uns geboren" (Berlin 1929); W. Fischer, Breslau A. K. 1928 S. 8ff. (Festgabe für Heilberg). Ein weiterer Ausdruck der Krise aber ist die seit dem Umsturz fortschreitende steuerrechtliche Behandlung des Umsatzes, Einkommens, Vermögens des Anwalts als geschäftlicher Umsatz, Einkommen, Vermögen (vgl. hiezu JW. 1931 S. 1068) durch den Gesetzgeber und noch gesteigert durch die Gerichte; zuletzt durch Pr. OVG. in der Entsch. JW. 1932 S. 2113.

[28]) Solche sind: Beseitigung der sitzungspolizeilichen Strafbefugnis des Richters über den Anwalt; des Schriftzwangs für die Honorarvereinbarung; der Einführung der angemessenen Gebühr im Bereich der bayrischen Landesgebühren (VO. 29. XII. 1923); Milderung der rigorosen Verfemung des Erfolgshonorars (Friedländer Exk. II zu § 28 Anm. 12; JW. 1932 S. 2165); Einführung gesetzlicher Sondergebühren mit Höchstsätzen und Ausschließung freier Honorarvereinbarung für den Bereich der sozialen Versicherungs- und Fürsorgepflege u. a.

Nicht übersehen werden konnte die Unvereinbarkeit der steigenden Not der Anwälte mit der steigenden Anzahl unbezahlter Pflichtmandate. Diesem Widerspruch wurde durch einen sowohl materiell wie grundsätzlich wichtigen Wandel Rechnung getragen: Vergütung der Pflichtmandatstätigkeit aus der Staatskasse. Auf den Schein einer unangebrachten Noblesse verzichtend, kämpft heute die Anwaltschaft um die Erhaltung dieser vielen Anfechtungen unterliegenden Regelung, die einer großen Anzahl von Standesgenossen die materielle Existenz überhaupt erst ermöglicht und somit eigentlich zu ihrem Teil der Idee verwirklicht: Der Anwalt als Funktionär des Volkes empfängt von diesem Nahrung.

Aber auch die gegenteiligen Tendenzen werden nun in schärferen Linien sichtbar: Verbürgerlichung und Kommerzialisierung der Anwaltschaft, ihre Selbstausschließung von der Befriedigung eines großen Teils des tatsächlichen Rechtsbedürfnisses des Volkes; zunehmende Hinneigung des Volkes zu populäreren und billigeren, teils amtlichen, teils geschäftlichen Funktionären der Sachwalterschaft. Legislativer Niederschlag: Gesetzliche Ausschließung der Anwälte (§ 11 Arb. G. G.) [29]) von der Mitwirkung bei der gerichtlichen Behandlung eines erheblichen Teils der Rechtsstreitigkeiten der großen Masse des Volkes, gesetzliche Privilegierung von Arbeitersekretären u. dgl. als Vertrauensträger weiter Schichten der Lohnempfänger.

Die gesteigerte Krise, in der der Stand als solcher unterzugehen droht, hat doch den Vorteil, daß sie auch den Weg zur Lösung deutlich sichtbar werden läßt. Der Weg kann nicht sein Vergewerblichung und kann nicht sein Verbeamtung. Weder eine Summe von Geschäftsleuten noch eine Schar von angestellten Syndiken, Kommunalsekretären und dgl. ist ein Anwaltstand. Vielmehr ist zu wahren und zu festigen die frei-

[29]) Während nach Jastrow JW. 1927 S. 220 bei der Ausschließung der Anwälte von der Vertretung bei den Gewerbe- und Kaufmannsgerichten, der die Entstehungsgeschichte der bezüglichen Gesetze aus eigener Beteiligung kennt, kein Mißtrauen gegen den Anwaltsstand bestimmend war, beurteilt auch er den § 11 ArbGG. „als Mißtrauensvotum gegen den Stand".

berufliche Stellung des Standes, eines Standes von wissenschaftlich hochstehenden, dem Richtertum und Verwaltungsbeamtentum an Fachbildung gleichwertigen, unabhängigen Anwälten auf dem Fundament des Vertrauens des Volkes. In einer Zeit wachsender Gesetzesproduktion, wachsender Konzernmacht, an Intensität und Umfang wachsender Staatseingriffe in die freie Betätigung des Individuums, ist das Bedürfnis nach Anwaltsschutz bestimmt kein geringeres, als in einer Zeit, die die individuelle Freiheit mehr respektierte. Physiologische, aber auch soziale Bedürfnisse schaffen sich gesetzmäßig die Organe ihrer Befriedigung. Aber dieser gesetzmäßige Vorgang kann Störungen und Hemmungen unterliegen, hinwiederum auch bewußt gefördert werden. Die Anwaltspolitik muß darin gipfeln, den Stand und seine Glieder möglichst tauglich zu machen zur Befriedigung des Bedürfnisses nach Sachwalterdienst. „Du sollst dich zum Organ machen", sagt Goethe. Die Beziehungen zwischen Anwaltschaft und Volk müssen wesentlich Vertrauensbeziehungen sein. Vertrauen kann man stören, man kann Raubbau damit treiben, aber man kann es auch nähren.

Die soziale Verantwortung eines kulturschaffenden Standes ist umso größer, als im Bereich der Kulturwirtschaft, anders als im wirtschaftlichen Bereich der freie Wille des Menschen auf die Erzeugung und Gestaltung der Bedürfnisse einwirkt [30]). Das Bedürfnis nach Kulturgütern geht — im Gegensatz zu dem Bedürfnis nach Sachgütern, insbesondere dem wichtigsten dieser, dem nach Nahrung — nicht auf begrenzte Mengen, sondern ist unbegrenzt. Es waltete hier nicht das Naturgesetz des abnehmenden Reizes („Sättigungsgesetz"), sondern das Kulturgesetz des zunehmenden Reizes. Das Bedürfnis kann gesteigert werden. Es hat die Neigung, sich mit der Befriedigung zu qualifizieren. Kultur zielt nicht auf Befriedigung, sondern gerade auf Er-

[30]) Vgl. hiezu und zum folgenden den wirtschaftstheoretischen Versuch einer Grundlegung der Kulturwirtschaftslehre in „Die freien Berufe" S. 7 ff.

zeugung, Steigerung von Bedürfnissen. Im besonderen gilt dies auch vom Rechtsbedürfnis des Volkes. Es kann eingeschläfert werden, es kann zum Bewußtsein seiner selbst gebracht, es kann gesteigert werden. Es kann gut, es kann schlecht befriedigt werden. Je besser die Befriedigung, desto bewußter, desto stärker, desto qualifizierter das Rechtsbedürfnis. Diese Möglichkeit erkennen aber heißt verpflichtet sein, an ihrer Verwirklichung zu arbeiten. Solche Pflichterfüllung erst macht den Anwaltstand zu dem, was er sein soll: Zum Träger des rechtspfleglichen Sozialamtes, zum Organ der Rechtspflege, zum — um des Anwalts spezifische Funktion gegenüber der der staatlichen Juristen prägnanter zu bezeichnen — Rechtsorgan des Volkes.

Diese kulturwissenschaftliche Einsicht steigert einerseits die Verantwortung und gibt anderseits das Recht, Vertrauen zu hegen in den eigenen Wert und Bestand. Organ der Bedürfniserweckung und -steigerung in dem beschriebenen Sinn kann der Anwaltsstand nur sein, wenn er Entsprechendes leistet. Rechtsorgan des Volkes wird der Sachwalterstand in dem Maße, als er dessen Vertrauen erwirbt. Diesen Gedanken stellten wir als These an den Beginn dieses Abschnittes. Der Weg unserer historisch-kritischen Untersuchung hat zu ihr zurückgeführt. „Der Anwalt hat sich durch sein Verhalten des Vertrauens würdig zu erweisen, das sein Beruf erfordert“. Jeder Genosse ist dem Stand, der Stand jedem Genossen verantwortlich für die Wahrung dieses kostbarsten Guts, der eigentlichen Lebensgrundlage der Anwaltschaft. In diesem Sinne werde Standespolitik, werde Standeszucht geübt.

Weder ein System einer nach diesem Ziel orientierten Anwaltspolitik, noch ein Kodex der besonders auf Pflege der Vertrauenswürdigkeit des Standes abgestellten Disziplinarnormen kann und soll hier aufgestellt werden. Nur an einigen praktischen Fragen soll gezeigt werden, welche besonderen Forderungen jene Zielsetzung in sich schließt.

Da ist das bislang wenig gepflegte Gebiet der allgemeinen Rechtsfürsorge. Es gibt eine ungeheure

Menge von Rechtsbedürfnissen im Volk, die unbefriedigt bleiben, ja nicht einmal den Betreffenden als Bedürfnisse bewußt werden. Es war eine Verkennung des oben dargelegten kulturwirtschaftlichen Bedürfnisgesetzes, eine Verkennung des eigentlichen Amtes der Anwaltschaft, daß sie diesen Erscheinungen bisher so gegenüberstand, als gingen sie sie nichts an. Wir sehen das Hochkommen einer besseren grundsätzlichen Einsicht. Mehr und mehr wird von deutschen Anwälten Rechtsfürsorge in diesem Sinne praktisch betrieben. Die Förderung dieser Arbeit haben nun auch die Führer der deutschen Anwaltspolitik in die Hand genommen [31]).

Wandel in der ständischen Wirtschaftspolitik: Von neuem Geist getragen sind alle Unternehmungen kollektiver Selbsthilfe [32]), die die Leistungsfähigkeit des Standes und die seiner Genossen für die beruflichen Aufgaben steigern. Das Vertrauen in einen Berufsstand kann durch nichts mehr gefördert werden, als wenn dieser ohne ausdrücklichen staatlichen Auftrag, als Organ der Selbstverwaltung zur Befriedigung eines kollektiven Bedürfnisses Einrichtungen von zugleich gemeinnützigem und standesnützlichem Charakter schafft. Hieher gehören die von verschiedenen Anwaltsvereinigungen geschaffenen Vollstreckungshilfen, Schuldnerkarteien, Treuhandeinrichtungen. Von dem Hinaustreten an die größere Öffentlichkeit zwecks Angebot der Dienste dieser Einrichtungen ist eine Beeinträchtigung der Vornehmheit und der Würde des Standes nicht zu befürchten. Es sind geschäftliche Unternehmungen. Aber gerade nicht solche, die den Anwalt zum Gewerbetreibenden erniedrigen, sondern sozialamtliche Leistungen der Fürsorge für die Geschäftswelt.

Auch hier waltet das Gesetz der Funktionsteilung zwischen Genossenschaft und Genossen. Genossenschaftliche Veranstaltungen für die Sicherung der materiellen Lebensbedingungen, insbesondere jede Erleichte-

[31]) Vgl. das vorzügliche Referat von Jessen im AnwBl. 1932 Nr. 5 (Beiheft); dazu Kaufmann AnwBl. 1932 S. 166.

[32]) Vgl. hierüber JW. 1932 S. 1091 ff.

rung des technischen Teils der Berufsübung macht die Genossen erst recht fähig und frei zur Übung ihres Berufs im spezifisch anwaltlichen Geist.

Wandlungen in den Forderungen an die Disziplin:

Zunächst in Hinsicht auf die Wirtschaftspolitik: Ziehung klarerer Grenzen zwischen Standespolitik und Standespolizei! [33]) Die Standesorgane mögen sich entwöhnen, in jeglicher Selbsthilfeäußerung organisierter Anwälte zunächst einen disziplinarrechtlich erheblichen Akt zu sehen. Kollektive Bemühungen von Standesgenossen, die materiellen Lebensbedingungen zu verbessern, verfolge die Standespolizei nicht als Verstöße gegen die Standeswürde auf Grund des § 28! Genossenschaftliche Forderungsbeitreibung, kollektive Vereinbarungen mit Gesamtvertretungen der Klientel (Handelskammern u. dgl.) zwecks Anpassung der starren Gebührensätze an die Bedürfnisse der Geschäftswelt sind Äußerungen der Lebendigkeit des Standes, seiner Fähigkeit, dem Wandel der Dinge schöpferisch gerecht zu werden. Gerade solche Bestrebungen sind — abgesehen von ihrem materiellen Erfolg und Nutzen — geeignet, das Vertrauen des Publikums in die Leistungs- und Lebensfähigkeit des Standes zu heben.

Forderungen an die politische, private, berufliche Betätigung des einzelnen Anwalts:

Zunächst in Hinsicht auf die Stellung des Anwalts als „Organ der Rechtspflege". Man gehe sparsam um mit dem Gebrauch dieses Begriffs, verwende ihn weniger oft und sinnvoller, nicht im beamtenmäßigen Sinn, nicht als ob der Anwalt nichts weiter sei als ein Justizorgan neben den Richtern und Justizverwaltungsbeamten. Dann wird sich ergeben: Der Anwalt, der in erster Linie Rechtsorgan des Volkes ist, ist erst in zweiter Mitglied der „Arbeitsgemeinschaft zwischen Anwaltschaft und Richtertum". Diese Rangordnung ist wichtig für Kollisionsfälle. Standesdisziplin unterbinde nicht

[33]) Grundsätzliches hierüber AnwBl. 1929 S. 175 ff.

die — auch in der Form scharfe — Kritik des Anwalts an der Justiz. Gerade solche der staatlichen Justiz nicht erwünschte, polizeilich scheel angesehene Kritik ist eigentlichste Aufgabe des Rechtsorgans des Volkes, müßte daher von Standes wegen eher gefördert als polizeilich gehemmt werden. Vertrauensvolle Beziehungen zwischen Anwaltstand und Volk sind im Zweifel den Vertrauensbeziehungen zwischen Anwaltstand und Richtertum vorzuziehen.

In dem natürlichen Widerspiel von Staatsorganen und Volk gehört der Anwalt auf dessen Seite [34]). Nur hier kann die Anwaltschaft das Vertrauen erwerben, das ihre Mitglieder vielleicht wieder in die mehr und mehr verloren gegangene Stellung der politischen Führerschaft einsetzen wird. Nicht ist diese Stellung wiederzugewinnen durch würdevolle Distanz.

Nur von hier aus auch ist die Lösung des schwierigen Problems „Führertum und Volksvertrauen" zu gewinnen. Alles Führertum, alles Ämtertum — staatliches und sozialamtliches — trägt aristokratischen Charakter, bedingt also eine gewisse Distanz gegenüber den Geführten, verbietet das Sich-Gemein-Machen des Führers mit dem Geführten, die Vertraulichkeit zwischen beiden. Nicht das aristokratische Gehaben, wohl aber gerade der aristokratische Gehalt der Leistung, deren Wert für die Gemeinschaft erzeugt Vertrauen. Das ist in jeglicher staatlicher und gesellschaftlicher Verfassung so, auch in der demokratischen, auch in der faszistischen. Verlangt werde daher auch nicht absoluter positivistischer Gesetzesgehorsam des Anwalts! Das Rechtsorgan des Volkes ist verpflichtet, an der Weiterentwicklung des Rechts zu arbeiten, nicht nur das geltende anzuwenden. Es ist das Wesen aller gesellschaftlichen Institutionen, sich fortzubilden. Praeter legem, notfalls contra legem. Der „Rechtsanwalt" ist als solcher nicht „Gesetzesanwalt", nicht Staatsanwalt. Er — und gerade er — hat zu wissen, daß Legalität und Gerechtigkeit sich nicht decken [35]). Ein grundsätzlich verfehlter

---

[34]) Vgl. hiezu Feuchtwanger, Jur. Bl. 1929 S. 381 ff.

[35]) Vgl. hiezu „Die freien Berufe" S. 403 ff.

Disziplinarakt war es darum, einen Anwalt, der sich zu einer illegalen Gewissensehe wegen Unmöglichkeit der Scheidung seiner gesetzlichen Ehe bekannte, aus dem Anwaltstand auszuschließen mit der Begründung, er habe seine Pflicht als Organ der Rechtspflege verletzt. Das Volk verliert nicht sein Vertrauen in einen Anwalt, der eine freie Ehe führt; eher aber in einen Stand, der deswegen diesen Anwalt für unfähig der weiteren Berufsausübung erklärt.

Damit ist zugleich das Problem berührt: Inwieweit ist das Privatleben Gegenstand der Standesdisziplin? Nur soweit das Vertrauen in den Stand durch privates Verhalten des Anwalts gefährdet zu werden droht. Dem Volk ist vieles gleichgültig, was innerhalb eines geschlossenen Beamten- oder gar Offizierskreises anstößig erscheinen mag. Das moderne Standesleben trägt nicht mehr an sich den Charakter der familiären, Korps- oder klubartigen Geschlossenheit [36]), die eine Ahndung rein privaten Verhaltens oder gar eine Ausschließung von freiberuflicher Betätigung wegen solchen Verhaltens rechtfertigen könnte.

Kompatibilität der Berufe: Es entspricht zwar dem großbürgerlich-beamtenhaft gehandhabten Begriff der Standeswürde, mit dem Anwaltsberuf für vereinbar zu halten die Stellung eines Bankdirektors, nicht aber die eines Bankbeamten niederen Ranges, die eines Bürgermeisters, nicht aber die eines Gemeindebeamten geringerer Klasse [37]).

Hier wird besonders deutlich, daß der bisherige Würdemaßstab ein anwaltsfremder ist. Er ist als Maßstab brauchbar etwa für die Ballotage bei Aufnahme in einen Herrenklub. Man will dort unter sich, unter seinesgleichen sein. Also ein Anspruch der Mitglieder auf ebenbürtige, auf angenehme Ge-

[36]) Ob und inwieweit diese heute für den Beamtenstand und das Offizierskorps der Reichswehr noch zutrifft, braucht hier nicht untersucht zu werden.

[37]) Ein ähnliches Problem ist die Vereinbarkeit der Anwaltstätigkeit mit kaufmännischen Verdienstformen. Übt ein Anwalt gelegentlich oder auch häufiger Maklertätigkeit, so ist es Pflege einer vermeintlichen Würde, ihm die Berechnung der Gebühren gemäß den üblichen Prozentsätzen (Maklerprovision) zu verbieten, ihn zu zwingen, seine Honorarforderung der Anwaltsgebührenordnung anzupassen.

nossen. Ein intern egoistischer Anspruch entsprechend dem geselligen Zweck der Vereinigung. Bei einem Berufsstand aber steht die Außenwirkung in Frage. Der intern unbequeme und unsympathische Genosse kann dem Stand nützlicher sein, als der bequeme und sympathische. Maßstab der Standeswürdigkeit kann daher nur sein eine Bewertung, die die Funktion des Standes betrifft. Die Funktionsfähigkeit aber wird gefährdet durch alles, was die berufswesentliche Freiheit des Anwalts bedroht, ferner durch alles, was seine Vertrauensstellung beim Volk bedroht. Standeswürdig ist, wer standesfähig ist, wer geeignet ist, an den sozialen Aufgaben des Standes mitzuarbeiten. Standesfähigkeit kann also nicht dasselbe sein wie Zugehörigkeit zur guten Gesellschaft. Dem Anwaltstand könnte eine derartige Begriffsverwechselung in der heutigen Zeit mehr denn je schaden, in der es gilt, das offensichtlich verlorene Vertrauen ihm entfremdeter Volksschichten wieder zu gewinnen. Die Freiheitsgefährdung und Vertrauensgefährdung ist aber ganz gewiß keine umso größere, je geringer der Rang, der Titel, die Würde eines in bezahlter Stellung nebenberuflich oder hauptberuflich tätigen Anwalts ist. Es lassen sich hier überhaupt keine starren Linien im Anschluß etwa an die Rangklassen der Beamten ziehen. Vertrauen und Freiheit — diese Lebenselemente des Standes — sind Orientierungspunkte, an denen alles Verhalten des Einzelnen und des Standes sowie der Organe dieses sich auszurichten haben.

Daher Vorsicht mit der Aufstellung disziplinärer Feststellungen, ein bestimmter Tatbestand sei unvereinbar mit dem Beruf und der Würde des Anwalts, verletze das Freiheitsgebot, verletze die Standeswürde! Nicht jedes neu auftauchende Problem kann sofort mit Ja oder Nein beantwortet werden. Und jede bejahende oder verneinende Antwort, die für alte Fragen bereits vorliegt, sollte von Zeit zu Zeit auf ihre Geltung wieder nachgeprüft werden. Dies gilt z. B. von dem Problem der Unabhängigkeit, vom Syndikusproblem, von dem des Erfolgshonorars, des Praxisverkaufs.

Die Freiheit, die Unabhängigkeit der Berufsübung. Sie ist nicht ein Zustand, sondern eine Pflicht. Sie wird nicht als rechtlich und sozial gesicherter Rang verliehen, sondern ist die immer neu zu wahrende, die eigentliche Würde des Berufs. Sie ist nicht ein ein für allemal mit Eintritt in den freien Berufsstand erworbener und garantierter Besitzstand. Ihre wichtigste Garantie liegt in der Gesinnung und dem Charakter des einzelnen Anwalts. Sie ist die Pflicht, den Beruf zu üben frei von unsachlichen Momenten.

Sie ist also auch nicht eine Frage der Rechtsform. Der angestellte Anwalt kann „freier" sein, als der privatrechtlich unabhängige, seinen Beruf mit dem Ziel des größtmöglichen Gewinns ausübende Anwalt. Dieser Gedanke sollte nicht übersehen werden bei Beurteilung des Syndikusproblems.

Daß die Unabhängigkeit ständig von Mächten im Innern des Anwalts und von Außenmächten gefährdet ist, ist berufswesentliche Tragik. Die stärkste Bedrohung erwächst daraus, daß an die Arbeit des Anwalts sich das Geldverdienen heftet. Dieses soll die Wirkung der Arbeit sein, nicht aber der Zweck. Dahin geht die ethische Forderung. Aber das Geld hat die Tendenz, zum Zweck der Arbeit zu werden, also die Arbeit unfrei, d. h. abhängig von einem sachfremden Gedanken zu machen. Diese Kollision in der Arbeitsmotivation zwischen Sachlichkeitspflicht und Unsachlichkeitstrieb, dieser Konflikt zwischen der Anwaltsleistung als Zweck und der Anwaltsleistung als Mittel des Gelderwerbs sind konstitutioneller Art, sind begründet in der Organisation des Anwaltsberufs als freier Beruf. Tüchtige Sachwalterleistung ist, wie einerseits durch jenes ethische Freiheitsgebot, so anderseits durch diese wirtschaftliche Freiheit des Erwerbs, des Wettbewerbs bedingt, die ein unentbehrlicher Antrieb tüchtiger Sachwalterleistung ist. Die Kollision ist also eine zwischen zwei Freiheiten verschiedener Art.

Diese innere Tragik hat ihr Widerspiel in der Außenwirkung. Immer droht dem Anwalt die Gefahr bei dem einzelnen Klienten und dem Publikum, den Anschein zu erwecken [38]),

[38]) Über die disziplinarrechtliche Behandlung dieses Problems s. Abschn. IV.

als sei er ein um Geldes willen arbeitender Geschäftsmann, der seinen Eifer nach der Größe des Geldertrags seiner Arbeit einrichtet, und dessen Interesse für die anvertraute Sache steigt und fällt mit der Größe des Gegenstandswerts. Dieser Schein der Unfreiheit wird sich auch an den wahrhaft freien Anwalt anheften, der das nicht entlohnte oder das sich materiell schlecht lohnende Mandat mit dem gleichen, allein dem sachlichen Zweck gewidmeten Eifer erfüllt, wie das hochbezahlte.

Häufig allerdings entspricht dem Schein auch die Wirklichkeit. Dies leugnen, hieße eine Scheinwelt als die wirkliche ausgeben. Denn die soziologische Wirklichkeit ist — notwendig bei der Verschiedenheit der Charaktere und bei der Vielfältigkeit der möglichen Lösungen der immer und immer wieder eintretenden Kollisionen — vielgestaltig und schillernd, das ethische Berufsideal eindeutig und klar.

Praktische Politik aber, sowohl die anwaltliche Wirtschaftspolitik, wie die Standespolizei der Standesorgane und der Gerichte, soweit sie Honorarfragen beurteilen, kann nur fruchtbar sein, wenn sie Ideal und Wirklichkeit in die praktisch allein brauchbare Beziehung zueinander bringen.

Das Ideal ist das ferne, in dieser unzulänglichen Welt des Menschlichen, allzu Menschlichen nie ganz erreichbare Ziel. Diesem zustrebend hat der Wanderer Gewähr, auf den verschlungenen Pfaden der gar nicht idealen Wirklichkeit, in der und an deren Gestaltung er zu arbeiten hat, nicht die Richtung zu verlieren.

Nicht aber mache man sich selbst und anderen vor, als sei das Ideal verwirklicht! Solche Illusionspolitik, die mit Fiktionen, anstatt mit Tatsachen hantiert und das nun einmal vorhandene Händlerische ignoriert, schafft dieses damit nicht aus der Welt, sondern höchstens aus der polizeilich zugänglichen Oberwelt. Das trotz des amtlichen Charakters des Anwaltsberufs wegen seiner gewerbsmäßigen Ausgestaltung konstitutionell in ihm angelegte Händlerische wird nicht dadurch beseitigt, daß man fingiert, der Anwalt benehme sich in Gelddingen wie ein Beamter; Praxisverkauf sei dasselbe wie Ämterschacher; Erfolgshonorar sei schlechthin unsittlich, weil händlerische Beteiligung des Anwalts am Interesse des Klienten.

Der Beamte erhält Gehalt und schließlich Pension, unabhängig vom Erfolg seiner Arbeit. Der Erfolg als Konkurrenz- und Auslesefaktor, also etwas, das durchaus dem Bereich der Tausch- und Sachgüterwirtschaft angehört — ist aber bewußt und gewollt in die anwaltliche Arbeitsgestaltung eingeschaltet. Damit aber ist zwangsläufig ein Interesse des Anwalts an dem Erfolg seiner Tätigkeit, eine Interessengemeinschaft zwischen Anwalt und Klienten gegeben. Der Erfolg schafft nun einmal eine dauernde Beziehung, die eine ethische, aber auch notwendig eine materielle und geldwerte Seite hat; letztere ignorieren oder ihre Ausnützung in Gestalt des Praxisverkaufs[39]) von Standes wegen grundsätzlich verpönen, ohne gleichzeitig von Standes wegen den kranken und alten Anwalt und seine Hinterbliebenen zu versorgen, ist nichts anderes als wenn von Staats wegen dem in den Ruhestand getretenen Beamten oder der Beamtenwitwe die erdiente Pension gestrichen würde.

Materieller Erfolg der Anwaltsarbeit für den Klienten ist notwendig auch ein materieller Erfolg für den Anwalt, steigert seine Praxis und damit sein Einkommen und es kann daher nicht grundsätzlich standeswidrig sein, wenn das materielle Ergebnis des einzelnen Mandats für den Klienten auch den Ertrags des Mandats für den Anwalt beeinflußt. Daher ist die starre Verpönung des Erfolgshonorars illusionäre

[39]) Dem grundsätzlichen Verbot eine grundsätzliche Kritik entgegenzusetzen, ist hier die Aufgabe. Im einzelnen, insbesondere zu dem im Gang befindlichen Rechtswandel vgl. Friedländer Exk. II zu § 28 Anm. 84 ff.; „Die freien Berufe" S. 335; JW. 1929 S. 834 und am Schluß dieses Abschnitts S. 145. Daß das Verbot mit stillschweigender Duldung der Standesorgane durch Scheinakte umgangen wird (z. B. Verkauf der Kanzleimöbel, der Bibliothek), ist der deutlichste Beweis eines unabweisbaren wirtschaftlichen Bedürfnisses, dem nicht mit polizeilichen Restriktionen beizukommen ist. Wahrer Standeswürde widerspricht im übrigen ein derartiger Zustand der Scheingeltung einer Norm. Erfahrungsgemäß herrscht in allen Ländern, in denen die Beamten unzureichenden Gehalt empfangen, Korruption — aber mit stillschweigender staatlicher Duldung.

Amtsideologie, die in der nun einmal halbamtlichen, halbgewerblichen Welt der Anwaltschaft notwendig irre führen muß.

Nicht nur sind händlerische Form der Vergütung und händlerische Gesinnung nicht notwendig miteinander verquickt, sondern die Erfolgsgesinnung ist häufig da vorhanden, wo das angemessene Entgelt fehlt — nämlich im Bereich der Armenrechtsmandate, also gerade im staatlich am meisten kontrollierten und geregelten Bereich; hier ist der Anwalt geradezu darauf angewiesen, Erfolg zu haben, wenn das Entgelt für seine Tätigkeit angemessen sein soll. Die Erfolgsgesinnung droht also — tragisch und komisch zugleich — sich an das Mandat zu heften, in dem die Idealität des Anwaltsberufs, die Entgeltsunfähigkeit der anwaltlichen Hilfeleistung, die Nobilität der anwaltlichen Pflichterfüllung am echtesten zum Ausdruck kommt.

Der Entgeltsgedanke ist nicht durch starre Rechtsvorschriften auszutreiben. Der Verdruß des Anwalts, durch das Verbot des Erfolgshonorars gehindert zu sein, in einem geeigneten Fall — z. B. erst durch erfolgreichen Ausgang des Prozesses wird der Klient zahlungsfähig — zu einem angemessenen und auch einem dem Willen des Klienten entsprechenden Honorar zu kommen — dieser Verdruß ist mehr händlerisch und der wahren anwaltlichen Arbeitsfreude mehr zuwider, als eine gesunde und sachentsprechende Verbindung des Arbeitsentgelts mit dem Erfolg.

Noch bedenklicher sind die Fälle, in denen der Klient zu einer andern Honorierung als der in Gestalt der quota litis nicht fähig und nicht willens ist, an dem Verbot des pactum de quota litis aber die Mandatsübertragung überhaupt scheitert. Vielleicht wird ein anderer Anwalt sich finden, der sich — weniger polizeifromm — über das Verbot hinwegsetzt. Dann hat der Fromme zum Schaden noch den Spott. Der Ruf, das Ansehen, die Vertrauensstellung der Anwaltschaft wird durch solche Ungleichheit der Handhabung — der eine tut, was der andere als verboten ablehnt — mehr geschädigt als durch die offene Zulassung des wirtschaftlich Angemessenen. Diese Schädigung ist aber noch empfindlicher, wenn die Verwirklichung des Rechts des Klienten an der Ablehnung der sämtlichen von ihm angegangenen Anwälte, sich nach Maßgabe des Erfolgs honorieren zu lassen, überhaupt scheitert.

Das Ergebnis dieser Kritik wird bestätigt durch rechtsvergleichende Betrachtung. Prozesse, besonders solche über große Werte, werden z. B. in Amerika und anderwärts von den angesehensten, geistig und sittlich hochstehenden Anwälten vielfach gegen ein Honorar, das lediglich in einem Teil der zu erstreitenden Summe besteht, geführt. Das Ansehen und die Vertrauensstellung der Anwaltschaft ist dort darum um nichts geringer [40]).

Die Regel für die Behandlung aller solcher Standesprobleme kann nur sein: elastische Handhabung, die den Zweck aller Anwaltspolitik und -polizei im Auge hat, die Sicherung der Existenz und der Leistungsfähigkeit des Standes. Der Wandel der wirtschaftlichen Verhältnisse ist zu berücksichtigen. Mit steigernder Verarmung des Volkes, die auch die Kreise des Handels und der Industrie ergriffen hat, wird das starre Festhalten an der Gebührenordnung ohne Rücksicht auf die Interessen der Klienten, z. B. in Beitreibungssachen, immer unwirtschaftlicher, die Honorierung nach Maßgabe des Erfolgs wirtschaftlich immer dringlicher. Vielfach empfinden

[40]) Es wäre zu wünschen, daß auf dem wertvollen Unterbau des Magnus'schen Werks „Die Rechtsanwaltschaft" eingehende Enquêten über ausländische Zustände hinsichtlich bestimmter aktueller Einzelprobleme des Anwaltsrechts von Standes wegen veranstaltet würden, insbesondere hinsichtlich des Erfolgshonorars (Entwicklung, Zulässigkeit, Auffassungswandel, materielle und ideelle Wirkung, Beurteilung bei den Gerichten, beim Publikum). Solche Untersuchungen würden die Wirklichkeitsfremdheit, an der die einschlägigen Erwägungen bei uns vielfach leiden, beseitigen helfen. Der Anwaltstand könnte dann auch mit größerem Nachdruck dem Reichsgericht (vgl. JW. 1927 S. 513) entgegentreten, das seinen der Amtsideologie entstammenden, erstarrten Begriff „Standespflicht" zivilrechtliche Scheingeltung auf Basis des § 138 RH. zu verschaffen sucht, indem es ihn als der Anschauung „aller gerecht und billig Denkenden" entsprechend hinstellt. Die Empfindlichkeit für unzulässige Beziehungen zwischen sozialamtlicher Arbeit und Geld ist bei den romanischen, sowie bei den englisch-amerikanischen Völkern keineswegs geringer entwickelt als bei den Deutschen.

Klienten — und gerade solche, die „billig und gerecht denken" —, das in Wahrung der „Standeswürde" geübte kaltherzige Einstreichen gesetzlich erwachsener Gebühren, besonders bei erfolgloser Tätigkeit, als dünkelhafte, ärgerliche, unvernünftige, ja unnoble, erwerbssüchtige Ausnützung des Mißerfolgs. Entfremdung zwischen Geschäftswelt und Anwaltschaft, Arbeitsgebiets- und Vertrauensverlust sind die Folgen — Folgen, die richtig verstandener Standeswürde wahrlich nicht zuträglich sind.

Auch von hier aus fällt Licht auf das oben in anderem Zusammenhang behandelte Problem der Gebührenlokkerung. Es muß versucht werden, die Gebührenvergütung in einer angemesseneren Weise dem Erfolg anzupassen, als es die nach dem „Interesse" („Objekt") abgestuften Gebührensätze tun; denn für den Auftraggeber ist das erst zu erstreitende Objekt nur eine potentielle Größe. Mit einem wohlwollenden „Fanget an!" sollten darum die Standesführer jeden Versuch lokaler Anwaltsvereinigungen, derartige Lockerungen im Wege der Vereinbarung mit zuständigen Wirtschaftsvertretungen für ihren Bereich herbeizuführen, begrüßen, anstatt die Rechtsentwicklung zu verbauen mit dem ängstlichen, polizeilichen Warnruf „principiis obsta!". „Probieren lassen" ist eine anwaltspolitisch grundsätzlich geeignetere Regel als die theoretische Darlegung der Unmöglichkeit, Schädlichkeit, Standesunwürdigkeit in scharfsinnigen Gutachten und Schriftsätzen.

Zum Schluß sei die Anwendung der gewonnenen grundsätzlichen Erkenntnis noch aufgezeigt an einem Problem des formalen Disziplinarrechts, dem der Öffentlichkeit der Disziplinhandhabung. Auch hier sehen wir Würde und Vertrauen im Widerstreit. Der Würde im Sinne der kastenmäßigen Abschließung des Standes vom Volk entspricht die Geheimhaltung von Würdeverstößen einzelner Standesmitglieder: Würde ist Standesbesitz; ihre Verletzung geht nur den Stand an. Daher Ausschließung der Öffentlichkeit von Ehrengerichtsverhandlungen; nur auf Antrag des Angeklagten können Dritte zugelassen werden und auch dies nur nach Ermessen des Vorsitzenden (§ 82 RAO.). Der durch eine standeswidrige Handlung Geschädigte, mag er in seinem Vertrauen zur Integrität des Anwaltstandes noch so sehr erschüttert sein, wird nicht zugelassen. Entsprechend vielfach die — gesetzlich nicht geregelte — Handhabung im Aufsichtsverfahren. Aufsichtliche Ahndungen, — Mißbilligung und dgl. — geben in ängstlicher Wahrung vermeintlicher Standeswürde manche Kammervorstände den Verletzten nicht bekannt, erteilen diesen vielmehr einen sachlich nichtsagenden formularmäßigen Bescheid [41]). Richtig verstandene Würdewahrung, d. h. Vertrauenspflege würde gegenteilig verfahren. Würde ist nicht egoistisch zu verwaltender Standesbesitz, sondern anvertrautes Gut, das pfleglich zu behandeln ist. Die wahre Würde ist nicht verletzt, vielmehr geradezu geschützt dadurch, daß der Stand mindestens den durch einen anwaltlichen Verstoß Verletzten und sonstigen Beteiligten, die einen ungünstigen Eindruck durch diesen Verstoß erhalten haben, zeigt, daß er unwürdige Mitglieder bestraft, notfalls ausschließt. Die Geheimhaltung nährt das vielfach verbreitete Mißtrauen: „Eine Krähe hackt der andern die Augen nicht aus", erweckt also den falschen, aber standesschädlichen Schein eines gesetzwidrigen Schutzes standeswidrigen Verhaltens. Als beteiligt muß aber nach Sinn und Zweck des auf Vertrauenspflege abzielenden Disziplinarverfahrens die große Öffentlichkeit angesehen werden. An ihrem Urteil muß dem Stand gelegen sein. Nicht soll damit für die volle Öffentlichkeit aller Ehrengerichtssitzungen, für freie Zulassung der Presse, für schrankenlose Veröffentlichung der Urteile eingetreten sein. Auch hier beileibe keine starre Regel! Die Handhabung der Publizität müßte dem vernünftigen Ermessen der Standesorgane überlassen werden. Also vor allem keine Formularbescheide an den Beschwerten, vielmehr Formulierung von Fall zu Fall! Regelmäßige Zulassung des Ver-

[41]) Z. B. die Beschwerde sei „von (Dienst-) Aufsichts wegen gewürdigt" worden u. ä. Soviel ersichtlich, ist allerdings in vielen Kammervorständen die bezügliche Übung eine andere: der Anzeiger erhält einen sachlichen Bescheid, auch wenn dieser zu einer Bloßstellung des Angezeigten führt.

letzten zur Ehrengerichtsverhandlung, der Presse in geeigneten Fällen!

Publizität aber auch über das einzelne Verfahren hinaus! Was weiß man in der Öffentlichkeit von der um die Wahrung der sittlichen Höhe des Standes aufopfernd bemühten Tätigkeit der Kammervorstände und Ehrengerichte? Die Unkenntnis ist riesengroß. Hiedurch leidet die Vertrauensstellung des Standes. Man darf sich nicht über diese Unkenntnis wundern. Haben doch oft nicht einmal die Kammermitglieder Kenntnis von der Tätigkeit ihres Vorstands. Die Geheimhaltung geht weiter als das Gesetz sie verlangt. Die gesetzlich vorgeschriebenen (§ 61 RAO.) Jahresberichte enthalten — nach Art gleichgültiger Vereinsberichte — zumeist [42]) nichtssagende statistische und formale Angaben (Zahl der Anzeigen, der Bestrafungen, der Mißbilligungen, Kassenausweis, Summe der Strafgelder und dgl.), fast nichts aber über die sachliche Tätigkeit, fast nichts über die behandelten wichtigen Standesprobleme, über Änderungen der Standesauffassung usw. Aufmachung und Inhalt scheinen bestimmt zu sein, von der Lektüre abzuschrecken. Hier wird von einem wertvollen Mittel, die Vertrauensbeziehungen der Kammermitglieder zu ihrem Vorstand zu pflegen, kein Gebrauch gemacht.

Folgerung auch hier: Vernünftig gehandhabte Publizität!

Nach außen ist dies Kollektivreklame. Sie soll die Anwaltsleistung als eine bessere — in technischer und in sittlicher Hinsicht — anbieten. Standesaufsicht leistet eine starke Gewähr für die Tüchtigkeit der Standesmitglieder. Die Pflicht zur Wahrung des guten Scheins, des guten Rufs des Standes kann durch Publizität besser erfüllt werden als durch Geheimhaltung wirklicher oder scheinbarer Verstöße und der Reaktion des Standes dagegen. Auch scheinbar standesschädliche Maßnahmen — die der Wirtschaft des Einzelnen nützen, z. B. Haftungsbeschränkungen, Praxisverkauf,

[42]) Die Ausnahmen bestätigen die Regel. Es bleibe jedem Kammervorstand überlassen, ob er sich von obiger Kritik betroffen fühlen will oder nicht.

Gebührenzuschläge — verlieren diese Eigenschaft, wenn sie kollektiv geregelt und der Öffentlichkeit mit Begründung unterbreitet werden. Wegen der Wahrung des guten Scheins darf eine wirtschaftlich rätliche Maßnahme nur dann von Standes wegen untersagt werden, wenn die Erregung des bösen Scheins nicht von Standes wegen durch Aufklärung vermieden werden kann [43]).

Nach innen: Verwertung der Kammervorstands- und Ehrengerichtstätigkeit für Ausbildung des Nachwuchses, Weiterbildung der Genossen, insbesondere durch ein Plus an Veröffentlichung, durch entsprechende mündliche und gedruckte Berichte, in Jahresberichten, in Kammerzeitschriften, die nicht den allgemeinen juristischen Zeitschriften Konkurrenz machen, sondern in ihrem eigentlichen Bereich bleibend, besonders der Fortbildung des Standesrechts dienen sollten.

III.

Wer ist Träger der an die Begriffe „Schein", „Würde", „Ansehen", „Vertrauen" und dgl. anknüpfenden Rechte und Pflichten?

Die Antwort lautet: der Anwaltstand. Aber auch:

[43]) Vgl. „Die freien Berufe" S. 472 f. — In dem Programm der „Zeitschrift des Anwaltsvereins für Bayern" (Jahrgang I, 1861) heißt es S. 1 f.: „Die Aufgabe dieser Zeitschrift ist, die Bedeutung des Advokatenstands, seine Stellung gegenüber den Gerichten, dem Publikum, seine Rechte und Pflichten darzulegen... bestehende Mißbräuche aufzudecken"; S. 5: „Jedem Stand muß daran gelegen sein, seine Bedeutung für die Menschheit klargestellt und auch verstanden zu wissen." Was tut der Anwaltstand 1932 in dieser Richtung? Er hat hervorragende Zeitschriften, aber keine fürs Publikum; läßt glänzende Reden halten, die aber Standesmonologe sind. Ist die Position des Anwaltstands 1932 wirklich so viel gesicherter als die 1861? Oder hat der Stand vor 70 Jahren noch mehr Selbstvertrauen, größere Überzeugung von seiner Notwendigkeit besessen? Dafür aber weniger „Würde"? Vgl. aaO. S. 16: Die Zeitschrift „muß Bestrebungen und Handlungen, die dem Stand zur Schande gereichen, vor der Öffentlichkeit mißbilligen und die solidarische Haftung dafür ablehnen, welche das Publikum dem Stand aufzubürden geneigt sein könnte".

der Anwalt. Die Unterscheidung ist nicht eine Begriffsspielerei. Sie ist für die soziologische Erkenntnis des Tatbestands des Anwaltslebens, für die juristische Auslegung des geltenden Rechts, für die anwaltspolitische Zielsetzung von Wichtigkeit.

Stellen wir die These voraus: „Der Anwaltstand ist Träger von Rechten und Pflichten", so müssen wir sofort beifügen: Nicht einmal seine Existenz ist fraglos. Auch bei Erörterung dieser Frage wird es erforderlich sein, sich von der üblichen statischen, durch positivistische Anklammerung an gesetzte Normen noch verstärkten Auffassung der kollektiven Persönlichkeit zu befreien. Denn diese Auffassung wirkt wie eine Brille, die die Wirklichkeit verzerrt, wichtige, ja wesentliche Teile des wirklichen Lebens geradezu unsichtbar macht. Auch die über die früheren Theorien der juristischen Person (Puchta, Savigny, Windthorst) hinausführende Korporationstheorie Gierkes, die sich Verbandspersönlichkeiten als etwas Reales, als einen lebendigen Organismus und selbständigen Willens fähig dachte, war eine — allerdings außerordentlich fruchtbare — Fiktion, ein Bild, wurde aber nicht dem wirklichen Tatbestand des Verbandslebens in dessen Wandel und Vergehen — nicht dem der gewordenen Verbände, geschweige dem der künstlich geschaffenen Vereinigungen — gerecht.

In dieser Richtung angestellte Forschungen[44]) und Entdeckungen haben gezeigt: Der Einzelne ist im Verband nicht nur ein abhängiges Teilchen, ähnlich dem Organ eines lebendigen Organismus. Der Einzelne kann sich von dem Verband loslösen, mag er noch so stark mit ihm verbunden erscheinen. Die organische Lehre berücksichtigt nicht den wesentlichen Unterschied, daß in dem gewordenen Verband der Einzelne

[44]) Bahnbrechend war die neuere Soziologie, geführt von Tönnies („Gesellschaft und Gemeinschaft"), ferner die Sozialpsychologie und -philosophie (Spranger „Lebensformen" und Litt „Individuum und Gemeinschaft") und die in fruchtbarer Weise hieran anknüpfenden Untersuchungen von Rechtsforschern wie Smend („Verfassung und Verfassungsrecht"), Haff („Die Grundlagen einer Körperschaftslehre", „Institutionen der Persönlichkeitslehre und des Körperschaftsrechts") u. a.

zwar im Ganzen lebt, das Ganze aber auch im Einzelnen. Die körperschaftliche Einheit muß wegen des Gesetzes der Freiheit, dem die organische Einheit nicht untersteht, fortgesetzt durch freie persönliche Tat geschaffen und erhalten werden. Aus der soziologischen Gegebenheit ersteht „sittliche Aufgegebenheit“ [45]). Auch bei Verwendung der von der organischen Lehre geschaffenen Begriffe der Willens- und Handlungsfähigkeit, des Gesamtbewußtseins muß man sich immer bewußt sein, daß dies Bilder, Fiktionen sind, die irreleiten können. Der interindividuelle Zusammenhang der Mitglieder erzeugt keine Willens- und Handlungsfähigkeit im Sinne der Individualpsychologie [46]) und doch ist die Gesamtheit ein Mehr und ein Anderes gegenüber den vereinigten Einzelnen. Die Einzelwillen in ihrer Vereinigung erzeugen einheitliche Wirkungen tatsächlicher Art, an die sich wirtschaftliche und rechtliche Folgen anknüpfen. Die Rechtsordnung anerkennt diese Folgen und regelt sie [47]). Die normative Erfassung dieser Gebilde muß sich aber beständig ihres lebendig fließenden Charakters bewußt sein. Dem zu statischen Sehen erzogenen Juristen fehlt der Blick für das Werden des Rechts, das werdende Recht, dessen Entwicklungsprozeß.

Smend [48]) hat für dieses sich ständige Erneuern des Rechts, das sein Wesen ausmache, den seither in der Staatslehre gebräuchlichen Begriff „Integration“ geschaffen und das „statische Denken als ärgste Fehlerquelle unserer Gesellschaftswissenschaft im weitesten Sinne“ bezeichnet:

> „Von einer geschlossenen Gruppe, einem „ „geschlossenen Kreis“ “, kann nur da die Rede sein, wo von einer Personenmehrheit „ „jeder mit jedem in wesengestaltendem Zusammenhang steht“ “. Es entsteht keine überindividuelle Person, denn das Ganze ist und bleibt

[45]) Gerber aaO. S. 32.

[46]) Haff „Institutionen“ S. 260 ff.

[47]) Haff will daher den Begriff der Willens- und Handlungsfähigkeit der juristischen Person durch den den Vorgang besser veranschaulichenden der „rechtlichen Wirkungsfähigkeit“ ersetzen.

[48]) AaO. S. 13, 17, 18.

nur das „ „Einheitsgefüge" " der Einzelanteile an dem Gesamterlebnis, es handelt sich auch nicht um „ „Beziehungen" " oder „ „ Wechselwirkungen" " zwischen den Einzelnen als „ „substanziellen Trägern" ", denn das Wesen des geistigen Lebens ist gerade die Selbstgestaltung der nicht als starre Substanz zu denkenden geistigen Monaden durch Beteiligung an diesem Leben. Dies Einheitsgefüge selbst aber, auch wenn es sich noch so sehr in Symbolen, Formen, Satzungen verfestigt, ist doch stets im Flusse, denn es ist nur wirklich, sofern es stets von neuem aktualisiert oder vielmehr neu hervorgebracht wird. . . . .

Wie in jeder Gruppe, so besteht ganz besonders im Staat ein erheblicher, ja der grundlegende Teil seiner Lebensvorgänge in dieser stetigen Selbsterneuerung, dem fortwährenden Neuerfassen und Zusammenfassen seiner Angehörigen. Bei den nicht vom Recht festgelegten Gruppenbildungen, etwa einem Freundschafts- oder Liebensverhältnis, ist das jedem selbstverständlich und einleuchtend. Bei den vom Recht normierten dagegen tritt jene eigentümliche statische Betrachtungsweise ein, die die Zusammengehörigkeit der durch dauernde Norm Zusammengeordneten als gegeben vorausgesetzt und als das von der Theorie der Gruppe zu beobachtende und von ihrem Recht zu normierende Leben nur den von dieser gegebenen Grundlage ausgehenden, diese Zusammengehörigkeit voraussetzenden Teil des Gruppenlebens ins Auge faßt. Es ist die Aufgabe dieser Arbeit, zu zeigen, daß eine Staatstheorie, die so verfährt, ihren ersten Gegenstand übersieht und in der Tat, wie ihr vorgeworfen wird, einen rein normativen juristischen Staatsbegriff zugrunde legt, diesen dann aber noch statisch-verräumlichend-mechanisierend verschiebt und sich dadurch die eigene Erarbeitung in selbständiger geisteswissenschaftlicher Methode erspart und abschneidet. Dieser Fehler überträgt sich dann auf die Staatsrechtslehre, indem auch dieser ihr höchstliegender Gegenstand entgeht und sie — unter Verlust ihres Kernpunktes und damit ihrer Systematik — nur auf die Gegenstände zweiten Ranges sieht, die vom Verfassungsrecht normiert werden. . . . .

Geistige Kollektivgebilde sind als Teile der Wirklichkeit nicht statisch daseiende Substanzen, sondern die Sinneinheit reellen geistigen Lebens, geistiger Akte. Ihre Wirklichkeit ist die einer funktionellen Aktualisierung, Reproduzierung, genauer einer dauernden geistigen Bewältigung und Weiterbildung (die ihrem Werte nach Fortschritt und Entartung sein kann) — nur in diesem Prozeß und vermöge dieses Prozesses sind sie oder werden sie in jedem Augenblick von neuem wirklich."

Auf die Wichtigkeit dieser Erkenntnisse gerade für das Anwaltsrecht wurde oben schon bei Untersuchung der Begriffe „Vertrauen", „Würde" u. ä. hingewiesen. Wir sahen: Das Disziplinarrecht ist ein fortgesetzt sich entwickelndes Recht. Es wurde versucht, das „Vertrauen" als ein Bestandteil des gewandelten Disziplinarrechts zu erweisen. Was den Begriff „Stand" anlangt, so ist die Problematik eine doppelte. Die Anwaltsgesetze kennen den Begriff nicht. Der Anwaltsstand aber existiert als ein lebendig Wirkendes, wenn auch anscheinend den Beteiligten nicht genügend bewußt; denn diese Beteiligten sind Juristen. Neigt der Jurist dazu, das gesetzlich nicht Geregelte überhaupt nicht zu sehen, so neigt er auf der anderen Seite dazu, das gesetzlich Anerkannte als ein Gefüge von starr gewordenen, „verräumlichenden", statischen Rechtsbeziehungen zu sehen. Für das Verständnis des Begriffs und für die Existenz des Anwaltsstandes selbst wird es von Erheblichkeit sein, daß seine Lebensäußerungen von den Beteiligten als solche gesehen, daß deren Pflege von ihnen als notwendig anerkannt wird. Der vom Gesetzgeber nicht anerkannte, dem geschriebenen Recht unbekannte Stand i s t, wenn die Beteiligten die da und dort sprießenden Keime seines Werdens achten und hegen. Er ist gegebene und zugleich aufgegebene Zusammengehörigkeit.

Der Stand ist nur, wenn und soweit die Beteiligten wollen, daß er sein soll [49]).

Der Stand ist die Gemeinschaft der im Gefühl gemeinsamer Verantwortlichkeit für die Erfüllung der anvertrauten sozialen Aufgaben verbundenen Berufsgenossen [50]). Dieser Begriff hat bei aller Wandlung des wirklichen Standeslebens überzeitliche Bedeutung. Zum Rechtsbegriff wird der Begriff „Stand", wenn mit der Zugehörigkeit zu ihm besondere Rechte und Pflichten verknüpft sind [51]). Nicht die positivrechtliche Normierung also steht voran [52]).

Es ist im Interesse der Erfassung und Entwicklung des Standeslebens, der allgemeinen Bewußtmachung schlummernder Lebensvorgänge zu begrüßen, daß die Erkenntnis der von der allgemeinen Wissenschaft naturgemäß etwas vernachlässigten, weil abseitigen Anwaltsdinge nun durch Ereignisse und Forschungen gefördert wird, die sich außerhalb des anwaltlichen Bereichs abspielen und die hier vor sich gehende Entwicklung als Teil eines größeren Zusammenhangs erkennen lassen. Auf die den Forschungen besonders der letzten Jahre verdankten theoretischen Erkenntnisse im Gebiete der allgemeinen Rechts- und Staatslehre, im besonderen des Verbandsrechts (Staatsrecht, Genossenschaftsrecht etc.) wurde schon hingewiesen. Die Erkenntnis ihres Standes und

---

[49]) Hier — wie überall im Bereich des Kulturlebens — sind dem Sein das Wollen und Sollen innig verbunden, sie sind konstitutive Elemente des Sein-Tatbestands. Für den Begriff der „Freiheit des Kulturschaffens, im besonderen des anwaltlichen Schaffens ist dies dargelegt bei Friedländer RAO. Einl. Anm. 11 f., ferner bei Feuchtwanger, „Die freien Berufe" S. 23 ff.; „Der Staat und die freien Berufe" S. 10 ff.; JW. 1928, S. 937 ff. Für den Begriff des „Staats" und dessen Verhältnis zum Begriff „Volk" bei Gerber aaO. S. 32.

[50]) Über das Wesen des „Standes" vgl. auch „Die freien Berufe" S. 128 ff., 468 ff., 483 f.

[51]) Vgl. Gierke, Deutsches Privatrecht, I S. 395 unter Hinweis auf pr. L.R. I 1 § 6—7.

[52]) Ähnlich für das Verhältnis von Volk und Staat Gerber aaO. S. 60, 79; er fordert „Gesetzesfrömmigkeit", d. i. mehr als Buchstabenweisheit, mehr als einfache Gesetzeskenntnis und juristisch-technische Fähigkeit, „vom Geist des Rechts muß man ergriffen sein; es ist damit wie mit der Religion und Kunst".

damit eines wesentlichen Teils ihrer eigenen beruflichen Existenz wird den Anwälten aber weiter erleichtert durch Erkenntnisse im Bereich des sonstigen gesellschaftlichen Lebens. Auch Erkenntnisse bedürfen einer Reifezeit. Wissenschaft und Leben hängen unterirdisch zusammen. Daß die heutige Juristengeneration gewisse Tatsachen sieht, die die frühere Generation nicht gesehen hat, und daß die heutige Generation viele Dinge anders sieht, als sie die frühere Generation gesehen hat, ist in der Entwicklung der Tatsachen und des Zeitgeistes begründet. Dinge und Menschen ändern sich mit einander. Die beiderseitigen Änderungen bedingen einander. Der Zusammenhang des Umsturzes von 1918 mit der Entwicklung der deutschen Staatslehre seither liegt auf der Hand. Analoges gilt aber auch für die Lehre von der Anwaltschaft. Die Rechtsanwaltschaft ist das Erzeugnis einer Zeit des Individualismus und Liberalismus, der Auflösung alter Bindungen und Gemeinschaften [53]). Der Einzelne ist frei mit den von der Staatsgewalt ausdrücklich geregelten Beschränkungen.

Die vielfältigen kollektivistischen Veränderungen, die die liberale Gesellschaftsanschauung und -regelung seither erfahren haben, sind hier nicht darzustellen. Unleugbar hat der ständestaatliche und -wirtschaftliche Gedanke an lebendiger Kraft auf den verschiedensten Lebensgebieten gewonnen [54]). Die heute Lebenden sind, auch soweit sie in ihrem Lebensbereich nicht davon betroffen werden, schon darum fähiger, überindividuelle Gebilde zu begreifen, begrifflich zu erfassen. Die in Wahrheit nie abgestorbenen Keime genossenschaftlichen Lebens erstarken. Romantisches Bedürfnis, ein Sehnen nach Erneuerung mittelalterlicher Lebensformen spielt mit, kann aber allein die Bestrebungen nach Wiedererweckung des ständischen Lebens nicht erklären. Es sind uralte, je und je

---

[53]) Vgl. zu dieser Mischung von obrigkeitlicher Regelung und Manchestertum „Die freien Berufe" S. 142 f., 458 ff., zustimmend hiezu Käthe Bauer-Mengelberg Arch. f. Sozialwissenschaft Jhrg. 51 (1922) Heft 3 S. 856 f.

[54]) Beispiele: O. Spanns „Ständestaat"; Mussolinis „korporativer Staat"; der nationalsozialistische Entwurf einer Ständeverfassung u. a. m.

in neuen Formen erstehende Gemeinschaftskräfte, die durch dringende Bedürfnisse, bei deren Befriedigung die rechtlichen und technischen Mittel einer individualistischen Zeit versagen, erweckt werden.

Einige begriffskritische und erkenntnistheoretische Bemerkungen sind hier geboten. Kein Grund, die Existenz des Standes zu negieren, ist die Erkenntnis, daß „Stand“ heute und „Stand“ im Mittelalter verschiedene Dinge sind. Bedeutungswandel ist überhaupt das Schicksal der das gesellschaftliche Leben betreffenden Bezeichnungen. Auch die Begriffe „Volk“, „Staat“, Freiheit“, „Gesellschaft“, „Beamter“ [54a]), haben im Laufe der Zeit ihre Bedeutung gewandelt und haben in einer und derselben Zeit verschiedene Bedeutung bei verschiedenen Völkern. Das Leben kann sich nicht nach den Begriffen, sondern die Begriffe müssen sich nach dem Leben richten. Es ist Sache der wissenschaftlichen Begriffskritik, solchem Bedeutungswandel Rechnung zu tragen und für Vermeidung von Verwechselungen zu sorgen. Auch der moderne Terminus „freier Beruf“ bedeutet etwas anderes als der klassische „ars liberalis“, und doch sind beide verwandt. Der Ausdruck „freier Beruf“ hat auch heute seinen tiefen Sinn, der begründet ist in elementaren überzeitlichen gesellschaftlichen Bedürfnissen. Umgekehrt dürfen moderne Ausdrücke, wie „sozial“, „Sozialismus“, „Kapitalismus“ nur mit Vorsicht auf die Zustände vergangener Zeiten, besonders der Antike, angewendet werden und ist Vorsicht geboten gegenüber einem bloß auf romantischem Bedürfnis begründeten, sachlich nicht gerechtfertigten „qui pro quo“, das mit dem alten Wort auch die alte Sache übernehmen will. Ein Wiedererstehen des alten mittelalterlichen Ständestaates ist bei den völlig veränderten seelischen und materiellen Bedingungen der Jetztzeit unmöglich. Aber es ist eine zu bequeme Methode, nicht erwünschte oder utopisch oder überlebt erscheinende Reformgedanken, anstatt sich sachlich mit ihnen auseinanderzusetzen, mit dem Stempel „romantisch“ abzutun. Die allenthalben sichtbare

[54a]) Über den Bedeutungswandel dieses Begriffes vgl. die betreffenden Ausführungen bei Gerber aaO.

kollektivistische Korrektur der vielfach versagenden individualistischen und kapitalistischen Wirtschaftsordnung setzt sich heute mit durchaus unromantischer Sachlichkeit und Gesetzmäßigkeit durch. Wir können diese Gedanken für andere Lebensbereiche hier nicht weiter verfolgen. Es tut aber not, sich ihrer für den anwaltspolitischen Bereich bewußt zu sein, um Anzweiflungen der Genossenschafts- und Standesidee, die im Gewande sachlicher Nüchternheit aus dieser Richtung her auftreten, mit dem erforderlichen kritischen Rüstzeug entgegentreten zu können. Auch die angebliche unromantische Sachlichkeit ist übrigens in Wahrheit durch bestimmte Wertanschauungen, durch Ansichten über das Zweckmäßige und das Seinsollende bedingt, wenn sie es auch nicht eingestehen will. Dies gilt auch von der z. B. von Bauer-Mengelberg (Standes- und Solidaritätsgefühl, Schriften des DAV. Nr. 19), im Namen der „jungen" Anwälte mit Scharfsinn und Temperament vorgetragenen Ablehnung der Standesidee. Das Sein des Anwaltstandes wird zum erheblichen Teil immer abhängen von dem Wollen der Beteiligten. Hievon wird es auch abhängen, wie man gewisse, unverkennbare Tatbestandselemente eines ständischen Daseins überhaupt ansieht, ob man sie bagatellisiert, ignoriert, negiert, sie als Rudimente absterbender Gebilde erachtet oder ob man sie bejaht, in ihnen lebendige Keime ständischer Berufsgestaltung erkennt, ob man ihre Beseitigung wünscht oder ihre Pflege. Über diese persönliche Bedingtheit aller wissenschaftlichen Eekenntnis sollte sich jeder, der in der Anwaltspolitik hervortritt, klar sein. Der Erkennende neigt dazu, den festgestellten Tatbestand seinem Wunschbild ähnlich zu machen. Unsere — und anscheinend vieler anderer, die das Prädikat „jung" durchaus nicht der anderen Partei einzuräumen geneigt sind [55]) — Ansicht von den Anwaltsdingen fußt auf der Überzeugung, daß die Befriedigung der Bedürfnisse des Volkes nach tüchtiger Sachverwalteleistung bedingt ist durch die ständische Organisation der jenem Bedürfnis dienenden Anwälte, deren technische und moralische Tüchtigkeit anders nachhaltig nicht gewährleistet

[55]) Vgl. hiezu „Die freien Berufe" S. 480.

werden kann. Solche Erkenntnis ist nicht Romantik, sondern Einsicht in teleologische Zusammenhänge, also in Zusammenhänge von Mitteln und Zweck. Die Anerkennung des Zweckes allerdings ist vorausgesetzt. Wer ihn nicht anerkennt, mit dem ist überhaupt nicht zu diskutieren. Über die Mittel kann zwischen denen, die über den Zweck einig sind, diskutiert werden.

Die Beobachtung des anwaltlichen Lebensbereichs ist, was das Erwachen ständischen Geistes in neuen Formen anlangt, von besonderem Interesse, und zwar nicht nur für die Anwälte selbst. Denn dieser Bereich ist auch in der Zeit der Hochblüte der Gewerbefreiheit gesetzlichen Bindungen unterworfen gewesen, sogar Bindungen ständischer Art, die allerdings — dem Zeitgeist entsprechend — denaturiert waren.

In der Rechtsanwaltsordnung wird die Existenz des Anwaltsstandes völlig ignoriert. Sie verwendet den Begriff „Rechtsanwaltschaft"; bezeichnenderweise aber nicht einmal einsinnig: vgl. einerseits §§ 2 und 4, wo von Zulassung und Fähigkeit zur „Rechtsanwaltschaft", anderseits § 5 Ziff. 4 und 5, wo von Vereinbarkeit mit dem Beruf und der Würde der „Rechtsanwaltschaft", von Ausschließung aus ihr die Rede ist. § 28 — die Norm für das materielle Standesrecht — richtet sich nur an den einzelnen Anwalt. Eine Verbundenheit von Anwälten kennt die Rechtsanwaltsordnung nur in der Gestalt der Anwaltskammern (§§ 41 ff.). Das sind die obrigkeitlich geschaffenen Genossenschaften öffentlichen Rechts, ca. 30 Zwangsvereinigungen der Anwälte der einzelnen Oberlandesgerichtsbezirke — dazu berufen, in Genossenversammlungen Beiträge zu bewilligen und je ihren Vorstand zu wählen. Diese Kammern sind aber nicht der deutsche Anwaltstand und stellen bislang auch in ihrem eigenen Bereich nicht eine lebendige Gemeinschaft dar.

Daß aber der Anwaltstand existiert, daß er mehr ist als die gedachte Summe der einzelnen Anwälte, hat sich seither erwiesen durch seine Lebensäußerungen. Der gesetzliche Zwangsrahmen erwies sich mit fortschreitender Zeit als immer unzulänglicher. Die Gesamtanwaltschaft fühlte sich mehr und mehr lebendig. Sie fühlte ein Bedürfnis sich zu regen. Es wuchsen ihr, bezeichnenderweise z. T. unter juristischem Protest hervorragender Standesorgane (vgl. hiezu „Die freien Berufe" S. 460, auch 476), Handlungsorgane, die diesem Bedürfnis dienten: Der Deutsche Anwaltsverein mit seinen Einrichtungen (Anwaltstag, Abgeordnetenversammlung, Bezirksgruppen, Vorstand, Präsidium, Geschäftsführeramt, Juristische Wochenschrift, wissenschaftliche Ausschüsse), die Vereinigung der Vorstände der Anwaltskammern. Die vom Gesetzgeber — wohl mit Absicht zersplitterte — Anwaltschaft erwuchs aus innerer Triebkraft zum Stand. Daß der Gesetzgeber im Begriff steht, das eigenwüchsig entstandene Gebilde der vereinigten Vorstände nun durch einen gesetzgeberischen Akt als öffentlich-rechtliches Selbstverwaltungsorgan anzuerkennen — „Reichs-Rechtsanwaltskammer" — [56]) ist ein Beweis mehr für die lebendige Kraft des gewachsenen Gebildes.

Nicht als ob dieser Prozeß des Werdens des Standes ein allen Beteiligten bewußter Vorgang wäre. Das werdende Gebilde liegt — wie gezeigt — dem statischen Denken des Juristen ferne, das dazu neigt, nur das verfassungsmäßig geregelte Verbandsgebilde juristisch anzuerkennen. Trotzdem deutet sogar der offizielle Sprachgebrauch auf eine lebendige Vorstellung von einem Stand als Träger von Rechten und Pflichten. Es wird von scharf und klar denkenden Juristen gearbeitet mit dem Begriff „Anwaltstand". Nicht etwa in dem Sinne „Summe der einzelnen Anwälte". Der Begriff selbst allerdings wird nicht definiert. Die Vorstellung jedoch von ihm als Träger von Rechten und Pflichten waltet anscheinend so unwiderstehlich, daß das juristische Gewissen sich stillschweigend — entgegen seinem sonstigen Definitionsbedürfnis — damit abfindet.

Allgemein ist die Rede von der Anwaltschaft oder dem

[56]) Vgl. den Abdruck des Entwurfs AnwBl. 1932, S. 170 f. Praktisch und grundsätzlich bedeutsam ist, daß nach dem Entwurf (art. II) an der Satzung dieser öffentlich-rechtlichen Organisation des Anwaltstands der Vorstand des Deutschen Anwaltsvereins mitzuarbeiten hat.

Anwaltstand — neben dem einzelnen Anwalt — als dem Organ der Rechtspflege. In EGH. Bd. 16 S. 127 heißt es: „Sein (scil. des Anwalts) Stand ist von der Rechtsordnung ..... mit gewissen Vorrechten ausgestattet worden". Solche Beispiele könnten beliebig vermehrt werden. Nach Friedländer RAO. Exk. II zu § 28 Anm. 1a sind Standespflichten „die Normen, die besagen, was der Standesangehörige als solcher seinem Stand und der Außenwelt schuldig ist. Die Verletzung dieser Pflichten ist stets auch eine Verfehlung gegen den Stand und es gibt Verfehlungen, die sich nur gegen den Stand richten, die berechtigte Interessen anderer aber unberührt lassen." In ähnlicher Weise verfahren z. B. die vom Deutschen Anwaltsverein herausgegebenen Richtlinien für die Ausübung des Anwaltsberufs. Standespflichten sind da die Pflichten des Einzelnen gegen den Stand. Standesehre ist die Ehre des Standes. Auf Wahrung der Ehre, des Rufs des Standes hat dieser Anspruch. (Vgl. A. I Abs. 2). Jeder Standesgenosse hat diesen Anspruch zu erfüllen und darüber zu wachen, daß andere Kollegen nicht gegen die Standesehre verstoßen und dadurch den Stand in seinem Ruf gefährden. In dem Aufruf des Deutschen Anwaltsvereins vom 13. Dezember 1931 betreffend Rechtsauskunft und Anwaltschaft [57]) ist allerdings schon weitergehend die Rede von der Pflicht des Anwaltstandes zur Mitwirkung bei der öffentlichen Rechtsfürsorge, zum Dienst am Volk, von dem Anspruch des Standes gegenüber dem Staat auf entsprechende Gegenleistung. Im gleichen Sinne aber auch von dem Anspruch des einzelnen Anwalts auf angemessenes Entgelt für die Erfüllung von Wohlfahrtsleistungen. Diesem qui pro quo liegt offenbar zugrunde das richtige Gefühl des realen Einsseins oder richtiger das Gefühl für die Repräsentation des Ganzen durch jeden Genossen. Der Einzelne lebt im Ganzen das Ganze aber auch im Einzelnen [58]). Der einzelne Anwalt ist Träger spezifischer Rechte und Pflichten als Repräsentant seines Standes. Der Anwalt ist im vollen Sinne seines beruf-

[57]) Beilage zu Heft 5 des AnwBl. 1932 und AnwBl. 1931 S. 315.

[58]) Vgl. Litt, Individuum und Gemeinschaft, 2. Aufl. S. 152 ff.

lichen Seins und Wirkens Anwalt nur vermöge seiner Zugehörigkeit zum Stand. Der einzelne Anwalt genießt Ehre, genießt Vertrauen als Mitglied des Standes. Die Ehre des Standes aber, seine Vertrauensstellung ist bedingt dadurch, daß der Einzelne ihr gemäß lebe. Der Kunde, der Vertrauen zu dem einzelnen Händler hegt, tut dies nicht etwa auf Grund seines Vertrauens in den „Handelsstand" [59]), etwa weil der Händler dem Verband der Handelskammer angehört. Vertrauen ist hier regelmäßig ein rein persönliches Gut des einzelnen Kaufmanns [60]). Dem einzelnen Anwalt aber vertraut der Klient auf Grund dessen Zugehörigkeit zu einem vertrauenswürdigen Stand. Auch wenn er ihn persönlich nicht kennt, anvertraut er ihm als dem Repräsentanten seines Standes, Geheimnisse, Geld und Gut, ja seine ganze Existenz. Der Stand ist stiller Mitkontrahent jedes Mandatsverhältnisses. Dies ist mehr als ein bloßes Bild. Er steht in der Tat moralisch ein für den einzelnen Genossen. Wenn der einzelne Genosse das ihm gewährte Vertrauen verletzt, erleidet der Stand Einbuße an seiner Vertrauensstellung. Durch Maßnahmen der Vermittlung, der Disziplin, der Erziehung sorgt er daher dafür, daß solche Verletzungen unterbleiben und — wenn geschehen — geahndet werden.

Der Stand wahrt sein eigenes Gut, seine Vertrauensstellung, wenn er so verfährt. Der Stand, die Gesamtheit der Anwaltschaft, hat Anspruch gegen jeden einzelnen Genossen auf

---

[59]) Die Kaufmannseigenschaft ergreift nicht die ganze Person, ist „nicht eine die ganze Rechtspersönlichkeit durchdringende Standeseigenschaft" (Staub-Bondi HGB. § 1 Anm. 23). Dagegen der Beamte: „Wird der Beamte als Staatsdiener zum Organ, so muß sein Verhalten in jedem Augenblick diese hervorgehobene Stellung erkennen lassen... gehört er ebensowenig noch sich selbst als etwa der Angehörige eines geistlichen Ordens" (Gerber aaO. S. 62).

[60]) Ausnahmen, die aber die Regel bestätigen, sind da gegeben, wo besondere Einrichtungen zur gemeinschaftlichen Vertrauenspflege — z. B. Börsen-, Ehrengerichte, Maklerkammern — geschaffen sind. Soziologisch wird festzustellen sein, daß derartige Einrichtungen sich da bilden, wo ein Berufsstand als Ganzes auf das Vertrauen des Publikums, seine Angehörigen auf Distanz gegenüber nicht vertrauenswürdigen Konkurrenten Wert legen.

Wahrung dieses Guts, auf Erfüllung dieses Anspruchs, auf Wahrung der Vertrauensstellung. Diese ist Gemeinschaftsgut, an dem jeder Teil hat, von dem er Nutzen zieht, für dessen Wahrung er aber auch verantwortlich ist und Opfer zu bringen hat. Aus der stillen Beteiligung des Standes an dem Betrieb jedes Genossen, an jedem Mandat erklärt es sich, daß der Anwalt im zivilrechtlichen Verhältnis zu dem einzelnen Klienten oft mehr tun muß als seine Pflicht, oft weniger verlangen darf als sein Recht[61]). Jenes Plus, dieses Minus sind Leistungen an den Stand.

Der Anwaltstand ist also mehr als einer der üblichen Verbände zur Wahrung gemeinsamer Interessen gegenüber Behörden, Volksvertretungen und Privaten. Diese Interessenwahrnehmung ist nur eine — allerdings sehr wichtige — Funktion des Anwaltstands. Es ist eine Frage zweckmäßiger Arbeitsteilung, in welcher Form, von welchem Teil des Standes — von einzelnen dafür geeigneten Genossen, von Sonderorganisationen — diese Funktion wahrgenommen wird. Diese Interessenwahrnehmung ist zugleich Pflicht des Standes gegenüber den einzelnen Genossen auf allen denjenigen Gebieten, auf denen die Kräfte des Einzelnen zu schwach sind. Auch der Einzelne hat Ansprüche gegenüber dem Stand, mag auch die „Rechtsanwaltsordnung“ ihrer nicht Erwähnung tun. Wenn der Stand Ansprüche erhebt an das Verhalten des Einzelnen, ihm Beschränkungen auferlegt in seinem Erwerb, gemeinnützige unentgeltliche Tätigkeit von ihm verlangt, hat er auch die Pflicht, ihm die Erfüllung dieser Ansprüche materiell zu ermöglichen. Man kann dies als ein Verhältnis von Leistung und Gegenleistung auffassen, würde allerdings mit diesem dem individualistischen Obligationsrecht entnommenen Bild dem Wesen der Standesgemeinschaft nicht ganz gerecht werden. Bezeichnender ist hier das Bild des Organismus; die Gesundheit der Organe und die des Gesamtkörpers bedingen einander. Das Organ kann seine

[61]) Vgl. EGH. 1 S. 34; 17 S. 114.

Funktion nur erfüllen, wenn der Gesamtkörper ihm genügend Nahrung zuführt. Die materiellen Bedingungen des idealen beruflichen Schaffens sind durch die Wirtschaftspolitik des Standes zu sichern. Auch hier wieder eine Funktionsteilung. Diese organische Erkenntnis gilt auch in der heutigen individualistischen Verfassung, in der die Inhaber der einzelnen Kanzleien darauf angewiesen sind, aus deren Betrieb Arbeit und Nahrung zu ziehen. Die Arbeit des Einzelnen bedarf auch heute der Unterstützung durch die Wirtschaftspolitik der Gesamtheit, die die gemeinsamen Interessen wahrnimmt, sei es durch Verbesserung der gesetzlichen Arbeitsbedingungen, sei es durch Akte der Selbsthilfe: Kollektive Honorar- und Haftungsvereinbarungen, Vollstreckungsaushilfe, gemeinsame Beschaffung von Kanzleibedarf, Versicherung gegen Haftpflicht, Arbeitsunfähigkeit, Tod, Aufklärung der Öffentlichkeit, kollektiver Kampf um Sicherung und Erweiterung des Arbeitsgebietes, Fürsorge für Weiterbildung der Genossen u. a. m.

Daß in dieser Weise die Erfüllung der idealen Standespflichten des Einzelnen gegenüber der Gesamtheit abhängig ist von der Schaffung der materiellen Bedingungen hiefür durch die Gesamtheit für ihre Glieder erweist sich am deutlichsten da, wo diese materiellen Bedingungen unzulänglich verwirklicht sind. Die standesethisch geforderte Idealität der Berufsgesinnung und -übung setzt Zulänglichkeit des materiellen Erwerbs voraus. Von dem Anwalt, dessen Arbeit ausreichenden Verdienst abwirft, kann der Stand, wenn schon nicht ideale Gesinnung, so doch zur Erhaltung der Vertrauenstellung des Standes Wahrung des Anscheins der idealen Gesinnung verlangen. Der Einzelne kann wegen der Verletzung seiner Pflicht zur Wahrung des Ansehens des Standes, des guten Scheins nicht verantwortlich gemacht werden, wenn die Pflichtverletzung verursacht ist durch unzulänglichen Ertrag seiner Tätigkeit. Ultra posse nemo obligatur. In der Ausdrucksweise der Disziplinarrechtsprechung bedeutet dies: Die Standespflicht ist objektiv verletzt — z. B. ein Anwalt zahlt seine Schulden nicht, leistet den Offenbarungseid, arbeitet unter den Gebühren oder gewohnheitsmäßig gegen Erfolgsbeteiligung — und schädigt damit das Vertrauen in den Stand, aber er wird freigesprochen wegen mangelnden Verschuldens [62]). Zivilrechtlich ausgedrückt: Es entfällt die Haftung wegen Nichterfüllung der Gegenleistung.

Die Idee der ständischen Selbsthilfe, aber auch die des Anspruchs der Anwaltschaft auf Staatshilfe hat in der Erkenntnis von der Bedingtheit des idealen Schaffens des Einzelnen durch materielle Leistungen der Gesamtheit ihre wissenschaftliche Grundlage.

Die Vorstellung, daß alle rechtspflegliche Anwaltsarbeit Standesgut ist, das von dem im Staate organisierten Volk dem Anwaltstand als Organ der Selbstverwaltung anvertraut und von ihm zu verwalten ist, entspricht — mag sie auch in der heutigen vorwiegend individualistischen Arbeitsverfassung nur ungenügend zum Ausdruck kommen — doch am meisten dem Wesen der Kulturwirtschaft.

Mindestens also eine fruchtbare Fiktion! Rechtspflege ist Dienst an der Gesamtheit. Es gibt kein Individualrecht an diesem Dienst. Anderseits aber auch ist die Gesamtheit dem, der ihr dient, zur Nahrungsleistung verpflichtet. Auf solcher Dienst- und Nahrungsanschauung war die Zunftwirtschaft aufgebaut, fußt heute die Wirtschaft der öffentlichen Körperschaften (Beamtengehalt), und daß sie dem Wesen der Anwaltswirtschaft entspricht, erweist sich in dem Maße, in dem deren individualistische Verfassung sich als unzulänglich und kollektivistische Maßnahmen der Gesamtheit sich als unentbehrlich erweisen: in erster Linie solche der Selbsthilfe des Standes als mittelbares Staats-, als Selbstverwaltungsorgan, weiterhin unmittelbare staatliche Aktionen.

Wir betonen: auch staatliche Hilfsaktionen. Daß gegenwärtig mehr ein Übelwollen der staatlichen Stellen sichtbar zu sein scheint, kann diese in der Idee „Der Anwalt ein Rechtspflegeorgan" wurzelnde Pflicht nicht aus der Welt schaffen, zumal auch die — trotz allem — immer noch be-

[62]) EGH. 20 S. 134 spricht trotz der schweren Vertrauenserschütterung, die die Tat zur Folge hatte, frei, weil der Angeklagte unverschuldet verarmt sei.

stehende rechtliche Sonderstellung des Anwaltstandes in der Gerichtsverfassung beweist, daß der Gedanke lebt. Die Erfüllung dieser Pflicht kann auf die Dauer nicht Sache eines größeren oder geringeren parteipolitisch oder persönlich bedingten Wohlwollens sein. Was der Anwaltstand vom Staat verlangt, sind nicht Subventionen von der Art, wie sie notleidende Industrien verlangen. Denn die Pflicht, ein Rechtspflegeorgan zu erhalten, ist Bestandteil der staatlichen Rechtspflege. Leidet das Organ, so leidet seine Dienstleistung.

Das Gegenseitigkeitsverhältnis zwischen Stand und Standesgenossen ist nicht erschöpfend bezeichnet mit jener Funktionsteilung, die dem Stand die Schaffung der materiellen Bedingungen für das ideale Schaffen des Einzelnen zuweist. Der jeweilige Inhalt der Funktionsteilung richtet sich nach den Verhältnissen. In einer rein kollektivistischen Verfassung würde die Genossenschaft allen Genossen qualitativ und quantitativ entsprechende Arbeit und Nahrung zuweisen. In einer mehr individualistischen Verfassung, wie der heutigen, ist der Einzelne im wesentlichen noch auf persönliche Beschaffung von Arbeit und auf deren Ertrag angewiesen. (Kollektivistisch verteilte Arbeiten sind heute — richtig gesehen — die Pflichtmandate [63].)

In der heutigen Verfassung sind es die Einzelnen, die aus dem Ertrag ihrer Arbeit dem Stand nach Maßgabe ihrer Leistungsfähigkeit die materiellen Mittel zuzuführen haben — vergleichbar den Steuerleistungen der Bürger in der Staatswirtschaft — die dieser wiederum in Leistungen für die Genossen umzusetzen hat.

Zu diesen Leistungen gehört es auch, daß der Stand die Kräfte seiner Genossen für sinnvolle Gesamtarbeit organisiert, wo die individualistische Arbeitsverfassung sich nicht dazu eignet, ein anwaltliches Rechtspflegebedürfnis zu befriedigen. Ein solches Bedürfnis ist die R e c h t s f ü r s o r g e, der wir auch in diesem Zusammenhang wieder begegnen. Pflicht des Anwaltstands als solchen gegenüber der Gesamt-

[63]) Daß der Stand als solcher bei deren Verteilung sich einschalte, um an die Stelle der nur mechanischen und scheinbaren Gerechtigkeit des Turnus eine sinnvolle Verteilung zu setzen, ist dringendes Bedürfnis.

heit ist es, dieser bisher vernachlässigten — weil von einem seines Wesens und seiner Grenzen nicht bewußten Individualismus nicht gesehenen — Aufgabe sich anzunehmen, Pflicht der einzelnen Genossen dem Stand gegenüber, ihm bei der Erfüllung dieser Rechtsfürsorgepflicht ihre Arbeitskraft zur Verfügung zu stellen. Der den Fürsorgedienst in Anspruch nehmende Bürger tritt in kein individuelles Mandatsverhältnis zu dem ihn beratenden Anwalt, empfängt den Rat auch nicht etwa als Almosen. Es handelt sich nicht um allgemeine menschliche Karitas. Vielmehr verrichtet hier spezifische Berufsarbeit, eigentliches Sachwalterwerk der einzelne Anwalt als Repräsentant des als rechtspflegliches Selbstverwaltungsorgan, als Rechtsorgan des Volkes berufenen Anwaltstandes [64]).

Man kann das Fazit der vorstehend beschriebenen Wirksamkeit des Standes wirtschaftspsychologisch am treffendsten vielleicht sich so begreiflich machen: Die ständische Arbeitsverfassung erzeugt eine eigenartige Verschiebung in dem gegenseitigen Verhältnis der drei Triebkräfte menschlicher Tätigkeit: Idealismus — Interesse — Zwang, und zwar derart, daß größtmögliche Gewähr für Erzeugung rechtskulturell wertvoller Sachwalterarbeit geboten ist.

Ein spezifischer, bisher wissenschaftlich noch nicht untersuchter Bestandteil dieser Arbeitsverfassung — die disziplinäre Fürsorge für die zwecks Ökonomie der Anwaltsarbeit erforderliche Wahrung des guten Scheins idealistischer Gesinnung — erfährt nachstehend noch eine besondere Behandlung.

IV.

Das Wesen des Standesrechts im allgemeinen, im besonderen die auf das Vertrauen bezüglichen Standespflichten, kommen nirgends bezeichnender zum Ausdruck, als in der jedem einzelnen Standesgenossen obliegenden Pflicht zur Wahrung des guten Scheins [65]). Wir sind dieser

[64]) Vgl. hiezu auch oben S. 132 f.; ferner Jessen in Beilage zu Heft 5 des AnwBl.

[65]) Sie gilt naturgemäß auch für die Anwälte anderer Länder; für

Pflicht bei den vorausgehenden Betrachtungen wiederholt begegnet. Hier soll sie näher untersucht werden in der eigenartigen Ausprägung, die sie im anwaltschaftlichen Disziplinarrecht erfahren hat: als Standespflicht zur Vermeidung des bösen Scheins. Das materielle Disziplinarrecht enthält die Norm: Rechtswidrig ist nicht nur die Verletzung einer Standespflicht, sondern auch die Erweckung des Anscheins einer Standespflichtverletzung [66]). Beruht diese Scheinerweckung auf Verschulden, so wird ihretwegen der Anwalt disziplinär zur Verantwortung gezogen. Die Rechtserheblichkeit des Scheins kann drastischer nicht zum Ausdruck kommen als in dieser Regelung.

Rechtswidrig ist schon die Erregung des Verdachts einer rechtswidrigen Handlung des Anwalts in der Öffentlichkeit; strafbar freilich erst, wenn diese Verdachtserregung auf Verschulden beruht. Eine disziplinarrechtliche Abart des strafrechtlichen Putativdelikts, der vermeintlichen Straftat. Der Vermeinende ist hier nicht der Täter, sondern ein Dritter. Der Dritte erachtet eine Handlung des Anwalts als Rechtsverstoß. Sie ist es nicht. Sein ‚Vermeinen' aber, sein falscher Eindruck ist standesrechtlich erheblich, weil standesschädlich. Darum wird eine wirkliche Verfehlung, die nicht allgemein bekannt geworden ist, milder beurteilt [67]); die Gefährdung der Vertrauensstellung des Standes ist Straferhöhungsgrund [68]).

Eine solche Regelung ist nur denkbar auf Grund der dargestellten Beziehungen zwischen Stand und Standesgenossen. Der gute Schein ist Standesgut. Der Stand hat gegenüber den einzelnen Genossen die Pflicht, für Schaffung der Bedin-

Österreich vgl. Lohsing, Österreichs Anwaltsrecht (1925), S. 159 f., 183, 197; z. B. wird die Standesehre des RA. beeinträchtigt „durch ein Verhalten, das seine finanzielle Notlage der Öffentlichkeit preisgibt", oder durch den Anschein, „daß es ihm um das eigene Interesse, nicht um das seiner Partei zu tun sei".

[66]) Vgl. hiezu Friedländer RAO. Exk. II zu § 28 Anm. 80 a.

[67]) EGH. 23 S. 24.

[68]) EGH. 25 S. 126.

gungen des guten Scheins zu sorgen. Der gute Schein ist das Lebenselement des Standes. Die objektive Vertrauenswürdigkeit leidet auch durch Erweckung des Scheins der Vertrauensunwürdigkeit. Psychologisch ist zu rechnen mit einer geringen Urteilsfähigkeit des Manns aus dem Volk, mit dessen Neigung zur Verallgemeinerung vereinzelter Erscheinungen, mit dessen Trieb zur Mißdeutung der Motive ihm unangenehmer Handlungen. Eine Handlung, die, obwohl rechtmäßig, den Anschein der Pflichtwidrigkeit erweckt, kann dem Stand mehr schaden, als eine wirkliche Pflichtverletzung, die nach außen nicht sichtbar wird, ja als eine standeswidrige Gesinnung, die es versteht, den guten Schein zu wahren.

Bevor wir an Hand einzelner Fälle Wesen und Wandel, Inhalt und Grenzen dieser standesrechtlichen Norm näher zu bestimmen suchen, wird es sich zur Gewinnung eines größeren wissenschaftlichen Zusammenhangs empfehlen, einen Blick auf analoge Erscheinungen zu werfen.

Die gleiche Ratio ist zunächst in der Anwaltspolitik auch außerhalb des disziplinären Bereichs zu beobachten. Bei der gesetzlichen Gestaltung des Gebührenwesens hat der Gesetzgeber ihr Rechnung getragen. Obwohl die Gebührenordnung — geschaffen besonders auch zum Schutze des Volks — eine Ausbeutung des Unwissenden durch den ihm überlegenen Partner verhüten soll, neigt das Volk dazu, zu glauben, daß die in der gesetzlichen Ordnung liegenden Möglichkeiten freierer Verdienstgestaltung von den Anwälten zu seinem Schaden ausgenützt werden. Der Anwalt wird als „Gebührenschinder" beurteilt. Eine richtige Gebührenordnung muß nicht nur die Ausbeutung des Laien verhüten, sondern auch den bloßen Anschein einer derartigen Ausbeutung zu verhüten suchen. Dies war das ausschlaggebende Motiv, warum die deutsche RAGebO. auf dem Pauschalsystem aufgebaut wurde [69]). Dieses nimmt in offensichtlicher Weise dem Anwalt das Interesse an einer Verschleppung der Prozesse, an

[69]) Walter-Joachim-Friedländer RAGebO. Einleitung S. 10.

einer Vervielfältigung der Prozeßhandlungen, verhindert auch den Anschein, als ob der Anwalt ein solches Interesse habe. Argwöhnt ein Klient trotzdem ein „Gebührenschinden“ dieser Art, so kann er durch belehrenden Hinweis auf das Pauschalsystem aufgeklärt werden. (Daß trotzdem die Verdächtigung des Gebührenschindens bisweilen ausgesprochen wird, was auch bei vorsichtigstem Verhalten nicht vermeidbar ist, vergl. unten S. 179 ff.)

Jedes Ansehen, im besonderen jedes auf Vertrauensbeziehungen gegründete Ansehen leidet durch den Anschein eines unkorrekten Verhaltens. Dies gilt auch von den Beziehungen zwischen den Mitgliedern des Kammervorstandes und den Kammermitgliedern. Bei Beurteilung der Frage, ob ein Mitglied des Kammervorstandes einen in einem Disziplinarverfahren verwickelten Kollegen vertreten dürfe, wurde als entscheidendes Moment hervorgehoben: Der durch das Vertrauen seiner Kollegen Gewählte muß auch den Anschein vermeiden, als nütze er seinen Einfluß zu Gunsten seines Klienten aus [70]).

Hier berührt sich das Problem des Scheins mit dem der Befangenheit von Richtern und Sachverständigen. Auch dieses ist ein Vertrauensproblem. Selbst bei objektiver Unbefangenheit können gewisse Umstände subjektiv die Besorgnis der Befangenheit, d. h. den Anschein der Befangenheit begründen. Der Unterschied des Ablehnungsrechts gegenüber den disziplinären Folgen des Anscheins ist lehrreich. Die Besorgnis der Befangenheit muß „in den Augen eines vernünftigen Menschen (vgl. Rechtsprechung und Kommentare zu §§ 42, 406 ZPO.) begründet sein, um die Ablehnung zu rechtfertigen. Disziplinär aber muß der vorsichtig auf den Ruf seines Standes bedachte Beamte, Richter, An-

[70]) Vgl. zu diesem Problem einerseits Löwenstein, anderseits Heilberg, AnwBl. 1932, S. 331 ff. Aber auch jeder einzelne Anwalt ist verantwortlich für die Wahrung der Vertrauensstellung des Kammervorstands beim Publikum; vgl. EGH. 25 S. 16: Bestrafung des A., der durch Nichtbeantwortung von Anfragen des KV. den Anschein erweckt hat, als behandle der KV. Beschwerden verzögerlich.

walt gerade auch mit dem Eindruck seines Verhaltens auf unvernünftige Menschen rechnen; die rechtliche Verantwortung für Wahrung der Vertrauensstellung ist eine größere. Ein Tatbestand, der nicht zur Ablehnung zureicht, kann disziplinäre Haftung des Richters begründen.

Analoge Erscheinungen einer „Haftung für Schein" im Bereich der Disziplin anderer Stände [71]) dürften für unser spezielles Problem wertvollen Aufschluß geben.

Der Offizier muß auch den Anschein der Feigheit meiden. Er muß Beleidigungen Gleichstehender durch Herausforderung zum Zweikampf, tätliche Beleidigungen von Zivilisten mit der Waffe ahnden. Das noch so ehrenhafte Motiv der Unterlassung derartiger Reaktionen ist gleichgültig. Der durch die Unterlassung hervorgerufene Anschein gilt für die Gesinnung [72]).

Ähnlich ist den Trägern geistlicher Ämter Vieles untersagt (z. B. der Besuch von Theatern), nicht weil es unmoralisch wäre, sondern „es ist geeignet, den Träger des Amtes in den Augen wenn auch nicht aller, so doch mancher Gemeindemitglieder, herabzusetzen und damit seine volle Wirksamkeit zu beeinträchtigen [73]).

---

[71]) Hingewiesen sei hier auch auf die eigenartige Regelung einer Schein-Gebotsverletzung in einem dem disziplinären Bereich anscheinend fernliegenden Lebensbereich (in Wahrheit dürfte eine Verwandtschaft der Ratio auch hier vorliegen): Das jüdisch-talmudische Recht verbietet die Vornahme von gewissen Handlungen wegen der Möglichkeit ihrer Verwechslung mit anderen, ausdrücklich verbotenen Handlungen. Das bezügliche Rechtsprinzip heißt Prinzip des „Augenscheins" („Marith Ajin"). So sind wegen der Sabbatruhe gewisse am Sabbat an sich zulässige Handlungen wegen der Möglichkeit ihrer Verwechslung mit ausdrücklich verbotenen Arbeitshandlungen untersagt; so ist z. B. ferner verboten das Kochen von Fleisch in Mandelmilch, weil dies den Anschein des ausdrücklich verbotenen Kochens von Fleisch in tierischer Milch erwecken könnte. Belegstellen z. B.: Trakt. Sabbat 65 a; Beza 9 b; Abodah Sarah 12 b; Mischnah Schewiith III [1]; Schulchan Aruch Jore Deah 87. Eine dogmengeschichtliche Behandlung fehlt.

[72]) Vgl. Jhering, Zweck im Recht (4. Aufl.) Band II S. 237 ff. „Solange dieses Vorurteil einmal besteht, verlangt die volle Wirksamkeit des Amts, daß es geschont werde."

[73]) Jhering S. 242.

Beispiele aus dem Bereich der engeren Beamtendisziplin:

Der Richter, das unabhängige Organ der Rechtsprechung, darf nach einem Ausspruch des großen Disziplinarsenats des Kammergerichts [74]) nicht den Eindruck erwecken, als habe er es nicht verstanden, bei seinen amtlichen Entscheidungen sich von persönlichen Einflüssen freizumachen. Diese Pflicht kann verletzt werden, auch wenn das gefällte Urteil selbst gerecht ist.

Aber auch der Staat muß den Schein vermeiden, als anerkenne er die richterliche Unabhängigkeit nicht [75]).

Der 1926 viel besprochene „Fall Großmann" gab Anlaß zur Erörterung darüber, ob der Richter Justizkritik üben dürfe. Großmann wurde aus dem preußischen Richterverein ausgeschlossen, weil er der statutarischen Vereinspflicht, das Ansehen des Standes zu heben, durch öffentlich geübte Justizkritik verletzt habe. Hiergegen wurde eingewendet: Der gute Schein, das Ansehen, die Vertrauensstellung seines Standes beim Volke kann — außer durch vertrauenerweckende Funktion — durch nichts besser gewahrt werden als dadurch, daß der Stand nicht um jeden Preis Verfehlungen seiner Mitglieder zu decken sucht; nicht die Justizkritik, sondern die Urteile, die zu dem Mißtrauen in weitesten Kreisen des Volkes Anlaß gegeben haben, haben die Pflicht zur Wahrung des guten Scheins verletzt. [76])

Ein verwandtes Problem ist das oben (Abschnitt II) behandelte der Publizität des anwaltlichen Disziplinarverfahrens. Anscheinend kollidieren hier zwei Auffassungen über das, was man der Wahrung des guten Scheins schuldig ist: Verbergung oder Offenlegung von Mängeln. Zugrunde liegt eine Verschiedenheit der Standesauffassung. Entscheidend ist, ob man als Zweck der Disziplin Würde — die mehr nach innen gewendete Auffassung von dem Beamtentum als einem für sich bestehenden Gebilde — oder Vertrauen — Auffas-

[74]) Vgl. hiezu Schmitt, D.R.Z. 1932, S. 155.

[75]) JW. 1932 S. 1160.

[76]) Über das Problem einer diffamierenden Kritik eines Beamten an Amtsvorgesetzten, vgl. unten S. 171 f.

sung: der Beamte Organ der Volksgemeinschaft — voranstellt.

Auch bei Lösung des dienststrafrechtlichen Problems „Legalitäts- oder Opportunitätsprinzip“ [77]) spielt diese Unterscheidung herein. Eine gesetzliche Regel fehlt: Die herrschende Praxis neigt dazu, die Strafpflicht des Staates zu verneinen, da nur das dienstliche Interesse darüber entscheide, ob die Bestrafung im gegebenen Falle zweckmäßig ist oder nicht. Opportunitätsgründe können daher leicht — besonders in einer Zeit der Einflußnahme der Parteien auf die staatliche Beamtenpolitik — Erwägungen der Staatsraison entnommen werden, etwa dahin: Es sei dem Staat wohl dienlich, den Anschein aufrecht zu erhalten, als sei in dem Fall nichts geschehen, was ein disziplinäres Einschreiten erforderlich mache. Die Bevölkerung dürfe nicht beunruhigt werden, das Ansehen vor dem Ausland müsse gewahrt werden, weshalb man die Angelegenheit besser totschweigen oder vertusche. Ein hoher Staatsbeamter oder Parteipolitiker dürfe nicht bloßgestellt werden. Hiegegen wird eingewendet [78]): Die Rechtsidee würde gerade von solchen Stellen aus Schaden erleiden, wo ihre Wahrung in erster Linie zu erwarten sein sollte, bei den höchsten Staatsstellen. Das Nichteinschreiten würde mindestens den schädlichen Anschein einer ungerechten Begünstigung, einer Korruption erregen.

Entsprechend wird im materiellen Disziplinar-Strafrecht der äußere Eindruck, den eine Verfehlung eines Beamten in der Außenwelt macht, nicht einheitlich bewertet. Der bayerische Disziplinarhof [79]) erklärt sittliche Verfehlungen eines Beamten, auch wenn mit ihrem Bekanntwerden nicht gerechnet werden muß, als Verstoß gegen die Ehre und Würde. Es ist auch der Standpunkt nicht zu billigen, daß sittliche Verfehlungen eines Beamten nur dann ein Dienstvergehen darstellen, wenn sie bekannt werden oder wenn er das Bekanntwerden nicht verhindert. Das sittenwidrige Verhalten selbst ist es,

[77]) Vgl. hiezu z. B. Armbruster, D.J.Z. 1932 S. 475 ff.

[78]) AaO. S. 476.

[79]) Vgl. die Sammlung „Grundsätzliche Entscheidungen des K.B. Disziplinarhofs zum Beamtengesetz“.

durch das der Beamte gegen Ehre und Würde seines Standes verstößt, ist das Dienstvergehen. Ob von diesem Verhalten ein großer oder kleiner Kreis von Personen Kenntnis erlangt hat, mag für den Grad der Schädigung des Ansehens des Beamten und damit für das Strafausmaß von Bedeutung sein [80]). Es kommt nicht darauf an, in welchem Maß die ehebrecherischen Beziehungen Ärgernis erregt haben. Die Wirkung der Verfehlungen eines Beamten ist in der Hauptsache von der Gesinnung der Kreise abhängig, die von der Pflichtverletzung des Beamten Kunde erhalten haben. Es kann also dem Täter weder als Entlastung dienen, wenn sie sein Ansehen nicht geschmälert haben, noch kann es sein Verschulden steigern, wenn die dem Täter nicht zur Last fallenden äußeren Umstände ungewöhnlich tief gegangen sind [81]). Die Wirkung nach außen auf die Bevölkerungskreise, mit denen sich der Beamte zu befassen hat, kann ihm weder zum Verschulden gereichen, noch zur Entlastung dienen, der Grad der Dienstschädigung ist höchstens Strafbemessungsgrund [82]).

Abweichend hievon die Rechtssprechung des Reichsdisziplinarhofs [83]). In einem Falle der Freisprechung eines Beamten von dem Vergehen der §§ 331 ff. StGB. (Lieferantenbegünstigung) sagt der Gerichtshof: „Das Disziplinarrecht kennt so wenig wie das Straf- und Prozeßrecht die Verhängung bloßer Verdachtsstrafen.“ Dienstvergehen müssen in Handlungen des Beamten bestehen. Es kann aber zur Erfüllung eines Dienstvergehens genügen, daß sie gegen den Beamten den Verdacht eines pflichtwidrigen oder verwerflichen Verhaltens begründen. Das trifft dann zu, wenn sie geeignet sind, dadurch das Ansehen des Beamtenstandes zu schädigen oder zu gefährden, das Vertrauen zu ihm zu erschüttern, oder wenn sich der Beamte einem solchen Verdacht durch bewußtes oder leichtfertiges Handeln schuldhafter Weise ausgesetzt hat, mag der Verdacht vielleicht nicht nachweisbar,

[80]) AaO. Nr. 4.

[81]) AaO. Nr. 67.

[82]) AaO. Nr. 66.

[83]) Vgl. die Sammlung Schulze-Simon, Rechtsprechung des Reichsdisziplinarhofs.

vielleicht sogar sachlich unbegründet sein." Der Täter habe durch Annahme von Darlehen der Lieferanten schuldhaft den Verdacht der Bestechlichkeit auf sich geladen. Hiedurch habe er das Vertrauen zur Lauterkeit der Beamten schwer erschüttert [84], [85]).

Bei den Versuchen, eine allgemein giltige Lösung für das schwierige Kollisionsproblem: „Staatsbürgerrecht — Staatsbeamtenpflicht" zu finden, hat als brauchbar sich erwiesen die Grenzlinie: Die politische Betätigungsfreiheit des Beamten darf nur soweit gehen, daß nicht beim Volke der Anschein politischer Einseitigkeit des Beamten und damit der Staatsverwaltung erweckt wird [86]).

Verschieden beurteilt wurde die Wichtigkeit des äußeren Scheins bei dem Meinungsstreit über die Zulässigkeit einer Beteiligung der Staatsbeamten an den gegen die preußische Regierung gerichteten Volksentscheid. Im Gegensatz zum Staatsgerichtshof [87]), der das verfassungsmäßig garantierte

[84]) AaO. S. 141 ff.

[85]) Ebenso wird behandelt ein Fall der Erregung des Verdachts der Günstlingswirtschaft aaO. S. 146 ff., der Verschleierung von Unterschleifen aaO. S. 300, vgl. auch S. 188: Der männliche Beamte muß auch den Anschein unlauterer Annäherung an weibliche Beamte meiden. Pr. OVG. JW. 1930 S. 3452: Bestrafung eines Försters, der durch Vermischung privater und amtlicher Gelder den Anschein der Unterschlagung erweckt.

[86]) Treffend formuliert ist dies in dem Erlaß des Bevollmächtigten des Reichskommissärs für Preußen vom 8. August 1932: „Der Beamte, der sich parteipolitisch betätigt, darf hierbei nie vergessen, daß der Beamte nach der Reichsverfassung in seinem Beruf Diener der Gesamtheit, nicht einer politischen Partei ist. Aus diesem hohen Beruf des Beamten ergeben sich für seine private parteipolitische Betätigung zum mindesten in der Form des Auftretens Grenzen, die gerade in von Parteileidenschaften durchwühlter Zeit nicht überschritten werden dürfen. Die Erhaltung des Glaubens an eine unparteiische und gerechte Staatsverwaltung im Volk ist ein besonders wichtiges Element zur Festigung der öffentlichen Ruhe und Ordnung. Selbst wenn auch nur der Schein politischer Einseitigkeit der Staatsbeamten infolge einer diese Grenzen überschreitenden parteipolitischen Betätigung des Einzelnen das Vertrauen in die Sachlichkeit und Unparteilichkeit der Staatsverwaltung trüben würde, so müßte — zumal in Zeiten wie die gegenwärtigen — der Staat, aber auch die Idee des Berufsbeamtentums, schweren Schaden leiden."

[87]) Vgl. RGZ. Bd. 127 Anh. S. 1 ff.

Recht des Beamten (Artikel 130 RVerf.) als ausschlaggebend betonte, erklärt Hans J. Wolff[88]) die nicht nur desavouierende, sondern diffamierende Beurteilung des Verhaltens der Regierung in dem Volksentscheid für maßgebend wegen der Mißachtung, die derartige Solidaritätsverletzungen in der öffentlichen Meinung finden; nicht also etwa die Verletzung einer Gehorsams- und Treuepflicht. Das Subjekt der Achtung, deren sich der Beamte würdig zeigen soll, ist die Öffentlichkeit. Der Beamte selbst ist ihr Objekt. Dieser Solidaritätspflicht, die es verbiete, einen Vorgesetzten zu diffamieren, liege zu Grunde ein „untechnischer weiterer Repräsentationsbegriff", kraft dessen jeder Staatsbeamte die ganze Beamtenschaft den Bürgern gegenüber vertrete. Diese Pflicht sei überhaupt das eigentliche Motiv der Verurteilung eines Beamten wegen außerdienstlichen Verhaltens.

Diese von den einzelnen Standesmitgliedern der Vertrauensstellung des gesamten Standes geschuldete Rücksicht, seine Repräsentationspflicht, ist die Ratio der Pflicht der Scheinwahrung auch im anwaltlichen Standesrecht. Diese Ratio ist daher auch Maßstab der Kritik der bezüglichen aufsichtlichen und ehrengerichtlichen Rechtspraxis.

Die umfangreiche einschlägige Kasuistik darzustellen, kann hier nicht die Aufgabe sein. Jene Norm wird in der Praxis sehr häufig angewendet, und zwar häufiger wohl noch in der Aufsichtspraxis, als in der ehrengerichtlichen, da schuldhafte Verdachtserregung in der Regel nur als leichtere Verfehlung bewertet wird.

Die nachstehenden Hinweise auf Fälle aus der Rechtsprechung sollen der Gewinnung einer grundsätzlichen Erkenntnis dienen.

Bestraft wird der bloße Anschein eines unzulässigen Zusammenarbeitens mit einem Rechtskonsulenten als einem zweiten ebenbürtigen Organ der Rechtspflege[89]). So erweckt die Erteilung einer Vollmacht durch den Anwalt an den Rechtskonsulenten beim Publikum den schädlichen und dar-

[88]) Arch. f. öff. R. Bd. 18 n. F. S. 431.

[89]) EGH. 23 S. 67, 103; 19 S. 101; Berl. Anw.Bl. 1932 S. 83, 87.

um rechtswidrigen Eindruck, als stelle der Vollmachtgeber den Rechtskonsulenten dem Anwalt gleich [90]). Nicht strafbar ist der Verkehr mit einem einwandfreien Rechtskonsulenten auf Wunsch der Partei, wenn hiebei der Anschein einer standeswidrigen Gesinnung und Betätigung vermieden wird [91]). Vermieden muß insbesondere werden der Anschein, als wollte der Verkehr zu einer Erweiterung der Praxis benutzt werden [92]).

In dem Streit um die Zulässigkeit der Ausbedingung einer Haftungsbeschränkung in Vollmachtsformularen wird als entscheidender Grund für das Verbot betont [93]), es sei des Anwalts nicht würdig, sich auch nur dem Verdacht auszusetzen, als wolle er sich Vorteile verschaffen, zu deren Gewährung die Partei gar nicht gewillt war und von deren Erwähnung in der Vollmacht sie nichts wußte. Die eigentliche Ratio dürfte sein: Vertrauensschädigung. In der Tat ist nichts der Vertrauensstellung des Anwaltstandes schädlicher als die Erregung des Verdachts, ein Anwalt nütze das ihm von der Klientel geschenkte Vertrauen zu eigenem Vorteil aus [94]).

Ein von der Anklage des Betrugs und der Erpressung — Geltendmachung nicht bestehender Kostenersatzansprüche und Täuschung eines Kollegen hierüber — freigesprochener Anwalt wurde disziplinär bestraft, weil er mindestens schuldhafter Weise den Verdacht standeswidrigen Verhaltens erregt und dadurch sich selbst und den Stand in übles Licht gebracht hatte [95]).

[90]) Berl. Anw. Bl. 1932, S. 84.

[91]) EGH. 23 S. 147.

[92]) Richtlinien des DAV. Nr. 68; auch EGH. 25 S. 62.

[93]) M. Friedländer, Anw.Bl. 1932, S. 165.

[94]) Mit dieser Kritik an der üblichen individuellen Art der Haftungsbeschränkung ist dieses Problem freilich nicht gelöst. Offen bleibt die Frage des kollektiven, mit entsprechender Aufklärung des Publikums verbundenen, also den falschen Schein vermeidenden Haftungsausschlusses als ständischer Selbsthilfemaßnahme. Hier wäre der „Würde"-Maßstab verfehlt. (Vgl. aber Friedländer Exk. II zu § 28 Anm. 15). Würde und Vertrauensstellung werden auch geschädigt, wenn ein Anwalt infolge übergroßer Inanspruchnahme aus einem Haftungsfall zahlungsunfähig wird.

[95]) EGH. 16 S. 76.

Verboten ist die Erweckung des Anscheins, als ob dem Bürovorsteher zuviel überlassen werde [96]); des Anscheins der Mandatswerbung bei Häftlingen im Gefängnis [97]); des Anscheins der Mandatsniederlegung aus egoistischen Gründen [98]); des Anscheins der Umgehung des Kollegen; weil dadurch der Eindruck erweckt werden könnte, als wolle die Unerfahrenheit des anwaltschaftlich nicht vertretenen Gegners ausgenützt werden [99]); des Anscheins der Treueverletzung [100]); des Anscheins der Gebührenüberforderung und des Mißbrauchs der Doppelstellung als Anwalt und Notar [101]); des Anscheins der Zeugenbeeinflussung [102]); des Anscheins der Mandatsanmaßung [103]); des Anscheins der Beamtenbestechung [104]); des Anscheins der Nötigung zur Bewilligung eines Sonderhonorars [105]); des Anscheins der Gläubigerbegünstigung [106]); des Anscheins, es sei der unzulässige Verkauf oder Kauf einer Praxis beabsichtigt [107]); des Anscheins einer Interessengemeinschaft mit Parteien, z. B. durch Ausbedingung eines Teils des zu erstreitenden Betrages [108]), durch kordialen Verkehr des Verteidigers mit den Angeklagten in öffentlicher Sitzung [109]); des Anscheins der Abhängigkeit von Geschäftemachen mit berufsethisch gegensätzlicher Anschauung durch vertraulichen Verkehr [110]); des Anscheins unlau-

---

[96]) EGH. 24 S. 161.

[97]) EGH. 20 S. 188.

[98]) EGH. 16 S. 459.

[99]) Richtlinien des DAV. Nr. 62; Friedländer Exk. II zu § 28 Anm. 26.

[100]) EGH. 16 S. 20, 172, 191.

[101]) EGH. 16 S. 70.

[102]) Friedländer Exk. II zu § 28 Anm. 49; Richtlinien des DAV. Nr. 81; EGH. 15 S. 147; 18 S. 51; 23 S. 78, 98; 25 S. 115.

[103]) EGH. 24 S. 95 (vgl. auch EGH. 20 S. 133).

[104]) EGH. 18 S. 192; 19 S. 98.

[105]) EGH. 18 S. 197.

[106]) EGH. 23 S. 135.

[107]) Richtlinien des DAV. Nr. 19; EGH. 24 S. 43 (Bestrafung eines Praxisverkaufs wegen Erweckung des Anscheins, als sei die Anwaltschaft ein Ladengeschäft).

[108]) Richtlinien des DAV. Nr. 87.

[109]) EGH. 6 S. 104.

[110]) EGH. 7 S. 47.

teren Wettbewerbs [111]) besonders durch anpreisende Anzeigen [112]), oder durch Raumgemeinschaft mit einem Diplomkaufmann, da diese den Anschein erweckt, als übe der Anwalt seinen Beruf „wie ein Gewerbe", und überdies den Anschein, als ob er „gegenüber anderen Rechtsanwälten etwas Besonderes zu bieten vermöge" [113]); oder durch Veröffentlichung nichtssagender Artikel in Tageszeitungen [114]); des Anscheins der Praxiswerbung durch Unterbietung [115]); des Anscheins der Unterschlagung von Mündelgeldern [116]); des Anscheins des Eigennutzes [117]); des Anscheins, als wolle der Anwalt im Interesse seines Klienten einen unzulässigen Druck auf das Gericht oder andere Behörden ausüben [118]); des Anscheins, als vertrete der Anwalt aus Rücksicht auf einen Kollegen die Interessen der Partei mit geringerem Eifer, oder als finde eine Partei bei persönlichen Ansprüchen gegen einen Anwalt ihr Recht in geringerem Maß als gegen andere Parteien [119]); des Anscheins, als ob der Anwalt ein besonderes Honorar bekommen müßte, um eifrig zu sein (= des Anscheins kaufmännischer Berufshandhabung [120]): des Anscheins bei einer armen Partei, daß sie zur zweckentsprechenden Rechtsverfolgung zwar nicht verpflichtet sei, aber doch gut tue, eine Zahlung zuzusagen [121]); des Anscheins, als betrachte der Anwalt die Armensache als minder wichtig [122]); des An-

[111]) EGH. 14 S. 174; 22 S. 151; 25 S. 26, 161 (Verdacht der Praxiswerbung); 25 S. 176, 178 (Verdacht der Mandatsabjagung).

[112]) Richtlinien des DAV. Nr. 29; vgl. auch EGH. 25 S. 18.

[113]) EGH. 25 S. 37.

[114]) Meißner, Anwaltsbrevier S. 58; EGH. 19 S. 105. Vgl. auch den Tatbestand der Entsch. EGH. 25 S. 53.

[115]) Richtlinien des DAV. Nr. 82; EGH. 18 S. 170.

[116]) EGH. 15 S. 86.

[117]) EGH. 24 S. 161; 25 S. 16 (Verdacht der Veruntreuung und Unterschlagung).

[118]) Richtlinien des DAV. Nr. 12.

[119]) Friedländer, Exk. II zu § 28, Anm. 31, 32.

[120]) EGH. 17 S. 192; 24 S. 170.

[121]) EGH. 23 S. 117; vgl. auch EGH. 24 S. 116 (Verlangen der Bezahlung von Schreibarbeiten).

[122]) Richtlinien des DAV. Nr. 96; ferner Urt. des KG., JW. 1931 S. 1102: Die Anwaltschaft müsse sich durch die von strengster Gewissenhaftigkeit geleitete Führung der Armenmandate angelegen sein las-

scheins der Einwirkung zu Gunsten des Klienten auf die Presse, auf die Geschworenen[123]); es blieb hier beim Einwirkungsversuch. Der Redakteur wies das angebotene Geld zurück, aber im Disziplinar-Strafrecht, das eine Versuchsstrafe nicht kennt[124]), sind es häufig gerade kriminelle Versuchs- oder Vorbereitungshandlungen[125]), die ein vollendetes disziplinäres Delikt der Ansehens- und Vertrauensgefährdung darstellen. Der „Erfolg" im strafrechtlichen Sinn ist disziplinär gleichgültig; „die verwerfliche Betätigung an sich genügt". Gerade die Tatsache der durch diese Betätigung herbeigeführten Strafverhandlung — die mit Freispruch geendet hat — erfüllt den disziplinären Tatbestand der Gefährdung des Standes. So EGH. 16 S. 76 in einem Fall der Betrugs- und Erpressungsanklage. Ähnlich werden häufig auch solche Fälle disziplinär zu beurteilen sein, in denen vorsätzliche Standespflichtverletzung nicht nachweisbar ist.

Beispiele aus der Praxis: Der Anwalt verlangte Unterzeichnung eines Honorarscheins vom Angeklagten während der Urteilsberatung; Überrumpelungsabsicht war nicht nachweisbar; aber der Verdacht wurde fahrlässig erregt[126]). Der Anwalt vermittelte zwischen zwei Parteien; Freisprechung von der Anklage nach § 356 StGB.[127]), aber Verurteilung gem.

sen, die Meinung, als sei von dem beigeordneten Anwalt nicht die volle Hingabe an die Vertretung der Parteiinteressen zu erwarten, zu bekämpfen und zu vernichten. Das Gericht statuiert über die Pflicht zur Vermeidung des schädlichen Scheins hinaus sogar die positive Standespflicht, standesschädlichen falschen Meinungen entgegenzutreten.

[123]) EGH. 15 S. 135.

[124]) Friedländer RAO. § 62 Anm. 11. Der dort angegebene Grund — nur die Verletzung der Anwaltspflicht begründe nach § 62 die ehrengerichtliche Bestrafung — ist formal-positivistisch. Der materielle Grund ist: Die Ratio der Versuchsbestrafung ist die Strafwürdigkeit der Rechtsgutgefährdung (vgl. Mezger Strafrecht S. 396 ff.). Zweck der Standesdisziplin aber ist wesentlich: Verhütung von Gefährdungen des Standesguts des Ansehens, des Vertrauens. Pflicht des Anwalts ist die Vermeidung solcher Gefährdung; schuldhafte Gefährdung ist ein vollendetes Delikt gem. §§ 28, 62. Sonst wäre die Verdachtsstrafe nicht möglich: Verdachtserregung = Gefährdung.

[125]) EGH. 20 S. 141.

[126]) EGH. 18 S. 201.

[127]) JW. 1926 S. 1570.

§ 28 RAO., weil schuldhaft der Verdacht pflichtwidriger Prävarikation erregt worden sei. „Die Standesehre stellt höhere Anforderungen als das Strafrecht“ [128]). Verdacht der Kundenwerbung: Dem Angeklagten war die Absicht unzulässiger Kundenwerbung nicht nachweisbar; er hatte Honorarnachlaß gegen Zusage der Übertragung weiterer Mandate gewährt; angeblich hatte er gemeint, die neuen Mandate seien schon übertragen gewesen; Verurteilung wegen schuldhafter Nichtvermeidung des Scheins unzulässiger Mandatswerbung [129]). Dieses Minus am Tatbestand wurde vom Gericht festgestellt. Die Wirkung — Erregung des Anscheins vorsätzlicher Kundenwerbung — war als fahrlässige Pflichtverletzung zu beurteilen.

Ähnlich ist vielfach bei Vorwurf der Zeugenbeeinflussung eine Verleitung zur falschen Aussage nicht nachweisbar, aber für den Anwalt als Organ der Rechtspflege ist schon das verbleibende Minus belastend, — weil vertrauensgefährdend — daß er den Anschein der unzulässigen Beeinflussung nicht genügend vermieden hat.

Die Möglichkeit einer mißbräuchlichen Anwendung der Anscheins-Norm ist durch vorstehende Hinweise auf praktische Fälle schon angedeutet. Jede häufig angewendete Rechtsnorm droht zu erstarren, den Zusammenhang mit ihrem Sinn und Zweck zu verlieren. Die Gefahr liegt bei dieser Norm umso näher, als jede Anzeige einer Pflichtverletzung auf den Tatbestand des Verdachts, des Anscheins einer Pflichtverletzung hinweist. Dies liegt im Wesen der Anzeige. Dies darf aber nicht dazu führen, bei Nichtvorliegen des inkriminierten Tatbestandes wegen des unleugbar auf alle Fälle verbleibenden Restes — des Anscheins eines strafbaren oder standeswidrigen Verhaltens — den Tatbestand der schuldhaften Anscheinserweckung leichtherzig festzustellen.

Die Anscheins-Norm ist also eine bequeme und darum gefährliche Waffe in der Hand der Disziplinarorgane. Es ist

---

[128]) EGH. 24 S. 30.
[129]) EGH. 16 S. 353.

so einfach festzustellen und sieht aus fast wie eine Freisprechung, oder doch wie eine Ehrenerklärung, wenn dem Angeklagten bescheinigt wird: Du hast zwar nicht unterschlagen, nicht gewuchert, nicht zum Meineid verleitet, mindestens war dir dies nicht nachzuweisen, aber du hast fahrlässigerweise den Verdacht der Unterschlagung, des Wuchers usw. erregt. Um so vorsichtiger und verantwortungsbewußter ist diese Waffe zu handhaben. Noch größer als da, wo die Anzeige sich positiv als unbegründet erweist, ist die Gefahr eines Mißbrauchs da, wo zwar nicht die Schuld, aber auch nicht die Unschuld erwiesen ist. Der verbleibende Verdacht, der gemäß dem Grundsatz „in dubio pro reo" zur Verurteilung nicht genügen würde, könnte hier dazu verführen, jedenfalls die Verdachtsstrafe zu verhängen. Das „semper aliquid haeret", das in der Strafrechtspflege höchstens als moralischer Makel an dem Freigesprochenen haften bleibt, darf nicht im Disziplinarrecht als verbleibender Minus-Tatbestand gewohnheitsmäßig und schematisch zur Bestrafung führen. Auch als scheinbare Milde darf sich der Mißbrauch nicht verkleiden. Es ist der Inhaber der disziplinären Aufsichts- und Strafgewalt, die über Kollegen geübt wird, nicht würdig, kompromißartig Rügen oder Strafen zu verhängen. Entweder — oder! Das Richtschwert fahre hernieder mit gerechter Schärfe oder gar nicht! Man kennt aus der kriminellen Strafpraxis analoge Beispiele. Der Richter straft in Zweifelsfällen lieber aus der milden, als aus der härteren Vorschrift. Z. B. lieber wegen versuchten als wegen vollendeten Delikts, lieber wegen Körperverletzung als wegen Totschlags, wo ihm Strafwürdigkeit vorzuliegen scheint, er daher nicht freisprechen, sondern eine „angemessene" Strafe verhängen will. Die Verführung, nach diesem Beispiel zu verfahren, liegt im Disziplinarverfahren umso näher, als diese Ahndung der Verdachtserregung zugleich eingekleidet zu sein pflegt in eine Art Freisprechung von dem angezeigten Delikt selbst — „dem A. konnte zwar nicht nachgewiesen werden, daß . . .; mindestens hat er aber in fahrlässiger Weise den Anschein nicht vermieden, daß . . . " — und der verbleibende Rest sehr häufig unter Einstellung des ehrengerichtlichen Verfahrens lediglich aufsichtlich „mißbilligt" wird.

Es muß rechtsgrundsätzlich möglich sein, formale, allgemein gültige Grenzen der Anwendbarkeit der Anscheinsnorm zu ziehen. Sie ergeben sich aus deren Zweck in Verbindung mit allgemeinen Rechtsgrundsätzen. Die Verpflichtung zur Wahrung des guten Scheins ist geschaffen wegen der Gefahr der Mißdeutung alles anwaltlichen Handelns. Der Anwalt berechne daher bei jeder beruflichen Handlung deren Wirkung nach außen, damit er diese Gefahr vermeide! [130]) Sie ist aber nicht immer vermeidbar. Auch nicht bei größter Vorsicht. Dies zeigt die überaus große Anzahl unbegründeter Anzeigen. Solche werden auch gegen tüchtige und sittlich hochstehende Anwälte erstattet. Der Verdacht der Pflichtwidrigkeit ist eine fast unvermeidlicbe Begleiterscheinung des Anwaltsberufs, dessen fast notwendiger Reflex auf Dritte.

Der, der den Prozeß verloren hat, neigt dazu, dies dem pflichtwidrigen Verhalten seines Anwalts zuzuschreiben; diese Neigung pflegt zu bedrohlicher Stärke anzuwachsen, wenn der Klient die Kostenrechnung erhält. Hinwiederum stellt sich auch bei den armen Parteien der Verdacht, dem nichtbezahlten Mandate sei weniger Eifer gewidmet worden als dem bezahlten, fast gesetzmäßig ein. Der Anblick von Gebührenrechnungen verführt argwöhnische Parteien — und solche gibt es viele — zu dem Verdacht der Gebührenüberhebung oder doch der Kostenmacherei — trotz Pauschalsystem. Ein Antrag mit Vorbehalt der Begründung, ein formales Verhandeln mit darauf folgendem Vertagungsantrag kann den Verdacht erregen — auch bei Richtern und Gerichtsschreibern —, als sei der Akt geleistet worden ohne sachliche Notwendigkeit, um die Gebühren erwachsen zu lassen.

Bekanntlich kommt derartiges auch vor. Man muß es, wo es sich ereignet, grundsätzlich mißbilligen, darf aber nicht verkennen, daß es Fälle gibt, wo diese Art des Vorgehens erst

[130]) EGH. 25 S. 38: „Der Rechtsanwalt soll alles vermeiden, was auch nur den Anschein erwecken kann, daß er seinen Beruf wie ein Gewerbe ausübe."

zu einer gerechten Vergütung der Arbeit des Anwalts führt. Dies gilt besonders von der kontradiktorischen Formalverhandlung nach Schriftsatzwechsel. Die Pauschgebühr für mündliche Verhandlung ist infolge der allmählich eingetretenen Wandlung des Prozeßverfahrens — Vordringen des schriftlichen Verfahrens — wirtschaftlich das Entgelt für den Wechsel der Schriftsätze geworden (die infolge Wegfalls der Plädoyers vielfach eingehender und ausführlicher sein werden als bei sicher zu erwartender mündlicher Verhandlung), mag dies auch im geschriebenen Recht noch nicht zum Ausdrucke kommen. Selbst bei vielen Richtern hat sich diese Anschauung praktisch durchgesetzt. Welchen Sinn hätte sonst die häufig bei zweifellos erfolgender Vertagung vom Richter gestellte Frage: „Wollen die Herren verhandeln?"; oder gar die Frage nach erfolgter Vertagung: „Sollen die Anträge als verlesen gelten?"! Der von der Gebührenordnung geregelte Akt wird fingiert, eine Scheinverhandlung ins Werk gesetzt, damit die Anwälte zu ihrer wohlverdienten Vergütung kommen. (Auch dies ist übrigens ein interessanter Fall von Kryptosoziologie; nur findet hier nicht statt, zwecks Erzeugung des Anscheins der Gesetzlichkeit, Anwendung eines Gesetzes auf einen feststehenden Tatbestand, sondern Anpassung des Tatbestandes an eine starre Gesetzesvorschrift.) Wer wollte hier die Richter der Beihilfe zu einer standeswidrigen oder gar stafbaren Handlung zeihen? Von dieser materiellen Rechtsfrage abgesehen: Wer wird die rechtswidrige Ansicht dem Anwalt nachweisen bei der äußerlichen Gleichartigkeit aller einschlägigen Fälle?

Im Grunde ist aber der Verdacht, der sich an jede Gebührenrechnung heftet, nur eine Erscheinungsform der wiederholt konstatierten tragischen anwaltlichen Berufsproblematik, die darin begründet ist, daß ein idealer Beruf Geldquelle ist. Die Quelle soll von selbst fließen, die Arbeit nicht geleistet werden, um sie fließen zu machen. Aber Geld hat nun einmal, solange die arbeitenden Menschen nicht so ideal sind, wie sie es gemäß der berufsethischen Forderung sein sollen, die gesetzmäßige Tendenz, zum Arbeitszweck zu werden. Es wäre ethischer Rigorismus, vor dieser Wirklichkeit die Augen zu verschließen. Die Aufsichtsorgane aber dürfen nicht in einer Scheinwelt agieren. Sie müßten konsequenter Weise sonst bei jeder bezahlten Anwaltstätigkeit wegen des Verdachts, daß die Arbeit um des Entgelts willen verrichtet worden sei, einschreiten. Richtig darf dies nur in den Ausnahmefällen geschehen, in denen zu dem naturgegebenen Anschein der händlerischen Ausnützung des Berufs ein schuldhaft verursachtes Plus hinzukommt. „Es darf nicht dahin kommen, daß der Rechtsanwalt sich scheuen sollte, als pflichtgemäß erkannte, erlaubte Handlungen vorzunehmen nur deshalb, weil sie gebührenpflichtig sind und jemand das Streben nach Gebühren als den eigentlichen Zweck der Handlungen argwöhnen könnte“ [131]). Wo jenes Plus fehlt, fehlt der Tatbestand einer rechtswidrigen Handlung. Die Erregung des Anscheins standeswidrigen Verhaltens ist grundsätzlich nicht rechtswidrig, wo dieser Anschein schon in der anwaltlichen Arbeitsverfassung begründet liegt. Es ist dies die wichtigste generelle Schranke der Anwendung der Verdachtsnorm.

Solche verfassungsmäßig begründete Verdachtserwekkungen betreffen nicht nur die wirtschaftliche Seite der Anwaltsarbeit, die Vergütung. Auch die Arbeitsleistung selbst, die in der Regel Kampf gegen Gerichte, Behörden und Private zur Durchsetzung einseitiger Parteiansprüche ist, führt zu berufsnotwendigen Kollisionen und damit zu dem Anschein der Verletzung einer der kollidierenden Pflichten, z. B. der Pflicht der Wahrheit [132]), der Pflicht der Gesetzestreue [133]), der Pflicht der auch dem Gegner geschuldeten Rücksichtnahme, der Pflicht der dem Gericht geschuldeten Achtung, der Pflicht der gegenüber dem Gegenanwalt angebrachten Kollegialität, aber auch der Pflicht der der eigenen Partei geschuldeten Hingabe, die

[131]) EGH. 16 S. 370.

[132]) Anschein der Prozeßlüge bei Nicht-Zugeständnis oder generellem Bestreiten.

[133]) Anschein der „Rabulistik“, der „Rechtsverdrehung“.

ungenügend erscheinen kann wegen zu großer Rücksichtnahme auf den Gegner, den Gegenanwalt, das Gericht.

Auch dies ist spezifische Berufstragik. Der Anwalt befindet sich berufsmäßig im Zustande der Pflichtenkollision. Seiner Gewissenhaftigkeit bleibt die jeweilige Entscheidung überlassen. Leidet das Ansehen des Standes bei demjenigen, der durch eine anwaltliche Kampfhandlung sich verletzt fühlt, so ist dies in Kauf zu nehmen. Anders verfahren, hieße dem tüchtigen Anwalt seinen Kampfeifer nehmen, also die Leistungsfähigkeit — und damit die wichtigste Grundlage des Ansehens und der Vertrauenswürdigkeit des Standes — in ihrem Kerne gefährden. Mißdeutungen der Tätigkeit eines Anwalts in solchen Fällen dürfen daher nicht mit polizeilicher Engherzigkeit verfolgt werden.

Hieher gehört also auch das Problem der notwendigen Reklamewirkung jeder Anwaltsleistung, besonders der in der und gegenüber der Öffentlichkeit sich abspielenden: der Führung von Verteidigungen, besonders in Sensationsprozessen, des Auftretens in Versammlungen, literarischer Leistungen. Wo Reklamewirkung ist, ist der Verdacht der Reklameabsicht naheliegend, aber nicht zu vermuten. Vollends aber ist nicht zu vermuten fahrlässige Nichtvermeidung der Reklamewirkung. Nicht einmal aber die Absicht ist, wenn die betreffende Berufshandlung selbst eine rechtmäßige war, strafbar — so wenig wie die Absicht, durch ein rechtmäßig erworbenes und verrichtetes Mandat Geld zu verdienen, an und für sich schon strafbar sein kann. Denn wegen nicht standesgemäßer Gesinnung ist der Anwalt nicht strafbar, wenn deren Äußerung legitim ist.

Bei so gelagertem Tatbestand aber darf auch nicht Bestrafung erfolgen aus der „milderen" Norm, nämlich wegen schuldhafter Erweckung des Anscheins unzulässiger Reklame. Dieser Tatbestand ist nur verwirklicht, wenn ein Plus an Reklame über die legitime Wirkung hinaus betätigt wird, z. B.

geflissentliches Lancieren des Namens in die Presse, fabrikmäßige Veröffentlichung inhaltlich belangloser Zeitungsartikel.

Ein ähnliches Problem ist das des Prävarikationsverdachts, der dadurch erregt wird, daß der Anwalt vermittelnd tätig ist. Die Erregung des Verdachts der Vertretung widerstreitender Interessen ist bei der dem Anwalt berufsmäßig gestatteten vermittelnden Tätigkeit naturgegeben und darum nicht rechtswidrig. Ein zum Verschulden anzurechnendes Plus muß hinzu kommen, z. B. ein nicht genügend deutliches Betonen des Vermittlungscharakters der Tätigkeit.

In gleicher Weise kann die Kollision zwischen der Kollegialitätspflicht und der Pflicht, für den Mandanten einzutreten, zu Mißdeutungen entweder nach der einen oder nach der anderen Richtung führen. Die Mißdeutung des konzilianten Tons bei Verhandlungen in Gegenwart der Parteien, die darin einen Mangel an dem ihnen geschuldeten Kampfeseifer sehen, muß in Kauf genommen werden, vollends ein freundschaftlicher Verkehr zwischen den streitenden Anwälten nach der Verhandlung. Bekannt ist die Erzählung von dem Bauern, der seinem Anwalt das Mandat kündigen wollte, weil der Anblick einer im Wirtshaus gemeinschaftlich eingenommenen fröhlichen Mahlzeit der beiden Anwälte bei ihm den Anschein eines pflichtwidrigen Zusammenspielens zum Schaden seiner Sache erweckte; auch diese Anscheinerweckung war nicht rechtswidrig.

Der Ehrengerichtshof hatte wiederholt Gelegenheit, Urteile von Ehrengerichten in Fällen ähnlicher Art aufzuheben, wo die Erregung des bösen Scheins deshalb nicht rechtswidrig war, weil sie unvermeidlich mit der betreffenden Handlung verbunden war. So hat er [134]) einen Anwalt, der seinen ehemaligen Sozius verklagt hatte, entgegen dem Erstrichter, der wegen des Anscheins persönlicher Gehässigkeit verurteilt hatte, freigesprochen, wobei er dahingestellt sein ließ, ob nicht in dem Vorgehen des Angeklagten eine Taktlosigkeit zu erblicken sei. Den Fall anders beurteilen hieße, in der nun ein-

[134]) EGH 16 S. 181.

mal gegebenen Kollision zwischen der Kollegialitätspflicht und eigenen Ansprüchen der ersteren grundsätzlich den Vorrang geben. Aufhebung des erstrichterlichen Urteils erfolgte auch in folgendem Fall [135]): Das Ehrengericht hatte einen Anwalt, der als Pflichtverteidiger einen Formalantrag auf Zurückweisung der Anklage gestellt hatte, wegen Erregung des Anscheins, um der Gebühren willen eine unnötige Handlung geleistet zu haben, gestraft, nachdem er im vorangegangenen Strafverfahren (§ 352 StGB.) freigesprochen worden war. Typische Reihenfolge: Freisprechung im Strafverfahren, ehrengerichtliche Verurteilung wegen Verdachtserregung. Der EGH. sprach frei, weil der Anwalt bei pflichtmäßigem Ermessen den Antrag stellen durfte, auch wenn dieser den Gerichtsschreibern und dem Gericht unnötig erschien und auch objektiv unnötig war. Der Pflichteifer des Anwalts würde sonst ungebührlich gelähmt werden.

Als weiterer Grund hätte noch beigefügt werden können: Die eigentliche Ratio der Verdachtsstrafe, die Vertrauensgefährdung hat hier gefehlt. Dem Gerichtspersonal — Gerichtsschreibern und Richtern — ist nicht ein gleich hoher Grad von Mißdeutungsneigung und Urteilsunfähigkeit gegenüber dem Anwalt zuzubilligen, wie dem großen Publikum.

Auch diese Schranke ist bei der Anwendung der Verdachtsstrafe zu beachten. Es kommt darauf an, bei wem der Anschein der Pflichtwidrigkeit erregt wird. Auszugehen ist von einer normalen Urteilsfähigkeit hinsichtlich anwaltlicher Betätigung. Der Grad dieser Fähigkeit ist allerdings ein geringer. Das Gerichtspersonal hat überdurchschnittliche Urteilsfähigkeit in rechtspfleglichen Dingen. Mindestens ist ihm Verständnis für spezifische Anwaltspflichten zuzumuten.

Vollends und selbstverständlich gilt dies von den Anwälten selbst: Verdachtserweckung bei ihnen erfüllt nur in besonders streng zu prüfenden Ausnahmefällen den rechtswidrigen Tatbestand.

Das Gleiche aber muß gelten auch bei abnorm tief stehen-

[135]) EGH. 16 S. 370; dazu treffend M. Friedländer AV. Nachr. 3 S. 86.

der Urteilsfähigkeit. Verdachtserweckung bei einem krankhaften Querulanten oder bei einem offensichtlich böswilligen Menschen kann nicht zur Bestrafung führen. Vor derartigen Mißdeutungen kann auch gewissenhafteste Berufsausübung nicht schützen. Der Anschein der Pflichtverletzung in solchen Fällen ist disziplinarrechtlich nicht erheblich. Es fehlt der objektive Tatbestand. Strafbar kann nur eine fahrlässige Scheinerweckung sein, die auch bei Menschen von normaler Urteilsfähigkeit zu Mißdeutungen geführt hätte. Richtig sagt der Ehrengerichtshof: „Die Furcht vor dem Schein muß zurücktreten, wenn die der Mißdeutung, namentlich durch dem Anwalt nicht wohlwollende Personen ausgesetzte Handlung durch die Pflicht oder andere wichtige und berechtigte Interessen geboten ist“ [136]).

In allen Fällen der objektiv rechtswidrigen Scheinerwekkung kann Bestrafung nur stattfinden, wenn auch Verschulden vorliegt. Der böse Schein muß bei pflichtmäßiger Überlegung vermeidbar gewesen sein. In den dargelegten Fällen der zwangsläufigen Mißdeutbarkeit, insbesondere der beruflich notwendigen Kollision, muß sich also das Verschulden auf das die Rechtswidrigkeit erst begründende Plus beziehen. Es wird in solchen Fällen allerdings dem Anwalt häufig auch die Pflicht obliegen, für Aufklärung zu sorgen. So bei der leicht mißdeutbaren vermittelnden Tätigkeit. Besondere Vorsicht ist die Pflicht des Anwalts bei allen Honorarvereinbarungen. Wenn der Anwalt mehr verlangt, als die gesetzliche Vergütung, ist der — berufsnotwendig begründete — Verdacht, er verrichte seine Tätigkeit nur um des Entgelts willen, erhöht. Dieses Plus an Verdacht muß er möglichst zu vermeiden suchen.

In kleineren Orten, bei einer geringen Zahl von Anwälten, ist es schwer vermeidlich, daß der Anwalt in die Lage kommt, eine Partei zu vertreten, gegen die er früher einmal aufgetreten ist. Der Anschein des Parteiverrats, des Geheimnisverrats stellt sich in solchen Fällen erfahrungsgemäß fast notwendig ein, kann daher nicht rechtswidrig sein.

[136]) EGH. 16 S. 370.

Anders urteilen hieße: die Anwaltspraxis auf dem Lande durch rigorose Anforderungen ungebührlich erschweren. An den Anwalt der Großstadt können in dieser Beziehung strengere Ansprüche gestellt werden. Schuldhaft kann aber auch die Scheinerregung in einem kleinen Orte sein, wenn — ohne daß objektiv widerstreitende Interessen vertreten würden — der Anwalt bei naheliegender Mißdeutungsgefahr nicht für Aufklärung sorgt, besonders wenn der Tatbestand „derselben Rechtssache" zwar nicht vorliegt, aber leicht vorliegend angesehen werden kann.

Zu ähnlichen Problemen kann der Fall der Vertretung mehrerer Gläubiger durch einen Anwalt führen [137]), überhaupt jede Kumulation von Mandaten, bezw. Ämtern [138]). Hier kann es notwendig werden, auf e i n Mandat, bezw. Amt zu verzichten [139]), um den Verdacht rechtswidriger Handlungsweise zu vermeiden. Häufig aber wird genügen ein — entsprechend verlautbarter — Ausübungsverzicht, insoweit Kollision gegeben ist oder doch als gegeben erscheinen könnte [140]).

Die heutige Standesdisziplin muß notwendig dem aus kollektivistischen und individualistischen Elementen zusammengesetzten Charakter der gegenwärtigen Anwaltsverfassung Rechnung tragen. Solange praktisch eine Arbeitsverfassung nicht verwirklicht ist, bei der die Gesamtanwaltsarbeit als Standesgut nicht nur v o r g e s t e l l t, sondern auch im Sinne der bestmöglichen Erfüllung sowohl des rechtspfleglichen als

---

[137]) EGH. 20 S. 172.

[138]) Einschlägige Fälle werden sich leicht ergeben bei Konkursen, Vergleichsverfahren, außergerichtlichen Arrangements. Z. B. ein Gläubigerausschußmitglied, als solches berufen, Gesamtinteressen zu vertreten, ist Anwalt eines Konkursgläubigers oder -schuldners; der Konkursverwalter, die Vertrauensperson, der Vergleichstreuhänder hat vordem den Schuldner vertreten, vielleicht sogar in dem betr. Verfahren selbst. Der Notar, der einen Sicherungsübereignungsvertrag beurkundet hat, vertritt später im Interventionsprozeß als Anwalt einen Gläubiger (EGH. 20 S. 172).

[139]) EGH. 24 S. 28.

[140]) Z. B. Stimmenthaltung eines Ausschußmitglieds bei Beschlußfassung über Ansprüche seines Klienten, notfalls darüber hinaus Nichtteilnahme schon an der Beratung und Protokollierung des Vorgangs: evtl. Kundmachung an Beteiligte.

des Nahrungszweckes verwaltet wird, ist die Gefahr der Erweckung des Anscheins eines standesschädlichen Verhaltens des einzelnen Anwalts unvermeidlich und darf nicht ein unverbrüchlicher Grundsatz, daß in solchem Konflikte zwischen Individualinteresse und dem Recht des Standes auf Wahrung seiner Vertrauensstellung immer das erstere Interesse zurückzuweichen habe, aufgestellt werden.

V.

Unleugbar sind Schein und Wirklichkeit im Anwaltsrecht in ein Verhältnis unnatürlicher Spannung geraten. Die Welt, in der die Anwaltschaft lebt, hat sich gewandelt. Die offiziellen Vorstellungen aber bewegen sich in einer Scheinwelt. Mühsam hält die Standesdisziplin den Schein ihrer Geltung aufrecht. Dem objektiven Betrachter drängt sich der Eindruck auf, als spiele sich ein sehr erheblicher Teil der Tätigkeit der deutschen Anwälte außerhalb dieser Disziplin, ja im Widerspruch mit ihr ab. Unterbietung wird bestraft, wo sie in das Blickfeld der Standesorgane fällt; es sind Anhaltspunkte dafür vorhanden, als werde der größere Teil aller Anwaltstätigkeit zu Vergütungen unter der Taxe geleistet. Immer unwürdiger wird der Gegensatz zwischen der gesetzlich vorausgesetzten, von der offiziellen Disziplin hochgehaltenen Würde — beruhend auf dem Anschein der geistigen und sittlichen Tüchtigkeit einer auskömmlich beschäftigten, dem Sachwalterdienst entsprechend den sich wandelnden Bedürfnissen der Wirtschaft gewachsenen Anwaltschaft — und der mehr und mehr sichtbaren Qualitätsverschlechterung, Proletarisierung und Kommerzialisierung.

Mit den fast 100 Jahre alten Gneistschen Argumenten ist dieser Not nicht beizukommen. Die „Freiheit der Advokatur", die wir heute meinen, — meinen müssen — verlangt nicht so sehr die Beseitigung der Schranken, die dem Anwalt-Werden derer die es werden wollen und sollen, entgegenstehen, als die Aufrichtung von Schranken gegen die

Anwälte werden nicht wollen und nicht sollen und nicht dürften. Auch heute bedarf es der Schranken, damit jene spezifische Freiheit, die die unerläßliche Bedingung der Leistungsfähigkeit des Standes ist, gewahrt werde. Aber die jeweiligen Maßnahmen der Sicherung der Freiheit richten sich nach den Gefahren, die die Freiheit bedrohen. Um der Szylla der behördlichen Freiheitsbedrohungen zu entgehen, ist das dem Steuer der Zulassungsfreiheit allzu vertrauensvoll sich überlassende Anwaltsschiff der Charybdis der händlerischen und proletarischen Unfreiheit beinahe schon zum Opfer gefallen. Der Trieb und der Zwang, Geld zu verdienen um jeden Preis, gewinnt zusehends die Herrschaft in der Anwaltschaft. Die Freiheit des Erwerbs wird gefordert und geübt — — im gleichen Maße aber hört die Anwaltschaft auf, ein wahrhaft freier Beruf zu sein in dem kulturell-ethischen Sinn, durch den die freien Berufe geschieden sind von den geschäftlich freien Händlern, Kommissionären, Konsulenten und dgl. Die kulturberufliche Freiheit ist nicht Selbstzweck, sie ist Bedingung der Fähigkeit des Standes zur Erfüllung seiner Aufgaben. Wir sehen diese Tüchtigkeit bedroht.

Bei den Problemen, die dieser Gegensatz zwischen Schein und Wirklichkeit aufrollt, handelt es sich in der Tat um Sein und Nicht-Sein des deutschen Anwaltstandes. Die bange Frage erhebt sich: Sind vielleicht dieser Gegensatz zwischen Schein und Wirklichkeit und die Sorge, die er in zunehmendem Maße dem verantwortungsbewußten Teil des deutschen Anwaltstandes bereitet, selbst nur pathologische Symptome des unaufhaltsam sich vollziehenden Untergangs des Standes? Die schöne Selbstverständlichkeit des beruflichen Daseins ist verloren gegangen. Das Grübeln über den Sinn und die Berechtigung des eigenen Daseins pflegt sich da einzustellen, wo eine Erschütterung der Daseinsgrundlagen eingetreten ist. Dies gilt für Individuen und Völker, für Klassen und für Stände. Bekanntlich zeigt sich Philosophie als Massenerscheinung meist bei politisch ohnmächtigen Völkern und suchen nur Herrenklassen, deren Herrentum ins Wanken geraten ist, nach einer ideologischen Fundierung ihres Daseins [141]). Der edle Junker Don Quijote de la Mancha, der Ritter von der traurigen Gestalt, ist die klassische Personifikation eines Daseins, das einem Schein gewordenen Ideal gewidmet ist. Ist vielleicht die Blüte des deutschen Anwaltstandes nur eine Begleiterscheinung der mehr und mehr versinkenden individualistischen und liberalen Epoche der deutschen Wirtschafts- und Gesellschaftsgeschichte gewesen?

Kein um das Wohl des Standes besorgter Anwalt darf an diesen Fragen vorbeigehen. Eine Beantwortung würde eine gründliche und umfassende soziologische Untersuchung erfordern. Aber falsch wäre es zu meinen, als sei die Antwort auf die Frage um Leben und Sterben des deutschen Anwaltstandes nur eine wissenschaftliche Diagnose. Wir glauben nicht, daß die Anwälte Objekte eines sich unabänderlich vollziehenden Schicksals sind. In den vorausgehenden Kapiteln glauben wir gezeigt zu haben, daß die Anwaltschaft es selbst in der Hand hat, sich zum Herrn des sich vollziehenden Wandels zu machen, und daß sie nicht nur ihrem eigenen Interesse dient, wenn sie von dieser Möglichkeit Gebrauch macht.

---

[141]) Vgl. hiezu Wexberg „Zur Psychopathologie der Weltanschauung", Z. f. d. g. Neurologie u. Psychiatrie 96. Bd. S. 295 ff. (1925).

Anwaltstragik und Dichtung.

Von Rechtsanwalt Dr. Max Friedlaender in München.

Es gibt Worte in unserer Sprache, die zum Mißbrauch geradezu vorherbestimmt zu sein scheinen. Dazu gehören Ausdrücke wie „Genie" und „Tragik". Sie wollen etwas Außerordentliches, ein Maximum andeuten und verleiten daher zur Übertreibung, zu mißbräuchlicher Anwendung. Wer solche Begriffe in ernsten Erörterungen gebraucht, muß versuchen diesen Fehler zu meiden und sich selbst Rechenschaft darüber abzulegen, was er mit jenen Worten meint und warum er sich für befugt hält, sie im speziellen Falle anzuwenden.

Dürfen wir von einer „Tragik der freien Berufe", von Anwaltstragik im besonderen sprechen? Wenn man unter Tragik ein schicksalsmäßiges Verhängnis, wesensnotwendige Konflikte, Nöte, Widersprüche versteht und wenn man zu den freien Berufen mit Sigbert Feuchtwanger diejenigen rechnet, deren kulturelle Funktion nur erfüllt werden kann, sofern sie frei von der Fessel des Erwerbstriebs ausgeübt werden, sofern gewerbliche Gesinnung nicht das Motiv der einzelnen beruflichen Handlungen und Unterlassungen bildet, dann erkennt man schon aus der Aneinanderreihung der beiden Begriffe (Tragik und freie Berufe), daß sie irgendwie zusammengehören, daß die freien Berufe ihrem Wesen nach zu tragischen Schicksalen und tragischen Nöten, tragischen Situationen und Konflikten geradezu prädestiniert sind. Das gilt insbesondere von den Ärzten und Anwälten. Bei ihnen spielt die spezielle Berufstragik im

Leben eine außerordentliche Rolle. Bei den Anwälten im besonderen auch aus anderen Gründen als den oben angedeuteten, nämlich wegen der Art ihrer Berufsstellung, wegen der eigenartigen, für ihre Funktion charakteristischen Synthese von Amtstreue und Parteitreue, von Einseitigkeit und Sachlichkeit, die ihr Beruf erfordert und die zu Pflichtenkollisionen, zu Konflikten mit Naturnotwendigkeit führen muß.

Man sollte meinen, daß diese spezielle Berufstragik auch dem Künstler reichen Stoff für seine Werke bieten müßte, insbesondere dem Romanschriftsteller und dramatischen Dichter. Das ist auch zweifellos der Fall. Gleichwohl ist die Ausschöpfung dieses ständig fließenden Quells durch die Künstler, soweit ich das zu überblicken vermag, noch verhältnismäßig spärlich, und das ganz große Kunstwerk, das die Tragik des Anwaltsberufs in einem gewaltigen Bilde wahr und ergreifend darstellt, ist noch nicht geschaffen. Die Aufgabe, den Spuren solcher Stoffe in der schönen Literatur zu folgen, ist nichtsdestoweniger reizvoll und besonders für den Juristen interessant. Sie kann begreiflicherweise hier nur bruchstückweise in Angriff genommen und keineswegs erschöpfend gelöst werden.

Unter den anwaltschaftlichen Problemen drängt sich dem Dichter, der seine Stoffe aus dem Leben schöpft, naturgemäß das Problem der Wahrheitspflicht auf. Der Rechtsanwalt vertritt kraft seines Berufs Parteiinteressen; er gewährt den Klienten seinen Schutz zur Verteidigung gegen Angriffe des Staates oder anderer Parteien, zur Verfolgung oder Abwehr von Ansprüchen. Aber seine Rolle und Aufgabe ist nicht die eines blinden Helfers, eines gleichgeordneten Genossen im Streit, sondern er dient in erster Linie höheren Gebietern, dem Recht und der Wahrheit. Diese Wahrheit ist nun, eben weil der Anwalt zugleich Parteivertreter ist, naturgemäß in besonderem Grade eine relative, subjektive Wahrheit: d. h. der Anwalt ist überwiegend auf diejenigen Tatsachen angewiesen, die ihm die Partei angibt oder deren selbständige Erforschung sie ihm zugänglich macht. Er darf und muß ihr glauben, solange ihm ihr Vorbringen glaubwürdig, vertretbar, nicht unzweifelhaft widerlegt erscheint. Wo da die Grenze liegt, ist oft im Einzelfalle schwer zu bestimmen, und schon auf diesen Grenzgebieten entstehen nicht selten Konflikte zwischen der Treupflicht gegenüber dem eigenen Klienten und der Treupflicht gegenüber dem Recht, der Pflicht zur Wahrhaftigkeit. Aber die schweren, die tragischen Konflikte pflegen erst da einzusetzen, wo an Stelle der Vermutung, des bohrenden Zweifels, die Überzeugung von der Unwahrheit des bisherigen Parteivorbringens tritt, insbesondere da, wo der Klient seinem Rechtsbeistand gegenüber ein Geständnis ablegt, während dem Gegner, dem Richter, der Öffentlichkeit gegenüber noch der Schein der Wahrheit des bisherigen Parteivorbringens fortbesteht. In der juristischen Literatur ist oft die Frage erörtert worden, was der Anwalt in solchen Konfliktsfällen zu tun hat. In Deutschland herrscht seit Jahrzehnten die Meinung, daß er niemals wissentlich die Unwahrheit sagen, niemals wissentlich wahre Tatsachen bestreiten darf. Er darf andererseits das ihm anvertraute Berufsgeheimnis nicht verraten — die seltenen Ausnahmefälle (§ 139 StGB. u. ä.) spielen in diesem Zusammenhang praktisch keine Rolle —, und es ist nun eine — oft sehr schwierige — Frage des Einzelfalles, wie er in concreto diese beiden Pflichten mit einander in Einklang zu bringen hat[1]).

In dem Drama von John Galsworthy, dem Dichter der „Forsyte Saga", das im Englischen den Namen „Loyalties", im Deutschen den Namen „Gesellschaft"[2]) führt, spielt sich — in großen Zügen und unter Weglassung alles

---

[1]) Vgl. hiezu Friedlaender RAO. [3] § 28 Anm. 3.

[2]) Die Übersetzung des Titels ist zweifellos mangelhaft. Loyalty heißt: Treue gegenüber einem Herrn. Der Pluralis soll offenbar die verschiedenen Arten von „Treue" kennzeichnen: die Treue gegenüber dem Klienten, gegenüber der Gesellschaft, die auch gegen Wahrheit und Recht unverbrüchlich zusammenhält, und die Treue gegenüber dem Stande, der die Unwahrheit nicht duldet. Das farblose Wort „Gesellschaft" deutet nur den einen „Lehnsherrn" an, in keiner Weise aber den Konflikt.

hier nicht Interessierenden wiedergegeben — folgende Handlung ab. Im Hause des Gutsherrn Winsor wird einem Gast, dem „Neureichen“ Ferdinand de Levis, aus seinem Schlafzimmer, während er im Baderaum weilte, ein Betrag von 1000 Pfund gestohlen, den er kurz zuvor durch den Verkauf eines Rennpferdes erlöst hatte. Dieses Rennpferd hatte ihm Hauptmann Dancy, der es für ziemlich wertlos hielt, geschenkt. Dancy wohnte in jener Nacht im selben Hause — gleichfalls als Gast —, und sein Zimmer stieß an das Schlafgemach von de Levis. Dieser meldet sofort den Diebstahl dem Hausherrn Winsor, verlangt Alarmierung der Polizei, die nichts findet, und verdächtigt gegenüber dem Gutsherrn und dem gleichfalls als Gast anwesenden General Canynge seinen Nachbarn Dancy des Diebstahls. Dancy ist in Geldverlegenheit, er ist ein unübertrefflicher Springer (kurz zuvor hat er eine Wette mit de Levis dadurch gewonnen, daß er ohne Anlauf auf einen vier Fuß hohen Bücherschrank sprang); der Balkon des de Levis'schen Zimmers ist für einen Sprungkünstler wie Dancy von dem Nachbarbalkon aus — wenn auch nicht ohne Gefahr — zu erreichen, und weitere Indizien sprechen fast zwingend gegen ihn; der General entdeckt sogar noch, daß sein Ärmel durchnäßt ist, offenbar von dem Regen, der gerade in der kritischen Viertelstunde, in der der Diebstahl geschehen sein muß, niederging. Aus dem Gespräch zwischen Canynge und Winsor geht für den Zuschauer klar hervor, daß sie an Dancys Schuld nicht mehr zweifeln. Aber um der „Gesellschaft“, des Klubs, der Ehre des gastlichen Hauses willen spielen sie de Levis gegenüber helle Empörung und die Überzeugung von der Unschuld des Hauptmanns; sie verlangen Stillschweigen, das der Bestohlene nur bedingt verspricht. Ich darf hier schon einschalten, daß de Levis, trotzdem er nichts Unrechtes tut, im Großen und Ganzen unsympathisch, Dancy, obwohl er sehr viel Unrechtes tut, mit manchen sympathischen Zügen gezeichnet ist.

Die Entwicklung nimmt zunächst ihren notwendigen Fortgang. de Levis gewinnt weitere Verdachtsmomente. Er spricht seine Beschuldigung offen aus und hält sie um so schärfer aufrecht, als Dancy ihn maßlos beschimpft. Der Bestohlene lehnt das Duell ab und der Hauptmann ist gezwungen, Beleidigungsklage zu stellen. Die Gesellschaft, die Freunde verlangen es: die innerlich nicht mehr an ihn glauben können und die weiter an ihn glauben. Colford, ein Klubmitglied und Dancys Kamerad, sagt: „Er hat es nicht getan. Aber wenn er es getan hat, ich würde doch zu ihm halten und ihm durchhelfen, so gut ich kann."

Im letzten Akt hat der Prozeß begonnen. Dancys Advokat ist Mr. Jacob Twisden, ein alter, hochangesehener Anwalt, Seniorpartner der Kanzlei Twisden und Graviter, während als Gerichtsanwalt Sir Frederic fungiert. Die Sache scheint anfangs für Dancy gut zu verlaufen. Aber es steht noch die Vernehmung von General Canynge bevor. Der Hausherr Winsor möchte ihn vor seiner Zeugenaussage „aufsuchen", entschließt sich aber auf Anraten des Juniorpartners Graviter zuvor Herrn Twisden hierüber zu befragen. Es entwickelt sich folgendes Gespräch:

Winsor: Nun, es regnete in Meldon an jenem Abend. Der General berührte zufällig Dancys Schulter und sie war naß.

Twisden: Ich nehme an, daß General Canynge nichts sagen wird, wozu er als Zeuge nicht gezwungen ist.

Margaret (eine Freundin des Hauses Winsor): Natürlich nicht; aber, Mr. Jacob, man könnte ihn doch fragen; man weiß, daß es geregnet hat. Und er ist ein solcher Wahrheitsfanatiker.

Twisden: Man hat keinen von Ihnen beiden bisher danach gefragt. Übrigens ist nichts dabei, wenn Sie Dancy aufmerksam machen.

Kurz darauf kommt Winsor — unter vier Augen mit Twisden — auf die Angelegenheit zurück:

Winsor: Mr. Twisden, was glauben Sie wirklich?

Twisden: Ich bin Dancys Anwalt so gut wie der Ihrige.

Winsor: Nun, soll ich Canynge aufsuchen?

Twisden: Lieber nicht.

W i n s o r: Wenn man es aus Canynge herausbekommt und mich wieder vorlädt, muß ich dann sagen, daß er es mir schon damals mitgeteilt hat?

T w i s d e n: Sie haben den Rock nicht berührt? Und Dancy war nicht dabei? Dann gehört das, was Canynge Ihnen sagte, nicht zur Zeugenaussage. Wir werden uns schon gegen eine solche Frage verwahren.

W i n s o r: Gott sei Dank! Leben Sie wohl!

In den nun folgenden Szenen erhält der Advokat Twisden durch zwei Zeugen, die ihn aufsuchen, die absolute Gewißheit von der Schuld seines Klienten. Dieser benötigte die 1000 Pfund zur Abfindung seiner Geliebten, der Tochter des Italieners Ricardos; Dancy war jung verheiratet und seine Frau sollte nichts von den Beziehungen zu Ricardos' Tochter erfahren. Diese ließ eine 50 Pfund-Note bei dem Kaufmann Gilman wechseln und Gilman stellte fest, daß die Note von dem Diebstahl herrührte. Die Nummern waren bekannt. Eine weitere Hundertpfundnote, die ebenfalls von dem Diebstahl stammte, war noch im Besitze von Ricardos. Beide Noten wurden dem Advokaten ausgehändigt.

Zwischen Twisden und seinem Sozius Graviter entwickelt sich folgendes Gespräch:

T w i s d e n: Wir können den Prozeß nicht weiterführen.

G r a v i t e r: T—t . . . . . Herrgott! Es ist eine entsetzliche Sache für seine Frau.

T w i s d e n: Ja.

G r a v i t e r (das Kuvert mit den Noten berührend): Der Zufall hat das hergebracht. Der Mann wird nicht reden — er ist zu sehr eingeschüchtert.

T w i s d e n: Gilman —?

G r a v i t e r: Zu achtbar. Wenn man de Levis diese beiden Noten und den Rest des Geldes anonym zusenden würde?

T w i s d e n: Aber der Prozeß, Graviter, der Prozeß!

G r a v i t e r: Was hat sich daran geändert? Ich habe das alles doch schon früher vermutet.

T w i s d e n: Vermuten und Wissen — ist ein großer Unterschied. Wir haben unsere Pflicht unserem Berufe gegenüber zu erfüllen und unser Beruf ist ein hoher. Von der Anständigkeit des Advokaten hängt sehr viel ab.

Graviter: Jetzt wird er angeklagt werden. Er hat uns seine Sache anvertraut.

Twisden: Unter Voraussetzung seiner Schuldlosigkeit haben wir sie bisher vertreten. Wir dürfen alles tun, um unserem Klienten zu nützen, aber nichts, um seinen Gegner unschuldig verurteilen zu helfen. Unmöglich, die Sache jetzt weiterzuführen.

Graviter: Nein, das wird nicht geh'n. — Bei Gott, ich habe keine Lust, diesen Prozeß zu verlieren und auch noch einzugestehen, daß wir eine schlechte Sache geführt haben.

Twisden: Unmöglich, die Sache weiterzuführen. Abgesehen von uns, da ist doch noch Sir Frederic. Wir müssen es ihm offen sagen — können ihn nicht im Dunkeln lassen. Vollkommenes Vertrauen zwischen dem vorbereitenden Anwalt und dem Gerichtsbevollmächtigten ist das Um und Auf unserer Berufsehre.

Graviter: Was wollen Sie also tun, Mr. Twisden?

Twisden: Dancy sofort sprechen. Rufen Sie ihn an.

Twisden läßt sich auch durch das Mitleid mit Frau Dancy, die ahnungslos ist, in seinem Entschluß nicht erschüttern, während Graviter sofort „umgestimmt" wird. Twisden will gleich Sir Frederic verständigen, veranlaßt aber inzwischen noch Recherchen nach Ricardos' Tochter, um ja äußerste Vorsicht walten zu lassen; sie bekräftigen die bisherigen Ergebnisse. Dancy erscheint bei seinem Advokaten und gesteht auf den ersten Vorhalt alles; er bestätigt auch die psychologische „Rechtfertigung" des Diebstahls, die Twisden vermutungsweise andeutet: „Ich stelle mir vor, daß Sie in einem unüberlegten Augenblick ein Bravourstück leisten wollten; vielleicht hatten Sie die Empfindung, daß das Geld von Rechts wegen ebensogut Ihnen gehörte wie de Levis, weil Sie ihm ja die Stute geschenkt hatten — daß Sie eine Ehrenschuld abtragen wollten an diese — Dame und, zweifellos, um Ihre Frau davor zu bewahren, daß sie es von diesem Ricardos erfahre."

In der nun folgenden Szene rät Twisden seinem Klienten dringend, da seine Ehre doch nicht mehr zu retten ist, ins Ausland zu fliehen, nach Marokko, wo Krieg herrscht. „Wir wollen unser Möglichstes tun, um die Verfolgung hintanzuhalten oder doch zu verzögern." Dancy bittet um Bedenkzeit. Inzwischen hat Sir Frederic, ohne Dancy vorher zu benachrichtigen, in der Verhandlung seine Vertretung niedergelegt mit der Begründung, daß ihm „nach der Veröffentlichung der Nummern der Noten eine Mitteilung zugegangen sei, die ihn gezwungen habe, die Vertretung niederzulegen." Colford, der Kamerad Dancys, ruft, nachdem er diese Nachricht Mr. Twisden überbracht hat, dem Advokaten zu: „Schuldig oder unschuldig. Sie hätten zu ihm halten sollen — das ist nicht loyal, Mr. Twisden."

Twisden: Sie müssen mir schon gestatten, selbst darüber zu urteilen, was in einem so schweren Falle meine Pflicht war.

Colford: Ich dachte, daß man sich auf seinen Anwalt verlassen könnte.

Canynge: Colford, Sie verstehen nichts von Berufsehre.

Colford: Nein, Gott sei Dank!

Twisden: Meine Pflicht meinem Stande gegenüber wiegt schwerer als die Pflicht dem Freunde oder dem Klienten gegenüber.

Colford: Aber ich diene dem Lande.

Twisden: Und ich dem Gesetz, mein Herr.

Bald darauf erscheint de Levis. Er hat erfahren, daß ein Haftbefehl unterwegs sei. Er hat das nicht gewollt, verzichtet auf alles, auf das Geld und die Kosten. Dancy schweigt. Er scheint die Ermahnungen seiner Freunde zur Flucht nicht zu hören. Nach einer Szene mit seiner Frau, die hier nicht interessiert, erschießt sich Dancy, als die Polizei eben die Wohnung betreten hat, um ihn zu verhaften.

Ich habe den Inhalt dieses Stückes ziemlich ausführlich wiedergegeben, weil nicht nur die darin behandelten Standesfragen, sondern auch viele Nuancen der Handlung ungemein interessant und lehrreich sind.

Unter Zugrundelegung unserer deutschen Anschauungen kann es keinem Zweifel unterliegen, daß die Rechtsanwälte Twisden, Graviter und Frederic standesrechtlich verpflichtet waren, den Standpunkt, daß Dancy die 1000 Pfund nicht gestohlen habe, nicht mehr aufrecht zu erhalten, sobald sie wußten, daß diese Behauptung eine Lüge sei. Aber daraus folgt noch nicht, daß sie so handeln mußten, wie sie es getan haben. Sir Frederic, den wir im Stück nicht persönlich kennen lernen, hätte nie und nimmer mit der Begründung, mit der er es getan hat, sein Mandat niederlegen und dadurch den Klienten unrettbar preisgeben dürfen. Er mußte alles tun, um den Konflikt zwischen Wahrheits- und Schweigepflicht, in den er plötzlich versetzt war, unter möglichster Schonung seiner beiden „Treugeber" — Recht und Partei — zu lösen. Er konnte — immer vom Standpunkt der deutschen Verhältnisse aus beurteilt — die Verhandlung unter einem tunlichst unauffälligen Vorwand unterbrechen lassen, mit Mr. Twisden und Dancy beraten, de Levis heranziehen und die Sache auf Grundlage der Wahrheit regeln oder ihre Regelung mit Geschick, Offenheit und Ritterlichkeit versuchen. de Levis' späteres Verhalten hat ja gezeigt, daß solche Versuche nicht von vorneherein aussichtslos waren. Unter allen Umständen mußte er die Mandatsniederlegung so gestalten, daß sie möglichst gar keine oder keine entscheidenden Schlußfolgerungen zu Ungunsten seines Klienten zuließ. Er durfte nichts als wahr auch nur andeuten, was außerhalb der bisherigen Beweisergebnisse des öffentlichen Verfahrens lag.

Auch Mr. Twisden hat sich nach unseren Begriffen keineswegs einwandfrei verhalten. Die Unterhaltung mit Winsor und Canynge gab ihm bereits so wichtige Indizien für die Schuld seines Klienten in die Hand (die er bedenkenlos zu vertuschen bereit war), daß seine spätere Bemerkung, er habe Dancy bisher nur unter der Voraussetzung seiner Schuldlosigkeit vertreten, nicht sehr überzeugend wirkt. Freilich muß man beachten, daß auch diese Vorgänge sich bereits während der Hauptverhandlung abspielten und daß bloßer Verdacht den Anwalt in solcher Situation nicht veranlassen darf, seinen Klienten im Stich zu lassen. Insofern ist also das Problem vom Dichter ganz richtig gesehen, wenn er nach Entdeckung der Wahrheit den Advokaten zu seinem Sozius sagen läßt: „Vermuten und Wissen ist ein großer Unterschied." Was uns bei der vorausgehenden Unterredung (mit Winsor und Canynge) nicht gefällt, ist nur der Versuch, den wahren Tatbestand positiv zu verdunkeln. Dabei soll die Schwierigkeit der Situation, in der sich Twisden — nach unseren Begriffen — schon bei jener Unterhaltung befinden mußte, nicht verkannt werden. Es ist jenes Übergangsstadium vom unbehaglichen Tasten und Umherirren unter Halbwahrheiten zum tragischen Konflikt bei plötzlicher Erhellung der vollen Wahrheit, jenes Grenzstadium, von dem oben in der Einleitung bereits die Rede war. Vielleicht sieht es der Engländer etwas anders. Denn „wir dürfen", sagt Twisden als Sprecher des Standes, „alles tun, um unserem Klienten zu nützen, aber nichts, um seinen Gegner unschuldig verurteilen zu helfen." Diese Einstellung, die das ganze Problem etwas zu verschieben scheint, gibt wohl auch die Erklärung dafür, daß Mr. Twisden, der pflicht- und standestreue Advokat, unbedenklich seinem Klienten zur Flucht verhelfen, daß er ihn der strafrechtlichen Verfolgung mit allen Mitteln entziehen will. In Deutschland wäre dies eine schwere Verfehlung.

In der entscheidenden Frage — darf der Anwalt sein Mandat niederlegen, wenn er weiß, daß der Klient schuldig ist, während Gericht und Gegner seine Beweismittel (Geständnis, Urkunden etc.) noch nicht kennen? — in dieser Frage steht nach meinem Empfinden der Dichter des Dramas n i c h t auf seiten der anwaltschaftlichen Standesmoral. Aber sein Stück kann zu einer Verurteilung dieser Moral schon deshalb nicht führen, weil das Standesrecht ein s o l c h e s Verhalten, wie es die Anwälte hier an den Tag gelegt haben oder zu betätigen gewillt waren, gar nicht vorschreibt. Das

Recht, dem der Anwalt zu dienen hat, schreibt ihm auch noch andere Pflichten vor als die Wahrheitspflicht; ist ihm auch die Lüge — selbst um der Treue gegenüber dem Klienten willen — nie erlaubt, so umfaßt doch anderseits diese Treupflicht auch die Verpflichtung zur Verschwiegenheit. Dadurch, daß diese beiden Pflichten (Wahrheit und Berufsgeheimnis) im Falle Dancy gegen de Levis mit einander kollidierten, entstand bei richtiger Betrachtung für die Anwälte der schwerste tragische Konflikt[3]).

Auf das Galsworthy'sche Stück, dessen Problemstellung s. Z. besonders in Deutschland viel Aufsehen erregte, bezieht sich offenbar eine Anspielung, die gegen Ende des Romans Laudin und die Seinen von Jakob Wassermann vorkommt. Dieser Roman behandelt das Schicksal eines bedeutenden und erfolgreichen Anwalts (Laudin) und wir erfahren viel von seinem Berufsleben, seinen beruflichen Beziehungen, Einblicken und Leiden. Dennoch steht das Familienleben des Titelhelden — wie schon der Name des Romans andeutet — durchaus im Vordergrunde. Der spezifisch anwaltliche Konflikt, die anwaltschaftliche Tragik, kommen nur gelegentlich — gewissermaßen als Streiflichter — vor, und soweit sie schließlich doch die eigentliche Handlung bestimmend beeinflussen, sind sie vorwiegend allge-

[3]) Unter den Äußerungen, die vor mehreren Jahren in der juristischen Literatur über das Galsworthy'sche Stück erschienen, sind besonders interessant: die beiden Aufsätze von Adolf Bachrach, dem bekannten, jüngst verstorbenen österreichischen Rechtsanwalt („Recht, Gesellschaft, Ehe", Wien 1926, S. 5 ff. u. S. 11 ff.). Bachrach ist der Meinung, daß die Advokaten ihren Klienten unter keinen Umständen im Stich lassen durften; er stellt die Treue zum Klienten über die Treue gegen Wahrheit und Recht. Anderseits ist er der Meinung, daß der Dichter selbst die Handlungsweise der Anwälte für die richtige halte. Er bleibt bei dieser Ansicht, nachdem ihm Galsworthy auf die Übersendung des ersten Aufsatzes geantwortet hat: „Tatsächlich hatte ich einen bestimmten englischen Fall im Sinne, der sich vor vielen Jahren hier zutrug und der sich auf die Frage bezog: treu gegenüber dem Gesetz oder dem Klienten. Ein Präzedenzfall." Mir scheint, daß man aus dieser Äußerung über die Frage, welchem Standpunkt die Sympathien des Dichters gelten, nichts entnehmen kann; aus der Dichtung selbst glaube ich ein anderes Urteil herauszuhören, als Bachrach.

meiner Natur: Mißbehagen infolge der vielfach einseitigen Funktion des Anwalts, der Halbwahrheiten des praktischen Rechtslebens, Verzweiflung über die Unzulänglichkeiten des an die Gesetze gebundenen Rechts h e l f e r s, der nicht zugleich Gesetz g e b e r sein darf, sondern den Gesetzen gehorchen muß. Aus diesen allgemeinen Empfindungen heraus. nicht wegen einer speziellen Pflichtenkollision, legt Laudin zum Schluß in einem großen Zivilprozesse ungeachtet seiner nahen Beziehungen zu den in diesen Rechtsstreit verwickelten Personen plötzlich die Vertretung nieder, um kurz danach auch seinen ganzen Anwaltsberuf aufzugeben.

In demselben Absatz, in dem Wassermann auf das Galsworthysche Drama, ohne es mit Namen zu nennen, anspielt, sagt er mit Bezug auf die am Tage der Verhandlung und im Gerichtssaal von Laudin erklärte Mandatsniederlegung folgendes:

„Kein Zweifel, er hätte einen anderen Weg wählen können, um den Zweck zu erreichen, der ihm vorschwebte und von dem er sich allerdings genaue Rechenschaft aus irgendwelchen Gründen nicht ablegte. Einen minder öffentlichen, minder provokanten und geschäftig übelwollender Nachrede minder ausgesetzten Weg. In einer gleichmütigeren, sozusagen trivialeren oder in gewisser Hinsicht weltlicheren Verfassung hätte er sicher denselben Bedenken Raum gegeben, deren sich, nachher freilich, auch die bestgesinnten unter seinen Freunden nicht entschlagen konnten.“

Aus diesen Sätzen erkennt man, daß den Dichter ein sicheres Gefühl für die richtige Problemstellung und den Weg zur Lösung leitet: der Konflikt zwischen der Wahrheitspflicht (deren Anforderungen von Laudin zweifellos in einer dem praktischen Leben nicht mehr entsprechenden Weise überspannt werden; was er von sich verlangt, ist mehr als was wir in diesem Zusammenhange Wahrheit nennen, es ist die volle innere Ehrlichkeit gegen sich selbst, die Treue gegenüber dem eigenen Ich) — der Konflikt zwischen der Wahrheitspflicht also und der Treupflicht gegenüber dem Klienten darf nicht einfach durch rücksichtslose Befolgung einer dieser

Pflichten umgangen, sondern er muß erkannt und mit möglichster Schonung „beider Teile“ — der Wahrheit und des Klienten — gelöst werden.

Was sonst noch in diesem Anwaltsroman von spezifisch anwaltschaftlichen Nöten oder anwaltschaftlichem Konfliktsstoff vorkommt, ist kaum von Bedeutung und wird von den meisten Lesern schwerlich beachtet werden. Dazu rechne ich eine der ersten Szenen aus der Episode mit Brigitte Hartmann, der Witwe eines Mannes, der nach neunjähriger, nicht gerade glücklicher Ehe die Karoline Lanz kennen und lieben lernte, dann mit ihr zusammgelebt hatte und eines Tages plötzlich gestorben war. Er hatte — noch in seiner ehelichen Wohnung — ein Testament geschrieben und hinterlassen, durch das er den größten Teil seines Vermögens seiner Freundin Karoline vermachte. Als er starb, war dieses Testament verschwunden. Laudin wurde von dem Bruder der Karoline Lanz ersucht, deren Vertretung zu übernehmen, und es galt nun, die Brigitte Hartmann der Entwendung des Testaments, dessen sie dringend verdächtig war, zu überführen. Sie weiß angeblich von nichts, ihr Schuldbewußtsein treibt sie aber immer mehr zu unüberlegtem Verhalten, zu halben, wenn auch ungewollten Geständnissen.

Eines Tages geht Brigitte — wie sie selbst sagt: auf dem Wege zu ihrem eigenen Sachwalter — ungerufen zu Laudin. Ihr Gewissen, beteuert sie, sei rein. Sie erwarte die gerichtliche Klage mit aller Ruhe. Aber sie wolle im Interesse ihrer Kinder womöglich die Kosten eines Anwalts sparen und, da ihr Dr. Laudin als ein gerecht denkender Mann bekannt und sie selbst guten Willens sei, so wolle sie versuchen, sich mit der Lanz „nach Tunlichkeit zu vereinbaren“.

> „Es war ein verworren klingendes, obschon sicherlich vorher erwogenes Drauflosreden, Mischung von allen möglichen schlau verhehlten Absichten, Widerspiel von Geiz und Vorsicht, Lüge und Furcht, Respekt vor dem peinlichen Apparat des Rechts und Bemühung, ihm durch List zu entgehen, Bereitwilligkeit und, im selben Satz, Einschränkung der Zusagen bis zu einem Nichts,

vor allem der naive Kniff, sich scheinbar dem Anwalt der Gegenpartei zur Verfügung zu stellen, um dadurch kostenlos oder wenigstens wohlfeil zu Informationen zu gelangen, vielleicht sogar seines Schutzes teilhaftig zu werden und nicht den Feind im Rücken zu haben."

Und nun schreit sie die ganze Geschichte des Martyriums ihrer Ehe mit Hartmann heraus, erzählt dann ein phantastisches Erlebnis aus der Todesnacht ihres Mannes: wie genau in der Stunde seines Todes sein Geist an ihrem Bette erschien, sie in die Kammer hinaufführte, ihr ein Papier zeigte und sagte: räums weg, Brigitte, ich habe gesündigt gegen Dich und meine Kinder; was mein ist, ist Dein." „So ist es gewesen, Herr Doktor, und so ist es geschehen, und was es für ein Papier war, weiß ich nicht, obs ein Testament war oder nicht, weiß ich nicht; am andern Tag war nichts davon zu finden, ich habs nicht berührt, ich habs nicht gesehen, es war nichts da."

„Sie stürzte plötzlich auf die Knie nieder, packte, ehe er sich dessen erwehren konnte, Laudins Hand und zog sie an die Lippen. Dabei rief sie mit hoher, schriller Stimme: „Erbarmen, Herr Doktor, ich bin ein verlorenes Weib, ich hab keinen Halt mehr im Leben, an nichts bin ich schuld, alles ist über mich gekommen, Erbarmen mit mir!"

Nie habe sie das Testament mit Augen gesehen, aber sie wolle noch einmal das ganze Haus durchsuchen, er möge nur nichts Schlechtes von ihr denken.

Laudin ersucht sie kalt, aufzustehen. „*Von alledem kann ich vorläufig nichts zur Kenntnis nehmen als die Erklärung Ihrer Bereitwilligkeit, sich gegebenenfalls, ich betone: gegebenenfalls, denn soweit sind wir ja noch nicht, sich mit der Karoline Lanz auszugleichen.*"

Und nun verhandelt er noch kurz mit ihr über die Höhe des hinterlassenen Vermögens und über die Ausgleichssumme, wobei Frau Brigitte sofort wieder verstockt und zurückhaltend wird; ein Ergebnis wird heute nicht erzielt.

„Laudin verbeugte sich und sah ihr nach, bis sich die Tür hinter ihr geschlossen hatte . . . Auf seinem Gesicht lag ein Ausdruck des Ekels.“

Diese Szene ist, so glänzend in ihr die seelischen Vorgänge im Innern der Verbrecherin geschildert werden, vom Standpunkt des Anwalts aus und hinsichtlich der Wirkung der Szene auf ihn unrichtig gesehen. Der Vorfall bedeutet für seine Klientin (die Karoline Lanz) den vollen Sieg. Wenn er die Szene wiedergibt, nötigenfalls als Zeuge bestätigt, so ist der Prozeß für Karoline schwerlich mehr zu verlieren. Es ist also unbegreiflich, daß er von alledem, was er gehört hat, vorläufig nichts zur Kenntnis nehmen will als die (wenig belangreiche) Vergleichsbereitschaft. Offenbar meint der Dichter, daß Laudin durch seine Schweigepflicht gegenüber Frau Brigitte gebunden sei. Das ist ein juristischer Irrtum. Geständnisse und sonstige wichtige Äußerungen des Gegners muß der Anwalt seiner Partei mitteilen oder in ihrem Interesse verwerten. Dem Gegner schuldet er keine Treue und er darf zu seinen Gunsten nicht schweigen. Wenn aber Laudin der unrichtigen Meinung war, daß er den aufregenden Vorfall zu vergessen habe und auch seiner Klientin nichts davon berichten dürfe, dann liegt an jener Stelle des Romans ein anwalts-psychologischer Mangel vor; dann mußte Laudin sich in einem furchtbaren Konflikt der Pflichten befinden, dann war er imstande, seiner Partei auf einfachem Wege zum Siege zu verhelfen, und durfte es nicht, dann mußte er erschüttert sein von der Tragik seines Berufs (wie er ihn mit dem Dichter auffaßte); Sorge und Zwiespalt, nicht Ekel, hätten den Ausdruck seines Gesichts bilden müssen [4]).

[4]) Es kann Situationen geben, in denen der Anwalt sich ernstlich die Frage vorlegen muß, ob er nicht nach beiden Seiten hin gebunden ist. Z. B. wenn die andere Partei zu ihm kommt, ohne zu wissen, daß er bereits der Vertreter ihres Gegners ist, und ihm nun in der Absicht, ihn als ihren Anwalt zu informieren, wichtige Geheimnisse, Geständnisse etc. anvertraut. Er lehnt natürlich, sobald er die Absicht erkennt, die Annahme des Mandats ab. Aber die Tatsachen sind ihm bereits als Geheimnis einer Person, die seine Klientin wer-

Sehr fein und verständnisvoll schildert Wassermann die tragischen Verstrickungen, in die der Anwalt geraten kann, wenn er sein privates Leben — Liebe, Leidenschaften, Haß — mit der beruflichen Tätigkeit verquickt. Laudin sieht mit Entsetzen, wohin ihn dies alles geführt hat. „Ich habe mich erniedrigt“ ruft er dem Freunde zu. „Ich habe mich befleckt. Ich habe mich in Geschäfte verstrickt, bei deren bloßer Erwähnung mir früher die Schamröte aufgestiegen wäre. Ich habe Prozesse übernommen und führe Streitfälle, daß mich in Stunden der Besinnung die Lust befällt, über den Ozean zu fliehen und mich auf einer einsamen Insel zu vergraben. Ich bin genötigt, mir von den übelberufensten Vertretern meines Standes Unverblümtheiten sagen zu lassen, bei denen mir kalt ums Herz wird und die mir jeden Bissen Speise vergiften. . . . Ich sinke zum Laufburschen in Alkovenangelegenheiten herab und zum Geldgeber in fragwürdigen Projekten.“

Er verliert die Sachlichkeit — die vornehmste Tugend des Anwalts — weil vielfach seine Person irgendwie mit der Sache seiner Klienten verknüpft ist, und so ergreift ihn immer mehr der Abscheu vor seinem Beruf. Der Grund liegt nicht so sehr, wie er meint, im Wesen des Berufs und in der Verkehrtheit der Lebenserscheinungen, mit denen dieser Beruf es zu tun hat, als in der Verkehrtheit seiner eigenen Einstellung, in die er hauptsächlich durch die Leidenschaft zu einer faszinierenden, genialen, aber verkommenen und seiner unwürdigen Künstlerin geraten ist. —

Kehren wir noch einmal zum Problem der Wahrheitspflicht zurück! Es bildet den Gegenstand eines tragischen Konflikts von erschütternder Größe in dem Roman Boston des Amerikaners Upton Sinclair. Dieser Konflikt spielt sich hier nicht in der Seele eines berufsmäßigen Sachwalters, eines Rechtsanwalts ab, sondern bei einer Frau, die sich aus idealen Beweggründen, aus Begeisterung für die Idee des

---

den wollte und deshalb Anspruch auf Treue hat, anvertraut. Dann liegt auch nach unserer Meinung ein schwerer Konfliktsfall vor, wie er oben im Text gekennzeichnet wurde.

Rechts und aus Empörung über das Unrecht, das in einem besonderen Falle ihren Schützlingen geschieht, die Verteidigung der Unschuld in dieser Sache zu ihrer Lebensaufgabe gemacht hat. Es handelt sich um die Italiener Sacco und Vanzetti, die beschuldigt waren, in räuberischer Absicht einen Mord begangen zu haben. Politische Leidenschaften — so stellt es der Roman dar — trübten den Blick der Ankläger und Richter; die Indizien verdichteten sich und, wo sie nicht vorhanden waren, halfen Voreingenommenheit, blinder Haß, Kriegspsychose und gewissenlose Lüge nach. Cornelia Thornwell, eine Dame der Bostoner Gesellschaft, schon ziemlich alt an Jahren, aber jung und begeisterungsfähig im Herzen, die schon früher ihr heimisches Milieu verlassen und unter Arbeitern gelebt hat, ist mit den Verhältnissen der beiden Angeklagten genau vertraut. Sie kennt ihre Persönlichkeiten wie sich selbst und weiß aus innerster, unwiderleglicher Überzeugung, daß Sacco und Vanzetti unschuldig sind, daß die Anklage lächerlich, unhaltbar, verbrecherisch ist. Sie weiht ihr ganzes Tun und Denken, ihr Vermögen, schließlich ihr ferneres Leben der Rettung ihrer beiden Schützlinge. Sie hat einen Advokaten gefunden, der ihr selbstlos und mit Einsatz seiner vollen Persönlichkeit zur Seite steht, den Schweden Lee Swenson. Aber dieser hat längst erkannt, wie gefährlich die Situation seiner Klienten ist. Ihre wahrheitsgemäße Schilderung widerspricht zum Teil der Wahrscheinlichkeit und erhöht den Verdacht. „Wenn wir sie retten wollen," sagt er eines Tages verzweifelt zu Cornelia, „müssen wir einfach eine Geschichte erfinden, die den Geschworenen glaubhaft erscheint. Sie dachten, wir könnten uns auf die Wahrheit verlassen?" — „Ich gebe zu, daß ich so naiv war."

Es beginnt nun zwischen den beiden Menschen, die dasselbe ideale Ziel anstreben, die beide für Recht und Wahrheit streiten, ein Kampf um die Mittel, die zu diesem Ziele führen sollen. Immer tiefer vergräbt sich der Advokat, der Kenner der Menschen und der amerikanischen Gerichtsverhältnisse (wie sie der Dichter schildert), in die Erkenntnis, daß — wie die Dinge nun einmal liegen — das strenge Festhalten an der Wahrheit nur zum Unrecht, zur Unwahrheit, zum Rechtsbruch führen kann. Stundenlang schildert er seiner Mitstreiterin die Ränke seiner Gegner, die zähe, aber nicht faßbare Beeinflussung der Zeugen, die beharrliche Verfälschung des Gesamtbildes, der Tatsachen und Charaktere, die Unmöglichkeit, mit ausländischen Zeugen — zumal in politisch gefärbten Prozessen — vor amerikanischen Geschworenen Glauben zu finden. Er beschwört sie, eine von ihm erfundene Sachdarstellung sich zu eigen zu machen und mit ihrem Eide zu bekräftigen. Ihr als der angesehenen reichen Amerikanerin werde bestimmt von den Richtern Glauben geschenkt werden; sie allein vermöge Sacco und Vanzetti zu retten.

Ein gewaltiger, wahrhaft tragischer Seelenkampf spielt sich in ihr ab. „Feigheit, Schwäche, falscher Stolz, sie war bereit, es mit jedem noch so schimpflichen Namen zu nennen; aber irgend etwas in ihr versagte plötzlich, wenn sie sich auszumalen versuchte, wie sie als Zeugin vor Gericht erscheint und eine gefälschte Aussage beeidet.“ Mit solchen Mitteln vermag sie nicht zu kämpfen. Ihr Sauberkeitsgefühl, ihre Wahrheitsliebe trägt den Sieg davon. „Wie kann je die Wahrheit in der Welt existieren, wenn nicht irgend jemand ihr die Treue hält?“

Cornelia folgt nicht dem Rat ihres Anwalts. Sie kämpft weiter, aber mit ehrlichen Mitteln. Sie unterliegt. Sacco und Vanzetti werden unschuldig zum Tode verurteilt. Jahrelang müssen sie das Martyrium der vergeblichen Rehabilitierungsversuche durchmachen, bis schließlich doch das Todesurteil vollzogen wird.

Der deutsche Leser dieses Romans wird sich schwerlich des Eindrucks erwehren können, daß hier zwischen Partei und Rechtsanwalt die Rollen in gewissem Sinne vertauscht sind. Die strenge, spezifisch anwaltschaftliche Berufsethik finden wir nicht auf seiten des Advokaten Swenson, sondern bei Cornelia, die dem Stande nicht angehört, die nur aus menschlichen und idealen Gründen die Sache der Sacco und

Vanzetti zu der ihrigen gemacht hat. Der Kampf, den sie kämpft, ist aber nach unseren Begriffen ein typisch anwaltschaftlicher Konflikt, und der Entschluß, zu dem sie sich in diesem tragischen Kampfe durchringt, wäre für einen deutschen Anwalt das unbedingte, unzweifelhafte Gebot seiner Berufsethik. Den Rechtsanwalt, der wie Swenson handelt, müßten wir bei aller Anerkennung seiner menschlich edlen Gesinnung und bei aller Würdigung der ungewöhnlichen, furchtbaren Situation, vom standesrechtlichen Gesichtspunkt aus tadeln und verurteilen. Denn wenn es dem Anwalt erlaubt wäre, zum Beweise dessen, was er für die Wahrheit hält (und nach seiner Information dafür halten darf), zunächst andere Wahrheiten zu verfälschen, so gäbe es — da fast alle unsere Wahrheiten bis zu einem gewissen Grade subjektiv und relativ sind — überhaupt keine Grenze mehr; ein Diener des Rechts darf in dieser Eigenschaft nicht zugleich Diener des Unrechts sein, auch nicht um des Rechtes willen. Selbst wenn er gelegentlich mit der Lüge die Wahrheit aufdeckt, so weiß er doch nie, wie oft er mit der Lüge — gutgläubig — auch dem Unrecht dient. Die Rechtspflege, der er dienen soll und will, stellt er bloß, schädigt er aufs schwerste, wenn er zu ihrer Förderung unlautere Mittel anwendet, die der Zweck nie heiligen kann.

Wenn man dem Dichter glauben darf, so herrschen in Amerika über diese Fragen etwas andere Anschauungen. Der Advokat Swenson, der von ihm als höchst ehrenwert und menschlich sehr sympathisch geschildert wird, erachtet es als selbstverständlich, daß jeder Weg, der zum Ziele, zur Gerechtigkeit führt, erlaubt sei. Für ihn scheint hier eine Berufstragik, ein innerer Pflichtenstreit, nicht vorhanden zu sein. Und ähnlichen Anschauungen begegnen wir in anderen amerikanischen Werken, vor allem in dem berühmten Roman „Eine amerikanische Tragödie“ von Theodore Dreiser. Hier hat der junge Held der Erzählung, Clyde Griffith, aus eigennützigsten Motiven den Entschluß gefaßt, seine Geliebte ums Leben zu bringen. Bei einer Kahnfahrt will er die des Schwimmens unkundige Roberta ertränken. Aber er führt seinen Vorsatz, seinen in allen Einzelheiten ausgeklügelten, abscheulichen Plan nicht restlos aus. Im letzten Moment ergreift ihn die Gewissensangst und in seinen Zügen malt sich das furchtbare innere Erlebnis mit einer solchen grauenerregenden Gewalt, daß Roberta aufspringt und in dem Glauben, es sei ihm etwas zugestoßen, sich ihm zu nähern versucht. „Clyde, was ist Dir? Du siehst so — so seltsam aus — ich habe Dich noch niemals so gesehen. Was ist geschehen?" Sie will seine Hand ergreifen und die photographische Kamera, die er trägt, in das Boot legen; da wehrt er sie ab „auch jetzt nur in der Absicht, sich von ihr, ihrer Berührung, ihrer sanften bittenden Teilnahme und immerwährenden Gegenwart zu befreien". Unbewußt hält er die Kamera immer noch fest und stößt Roberta mit solcher Gewalt von sich, daß sie stürzt. Das Boot schlägt um und beide fallen in den See. Er hört Robertas Hilfeschreie. Aber nun ist ja das, was er gewollt hat, eingetreten. Sie wird sterben und er hat sie nicht getötet. So leiht er ihren Hilferufen kein Ohr, läßt Roberta untergehen und rettet nur sich selbst.

Clyde wird alsbald wegen Mordes verhaftet. Alle Indizien sprechen gegen ihn. Es beginnt ein großer, die heimische Welt erregender Sensationsprozeß. Clyde hat seinen Verteidigern, den hochangesehenen Rechtsanwälten Belknap und Jephson im wesentlichen die Wahrheit gesagt, und der wirkliche Tatbestand ist nach dem amerikanischen Gesetz[5]) nicht geeignet, die Anklage wegen vorsätzlichen Mordes zu rechtfertigen. Aber ebenso sicher ist, daß die Geschworenen diesen Tatbestand niemals glauben werden, zumal bei der Leidenschaftlichkeit, mit der die Staatsanwaltschaft — z. T. aus politischem Ehrgeiz — die Anklage vertritt und weiter vertreten wird; es ist nur zu natürlich, daß auch die Verteidiger die Überzeugung von der juristi-

[5]) So stellt es der Dichter dar. Die Frage selbst ist in diesem Zusammenhange nicht zu prüfen.

schen Unschuld des moralisch durch seine eigenen Angaben so schwer belasteten Angeklagten nicht gewinnen können. Und nun beginnt eine Handlung, die vom Dichter wie eine Selbstverständlichkeit erzählt wird, während sie dem deutschen Leser und insbesondere dem deutschen Anwalt als eine Ungeheuerlichkeit erscheint: die Verteidiger tragen ihrem Klienten eine völlig erdichtete Sachdarstellung vor; sie erfinden Tatsachen, Motive, Gemütsbewegungen, Sinnesänderungen, in allen Einzelheiten, z. T. mit genialem Raffinement; sie studieren dieses ganze Schauspiel, die zukünftige Gerichtsverhandlung, mit Clyde in stunden- und tagelangen Verhören ein, sodaß er schließlich selbst in einer neuen, lügenhaften Ideenwelt lebt. Er ist ja nicht schuldig und der Zweck heiligt nach Ansicht der Verteidiger die Mittel — in diesem Fall übrigens ein ethisch recht fragwürdiger Zweck, da Clyde auch nach s e i n e r Darstellung in höherem Sinne schuldig ist und die Wahrheit dieser Darstellung den Verteidigern selbst nicht unerschütterlich erscheinen kann. Bei den Anwälten entsteht gleichwohl keinerlei Gewissenskonflikt im Sinne unserer Standesethik. Sie schaffen die Lüge statt sie zu meiden. Auch auf seiten der Anklagebehörde herrscht offensichtlich dieselbe Berufsauffassung: ein Gehilfe des Staatsanwalts fälscht — in der Überzeugung von der Schuld des Angeklagten — ein wichtiges Indiz, indem er einige Haare des unglücklichen Opfers zwischen die Wände der Kamera klemmt, um so darzutun, daß Roberta gewaltsam ums Leben gebracht wurde. Er beschwört als Zeuge, daß die Haare an der Kamera hingen, als man sie gefunden hat.

Erst lange nach seiner Verurteilung, kurz vor der Hinrichtung, gesteht Clyde dem edlen Mac Millan, einem Prediger, neuerdings den wahren Sachverhalt. Dieser entschließt sich, den eben ernannten Gouverneur des Staates aufzusuchen, um eine Kassation des Urteils herbeizuführen. Als ihm aber der Gouverneur vertrauensvoll die Frage vorlegt, ob er eine Tatsache kenne, die dazu dienen könnte, die Zeugenaussage und das Urteil zu erschüttern, da bringt es Mac Millan nicht über sich, die Frage zu bejahen. Er selbst hält

Clyde in höherem Sinne für schuldig. Das Urteil wird vollzogen. Es wäre gewiß verkehrt, dem Anwalt bei seiner Berufsausübung eine derartig gesteigerte Wahrheitspflicht zuzumuten, wie sie hier der Geistliche übt und üben zu müssen glaubt. Aber die Art, wie Rechtsanwälte und andere Gerichtsfunktionäre in dem Roman mit der Wahrheit umgehen, der sie dienen sollen, wird durch die — vielleicht hyperideale — Auffassung des Geistlichen Mac Millan für den deutschen Leser in ein besonders grelles Licht gesetzt.

Wir haben uns in der vorstehenden Darstellung nur mit solchen Dichtungen befaßt, in denen die eigentliche Tragik des Anwaltsberufs eine Rolle spielt oder nach den vom Dichter geschilderten Situationen bei Zugrundelegung unserer Anschauungen eine Rolle spielen müßte. Die Aufgabe soll hier nicht ausgedehnt werden auf jene Kunstwerke, in denen Rechtsanwälte überhaupt irgendwie in die Handlung eingreifen, in denen sie — mit allen Schwächen und Vorzügen ihres Berufs, bald treffend bald schief, bald ernst bald mit beißendem Spott, bald voller Haß bald ruhig und objektiv — geschildert werden. Solcher Werke gibt es in älterer und neuerer Zeit eine große Zahl.

Aber auch wenn man die Tragik des Anwaltsberufs im weiteren Sinne versteht und dazu die Tatsache rechnet, daß der Anwalt kraft seines Berufs dazu verurteilt ist, tagaus tagein tragische Schicksale anderer zu beobachten und mitzuerleben, so fehlt es nicht an Werken, die solche Art von mittelbarer Tragik darstellen. Dieses Los teilt der Anwalt mit all jenen Berufen, deren Mitglieder dazu ausersehen sind, als besondere Vertrauenspersonen in die Geheimnisse und Nöte des privaten Daseins anderer eingeweiht zu werden. Mit bitteren Worten ist dieser Gedanke des tragischen Miterlebens, dieses berufsmäßigen Einblicks in die Nachtseiten des Daseins, zum Ausdruck gebracht in der Schlußpartie der berühmten Balzac'schen Novelle „Oberst Chabert". wo Derville, ein edler und mitfühlender Anwalt, zu seinem jüngeren Kollegen und Nachfolger sagt:

„Wissen Sie, ... daß es drei Klassen von Menschen gibt, welche die Welt nicht achten können: den Priester, den Arzt und den Rechtsanwalt? Sie tragen schwarze Gewänder, vielleicht weil sie Trauer bekunden um das Hinscheiden aller Tugenden, aller Illusionen. Der leidvollste aber unter diesen drei Berufen ist der des Sachwalters."

II.

Handels- und Wirtschaftsrecht

Inhalt

Die Auslegung der Handelsstrafgesetze.

Von Rechtsanwalt Professor Dr. Max Alsberg in Berlin.

Die Auslegung der Handelsstrafgesetze bestimmt sich im allgemeinen nach den für die Auslegung der Strafgesetze überhaupt geltenden Grundsätzen. Die Eigenart des Handelsstrafrechtes [1]) verlangt aber eine besondere Gestaltung der allgemeinen Auslegungssätze.

Wenn man von einer Methode der Auslegung spricht, so denkt man dabei an die Grundsätze des Denkens. vermittels deren wir den Sinn und Geltungsbereich eines Rechtssatzes feststellen. Diese Feststellung erfolgt bald allgemein, d. h. zu wissenschaftlichen Zwecken, bald für den Einzelfall, dessen Entscheidung etwa davon abhängt, wie die Tragweite eines anzuwendenden Rechtssatzes zu bestimmen ist. Wissenschaftliche Auslegung führt zur Begriffsbildung, praktische Auslegung setzt diese Begriffsbildung voraus. Die Logik der juristischen Begriffsbildung ist eine Zwecklogik, also eine Teleo-Logik. Auch als eine wissenschaftlichen Zwecken dienende Auslegung ist deshalb die juristische Auslegung nicht nur Wissenschaft, sondern zugleich Kunst; die juristische Auslegung ist es im besonderen Maße, soweit es sich um die Auslegung des Gesetzes für den Einzelfall handelt. Für jede Auslegung und deshalb auch die wissenschaftliche Auslegung gilt, daß das sinnfällige Leben, für das der Rechtssatz gedacht ist, nicht nur rational begriffen, sondern zugleich aus der Totalität des Gesamtgeschehens verstanden werden muß.

---

[1]) S. dazu meinen Vortrag „Wirtschaftsstrafrecht als Problem der Gesetzgebung, Praxis und Wissenschaft“ Berlin 1931.

Eine rein rechtliche Auslegung des Gesetzes verbietet sich deshalb bei Delikten, die dem Schutz des Wirtschaftslebens dienen sollen. Wenn der Vorstand einer Aktiengesellschaft mit dem Aufsichtsrat eine Erhöhung seiner Bezüge vereinbart, so ließe sich rein begriffsmäßig sehr wohl die Auffassung vertreten, daß ein Handeln zum Nachteil der Gesellschaft im Sinne des § 312 HGB. vorliege. Erst aus der Art des Unternehmens und der allgemeinen Wirtschaftslage kann hier festgestellt werden, ob der Aktiengesellschaft die Mehraufwendung an Gehalt zum Nachteil gereicht. Gerade an der handelsrechtlichen Untreue läßt sich zeigen, daß starre Begriffe, mit denen die strafrechtliche Auslegung im allgemeinen operieren muß, in der Rechtsprechung zum Handelsstrafrecht nicht am Platze sind. Mit Recht verweisen denn auch Staub-Pinner bei Auslegung des § 312 HGB. auf Treu und Glauben. Ob ein Nachteil im Sinne dieser Vorschrift vorliegt, läßt sich eben häufig nur nach der Verkehrsanschauung beurteilen. Die präsente Minderung des Vermögens durch den als deliktisch angesehenen Akt ist hier anders als beim Betrug des allgemeinen Strafgesetzbuchs keineswegs für die Feststellung eines Vermögensschadens entscheidend. Es kann dabei sogar vorkommen, daß der „Nachteil", der einer Aktiengesellschaft durch eine Handlung zugefügt wird, deshalb unbeachtlich bleiben muß, weil die Verflechtung dieser Gesellschaft mit anderen Gesellschaften, wie sie das moderne Konzernrecht mit sich bringt, auch die strafrechtliche Betrachtung nötigt, statt auf die juristische, auf die wirtschaftliche Einheit zu blicken. Verpflichten sich Gesellschaften untereinander durch Wechselunterschriften oder durch die Übernahme von Bürgschaften, so kann, je nach der Lage des Falles, mit Rücksicht auf das Interesse der einzelnen Gesellschaft am Gesamtkonzern, eine Benachteiligung ausgeschlossen sein.

Aus diesem Beispiel, in Verbindung mit den zu Beginn aufgezeigten Grundgedanken, ergeben sich die wesentlichen Elemente der Auslegung. Es sind folgende: Der systematische Zusammenhang; der Zweck des Gesetzes; die soziologisch-phänomenologische Grundlage; die empirische Rechtswirklichkeitsbetrachtung; die Interessenabwägung; Analogie und Gewohnheitsrecht; die Einheit der Rechtsordnung und schließlich die Präjudizien. Diese Elemente stehen teils in Neben- teils in Unterordnung zueinander. Bei der Auslegung des Einzelfalles gehen sie oft ineinander über. Nur der Deutlichkeit halber sollen sie bei der vorliegenden grundsätzlichen Untersuchung gesondert betrachtet werden.

Der systematische Zusammenhang: Im allgemeinen Strafrecht ist das jeweils geschützte Rechtsgut zu erkennen aus den einzelnen Strafgesetz und aus dem systematischen Zusammenhang, in den dies Strafgesetz eingeordnet ist. Die systematische Zusammenstellung der Untreue mit dem Betrug gibt wesentliche Fingerzeige für die Auslegung des Untreuebegriffes. Im Handelsstrafrecht ist ein solcher äußerer Zusammenhang in der Regel nicht gegeben. In einem Schlußabschnitt bringen die meisten Handelsgesetze als einen scheinbar für sich geschlossenen Teil die Strafbestimmungen. So ist es im Handelsgesetzbuch, Genossenschaftsgesetz, Börsengesetz, in der Konkursordnung. Der Interpret des Gesetzes muß hier selbst den systematischen Zusammenhang suchen. So kann die Strafbestimmung des § 314 Ziff. 1 HGB. nur in Verbindung mit den zivilrechtlichen Bestimmungen der §§ 260 f. HGB. gedeutet werden: der Vorstand macht sich strafbar, wenn er in dem Geschäftsbericht oder der Bilanz seiner Offenbarungspflicht nicht genügt. Der Inhalt der Offenbarungspflicht wird aber vom Zivilrecht bestimmt und ändert sich mit diesem: § 314 Ziff. 1 ist dem Wortlaut nach unverändert geblieben, hat sich aber dem Inhalt nach durch die neuen Vorschriften über die Ausgestaltung des Geschäftsberichts und die Gliederung der Bilanz erheblich gewandelt. Ebenso ist der Inhalt der Strafvorschrift des § 313 Ziff. 3 HGB. nur aus den Bestimmungen der §§ 284 und 195 III HGB. erkennbar. § 313 spricht nur von falschen Angaben über Zeichnung und Einzahlung. Aus § 195 III, auf den § 184 III verweist, wird jedoch hergeleitet, daß auch die falsche Angabe über den Besitz der eingezahlten Gelder strafbar sei, weil auch diese Angabe „in Ansehung der Einzahlung“ zum Zweck der Eintragung gemacht sei [1a]).

Die enge Verbindung der zivilrechtlichen Norm mit der strafrechtlichen Norm wird von besonderer Bedeutung, wenn in Frage steht, ob eine irrige Vorstellung des Täters sich auf den Strafrechtssatz bezieht und deshalb unerheblich ist oder ob sie sich auf einen Tatumstand bezieht, und deshalb erheblich ist (§ 59 StGB.). Die Entscheidung wird hier regelmäßig dahin zu geben sein, daß die Vorschrift, welche die handelsrechtliche Verpflichtung anordnet, zusammen mit der Strafvorschrift, die ihre Befolgung sichern soll, ein Gesetz ist: Die handelsrechtliche Norm ist materiell als ein intregrierender Bestandteil der Strafbestimmung anzusehen. So ist seit der Aktienrechtsnovelle ein Vorstandsmitglied, das ein Verlustgeschäft in dem Geschäftsbericht nicht erwähnt, weil es irrtümlich meint, das überwiegende Interesse der Gesellschaft erfordere die Geheimhaltung (§ 260 a IV, 2 HGB.), nicht mehr nach § 314 Ziff. 1 HGB. strafbar, während vor der Novelle dieser Irrtum — zumindest nach der Rechtsprechung des Reichsgerichts — unerheblich gewesen wäre. So wird ein Irrtum des Bankiers über die Gültigkeit einer Ermächtigungserklärung, die in Wahrheit nicht der Vorschrift des § 2 Dep. Ges. entspricht, demgemäß bei einer Anklage wegen ungetreuer Depotverfügung wegen § 9 Dep. Ges. als unbeachtlicher Strafrechtsirrtum zu behandeln sein [2]).

Oft fehlt eine äußerlich ziehbare Linie von einer Strafvorschrift zu den anderen Bestimmungen des Gesetzes. Das Gesetz kann, ganz abgesehen von den anhangsweise beigefügten Strafbestimmungen, einen gemischten Charakter haben. Neben zivilrechtlichen stehen prozeßrechtliche Bestimmungen, wie das in der Konkursordnung der Fall ist. Der Interpret der Strafbestimmungen muß hier auf den Sinn des Ganzen zurückgehen, auf den Zweck des Gesetzes: er

[1a]) So RGStr. 24, 291; 30, 319; 43, 188. AA. Staub-Pinner § 313 Anm. 1.

[2]) S. dazu meine Ausf. in LZ. 1914 S. 531; a. M. Breit Dep. Ges. zu § 9 sub. 5.

muß die oberste Richtschnur für die Auslegung des Handelsstrafgesetzes sein. Die moderne Strafrechtswissenschaft hat Wesen und Bedeutung der teleologischen Auslegung scharf herausgestellt. Grünhut[3]) und sein Schüler Schwinge[4]) sind zwar hier nicht als die einzigen, aber besonders zu nennen. Die Erkenntnis des Wesens dieser Auslegung dankt ihnen vieles. Nicht neu ist aber, was leicht übersehen wird, die Methode dieser Auslegung selbst. Binding hat sie, wie auch Schwinge anerkennt, in seinem Lehrbuch des Besonderen Teil des Strafrechts durchzuführen gesucht, und aus der Rechtsprechung des Reichsgerichts lassen sich bereits in den älteren Entscheidungsbänden zahlreiche Beispiele aufweisen. Schon in einem Urteil vom 11. Juni 1883 in Bd. 8 S. 366 (368) legt der 1. Strafsenat den Begriff der Bestrafung im Sinne des § 257 StGB. „in Rücksicht auf den Zweck des Gesetzes und die sich daraus ergebende Natur der Begünstigung" aus. Und in dem gleichen Bande der Entscheidungen[5]) findet sich ein Urteil, das — wenngleich es nicht mit dem Auslegungsgesichtspunkt des Zweckes des Gesetzes operiert — das Wesen der Vollstreckungsvereitelung einengt für den Fall, in dem der Schutzzweck des Gesetzes (Befriedigungsmöglichkeit des Gläubigers) nicht gewahrt ist. Auf der gleichen Linie bewegen sich spätere Urteile zu demselben Deliktstatbestande. Weil der Schutzzweck des Gesetzes nicht vereitelt wird, sieht das Reichsgericht für eine Anwendung des § 288 StGB. keine Möglichkeit, wenn nach Ansicht des Täters dem Gläubiger die Zwangsvollstreckung aus rechtlichen oder wirtschaftlichen Gründen versagt war[6]). Auf einem dem Handelsstrafrecht nahe verwandten Gebiet, auf dem des Gewerbestrafrechts, hat das Reichsgericht zur Frage der Anwendbarkeit des § 151 GewO. eine „sinngemäße Auslegung" frühzeitig aus dem Schutzzweck dieser Bestimmung

[3]) Die methodischen Grundlagen der heutigen Strafrechtswissenschaft in der Festgabe für Frank, 1930 Bd. I S. 8 ff.

[4]) Teleologische Begriffsbildung im Strafrecht. Ein Beitrag zur strafrechtlichen Methodenlehre, 1930.

[5]) RGSt. 8 S. 50 f.

[6]) RGSt. **22**, *208* (*210*); Bd. **38**, *227* (*234*); **59**, 314 (317).

gesucht[7]). Scharf tritt die Betonung des Zweckgedankens in einer Entscheidung zum Sprengstoffgesetz hervor. Nach Sinn und Zweck des Gesetzes wird ein Sprengstoff, der seine Sprengkraft nur vorübergehend verloren hat, noch als ein Sprengstoff im Sinne des Sprengstoffgesetzes angesehen[8]). Von besonderem Interesse ist es, zu sehen, wie das Reichsgericht den Begriff des Glückspiels wiederholt aus dem Zweck des Gesetzes heraus festgestellt hat. Die Schäden der Spielwut, im Hinblick besonders auf das zu schützende Rechtsgut der öffentlichen Sittlichkeit werden mit Vorliebe in den Vordergrund gestellt[9]). Aus der neueren Rechtsprechung sind insbesondere Urteile zum Begriff des „Behandelns" im Sinn des § 7 I Geschl. Kr. Ges. als Entscheidungen hervorzuheben, die auf „aus der Zweckbestimmung des Gesetzes hergeleiteten Erwägungen" beruhen[10]), und vor allem ein Urteil zu § 8 I 1 Opiumgesetz, das geradezu als Paradigma teleologischer Gesetzesauslegung bezeichnet werden kann[11]).

Von besonderer Bedeutung ist die Frage nach dem Zweck des Gesetzes bei einem der wichtigsten Gebiete des Handelsstrafrechtes: dem Konkursstrafrecht. Der Zweck des Gesetzes ergibt sich aus § 3 KO.: an die Stelle des sonst geltenden Präventionsprinzipes tritt das Prinzip der gemeinschaftlichen Befriedigung der Konkursgläubiger, die par condicio creditorum. Nur soweit dieser Zweck vereitelt wird, bedeutet z. B. die Sicherungsübereignung eines Gegenstandes an einen Gläubiger ein Beiseiteschaffen im Sinne des § 239 Ziff. 1 KO. Daß auch in einem Verschleudern ein Beiseiteschaffen im Sinne des § 239 KO. gefunden werden kann, wird sich z. B. nur aus der besonderen Zweckbedeutung, in welcher der Begriff des Beseiteschaffens im Sinne dieser Vorschrift verwandt ist, erklären lassen. Und andererseits wird man die These, daß die Veräußerung als Begehungsform des Beiseite-

---

7) RGSt. **33,** 262.
8) RGSt. **51,** 383.
9) RGSt. **45,** 424 (426).
10) RGSt. **63,** 85, 197 (199), 275; **64,** 388 (390).
11) RGSt. **62,** 369.

schaffens eine rechtswirksame dingliche Veränderung verlange[12]), nicht mit allgemein feststehenden zivilistischen Begriffen rechtfertigen können. Auch daß von einem Beiseiteschaffen nicht gesprochen werden darf, wenn an Stelle der aus dem Vermögen des Schuldners ausscheidenden Ware der Kaufpreis tritt, kann eben nur mit der besonderen — teleologisch zu ermittelnden — Bedeutung dieses Begriffes in Tatbestand des § 239 KO. begründet werden. Ein weiteres Beispiel: Bestellt jemand aus Gefälligkeit für den Gemeinschuldner zur Sicherung einer gegen diesen bestehenden Forderung eine Hypothek an seinem Grundstück und tilgt der Gemeinschuldner dann die persönliche Forderung, so liegt die „Gewährung einer Befriedigung" im Sinne des § 241 KO. zumindest zu Gunsten des Grundstückeigentümers nicht vor, da dieser weder Gläubiger i. S. des § 3 KO. ist, noch eine Leistung aus dem Vermögen des Gemeinschuldners in das des Eigentümers erfolgt ist[13]).

Die teleologische Gesetzesauslegung wird, speziell für das Gebiet des Handelsstrafrechts, nur zu befriedigenden Ergebnissen kommen, wenn sie ein drittes Auslegungsmoment genügend berücksichtigt:

Die soziologisch-phänomenologische Grundlage der auszulegenden Bestimmung. Wollen wir die Zweckursache eines Handelsstrafgesetzes verstehen, so müssen wir die Formen und Gebilde des Wirtschaftslebens nach ihrer Idee und ihrem Ideal zu erkennen versuchen. Erst mit der Erkenntnis der Strukturgesetze der Institutionen im Handelsverkehr ergibt sich für uns die Wesensschau des Handelsdelikts. Die Einsicht, daß unter wirtschaftlichen Gesichtspunkten der Rechtsbegriff geprägt ist, daß ein die wirtschaftliche Ordnung schädigendes oder gefährdendes Verhalten getroffen werden soll, muß also für den Interpreten des Strafgesetzes an erster Stelle stehen. Dinge, die vom wirtschaftlichen Standpunkt aus grundverschieden zu betrachten sind, können nicht schon deshalb ein Identisches

[12]) RGSt. **61**, 107.
[13]) RG. in JW. 1929 S. 1664.

sein, weil sie — unter Ausschaltung wirtschaftlicher Betrachtung — von demselben Rechtsbegriff erfaßt werden. Nur eine Auslegung, die das Vernunftprinzip im Gesetz übersieht, kann das verkennen. Ein Beispiel: Wenn ein Großaktionär sich durch eine Vereinbarung mit der Verwaltung der Aktiengesellschaft eine Aufsichtsratsstelle ausbedingt, und sich dafür im Interesse der Gesellschaft zu einer Abstimmung im bestimmten Sinne verpflichtet, so ist rein konstruktiv, da das Aufsichtsratsmandat einen Vorteil bedeutet, der Tatbestand des § 317 HGB. gegeben. Aber an diesem Punkt darf die Tatbestandsfeststellung nicht halt machen. Die erfahrungsmäßigen Beziehungen zwischen Großaktionär und Aktiengesellschaft, die wirtschaftsüblichen Vorgänge bei Zuteilung der Aufsichtsratsmandate und damit die Grundlagen der Lebensbedingungen und Rechtsinstitute einer Aktiengesellschaft lassen erst erkennen, ob die rein konstruktive Erfassung der Vorgänge der Idee des Gesetzes gerecht wird, oder sie vielmehr erdrückt.

Jedes Strafgesetz besteht aus Tatbestandsmerkmalen. Sie werden zusammengesetzt, um den Tatbestand zu umschreiben, zu fixieren. Man kann sie danach wieder, um diese oder jene Zweifelsfrage zu lösen, isoliert betrachten. Dabei darf man indes nie die Gesamtstruktur des Tatbestandes außer Acht lassen. Nur so läßt sich z. B. das Wesen der Untreue im Handelsverkehr (§ 312 HGB., § 146 Gen. Ges.) entscheidend bestimmen. Greifen wir hier auf das oben gebildete Beispiel zurück, daß der Vorstand einer Aktiengesellschaft mit dem Aufsichtsrat höhere Bezüge als bisher vereinbart, so dürfen wir nicht übersehen, daß die Unternehmungsform der Aktiengesellschaft, wie S o m b a r t[14]) es einmal ausgedrückt hat, die Tendenz zu langer Lebensdauer hat, daß es also für ihr Wohlergehen nur darauf ankommt, ob ein gewisses Geschäftsgebaren ihr auf die D a u e r nützt. Man kann also nicht mit dem augenblicklichen Vorteil der gegenwärtigen Aktionäre, sofern diese nach Erzielung einer

[14]) Aktiengesellschaft im Handwörterbuch der Staatswissenschaften, 4. Aufl.

höheren Dividende oder der Erlangung eines günstigen Bezugsrechtes streben, das, was bei solcher Betrachtung als ein Nachteil der Aktionäre erscheint, zugleich als einen Nachteil der Gesellschaft ansehen. Wenn also der Aufsichtsrat nicht aus Schwäche, sondern aus Weitblick dem Vorstand höhere Bezüge gewährt, um seine Arbeitsfreudigkeit zu erhalten und zu mehren, so ist aus richtig gesehenen Strukturbedingungen der Aktiengesellschaft ein Handeln zum Nachteil der Gesellschaft zu verneinen. Ob die Dienstleistungen der Direktoren zum Nachteil der Aktiengesellschaften zu hoch bewertet werden, darf deshalb nicht nach dem normalen Gegenwert dieser Leistungen beurteilt werden, sondern danach, ob auf das Ganze gesehen, die Zuwendungen die Gesellschaft in höherem Maße belasten als ihr die Dienstleistungen der Direktoren Nutzen bringen. Der Charakter der handelsrechtlichen Gesellschaft als einer (auf die Dauer berechneten) Erwerbsgesellschaft muß bei der strafrechtlichen Betrachtung überall im Vordergrund stehen. Unter diesen Gesichtspunkten rechtfertigt sich auch die von Staub-Pinner (zu § 312 Anm. 11) gegebene Entscheidung, daß der Vorstand einer Aktiengesellschaft keine Untreue begeht, wenn er ein Konkurrenzunternehmen zu einem den Wert übersteigenden Preise ankauft, um den Wettbewerb dieses Geschäfts zu beseitigen. Auch hier kann der Vorstand davon ausgehen, daß der spätere Vorteil den augenblicklichen Nachteil überwiegen werde. Nur eine weitherzige wirtschaftliche Auffassung wird bei solchen Fragen das Richtige treffen.

Die soziologisch-phänomenologische Grundlage ist dem Wandel der wirtschaftlichen Umwelt unterworfen. Eine nicht vorgesehene Umgestaltung der Verhältnisse kann dazu führen, daß das Gesetz Vorgänge ergreift, die unter den wirtschaftlichen Perspektiven der Gegenwart nicht strafbedürftig erscheinen. Umgekehrt kann das strafrechtliche Schutzinteresse über den Kreis von Vorgängen hinausreichen, die der Gesetzgeber treffen wollte. Aufgabe der Rechtswissenschaft und Rechtsprechung ist es hier, die Veränderung des Wirtschaftslebens zu berücksichtigen und gerade dadurch die

Norm des Gesetzes lebendig zu erhalten [15]). Schon im Hinblick auf das beim Täter festzustellende Schuldmoment ist dies erforderlich. Es gibt kein vorsätzliches Verhalten, ohne daß der Täter die Tatsachen kennt, die das Interessen-Verletzende oder -Gefährdende seiner Handlung begründen. Das richtige Werturteil über diese Lebenskonkreta wird seinem Kenntnis- und Vorstellungsbereich als in der Regel geläufig zugerechnet [16]). Nur aus den jeweiligen Zeitverhältnissen heraus kann er aber diese Bewertung vornehmen.

Der Gesetzgeber knüpft an Lebensvorgänge an; ihre Normierung erfolgt durch den Willensakt der Gesetzgebung. Ob die Lebensvorgänge, von denen der Gesetzgeber ausgeht, in ihrem juristisch-relevanten Wesenskern unberührt geblieben sind, wenn der Wandel der Zeiten ihr Äußeres verändert hat, diese Frage ist dann entscheidend, wenn festgestellt werden soll, ob die Lebensvorgänge vom Willen des Gesetzgebers erfaßt werden. Als die Konkursordnung geschaffen wurde, gab es keinen Warenhandel mit Devisen. Der Gesetzgeber konnte deshalb nicht daran denken, daß ein übermäßiger Aufwand in der Form des Differenzhandels mit Waren auch durch Devisengeschäfte verwirklicht werden könne. Erst in der Kriegs- und Nachkriegszeit kam es auf, daß Devisen zur Erzielung von Gewinnen gekauft und verkauft wurden. Damit wurden sie Waren, sodaß schon die Bekanntmachung vom 20. 1. 1916 (RGBl. S. 49) von einem Handel mit ausländischen Zahlungsmitteln sprechen konnte. Ein Differenzhandel mit Devisen, wie er in der Nachkriegszeit, insbesondere mit französischen Franken getrieben worden ist, konnte seitdem ohne Verfälschung des

[15]) S. Geiler, Moderne Rechtswandlungen auf dem Gebiet des Privatrechts in „Beiträge zum Wirtschaftsrecht" 1931 S. 196, der im Hinblick auf die Berücksichtigung der Besonderheiten des Einzelfalls den m. E. nicht recht glücklichen Ausdruck „Entrationalisierung" gebraucht.

[16]) Klar und scharf ist dieser Gesichtspunkt in den letzten Auflagen des von v. Liszt begründeten Lehrbuchs durch Eberhard Schmidt herausgearbeitet worden; s. insbes. 26. Aufl., 1932 S. 255.

Willens des Gesetzgebers als ein Differenzhandel mit Waren im Sinne des § 240 Ziff. 1 KO. angesehen werden [17]).

Zugleich mit der Berücksichtigung der Anforderungen des Gesellschaftslebens und seiner Erscheinungsformen auf wirtschaftlichem Gebiete ist bei der Auslegung besonderes Gewicht zu legen auf eine

empirische Rechtswirklichkeitsbetrachtung: eine Erforschung und Erfassung der Lebenselemente, die der rechtlichen Ordnung zugrundeliegen [18]). Gerade in Handelsstrafgesetzen begegnen wir Tatbestandsmerkmalen, die nur an Hand der Erfahrung und des Erfahrungswissens zu beurteilen sind [19]). Denn ob der Stand einer Gesellschaft „verschleiert" ist, d. h. für den sachkundigen Leser einer Bilanz undeutlicher gemacht ist, als es üblich und deshalb vertretbar erscheint, das ist eine Frage der kaufmännischen Praxis, die nur auf Grund unseres (unter Umständen durch Sachverständigengutachten begründeten oder unterstützten) Erfahrungswissens beantwortet werden kann. Von festen Begriffsmerkmalen kann dabei nicht mehr gesprochen werden.

Bereits die bisher behandelten vier Elemente der Auslegung zeigen, wie sehr die Auslegung der Handelsstrafgesetze in der für sie notwendigen Anpassung an das Gesellschafts- und Wirtschaftsleben steten Veränderungen ausgesetzt ist. Besonders deutlich wird diese Fortbildungstendenz bei dem nun aufzuzeigenden Gesichtspunkt, der insbesondere von der Wissenschaft und in letzter Zeit auch von der Gesetzgebung in den Vordergrund gestellt wird:

Die Interessenabwägung: Das vom Recht berücksichtigte Interesse verteilt sich beim Handelsstrafrecht öfters auf mehrere Objekte. So sind Schutzobjekte der Vorschrift des § 314 HGB. sowohl die Aktionäre, wie die Gesell-

---

[17]) Vgl. Urt. d. 2. Str. Sen. v. 9. V. 1932 2. D. 1281. 31.

[18]) Ich habe hier das im Auge, was Nußbaum zuerst als „Rechtstatsachenforschung" (1914) bezeichnet und näher entwickelt hat. Im wesentlichen stimmen damit die methodologischen Darlegungen von Geiler aaO. S. 195 f. überein.

[19]) Die moderne Rechtswissenschaft bezeichnet sie als „Elemente kognitiver Beurteilung", s. Mezger, Strafrecht (1931), S. 191.

schaft (auch eine von ihr abhängige Gesellschaft oder eine Konzerngesellschaft — vgl. § 260 a Ziff. 3 HGB.). Das Reichsgericht nimmt sogar noch ein drittes Schutzobjekt an: Die Allgemeinheit, soweit sie in rechtlichen Beziehungen zur Aktiengesellschaft steht oder treten will [20]). Hier kann es sehr wohl vorkommen, daß eine weitreichende Publizität im Geschäftsbericht zwar im Interesse des einen Teils, nicht aber im Interesse des anderen Teils liegt. So entsteht die Frage nach dem absoluten und insbesondere relativen Wert der verschiedenen Schutzobjekte, die Frage der Güterabwägung. Die Güterabwägung muß hier also unter den verschiedenen Schutzobjekten des gleichen strafgesetzlichen Tatbestandes stattfinden, was bei den allgemeinen Strafgesetzen, die sich in der Regel nur mit dem einen Rechtsgut befassen, zu dessen Schutz sie bestehen, nicht vorkommt [21]). Während die bisherige Rechtssprechung zu § 314 HGB. die Pflicht zur Offenlegung allen sonstigen Interessen voranstellte [22]), ist nunmehr durch den neuen § 260 a IV bestimmt, daß die Berichterstattung insoweit unterbleiben darf, als das überwiegende Interesse einer der beteiligten Gesellschaften oder der Allgemeinheit es erfordert. Hieraus folgt für die Frage der Güterabwägung, daß das Interesse der Gesellschaft dem Interesse der Aktionäre vorgeht. Ob diese Wertentscheidung auch über den Rahmen des § 260 a Abs. IV Gültigkeit hat, ob insbesondere das Interesse der Gesellschaft stets dem des einzelnen Beteiligten voranzustellen ist, kann hier grundsätzlich nicht entschieden werden. Gewiß darf die Schutzklausel des § 260 a

[20]) So RGSt. **41**, 298; **43**, 450; **64**, 422. AA. in Bezug auf die Allgemeinheit: Staub-Pinner § 314, 4 a. E. und Friedländer § 314, 1, der zu Unrecht aber nur die Aktionäre als Schutzobjekt ansieht.

[21]) Wenn Mezger aaO. S. 240 erklärt, daß die strafgesetzlichen Tatbestände nur ein Rechtsgut zum Gegenstande haben, so läßt sich das in dieser Allgemeinheit nicht halten. So richtet sich z. B. der Tatbestand des § 353 II StGB. in seinem ersten Akt gegen die Person des Empfängers, in seinem zweiten Akt gegen die amtliche Stelle, der die Teilleistung wahrheitswidrig als eine vollständige in Rechnung gestellt wird.

[22]) Vgl. RGSt. **38**, 197; **49**, 364.

IV auf jede unter § 314 Ziff. 1 fallende Auskunft, auch außerhalb des Geschäftsberichts, ausgedehnt werden [23]). Zweifelhaft ist aber folgender Fall: Eine Aktiengesellschaft schließt einen Vertrag. Sie wird hierbei durch das Vorstandsmitglied X. vertreten. Das Vorstandsmitglied Y. vertritt die Gegenseite und nimmt deren Interessen zum Nachteil der Aktiengesellschaft wahr. Die Rechtssprechung (so RGSt. 26, 136; 36, 71; JW. 1925, 992) vertrat in Übereinstimmung mit der in der Wissenschaft herrschenden Meinung bisher die Auffassung, daß bei einem solchen Widerstreit der Interessen das Interesse der Gesellschaft stets vorgehe, und ein Mitglied des Vorstands oder Aufsichtsrates sich der Untreue i. S. des § 312 HGB. bei absichtlicher Vernachlässigung des Gesellschaftsinteresses auch dann schuldig mache, wenn es bei dem Geschäft nicht als Organ der Gesellschaft, sondern als Vertragskontrahent auf der Gegenseite tätig gewesen ist. Diese strenge Auslegung des Untreuetatbestandes im Sinne des Aktien- (und auch Genossenschaftsrechtes) ist den heutigen wirtschaftlichen Verhältnissen, die gerade bei den großen Unternehmungen häufig Identität der leitenden Personen, insbesondere der Aufsichtsratsmitglieder, notwendig machen, oft nicht gerecht geworden. Dem hat sich das Reichsgericht nicht verschlossen und es sagt in einer neuen Entscheidung — JW. 1932, 2279: „es ist allerdings ernsthafter Prüfung wert, ob der bisherige Standpunkt in dieser Allgemeinheit aufrechterhalten werden kann. Anspruch auf unbedingte Geltung kann die Meinung, daß bei einer Kollision der eigenen Interessen des Vorstands — oder Aufsichtsratsmitgliedes mit denen der Gesellschaft die letzteren jedenfalls vorzugehen hätten, nicht erheben, wenn für die Wahrnehmung der Gesellschaftsinteressen durch andere Persönlichkeiten bei dem in Frage stehenden Geschäftsabschluß ausreichend gesorgt ist“ [24]). Die Entscheidung ist um so

[23]) So mit Recht: Friedländer § 314 sub. 9.

[24]) Vgl. hierzu die Anm. von Pinner, der sich entschieden für die Aufrechterhaltung des bisherigen Grundsatzes ausspricht und dem Aufsichtsratsmitglied nur die Wahl gibt, lediglich für die Gesellschaft tätig zu sein oder sein Amt niederzulegen.

bedeutungsvoller, als sie sich auf den amtlichen Entwurf zur Novelle des Aktienrechts von 1931 berufen kann, der ebenfalls zur Strafbarkeit ein Handeln des Verwaltungsratsmitgliedes in dieser seiner Eigenschaft erfordert.

So zeigt sich gerade an der Frage der Interessenabwägung die Bedeutung der Veränderung der wirtschaftlichen Verhältnisse für die Geltung und Erstreckung einer wirtschaftsstrafrechtlichen Norm. Die Auslegung des Gesetzes kann und muß sich zwar der Gestaltung der Verhältnisse anpassen und damit der im Gesetz zum Ausdruck gebrachten Willensmeinung des Gesetzgebers das Starre nehmen. Aber darum zieht der Wille des Gesetzgebers doch die klare Grenzlinie, die weder von dem, der eine Erstreckung, noch von dem, der eine Einengung der gesetzlichen Norm im einzelnen Fall für geboten erachtet, übersehen werden darf [25]).

Hier entsteht nun die Frage nach der Bedeutung von Analogie und Gewohnheitsrecht für die Auslegung der Handelsstrafgesetze: Wie beim allgemeinen Strafrecht erfolgt auch hier die Strafbegründung nur durch das Gesetz (nullum crimen sine lege), § 2 I StGB. Analogie und Gewohnheitsrecht dürfen zur Strafbegründung nicht herangezogen werden. Auch nicht unter der Maske

---

[25]) S. dazu RGSt. **50**, 32, 427. Nur in beschränktem Maße kann der Wille des Gesetzgebers bei der Auslegung des Verfassungsrechts berücksichtigt werden. Der Richter muß hier zuweilen feststellen, daß die Anwendung einer Bestimmung nicht die Übereinstimmung mit dem wahrt, was die Schöpfer der Verfassung im Auge hatten. So hat das RG. neuerdings (RGSt. **66**, 255 v. 2. 6. 1932) ausgesprochen, daß die Anwendung des Art. 48 II. RV. weit über das hinausgehe, was bei der Schaffung der Verfassung erstrebt und erwartet worden ist. Daß dieser Zustand dazu führen könne, daß die Gerichte verpflichtet seien, die Rechtsgültigkeit der in mißbräuchlicher Handhabung des Art. 48 II. erlassenen Verordnungen zu verneinen, spricht diese Entscheidung aus. Ehe das Reichsgericht eine solche Konsequenz zöge, wäre zu überlegen, ob hier nicht der von Smend, Verfassung und Verfassungsrecht 1928 S. 18 beschriebene und von ihm als Integration bezeichnete Kernvorgang des staatlichen Lebens vorliegt, der zu einer dauernden Weiterbildung des Verfassungsrechts führt und demgemäß auch bei der Auslegung verfassungsrechtlicher Grundsätze beachtet sein will.

eines Auslegungsbehelfs. Als Mittel der Strafeinschränkung und des Strafausschlusses sind dagegen Analogie und Gewohnheitsrecht unbeschränkt zulässig [26]). Dies kann für das Gebiet des Handelsstrafrechts von besonderer Bedeutung sein. Denn gerade soweit das Strafrecht Rechtsgüter schützen will, die in erster Linie innerhalb der zivilistischen Rechtsordnung Berücksichtigung und Pflege gefunden haben, kann die strafrechtliche Bewertung des in Frage stehenden Rechtsguts keine andere sein als die zivilrechtliche. Insbesondere von der Seite des Handelszivilrechts her können so handelsstrafrechtliche Normen eingeschränkt werden. Dies führt auf ein weiteres Auslegungselement:

Die Einheit der Rechtsordnung: sie bedeutet für unser Fragegebiet, daß das, was zivilrechtlich erlaubt ist (vielleicht durch Gewohnheitsrecht) strafrechtlich nicht verboten sein kann. Denn damit entbehrt die zunächst strafbar erscheinende Handlung der Rechtswidrigkeit [27]). Daraus ergibt sich schon, wie verfehlt es ist, die These zu vertreten, daß dieselbe unzureichende Auskunftserteilung des Organs einer Aktiengesellschaft zivilrechtlich erlaubt, strafrechtlich aber verboten sein könnte. Allerdings hat das Reichsgericht bei zivilrechtlichen Entscheidungen zu dieser Frage oft einen etwas weitherzigeren Standpunkt erkennen lassen, als bei strafrechtlichen Entscheidungen. Dies sind Unausgeglichenheiten der Rechtsprechung, die in concreto den, der vor einem Strafgericht Recht zu nehmen hat, ungünstiger stellen als den, dessen Rechtspflicht von einem Zivilgericht beurteilt wird. Das eben betonte Rechtsprinzip wird dadurch nicht berührt. Für die Auslegung des Handelsstrafgesetzes im allgemeinen und seine Anwendung auf den Einzelfall im besonderen ergibt sich daraus jedenfalls die Notwendigkeit, die Anschau-

[26]) RGSt. **56**, 161, 168 und wegen der schwierigen Grenzfragen vor allem Mezger aaO. S. 83 f.

[27]) RGSt. **61**, 243 (247); Mezger aaO. S. 239; Zitelmann, Ausschluß der Widerrechtlichkeit, Arch. f. d. ziv. Praxis, Bd. 99 (1906) S. 105; Coenders, Reichsgerichtspraxis Bd. V S. 277; Strafgesetzentwurf 1930 § 23; a. A. Lobe, Einfluß des bürgerl. Recht auf das Strafrecht, Festschrift für Frank, Bd. 1 S. 34 ff.

ungen, die sich im Handelsverkehr herausgebildet haben und in der Rechtsprechung anerkannt sind, für die Auslegung der Handelsstrafgesetze wesentlich mit heranzuziehen. Die Welt des Zivilisten ist nicht, wie es neuerdings Müller-Erzbach[28]) formuliert hat, eine andere als die des Kriminalisten, und im Gegensatz zu Müller-Erzbach muß denn auch daran festgehalten werden, daß die Welt des Rechts eine einheitliche ist.

Der Satz, daß strafrechtlich nicht etwas verboten sein kann, was zivilrechtlich erlaubt ist, darf nun aber nicht dazu führen, daß der deliktische Charakter einer Handlung deshalb geleugnet wird, weil sie zivilrechtlich irrelevant ist. Nur wer sich darauf berufen kann, daß er nach den Normen des Zivilrechts in einer bestimmten Lage so und nicht anders handeln darf, kann einwenden, daß sein Verhalten kein rechtswidriges ist und deshalb auch nicht gegen die Strafgesetze verstößt. So in dem oben erwähnten Fall zu § 314 Zi. 1 in Verb. mit § 260 a IV HGB. Nicht aber genügt es, darauf hinzuweisen, daß die zivilrechtlichen Normen das unverboten gelassen haben, was von ihm ausgeführt worden ist. Wer ein zehn Jahre altes Handelsbuch vernichtet, um die Vermögensrechte seiner Gläubiger zu gefährden, kann gegenüber einer Anklage aus § 239 Zi. 4 KO. nicht einwenden, daß die gesetzliche Aufbewahrungspflicht gemäß § 44 HGB. abgelaufen sei[29]). Ein weiteres Beispiel: Die Vorschrift des § 260 a IV, 2 HGB. verbietet nicht die Berichterstattung auch in solchen Fällen, wo das Verschweigen im überwiegenden Interesse der Gesellschaft gelegen hätte, vielmehr wird hier das Unterbleiben der Berichterstattung nur erlaubt. Dennoch setzt sich ein Vorstandsmitglied der Bestrafung wegen Untreue nach § 312 HGB. aus, wenn es von der Möglichkeit des § 260 a IV keinen Gebrauch macht. Hierin kann ein absichtliches Handeln zum Nachteil der Gesellschaft erblickt werden. In beiden angeführ-

[28]) Wohin führt die Interessenjurisprudenz? (1932) S. 73.

[29]) Unzutreffend Frank § 239 III, 4; C. Jaeger § 239 sub 37; Rosenberg im Leipz. Komm. § 239, 15; dagegen im Ergebnis zutreffend: Olshausen § 239 sub 37; Binding Lehrbuch I S. 431, 1.

ten Fällen schneiden sich nur zwei Rechtsmaterien; sie stehen aber nicht unter den gleichen die zivilrechtliche und die strafrechtliche Seite regelnden Rechtsnormen.

Einheit der Rechtsordnung bedeutet nicht Einheit der Rechtsbegriffe[30]). Mag die zivilistische Prägung eines Begriffs eine unbestrittene und noch so fest umrissene sein, — der Strafgesetzgeber formt und verwendet die Begriffe der seinen Zwecken dienenden Bestimmungen in Hinblick auf eben diese Zwecke und in Anlehnung an eine strafrechtlich ausgebildete Terminologie, die oft nur aus ihrer eigenen Entstehungsgeschichte zu verstehen ist, d. h. aus dem einzelnen Handelsstrafgesetz selbst muß der Begriff entwickelt werden. Wenn der § 96 Börsengesetz bestimmte Vorschriften dieses Gesetzes über Wertpapiere auf Wechsel und ausländische Zahlungsmittel ausdehnt, so rechtfertigt dies nicht, den Begriff „Börsenpapier" im Sinne des § 240 Zi. 1 KO. in gleicher Weise auszulegen. Nur im Rahmen des Börsengesetzes beansprucht diese Sondervorschrift Geltung.

Bei der Argumentation aus der Anschauungswelt eines anderen Handelsstrafgesetzes darf auch nie der verschiedene Zeitpunkt der Entstehung der beiden Gesetze außer Acht gelassen werden. Es hat Zeiten gegeben, wo der Strafgesetzgeber nur zögernd und mit weitgehendster Beschränkung in das Wirtschaftsleben eingreifen zu sollen glaubte, während er zu anderen Zeiten die geradezu entgegengesetze Tendenz verfolgte. Das darf der Interpret des Gesetzes nicht außer Betracht lassen, wenn die zunächst rein äußere Parallele mit einem anderen Gesetz ihm eine Gleichsetzung des vom Gesetzgeber Gewollten nahelegen könnte.

Besondere Vorsicht hinsichtlich der Gleichsetzung der Begriffe ist aber insbesondere geboten, wenn aus einem nicht spezifisch den Handelsverkehr regelnden Gesetz eine Be-

---

[30]) Unhaltbar: v. Liszt-Schmidt aaO. S. 255 Anm. 6: Es gebe keinen rein strafrechtlichen Begriff, da das Strafrecht als Schutzrecht seine Begriffe den übrigen Rechtsgebieten entlehne. Was zum Ausdruck gebracht werden soll, dürfte richtig sein, aber der Terminus „Begriff" zerstört den Gedankengang.

griffsdeutung für ein Handelsstrafgesetz entnommen werden soll. Der Begriff des „Inverkehrbringens“ kann z. B. für den § 2 des Ges. über die Ausgabe wertbeständiger Schuldverschreibungen auf den Inhaber vom 23. 6. 1923 nicht in gleicher Weise bestimmt werden, wie für den Tatbestand des § 3 des Lebensmittelgesetzes. Denn dieser Begriff ist kein in sich abgeschlossener, sondern je nach dem Wesen der Straftat verschieden[31]).

Ebenso ist es z. B. mit dem Begriff des „Verheimlichens“. Im Tatbestand des § 259 StGB. (Hehlerei) erfordert er eine Veranstaltung körperlicher Art, ein Verbergen. Die anders geartete Zweckbestimmung des § 239 Zi. 1 KO. kann aber dazu führen, daß hier eine Veranstaltung rechtlicher Art, die Behauptung eines dem Zugriff hindernden Rechtsverhältnisses, das Merkmal des Verheimlichens erfüllt[32]).

Ob die Anschauung des Gesetzgebers die gleiche geblieben ist oder sich gewandelt hat, ist insbesondere auch dann zu prüfen, wenn durch eine Novellengesetzgebung neue gesetzliche Begriffe geschaffen sind, oder die Neuemanation des Gesetzes den geschützten Rechtsgütern einen weiteren Radius gegeben hat. Nur so kann ermittelt werden, ob und inwieweit die bisherige Auslegung der Begriffe des Gesetzes eine Korrektur erfahren muß. Verwendet eine neue Bestimmung Begriffe, die schon das alte Gesetz kannte, so wird natürlich im Zweifel damit zu rechnen sein, daß ihre Bedeutung die gleiche geblieben ist. Trotz der scharfen Tendenz des Gesetzes vom 17. 6. 1909, das an die Stelle des Gesetzes vom 8. 5. 1896 zur Bekämpfung des unlauteren Wettbewerbes trat, war anzunehmen, daß der neugeschaffene § 12 (Schmiergelderverbot) den Begriff „Zu Zwecken des Wettbewerbes“ nicht umgestaltete, sondern nur für eine bisher nicht unter Strafe gestellte Handlung in dem gleichen Sinne,

[31]) Wegen dieser fluktuierenden Bedeutung des Begriffes, vgl. RGSt. **7**, 412; **26**, 52; **36**, 426; **39**, 66 (73); **42**, 173 (180).

[32]) RGSt. **64**, 138 (141).

wie ihn das frühere Gesetz verwendete, zur Anwendung bringen sollte[33]).

Die Berücksichtigung der Besonderheiten des Einzelfalles läßt gerade auf handelsstrafrechtlichem Gebiet eine besondere Vorsicht angezeigt erscheinen bei Benutzung des hier als letztes zu behandelnden Hilfsmittels der Auslegung: der Präjudizien. Hier ist eins besonders zu beachten. Die Nichtscheidung von Tatbestand und Gründen — eine Eigentümlichkeit des Urteils im Strafprozeß im Gegensatz zu dem Urteil im Zivilprozeß — verführt leicht dazu, daß im Revisionsurteil der abstrakte Rechtssatz eine Zuspitzung erfährt, die eine Allgemeingültigkeit nicht verträgt. Manches, was mit Rücksicht auf die Eigenartigkeit des Falles oder in Abwehr einer zu weitgehenden Revisionsrüge in apodiktischer Form gesagt ist, ist in Wahrheit nur ein Diktum, etwas, was gewissermaßen nur im Vorübergehen gesagt ist, nicht etwas schlechthin Autoritatives von allgemeiner Gültigkeit, an dem sich nun die Entscheidung jedes wie auch immer gearteten Falles orientieren könnte.

---

[33]) Im Ergebnis übereinstimmend: RGSt. 58, 429 (430).

Ruhegehalt (Pension) und Hinterbliebenenversorgung der Privatangestellten.

Von Rechtsanwalt Geh. Justizrat Dr. Felix Bondi in Dresden.

Der hochgeschätzte Jubilar, dem diese Festschrift gilt, gestatte mir, ihm als äußeren Ausdruck meiner großen Verehrung die nachstehende kleine Studie zu widmen. Sie gehört zu den Parerga und Paralipomena unserer seit 1910 mich so beglückenden gemeinsamen Arbeit am Staubschen Kommentar und bedeutet die weitere Ausgestaltung einer dort neu eingeschobenen Anmerkung zu § 59. Unser Jubilar freilich, ewig jung und immer tätig, kennt keinen Zustand, in dem er in Pension gehen möchte. Bleibe ihm diese Rüstigkeit noch lange erhalten, und verzeihe er mir, wenn trotzdem die nachstehenden Zeilen von Pensionsfragen handeln.

Während die Rechtsverhältnisse der Staats- und Kommunalbeamten hinsichtlich der auf Grund ihrer Anstellungsverträge nach Beendigung ihrer Beamtenstellung ihnen bezw. ihren Hinterbliebenen zukommenden Bezüge an Ruhegehalt und Hinterbliebenenversorgung im allgemeinen gesetzlich geregelt sind, fehlt es an einer solchen Regelung für die entsprechenden Rechtsverhältnisse der Privatangestellten. Wohl sind im Gesetz derartige Bezüge hinsichtlich der Pfändungsmöglichkeit im allgemeinen den Gehaltsbezügen gleichgestellt [1]). Auch gelten für eine Herabsetzung übermäßig hoher Vergütungen dieser Art die gleichen gesetzlichen Vorschriften wie für eine

---

[1]) § 850 Abs. 1 Ziff. 1 u. 7 ZPO., § 3 der VO. über Lohnpfändung vom 25. 6. 19 mit den späteren Abänderungen, zuletzt vom 27. 2. 28.

solche von Gehaltsbezügen [2]). Der Entwurf des Arbeitsvertragsgesetzes [3]) strebt in §§ 47 ff. eine gesetzliche Regelung der einschlagenden Verhältnisse an und enthält dort namentlich die zweckmäßige Bestimmung, daß das Versprechen von Ruhegehalt oder Hinterbliebenenversorgung der Schriftform bedarf. Im übrigen aber untersteht, da dieser Entwurf noch nicht Gesetz ist, zur Zeit alles der Vereinbarung zwischen Arbeitgeber und Arbeitnehmer bezw. der Regelung durch Tarifvertrag oder der Anwendung allgemeiner Rechtsgrundsätze.

Nachstehend sollen die einschlagenden Rechtsverhältnisse behandelt werden, wie sie zur Zeit gelten. Dabei bleiben alle Ansprüche, die sich gegen Pensions- und ähnliche Kassen richten, und die nach Versicherungsgrundsätzen zu beurteilen sind, außer Betrachtung. Vielmehr soll hier nur von Ansprüchen gegen den früheren Arbeitgeber die Rede sein.

Auszugehen ist davon, daß der Ruhegehalt ein Teil der vom Arbeitgeber dem Arbeitnehmer versprochenen Vergütung ist, und zwar der Teil, der erst nach Beendigung des Arbeitsverhältnisses gewährt wird [4]). Daher ist der Gedanke einer Schenkung abzulehnen [5]). Ebenso der eines Leibrentenvertra-

---

2) NotVO. v. 6. 10. 31 Teil V Kap. III § 4 u. § 6 Abs. 3.

3) Entwurf eines Allgem. Arbeitsvertragsgesetzes von 1923, herausgegeben von der Reicharbeitsverwaltung (28. Sonderheft zum Reichsarbeitsblatt, 2. Stück). Vgl. auch dort Denkschrift S. 17 ff.

4) Hueck-Nipperdey, Lehrbuch des Arbeitsrechts, 3. bis 5. Aufl. (1931), Bd. I § 40. Auch der oben in Fußnote 3 erwähnte Entwurf des Arbeitsvertragsgesetzes betont in § 47, daß Ruhegehalt und Hinterbliebenenversorgung zum Entgelt gehören. Dazu ebendort Denkschrift S. 17. Vgl. ferner LArbG. Frankfurt in BenshSamml. Band 10, Abteilung Entsch. der LArbG., Seite 22 und Hueck dortselbst in der Anm. auf Seite 24. Auch Kaskel-Dersch, Arbeitsrecht, Berlin 1932, Seite 184. Titze in seinem 1918 erschienenen „Recht des kaufmännischen Personals“ (Ehrenbergs Handbuch des gesamten Handelsrechts, Band II, Abteilung 2 Seite 628 fg., Sonderabdruck Seite 84 fg.) sieht die Pension ebenfalls als Arbeitsentgelt an.

5) Hueck-Nipperdey a.a.O. Fußnote 29. Titze und Kaskel-Dersch a.a.O. Abweichende Meinungen s. bei Titze.

ges[6]). Dies gilt einerseits hinsichtlich der Form. Daher ist nach diesseitiger Auffassung der Pensionsvertrag zur Zeit formfrei. Es gilt aber andererseits auch in steuerrechtlicher Beziehung. Aus diesem Grunde kommt weder Schenkungssteuer in Betracht, noch kann meines Dafürhaltens das in einem Dienstvertrage enthaltene Abkommen über Ruhegehalt einem etwa landesrechtlich vorgeschriebenen Stempel für Leibrentenverträge oder Schuldanerkenntnisse unterstellt werden, vielmehr nur dem Stempel für Dienstverträge[7]).

In der Regel geht die Vereinbarung dahin, daß der Ruhegehalt monatlich zu zahlen ist und bei Dienstunfähigkeit oder mit dem Erreichen eines bestimmten Lebensalters beginnt[8]).

Vielfach wird vereinbart, daß der Pensionsvertrag erst in Kraft tritt, wenn das Arbeitsverhältnis eine bestimmte Dauer erreicht hat. Dann liegt ein aufschiebend bedingter Vertrag vor. Für diesen gilt die Vorschrift des § 162 BGB., nach der die Bedingung als eingetreten gilt, wenn ihr Eintritt von dem Arbeitgeber wider Treu und Glauben verhindert wird. Es fragt sich, ob dadurch dem Arbeitgeber das Recht genommen oder erschwert ist, den Arbeitsvertrag zu kündigen, sei es mit ordnungsmäßiger Frist oder im Wege fristloser Entlassung. Diese Frage ist zu verneinen. Der Arbeitgeber will sich durch Abschließung eines Pensionsvertrages im Zweifel nicht das Recht verkümmern

---

[6]) Sonach bedarf das mit dem Dienstvertrag verbundene Ruhegehaltsversprechen nicht der Schriftform des § 761 BGB. Vgl. RG. 80, 208 u. 94, 157; RGRKomm. § 761 Anm. 5; Kaskel-Dersch a.a.O.; Oertmann, Arbeitsvertragsrecht, Berlin 1923, S. 149; Hancke, Der Ruhelohn im Arbeitsrecht, Göttingen 1926; auch RArbG. in HRR. 1932 Nr. 642. Dagegen erblickt Titze a.a.O. in der Pensionszusage einen Leibrentenvertrag im Sinne der §§ 759 ff. BGB. und verlangt für sie die dort vorgeschriebene Form.

[7]) Vgl. Messerschmidt-Kollat, Preuß. Stempelsteuergesetz, 5. Aufl. 1931, Anm. 2 zu Tarifstelle 8 (S. 273). Auch RG. 64, 133.

[8]) Über die Frage, ob im letzteren Falle mit Vollendung dieses Alters das Dienstverhältnis der ordentlichen Kündigung entzogen wird, s. ArbEntschBerl. 1927 Nr. 36.

lassen, den Dienstvertrag zu kündigen, sofern er dies als in seinem Interesse geboten erachtet. Also gleichviel, ob die Leistungen oder die Führung des Arbeitnehmers ihn dazu veranlassen, oder ob eigene Verhältnisse (Betriebseinschränkung, Spesenersparnis, Geschäftsaufgabe u. dgl.) ihn dazu bestimmen. Nur wenn der Arbeitgeber mit der Kündigung gerade den Untergang des Pensionsanspruchs bezweckt, also wenn er wesentlich aus diesem Grunde kündigt, ist anzunehmen, daß er im Sinne des § 162 BGB. wider Treu und Glauben handelt, sodaß dann trotz der Kündigung der Pensionsvertrag mit Ablauf der vereinbarten Frist in Kraft tritt [9]). Dieser Fall dürfte aber dann als gegeben anzusehen sein, wenn kein anderer vernünftiger Grund für die Kündigung dargetan werden kann. So liegt doch in dem Abschlusse des Pensionsvertrags eine gewisse Beschränkung des Prinzipals hinsichtlich einer völlig willkürlichen Kündigung.

Endigt das Dienstverhältnis, bevor der Pensionsvertrag in Kraft getreten ist, so findet dieser dadurch seine Erledigung. Wenigstens gilt dies für den Regelfall. Außer der soeben gedachten Ausnahme könnte man auch daran denken, zugunsten des Angestellten trotz vorzeitiger Beendigung des Dienstverhältnisses ein Inkrafttreten des Pensionsvertrages als gewollt dann anzusehen, wenn der Dienstherr durch einen gröblichen Verstoß gegen die durch den Dienstvertrag ihm auferlegten Pflichten dem Angestellten Anlaß zur Kündigung gegeben hat.

Endigt das Dienstverhältnis nach Inkrafttreten des Pensionsvertrages, so gelten dessen Bestimmungen, gleichviel von welcher Seite eine Kündigung des Dienstvertrages ausgesprochen worden ist. Allerdings ist auch hier eine Einschränkung zu machen. In der Regel ist als gewollte Bedingung für den Pensionsvertrag anzusehen, daß der Angestellte sich nicht gröbliche Verstöße gegen seine Dienstpflichten, namentlich

---

[9]) Hueck-Nipperdey a.a.O.; Kaskel-Dersch a.a.O. Vgl. auch RArbG. in HRR. 1932 Nr. 642.

nicht erheblich schädigende oder verletzende und nicht mit schweren Strafen bedrohte Handlungen gegen den Prinzipal, hat zuschulden kommen lassen. Hat der Angestellte z. B. den Prinzipal durch Unterschlagung oder Sabotagehandlungen erheblich geschädigt, oder hat er sich sonst gegen den Prinzipal schwer vergangen (z. B. seine minderjährige Tochter verführt), so wird man dem Prinzipal das Recht zugestehen müssen, mit dem Dienstverhältnis auch den Pensionsvertrag einseitig fristlos zu kündigen. Freilich werden dadurch unter Umständen auch die Hinterbliebenen des Angestellten, sofern deren Versorgung mitbedungen war, in Mitleidenschaft gezogen. Allein dieser Gesichtspunkt dürfte kaum eine andere Entscheidung rechtfertigen. Man kann einem Prinzipal nicht zumuten, Hinterbliebene eines Angestellten zu versorgen, der sich gegen ihn so schwer vergangen hat. Und die Hinterbliebenen müssen eben, wie so oft im Leben, Schädigungen tragen, die durch sittenwidrige Handlungen ihres Erblassers verschuldet worden sind.

Der Ruhegehalt ist im Zweifel auf Lebenszeit zu gewähren [10]). Die Klausel „bis auf weiteres" berechtigt darnach den Arbeitgeber in der Regel nicht zu willkürlicher Einstellung der Weiterzahlung [11]). Hat dagegen der Arbeitgeber, ohne rechtlich dazu verpflichtet zu sein, dem Angestellten bei dessen Ausscheiden einen Ruhegehalt mit der Maßgabe zugesagt, daß die Zusage „stets widerruflich" sei, so muß es bei der Widerruflichkeit nach Ermessen des Arbeitgebers bewenden und findet eine Nachprüfung der Gründe des Widerrufs durch das Gericht nicht statt [12]).

In der Regel wird der Ruhegehalt in Form von Geldzahlungen vereinbart. Nicht ausgeschlossen ist es aber, daß er ganz oder teilweise in Gestalt von Naturalleistungen gewährt werden soll. Ein Landwirt oder der

[10]) RArbG. in JW. 1928, 841.

[11]) Dieselbe Entscheidung.

[12]) RArbG. 6, 91 = „Recht" 1930 Nr. 1903. Ebenso in solchem Falle bei der Zusicherung „bis auf weiteres": RArbG. in JW. 1932, 1027 (mit Anm. von Tüchler).

Inhaber eines Lebensmittelgeschäfts oder einer Kohlenhandlung gesteht z. B. einem Angestellten das Recht zu, lebenslänglich in gewissem Umfange Waren seines Betriebes aus diesem kostenfrei oder zu Vorzugspreisen zu entnehmen. Auch die Vereinbarung ist denkbar, daß ein Angestellter eine Dienstwohnung, die er während bestehenden Arbeitsverhältnisses bewohnt hat, auch als Ruheständler behalten soll. In diesem Falle ist anzunehmen, daß die Benutzung eine gleichartige bleiben muß, wie zur Zeit des Anstellungsvertrages, so daß es mir z. B. unzulässig erscheinen würde, wollte der frühere Angestellte dort sich ein mit vielem Verkehr verbundenes Agenturbureau oder gar eine umfangreiche Hundezucht einrichten oder in der Wohnung dauernd Klavierunterricht erteilen, sofern solche Einrichtungen den Betrieb des Geschäfts des ehemaligen Prinzipals störend beeinträchtigen. War während bestehenden Arbeitsverhältnisses mit der Dienstwohnung für den Angestellten die Verpflichtung verbunden, in dem betreffenden Hause ohne besondere Gegenleistung eine Aufsichts- oder Hausverwaltertätigkeit zu entfalten, so gilt dieselbe Verpflichtung im Zweifel auch für den Ruheständler. Sind Naturalleistungen irgend welcher Art als Pension vereinbart, so hat der Pensionär in der Regel nicht das Recht, statt der Naturalleistung Ersatz in Geld zu verlangen, wenn er von ersterer nicht Gebrauch machen kann oder will.

Möglich ist auch die Zusicherung eines vom Gewinn des Versprechenden abhängigen Ruhegeldes. Dann ähnelt dieses letztere einer auch für die Zeit nach Beendigung des Arbeitsverhältnisses weiter laufenden Tantieme. Auch ist es denkbar, daß einem höheren Angestellten von einer Aktiengesellschaft, bei der er tätig war, zugesichert wird, er solle als Ruhegeld alljährlich den Betrag der auf eine bestimmte Anzahl Aktien entfallenden Dividende erhalten. Jede derartige vom Gewinn abhängige Vergütung bietet dem Versprechenden den Vorteil, daß die Leistung ihm niemals sonderlich drückend werden kann. Sie hat aber für den Pensionär das mißliche, daß er in Krisenzeiten ohne Einnahmen dastehen kann, sofern er nicht eigenes Vermögen oder sonstige Einnahmequellen besitzt, abgesehen von den Bezügen aus der Alters- und Invaliditätsversicherung bezw. der Angestelltenversicherung. Daher kann im Interesse des Arbeitnehmers eine vom Gewinn abhängige Pension höchstens neben festen Pensionszahlungen empfohlen werden.

Ziffermäßig bemißt sich der Ruhegehalt gewöhnlich auf einen bestimmten, meist während der Dienstzeit von Jahr zu Jahr steigenden Hundertsatz des von dem Angestellten zuletzt bezogenen Gehaltes. Andere Bezüge als der feste Gehalt bleiben dabei in der Regel unberücksichtigt, sind daher im Zweifel nicht pensionsberechtigt.

Zweifelhaft kann sein, ob im Konkurse des Dienstherrn die für das letzte Jahr rückständigen Ruhegehaltsansprüche als nach § 61 Ziff. 1 KO. bevorrechtigte Konkursforderungen anzusehen sind. Nach dem Willen des Gesetzgebers ist dies nicht anzunehmen. Der Rechtsgedanke des § 61 Ziff. 1 KO. ist der, daß die in der letzten Zeit vor der Konkurseröffnung erfolgten Leistungen des Angestellten der Konkursmasse zugute gekommen sind, und daß es daher der Billigkeit entspricht, dem Angestellten für diese Leistungen ein Vorzugsrecht zuzugestehen. Dieser Gesichtspunkt fällt bei Pensionären fort. Daher ist für deren Ansprüche ein Vorzugsrecht nicht anzuerkennen [13]). Aus der gleichen Erwägung sind die während des Konkurses laufenden Ruhegehaltsbeträge nicht als Masseschuld anzusehen [14]).

Vielfach wird mit dem Versprechen des Ruhegehalts ein solches der Hinterbliebenenversorgung verbunden. Für eine solche Vereinbarung gelten allenthalben entsprechend die vorstehend dargelegten Grundsätze. Rechtlich ist die Abrede der Hinterbliebenenversorgung ebenfalls als

[13]) RArbG. 9, 337 = BenshSamml. 13, 321. Anders früher LArbG. Berlin in HRR. 1931 Nr. 1434. Auch im Falle des § 75 e Abs. 1 HGB. ist es der Konkursmasse zugute gekommen, daß der ausgeschiedene Handlungsgehilfe dem Gemeinschuldner nicht Wettbewerb bereiten dürfte, daher das Vorzugsrecht des § 61 Nr. 1 KO. gerechtfertigt. Ähnlich RArbG. im „Recht" 1932 Nr. 518.

[14]) RArbG. 8, 117.

ein, und zwar als ein nach dem Tode zahlbares Arbeitsentgelt aufzufassen. Es ist ein Vertrag zugunsten Dritter. Eigene Ansprüche gegen den ehemaligen Arbeitgeber erwerben aus demselben die Hinterbliebenen erst mit dem Tode (bei Verschollenheit mit der Todeserklärung) des Angestellten. Bis dahin kann der letztere selbst über die Hinterbliebenenansprüche verfügen. Endet der Angestellte durch Selbstmord, so ändert diese Tatsache als solche nichts an den Rechten der Hinterbliebenen (vgl. hiezu die beiden unten in Fußnote 19 angeführten Entscheidungen des Reichsarbeitsgerichtes). Übrigens kann eine Hinterbliebenenversorgung auch ohne ein Ruhegehaltsversprechen oder ein Ruhegehaltsversprechen ohne Hinterbliebenenversorgung vereinbart werden.

In der Regel geht die Zusage der Hinterbliebenenversorgung dahin, daß die Witwe lebenslänglich und die Kinder bis zu einem gewissen Alter (vielfach 18 Jahre) eine Rente beziehen. Auch sonstige Vorteile der oben gedachten Art (Warenentnahme, Vorzugspreise, Dienstwohnung) sind denkbar. Meist wird die Hinterbliebenenversorgung nicht auf uneheliche Kinder des Arbeitnehmers ausgedehnt, obgleich es sozialer wäre, dies zu tun. Bei einer Arbeitnehmerin kann auch, namentlich wenn sie während bestehenden Arbeitsverhältnisses den Aufwand des ehelichen Haushalts verdient (z. B. wegen andauernder Erwerbsunfähigkeit des Mannes), eine Hinterbliebenenversorgung für den als Witwer zurückbleibenden Ehemann in Frage kommen.

Bei vielen großen Unternehmungen, namentlich bei Großbanken, kommt es auch vor, daß bei Tod eines Angestellten die Hinterbliebenen ein Vierteljahr lang dessen volle Bezüge forterhalten. Das ist das sogenannte Gnadenvierteljahr, ähnlich wie bei Staatsbeamten. Soweit ich feststellen konnte, erfolgt aber dessen Gewährung meist freiwillig, ohne rechtliche Verpflichtung.

Denkbar ist auch eine Vereinbarung des Inhalts, daß statt des Ruhegehalts bezw. der Hinterbliebenenversorgung unter gewissen Voraussetzungen von dem ehemaligen Arbeitgeber eine Kapitalabfindung gegeben werden soll oder kann. Ist eine solche Vereinbarung nicht getroffen, so hat kein Teil ein Recht darauf, die Ratenzahlungen durch eine Kapitalabfindung zu ersetzen.

Wer Pension oder Hinterbliebenenversorgung bezieht, unterliegt nicht mehr den Verpflichtungen des Angestellten, weder seiner Arbeitspflicht noch sonstigen Obliegenheiten. Insbesondere unterliegt ein pensionierter Handlungsgehilfe nicht dem Wettbewerbverbot des § 60 HGB. Immerhin ist zu berücksichtigen, daß jedem, der von dem früheren Arbeitgeber Ruhegeld oder Hinterbliebenenversorgung annimmt, diesem gegenüber eine gewisse beschränkte Treupflicht obliegt. Die Annahme der Versorgungsbeträge begründet eine moralische Zugehörigkeit zu dem alten Betriebe. Man wird daher dem ehemaligen Arbeitgeber das Recht zugestehen müssen, die weitere Zahlung einzustellen, wenn der Pensionär ihm gegenüber ein Verhalten einschlägt, das dieser beschränkten Treupflicht widerspricht. So z. B., wenn der Pensionär ihm in einer ihn schädigenden Weise Wettbewerb bereitet [15]). Ebenso bei Beleidigungen oder sittlich verwerflichen Handlungen gegen den ehemaligen Arbeitgeber (unter Umständen auch bei solchen gegen seine Angehörigen). In manchen Fällen leichter Art kann in Frage kommen, ob der Prinzipal nicht, ehe er den Pensionsvertrag einseitig aufhebt, vorher den Pensionsempfänger verwarnen muß. Dieser Gesichtspunkt dürfte z. B. Platz greifen, wenn der Empfänger der Pensions- oder Hinterbliebenenversorgung zu einem Konkurrenten des ehemaligen Prinzipals in nahen Beziehungen steht und ihm Ratschläge erteilt, oder wenn der Betreffende über die Fabrikate des vormaligen Prinzipals sich unfreundlich äußert. Der leitende Grundsatz muß der sein: Solange der Pensionär die Versorgungszahlungen entgegennimmt, muß er dem Zahlenden gegenüber eine ihm geschuldete Rücksicht wahren. Will

[15]) LArbG. Königsberg in BenshSamml. 4 Abt. II Seite 113 mit Anm. von Hueck. Vgl. auch Hueck-Nipperdey a.a.O., sowie Hueck in BenshSamml. 10 Abt. II Seite 24.

er das nicht, so kann er ja jederzeit auf die Versorgungsbezüge verzichten.

Wie ist es, wenn die Witwe eines Angestellten, die Hinterbliebenenversorgung (Witwenpension) bezieht, sich wiederverheiratet? Im Zweifel wird man annehmen dürfen, daß — ähnlich wie bei Beamtenwitwen — dann die Versorgung endigt. Doch kommt es auf den Willen der Vertragschließenden bei Vertragsschluß an. Es ist nicht ausgeschlossen, daß dieser Wille dahin gegangen ist, daß die Pension der Witwe trotz Wiederverheiratung weiter laufen soll.

Und wie ist der Fall zu beurteilen, wenn der Angestellte dem früheren Arbeitgeber Geld schuldet? An sich ist eine Aufrechnung durch das Lohnbeschlagnahmegesetz ausgeschlossen, ebenso ein Zurückbehaltungsrecht, das ja für den davon Betroffenen wie eine Aufrechnung wirken würde [16]). Allein das Aufrechnungsverbot ist überhaupt nicht auf solche Fälle anzuwenden, in denen dem Dienstherrn gegen den Angestellten eine Schadensersatzforderung aus vorsätzlich unerlaubter Handlung im Rahmen des Dienstverhältnisses zusteht [17]). Ein solches Vorkommnis kann ja, wie schon oben bemerkt, dem Dienstherrn das Recht geben, das Dienstverhältnis und das Pensionsabkommen einseitig aufzuheben. Aber auch wenn sich die der Schadensersatzforderung des Dienstherrn zugrunde liegenden Tatsachen erst nach ordnungsmäßiger Beendigung des Dienstverhältnisses herausstellen, dürfte dem vormaligen Prinzipal das Recht zuzugestehen sein, gegen die Ruhegehaltsansprüche des Angestellten mit einer Gegenforderung aus vorsätzlich unerlaubter Handlung aufzurechnen. In schweren Fällen dürfte er sogar berechtigt sein, von dem Pensionsvertrage einseitig zurückzutreten.

Zweifelhaft kann sein, ob ein derartiges Aufrechnungs- bezw. Rücktrittsrecht dem Prinzipale auch nach dem

[16]) Staub-Bondi § 59 Anm. 47 unter b.

[17]) RG. 85, 108. Dazu Flatow in LZ. 1917, 450, sowie Staub-Bondi a.a.O. mit verschiedenen Zitaten. Ferner ArbEntschBerl. 1927 Nr. 220. Vgl. auch RG. 135, 3.

Tode des Angestellten hinsichtlich der Versorgungsansprüche der Hinterbliebenen zusteht. Der Fall ist hinsichtlich der Versorgungsansprüche der Witwe eines Beamten kürzlich zur gerichtlichen Entscheidung gekommen [18]). Das richtige dürfte sein, folgenden Standpunkt einzunehmen: Sofern die Hinterbliebenen Erben des Verstorbenen geworden sind, haften sie als solche, also mit den Mitteln des Nachlasses, für dessen Schulden. Insoweit ist also die Aufrechnungsmöglichkeit begründet. Im übrigen dürfte eine Aufrechnungsmöglichkeit nicht begründet sein. Dahingegen möchte ich in anderer Beziehung weiter gehen. Meiner Meinung nach ist, wie bereits erwähnt, die selbstverständliche Voraussetzung des ganzen Pensionsabkommens, also auch der Versorgungsansprüche der Hinterbliebenen, daß der Angestellte bis zum Schluße seiner Tätigkeit seine Pflichten ordnungsgemäß erfüllt und namentlich nicht gegen den Arbeitgeber in erheblicher Weise sich vergeht. Nur unter dieser Voraussetzung wollte der letztere sich zu Ruhegeld oder Hinterbliebenenversorgung verpflichten. Man kann einem Prinzipal billigerweise nicht zumuten, Hinterbliebene eines Angestellten, der ihm in erheblicher Weise Geld unterschlagen oder ihn sonst — etwa durch gröbliche Verleumdung oder durch Sabotagehandlungen — empfindlich geschädigt oder anderweit — etwa durch Verführung seiner minderjährigen Tochter — ihn schwer gekränkt hat, dauernd zu versorgen, auch wenn die Tatsache der Schädigung erst nach dem Tode des Angestellten zu Tage getreten ist. So komme ich, allerdings nur für schwere Fälle, in denen eine erhebliche Schädigung des Arbeitgebers durch die Handlungsweise des Arbeitnehmers eingetreten ist, zu dem Ergebnis, daß eine derartig den Prinzipal schädigende Handlung des Arbeitnehmers tatsächlich eine Verwirkung der Versorgungsansprüche seiner Hinterbliebenen zur Folge haben kann. Insoweit liegt also dieser Fall für die Hinterbliebenen ebenso, wie wenn der Arbeitnehmer we-

[18]) Oberverwaltungsgericht Danzig in JW. 1932, 551 (mit Anm. von Brand). Außerdem sei auf das unten in Fußnote 19 erwähnte Urteil des RArbG. vom 13. April 1932 verwiesen, das allerdings jede Aufrechnungsmöglichkeit gegenüber den Hinterbliebenen verneint.

gen seiner Handlung vom Dienstherrn entlassen worden wäre und letzterer dabei auch das auf die Hinterbliebenenversorgung hinzielende Abkommen einseitig aufgehoben hätte. Der Hinweis darauf, die Hinterbliebenen hätten seit dem Tode des Angestellten eigene Ansprüche gegen den ehemaligen Arbeitgeber, unabhängig von der Handlungsweise ihres Erblassers, muß versagen. Es handelt sich ja um die Frage, wie der Hinterbliebenenversorgungsvertrag auszulegen ist, mit anderen Worten, welche Verpflichtungen der Arbeitgeber übernommen hat.

Das Reichsarbeitsgericht geht anscheinend von anderen Gesichtspunkten aus. Zwar liegt eine Entscheidung noch nicht vor, in der die vorstehend erörterte Frage klar entschieden wäre. Allein zwei in letzter Zeit ergangene Entscheidungen lassen erkennen, daß das Reichsarbeitsgericht die Frage der Auslegung der Pensions- und Hinterbliebenenversorgungszusage in dem soeben erörterten Sinne überhaupt nicht erörtert und grundsätzlich der Auffassung zu sein scheint, daß trotz vorgekommener Verfehlungen die Hinterbliebenenversorgung zu gewähren sei [19]). Mit Rücksicht hierauf ist Arbeitgebern zu empfehlen, beim Abschluß von Pensions- und Hinterbliebenenversorgungs-Verträgen es klar zum Ausdruck zu bringen, sofern sie ihre Zusage an die Voraussetzung gewissenhafter Diensterfüllung bis zur ordnungsmäßigen Beendigung des Arbeitsverhältnisses knüpfen wollen.

Das Versprechen eines Ruhegehaltes oder einer Hinterbliebenenversorgung hat, wie bereits erwähnt, in der Regel den Charakter einer vertragsmäßigen Arbeitsvergütung. Daher ist der Gedanke einer aus Wohltätigkeit geleisteten Unterstützung Bedürftiger abzulehnen. Weder

[19]) Ich meine hier in erster Linie das Urteil des RArbG. vom 13. April 1932 (Aktenzeichen RAG. 618/31), das zwar bis zum Augenblick noch nicht im Druck erschienen ist, wohl aber demnächst in den verschiedenen Entscheidungssammlungen abgedruckt werden wird. In zweiter Linie verweise ich auf RArbG. in BenshSamml. 11, 170 = JW. 1932, 1784 und die an letzterer Stelle beigefügte Anm. von Groh, besonders deren Schluß.

hat der frühere Prinzipal einen rechtlichen Anspruch auf Streichung oder Minderung der Bezüge, wenn seine eigene wirtschaftliche Lage sich verschlechtert; noch kann er einen derartigen Anspruch mit einem Hinweise darauf begründen, dem Empfänger der Bezüge gehe es jetzt so gut, daß er diese nicht mehr brauche. Aber selbstverständlich kann beides vertragsmäßig festgesetzt werden. Tatsächlich wird bisweilen vereinbart, der Prinzipal solle die Pensions- oder Versorgungsbezüge nur so lange gewähren, als er selbst ohne Gefährdung seiner Lebensbedürfnisse dazu imstande sei, bezw. als der Empfänger solche Bezüge brauche. Liegt eine solche Vereinbarung nicht vor, so kann der ehemalige Arbeitgeber weder eine Veränderung noch eine Streichung des Ruhegeldes um deswillen geltend machen, weil der Ruheständler durch Ausübung einer erwerbenden Tätigkeit, sofern solche nicht gegen die oben gedachte Treupflicht verstößt, Geld verdient. Die für Staats- und Kommunalbeamte meist gesetzlich vorgesehenen Bestimmungen über eine gewisse Anrechnung eines derartigen Nebenverdienstes auf das Ruhegeld können mangels besonderer Vereinbarung auf die Verhältnisse der Privatangestellten nicht entsprechend angewendet werden. Immerhin wäre es vielleicht nicht unzweckmäßig, wenn ähnliche Grundsätze über eine entsprechende Anrechnung bei Privatangestellten gesetzlich festgelegt würden; denn gewöhnlich denken die Vertragsparteien bei Abschluß eines Pensionsvertrags nicht an derartige Möglichkeiten. Daß übermäßig hohe Bezüge (über RM. 15,000.— jährlich hinaus) von dem früheren Arbeitgeber herabgesetzt werden können, ist bereits erwähnt [20]).

Die vorstehenden Darlegungen bedürfen einer Ergänzung. Wie jeder andere Vertrag, unterliegt auch der Vertrag auf Ruhegeld und Hinterbliebenenversorgung der sogenannten clausula rebus sic stantibus, d. h. der ihm innewohnenden Voraussetzung, daß die versprochenen Leistungen dem Versprechenden wirtschaftlich möglich sind. [21]).

[20]) Siehe oben Fußnote 2.

[21]) Vgl. Staub-Koenige Anhang zu § 374 Anm. 48 b.

Treten unvorhergesehene Ereignisse ein, die auf die Vertragspflichten des Versprechenden dergestalt einschneidend wirken, daß dessen Leistungen als völlig andere, als ursprünglich gewollt, erscheinen würden, dann wird man ihm ein Rücktrittsrecht und mindestens ein Recht auf angemessene Herabsetzung seiner Leistungen nicht versagen können. Dieser Fall dürfte vorliegen, wenn die weitere Leistung der in Pensionsverträgen zugesicherten Gewährung von Ruhegehalt und Hinterbliebenenversorgung für den Leistenden nicht nur drückend, sondern direkt ruinös sein würde. Es genügt also nicht etwa ein wichtiger Grund im Sinne des § 626 BGB., vielmehr nur der Hinweis auf vollständig vorliegende wirtschaftliche Unmöglichkeit der Aushaltung des Pensionsvertrages [22]). Ein solcher Fall kann z. B. dann vorliegen, wenn ein Arbeitgeber in Zeiten, da es ihm sehr gut ging, mit vielen Arbeitnehmern Verträge über hohe Pensionen und Hinterbliebenenvergütungen abgeschlossen hat und seine wirtschaftliche Lage sich dann dermaßen ungünstig geändert hat, daß die zahlreichen Pensions- und Hinterbliebenenvergütungen, wenn er sie in voller Höhe zahlen müßte, sein ganzes Einkommen aufzehren würden, so daß ihm für sich und seiner Familie tatsächlich nichts zum Leben übrig bliebe.

In den gesetzlichen Vorschriften über die Pensionierung von Staats- oder Kommunalbeamten findet sich vielfach die Bestimmung, daß die Rente ruht, solange der Ruheständler bzw. der in Frage kommende Hinterbliebene seinen Wohnort im Auslande hat. Das hat wohl hauptsächlich fiskalische Gründe. Daher ist eine Anwendung dieses Gesichtspunktes auf Privatangestellte meines Dafürhaltens ausgeschlossen. Sofern nicht in dem Pensionsabkommen etwas gegenteiliges festgesetzt ist, hat der ehemalige Arbeitgeber die versprochenen Leistungen an Ruhegeld und Hinterbliebenenversorgung ohne Rücksicht auf den Wohnort bezw. Aufenthaltsort des Berechtigten zu gewähren. Für die Frage des Leistungsortes sind §§ 269 ff. BGB. maß-

[22]) Vgl. LArbG. Frankfurt in BenshSamml. Band 10, Abteilung Entsch. der LArbG., Seite 21 (mit Anm. von Hueck).

gebend; mithin gilt für Geldzahlungen die Übersendungsverpflichtung nach § 270 BGB. mit der dort gedachten Sonderbestimmung für den Fall der Wohnsitzverlegung des Berechtigten.

Können durch Tarifvertrag Vorschriften über Ruhegehalt und Hinterbliebenenversorgung getroffen werden? Diese Frage ist meines Dafürhaltens zu bejahen, sowohl was die Begründung der Ansprüche anbetrifft, als auch hinsichtlich deren Ausgestaltung.

Ist auch stillschweigender Abschluß eines Pensionsvertrags möglich? Grundsätzlich möchte ich auch diese Frage nicht verneinen. Aber jedenfalls muß in einem derartigen Falle unter Berücksichtigung aller Tatbestandsumstände sorgfältig geprüft werden, ob der Wille beider Parteien wirklich dahin gegangen ist, einen Vertrag auf Ruhegehalt und Hinterbliebenenversorgung ohne ausdrückliche Vereinbarung abzuschließen. Das wird nur in den seltensten Fällen anzunehmen sein. Und jedenfalls kann kein Angestellter den Rechtsstandpunkt einnehmen, sein Vorgänger in der betreffenden Stellung oder andere Angestellte des Betriebes in ähnlicher Stellung bekämen Pension bezw. Hinterbliebenenversorgung, da kämen ebenfalls ihm bezw. seinen Hinterbliebenen — auch ohne besondere ausdrückliche Vereinbarung — solche Ansprüche von Rechtswegen zu. Die hinsichtlich der Gratifikationen, des Urlaubs oder der Tantiemen von Angestellten in der Praxis zu Tage getretenen Grundsätze über stillschweigende Zusage derartiger Vorteile [23]) können auf keinen Fall auf die Zusage von Ruhegehalt oder Hinterbliebenenversorgung übertragen werden.

Es kommt auch vor, daß eine Pensionszusage erst bei oder nach Beendigung des Arbeitsverhältnisses freiwillig abgegeben wird, etwa so, daß der Arbeitgeber dem Arbeitnehmer bei dessen Ausscheiden freiwillig einen Ruhegehalt zusichert, oder daß er nach dem Tode des

[23]) Staub-Bondi § 59 Anm. 34 u. 34c sowie § 65 Anm. 4b. Vgl. auch Johannes Fuchs, Der Gratifikationsanspruch des Arbeitnehmers, Berlin 1931, Seite 14 fg.

Arbeitnehmers sich freiwillig erbietet, dessen Hinterbliebenen eine Versorgung zu gewähren. Ein Beispiel dieser Art bildet der oben bei Fußnote 12 erwähnte Fall; auch sei an die oben gleichfalls erwähnte freiwillige Gewährung des sogenannten Gnadenvierteljahres erinnert. Eine derartige freiwillig, ohne rechtliche Verpflichtung, ausdrücklich oder stillschweigend eingegangene Verpflichtung stellt sich meines Dafürhaltens rechtlich als eine freiwillige Erhöhung des Arbeitsentgelts dar, ist also Gegenleistung, nicht Schenkung, und unterliegt daher weder den Vorschriften der §§ 516 ff. BGB. noch dem Schenkungsstempel. Ihre rechtliche Bedeutung ist im Sinne der vorstehenden Darlegungen zu verstehen und auszulegen. Hinsichtlich der Treupflicht der durch eine solche freiwillige Zusage Bedachten wird man sogar besonders streng sein dürfen. Denn wenn ein Arbeitgeber, ohne dazu verpflichtet zu sein, einem Angestellten oder dessen Hinterbliebenen derartige Vorteile zuwendet, so tut er dies annehmbarer Weise in der Erwartung und unter der stillschweigenden Bedingung, daß das künftige Verhalten des Bedachten in den wechselseitigen Beziehungen ihm nicht Grund zu erheblicher Unzufriedenheit bieten wird.

Daß Ansprüche auf Pension und Hinterbliebenenversorgung von einem Arbeitgeber einem Arbeitnehmer auch durch letztwillige Verfügung eingeräumt werden können, mag nur kurz Erwähnung finden. In diesem Falle sind die vorstehend dargelegten Rechtsgrundsätze und Auslegungsregeln entsprechend anzuwenden, wobei es sich nach den Bestimmungen des Erbschaftssteuergesetzes richtet, ob und inwieweit die Zuwendung der Erbschaftssteuer unterliegt. Insbesondere ist meines Dafürhaltens auch in solchem Falle anzunehmen, Voraussetzung der Zuwendung sei treue Diensterfüllung seitens des Bedachten bis zur ordnungsmäßigen Beendigung des Arbeitsverhältnisses. Ich würde daher, sofern nicht aus dem Wortlaute des Testamentes Gegenteiliges hervorgeht, kein Bedenken tragen, die Zuwendung des Ruhegehalts bezw. der Hinterbliebenenversorgung als nicht gewollt anzusehen, sofern sich — und sei es auch erst nach dem

Tode des Erblassers — herausstellt, daß der Arbeitnehmer den Erblasser in der oben näher bezeichneten Weise schwer geschädigt oder gekränkt hat. Ja unter Umständen kann sogar eine gleichartige Behandlung eintreten, wenn der Arbeitnehmer, falls er nach dem Willen des Erblassers noch bei dessen Erben oder sonstigen Rechtsnachfolgern in Stellung bleibt, gegen diese in der betreffenden Weise sich schwer vergeht.

Gestreift sei noch die Frage, ob und in welcher Weise Pensionsverpflichtungen in der Bilanz des Prinzipals zu berücksichtigen sind. Das richtige dürfte sein, sobald ein Pensionsfall eingetreten ist, den Pensionsanspruch des betr. Angestellten bezw. seiner Hinterbliebenen in der Bilanz unter den Passiven aufzuführen. Dagegen gehört die allgemeine Pensionsberechtigung der Angestellten ebensowenig wie deren Gehaltsansprüche in die Bilanz [24]). Viele Unternehmer und namentlich Aktiengesellschaften führen in ihrer Bilanz unter den Passiven Pensions- und ähnliche Fonds. Das sind im Zweifel Rücklagen des Unternehmens, um daraus Pensions- und ähnliche Ansprüche zu decken [25]). Soweit solche Rücklagen bestehen, bedarf es, sofern sie genügen, nicht mehr einer besonderen Einstellung der einzelnen Pensionsansprüche unter die Passiven.

Bisweilen sind Aktiengesellschaften dazu übergegangen, statt derartige Fonds zu bilden, Pensionskassen mit eigener Rechtspersönlichkeit zu errichten. Das hat meist seinen Grund darin, daß sie für die Zuwendungen an diese Kassen Freiheit von der Körperschaftssteuer erreichen wollten, wohl auch versucht werden sollte, von solchen Zuwendungen den Aufsichtsrats- und Vorstandsmitgliedern Tantiemen gewähren zu können. Wie ich durch Umfrage festgestellt habe, haben derartige Einrichtungen sich im allgemeinen nicht bewährt. Für die gegenwärtige Abhandlung

[24]) Brodmann Aktienrecht § 261 Anm. 7 unter g.

[25]) RG. 91, 313. Vgl. dazu Staub-Pinner § 237 Anm. 17 und die dort Zitierten; auch das Schrifttum zu § 261 a (unter B II) sowie zu § 260 a (Abs. 3 Ziffer 6) der Aktiennovelle vom 19. Sept. 1931

haben sie auszuscheiden, denn die Ansprüche der Pensionsberechtigten gestalten sich dann nach Versicherungsgrundsätzen und richten sich gegen die selbständige Pensionskasse, nicht gegen den früheren Arbeitgeber.

Dagegen mag die Frage noch behandelt werden, ob Streitigkeiten zwischen einem pensionierten Angestellten bezw. den Hinterbliebenen eines verstorbenen Angestellten einerseits und dem ehemaligen Arbeitgeber andererseits wegen Ansprüchen auf Ruhegeld bezw. Hinterbliebenenversorgung vor die Arbeitsgerichte oder vor die ordentlichen Gerichte gehören. Mit Rücksicht auf die Wortfassung des § 2 Abs. 1 Nr. 2 und Abs. 2 ArbGG. halte ich die Zuständigkeit der Arbeitsgerichte für begründet. Dabei ist Voraussetzung, daß das Arbeitsverhältnis ein solches war, daß auch während seines Bestehens Streitigkeiten zwischen Arbeitgeber und Arbeitnehmer vor die Arbeitsgerichte gekommen wären. Dies umso sicherer, als ja, wie dargelegt, Ruhegehalt und Hinterbliebenenversorgung rechtlich als Arbeitsentgelt zu betrachten sind.

Zum Schlusse sei hervorgehoben, daß die vorstehend dargelegten rechtlichen Gesichtspunkte auch für Verträge gelten, durch die Vorstandsmitgliedern einer Aktiengesellschaft, Geschäftsführern einer G. m. b. H. oder sonstigen Leitern einer Unternehmung Ruhegehalt oder Hinterbliebenenversicherung zugesagt wird. Gerade Fälle dieser Art sind besonders häufig. Auch sei bemerkt, daß der Abschluß eines Pensionsvertrages nicht etwa voraussetzt, daß der Versprechende Kaufmann sei. Vielmehr kann der Versprechende ebensogut ein Nichtkaufmann sein, z. B. ein Arzt, Rechtsanwalt, Handwerker, Ingenieur oder Künstler, der einem Angestellten Ruhegehalt und Hinterbliebenenversorgung zusagt. Und der Versprechensempfänger kann jeder sein, der einem andern dauernd Dienste leistet, ein Gelehrter sowohl wie eine Scheuerfrau. Voraussetzung dafür, daß die vorstehend dargelegten Grundsätze Anwendung finden, ist nur, daß der Pensionsvertrag Ausfluß eines Arbeitsvertrags ist, diesen Begriff im weitesten Sinne gefaßt. Auch einen Vertrag dieser Art zwischen einem Gartenbesitzer und seinem Gärtner, zwischen einem Kranken und seinem Arzte, zwischen einer alten Dame und ihrer Pflegerin, zwischen dem Besitzer eines Privattheaters und einem Sänger, oder zwischen einem Familienvater und der Erzieherin seiner Kinder — um nur wenige Beispiele herauszugreifen — würde ich diesen Grundsätzen zu unterstellen für richtig halten. Ja, ich möchte den Begriff Arbeitsvertrag in dem vorstehend gebrauchten Sinne sogar so weit fassen, daß ich im allgemeinen (von Einzelheiten abgesehen) den gleichen Grundsätzen auch einen auf Ruhegeld und Hinterbliebenenversorgung abzielenden Vertrag unterstellen würde, den Gesellschafter untereinander für den Fall abschließen, daß einer von ihnen arbeitsunfähig wird oder ein bestimmtes Alter erreicht oder stirbt; denn auch zwischen Gesellschaftern besteht in erweitertem Sinne insofern ein wechselseitiges Arbeitsverhältnis, als zwischen ihnen jeder dem anderen Dienste leistet. Dabei halte ich es für gleichgültig, welchem Berufe die Gesellschafter angehören. Das Gesagte gilt, mögen die Gesellschafter Kaufleute oder Nichtkaufleute, etwa Ingenieure, Ärzte, Rechtsanwälte oder Künstler sein. Liegt dagegen dem Pensionsvertrage überhaupt kein irgendwie geartetes Arbeitsverhältnis zugrunde, dann greifen andere Grundsätze Platz, verschieden geartet, je nachdem das Pensionsversprechen entgeltlich oder unentgeltlich gegeben wird. Die gleichen Gesichtspunkte dürften bei letztwilliger Zuwendung von Ruhegeld und Hinterbliebenenversorgung maßgebend sein, sofern solche Zuwendung nicht in einem Arbeitsverhältnisse ihren Grund hat. Und auch wenn ein Dritter Ruhegehalt oder Hinterbliebenenversorgung verspricht, kommt es meines Erachtens darauf an, ob die Zuwendung mit Rücksicht auf ein Arbeitsverhältnis, an dem der Zuwendende ein Interesse hat, erfolgt oder ohne Hinblick auf ein solches. Wenn in dem oben gedachten Falle der Erzieherin die Zuwendung nicht durch den Vater der betreffenden Kinder erfolgt, sondern durch deren Großmutter, gleichviel ob durch Vertrag oder durch letztwillige Verfügung, würde ich kein Bedenken tragen, dies als eine auf einem Arbeitsverhältnis beruhende Zusage zu betrachten und daher die vorstehend dargelegten Grundsätze im allgemeinen (von einzelnen Punkten abgesehen) als maßgebend zugrunde zu legen. Und ebenso würde ich einen Pensionsvertrag beurteilen, der mit dem Geschäftsführer einer G. m. b. H. nicht von dieser abgeschlossen wird, sondern von deren Gesellschaftern oder von einem besonders stark beteiligten Gesellschafter. Auf die Sache kommt es an, nicht auf die Form.

Zweifelhaft kann sein, wie ein Vertrag auf Ruhegehalt und Hinterbliebenenversorgung zu beurteilen ist, den der Inhaber eines Unternehmens bei dessen Veräußerung für sich abschließt, z. B. beim Verkauf des Unternehmens an einen Nachfolger oder bei Umwandlung des Unternehmens in eine Aktiengesellschaft, in beiden Fällen mit der Maßgabe, daß der bisherige Inhaber vorläufig noch weiter in dem Unternehmen tätig bleiben soll, etwa als Angestellter oder als Mitglied des Vorstandes der Aktiengesellschaft. Ich glaube, daß auch in derartigen Fällen in der Regel davon auszugehen sein dürfte, die Pensionszusage sei Arbeitsentgelt, nicht Gegenleistung für das überlassene Unternehmen. Das hat zur Folge, daß auch in solchen Fällen im Zweifel als Voraussetzung der Pensionszusage gewissenhafte Pflichterfüllung bis zum Ende des Arbeitsverhältnisses anzusehen sein dürfte, und daß der zur Gewährung der Pension Verpflichtete Anspruch darauf hat, daß, solange Ruhegehalt, bezw. Hinterbliebenenversorgung angenommen werden, der Pensionär, bezw. die Hinterbliebenen die ihm geschuldeten Rücksichten, wie oben näher dargelegt, wahren.

Die vorstehende Arbeit bitte ich als eine bescheidene Studie auf einem bisher von den Juristen noch wenig bearbeiteten Gebiete anzusehen. Die in ihr gefundenen Ergebnisse halte ich nicht für unwichtig. Sollten, was wir hoffen wollen, unserem Vaterlande einmal wieder bessere wirtschaftliche Verhältnisse beschieden sein, so werden — das ist meine feste Überzeugung — bei den Verträgen der Privatangestellten Ruhegehalt und Hinterbliebenenversorgung eine an Bedeutung ständig zunehmende Rolle spielen.

Die Konkretisierung des Rechtsgebots der guten Sitten im modernen Wirtschaftsrecht.

Von Rechtsanwalt Professor Dr. Karl Geiler in Mannheim-Heidelberg.

Wie ich in meinem Aufsatz über die moderne Rechtswandlung auf dem Gebiete des Privatrechts in der Festschrift für Ernst Heymann näher dargelegt habe, ist neben der zunehmenden Entindividualisierung vor allem auch die Entrationalisierung unseres Rechts einer der Grundzüge der neueren Rechtsentwicklung, und zwar ganz in Übereinstimmung mit unserer übrigen geistigen und seelischen Haltung. Eines der Momente, in dem sich diese Entrationalisierung äußert, ist, worauf schon Max Weber hingewiesen hat, die starke Anknüpfung von Rechtsfolgen an unformale, irrationale Gesinnungsmomente, wie z. B. Treu und Glauben, bona fides, das Gebot der guten Sitten. In zunehmendem Maße gewinnen diese Gesinnungsmomente rechtserhebliche Bedeutung. Dabei ist diese Bedeutung nicht etwa nur so zu verstehen, daß subjektiv auf Seiten des rechtlichen Handelnden eine bestimmte Gesinnung vorliegen muß. Vielmehr wird gerade auch in die objektiven Tatbestände das irrationale Gesinnungsmoment aufgenommen in dem Sinne, daß der Richter vom Gesetzgeber angewiesen wird, den Beurteilungsmaßstab für ein rechtsgeschäftliches oder sonstiges rechtliches Verhalten der rechtsethischen Kategorie zu entnehmen. Dabei zeigt sich eine interessante Entwicklung. Es besteht nämlich die Tendenz nach einer Konkretisierung der diesen Gesinnungsmomenten innewohnenden rechtsethischen Gehalte. Während zunächst diese Gesinnungsmomente von der Gesetzgebung und Rechtsprechung in einer etwas verschwommenen Generalisierung für die gesamten Rechtstatbestände verwandt wurden, verdichten sie sich in neuerer Zeit immer mehr zu Spezialtatbeständen in dem Sinne, daß für abgegrenzte Rechtsgebiete und Rechtskreise spezifische und konkrete rechtsethische Gehalte mit eigener Prägung und eigener Färbung sich entwickeln. Ich will versuchen, diese Entwicklung im folgenden bezüglich des einen Gesinnungsmomentes, nämlich des Gebotes der guten Sitten, aufzuzeigen. Wir finden dieses auf die guten Sitten abgestellte Moment in der Sphäre des privaten Rechts zunächst als allgemeines Gebot mit der doppelten Sanktion einmal der Nichtigkeit eines dagegen verstoßenden Rechtsgeschäftes (§ 138 BGB.) und sodann der Schadenersatzpflicht im Falle der dolosen sittenwidrigen Vermögensschädigung (§ 826 BGB.). Maßstab soll dabei nach der allgemeinen Rechtsauffassung die „allgemeine Volksmoral“, das „herrschende Volksbewußtsein“, das „Anstandsgefühl aller billig und gerecht denkenden Menschen“ sein. Nun ist es aber doch höchst zweifelhaft, ob gerade in unserer heutigen Situation mit ihrer völligen Zerrissenheit und Umschichtung von einer allgemein herrschenden Volksmoral gesprochen werden kann. Und selbst wenn das berechtigt wäre, so ergäbe sich immer noch die weitere Frage, ob diese herrschende Moral die bessere ist im Vergleich zu der etwa vorhandenen Minderheitsmoral. Es war daher auch für den Richter außerordentlich schwer, mit diesen generellen Gesinnungsmomenten zu arbeiten, und die Versuchung für ihn außerordentlich groß, die eigene subjektive Moral als die herrschende Volksmoral anzusehen. Es ist deshalb eine sehr zu billigende Entwicklung, daß man dieses verschwommene, heute vielfach gar nicht mehr faßbare Anstandsgefühl aller billig und gerecht denkenden Menschen für einzelne Rechtsgebiete zu konkretisieren sucht, sodaß dann aus dem besonderen Rechtsgebiet heraus mit seinem eigenen Lebensraum entschieden wird, was sittenwidrig ist und was nicht. Es liegt darin der durchaus richtige Gedanke, daß man gesinnungshafte Momente in einer Gegenwart, wie wir sie heute erleben, nicht mehr so sehr an das allgemeine Volksempfinden anknüpfen kann, sondern daß für deren Gehalt die Anschauungen des spezifischen engeren Lebensraumes maßgebend sein müssen, um dessen rechtliche Ordnung es sich jeweils handelt. Diese Konkretisierung des Rechtsgehaltes tritt ja auch sonst vielfach hervor und hängt mit der ganzen Entindividualisierung unseres Rechtslebens aufs engste zusammen. Je mehr sich unser Leben in sozialen Verbänden und Kreisen vollzieht, umsomehr gewinnt auch das faktische Sozialleben innerhalb eines solchen Kreises und Verbandes, und zwar auch mit seinen gesinnungsmäßigen Inhalten, Einfluß auf die Rechtsgestaltung. Deshalb liegt es auch durchaus im Zuge dieser allgemeinen Entwicklung, die gesinnungsethischen Momente, soweit sie rechtserheblich werden, für die einzelnen Lebensräume des Rechts jeweils mit besonderem konkreten Inhalt zu erfüllen. Dazu ist aber auch für den Richter ein Vertrautsein mit diesen faktischen Grundlagen nötig. Er muß das Sozialleben innerhalb eines solchen einzelnen Lebensraumes begreifen und in sich aufnehmen, wenn er im Einzelfalle das gesinnungsethische Moment, das der Rechtsfindung zu Grunde gelegt werden soll, in richtiger Weise auf die konkrete Entscheidung einwirken lassen will. Mehr denn je ist daher auch eine Ausbildung des Richters nötig, die auch die sozialen und wirtschaftlichen Grundlagen unseres Rechtslebens umfaßt. Mehr denn je muß der so ausgebildete Richter sich dann auch in die konkreten tatbestandsmäßigen und stofflichen Grundlagen vertiefen, auf die er das Recht im Einzelfalle anwenden will, zumal wenn ihn nun der Gesetzgeber dazu beruft, sein Urteil aus einer bestimmten rechtsethischen Wertung heraus abzugeben. Dabei sei noch, um Mißverständnisse auszuschalten, Eines besonders betont. Jene Konkretisierung allgemein rechtsethischer Gehalte ist nicht so zu verstehen, daß nun etwa für die Auslegung des Rechtsgebotes der guten Sitten die Verkehrssitte oder sonstige rational erfaßbare Konventionalnormen entscheidend werden. Darin würde ja das Gegenteil einer Entrationalisierung liegen, wie ich sie in der Anknüpfung von Rechtsfolgen an solche Gesinnungsmomente erblicke. Schon das allgemeine Rechtsgebot der guten Sitten und die darin liegende rechtsethische Wertung deckt sich nicht mit der rational erfaßbaren und empirisch feststellbaren, aber auch außerhalb der Sphäre des Rechtsethischen liegenden Verkehrssitte. Daher ist auch eine Konkretisierung dieses allgemeinen Rechtsgebotes der guten Sitte nicht so zu verstehen, als ob nun die empirisch feststellbare Verkehrssitte innerhalb eines bestimmten Rechtskreises entscheidend werden soll für die rechtliche Beurteilung. Vielmehr bleibt auch bei dieser Konkretisierung das irrationale Wesen der rechtsethischen Wertung durchaus gewahrt. Aber die Elemente der Wertung werden beeinflußt von der Eigenart und Besonderheit des Rechtsverhältnisses und des Sozialverhältnisses, innerhalb dessen die Wertung vorzunehmen ist, wobei dann auch mittelbar der Inhalt von Verkehrssitten und Gebräuchen, die auf dem konkreten Gebiete gelten, für die Wertung bedeutsam werden können. Das subjektive Rechtsgefühl des Richters, aus dem die Entscheidung irrational herauswächst, entnimmt seine Elemente nicht mehr so sehr der allgemeinen, schwer faßbaren Volksmoral, sondern sucht den rechtsethischen Gehalt des besonderen Rechtsgebiets, des konkreten Rechtskreises, um den es sich handelt, zu erfassen. Oder anders ausgedrückt: Das rein subjektive Rechtsempfinden des Richters ist von ihm nicht mehr so sehr an der allgemeinen Volksmoral zu kontrollieren und zu objektivieren, als an den spezifischen rechtsethischen Gehalten, die sich aus der besonderen Natur des jeweils in Betracht kommenden Rechtsgebietes und aus seiner rechtlichen und faktischen Ordnung ergeben.

Wenn ich nun im folgenden dieser Konkretisierung des allgemeinen Rechtsgebotes der guten Sitten auf bestimmten einzelnen Gebieten des Privatrechts näher nachgehe, so kommt zunächst als Rechtsgebiet, in dem diese Konkretisierung besonders anschaulich zu Tage tritt, das Wettbewerbsrecht in Betracht. Es ist für unsere Betrachtung in mehrfacher Beziehung höchst interessant. Wir haben es hier mit einer Rechtsmaterie zu tun, bei der sich der Gesetzgeber vor die Frage gestellt sah, ob er die Materie in Form kasuistischer Verbotstatbestände regeln, also den Kreis einer erlaubten Wettbewerbstätigkeit dadurch abgrenzen will, daß er einzelne bestimmte Wettbewerbshandlungen für unerlaubt erklärt, oder ob er unter Verzicht auf eine solche präzise kasuistische Regelung das gesinnungshafte Moment zur Grundlage der rechtlichen Ordnung machen will. Er hat mit Recht den letzteren Weg gewählt, indem er nicht die Unerlaubtheit, sondern die Unlauterkeit zum Abgrenzungsmaßstab erhob. In der Tat läßt sich das Wettbewerbsrecht gar nicht anders regeln, weil, wie Alexander Elster in seinem Aufsatz im Zentralblatt für Handelsrecht 1932 S. 97 fg. mit Recht ausführt, es sich gerade beim Wettbewerb um ein dynamisches, fluktuierendes Spannungsverhältnis zwischen den beteiligten Individuen handelt, um ein Stück Wirtschaftskampf mit seiner Unruhe und seiner Bewegtheit, sodaß es gar nicht möglich ist, die Grenze zwischen zulässigem und unzulässigem Verhalten durch kasuistische Verbotstatbestände abzustecken, was allerdings auch nach meiner Auffassung eine stärkere systematische Durchdringung des Wettbewerbsrechts nicht ausschließt. Indem aber so der Gesetzgeber das gesinnungshafte Moment der Unlauterkeit zur Grundlage der gesetzlichen Regelung gemacht hat, tritt hier zugleich auch eine Konkretisierung des allgemeinen Gebots der guten Sitten ein. Zwar wird in der Generalklausel des § 1 des UnlWG. noch das allgemeine Moment der Sittenwidrigkeit verwendet. Man ist sich aber völlig darüber klar, daß das Wettbewerbsrecht seinen eigenen rechtsethischen Gehalt hat, und daß bei der Anwendung des allgemeinen Rechtsgebots der guten Sitten hier dieser besondere rechtsethische Gehalt zu berücksichtigen ist, wie er eben aus dem besonderen Lebensraum des Wettbewerbsrechts mit eigener Prägung herauswächst. In diesem Sinne hat sich ganz mit Recht auch das Reichsgericht in seiner kürzlichen Entscheidung des Düsseldorfer Mineralölfalles vom 18. Dezember 1931 (RG. 134 S. 342 fg.) ausgesprochen. Und dabei ist ein Weiteres wichtig, nämlich daß auch dieser spezifisch rechtsethische Gehalt des Wettbewerbsrechts Wandlungen unterworfen ist, die vor allem auch durch die Umgestaltung unserer kapitalistischen Wirtschaft beeinflußt werden. Der bisherige ethische Grundgehalt des Wettbewerbsrechts wurzelt zweifellos in der liberalen Wirtschaftstheorie und in dem von ihr geschaffenen Idealtyp der freien Wirtschaft. Nachdem zunächst ein heroisch revolutionärer Liberalismus und Individualismus die Befreiung des Arbeitnehmers aus dem bisherigen Herrschaftsverbande seines Arbeitsverhältnisses gebracht hat und dem Arbeitnehmer seine Arbeitskraft zur freien Verfügung im (vermeintlich) freien Arbeitsvertrag gestellt hat, entwickelte sich im Anschluß daran jene liberale Markttheorie, nach der sich aus dem freien Spiel der wirtschaftlichen Kräfte von selbst auch ein harmonischer Ausgleich aller Kräfte und damit eine Freiheit aller Wirtschaftsmitglieder ergibt, indem in Angebot und Nachfrage Produktion und Bedarf sich immer wieder anpassen, und indem zugleich jeder Einzelne seinen Leistungen entsprechend an den Wirtschaftsergebnissen und an der Verteilung der Güter teilnimmt. So entstand das liberale Wirtschaftsideal der freien Wirtschaft, des völlig freien ungebundenen Verkehrs der Einzelwirtschaften untereinander auch über die Landesgrenzen hinaus, das dann rechtlich in den bekannten Maximen der Vertragsfreiheit, der Gewerbefreiheit und der Konkurrenzfreiheit seinen Ausdruck fand. Auf der Grundlage dieses Systems der freien Wirtschaft entwickelte sich nun naturgemäß auch der besondere ethische Gehalt des Wettbewerbsrechts. In dem freien, ungebundenen Wirtschaftsverkehr der einzelnen Individualwirtschaften miteinander sollte der loyale Bewerber geschützt werden gegen illoyale Konkurrenz. Es sollte der Wettkampf unter den einzelnen Bewerbern durch Güte und Billigkeit der eigenen Leistungen entschieden werden, nicht durch unerlaubte Machenschaften, die die par condicio concurrentium stören. Auch soweit sich in dieser Konkurrenzwirtschaft mit dem Leistungswettbewerb durch eigene Kraftentfaltung noch der Suggestionswettbewerb durch Reklame verband, durfte die Reklame keine unlautere sein. In diesem Sinne wurde der Lauterkeitsgrundsatz das oberste und allgemeinste Regulativ für die Gestaltung des

Wettbewerbs, aus dem sich dann wieder wichtige Teilgrundsätze entwickelten, wie vor allem der Grundsatz der Wahrhaftigkeit, der namentlich für das ganze Gebiet der Reklame von entscheidender Bedeutung geworden ist, aber auch für das übrige Gebiet des Wettbewerbs Bedeutung hat. Dabei wird der Wettbewerb in gleicher Weise als unlauter empfunden, mag es sich um Wettbewerbsverstöße gegen die Allgemeinheit der Mitbewerber oder um Handlungen nur gegen einzelne Mitbewerber handeln. Immer aber muß dieses rational nicht voll erfaßbare Moment der Unlauterkeit gegeben sein. Daraus fließt z. B. das wichtige Ergebnis, daß eine Vertragsverletzung noch nicht ohne weiteres den Tatbestand des unlauteren Wettbewerbs zu erfüllen braucht. Wir sehen dies deutlich bei den Preisbindungen. Wer die Preisbindungen verletzt, macht sich zwar regelmäßig einer Vertragsverletzung schuldig, er begeht aber nur dann zugleich auch einen unlauteren Wettbewerb gegenüber seinen Mitbewerbern, wenn ihm diese Vertragsverletzung in dem Wettbewerb mit seinen Konkurrenten einen unberechtigten Vorsprung verleiht. So erklärt sich das Erfordernis des lückenlosen Preisschutzes für die Annahme eines unlauteren Wettbewerbs im Falle der Preisschleuderei bei gebundenen Preisen. Nur wenn der Preisschutz ein im wesentlichen lückenloser ist, die Mitkonkurrenten also sich an die Preisbindung halten, macht sich der Preisschleuderer bei gebundenen Preisen nicht bloß einer Vertragsverletzung schuldig, sondern zugleich auch eines unlauteren Wettbewerbes, weil er sich damit in unlauterer Weise einen Vorsprung gegenüber seinen Mitkonkurrenten verschafft.

Die Konkretisierung, die das allgemeine Gebot der guten Sitten auf dem Gebiet des Wettbewerbsrechts erfahren hat, steht also im innigsten Zusammenhang mit der freien Konkurrenz als Ordnungsprinzip der kapitalistischen Verkehrswirtschaft. In diesem freien Wettbewerb soll sich keiner auf unlautere Weise einen Vorsprung vor dem andern verschaffen dürfen. Nun sind aber inzwischen wesentliche Strukturwandlungen der Konkurrenzwirtschaft eingetreten. Der Wirtschaftsprozeß der freien Konkurrenz hat aus sich selbst heraus Gegenprinzipien gegen die freie Konkurrenz entwickelt, die zu einer weitgehenden Gebundenheit unserer Wirtschaft geführt haben. Neben den Zusammenfassungen, die der Produktionsfaktor Arbeit in der Gewerkschaftsbewegung erfahren hat, sind für das Gebiet des Wettbewerbsrechts vor allem die Zusammenfassungen von Unternehmungen zu Verbands-, Gruppen- und Monopolwirtschaften bedeutsam. Diese Unternehmenzusammenfassungen bedeuten nun zwar keine Ausschaltung der Konkurrenz. Auch bei ihnen bleibt regelmäßig noch eine wesentliche Konkurrenz vorhanden, so die Konkurrenz alter und neuer Außenseiter, die Konkurrenz der Ersatzproduktion, die Konkurrenz des Auslandes, die häufig in latenter Form auch noch im Innern des Verbandes vorhandene Konkurrenz. Aber es drückt sich in dieser weitgehenden Durchorganisierung unserer Wirtschaft, in diesen vielgestaltigen Wirtschaftsbindungen und Monopolisierungen doch eine wesentliche Veränderung des Ordnungsprinzips der Konkurrenz aus, eine Änderung, die naturgemäß auch wandelnd auf die rechtsethischen Gehalte innerhalb dieses Gebiets der wirtschaftlichen Betätigung einwirken mußte. Dabei ging nun, was sehr bedeutungsvoll ist, die Rechtsentwicklung dahin, daß diese neuen rechtsethischen Gehalte zunächst außerhalb des eigentlichen Wettbewerbsrechts als Teile des modernen Kartell- und Konzernrechts entstanden sind. Es galt hier namentlich im Kartellrecht die Grenzen abzustecken gegen einen unzulässigen Organisationszwang. Man erkannte zwar gerade aus dem Prinzip der Vertragsfreiheit heraus die Zulässigkeit der die freie Konkurrenz einengenden Wirtschaftsbindungen, der wirtschaftlichen Verbandsbildungen mit ihrem Organisationszwang nach innen und außen an. Aber man sah sich genötigt, soziale Schranken aufzurichten gegen einen Mißbrauch der dadurch entstehenden wirtschaftlichen Machtstellungen, insbesondere auch gegen einen übermäßigen sozialen Zwang. Man ließ also die Bildung marktbeherrschender Wirtschaftspositionen zu, sodaß wir heute solche monopolistischen Tendenzen in mannigfacher Form in unserer Gegenwartswirtschaft antreffen. Die am leichtesten faßbare Form sind eben die Kartelle, die häufig nicht nur horizontal ihre Mitglieder binden, sondern darüber hinaus durch Verträge mit Verbänden oder Mitgliedern der vorangehenden oder nachfolgenden Wirtschaftsstufen vertikale Bindungen, insbesondere der zweiten Hand anstreben. Aber auch bei den Innungen des Kleingewerbes und des Handwerks finden wir öfters solche Preisbindungen, zum mindesten in der Form, daß die Unterbietung der von der Innung angegebenen Richtpreise als Verletzung der Berufsehre behandelt wird. Dazu kommt die monopolistische Tendenz vieler Konzerne und zuweilen auch großer Einzelunternehmungen. Alle diese künstlichen monopolistischen Tendenzen, die dem Idealtyp der freien Wirtschaft konträr sind, hat man an sich zugelassen, aber andererseits versucht, Schranken gegen einen Mißbrauch der darin liegenden wirtschaftlichen Machtstellung aufzurichten. Dabei hat man sich allerdings bei diesem Vorgehen im wesentlichsten auf die Kartelle beschränkt, weil hier der Verbandsbildung selbst die monopolistische Tendenz immanent ist, und weil daher hier schon aus der nach außen hervortretenden Organisation, ohne weiteres faßbar, deren marktbeeinflussender Charakter sich ergibt. Gegen sie hat man einmal unter dem sozialethischen Gesichtspunkt des Schutzes gegen eine Gefährdung der Gesamtwirtschaft und des Gemeinwohls die verschiedenen Eingriffsmöglichkeiten geschaffen, wie sie in der KartVO. und in der KartNotVO. enthalten sind. Auch die Präventivzensur des § 9 KartVO., welche die Verhängung von Sperren und sperrähnlichen Nachteilen ebenso wie die Verwertung von Sicherheiten an die Genehmigung des Kartellgerichts bezw. seines Vorsitzenden bindet, hat dieses Moment des Gemeinwohls in sich aufgenommen, sodaß die Einwilligung einmal eben wegen Gefährdung der Gesamtwirtschaft und des Gemeinwohls versagt werden kann. Der andere rechtsethische Gesichtspunkt, den man insbesondere als Schranke gegen einen übermäßigen Organisationszwang solcher Kartellgebilde verwendet hat, ist die unbillige Einschränkung der wirtschaftlichen Bewegungsfreiheit. Er soll einmal Schutz bieten gegen einen übermäßigen inneren Organisationszwang, indem die Loslösung vom Kartell durch die vorzeitige Kündigung nach § 8 KartVO. wegen einer solchen unbilligen Einschränkung der wirtschaftlichen Bewegungsfreiheit eines Kartellmitgliedes erfolgen kann. Außerdem kann auch die Einwilligung zur Verwertung von Sicherheiten aus dem gleichen Gesichtspunkt heraus versagt werden, wobei auch die Verwertung solcher Sicherheiten regelmäßig Ausfluß des inneren Organisationszwanges ist. Vor allen Dingen aber soll dieses Moment der Unzulässigkeit einer unbilligen Einschränkung der wirtschaftlichen Bewegungsfreiheit auch den äußeren Organisationszwang begrenzen und beschränken. Dieser äußere Organisationszwang manifestiert sich besonders häufig in der Verhängung von Sperren oder sperrähnlichen Nachteilen gegen Außenseiter. Sie ist heute durch § 9 KartVO. an die Genehmigung des Kartellgerichts bezw. seines Vorsitzenden geknüpft und es kann die Einwilligung abgesehen von der Gefährdung der Gesamtwirtschaft und des Gemeinwohls nun auch wegen einer unbilligen Einschränkung der wirtschaftlichen Bewegungsfreiheit versagt werden. Diese Regelung hat zunächst dazu geführt, daß die Entwicklung der Rechtsprechung auf diesem wichtigen Gebiete in der Hand des Kartellgerichts liegt. Während über sonstige Boykotte, Verrufserklärungen und Sperren die ordentlichen Gerichte entscheiden, wird die Präventivzensur des Kartellrechts vom Kartellgericht und seinem Vorsitzenden ausgeübt. Es gewinnt also gerade auch für die Bekämpfung kartellmäßiger Außenseiter die Rechtsprechung des Kartellgerichts zu § 9 KartVO. grundlegende Bedeutung. Dabei ist für das Verhältnis zum Wettbewerbsrecht insbesondere folgendes aus dieser Rechtsprechung wichtig. Einerseits ist gegen einen zum Eintritt bereiten Außenseiter die Verhängung einer Sperre nur dann zulässig, wenn dem Verband oder bei einem Gegenseitigkeitsvertrag den Verbänden nicht zugemutet werden kann, den Außenseiter aufzunehmen (vgl. z. B. auch KartG. in Kart.E. Nr. 120 = KartRdsch. 1929, 463). Soll andererseits ein

Außenseiter durch Verhängung einer Sperre oder eines sperrähnlichen Nachteils zum Eintritt in das Kartell gezwungen werden, so prüft das Kartellgericht regelmäßig, ob dem Außenseiter der Beitritt billigerweise zugemutet werden kann oder nicht. Wenn dies nicht der Fall ist, versagt das Kartellgericht die Genehmigung der Sperre, sonst wird, wenn keine Gefährdung des Gemeinwohls vorliegt, die Genehmigung erteilt. So hat z. B. das Kartellgericht in seiner Entscheidung vom 4. Dezember 1931 (KartRdsch. 1932, 104 ff.) die Genehmigung zu einer Sperrmaßnahme wegen Nichtzumutbarkeit des Beitritts zum Kartell mit folgender Begründung versagt:

> „Es war aber weiterhin zu prüfen, ob den Antragsgegnern der von den Antragstellern geforderte Beitritt zugemutet werden kann und die von den Antragsgegnern für die Ablehnung eines solchen Beitritts im Verfahren angeführten privatwirtschaftlichen und persönlichen Gründe als unbeachtlich bezeichnet werden können. Dies ist jedenfalls bei den hier gegebenen Verhältnissen nicht der Fall. Einmal ist der Antragsteller zu 1. bei dem Druck der übermächtigen Abnehmerschaft in der gegenwärtigen Notzeit nicht in der Lage, den Antragsgegnern ausreichende Sicherheit dafür zu bieten, daß nach ihrem Beitritt die Kauf- und Lieferungsbedingungen, selbst wenn äußerlich formal keine oder nur wenige, schließlich kaum jemals ganz auszuschließende Verstöße festgestellt werden, nicht durch ein durchaus mögliches, geschicktes Abbiegen, vor allem durch geeignete Preisstellungen, in ihrer praktischen Bedeutung auf das wesentlichste beeinträchtigt werden. Sodann erscheint auch die Geschlossenheit des Antragstellers zu 1. durchaus nicht gewährleistet, da, wie die Antragsteller selbst hervorgehoben haben, auf dem Geschäftsgebiete des Antragstellers zu 1. die Eröffnung neuer Außenseiterbetriebe mit geringsten Mitteln rasch und leicht möglich ist. Endlich kann der Hinweis der Antragsgegner, daß auch die wiedergegebenen Verbandsbeiträge für sie unter den gegenwärtigen schwierigen Geschäftsverhältnissen und bei den geringen

Verdienstspannen eine Belastung bedeuten, die zu übernehmen sie angesichts der Notwendigkeit schärfster Kalkulation Bedenken tragen müßten, nicht ohne weiteres als unbeachtlich bezeichnet werden; dies auch, trotz der vom Verband gebotenen sonstigen Vorteile, auf die die Antragsteller besonders hinweisen, die für die einzelnen Betriebe zu werten aber schließlich dem pflichtmäßigen Ermessen des verantwortlichen Betriebsunternehmers überlassen bleiben muß."

Andererseits hat es in seiner Entscheidung vom 27. Nov. 1931 (KartRdsch. 1932, 98 ff.) die Verhängung einer sperrähnlichen Maßnahme wegen Zumutbarkeit des Anschlusses an die Organisation bewilligt und dabei wörtlich ausgeführt:

„Immerhin wäre die Beeinträchtigung so stark, daß sie als unbillig im Sinne des § 9 a. a. O. zu bezeichnen wäre, wenn nicht die Antragsgegnerin die Möglichkeit hätte, durch Beitritt zu einer der beiden in Frage kommenden Vereinbarungen — der Beitritt auch zum Mindestpreisabkommen ist ihr ausdrücklich angeboten worden — diesen Beeinträchtigungen auszuweichen. Das war nach Lage der besonderen Verhältnisse des Falles zu bejahen. Grundsätzliche Bedenken gegen den Anschluß an die in Betracht kommenden Organisationen hat die Antragsgegnerin nicht vorgebracht, insbesondere auch nicht in dem Sinne, daß sie nach ihren besonderen Geschäftsverhältnissen glaube, sich einem kartellmäßigen Zwange nicht unterwerfen zu können. Solche für eine grundsätzliche Entscheidung der Frage der Zumutbarkeit eines Beitritts zu einer Organisation in Betracht kommenden Gesichtspunkte scheiden hier also aus. Die von der Antragsgegnerin vorgebrachten Bedenken liegen vielmehr in besonderen Verhältnissen der hier in Frage stehenden Organisationen, sind aber nicht geeignet, den Beitritt als nicht zumutbar erscheinen zu lassen."

Dabei ist noch ein Moment in der Rechtsprechung des Kartellgerichts auf diesem Gebiete von besonderer Bedeutung, nämlich die weite Auslegung, die das Kartellgericht den

Begriffen der Sperre und der sperrähnlichen Nachteile gibt. Zwar läßt das Kartellgericht für einen sperrähnlichen Nachteil nicht mehr wie früher schon eine Erschwerung des üblichen Geschäftsverkehrs genügen, sondern sieht als einen sperrähnlichen Nachteil nur eine solche Maßnahme an, die den Ausschluß aus dem üblichen Geschäftsverkehr zur Folge hat. Der Unterschied zwischen dem Begriff der Sperre und dem des sperrähnlichen Nachteils besteht demgemäß nicht mehr so sehr in der Wirkung, die bei beiden Maßnahmen die gleiche sein muß, nämlich Ausschluß vom Geschäftsverkehr, als in der Art der Verhängung. Die Sperre ist ausdrücklicher Ausschluß vom Geschäftsverkehr. Sperrähnliche Nachteile sind Maßnahmen anderer Art, die den völligen Ausschluß vom Geschäftsverkehr zur Folge haben (vgl. hierzu z. B. auch KartG. in Kart.E.Nr. 126 = KartRdsch. 1930, 67 und Nr. 127 = ebenda 1930 S. 89 und vor allem auch das Gutachten des KartG. vom 30. März 1930 in Kart.E. Nr. 130). Aber andererseits ist das Kartellgericht nach wie vor der Auffassung, daß auch eine wesentliche Preisdifferenzierung, wie sie z. B. auch in der Rabattgewährung an verbandstreue Abnehmer liegen kann, durchaus geeignet erscheint, einen Außenseiter in so erheblichem Grade von dem üblichen Geschäftsverkehr auszuschließen, daß diese Wirkung der völligen Absperrung gleich oder doch so nahe kommt, daß sie als eine unbillige Einschränkung der wirtschaftlichen Bewegungsfreiheit im Sinne des § 9 KartVO. anzusehen ist (vgl. hierüber auch gerade das oben zitierte Urteil des KartG. vom 27. Nov. 1931).

In all dem liegen nun neue rechtsethische Gehalte, die sich auf der besonderen Ebene des modernen Kartellrechts entwickelt haben, wobei auch hier derselbe Zug zur Konkretisierung zu konstatieren ist. Denn durch diese besonderen Gehalte sind die allgemeinen Grundsätze des Gebots der guten Sitten, die in einem früheren Entwicklungsstadium auch für das Kartellrecht in erster Linie als begrenzende Schranke galten, ebenfalls konkreter gestaltet und dem besonderen Lebensraum des Kartellrechtslebens angepaßt worden. Dabei entsteht nun die interessante Frage, wie die besonderen rechtsethischen Gehalte des Wettbwerbsrechtes so, wie sie sich auf dem Boden der freien Konkurrenz als Ordnungsprinzip der kapitalistischen Verkehrswirtschaft entwickelt haben und die eben infolge dieses Zusammenhanges mit der liberalen Wirtschaftstheorie auch durchaus individualethischer Natur sind, sich zu den mehr sozialethischen Gehalten verhalten, die das moderne Kartellrecht aus sich heraus gebildet hat. Es fehlt hier in der Literatur und Rechtsprechung vielfach an der nötigen Synopsis, um zu richtigen Ergebnissen zu gelangen. So halte ich es z. B. für verfehlt, wenn Callmann in seinem ausgezeichneten Kommentar zum Wettbewerbsgesetz (S. 36 Abs. 1 der Einleitung und § 1 Anm. 25) es für nötig hält, die normalen Grundsätze des unlauteren Wettbewerbs zu modifizieren, wenn im Wirtschaftskampf eine Einzelwirtschaft „der begrifflichen Überlegenheit eines Kollektivunternehmens" gegenübersteht. Während er sonst mit berechtigtem Nachdruck gerade aus dem Wesen des kapitalistischen Wettbewerbs heraus den Standpunkt vertritt, daß auch in einer Wettbewerbshandlung, die zur Vernichtung des anderen Mitbewerbers führt, selbst wenn sich der Handelnde dieser Wirkung bewußt war oder sie gar beabsichtigte, bei Anwendung lauterer Mittel kein unlauterer Wettbewerb liegt (S. 36 Abs. 2 der Einleitung), glaubt er hiervon dann eine Ausnahme machen zu müssen, wenn die Maßnahme von einer Kollektivmacht ausgeht. Dann soll schon der Vernichtungszweck den Wettbewerb zu einem unlauteren machen. Es ist aber, worauf auch das Reichsgericht in seiner gleich noch näher zu besprechenden Entscheidung im Düsseldorfer Mineralölfalle mit Recht hingewiesen hat, nicht einzusehen, warum bei Wettbewerbshandlungen eines Kartells der Vernichtungszweck die Handlung unlauter machen soll, bei der Wettbewerbshandlung eines Einzelnen dagegen nicht. Unter dem wettbewerbsmäßigen Gesichtspunkt der Unlauterkeit kann die Handlung in dem einen Falle nicht anders beurteilt werden wie in dem anderen Falle. Die Unterscheidung Callmanns ist auch deswegen nicht gerechtfertigt, weil gerade in unserer Zeit der kapitalistischen Großbetriebe auch ein Einzelunternehmen ohne Kollektivmacht jene Machtüberlegenheit gegenüber dem Wettbewerber haben kann. Der gegen diese machtmäßige Überlegenheit zu gewährende Schutz kann daher wohl überhaupt nicht unter dem wettbewerblichen Rechtsgesichtspunkt der Unlauterkeit geschaffen werden, sondern muß eben aus der rechtlichen Begrenzung derartiger monopolistischer Machtstellungen heraus erfolgen, wie sie, allerdings im wesentlichen auf die Kartelle beschränkt, in der KartVO. und der KartNotVO. enthalten sind. Es ist daher, wenn eine Wettbewerbshandlung von einem Kartell ausgeht, stets zu prüfen, ob in der Maßnahme nicht zugleich eine genehmigungspflichtige Sperre oder ein sperrähnlicher Nachteil liegt und ob nicht die Genehmigung wegen unbilliger Erschwerung der wirtschaftlichen Bewegungsfreiheit zu versagen ist. Denn eine solche Wettbewerbshandlung eines Kartells, die sich gegen einen Außenseiter richtet, ist regelmäßig zugleich auch ein Ausfluß des äußeren Organisationszwanges und unterliegt damit den besonderen Begrenzungen des § 9 KartVO., die ich oben erörtert habe. Es bedarf daher auch gar nicht, jedenfalls soweit ein Kartell als Kollektivmacht in Betracht kommt, für das Wettbewerbsrecht jener Differenzierung Callmanns zwischen Wettbewerbshandlungen, die von Einzelunternehmungen und solchen, die von Kollektivmächten ausgehen. Die besonderen Bestimmungen des Kartellrechts bieten hier schon einen genügenden Schutz, und es brauchen daher auch die spezifisch wettbewerbsmäßigen Gehalte nicht für den Fall abgeändert werden, daß das Kartell den Wettbewerb entfaltet. Denn sie finden dann ihre Ergänzung in den besonderen rechtsethischen Gehalten des Kartellrechts. Ist die Wettbewerbsmaßnahme eines Kartells auf eine Vernichtung eines Außenseiters gerichtet, so liegt darin in aller Regel zugleich auch eine genehmigungspflichtige Sperre, und zwar eine Sperre, deren Bewilligung jedenfalls dann abgelehnt werden wird, wenn dem Außenseiter der Beitritt zum Kartell billigerweise nicht zugemutet werden kann. Denn gerade, wenn die Durchführung einer Sperre oder eines sperrähnlichen Nachteils, der, wie wir sahen, insbesondere auch in einer erheblichen Preisdifferenzierung bestehen kann, die wirtschaftliche Existenz des zu Sperrenden bedroht, liegt darin nach der Auffassung des Kartellgerichts, jedenfalls bei Nichtzumutbarkeit des Beitritts zum Kartell unter allen Umständen eine unbillige Einschränkung der wirtschaftlichen Bewegungsfreiheit im Sinne des § 9 KartVO. (vgl. z. B. auch KartG. in KartE. Nr. 111 = Kart.-Rdsch. 1929 S. 220, ferner auch KartE. Nr. 80 = ebenda 1926 S. 518). Wir sind also hier zu ganz bestimmten sozialethischen Konkretisierungen des früheren allgemeinen Gebots der Sittenwidrigkeit gelangt. Dabei ist wichtig, daß in der Beurteilung des sozialen Zwanges mit der Zeit eine gewisse Wandlung eingetreten ist. Früher galt eine Sperre oder ein Boykott als sittenwidrig, wenn dadurch der Betroffene zu einer Handlung oder Duldung gezwungen werden sollte, deren Verweigerung sittlich unanfechtbar war. Heute kann kartellrechtlich bei einem Außenseiter durch eine Sperre oder auch durch einen sperrähnlichen Nachteil, wie z. B. eine erhebliche, ihn vom üblichen Geschäftsverkehr ausschließende Preisdifferenzierung ein sozialer Zwang zum Beitritt zur Organisation ausgeübt werden, wenn der Beitritt zumutbar ist. Ist dies aber nicht der Fall, dann ist ein solcher sozialer Zwang unzulässig, wobei der Schutz gegen einen solchen unzulässigen Zwang heute dahin gestaltet ist, daß die für eine solche Kampfmaßnahme nach § 9 KartVO. erforderliche Genehmigung vom Kartellgericht bezw. seinem Vorsitzenden versagt wird, und daß derjenige, der ohne Einholung der Genehmigung oder trotz Versagung derselben eine einwilligungsbedürftige Maßnahme vornimmt, sich einmal einer Ordnungsstrafe nach § 17 KartVO. aussetzt, vor allem aber auch wegen Verstoßes gegen ein Schutzgesetz im Sinne des § 823 Abs. 2 BGB. dem Betroffenen schadenersatzpflichtig ist. Dieser Schutz unter dem rechtsethischen Gesichtspunkt der unbilligen Einschränkung der wirtschaftlichen Bewegungsfreiheit betrifft nun aber zunächst nur die Kampfmaßnahmen von Kartellen im Sinne der KartVO., worunter aber z. B. auch Gegenseitigkeitsverträge von Verbänden fallen. Dagegen werden andere monopolistische Wirtschaften, wie z. B. monopolistische Konzerne oder Einzelunternehmungen mit Monopolstellung von dieser Regelung nicht betroffen. Die KartVO. kennt nur eine Bestimmung, die sich nicht nur auf Kartelle, sondern auch auf andere wirtschaftliche Machtstellungen bezieht, das ist der § 10 der KartVO. Danach kann das KartG. auf Antrag des RWirtschM. dann, wenn Geschäftsbedingungen oder Arten der Preisfestsetzungen von Unternehmungen oder von Zusammenschlüssen solcher geeignet sind, unter Ausnutzung einer wirtschaftlichen Machtstellung die Gesamtwirtschaft oder das Gemeinwohl zu gefährden, allgemein aussprechen, daß die benachteiligten Vertragsteile von allen Verträgen, die unter den beanstandeten Voraussetzungen abgeschlossen sind, zurücktreten können. Ist anzunehmen, daß der Vertrag auch ohne die beanstandete Voraussetzung abgeschlossen wäre, so berechtigt die Entscheidung des KartG. nur zum Rücktritt von der beanstandeten Geschäftsbedingung oder von der auf Grund zu beanstandender Art der Preisfestsetzung getroffenen Vereinbarung. Bei Verträgen, die die Verpflichtung zu mehreren selbständigen Teilleistungen enthalten (Sukzessiv-Lieferungsverträge), wird der Rücktritt insoweit ausgeschlossen, als die Teillieferungen von beiden Vertragsteilen vollständig erfüllt sind. Aus diesem Inhalt des § 10 KartVO. ergibt sich, daß es sich hier nicht so sehr um einen Schutz der Außenseiter, der Mitbewerber handelt, als um einen Schutz der Abnehmer und überhaupt der Gesamtwirtschaft. Für den wirtschaftlichen Kampf der von anderen monopolistischen Gebilden als Kartellen gegen Konkurrenten geführt wird, fehlt es also an einer besonderen Schutzbestimmung. Man wird aber auch hier helfen können, allerdings nicht, indem man wie Callmann den Lauterkeitsgrundsatz des Wettbewerbsrechts hier modifiziert und erweitert, sondern indem man jenen mehr sozialethischen Gesichtspunkt der Unzulässigkeit der unbilligen Einschränkung der wirtschaftlichen Bewegungsfreiheit auch hier verwertet und namentlich im Falle der Existenzbedrohung durch eine Wettbewerbsmaßnahme seitens einer Monopolwirtschaft eine solche unzulässige Einschränkung der Bewegungsfreiheit für gegeben erachtet. Denn dem ist zuzustimmen, daß zwar nicht aus der Kollektivmacht, aber aus der monopolistischen Machtstellung, mag sie nun von einem Kartell oder einem anderen monopolistischen Gebilde ausgehen, sich die Notwendigkeit einer besonderen rechtsethischen Abgrenzung gegen den Mißbrauch der Machtstellung ergibt. Es ist dies aber kein spezifisch wettbewerbsrechtlicher rechtsethischer Gehalt mehr, der die Lauterkeit des Wettbewerbes betrifft, sondern eine aus der Monopolstellung sich ergebende besondere sozialethische und sozialrechtliche Schranke.

In diesem Zusammenhang wird nun auch die neuerdings viel erörterte Frage des Preisunterbietens als unlauterer Wettbewerb bedeutsam, mit der sich das RG. insbesondere in dem bereits genannten Urteil über den Düsseldorfer Mineralölfall vom 18. Dez. 1931 (RG. 134 S. 342 ff. = KartRdsch. 1932 S. 115 ff.; vgl. hierzu auch den Aufsatz von Alexander Elster in KartRdsch. 1932 S. 77) beschäftigt hat. Das Urteil ist besonders interessant, weil hier die Preisunterbietung von den Mitgliedern einer Konvention ausging, die allerdings in ihrer ursprünglich festeren Form bereits aufgehoben war, aber doch noch in der abgeschwächten Weise weiter bestand, daß die Mitglieder von Fall zu Fall sich über Zonenpreise verständigten. Der Kläger dieses Prozesses war seit Jahren Besitzer einer Tankstelle in B. Vor Abschluß der Konvention betrugen in B., das zur zweiten Zone gehört, die Tankstellenpreise der späteren Konventionsmitglieder für Benzin 0,29 RM. pro Liter. Diesen Preis nahm auch der Kläger. Nach Abschluß der Konvention nahmen die Konventionsfirmen eine allgemeine Preiserhöhung vor, und zwar für die Zone 2 zunächst auf 0,33 RM., ein Preis, der dann aber einige Zeit später auf 0,32 RM. reduziert wurde. Der Kläger hielt dagegen nach wie vor an seinem Preis von 0,29 RM. fest. Nach vergeblichen Versuchen, den Kläger zur

Erhöhung seiner Preise auf die Konventionspreise zu bewegen, setzten nunmehr die Konventionsmitglieder einzig und allein für ihre Pumpen in B. den Benzinpreis auf 0,28 RM. herab. Als dann der Kläger daraufhin seinen Benzinpreis auf 0,26 RM. ermäßigte, setzten die Konventionsmitglieder ihren Benzinpreis für B. auf 0,25 RM. herunter und gaben schließlich ihren Tankstelleninhabern eine allgemeine Anweisung dahin, auch in Zukunft den Kläger unter allen Umständen zu unterbieten. Das OLG. Düsseldorf hatte der Unterlassungsklage des Klägers stattgegeben, weil es das Vorgehen der Konventionsfirmen wegen des Ziels der Existenzvernichtung des Klägers für sittenwidrig erklärte. Das RG. hat mit Recht diesen Gesichtspunkt der Existenzvernichtung zurücktreten lassen, allerdings mehr aus der tatsächlichen Erwägung heraus, daß sich hier gar nicht sagen lasse, daß die Beklagten den Willen der absoluten Vernichtung des Klägers schlechthin gehabt hätten. Das RG. führt ferner aus, daß auch das Ziel der Schaffung einer Monopolstellung auf dem Benzinmarkt an sich nicht gegen die guten Sitten verstoße und hebt zutreffend hervor, daß dem deutschen Recht die Anschauung fremd ist, daß eine Preiskonvention mit dem Ziel der Begründung einer Monopolstellung durch Preiskampf ohne weiteres sittenwidrig ist. Wohl aber erblickt das RG. ganz mit Recht in der Art der Preispolitik der Konventionsmitglieder ein unsittliches Moment. Ihr Bestreben ging, wie schon das Berufungsgericht festgestellt hatte, dahin, durch ein künstliches und möglichst rasch durchgeführtes Manöver dem zu ihnen in echtem Leistungswettbewerb stehenden Kläger die Beteiligung am Wettbewerb unter allen Umständen unmöglich zu machen, indem sie das Publikum durch Unterbieten „koste es, was es wolle" von ihm abzogen, um hinterher, nach der Beseitigung des Klägers, sofort zu der alten oder noch größeren Preishöhe zurückzukehren. Danach stellt sich, wie auch das RG. mit dem Berufungsgericht annimmt, die dem Publikum für billige Preise gebotene Leistung der Konventionsmitglieder nur als ein Scheinvorteil heraus, der nach Besiegung des bekämpften Gegners alsbald in einen Nachteil umschlagen mußte, weil das Publikum nun nicht mehr zu dem niedrigen Preise des Klägers, sondern nur noch zu dem höheren der Konventionsmitglieder kaufen konnte. Dabei führt das RG. noch weiter aus, daß die Schädigung des Gegners bei diesem Kampf keineswegs nur dessen Folge, sondern daß sie hier das Kampfmittel der Beklagten und zugleich — dem Kläger gegenüber — der ausschließliche Zweck ihres Handelns war. Aus diesem Grunde erblickt das RG. in dem Vorgehen der Konventionsmitglieder einen über den zulässigen echten Leistungswettbewerb hinausgehenden unzulässigen Hinderungswettbewerb. Man kann im einzelnen anderer Auffassung sein als das RG. Es hat, wie Elster a.a.O. mit Recht hervorhebt, wohl den Gesichtspunkt der Existenzvernichtung, der bezweckten Schädigung des Gegners vom Standpunkt des Wettbewerbsrechts aus zu unrecht doch immer noch etwas in die Entscheidung hineinspielen lassen. Auch kann man bezweifeln, ob in dem Verhalten der Beklagten wirklich schon eine über den Leistungswettbewerb hinausgehende unmittelbare Bedrängung des Klägers im Sinne eines Hinderungswettbewerbes lag. Aber auch wenn man das Verhalten der Beklagten noch als Leistungswettbewerb ansieht, ist die Entscheidung des RG. durchaus richtig. Denn auch die sich nur als Leistungswettbewerb darstellende Preisunterbietung wird unlauter, wenn zu ihr noch ein unsittliches Moment, wie z. B. die Ausnutzung eines Vertragsbruches oder einer Gesetzesverletzung hinzu kommt. Im vorliegenden Falle lag nun, wie das RG. durchaus richtig erkannt hat, das besonders unsittliche Moment darin, daß die billigen Preise, die die Konventionsmitglieder durch die systematische Unterbietung des Klägers dem Publikum einräumten, gar nicht als endgültige Preise gedacht waren, daß also das Publikum durch Preise vom Kläger abgezogen wurde, die nur vorübergehend dem Publikum einen Scheinvorteil brachten, während nach der Besiegung des Klägers alsbald die früheren höheren Preise der Konventionsmitglieder dem Publikum gegenüber wieder Platz greifen sollten. In dieser Art der Preispolitik liegt, auch wenn man das Vorgehen der Konventionsmitglieder als Leistungswettbewerb ansieht, ein zusätzliches unsittliches Moment, das hier die sonst zulässige Preisunterbietung im Wirtschaftskampf zu einer unlauteren Wettbewerbsmaßnahme macht. Dabei muß aber noch Eines auffallen. In dem Urteil des RG. ist mit keinem Wort die Frage berührt, ob in dem Vorgehen der Konventionsmitglieder nicht auch eine genehmigungspflichtige Sperre liegt, deren Verhängung ohne Genehmigung des Kartellgerichts schadenersatzpflichtig macht. Nun mag dies wohl einmal damit zusammenhängen, daß in dem zu entscheidenden Falle die frühere festere Konvention bereits aufgehoben war. Immerhin erhebt sich aber die Frage, ob nicht auch die weiter bestehende losere Konvention sich als ein Kartell im Sinne der KartVO. darstellt. Nimmt man dies an, so ließe sich auch sehr wohl der Standpunkt vertreten, daß in der Anweisung der Konventionsmitglieder an die Inhaber ihrer Tankstellen für das Amt B., den Kläger als Außenseiter in Zukunft unter allen Umständen zu unterbieten, ein sperrähnlicher Nachteil liegt, durch den der Kläger von dem üblichen Geschäftsverkehr ausgeschlossen und in seiner Existenz bedroht wird. Allerdings kam es den Konventionsmitgliedern bei ihrem Vorgehen nicht so sehr darauf an, den Kläger zum Beitritt zur Organisation zu nötigen, als ihn zu zwingen, seine Preise in gleicher Höhe festzusetzen wie sie. Allein zum Wesen einer unter § 9 KartVO. fallenden Sperrmaßnahme gehört es nicht unbedingt, daß der Außenseiter lediglich zum Beitritt zur Organisation gezwungen werden soll. Der in einer Sperrmaßnahme liegende äußere Organisationszwang kann auch darauf gerichtet sein, einen Außenseiter durch Ausschluß vom üblichen Geschäftsverkehr unschädlich zu machen (vgl. z. B. auch KartG. in KartE. 22 Nr. 61 = JW. 1925, 6941). Läßt sich also die lose fortbestehende Konvention noch als Kartell im Sinne der KartVO. betrachten, so kann in dem Verhalten der Konventionsmitglieder, insbesondere in ihrem vereinbarten systematischen Unterbieten des Klägers, sehr wohl eine Maßnahme des äußeren Organisationszwanges erblickt werden, die dazu dienen sollte, den Kläger vom üblichen Geschäftsverkehr auszuschließen.

Damit wäre dann auch der Begriff des sperrähnlichen Nachteils im Sinne des § 9 KartVO. erfüllt. Es käme dann allerdings noch in Betracht, daß der Kläger die Möglichkeit hatte, durch Heraufsetzen seiner Preise auf die Höhe der Konventionspreise den Ausschluß vom Geschäftsverkehr zu verhindern. Es fragt sich aber sehr, ob dem Kläger eine solche Preiserhöhung zugemutet werden konnte und ob nicht gerade in dem Zwang, entweder seine Preise zu erhöhen oder sich vom Geschäftsverkehr ausschließen zu lassen, eine unbillige Erschwerung seiner wirtschaftlichen Bewegungsfreiheit im Sinne des § 9 KartVO. lag. Jedenfalls ist es auffallend, daß dieser Gesichtspunkt in dem vor den ordentlichen Gerichten geführten Prozeß offenbar gar nicht erörtert wurde. Ich führe dies nicht zuletzt auf die gerichtsorganisatorische Spaltung zurück, die durch die Bildung des Kartellgerichts entstanden ist, und die gerade auch die Entscheidung wettbewerbsmäßiger Fragen und kartellrechtlicher Fragen in weitgehendem Maße zwei verschieden organisierten Gerichten zuweist. So kommt es, daß einerseits das Kartellgericht sich kaum mit Fragen des unlauteren Wettbewerbs befaßt und daß andererseits die ordentlichen Gerichte und das Reichsgericht nur in geringem Maße sich mit Kartellrecht beschäftigen. Dadurch leidet aber die oben geforderte Synopsis, die bei dem Zusammenhang zwischen Wettbewerbsrecht und Kartellrecht, insbesondere soweit letzteres den Kampf gegen Außenseiter betrifft, nötig ist. So erklärt es sich auch, daß das Verhältnis vom Wettbewerbsrecht und Kartellrecht und die darin liegende Problematik in der Rechtsprechung viel zu wenig erörtert wird [1]). Ich bin überzeugt, daß das anders wäre, wenn auch die privatrechtliche Seite des Kartellrechts wieder den ordentlichen Gerichten zugewiesen würde, wie dies der Salzburger Juristentag gefordert hat. Für unsere Betrachtung aber hat sich jedenfalls ergeben, daß die spezifisch rechtsethischen Gehalte des Wettbewerbsrechts, die sich mit ihrem individualethischen Charakter zunächst auf dem Boden des Ordnungsprinzips der

[1]) Vergl. hiezu insbesondere auch Eugen Ulmer, Sinnzusammenhänge im modernen Wettbewerbsrecht, Berlin 1932.

freien Konkurrenz entwickelt haben, heute in der Zeit der Wirtschaftsbindungen und wirtschaftlichen Machtstellungen ihre notwendige Ergänzung finden durch die mehr sozialethischen und sozialrechtlichen Konkretisierungen, die das Gebot der guten Sitten auf dem Gebiet des Kartellrechts erfahren hat. Handelt es sich um die Wettbewerbsmaßnahme eines Kartells, so muß neben der Frage, ob ein unlauterer Wettbewerb vorliegt, immer auch geprüft werden, ob die Maßnahme nicht auch gegen die spezifisch kartellrechtlichen Normen verstößt. Dabei kann letzteres auch dann der Fall sein, wenn die Handlung vom wettbewerbsmäßigen Standpunkt aus nicht unlauter ist. Es kann aber natürlich auch das Vorgehen eines Kartells sich gleichzeitig als unlauterer Wettbewerb und als ein kartellrechtlich unzulässiges Verhalten darstellen.

Und nun noch ein paar Worte über ein drittes wirtschaftsrechtliches Gebiet, bei dem sich diese Konkretisierung des Rechtsgebots der guten Sitten deutlich konstatieren läßt, nämlich über das Aktienrecht. Auch hier zeigen sich bedeutsame Wandlungen. Die frühere AG. war der damaligen Struktur der Wirtschaft entsprechend ihrem Wesen nach individualistisch-kapitalistisch. Sie diente, vom kapitalistischen Mehrheitsprinzip beherrscht, der Organisation frei miteinander in Verkehr tretender Individualwirtschaften. Jeder Aktionär konnte seine individuellen Interessen, soweit es ihm möglich war, verfolgen, auch wenn sie den Interessen der Unternehmung zuwider liefen. Dies galt für Majoritätsaktionäre wie für Minderheitsaktionäre. Die Entindividualisierung der Wirtschaft im allgemeinen hat nun aber auch zu einer gewissen Abschwächung des rein individuellen Charakters der AG. geführt. Einmal ist die AG. heute nicht mehr nur Organisationsform für einzelne, unabhängig voneinander in Verkehr tretende Individualwirtschaften. Sie ist infolge der in ihr liegenden Beherrschungsmöglichkeiten Hauptmittel für die Organisation unserer heutigen Verbands- und Gruppenwirtschaften geworden, insbesondere auch für den Aufbau von Konzernen. Neben dem Typ des Einzelaktionärs hat sich der Typ des beherrschenden Großaktionärs entwickelt, der häufig selbst wiederum eine AG. ist. Es zeigt sich aber auch insofern in der Struktur der AG. eine gewisse Entindividualisierung, als die Individualinteressen der Aktionäre nicht mehr so hemmungslos durchgesetzt werden können wie früher. Vielmehr ist das Unternehmen als solches in seiner sozialen Gesamtfunktion zu einem den Aktionärindividualismus einschränkenden Moment geworden. Es läßt sich also auch hier eine gewisse Zurückdrängung des rein individuellen Momentes zu Gunsten des überindividuellen feststellen, wobei jedoch, ebenso wie in der übrigen Wirtschaft, auch im Aktienrecht diese beiden Momente nebeneinander bestehen. Man kann sogar bei näherer Betrachtung von drei Interessenkreisen sprechen, die für das Aktienrecht wesentlich sind: Einmal das Interesse der Allgemeinheit, der Gesamtwirtschaft an einem gesunden Aktienwesen überhaupt wie an einer den Grundsätzen der Wirtschaftlichkeit entsprechenden Unternehmungsleitung im einzelnen. Dazu kommt als zweiter Interessenkreis eben das Interesse des Unternehmens an sich, als korporative Organisation, die nicht bloß die Aktionäre als Kapitalinteressenten, sondern auch die Angestellten und Arbeiter in sich zu einem geschlossenen Organismus vereinigt. Und dazu tritt dann als dritter Interessenkreis das Aktionärinteresse, das nach wie vor geschützt werden muß, damit das Vertrauen und das Interesse des Anlage suchenden Kapitals für die Anlegung in Aktienwerten gewahrt bleibt. Diese überindividuellen und individuellen Momente zu einem gewissen Ausgleich zu bringen, darin liegt die Hauptproblematik des heutigen Aktienrechts. Dabei wird namentlich der Rechtsgedanke des „Unternehmens an sich" als der korporativen Zusammenfassung des obengenannten zweiten Interessenkreises zu einem wichtigen Ausgleichs- und Begrenzungsprinzip gegenüber den beiden anderen Interessenkreisen. Das Interesse der Allgemeinheit fordert sicherlich in zunehmendem Maße eine Publizität namentlich der großen Unternehmungen. Aber diese Publizität findet ihre Begrenzung darin, daß der lebendige Organismus des Aktienunternehmens als solches nicht durch eine übersteigerte Publizität geschädigt werden darf.

Und die gleiche Begrenzung gilt auch für die Interessen der Einzelaktionäre. Diese Interessen der Einzelaktionäre müssen geschützt werden und jeder Aktionärsschutz ist gerechtfertigt, der nicht die Interessen des Unternehmens selbst schädigt. Ein Schutz des Einzelaktionärs, der auf Kosten der Unternehmung geht, ist dagegen mit der modernen Wirtschaftsentwicklung nicht mehr vereinbar. Vor allen Dingen erhebt sich aber nun auch gegenüber einem hemmungslosen Aktionärsindividualismus die Schranke des Schutzes des Unternehmens. Und gerade hier zeigt sich nun auch die wichtige Konkretisierung, die das allgemeine Rechtsgebot der guten Sitten im Aktienrecht erfahren hat. Früher suchte sich der Richter bei der Frage des sittenwidrigen Verhaltens, insbesondere bei Ausübung des Stimmrechts, an der allgemeinen Volksmoral, an dem Anstandsgefühl aller billig und gerecht denkenden Menschen zu orientieren. An die Stelle dieser allgemeinen, schwer faßbaren, rechtsethischen Grundlagen sind nun auch hier konkretere rechtsethische Gehalte aus dem eigenen Lebensraum des Aktienrechtswesens getreten. Sie gehen zwar nicht dahin, daß der Aktionär nicht mehr berechtigt ist, seine eigenen Interessen innerhalb der Gesellschaft wahrzunehmen. Aber wie der Schutz seiner Interessen, so findet auch die Wahrnehmung seiner Interessen die besondere Grenze darin, daß diese Wahrnehmung nicht bewußt zum Schaden des Unternehmens erfolgen darf. Dabei gewinnt in dem neuen amtlichen Entwurf dieser begrenzende Gedanke namentlich in folgender doppelter Weise konkrete Gestalt: Einmal in dem Verbot des Einflußmißbrauches, wie es in § 86 des Entwurfes dahin enthalten ist, daß derjenige, der vorsätzlich zwecks Erreichung gesellschaftsschädlicher Sondervorteile für sich oder einen Dritten unter Benutzung seines Einflusses als Aktionär ein Mitglied des Vorstandes oder des Aufsichtsrates dazu bestimmt, zum Schaden der Gesellschaft zu handeln, mit dem Mitglied des Vorstandes oder des Aufsichtsrats der Gesellschaft als Gesamtschuldner für den daraus entstandenen Schaden haftet. Die andere konkrete Form ist der Stimmrechtsmißbrauch, der nach § 137 des Entwurfes vorliegt, wenn der Aktionär mit der Stimmrechtsausübung, auf welcher der Beschluß beruht, gesellschaftsschädliche Sondervorteile für sich oder einen Dritten verfolgt und der Beschluß geeignet ist, diesem Zweck zu dienen. Ich will auf die Einzelheiten dieser sogenannten Generalklausel des neuen Aktienrechts nicht näher eingehen. Es kam mir in diesem Zusammenhange nur darauf an, darzutun, wie auch im heutigen Aktienrecht sich das Rechtsgebot der guten Sitten in ganz bestimmter Weise konkretisiert hat, wobei gerade auch in dieser Konkretisierung der Ausgleich zwischen dem individuellen Moment und dem überindividuellen zum Ausdruck kommt. Die Tragweite des überindividuellen, sozialkorporativen Rechtsgedankens des Unternehmens an sich geht nicht so weit, daß etwa für die Entwicklung des Begriffs der guten Sitten nicht mehr das eigene Interesse des Aktionärs, sondern nur noch das Interesse und Wohl des Unternehmens entscheidend wäre. Vielmehr ist nach wie vor jeder Aktionär berechtigt, seine eigenen Interessen innerhalb der Gesellschaft wahrzunehmen. Aber gegenüber dem früheren hemmungslosen Aktionärsindividualismus erhebt sich auch hier die soziale Schranke, daß der Einzelaktionär weder seinen Stimmrechtseinfluß noch seinen sonstigen Einfluß bewußt zum Schaden des Unternehmens als Gesamtorganismus geltend machen darf, um sich oder Dritten gesellschaftsschädliche Sondervorteile zu verschaffen.

Noch auf manchen anderen Gebieten des Wirtschaftsrechts ließe sich diese Konkretisierung des Rechtsgebots der guten Sitten nachweisen. Ich will zum Schluß nur noch auf die neuen Grundsätze verweisen, die das Reichsgericht in den beiden grundlegenden Urteilen des IX. Senats vom 9. April 1932 (RG. 136 S. 247 ff. und ebenda 293 ff.) hinsichtlich der Sittenwidrigkeit von Kreditsicherungsverträgen aufgestellt hat.

Die Firma im Prozeß.

Aus der Praxis und für die Praxis.

Von Rechtsanwalt Geh. Justizrat Dr. Adolf Heilberg in Breslau.

I.

Die erste Frage des Prozesses ist: Wer sind die Parteien, wer klagt, wer ist beklagt? Formell genügt dieser Frage die Vorschrift der ZPO., daß die Klageschrift die Bezeichnung der Parteien enthalten muß (§ 253) und als vorbereitender Schriftsatz die Bezeichnung der Parteien und ihrer gesetzlichen Vertreter nach Namen, Stand oder Gewerbe und Wohnort enthalten soll (§ 130).

Wie es in der Praxis mit der Erfüllung dieser Erfordernisse aussieht, das ergeben die zahlreichen veröffentlichten Entscheidungen, in denen mit einer Fülle von Gelehrsamkeit dargelegt wird, ob eine Klage der Gutsherrschaft X, der Verwaltung Y, der Konkursmasse Z oder gegen diese „Stelle" zulässig und ordnungsmäßig erhoben ist. Die Begründung des Entwurfes der ZPO. (S. 182) verlangte, daß die Bezeichnung der Parteien so bestimmt sein müsse, daß über deren Identität kein Zweifel sein könne und die Praxis hat erfreulicherweise in fortschreitendem Maße Berichtigungen, Ergänzungen, Erläuterungen der Parteibezeichnungen zugelassen.

Aber neben der unklaren oder ungenauen Parteibezeichnung steht bewußt oder unbewußt unrichtige Bezeichnung.

Der Künstler oder Schriftsteller, der unter seinem vom bürgerlichen Namen verschiedenen Künstlernamen usw. klagt, verwendet bewußt eine unrichtige Bezeichnung, sein Prozeßgegner, der häufig den anderen nur unter seinem Künstlernamen kennt, vielfach den Namen, unter dem der Gegner auftritt, für dessen wahren bürgerlichen Namen hält, verwendet, ohne es zu wissen, eine unrichtige Parteibezeichnung.

Partei wird diejenige Person, auf welche sich die prozeßbegründende Erklärung objektiv, genauer gesagt, in objektiv erkennbarer Weise richtet (Stein-Jonas ZPO. vor § 50 III. 1).

Wie diese Feststellung zu treffen ist, gehört nicht hierher.

Der Gebrauch des vom bürgerlichen Namen abweichenden Namens ist also, selbst wenn er mit dem Bewußtsein der Abweichung erfolgt, unschädlich.

Die Frage, welche Person Partei wird und die dazu erforderliche Prüfung, auf welche Person sich die Prozeßerklärung richtet, bedarf freilich der Lösung nicht nur im Falle des Gebrauchs eines unrichtigen Namens, sondern auch in anderen Fällen. Auch als vor zwei Menschenaltern die Zivilprozeßordnung erlassen wurde, ergab die dem Wortlaut des § 130 entsprechende Schrift, die als Kläger oder Beklagten den Kaufmann oder den Schuhmacher Karl Schmidt in Berlin bezeichnete, nicht entfernt, welcher der vielen Karl Schmidt, die dieses Gewerbe betrieben, gemeint ist.

II.

Die Schwierigkeiten wachsen, wenn der Kaufmann, wie es § 17 HGB. zuläßt, unter seiner Firma klagt oder verklagt wird.

Auch dabei wird vielfach bewußt oder unbewußt ein Name verwendet, der nicht der bürgerliche Name der Partei ist. Der Kläger, der unter seiner von seinem Namen abweichenden Firma klagt oder verklagt wird, kennt die Abweichung; der Prozeßgegner kennt sie manchmal, manchmal auch nicht.

Daß die Firma nur der Name ist, bedarf keiner Ausführung. Partei ist nicht „die Firma“, sondern der Träger der Firma; er kann nicht als Zeuge vernommen werden; ihm ist ein Eid abzunehmen; für und gegen ihn ist zu vollstrecken.

Denkt man zunächst nur an den Einzelkaufmann, so würde, wenn zur Parteibezeichnung die Firma verwendet wird, keine Schwierigkeit entstehen, wenn

1. die Firma stets den Vorschriften des § 18 HGB. entspräche,

2. die Verpflichtung zur Eintragung in das Handelsregister (§ 29),

3. zur Eintragung jeder Änderung (§ 31) immer befolgt wäre,

4. dem Erfordernis des § 30 immer genügt wäre.

Aber das Leben spottet aller dieser Vorschriften.

§ 18 gilt selbst nach dem Gesetz nicht ausnahmslos. Er gilt nicht „für die zur Zeit des Inkrafttretens des HGB. eingetragenen Firmen (EG. HGB. Art. 22) und gilt nicht im Falle des § 22 HGB.

In der Praxis aber wird kaum daran gedacht, den Vornamen, den der Kaufmann in seiner Firma „führt", auf die Wahrheit nachzuprüfen, etwa durch Vorlegung der Geburtsurkunde. Aus dem Johann, Wilhelm oder Friedrich, der im Standesregister steht, ist bereits in den ersten Lebensjahren der liebevoller oder schlichter klingende Hans, Willy oder Fritz, aus dem verdächtigen Nathan der stolzere Norbert geworden, Verkehr und Leben kennen nur den nicht mehr ganz wahren veränderten Namen. Staub-Bondi § 17 Anm. 5 wollen solche Änderungen unter Berufung auf die Verkehrssitte zulassen und „unangebrachte Formbetonung" ablehnen.

Die Rechtsfrage sei dahingestellt. Aber tatsächlich können nun einmal erhebliche Abweichungen bestehen zwischen dem bürgerlichen Namen und dem Namen, den der Einzelkaufmann als Firma führt.

Zu 2 ergibt jeder Gang durch die Straßen, jeder Blick auf die Briefe und Reklamen des täglichen Posteinganges, im Vergleich mit dem Handelsregister, daß zahllose Firmen geführt werden, die nicht im Handelsregister eingetragen sind.

Soweit es sich dabei um Minderkaufleute handelt, entspricht dies der Rechtslage (§ 4) und die Frage, ob im einzelnen Falle ein Minderkaufmann in Rede ist, ist vielfach schwer zu entscheiden.

Aber auch in Fällen, in denen sie zweifelsfrei entschieden werden könnte und den Firmenzwang ergibt, und in Fällen, die gar nicht zweifelhaft sind, unterbleibt vielfach die Anmeldung und Eintragung.

§§ 14, 37 HGB., § 126 FGG. und die dazu ergangenen Ausführungsbestimmungen der Länder (für Preußen A.G. HGB. Art. 3) bleiben vielfach auf dem geduldigen Papier und ein weitgehendes Eingreifen der Behörden auf diesem Gebiete wäre vielleicht nicht einmal erwünscht.

Zu 3 gilt dasselbe. Erschwerend tritt dazu die unvermeidliche Tatsache, daß zwischen der tatsächlichen Änderung des Inhabers der Firma und der Eintragung im Handelsregister selbst bei gewissenhaftester Erfüllung der Anmeldepflicht eine größere oder kleinere Zwischenzeit liegt.

Zu 4 (§ 30) hat Abs. 4 des Gesetzes Vorsorge dafür treffen wollen, daß die wirtschaftlichen Bedürfnisse, welche durch die Nachbarschaft mehrerer Gemeinden geschaffen werden, auch im Firmenregister beachtet werden. Aber die kommunale Entwickelung Deutschlands seit dem Inkrafttreten des HGB. ist auch hier über das Gesetz hinweggegangen.

Weit hinaus über die auf Grund des § 30 Abs. 4 geschaffenen Firmenbezirke sind durch Vereinigungen, Ein- und Umgemeindungen benachbarter Orte oder Gemeinden Teile anderer Gemeinden geworden. Der Gedanke, daß in solchen Fällen die jüngere Firma oder die Firma der kleineren Gemeinde nachgeben und einen unterscheidenden Zusatz machen müsse, ist mit vollem Recht in der Rechtsprechung (Kammergericht 16, 11) und mit wenigen Ausnahmen im Schrifttum als abwegig abgelehnt worden.

Es werden daher in nicht geringem Umfange zur Zeit in einer und derselben Gemeinde gleichlautende Firmen im Handelsregister bestehen und erst recht uneingetragene Firmen, die gleichlautend sind mit anderen eingetragenen oder nicht eingetragenen Firmen.

Welche Wirkung alles dies für das materielle Recht hat, besonders nach § 15 HGB., gehört nicht hierher.

III.

Daraus ergibt sich, daß die im Schrifttum fast formularmäßig zu § 17 HGB. oft wiederkehrende Bemerkung, für die Bezeichnung der Partei im Zivilprozeß genüge die Angabe der Firma, nur bedingt richtig ist. Sie ist genau so richtig und genau so unrichtig, wie der Wortlaut des § 130 [1] ZPO. („Bezeichnung der Parteien nach Namen, Stand oder Gewerbe; Wohnort").

Auch im Falle des § 17 Abs. 2 HGB. bedarf es im Zweifelsfalle der Feststellung, auf welche Person sich die prozeßbegründende Erklärung in objektiv erkennbarer Weise richtet.

Die Entscheidung des Zweifels ist im Falle des § 17 Abs. 2 HGB. teils leichter, teils schwerer als bei Verwendung des bürgerlichen Namens.

Sie kann leichter sein, wenn die Eintragungen im Handelsregister richtig und vollständig sind; aber selbst dann sind Zweifel sehr leicht möglich. Man braucht nicht an amerikanische Wolkenkratzer zu denken, in deren einem Tausende von Menschen wohnen oder ihr Geschäft betreiben. Auch in den kleineren Ausmessungen deutscher Verhältnisse wird es nicht immer leicht sein, festzustellen, welcher der mehreren in einem und demselben Bürohause oder Geschäftshause das Geschäft betreibenden Inhaber des gleichen Namens als Kläger oder Beklagter gemeint ist.

Die Entscheidung der Zweifelsfrage wird noch schwerer, wenn die Eintragungen im Handelsregister fehlen, unrichtig oder unvollständig oder nicht zeitgemäß nachgetragen sind.

Wer unter der im Prozeß angegebenen Firma „im Handel seine Geschäfte betreibt und die Unterschrift abgibt", das ist eine rein tatsächliche Frage, die nicht einfach zu klären ist.

Begrifflich ist freilich die Aufgabe, unter den 4 „Karl Scholz", die in Berlin in einem ein großes Straßenviertel einnehmenden Hause wohnen, den richtigen herauszufinden, ebenso schwer wie die Aufgabe, unter den Inhabern von 4 Kontorschildern dieses Namens, die in dem gleichen Bürohause sind, zu ermitteln, welcher im einzelnen Falle „gemeint" ist.

Aber in der Praxis ist es anders: Die Prozesse des Handelsverkehrs gleichen einander viel mehr als andere Prozesse, sie sind schablonenhafter, minder individuell.

Derjenige Karl Scholz, der aus einer Warenlieferung Gläubiger oder Schuldner geworden ist, ist schwerer zu ermitteln, als derjenige Karl Scholz, dessen Ehe geschieden werden soll, der einen Autounfall herbeigeführt oder erlitten hat, der Pflichtteilsansprüche geltend macht oder ablehnt, ja selbst der ein Grundstück gekauft oder verkauft hat.

Selbstverständlich Ausnahmen vorbehalten!

Wollte man aus diesen Erwägungen die strengsten Folgerungen ziehen, so würde sich für den Anwalt, der nach dem üblichen Formular von „Johann Müller" in Hamburg, ... Straße 5," den Auftrag erhält, den Betrag der beigefügten Rechnung schleunigst gegen „Karl Scholz" in Berlin, ... Straße 3," einzuklagen, die Pflicht ergeben, zunächst zu antworten mit dem Ersuchen, um Angabe, wer Inhaber der Firma Johann Müller, wer Inhaber der Firma Karl Schmidt ist, Handelsregister, Adreßbuch usw. einzusehen. Ist dann festgestellt, daß Inhaber der Gläubigerfirma Herr Johann Müller, der Schuldnerfirma Herr Karl Scholz ist, so würde er klagen für die Firma „Johann Müller" gegen die Firma Karl Scholz und er würde zweckmäßigerweise bei beiden Firmen angeben wer Inhaber ist.

Denn die Meinung des RG. (JW. 1910, 828, so auch Staub-Bondi § 17 Anm. 33), es sei sinnlos, den bürgerlichen Namen des Firmeninhabers neben der Firma zu nennen, wenn sie von einander nicht verschieden sind, ist unrichtig. Es ist nicht nur nicht sinnlos, sondern überaus zweckmäßig, besonders für die künftige Vollstreckung und für den Fall späterer Änderung des Firmeninhabers. So wenig selbstverständlich etwa daran gedacht werden könnte, neben der Firma deren Inhaber (also Name und Person) zu verklagen, so sehr ist es andererseits erforderlich und zweckmäßig, von vornherein festzustellen, in wessen Vermögen vollstreckt werden kann. (Staub-Bondi § 17 Anm. 33, 36 ff.).

Aber freilich: Die rechtsuchende Bevölkerung und gerade die Kaufmannschaft, die die Rechtsfragen nicht erkennt, würde einem Anwalt, der durch Feststellungen der geschilderten Art die Erhebung der Klage hinausschiebt, Vorwürfe wegen seiner pedantischen Fragen und wegen der Verzögerung machen und ihn mit Regreß bedrohen.

Das Leben ist ja auch leichter als die Theorie und Schwierigkeiten und Komplikationen ergeben sich nur in einer verhältnismäßig geringen Anzahl von Fällen, eben denjenigen, die zu Erörterungen in Rechtsprechung und Schrifttum führen.

Wie würde sich aber in dieser geringen Anzahl der Fälle der Richter zu der Frage des Verschuldens des Anwalts stellen, der seinerseits die Feststellungen unterlassen hat?

In jedem Falle ist es daher ein Gebot pflichtmäßiger Sorgfalt, im Laufe des Prozesses, sei es selbst auch nach Erhebung der Klage, festzustellen, wer in Wahrheit Partei ist, ob und welche Verschiedenheiten zwischen dem Handelsnamen, der Firma und dem bürgerlichen Namen bestehen und gegebenenfalls ungenaue oder unvollständige Angaben zu ergänzen.

IV.

Steht objektiv fest, wer danach Partei ist, auf welche Personen sich die prozeßbegründende Erklärung in objektiv erkennbarer Weise richtet, so ergibt die Rücksicht auf den weiteren Verlauf des Prozesses, wie notwendig oder doch zweckmäßig es ist, die so zu treffende Feststellung auch zum Teil des Prozeßstoffes zu machen, mit anderen Worten, den bürgerlichen Namen derjenigen Person anzugeben, welche „unter ihrer Firma“ klagt oder verklagt ist.

Nur dann läßt sich ermitteln, ob eine als Zeuge benannte

Person nicht etwa Partei ist, ob die Tatbestände der §§ 383 Nr. 1—3, 384 ff., 393 ZPO. gegeben sind, usw.

Die richtige Anwendung der §§ 445 ff. ebd. (Beweis durch Eid) ist nur möglich, wenn die Person des etwa Schwurpflichtigen feststeht. Denn nicht der Name, die Firma, sondern der Namensträger, der Firmeninhaber ist derjenige, für welchen ein Eid normiert, welchem ein Eid abgenommen, von welchem ein Eid geleistet oder verweigert werden kann.

Die Anwendung des § 459 ZPO. ist unmöglich, wenn die Person des Schwurpflichtigen nicht feststeht. (J. W. 1908, 464).

Vor allem aber ist die Behandlung eines bedingten Endurteils ein Herd von Schwierigkeiten und prozessualen Zweifeln, wenn nicht von vornherein die Person der Partei klargestellt ist (vergl. die nicht widerspruchsfreie Kasuistik bei Stein-Jonas § 319 Anm. 18; § 451 Anm. 15 und als warnendes Beispiel dafür, wie es das Gericht nicht machen soll, RG. 14, 20 und J. W. 1890, 41, und dafür, wie durch die Unklarheit das materielle Recht verkümmert und dem Anwalt die Regreßgefahr geschaffen wird, Gruch. 45, 1120).

Endlich aber erfordert das Vollstreckungsverfahren, besonders für die Schuldnerseite eine genaue Feststellung derjenigen Person, in deren Vermögen vollstreckt werden kann und muß; denn nicht die Firma, nicht der Name, sondern der Träger ist Subjekt des Vermögens, in das vollstreckt werden kann und die Vollstreckung richtet sich nicht nur gegen das Vermögen „der Firma“, richtiger gesagt, das Handelsvermögen, sondern gegen das gesamte Vermögen des Schuldners.

Alle diese Fragen werden besonders dann erheblich, wenn in der Zeit nach Begründung der Parteieigenschaft der Inhaber der Firma sich ändert. Diese Änderung berührt nicht die Parteieigenschaft. Der neue Inhaber der klagenden Firma wird, mag er auch im Falle des § 25 HGB. den Schuldnern gegenüber als Gläubiger gelten, doch nicht berechtigt, aus dem ergehenden Urteil zu vollstrecken, solange nicht dem Erfordernisse des § 727 ZPO. genügt werden kann und genügt ist. Er wird selbst dann nicht Partei, wenn er Nachfolger im

Gläubigerrecht ist. Der neue Inhaber der beklagten Firma kann der Vollstreckung in sein Vermögen widersprechen.

Nach alledem: § 17 Abs. 2 HGB. ist nicht unbedingt ein privilegium favorabile des Kaufmanns.

Wohl aber stellt er hohe Anforderungen an die Sorgfaltspflicht und Voraussicht des Anwalts.

V.

Selbst bei Beobachtung aller gesetzlichen Vorschriften ist vermöge der §§ 22, 24 HGB. möglich und in der Praxis nicht selten der Fall, daß ein Einzelkaufmann eine Firma führt, die auf eine Gesellschaft hindeutet und umgekehrt eine Gesellschaft eine Firma führt, die nach außen als Firma eines Einzelkaufmannes erscheint.

Im ersteren Falle gilt nichts anderes als bei jeder Firma des Einzelkaufmannes. Der auf die Gesellschaft hindeutende Wortlaut der Firma mahnt an die Klarstellung des Inhabers.

Im letzteren Falle und überhaupt, wenn eine offene Handelsgesellschaft oder Kommanditgesellschaft im Prozeß auftritt, schafft die Behandlung, welche nun einmal die OHG. im gegenwärtigen Recht erfahren hat, nicht nur theoretisch, sondern auch für die Prozeßpraxis allerhand Schwierigkeiten und Zweifel.

Die herrschende Meinung nimmt an, daß die OHG. nicht juristische Person ist. Sie kann unter ihrer Firma klagen und verklagt werden; einen anderen Namen als ihre Firma, einen bürgerlichen Namen, hat ja auch die Gesellschaft als solche nicht.

§ 124 HGB. wird dahin ausgelegt, daß die Gesellschafter in ihrer gesellschaftlichen Zusammenfassung Prozeßpartei sind.

Aber in welcher? In der bei Begründung des Prozesses bestehenden oder angenommenen oder aber in der jeweiligen? Wie steht es bei der Auflösung der Gesellschaft, beim Ausscheiden eines Gesellschafters oder beim Eintritt eines neuen? (Staub-Bondi § 124 Anm. 6ff.; RG. 124, 146, wo eine

Reihe der grundsätzlichen Fragen, freilich nur andeutungsweise, berührt sind, RG. 127, 99; Wunderlich JW. 1926, 2426).

Diese Fragen hängen zusammen mit der großen grundsätzlichen Frage nach der rechtlichen Natur der OHG., wie überhaupt der gesamten Hand. Ihre Erörterung geht über den hier gesteckten Rahmen weit hinaus.

Nur für die Praxis eine Bemerkung: Die §§ 128, 129 Abs. 4 HGB. machen es der Partei und ihrem Anwalt zur Pflicht, nicht bloß gegen die Gesellschaft, sondern im selben Prozeß auch zugleich gegen die Gesellschafter zu klagen.

ie Unterlassung der oben zu III. angeregten Prüfung der Frage, welches Rechtsgebilde die zu beklagende „Firma" ist, kann, wenn sich nachher ergibt, daß es eine OHG. ist, verhängnisvoll werden.

Die Grundstücksgesellschaft.

Eine handelsrechtliche Studie.

Von Rechtsanwalt Dr. Paul Marcuse in Berlin.

I.

Was ist eine Grundstücksgesellschaft?

Wenn man als Grundstücksgesellschaften alle diejenigen Gesellschaften ansieht, welche Grundbesitz haben, so gehört hierunter auch die Deutsche Bank, und jedes industrielle Unternehmen in Gesellschaftsform mit eigenem Fabrikgebäude. Auch für sie ergeben sich manche Eigenheiten gegenüber den Gesellschaften ohne Grundbesitz (z. B. Nachgründung HGB. § 207; Kürzung des Gewerbeertrages um die Grundrente gemäß § 12 Z. 5 Gewerbesteuerrahmengesetz; Vereinigung aller Anteile in einer Hand, Grunderwerbsteuergesetz § 3), im übrigen aber würde man wenig finden, was allen diesen Gesellschaften als Typus gemeinsam ist, und erst eine neue Unterteilung würde eine Gesellschaftsart herausschälen, welche besondere typische Erscheinungen aufzeigt. — Bezeichnet man dagegen als Grundstücksgesellschaften diejenigen „Gesellschaften, welche nur Grundbesitz haben", so begeht man den entgegengesetzten Fehler; man entzieht der gemeinsamen Betrachtung alle diejenigen Gesellschaften, welche neben überwiegendem Grundbesitz auch Vermögensgegenstände anderer Art besitzen, z. B. aufgespeicherte Gewinnreste — eine sogar charakteristische Eigentümlichkeit der von uns zu betrachtenden Gesellschaftsart. Es gibt ferner Gesellschaften, deren Vermögen zwar überwiegend aus Grundbesitz besteht, die aber gleichwohl nicht zu den Grundstücksgesellschaften gehören, wie Baugesellschaften, Terraingesellschaften und Grundstückshandelsgesellschaften.

Die Grundstücksgesellschaft ist überhaupt weniger ein juristisch definierbarer Begriff, als eine tatsächliche Erscheinung im Rechtsleben[1]). Man kann sie etwa wie folgt beschreiben (vgl. auch Lion, GrunderbstG. S. 74 ff.):

> Sie ist eine Gesellschaft, welche Eigentümerin[2]) eines Grundstücks oder einer beschränkten Anzahl von Grundstücken ist, und ihren Grundbesitz etwa nach Art eines „Hauseigentümers" durch Vermietung oder Verpachtung nutzt.

Der Name Grundstücksgesellschaft ist heute

---

[1]) Die Steuergesetze haben mehrfach Definitionen versucht, bei denen freilich nicht immer sicher ist, ob sie die typischen Grundstücksgesellschaften treffen sollen.

a) Reichswertzuwachssteuergesetz § 3 — ebenso Berliner Wertzuwachssteuerordnung § 1 Abs. 3:
eine Vereinigung, wenn zum Gegenstand des Unternehmens die Verwertung von Grundstücken gehört, oder wenn die Vereinigung geschaffen ist, um die Zuwachssteuer zu sparen.

b) Finanzausgleichgesetz § 18 a, Grunderwerbsteuergesetz § 19 a:
Gesellschaften, die den Erwerb, die Verwertung oder die Verwaltung von Grundstücken betreiben (Grundstücksgesellschaften).

Die Definition zu a) trifft auf die Mehrzahl der Grundstücksgesellschaften nicht zu, zwecks Steuerersparnis ist nur ein Teil der Grundstücksgesellschaften errichtet (vgl. S. 297); unter „Verwertung" von Grundbesitz kann nicht die Nutzung durch Vermietung, sondern nur durch Verkauf oder Verbesserung (z. B. Errichtung von Bauten, Garagen auf einem Bauplatz) verstanden werden (vgl. Preuß. OVG. Bd. 77, 61, Hagelberg Wertzuwachssteuer § 1 Anm. 10 S. 11).

Wenn § 2 Ziffer 8 des UmsStGes. (neue Fassung, RGBl. 1932 I 39) von „Unternehmen spricht, die auf Erwerb oder Veräußerung von Grundstücken gerichtet sind", so kann man zweifeln, ob die Grundstücksgesellschaften hiemit gemeint sein können. U. E. fallen nur die Grundstückshandelsgesellschaften, Bau- und Terraingesellschaften unter diese Bestimmung (siehe auch HGB. § 207 Abs. 5 und unsere Ausführungen auf S. 302).

[2]) Die seltenen Fälle einer Grundstücksgesellschaft mit einem „zur Nutzung übertragenen Grundstück" übergehen wir, ebenso die vereinzelt zu Steuerersparniszwecken errichteten Gesellschaften, welche ein Grundstück auf Grund einer Auflassungsvollmacht, Nießbrauch und Verwaltungsvollmacht „besitzen".

allgemein üblich. Eine Zeit lang nannte man sie Grundstücks-Verwaltungsgesellschaft (im Gegensatz zur Grundstückshandelsgesellschaft); diese Bezeichnung ist jedoch nicht zweckmäßig, da sie Anlaß zur Verwechslung mit denjenigen Gesellschaften gibt, die sich mit der Verwaltung von fremdem Grundbesitz befassen.

Im Einzelnen weisen die Grundstücksgesellschaften folgende charakteristischen Eigenschaften auf:

a) Grundstücksgesellschaften bestehen überwiegend in der Form von Aktiengesellschaften oder Gesellschaften mit beschränkter Haftung, nur vereinzelt als Offene Handelsgesellschaften und Kommanditgesellschaften, und zwar dann meist als Liquidationsgesellschaft eines eingestellten gewerblichen Betriebes.

b) Die Zahl ihrer Gesellschafter ist meist gering, neben der „Einmann"-Gesellschaft gibt es Gesellschaften, bei denen ein Gesellschafter ganz überwiegend beteiligt ist (90 oder 95%), während die übrigen Gesellschafter einen ganz geringen Anteil haben, vielfach nur Strohmänner oder Treuhänder des Mehrheitsgesellschafters sind. Daneben gibt es auch Gesellschaften, bei denen 2 bis 4 Gesellschafter, ein jeder mit erheblichen Anteilen, beteiligt sind, ebenso wie es Miteigentum und Gesamteigentum mehrerer an einem Grundstück gibt; insbesondere findet man dies bei Gesellschaften, denen große Kontorhäuser gehören.

c) Das Vermögen der Gesellschaft besteht überwiegend aus einem, allenfalls 2 oder 3 Grundstücken; Wohn- oder Bürohäuser sind die Regel, Fabrikgebäude meist nur bei ehemaligen gewerblichen Unternehmungen, die ihren Gewerbebetrieb aufgegeben haben. Häufig ist dagegen, daß der oder die Anteilseigner einer Grundstücksgesellschaft zugleich Eigentümer von Anteilen anderer Grundstücksgesellschaften sind, die ebenfalls ein Grundstück verwalten.

d) Die Gesellschaft will Gewinne durch Vermietung und Verpachtung, nicht durch Veräußerung des Grundbesitzes erzielen, m. a. W. der Gewinn soll aus laufender Nutzung erzielt werden, nicht durch Realisierung der Wertsteigerung. Auch die Gesellschafter beabsichtigen, eine angemessene und dauernde Verzinsung des eingelegten Kapitals durch Nutzung des Grundbesitzes, nicht einen einmaligen Gewinn durch Verkauf ihrer Anteile zu erzielen. Das schließt nicht aus, daß bei günstiger Verwertungsmöglichkeit die Gesellschaft das Grundstück, oder ein Gesellschafter seinen Anteil veräußert, ebenso wie auch der sogen. private Hauseigentümer seinen Grundbesitz zwar nicht zum Weiterverkauf erwirbt, aber seinen Grundbesitz nicht als unveräußerlichen Besitz bezeichnet. Im Gegensatz zum privaten Hauseigentümer steht der Grundstückshändler, der nicht von dem laufenden Ertrag seines Grundbesitzes lebt, sondern von dem Verkaufsgewinn der von ihm jeweils erworbenen und weiterveräußerten Grundstücke; entsprechend stehen im Gegensatz zu den Grundstücksgesellschaften: die Terraingesellschaften (Parzellierungs- und Baugesellschaften) und die Grundstückshandelsgesellschaften.

e) Die Gewinne der Grundstücksgesellschaft werden entweder verteilt, oder — sogar recht häufig — angesammelt (bei der AG. und GmbH. einem Reservefonds überwiesen), und zum Ankauf von Effekten verwendet, bei der Grundstücks-AG. und GmbH. nicht selten dem Hauptgesellschafter oder den Gesellschaftern nach ihren Anteilen am Gesellschaftskapital — zinslos oder gegen niedrige Zinsen — ausgeliehen. Gelegentlich dient der Gewinn auch zum Erwerb eines zweiten (oder dritten) Grundstücks.

Als „Abart" der Grundstücksgesellschaft gibt es schließlich die Dach- oder Finanzierungsgesellschaft, deren Vermögen nicht aus Grundstücken, wohl aber aus Anteilen an Grundstücksgesellschaften besteht.

Um den Typ der Grundstücksgesellschaft genau zu erfassen und um den richtigen Ausgangspunkt zu ihrer rechtlichen Beurteilung zu gewinnen, ist es nützlich zu prüfen, aus welchen Gründen die Grundstücksgesellschaften errichtet zu werden pflegen. Es lassen sich im wesentlichen 5 Gruppen feststellen:

1. Der Grundstückseigentümer haftet für die Hypothek mit seinem gesamten Vermögen; die persönliche Schuld erlischt nicht im Falle des Verkaufs des Grundstücks, da von der Möglichkeit der Entlassung gemäß § 416 BGB. begreiflicherweise nur in seltenen Fällen Gebrauch gemacht wird. Wer also ein Grundstück nicht selbst erwirbt, sondern von einer ad hoc gegründeten AG. oder GmbH. erwerben läßt, vermeidet die persönliche Haftung für die Hypothekenschulden. Bei großen Objekten ist die „Vergesellschaftung des Grundbesitzes" die wirtschaftlich allein zweckmäßige Form. In England und in Amerika ist dies seit Jahrzehnten üblich und anerkannt; die Incorporierung ist hier lediglich eine Frage der F i n a n z i e r u n g, sie hat mit — steuerlichen oder anderen Vorteilen im Falle einer — oft gar nicht beabsichtigten — Wiederabstoßung des Grundbesitzes nichts zu tun; es ist wirtschaftlich garnicht denkbar, daß ein Einzelner — oder selbst eine Mehrheit von Interessenten — ein 50stöckiges Hochhaus errichtet und persönliche Schuldverpflichtungen in Höhe von mehreren Hundert Millionen RM. eingeht. Das Risiko ist selbst auf der Gläubigerseite so groß, daß meist mehrere Finanzinstitute sich zur Begebung der Hypotheken zusammenschließen und Teilschuldverschreibungen ausgeben.

Auch bei kleineren Objekten ist die Errichtung einer Grundstücksaktiengesellschaft oder GmbH. häufig zum Zwecke der Risikobeschränkung zweckmäßig. Die nicht immer glückliche Aufwertungsgesetzgebung und die u. E. vielfach verfehlte Rechtsprechung in Aufwertungssachen hat der Errichtung von Grundstücksgesellschaften einen starken Impuls gegeben — man will den Zufälligkeiten und der Willkür der Gesetzgebung und der Rechtsprechung nicht mit seinem g a n z e n Vermögen ausgeliefert sein, sondern ungünstigstenfalls einen im voraus bestimmten Teil seines Vermögens riskieren. Nicht minder hat die Haftung für die z. Zt. stark übersetzten laufenden Grundstückssteuern (Steuer vom Grundvermögen, Hauszinssteuer), ferner die u. E. übersteigerte Haftung für die Steuern des Vorbesitzers die Flucht in die Grundstücksgesellschaft veranlaßt. Der Beweis für die Berechtigung solcher Vergesellschaftung ergibt sich tagtäglich bei der Reorganisation eines notleidend gewordenen gewerblichen Unternehmens. Wird ein in Mietsräumen betriebenes Unternehmen notleidend, so kann man sich mit seinen Warengläubigern verständigen und das Unternehmen in verkleinertem Umfange erneut aufbauen. Bei eigenem Grundbesitz aber wird die Reorganisation durch die Haftung für Hypotheken, Hypothekenzinsen, und die fortzuzahlenden hohen Steuern vom Grundbesitz, trotz gewisser Erleichterungen auf steuerlichem Gebiet aus der letzten Zeit (Hauszinssteuersenkung um 20%, NotVO. vom 6. X. 31, Vierter Teil, Kap. I. § 1, Erlaß des Preuß. Finanzministeriums vom 7. 5. 32 für die Steuer vom Grundvermögen), außerordentlich erschwert, oft unmöglich gemacht. Die Vergesellschaftung des Grundbesitzes begrenzt abermals das Risiko und hindert nicht den Wiederaufbau durch Lasten der Vergangenheit.

2. Das Grundbuchrecht ist — notwendigerweise — formal und, namentlich bei einer Mehrheit von Eigentümern, recht schwerfällig. Eine Mehrheit von Kaufinteressenten wird daher ein größeres Objekt nicht in der Form von Bruchteils- oder Gesamteigentum erwerben, sondern sich zu einer Grundstücks-AG. oder GmbH. zusammenschließen, deren Kapital nach der Höhe der Quoten aufgebracht wird. Auch für den Fall der Vererbung auf mehrere Erben erweist sich die Grundstücks-AG. oder GmbH. als nützlich (Familiengesellschaft), namentlich bei ausländischen Beteiligten; wie schwierig ist es sonst, die erforderlichen Erklärungen, z. B. für Hypothekenregulierungen in gehöriger Form zu beschaffen; für Frauen und minderjährige Kinder wäre der Nachweis des Verfügungsrechts nach ausländischem Recht zu erbringen. Bei den Grundstücks-AG. und GmbH.'s handelt der Vorstand für die Gesellschafter; soweit Gesellschafterbeschlüsse erforderlich sind, ergeben sich bei der Aktiengesellschaft mit Inhaberaktien keine Schwierigkeiten, aber auch bei der

GmbH. ist es möglich, daß die Gesellschafter mit kleinen und kleinsten Anteilen, deren Legitimation schwierig ist, in Gesellschafterversammlungen nicht vertreten sind, oder daß Abtretungen zu treuhänderischen Zwecken erfolgen, ohne daß die sogen. wirtschaftlichen Eigentümer den geringsten Nachteil zu erleiden brauchen. Solche „Grundstücksfamiliengesellschaften“ zeichnen sich meist dadurch aus, daß sie mehr als ein Grundstück besitzen, da sie den gesamten Grundbesitz der Familie aufnehmen. Nichts seltenes ist die Familiendachgesellschaft, welche die Anteile mehrerer Grundstücksgesellschaften (jede mit einem Grundstück) besitzt.

3. Die Steuer vom Gewinn der Aktiengesellschaft und GmbH. ist niedriger (20%, bei kleinen GmbH.'s 10 bis 20%), als die Einkommensteuer physischer Personen (z. Zt. bis zu 40%, EinkStGes. § 55, in den Jahren 1920 bis 1923 bis zu 60%). Soweit also der Gewinn der Grundstücksgesellschaft nicht verteilt, vielmehr „in Reserve“ gestellt wird, ergibt sich die Möglichkeit steuerlicher Ersparnisse; vielfach hat man die Grundstücksgesellschaft als „Sparbüchse“ bezeichnet, oder als Mittel des Individuums zur Ansammlung steuerlich begünstigter Reserven nach Art der Erwerbsgesellschaften.

4. Hauptgrund für die Errichtung von Grundstücksgesellschaften ist, wie meist behauptet wird, die Absicht der „Mobilisierung des Grundbesitzes“, d. h. die Absicht, die hohen Abgaben vom Grundbesitzwechsel (Grunderwerbsteuer, Inventarsteuer, Wertzuwachssteuer) dadurch zu ersparen, daß man nicht Grundstücke oder Grundstücksteile veräußert, sondern eine Grundstücksgesellschaft errichtet und deren Aktien oder Geschäftsanteile umsetzt. Solche Gründungen sind in früherer Zeit gewiß sehr zahlreich gewesen, bis die Gesetzgebung und die Rechtsprechung in Steuersachen Mittel und Wege fand, derartige Umsätze in Aktien und Anteilen den Abgaben vom Grundbesitzwechsel zu unterwerfen (für die Wertzuwachssteuer: ReichswertzuwachssteuerGes. § 3; für die Grunderwerbsteuer: Grunderwerbsteuer-Ges. § 3 und die weit gehende Rechtsprechung des RFH., insbesondere RFH.

5, 247 (Entscheidung vom 26. 4. 1921), 11, 310 und in StW. V 485, 522, 623).

Wenn A heute sein Grundstück in eine von ihm errichtete Grundstücksgesellschaft einbringt oder an die Grundstücksgesellschaft verkauft, so liegt ein Grundbesitzwechsel vor, für welchen neben erheblichen Kosten und Gebühren die Grunderwerbsteuer und die Wertzuwachssteuer zu zahlen ist. Man wird kaum annehmen können, daß dies geschieht in der Erwartung oder Hoffnung, bei einem zwar nicht beabsichtigten, aber immerhin doch einmal möglichen Verkauf die Steuern vom Grundbesitzwechsel zu sparen. Denn niemand pflegt h e u t e Steuern und Kosten auf sich zu nehmen, um im Falle eines Verkaufs künftigen Steuern zu entgehen, deren Art und Höhe man nicht kennt. — Beabsichtigt der A sein Grundstück dem K zu verkaufen, und errichtet er die Gesellschaft, um alsbald die Anteile auf K zu übertragen, so ist die Grunderwerbsteuer zweimal zu zahlen und an der Wertzuwachssteuer läßt sich auch nichts sparen. Es gibt gewiß Fälle, in denen die Beteiligten hoffen, den wachsamen Augen des Finanzamts zu entgehen und den Umsatz — vermutlich durch Treuhandschaften, Dachgesellschaften — zu verschleiern; immerhin scheint es uns, als ob schon seit längerer Zeit die Mehrzahl der Grundstücksgesellschaften nicht mehr zu „Mobilisierungszwecken“, sondern zu anderen wirtschaftlich durchaus beachtlichen Zwecken errichtet worden ist [3]).

Interessant wäre es übrigens zu untersuchen, ob man zuerst die Grundstücksgesellschaft zwecks Steuerersparnis (oder Umgehung) erfand (bzw. aus dem Ausland importierte), und sie erst später zu anderen Zwecken, insbesondere zum

[3]) Wir hoffen, daß diese Erörterungen zu einer gerechteren Behandlung der Grundstücksgesellschaften durch Gesetzgebung und Rechtsprechung in Steuersachen führen werden. Nicht alle Grundstücksgesellschaften sind erklärte Feinde des Finanzamtes. Die Besteuerung der Umsätze von Anteilen der Grundstücksgesellschaften, auch wenn sie u. E. zu weit geht, mag ein berechtigter Akt der Notwehr gewesen sein; dagegen scheint es nicht gerechtfertigt, sie weiterhin zu diffamieren, wie es z. B. durch Umsatzsteuer-Ges. § 2 Ziffer 8, Finanzausgleichs-Ges. § 18 a, Grunderwerbsteuer-Ges. § 19 a geschehen ist, bezw. geschehen soll.

Zwecke der Haftungsbeschränkung benutzte, oder ob umgekehrt die Haftungsbeschränkung Vorläuferin der sogen. Mobilisierung gewesen ist.

5. Es gibt schließlich eine nicht kleine Zahl von Grundstücksgesellschaften wider Willen. Eine Maschinenfabrik stellt ihren Geschäftsbetrieb ein, der Verkauf des Fabrikgrundstücks ist zur Zeit nicht möglich, — sei es, daß der Grundstücksmarkt ein Abstoßen nicht gestattet, sei es, weil — leider sehr häufig — die hohen Grundwechselabgaben einen Verkauf unmöglich machen. Es bleibt nichts anderes übrig, als das Fabrikgebäude nunmehr durch Vermietung oder Verpachtung zu nutzen. Ähnlich liegt es, wenn etwa bei einem Unternehmen des Handels oder der Industrie eine Aktionärgruppe ausscheiden, aber ihre wertvollen Grundbesitzbeteiligungen behalten will. Da ein Verkauf des Grundbesitzes nicht möglich ist, errichtet man eine neue Gesellschaft zwecks Fortführung des Fabrikations- oder des Handelsbetriebs, und läßt die alte Gesellschaft zur Bewirtschaftung des Grundbesitzes bestehen. — Ähnlich liegen die Dinge bei nicht wenigen OHG. und Kommanditgesellschaften. Die Geschäfte sind seit Jahren liquidiert, eine Veräußerung des Grundbesitzes ist abermals unmöglich oder zu teuer. Die Liquidation ist meist seinerzeit beschlossen, die Liquidationsgesellschaft vermietet die Fabrikräume (wie ein „Hausbesitzer"). Eine Liquidation durch Umwandlung der OHG. in eine Gesellschaft bürgerlichen Rechts ist zwar möglich, bietet auch steuerliche Vorteile: Aufhören der Aufbringungslast, der Vermögenssteuerpflicht als OHG. (Vermögensteuer-Ges. § 2 Ziffer 2e) und der Gewerbesteuer, und ist darüber hinaus sogar grunderwerbsteuerfrei (vgl. RFH. vom 14. I. 1931, StW. 1931 Nr. 357 und vom 5. 5. 1931 StW. Nr. 804), sie führt aber nicht zu dem erstrebten Ziele einer vollständigen Trennung der Gesellschafter; die Umwandlung in eine Gemeinschaft nach Bruchteilen ist teilweise grunderwerbsteuerpflichtig (RFH. 17, S. 40), sie verselbständigt die einzelnen Teile (Möglichkeit der Beleihung eines Bruchteiles), läßt aber die Gemeinschaft bestehen.

II.

Die Grundstücksgesellschaft im Handelsrecht.

Die Grundstücksgesellschaft ist ein „Hauseigentümer“ in Form einer handelsrechtlichen Gesellschaft. Nun ist es gewiß nichts außergewöhnliches, daß ein gewerbliches Unternehmen in Gesellschaftsform Grundstücke besitzt. Sofern dies für die Zwecke des Betriebs geschieht, ergeben sich kaum rechtliche Besonderheiten (HGB. § 207, 261 a, A II); die Besonderheit der Grundstücksgesellschaften liegt darin, daß sie in keinerlei Beziehung zu einem gewerblichen Betrieb stehen, und sich gleichwohl einem Recht unterstellen, welches für gewerbliche Betriebe geschaffen ist. Dies führt zu manchen unerwarteten Konsequenzen und Unstimmigkeiten, mit denen die Gesellschafter sich auseinandersetzen müssen [4]). Sie — ohne Anspruch auf Vollständigkeit — darzustellen, ist Aufgabe der folgenden Erörterung.

A.

Die Errichtung der Grundstücksgesellschaft.

1. Offene Handelsgesellschaft und Kommanditgesellschaft.

Die Nutzung eines Grundstücks — oder einer beschränkten Anzahl von Grundstücken — durch Vermietung oder Verpachtung gehört nicht zu den Grundhandelsgeschäften des § 1 HGB.; ebensowenig wie der gewöhnliche „Hausbesitzer“ eintragungsfähig ist, ebensowenig würde die zur Nutzung eines Grundstücks errichtete Vereinigung mehrerer eine eintragungsfähige OHG. sein. Im Einzelfalle ist es denkbar, daß die Nutzung eines größeren Grundstücks, z. B. eines Gebäudekomplexes mit 150 Wohnungen oder eines 10stöckigen Ge-

[4]) Es gibt auch sonst A. G. und G. m. b. H.'s ohne Gewerbebetrieb; z. B. zu gemeinnützigen, wohltätigen oder wissenschaftlichen Zwecken; eine Untersuchung ihres Lebens nach Handelsrecht wäre ebenfalls von Interesse.

schäftshauses einen vollständigen kaufmännischen Betrieb erfordert, dann ist der „Hausbesitzer“ eintragungsfähig, und es kann dann auch eine OHG. oder Komm.-Ges. zur Bewirtschaftung eines solchen Grundstücks errichtet und in das Handelsregister eingetragen werden. Sehr zahlreich sind solche Fälle nicht, da wie ausgeführt, in solchen Fällen die Errichtung einer AG. oder GmbH. weit zweckmäßiger ist.

Die zu Unrecht in das Handelsregister eingetragene OHG. (oder Komm.-Ges.) kann von amtswegen gelöscht werden (Freiw. Gerichtsb. § 142), also z. B. die GrundstücksOHG., deren Gesellschafter zu Unrecht erklärten, daß kaufmännischer Geschäftsbetrieb vorliege. Es kommt weiter vor, daß eine OHG., die in Wirklichkeit eine Grundstücksgesellschaft sein will, den Gesellschaftszweck unrichtig angibt (z. B. Vertrieb von Baumaterial), was — häufiger freilich bei AG. und GmbH. — geschieht, um nicht vor den Steuerbehörden von vornherein als Grundstücksgesellschaft suspect zu sein. Auch in diesem Falle ist Löschung von amtswegen geboten.

Verschieden hiervon ist, daß die Eintragung zulässigerweise erlangt war, daß aber die Voraussetzungen der Eintragungsfähigkeit nachträglich fortgefallen sind.

Beispiel: Aufgabe des kaufmännischen Geschäftsbetriebes nach Abstoßung eines von mehreren durch Vermietung genutzten Grundstücken, Aufgabe eines im Gesellschaftsgrundstücke betriebenen Gewerbes.

Löschung von amtswegen kann nicht erfolgen; HGB. § 131 zählt die Gründe der Auflösung einer OHG. erschöpfend auf (Staub-Pinner § 131 Anm. 5, Könige § 131 Anm. 2, vergl. auch Staub-Bondi § 31 Anm. 3). Die Gesellschaft bleibt als Grundstücksgesellschaft bis zur Veräußerung des Grundstücks, oder Aufteilung unter die Gesellschafter bestehen. — Im Falle der durch Aufgabe des Handelsbetriebes entstandenen Grundstücksgesellschaft ist meist die Liquidation beschlossen. Ziel der Liquidation ist dann abermals der Verkauf des Grundstücks. Es gibt zur Zeit OHG., welche mehr als 20 Jahre liquidieren.

2. Aktiengesellschaft und GmbH.

Die Grundstücks-AG. oder GmbH. ist in jedem Falle eintragungsfähig; es ist nicht notwendig, daß eine AG. oder GmbH. ein Handelsgewerbe betreibt oder einen kaufmännischen Geschäftsbetrieb hat; der Zweck des Unternehmens kann beliebig sein (z. B. gemeinnützig vgl. HGB. 182[2], ebenso GmbH.-Gesetz § 1, vergl u. a. Brodmann § 1 Anm. 4); also auch in der Nutzung eines Wohn- und Geschäftshauses durch Vermietung bestehen.

Die Errichtung einer Grundstücksgesellschaft erfolgt meist nach einem der nachstehenden 4 Typen:

1. A bringt das ihm gehörige Grundstück in die zu gründende Gesellschaft ein, neben ihm tritt die erforderliche Anzahl von Strohmännern auf.
2. A gründet bar mit Strohmännern und verkauft das ihm gehörige Grundstück an die Gesellschaft.
3. A bringt mit Hilfe der von ihm oder dem Kaufinteressenten K gestellten Strohmänner sein Grundstück in die Gesellschaft ein und verkauft demnächst seine Anteile an K.
4. A gründet bar, verkauft sein Grundstück an die Gesellschaft und verkauft dann seine Anteile an K.

In den Fällen 1 und 2 geht das Eigentum an dem Grundstück von A auf eine Gesellschaft über, deren sämtliche (oder nahezu sämtliche) Anteile im Eigentum des A (oder eines Beauftragten des A) stehen; wir nennen dies „formellen" Eigentumsübergang, da das Grundstück im „Vermögenskreise" des A verbleibt. In den Fällen 3 und 4 dagegen wird das Eigentum an dem Grundstück von A auf eine Gesellschaft überführt, deren Anteile dem K gehören sollen; der Eigentumswechsel ist hier formell und materiell. Die Errichtung der Grundstücksgesellschaft ist in den Fällen 3 und 4 oft zwecks Ersparnis von Grundwechselabgaben erfolgt; in den Fällen 1 und 2 werden die Gründe meist andere sein. Handelsrechtlich ist diese Unterscheidung ohne Bedeutung; hier unterscheiden sich vielmehr die Fälle 1 und 3 einerseits von den Fällen 2 und 4 andererseits.

a) Fälle 1 und 3: Bei der Grundstück a k t i e n gesellschaft liegt Simultangründung mit Einbringung vor, gleichgültig, ob A das Grundstück in seinem Vermögenskreis behalten (Fall 1) oder auf K bezw. auf eine von K kontrollierte Gesellschaft übertragen (Fall 3) will. Die Einbringung fällt unter HGB. § 186; Gründererklärung ist nach § 191, Prüfungsbericht nach § 192[1], Revisionsbericht nach § 192[2] erforderlich. Als Gegenstand des Unternehmens wird meist „der Erwerb und die Verwaltung (oder Bewirtschaftung) des Grundstücks X-Straße Nr. y" angegeben; gelegentlich mit dem Zusatz: „und anderer Grundstücke". — Bei Errichtung einer Grundstücks-G m b H. ist lediglich § 5 Abs. 3 GmbH.-Gesetz zu beachten.

b) Fälle 2 und 4: Hier wird in bar gegründet mit darauffolgendem Erwerb eines Grundstücks. Bei einer Aktiengesellschaft liegt eine sogen. N a c h g r ü n d u n g unter Verstoß gegen § 207 Abs. 1—4 HGB. vor. Die Ausnahmevorschrift des § 207 Abs. 5 findet k e i n e Anwendung; denn die Grundstücksgesellschaft ist kein Unternehmen, dessen „Gegenstand der Erwerb von Grundstücken ist" [5]). Abgesehen davon, daß meist nur e i n Grundstück erworben werden soll, ist der Gegenstand des Unternehmens vor allem die d a u e r n d e B e w i r t s c h a f t u n g des einmal erworbenen Grundbesitzes. Vor allem aber spricht die ratio legis gegen die Befreiung von den Bestimmungen der Abs. 1—4. Das Gesetz will gewisse lebenswichtige Geschäfte der Gesellschaft, die alsbald nach der Gründung abgeschlossen werden, unter besondere Kontrolle stellen, wie z. B. den Erwerb eines Grundstücks für eine Ziegelei, der Maschinenanlage für einen Fabrikationsbetrieb. Eine Ausnahme hiervon scheint dann am Platze, wenn der Erwerb (und die Veräußerung) von Grundbesitz zum normalen Geschäftsbetrieb der Gesellschaft gehört, wie z. B. bei der Grundstücks - H a n d e l s g e s e l l s c h a f t oder einer Bau-Gesellschaft, bei denen das Grundstück nicht Anlage, sondern eine zur Veräußerung bestimmte Ware ist

[5]) Siehe dagegen die Definition in Umsatzsteuer-Ges. § 2 Ziffer 8 vergl. S. 291.

(Fertigware bei der Grundstücks-Handelsgesellschaft, Halbfabrikat bei der Baugesellschaft). Bei der Grundstücksgesellschaft dagegen ist das Grundstück wiederum nicht Ware, sondern Anlage, die für den Geschäftsbetrieb nicht nur „lebenswichtig“ ist, sondern „Hauptvermögensstück und Grundlage für den ganzen Betrieb“ (RG. i. Z. 121 S. 102) bildet. Also ist hier der Schutz des § 207 Abs. 1—4 HGB. geboten. (Wie hier RG. in JW. 1910 Nr. 801, Könige § 207 Anm. 6, Staub-Pinner § 207 Anm. 10, a. M. anscheinend Hagelberg in der Festschrift für Oberneck S. 209.)

Die Bargründung der Grundstücksaktiengesellschaft verbunden mit dem späteren käuflichen Erwerb des zur Nutzung in Aussicht genommenen Grundstücks charakterisiert sich weiterhin als verschleierte Sachgründung im Sinne des § 208 HGB. Diese Feststellung führt uns in die bekannte Kontroverse über die rechtlichen Folgen einer solchen fehlerhaften Gründung. Es wird die Meinung vertreten, daß die Bargründung mit nachfolgendem Erwerb an sich zulässig sei und nur die Anwendbarkeit der Vorschriften über die Gründerhaftung auslöse (so ausführlich Hachenburg in JW. 1924 S. 199 unter Hinweis auf die Entstehungsgeschichte des Gesetzes, ferner mit Einschränkungen Hagelberg in der Festschrift für Oberneck S. 206 ff., insbesondere 230, Brodmann HGB. § 186 Anm. 6 a); wogegen das Kammergericht (KGJ. 25 A 85, 10, 32 und Beschluß vom 1. X. 1923 in JW. 1924 S. 199) die Ansicht vertritt, daß jede Nachgründung gegen das Gesetz verstoße, sofern nur „im Gründungsstadium unter den Beteiligten Einverständnis über die Gestaltung der künftigen A.-G. bestehe, wonach diese eine vorhandene oder herzustellende Anlage erwerben solle“. Weniger weit geht das Reichsgericht in Entsch. Bd. 121 S. 99, Bd. 130 S. 248, wo es unter Anlehnung an Staub-Pinner — § 186 Anm. 17 ff. — Beobachtung der Bestimmungen über die Sachgründung jedenfalls dann fordert, wenn im Gründungsstadium nicht nur Pläne und Absichten, aber bereits „bestimmte, wenn auch nicht formgerechte Abreden getroffen sind über die Einbringung, Übernahme von Gegenständen, jedenfalls von solchen, welche die völlige oder teilweise Grundlage des Betriebes bilden sollen". (Ähnlich Könige § 186 Anm. 7 a und e.) Eine ausführliche Stellungnahme zu diesem Meinungsstreit erscheint für die Zwecke dieser Arbeit entbehrlich; die Praxis hat sich den Forderungen der Rechtsprechung angepaßt, und der Zwiespalt zwischen Kammergericht und Reichsgericht wirkt sich bei den Grundstücksgesellschaften deshalb nicht aus, weil hier regelmäßig feste — wenn auch nicht immer rechtsgültige — Vereinbarungen im Sinne der Rechtsprechung des Reichsgerichts vorliegen. Im Falle 2 (nur formaler Übergang) handelt A nach einem festen Plane; er gründet erst dann, wenn er fest entschlossen ist, seinen Grundbesitz zu inkorporieren, und im Falle 4 liegt entweder ein bindendes Angebot des oder der Kaufinteressenten vor, oder, sogar in der Regel, eine feste, alle Einzelheiten des Verkaufs (wie Kaufpreis, Hypothekenübernahme, Übergang von Nutzungen und Lasten) regelnde Vereinbarung zwischen A und K vor, zu dessen Bestärkung der präsumptive Kaufinteressent K — oder sein Beauftragter — entweder zum Vorstand der neu errichteten Gesellschaft bestellt wird, oder zusammen mit seinen Vertrauensmännern die Mehrheit der Aufsichtsratsstimmen erhält und dadurch auf den Vorstand einwirken kann, wenn nicht gar eine Vormerkung zu Gunsten des K in das Grundbuch eingetragen oder dem K Auflassungsvollmacht erteilt wird. Gelegentlich wird die Person des K noch mehr verschleiert, um dem Finanzamt einige Rätsel zum Raten aufzugeben.

Hiernach stehen zahlreiche Grundstücksaktiengesellschaften auf recht schwankendem Rechtsboden. Die fehlerhaft errichtete A.-G. ist nicht nichtig (Hagelberg a.a.O. 233, Könige § 186 Anm. 7 d, § 309, Anm. 5; AM. Staub-Pinner § 186 Anm. 17 a und § 309 Anm. 2). Der Grundstückskaufvertrag ist aber unwirksam (RG. 121, 99; 130 S. 248, ferner ausführlich Hagelberg S. 234 f., 240) [6]) mit

---

[6]) Ob auch das dingliche Erfüllungsgeschäft unwirksam ist, ist streitig; die Unwirksamkeit wird bejaht in RG. 130 S. 252.

der weiteren Folge, daß Einleger, bzw. Veräußerer Rückgabe des Grundstücks fordern können. Ob und eventuell welche wirksamen Einwendungen die Gesellschaft dem Rückforderungsanspruch entgegensetzen kann, ist recht zweifelhaft. Hat der Veräußerer (Einleger) die Unwirksamkeit des Abkommens gekannt, so wird sich die Gesellschaft mit Erfolg auf § 814 BGB. berufen, möglicherweise auch die Einrede der Arglist erheben können. Der Gesellschaft steht ferner ein Zurückbehaltungsrecht zu, da sie einen ihr aus § 202 HGB. zustehenden fälligen Schadensersatzanspruch gegenüber den Gründern hat [7]). — Auch die AG. kann Rückgabe des den Veräußerern gezahlten Kaufpreises und Schadensersatz fordern.

Gleichgültig nun, welche Stellung man zu der Geltendmachung solcher Ansprüche einnimmt — die einen sprechen von „ausgleichender Gerechtigkeit", die anderen von einer Untergrabung der Rechtssicherheit, oder weisen darauf hin, daß die Vorteile dieser Rechtsprechung „Würdigen und Unwürdigen" zugekommen sind — in jedem Falle wird man wünschen, daß diese Unwirksamkeit der den verschleierten Sachgründungen anhaftenden Mängel behoben werde. Sonst könnte die Unwirksamkeit noch bis zum Ablauf der Verjährungsfrist geltend gemacht werden, und der Verkehr in Aktien von Gesellschaften mit Grundbesitz wäre gefährdet. Diese Heilung ist nun nicht so einfach, als es erscheinen mag.

Das Kammergericht (KGJ. 25 A 25, JW. 1924 S. 199) läßt eine Heilung durch Vornahme einer Nachgründung im

---

[7]) Falls die Aktien sich noch in den Händen des Vorbesitzers des Grundstücks befinden, so wird im allgemeinen niemand ein Interesse an der Geltendmachung des Rückforderungsrechts haben, freilich ist dann ein Verkauf der Aktien — für Käufer und Verkäufer — gefährlich.

A u s n a h m e: Es werden unerwartet hohe Steuern vom Grundbesitzwechsel gefordert. Der Vorbesitzer macht nun die Unwirksamkeit des Kaufvertrages geltend, und nimmt das Grundstück zurück. Es besteht Steuerfreiheit beider Übertragungen nach Grunderwerbsteuer-Ges. § 23 a 1. Falls noch nicht 2 Jahre seit dem Eigentumsübergang verstrichen sind, kann Steuerfreiheit durch einfachen Rückerwerb ohne Geltendmachung der Unwirksamkeit erreicht werden (ebenda § 23 a 3).

Sinne von HGB. § 207 — also durch Genehmigung des Veräußerungsvertrages mit der vorgeschriebenen Mehrheit nach Prüfung durch den Aufsichtsrat — zu. Hiergegen wird mit Recht geltend gemacht, daß nicht nur der Erwerb des Grundstücks, sondern der Gründungsakt der Gesellschaft fehlerhaft ist; beurkundet ist eine Bargründung, während in Wirklichkeit eine Sachgründung erfolgt ist, und ebenso fehlen Gründererklärung, Prüfungs- und Revisionsbericht (Staub-Pinner § 186 Anm. 17 b, Koenige § 186 Anm. 7, Hagelberg a.a.O. S. 244 f.). Mit überzeugender Logik weist Flechtheim (JW. 1929, 2105) nach, daß eine nachträgliche Heilung überhaupt nicht möglich ist, wenn unter Heilung die nachträgliche Vornahme des Geschäfts in der vom Gesetz vorgeschriebenen Form verstanden wird. Denn man kann weder aus einer Bargründung eine Sachgründung machen, indem man die Statuten ändert und nach Jahr und Tag Gründerberichte etc. erstattet, noch kann man die Heilung auf den Fall beschränken, daß noch alle Gründer vorhanden sind, und der Veräußerer noch seine Aktien besitzt. Trotz alledem läßt die Praxis die Möglichkeit der nachträglichen Heilung durch Änderung der Satzung — d. h. durch Einfügung von Bestimmungen über die Einbringung des Grundstücks gegen Gewährung von Aktien — in die Satzung der Gesellschaft und Nachholung aller vom Gesetz für die Sachgründung aufgestellten Erfordernisse zu (RG. 121. 99; 130. 248). Eine große Anzahl von Grundstücksgesellschaften hat diesen Weg beschritten.

Für die Grundstücks-GmbH. kommen diese Erörterungen nicht in Betracht.

B.

Verfassung und Geschäftsführung.

1. Offene Handelsgesellschaft und Kommanditgesellschaft.

Wie erörtert, handelt es sich fast ausnahmslos um Gesellschaften, die ihren Gewerbebetrieb eingestellt haben, und sich auf die Verwaltung ihres Grundbesitzes beschränken. Sie bleiben dem HGB. unterworfen, freilich werden sich manche Bestimmungen des Gesetzes oder des Gesellschaftsvertrages als nicht passend erweisen; so z. B. § 133 HGB. (Auflösung der Gesellschaft), §§ 131[4], 137 (Tod eines Gesellschafters), § 140 (Ausschließung eines Gesellschafters) und dergl. mehr. Man wird versuchen, soweit möglich, den Gesellschaftsvertrag der Sachlage anzupassen, z. B. durch Fortsetzung der Gesellschaft über den Tod der Gesellschafter hinaus, durch Erschwerung der Kündigung (z. B. 30 Jahre); oder man wird eine bestehende Alleinvertretung in eine Gesamtvertretung umwandeln, um dem Einzelnen die Möglichkeit der Verfügung über das Grundstück zu nehmen. Mit den zwingenden gesetzlichen Bestimmungen werden sich die Gesellschafter abfinden oder die Umwandlung in eine Gesellschaft bürgerlichen Rechts betreiben müssen.

Die bei den AG. und GmbH.'s häufigen Gesellschafterdarlehen spielen hier keine erhebliche Rolle; man pflegt Entnahmen nicht in die Form von Darlehen zu kleiden. Immerhin sind sie rechtlich möglich.

2. Aktiengesellschaft und GmbH.

Auch die Grundstücks-GmbH. muß einen Geschäftsführer, die Aktiengesellschaft einen Vorstand und einen Aufsichtsrat haben. Beides wird von vielen Gesellschaften als lästig oder überflüssig angesehen, ist es auch in Wirklichkeit, denn zur Verwaltung eines Grundstücks braucht man keinen großen Verwaltungsapparat.

In vielen Fällen, namentlich bei ausländischen Beteiligten wird der Hausverwalter zum Geschäftsführer bezw. Vorstand bestellt; der Gesellschafter mit seinen Angehörigen und Freunden bildet den Aufsichtsrat der Grundstücks-AG.[8]).

[8]) Dies ist namentlich zweckmäßig mit Rücksicht auf die Bestimmungen des § 81 AO. in der Fassung der NotVO. vom 8. XII. 1931, nach welchen die „leitenden Angestellten" eines inländischen Unternehmens steuerlich als Inländer behandelt werden, also mit ihrem gesamten Einkommen und Vermögen steuerpflichtig sind. Vergl. dagegen

Man muß freilich in Kauf nehmen, daß dann der Verwalter über das ganze Vermögen der Gesellschaft, einschließlich des Grundstücks verfügen kann. Lassen sich dagegen die Gesellschafter selbst zu Vorstandsmitgliedern bestellen, so werden sie von einem Aufsichtsrat kontrolliert, den sie jederzeit abberufen (d. h. durch Drohung der Abberufung kontrollieren) können.

Die vielfach gewährten Gesellschafterdarlehn, richtiger: Entnahme der Überschüsse in Form von Darlehen sind nunmehr bei Aktiengesellschaften den den Beteiligten wohl recht unbequemen Vorschriften des § 240 a HGB. unterstellt; das gleiche gilt von der bei zahlreichen Grundstücksgesellschaften leidigen Gewohnheit, die Grundstücke mit Hypotheken zu belasten, und die Valuta dem Gesellschafter oder den Gesellschaftern im Verhältnis ihrer Kapitalanteile zur Verfügung zu stellen [9]).

C.

Buchführung und Bilanzen.

Die Grundstücksgesellschaften müssen die im HGB. vorgesehene kaufmännische Buchführung haben, sie müssen nach der Vorschrift des Gesetzes Jahresbilanzen aufstellen, über welche die Versammlung der Gesellschafter Beschluß faßt. Einer eingehenden Erörterung bedarf die Frage des Bilanzansatzes; das starke Sinken der Grundstückswerte in den letzten Jahren stellt die Grundstücksgesellschaften vor schwierige Fragen und bedroht sie in vielen Fällen in ihrer Existenz.

Erlaß des RFM. vom 30. XII. 1931, nach welchem von der Besteuerung abgesehen werden kann, regelmäßig aber nur dann, wenn die Auflösung der Grundstücksgesellschaft in die Wege geleitet wird.

[9]) Man versucht auf diese Weise die Aktionäre bezw. Anteilseigner so zu stellen, als wenn sie Gesellschafter einer offenen Handelsgesellschaft wären und sich durch Belastung ihres Grundbesitzes flüssige Mittel verschaffen könnten. Steuerlich werden solche Hypotheken nicht anerkannt; die Hypothekenzinsen werden nicht zum Abzug zugelassen, die — meist nicht gezahlten — Darlehnzinsen gelten als Gewinnausschüttung.

1. Offene Handelsgesellschaft und Kommanditgesellschaft.

Für den Bilanzansatz in der Bilanz der OHG. und Komm.-Gesellschaft gilt § 40 HGB., nach welchem alle Vermögensgegenstände zum Werte am Stichtage anzusetzen sind; höherer Ansatz ist nicht gestattet, niedrigerer Ansatz ist zulässig, soweit nicht der Gesellschaftsvertrag etwas anderes vorschreibt, oder Rechte dritter beeinträchtigt werden. Die Wertsteigerung des Grundstücks kann hiernach in der Bilanz ihren Ausdruck finden, braucht es dagegen nicht. Bei Wertminderung dagegen muß das Grundstück zum Werte angesetzt werden; der Ansatz zum Anschaffungspreis vermindert um die Abnutzung, ist nicht zulässig, sofern der Wert niedriger ist. Hieraus ergibt sich, daß infolge des starken Sinkens der Grundstückswerte, namentlich in den Städten, die große Mehrzahl der Grundstücks-OHG.- und Komm.-Gesellschaften auch bei vorhandenen Betriebsüberschüssen erhebliche Verluste aufweisen, und daß die Kapitalkonten der Gesellschafter sich stark vermindern.

Nicht ohne weiteres maßgebend für die Bewertung in der Bilanz sind die sogen. Steuerwerte, sie sind Durchschnitts- oder Mittelwerte — angesichts der zugestandenen Unmöglichkeit genauer Wertberechnung — und liegen vielfach weit über den wirklichen Werten (oder jedenfalls Verkaufsmöglichkeiten). Gleichwohl haben viele Firmen, namentlich solche, die bei der Goldumstellung sehr niedrige Werte angesetzt hatten, nach der ersten Einheitsbewertung den Wertansatz ihres Grundstücks auf den Einheitswert erhöht. Dies war gewiß zweckmäßig, da sonst die Gesellschaften zwei verschiedene Gewinn- und Vermögensrechnungen hätten aufstellen müssen. Handelsrechtlich war eine solche Hinaufsetzung unbedenklich, soweit man annehmen konnte, daß der Einheitswert nicht höher war als der wirkliche Wert [10]).

---

[10]) Nach dem Erlaß des Reichs-Fin.-Min. vom 8. 2. 1927 konnte diese Hinaufsetzung des Grundstückswertes erfolgen, ohne daß die Differenz als steuerpflichtiger Gewinn angesehen wurde. Vielfach ist

Es gibt schon jetzt zahlreiche Grundstücksgesellschaften, welche durch Wertverminderung des Grundstücks ihr Kapital völlig verloren haben, es wird sogar — nicht nur vereinzelt — vorkommen, daß bei weiterem Absinken der Grundstückswerte eine Überschuldung der Gesellschaft eintritt. Irgend eine handelsrechtliche Verpflichtung ergibt sich aus dem Verlust des Kapitals und der Überschuldung nicht; es ist weder eine „Anzeige" an die Gesellschafter (analog HGB. § 240, § 49 GmbH.-Gesetz) erforderlich, noch ist Konkursanmeldung geboten, auch Entnahmen (Verteilung der Betriebsüberschüsse) sind zulässig. Der Gesellschaftskonkurs tritt erst bei Zahlungsunfähigkeit ein, also etwa dann, wenn infolge Mietsausfalls oder Mietsrückganges die fälligen Hypothekenzinsen nicht mehr gezahlt werden können.

2. Aktiengesellschaft und GmbH.

Für Aktiengesellschaften und GmbH. gelten die besonderen Bestimmungen des § 261 HGB. und des § 42 GmbH.-Gesetz.

a) Höchtsansatz ist der Anschaffungs- oder Herstellungspreis des Grundstücks; im Falle einer Wertsteigerung ist ein Heraufsetzen des Grundstückswerts auf den „wirklichen Wert" nicht zulässig [11]). Durch diese Bestinmmung soll bekanntlich verhindert werden, daß die Wertsteigerung Gewinn-Posten der Gewinn- und Verlustrechnung und damit Teil des verteilungsfähigen, und mangels anderweitiger Satzungsbestimmungen auch verteilungspflichtigen Gewinns wird. Wird aber ein nur durch Wertsteigerung

---

nicht das Kapitalkonto um die Differenz erhöht worden, sondern man hat das Kapital unverändert gelassen und ein „Ausgleichskonto" gebildet. Wird jetzt entsprechend der eingetretenen Wertverminderung ein Heruntersetzen des Grundstückswertes notwendig, so entlastet man entsprechend das Ausgleichskonto.

[11]) Dieser in § 261 HGB. a. F. und § 42 G. m. b. H.-Gesetz ausdrücklich ausgesprochene Grundsatz ist in die neue Fassung des HGB. nicht mit übernommen. An seiner weiteren Geltung kann aber ein Zweifel nicht bestehen (Koenige S. 483 m; Staub Novelle § 261 Anm. 2 a, Schlegelberger Aktiennovelle § 261 Anm. 17, Horrwitz Aktiennovelle § 261 Anm. 19).

erzielter, also noch nicht realisierter Gewinn als Dividende verteilt, so wird er den Gesellschaftsgläubigern entzogen, denen anders als bei der OHG.- und Komm.-Gesellschaft das private Vermögen der Gewinnempfänger (Entnehmer) nicht haftet. Die Notwendigkeit dieser Bestimmung hat sich gerade bei den Grundstücksgesellschaften gezeigt, auf erhebliche Wertsteigerungen in den Jahren 1925 bis 1929 sind große Wertverminderungen gefolgt.

b) Im Falle einer Wertminderung des Grundstücks ist eine Herabsetzung des Bilanzwertes auf den derzeitigen Wert zulässig; ob dies notwendig ist, war bisher, und zwar gerade für die Grundstücksgesellschaften, recht zweifelhaft; durch die Aktiennovelle ist ein Teil der Zweifelsfragen geklärt, freilich nur für die Aktiengesellschaften; es wäre zu wünschen, daß die Auslegung des GmbH.-Gesetzes sich der Aktiennovelle anpassen wird.

§ 261^3 HGB. — alter Fassung — und die noch jetzt geltende Fassung § 42^1 GmbH.-Gesetz lassen bei Gegenständen des Anlagevermögens den Ansatz zum Anschaffungs- und Herstellungspreise abzüglich der Abnutzung trotz niedrigeren Wertes zu. Daß das Grundstück der Grundstücksgesellschaft, ebenso wie Maschinen, Werkzeuge und Patente zum Anlagevermögen gehört, unterliegt wohl keinem Zweifel (Schlegelberger Aktiennovelle § 261 Anm. 3, Scholz GmbH.-Ges. S. 420), denn es ist dauernd zum Geschäftsbetriebe bestimmt (darüber hinaus sogar alleinige Grundlage des Betriebes); die Bedenken gegen die Anwendbarkeit des § 261^3 HGB., vergl. z. B. Hachenburg § 42 Anm. 32 für die GmbH. (12), beruhen nun darauf:

a) daß man angeblich unter „Abnutzung" nur den wirklichen Verbrauch durch Gebrauch verstehen kann, und Gebäude daher nicht der Abnutzung im Sinne des Gesetzes unterliegen;

b) daß, selbst die Abnutzungsmöglichkeit eines Gebäudes unterstellt, jedenfalls der Grund und Boden nicht abgenutzt werden kann.

Wir entsinnen uns, daß bei OHG.- und Komm.-Ges. der

Ansatz der Anlagen zum Anschaffungspreis abzüglich der Abnutzung bei sinkendem Wert nicht zugelassen ist, wogegen es angesichts der persönlichen Haftung der Gesellschafter ohne Bedeutung ist, ob das bilanzmäßige Kapital hoch oder niedrig ist, oder gar sich in einen Minusposten verwandelt; Überschuldung ist kein Konkursgrund.

Anders bei der AG. und GmbH.; hier ist Überschuldung Konkursfall. Die Wertverminderung ist Verlustposten der Gewinn- und Verlustrechnung; müßten alle Gegenstände zum jeweiligen Werte angesetzt werden, kann es dahin kommen, daß ein zahlungsfähiges und allem Anschein nach prosperierendes Unternehmen den Konkurs anmelden muß, weil durch vorübergehende Konjunkturschwankungen die Preise der im Betriebe verwendeten, nicht zum Verkauf bestimmten Maschinen stark gesunken sind. Bei geringeren Preisrückgängen, die einen Kapitalverlust von 50% herbeigeführt haben, müßten die Gesellschafter zusammengerufen werden (HGB. § 240, GmbH.-Ges. § 49), bei Verlusten unter 50% müßte — nicht minder kreditschädigend — die Auszahlung einer Dividende unterbleiben (HGB. § 213, GmbH.-Ges. § 29) [12]). Mit Recht hat daher der Gesetzgeber — kaufmännischer Übung entsprechend — es zugelassen, daß bei Gegenständen des Anlagevermögens, d. h. denjenigen, die nicht veräußert werden sollen, die vielmehr dauernd dem Betriebe dienen, und bei denen daher der jeweilige Wert von minderer Bedeutung ist, als ihre Gebrauchsfähigkeit, der Anschaffungs- oder Herstellungspreis vermindert um den im Betriebe erfolgten Verbrauch des Gegenstandes eingesetzt werden kann, auch dann, wenn der Wert niedriger ist.

Man müßte annehmen, daß dasjenige, was für die sich verhältnismäßig schnell verbrauchenden Werkzeuge und Maschinen zugelassen ist, erst recht gestattet sein muß für Anlagen, deren Standdauer vom Produktionsprozeß aus gesehen, unbegrenzt erscheint, nämlich für Grundstücke und Ge-

[12]) Becker — EinkStGes. I 1923 — nimmt gleichfalls an, daß der Ansatz zum Anschaffungspreis abzüglich Abnutzung für „unbebaute Grundstücke und unverbrauchbare Gegenstände“ nicht gilt.

bäude; daß sie sich nicht sichtbar abnutzen, kann solange kein Einwand sein, als man ihre Nutzungsdauer für den Betrieb schätzt und entsprechende Abschreibungen vornimmt, namentlich wenn man unter dem Worte Abnutzung nicht nur den reinen technischen Verbrauch, sondern auch die wirtschaftliche Abnutzung versteht. Sonst könnte eine vollbeschäftigte, zahlungsfähige Fabrik genötigt sein, Konkurs anzumelden, weil der Wert des Fabrikgrundstückes auf die Hälfte oder ein Drittel gesunken ist. Die Mehrzahl aller Grundstücksgesellschaften, auch diejenigen, welche ihr Grundstück voll vermietet haben, müßte in Konkurs gehen — oder Dividendenzahlungen einstellen — oder doch wenigstens ihre Gesellschafter zwecks Hinweises auf die drohende Gefahr des Kapitalverlustes zusammenrufen, weil der im Falle eines nicht beabsichtigten Verkaufs des Grundstücks erzielbare Preis gesunken ist. Noch mehr, Geschäftsführer, Vorstand und Liquidator, die dies versäumen, setzen sich der Regreßgefahr aus und machen sich strafbar (HGB. §§ 298 ², 315, GmbH.-Gesetz §§ 64, 84) [13]).

Nunmehr lautet die Bestimmung des neuen § 261 ¹ HGB. wie folgt:

> Anlagen und andere Vermögensgegenstände, die dauernd zum Geschäftsbetriebe der Gesellschaft bestimmt sind, dürfen ohne Rücksicht auf einen geringeren Wert zu den Anschaffungs- oder Herstellungskosten angesetzt werden, wenn der Anteil an dem etwaigen Wertverlust, der sich bei seiner Verteilung auf die mutmaßliche Gesamtdauer der Verwendung oder Nutzung für den einzelnen Bilanzabschnitt ergibt, in Abzug oder in der Form von Wertberichtigungskosten in Ansatz gebracht wird.

Hierdurch ist u. E. klargestellt:

a) Der Ansatz zum Anschaffungs- und Herstellungspreis

[13]) Wie würde ein solcher Konkurs aussehen? Gläubiger sind außer dem Hypothekengläubiger, der bisher seine Zinsen regelmäßig erhalten hat, nicht vorhanden. Man macht durch Konkurseröffnung die Hypothek überflüssigerweise fällig und treibt das Grundstück zur Zwangsversteigerung.

ist nicht nur bei solchen Gegenständen des Anlagevermögens zulässig, die einer Abnutzung durch Verschleiß unterliegen,

b) jeglicher Wertverlust kann — durch Abzug auf der Aktivseite oder durch Wertberichtigung auf der Passivseite — ausgeglichen werden, also auch der Umstand, daß Gebäude nicht auf die Ewigkeit berechnet sind. Im übrigen kommt es nicht nur auf die technische Abnutzung (Höchststanddauer eines Gebäudes ca. 100 Jahre), sondern — im Anschluß an die neue steuerliche Rechtsprechung — auf die wirtschaftliche Nutzungsdauer an.

c) wenn das Gesetz von „etwaigem" Wertverlust spricht, so bedeutet dies, daß der Ansatz zum Anschaffungspreis auch für solche Gegenstände zulässig ist, die nicht notwendig einer Entwertung unterliegen, wie z. B. der Grund und Boden.

Eine Zerlegung in vergängliche und bleibende Anlage, wie sie von Lehmann-Hirsch (Aktiennovelle § 261 Anm. 5) vorgeschlagen wird, erscheint uns hiernach entbehrlich, sie ist allenfalls insoweit von Bedeutung, als bei vergänglichen Anlagen die technische und wirtschaftliche Entwertung, und bei bleibenden Anlagen die durch Konjunkturveränderungen oder Änderung des Gebrauchszwecks eintretenden Wertminderungen zu berücksichtigen sind (Staub-Pinner Aktiennovelle § 261, § 8 ff., Schlegelberger § 261 Anm. 17, Horrwitz § 261 Anm. 24).

Hiernach ist es jedenfalls nach neuem Handelsrecht zulässig, daß die Grundstücksgesellschaft das Grundstück auch bei eintretender Wertverminderung zum Anschaffungspreis abzüglich angemessener Abschreibungen — die üblicherweise 1½ bis 3% vom Anschaffungspreise betragen — einsetzt. Ob sich bei dauerndem Wertrückgang eine Heruntersetzung auf den Wert, oder doch wenigstens verstärkte Abschreibung empfiehlt, mag der Zukunft überlassen bleiben.

Anschaffungspreis ist der für das Grundstück gezahlte Kaufpreis zuzüglich aller Kosten, Stempel, Steuern. Was als Anschaffungspreis bei Sacheinlagen gilt, ist zweifelhaft; die herrschende Meinung sieht den Nennbetrag der dem Einbringer als Gegenleistung gewährten Aktien als Anschaffungspreis an; Staub Aktiennovelle § 261 Anm. 5, Hachenburg GmbH. S. 42 Anm. 33 rechnen ein durch den angesetzten Wert des Gegenstandes zu deckendes Agio hinzu, Haußmann (Bankarchiv 1929 S. 472) läßt den inneren Wert, auf Grundstücksgesellschaften angewendet den wirklichen Wert des Grundstücks, maßgebend sein. Für Grundstücke, welche vor dem 1. 1. 1924 erworben sind, gilt der in der Goldmarkeröffnungsbilanz eingesetzte Wert als Anschaffungspreis, und damit als Höchstwert (GoldbilanzVO. § 4 Abs. 4).

Auch bei Grundstücks-AG. und -GmbH.s hat man vielfach den Bilanzansatz des Gesellschaftsgrundstücks dem ersten steuerlichen Einheitswert anzupassen versucht; durchaus verständlich, doch kann dies nur im Wege der erneuten Umstellung geschehen, da — selbst im Falle einer nachweisbaren Wertsteigerung — ein Heraufgehen über den Ansatz in der Goldmark-Eröffnungsbilanz nicht zulässig ist; eine Bestimmung, gegen welche freilich vielfach verstoßen worden ist.

D.

Wechsel im Bestande der Gesellschafter, bzw. Aktionäre; Verkauf des Grundstücks.

Der im Steuerrecht so bedeutsame Wechsel im Bestande der Gesellschafter einer Grundstücksgesellschaft ist handelsrechtlich ohne Bedeutung, bezw. von nicht anderer Bedeutung als ein Wechsel im Personenbestande überhaupt.

Ein Verkauf des Grundstücks steht an sich der Veräußerung von Anlagevermögen gleich; für die Grundstücksgesellschaft kann sich daraus ergeben, daß die Gesellschaft nunmehr ihren Zweck „Bewirtschaftung des Grundstücks Potsdamerstraße 200“ nicht mehr erfüllen kann oder will. Dies ist nicht gleichbedeutend mit der Auflösung der Gesellschaft [14]); sie kann ihren Zweck ändern, insbesondere das Gesellschaftsvermögen — jetzt Effekten oder Hypotheken — verwalten, und abwarten, ob sich Gelegenheit zum Erwerb

[14]) Dies ist denkbar nach § 131 HGB. in Verbindung mit § 726 BGB. für die OHG. und Komm.-Gesellschaft, und nach § 61 G. m. b. H.-Gesetz.

eines anderen Grundstücks findet, welches sie nunmehr bewirtschaften will.

E.

Die Dach- und Finanzierungsgesellschaft.

Es sind dies, wie bereits bemerkt, Gesellschaften, deren Vermögen zwar nicht aus Grundstücken, wohl aber aus Anteilen von Grundstücksgesellschaften besteht, deren Anteilseigner meist eine Person ist, bezw. dieselben Personen sind. Sie sind zum großen Teile zum Zwecke der Steuerersparnis entstanden, d. h. in der Hoffnung, die Abgaben vom Grundbesitzwechsel durch Umsatz — wenn nicht der Anteile von Grundstücksgesellschaften so doch — von Anteilen der Dachgesellschaft zu ersparen [15]). Daneben gibt es Dachgesellschaften, welche zum Zwecke der Vermögensverwaltung, in Form von AG. und GmbH.'s errichtet sind.

Vom Standpunkt des Handelsrechts bieten sie keine Besonderheiten; zu erwähnen ist nur, daß die Aktienpakete der Untergesellschaften als Anlagevermögen der Dachgesellschaft anzusehen sind; sie dienen der Vermögensanlage, ebenso wie Aktien einer Tochtergesellschaft, sie können also, jedenfalls seit Inkrafttreten der Aktiennovelle, mit dem Anschaffungspreise abzüglich angemessener Abschreibungen für mögliche Konjunkturschwankungen und Verluste angesetzt werden; im Sinne der obigen Unterscheidung von Lehmann-Hirsch (S. 314) würden sie zu den bleibenden Anlagen gehören.

F.

Konkurs, Liquidation und Auflösung.

Konkursgrund der OHG. und Komm.-Gesellschaft ist, wie bereits dargelegt, nur die Zahlungsunfähigkeit (nicht auch die Überschuldung). Bei der AG. und GmbH. ist dagegen auch die Überschuldung Konkursgrund, d. h. der Verlust des Kapitals.

[15]) Die Steuerpflicht des Umsatzes in Anteilen dieser Dachgesellschaften ist längst bejaht (Preuß. OVG. im Preuß. Verwbl. 50, 177), immerhin mag wohl mancher Umsatz den Augen der Finanzverwaltung entgangen sein.

Es sind hier zwei Fälle möglich:

a) Das Grundstück steht niedrig zu Buch, der wirkliche Wert ist höher. Obwohl hier die Bilanz den Verlust des Kapitals anzeigt, braucht Konkurs nicht angemeldet zu werden (Hachenburg § 63 Anm. 5); ebenso wie auch die Anzeige an die Aktionäre nicht notwendig ist, wenn zwar buchmäßig 50% des Kapitals verloren sind, bei Einsatz des wirklichen Wertes aber nicht.

b) Das Grundstück steht mit dem Anschaffungspreis abzüglich Abschreibung zu Buch; buchmäßig ergibt sich keine Überschuldung; wird aber statt dessen der niedrigere Wert angesetzt, ist Überschuldung vorhanden. Das Reichsgericht (Recht 1916 Nr. 1612, ihm folgend Könige § 240 Anm. 1 a, Brodmann § 64 Anm. 2, a. M. Hachenburg § 63 Anm. 5) bejaht den Konkursfall; u. E. zu Unrecht. Wenn man den Ansatz zu dem Anschaffungspreis über den Wert hinaus in der Jahresbilanz zuläßt, zugleich aber Konkursanmeldung fordert, wenn bei Ansatz des Wertes das Kapital verloren sein würde, so nimmt man der Gesellschaft mit der einen Hand, was man ihr mit der anderen gibt. Analog liegt die Sache bei der Berufung der Gesellschafter im Falle eines 50%igen Kapitalverlustes. Wenn der Gesetzgeber den Anschaffungspreis nur unter dem Vorbehalte zulassen wollte, daß im Falle eines Ansatzes des Wertes mindestens 50% des Kapitals vorhanden ist, so hätte er dies ausdrücklich sagen sollen und sagen können. Die Frage ist gerade für Grundstücksgesellschaften von erheblicher Bedeutung.

In den Liquidationsbilanzen (Eröffnungsbilanzen und späteren Jahresbilanzen) sind alle Gegenstände zum Werte anzusetzen, der Ansatz zum Anschaffungspreis (abzüglich Abnutzung) ist hier nicht mehr zugelassen. Mit Recht, denn nunmehr dient das Anlagevermögen nicht mehr der Fortsetzung des Betriebes, sondern ist ebenso zum Verkauf (oder zur Verteilung) bestimmt, wie das Umlaufsvermögen. Dies gilt auch für den Konkursfall während der Liquidation (HGB. §§ 298^2, 315 Abs. 1 Ziffer 3, GmbH.-Gesetz §§ 64, 71).

Stückekonto.

Eine depotrechtliche Studie.

Von Rechtsanwalt Dr. Georg Opitz in Berlin.

Das Stückekonto kann seine Aufgabe als eine Einrichtung des bankgeschäftlichen Verkehrs nur dann erfüllen, wenn der Begriff Stückekonto juristisch eindeutig feststeht und wenn die Bankpraxis diesen Begriff nur auf solche Geschäftsvorfälle anwendet, in denen es durch den juristischen Tatbestand gerechtfertigt ist.

I.

Juristisch betrachtet, erscheint der Begriff Stückekonto festgelegt.

1. Die Gesetzgebung.

Das Depotgesetz kennt den Begriff Stückekonto nicht. Der Gesetzgeber hat sich aber diesen Begriff in neuerer Zeit bei verschiedenen Gelegenheiten zu eigen gemacht:

In dem inzwischen außer Kraft getretenen Gesetz über Depot- und Depositengeschäfte vom 26. Juni 1925 (RGBl. I S. 89) heißt es (§ 1 Abs. 2):

> „Dem Depotgeschäfte wird gleichgestellt die Einräumung eines Anspruchs auf Lieferung von Wertpapieren, die der Gattung und Zahl nach bestimmt sind (Gutschrift auf Stückekonto), wenn der Anspruch nicht binnen zwei Wochen nach Fälligkeit erfüllt wird."

Dieser Wortlaut ist übernommen aus dem Kapitalfluchtgesetz vom 24. Dezember 1920 (RGBl. 1921 I

S. 33) § 10 Abs. 2 (vgl. auch die Fassung desselben Gesetzes vom 26. Januar 1923, § 11 Abs. 2).

In der Verordnung über die Devisenbewirtschaftung vom 23. Mai 1932 (RGBl. I S. 231 ff.) heißt es in § 9:

„Dem Erwerb von Wertpapieren im Sinne dieser Verordnung steht gleich der Erwerb eines Anspruchs auf Übereignung von Wertpapieren, insbesondere durch Gutschrift auf Stückekonto."

Die gleiche Begriffsbestimmung befindet sich bereits in § 5 der 7. Durchführungsverordnung vom 10. 11. 1931 (RGBl. I S. 673). In den Richtlinien für die Devisenbewirtschaftung des Reichswirtschaftsministeriums, die auf Grund des § 17 Abs. 1 der Verordnung über die Devisenbewirtschaftung vom 1. August 1931 (RGBl. I S. 421) am 24. August 1931 im Reichsanzeiger Nr. 197 vom 25. August 1931 veröffentlicht sind, heißt es (zu § 4 der genannten Devisenverordnung unter Nr. 8):

„Dies gilt auch für Stücke, die für Rechnung eines Kunden als Depot einer inländischen Bank bei einer Bank im Ausland ruhen; es gilt ferner ohne Rücksicht darauf, ob die Wertpapiere im Sonderdepot oder im Sammeldepot ruhen oder der Kunde Anspruch aus Stückekonten hat."

Auch im Aufwertungsgesetz vom 16. Juli 1925 (§ 38 Nr. 2) und im Anleiheablösungsgesetz vom gleichen Tag (§ 10 Abs. 2) wird von einem „Anspruch auf Übereignung von Schuldverschreibungen gleicher Art und gleichen Betrags" gesprochen, ohne daß allerdings dabei der Begriff Stückekonto erwähnt wird.

Auch in der Verordnung des Reichspräsidenten über Aktienrecht, Bankenaufsicht und über eine Steueramnestie vom 19. September 1931 (RGBl. I S. 494) ist das Thema berührt, ohne daß dabei der Begriff Stückekonto ausdrücklich erwähnt ist. Es heißt da (jetzt § 230 a HGB.):

„Soweit im Handelsgesetzbuch die Ausübung von Rechten der Aktionäre davon abhängig ist, daß die Aktionäre während eines bestimmten Zeitraums Inhaber der Aktien gewesen sind, steht dem Eigentum an Aktien ein Anspruch auf Übereignung von Aktien gegen eine Bank gleich."

Diese Bestimmung trifft nach ihrer weiten Fassung allerdings nicht nur auf das Stückekonto im Sinne des vorgenannten Gesetzes über Depot- und Depositengeschäfte zu, sondern auch auf das Sammeldepot. Diese weite Fassung hat den Vorzug, daß sie verschiedene Tatbestände trifft, vielleicht auch solche, die außerhalb des Stückekontos und des Sammeldepots liegen, aber auf der anderen Seite den Nachteil, daß reguläre und irreguläre Depotarten in eine Linie gestellt sind, was für die Klarstellung des Begriffs Stückekonto nicht von Vorteil ist [1]).

---

[1]) Nach den Ausführungen des Ministerialkommentars (Schlegelberger-Quassowski-Schmölder S. 97 u. 99) ist allerdings der Fall des Sammeldepots nicht unter § 230 a Satz 1 HGB., sondern unter § 230 a Satz 2 HGB. zu rechnen, wo bestimmt ist: „Die Eigentumszeit eines Rechtsvorgängers wird dem Aktionär zugerechnet, wenn er die Aktien unentgeltlich, als Gesamtrechtsnachfolger, im Wege der Auseinandersetzung einer Gemeinschaft oder von seinem Treuhänder erworben hat." Es handelt sich beim Ausscheiden eines Aktionärs aus der Sammeldepotgemeinschaft um eine Auseinandersetzung. Dieser Gesichtspunkt ist beachtlich. Wenn auch bei der Eigenart der Sammeldepotgemeinschaft die Vorschriften der §§ 742, 744, 745, 748 ff. BGB. nicht Platz greifen und also auch die Auseinandersetzung zwischen den Teilhabern entfällt (vgl. Opitz-Schultz: JW. 1926, 476; Düringer-Hachenburg-Lehmann Anm. 7c im Anh. zum 5. Abschn. nach § 424 HGB.), so bleibt doch jedem Teilhaber das Recht, jederzeit aus der Gemeinschaft auszuscheiden. Der Auseinandersetzungsanspruch ist also auf den Anspruch verschmälert, gleichartige Wertpapiere in hinterlegter Menge zurückzuerhalten, ohne daß im übrigen die Gemeinschaft der Teilhaber aufgehoben wird (vgl. Schultz-Opitz: BankArch. XXIV Sonderbeilage zu Nr. 16 v. 15. 5. 1925 S. 2).

Aber auch ohne den Umweg über den Auseinandersetzungsanspruch ergibt sich für den Sammeldepotkunden die Ausübung des Aktionärrechts. Der Anspruch auf Übereignung von Aktien im Sinne des § 230 a Satz 1 HGB., der dem Eigentum gleichgestellt ist, ohne daß dabei zwischen schuldrechtlichem und dinglichem Anspruch unterschieden ist, steht auch dem Sammeldepotkunden gegen die Bank zu. Es ist also gerechtfertigt, den Fall des Sammeldepots auch unter diese Gesetzesbestimmung zu rechnen (vgl. Friedländer, Aktienrecht, Anm. 2 zu § 230 a HGB.). Im übrigen ist für den Sammeldepotkunden der Nachweis des Dauerbesitzes auch ohne Anwendung des § 230 a HGB. gegeben (vgl. Opitz: BankArch. XXV, 114 und JW. 1926, 480; Breit: BankArch. XXV, 425; Staub-Koenige Anm. 12 zu § 266, Anm. 3 zu § 269, Anm. 13 zu § 271 HGB.; Rießer-Bernstein S. 129; Düringer-Hachenburg-Lehmann Anm. 7 h Anh. zum 5. Abschn. nach § 424 HGB.).

Die Geltendmachung der Aktionärrechte durch den Sammeldepotkunden wird in der Praxis in der Weise gesichert, daß vorübergehend bestimmte Aktien aus dem Sammeldepot für den Kunden ausgesondert werden (vgl. das vorher angeführte Schrifttum). Einer solchen Aussonderung bedarf es nicht einmal (so auch Breit, mit anderer Begründung). Nach § 225 Abs. 1 HGB. dürfen allerdings Rechte aus einer Aktie, die mehreren Berechtigten zusteht, nur durch einen gemeinschaftlichen Vertreter ausgeübt werden, und beim Sammeldepot steht jede der sammelverwahrten Aktien im Miteigentum aller Teilhaber. Aber in § 225 HGB. sind, wie sich aus Abs. 2 und 3 ergibt, materiell-rechtliche Mitberechtigungen, wie Erbengemeinschaft, Metageschäfte, Gemeinschaftsdepots (im Sinne mehrerer Kontoinhaber!), gemeint. Bei der Sammeldepotgemeinschaft liegt eine derartige wirtschaftlich bedingte Mitberechtigung nicht vor. Depotrechtlich und banktechnisch handelt es sich beim üblichen Sammeldepotkonto um die Hinterlegung durch eine Einzelperson, also nicht um Gemeinschaftskonten oder Gemeinschaftsdepots (ein solches Gemeinschaftsdepot — mehrere Depotinhaber — ist natürlich auch beim Sammeldepot wie beim Sonderdepot möglich. Dann handelt es sich eben, wie beim Gemeinschaftssonderdepot, um eine Mitberechtigung nach § 225 HGB.). Es besteht natürlich kein Zweifel, daß auch die Sammeldepotgemeinschaft eine Gemeinschaft materiellen Rechts ist, denn sie ist ja auf dem Miteigentumsgedanken aufgebaut. Aber man wird sagen können und müssen, daß es sich bei der Sammeldepotgemeinschaft um eine graduell andersliegende Mitberechtigung handelt als bei der im § 225 HGB. gemeinten. Die Sammeldepotteilhaber stehen untereinander in keiner direkten Verbindung. Sie werden durch eine dritte Stelle, die Effektengirobank, zusammengehalten, wodurch ihnen die Erhaltung des Eigentumsrechts in der Form des Miteigentums gewährleistet ist. Ein anderes vermögensrechtliches Interesse besteht für die Teilhaber nicht. Die Teilhaber kennen sich nicht einmal, und sie haben auch kein Interesse daran, zu wissen, wer außer ihnen alles an dem betreffenden Sammeldepot beteiligt ist. Von einem wirtschaftlichen Interesse kann man nur insoweit sprechen, als die Wahl des Sammeldepots eine Ersparung der Depotgebühr anstrebt. Es handelt sich also lediglich um eine Rationalisierungsmaßnahme. Die Vorschrift des § 225 Abs. 1 HGB. wird also zwanglos dahin ausgelegt werden können: Ergibt sich die Mitberechtigung lediglich aus der vom Aktionär für

Ein besonderes Kapitel ist die durch die Anpassungs VO. vom 23. 12. 1931 (RGBl. I S. 779 ff.) — Kap. II, 1. Abschn., § 1 dem § 63 RBewG. als Abs. 2 hinzugefügte Bestimmung:

„Beim Kostgeschäft (Reportgeschäft) gilt der Hineingeber, bei einer Gutschrift auf Stückekonto derjenige, für den die Stücke gehalten (!) werden, als Eigentümer."

Mit dieser Bestimmung hat der Gesetzgeber eine im übrigen für Erkenntnis des Wesens des Stückekontos bedeutsame Stellungnahme des Reichsfinanzhofs (vgl. RFH. 29, 225 ff. = BankArch. XXXI, 24) steuerrechtlich dadurch entkräftet, daß er neben den Begriff des zivilrechtlichen und wirtschaftlichen Eigentums (vgl. auch § 98 RAO.) im Hinblick auf das Kostgeschäft und das Stückekonto ein besonderes steuerrechtliches Eigentum in den Sprachgebrauch einführt. Für eine Klarstellung des Begriffs Stückekonto ist diese Bestimmung abträglich, weil sie, wenn auch nur steuerrechtlich, den Anspruch auf Lieferung von Wertpapieren in bestimmter Art und Menge dem Anspruch aus Eigentum an bestimmten Wertpapieren gleichsetzt und weil im übrigen ihre Fassung für die Beurteilung der Beziehungen zwischen Stückekontoschuldner und Stückekontogläubiger ein falsches Bild gibt. Es trifft weder den juristischen Tatbestand des Kostgeschäfts noch den des Stückekontos, daß vom Bankier für den Kunden „die Stücke gehalten werden".

2. Die Rechtsprechung.

In der Rechtsprechung des Reichsgerichts war schon wiederholt — z. B. RG. 52, 202 und 58, 286 — zu § 2 DepG. der Eigentumsübergang auf die Bank erörtert worden mit der Folge, daß dem Depotkunden nur ein obligatorisches Recht zustehe, ohne daß aber von dem Begriff Stückekonto die Rede war. Dieser Ausdruck findet sich dann in der Entscheidung RG. 87, 224 erwähnt, wo ausgeführt wird:

die Aktie gewählten bankmäßigen Verwahrungsart, so bleibt ihm die selbständige Ausübung seiner Aktionärrechte gewahrt.

„Gemäß § 433 BGB. hat aber der Kommissionär dem Kommittenten das Eigentum an den gekauften Papieren zu verschaffen und diese ihm zu übergeben. Daß dies im vorliegenden Fall nicht geschehen ist, hat das Berufungsgericht selbst angenommen; denn es unterstellt, daß der Kläger nur auf Stückekonto erkannt worden sei. Durch ein solches Geschäft wird grundsätzlich nur die neue Verpflichtung begründet, die Stücke als Gattungsschuldner zu liefern. . .“.

Neuerdings kehrt der Ausdruck Stückekonto in einer ganzen Anzahl von Entscheidungen wieder, z. B. JW. 1930, 1385 [2]), wo u. a. folgendes ausgeführt wird:

„Das Berufungsgericht hat in seinem Urteil festgestellt, daß die Aktien von W. & Co. auf Stückekonto genommen worden sind. Nach kaufmännischer Auffassung bedeutet das, daß die Verpfändung in der Weise vorgenommen worden ist, daß das Eigentum an den Papieren auf den Pfandnehmer übergehen und dieser verpflichtet sein sollte, Aktien von gleicher Art, Güte und Menge zurückzugewähren. Es entsteht für den Pfandnehmer eine bloß schuldrechtliche Verpflichtung, eine Gattungsschuld. Im Gegensatz dazu geht beim Sammeldepot das Eigentum an den eingelieferten Papieren nicht auf den Pfandnehmer über, sondern die Einlieferer bleiben in ihrer Gesamtheit Eigentümer, sie erwerben an den einzelnen von ihnen eingelieferten vermischten gleichartigen Effekten Miteigentum.“

---

[2]) = BankArch. XXIX, 49 und SeuffArch. 1929 Nr. 147 S. 233. Vgl. ferner RG. 125, 417 = BankArch. XXIX, 123 = JW. 1930, 2657; RG. 129, 206 = BankArch. XXX, 16; JW. 1932, 238, wo das RG. allerdings Depotkonto mit Stückekonto versehentlich verwechselt hat; ferner die Reichsgerichtsentscheidungen in Strafsachen JW. 1927, 3013; RGStr. 61, 336; RGStr. 65, 90 = BankArch. XXX, 276 = JW. 1931, 3122; ferner die inzwischen — wie zu 1. am Schluß ausgeführt — steuerrechtlich überholte Entscheidung des Reichsfinanzhofs vom 17. 9. 1931 (RFH. 29, 225 = BankArch. XXXI, 24); ferner neuestens die zivilrechtliche Entscheidung RG. 135, 319 = BankArch. XXXI, 269 = JW. 1932, 1651.

3. Das Schrifttum.

Man kann nicht sagen, daß im Schrifttum der Gebrauch des Worts Stückekonto allgemein geläufig ist. So wird z. B. der Begriff in den depotrechtlichen Kommentaren entweder gar nicht erwähnt oder nur gelegentlich gestreift [3]). Das erklärt sich daraus, daß das Stückekonto, wie bereits erwähnt wurde, im Depotgesetz nicht behandelt ist. Erst neuerdings ist, ähnlich wie in der Rechtsprechung, auch im zivil- und handelsrechtlichen Schrifttum der Begriff Stückekonto mehr und mehr in Aufnahme gekommen, z. B. KRGR. (1928) Anm. 6 zu § 700 BGB., wo auf die Begriffsbestimmung in dem vorgenannten Depositengesetz Bezug genommen wird. (Im Gegensatz hierzu verschweigt Staudinger (1929) in seinen Anmerkungen zu § 700 BGB., obwohl er sich im übrigen ausführlich mit dem Sprachgebrauch beschäftigt, das Stückekonto.) Auch Staub-Koenige [4]) bezieht sich auf das genannte Gesetz, indem er den Ausdruck „auf Stückekonto schulden" oder „auf Stückekonto erkennen" als eine Wertpapiergattungsschuld definiert, bei der also ein Anspruch auf Lieferung von Wertpapieren eingeräumt ist, die der Gattung und Zahl nach bestimmt sind. Jaeger [5]), der sich in Anm. 29 zu § 43 KO. ausführlich zu den verschiedenen Arten des bankgeschäftlichen Verwahrungsgeschäfts äußert, erwähnt das Stückekonto als „darlehnsmäßige Papierüberlassung im Sinne des § 700 BGB. (§ 2 DepG.) im scharfen Gegensatz zum Sammeldepot, wobei der Sammelverwahrer weder Eigentum noch freie Verfügungsmacht zu eigenem Nutzen erwirbt".

Eine zusammenhängende Darstellung über das Stückekonto gibt Münzner [6]). Er definiert (S. 38) den im Bankverkehr üblichen Begriff „Gutschrift auf Stückekonto" im Anschluß an die neuere Rechtsprechung als den Anspruch auf

[3]) Vgl. z. B. Rießer-Bernstein S. 153, 161, 167, 265.

[4]) Anm. 51 im Anhang zu § 424 HGB.

[5]) Jaeger, 6. u. 7. Aufl. 1931.

[6]) „Stückekonto und Stückeverzeichnis, ihre Rechtsnatur und ihre Funktion im heutigen Bankwesen" (67 Seiten, in Heft 6 der Wirtschaftlichen Abhandlungen, herausgegeben von Geiler bei J. Bensheimer, Mannheim 1931).

Lieferung nur der Gattung und Zahl nach bestimmter Wertpapiere und wendet ihn für das Hinterlegungsgeschäft auf die beiden Tatbestände des § 700 BGB. an, nämlich auf den vereinbarten Eigentumsübergang mit sofortiger Wirkung (§ 700 Abs. 1 Satz 1 BGB.) und den Eigentumsübergang nach erfolgter Aneignung oder Verfügung durch den Verwahrer (§ 700 Abs. 1 Satz 2 BGB. und § 2 DepG.) und für das Kommissionsgeschäft, soweit abredegemäß der Komittent anstelle effektiver Lieferung auf gattungsmäßigen Lieferungsanspruch beschränkt bleibt (S. 45 ff.). Bei seinen Ausführungen über das Effektenkommissionsgeschäft geht er von übertriebenen Vorstellungen und Voraussetzungen über das Anwendungsgebiet des Stückekontos im bankgeschäftlichen Verkehr aus. Insbesondere gilt dies von seinen Bemerkungen über den „Ausbau des Stückekontos, seine Möglichkeiten und Grenzen" (S. 38 ff.), wo er auf den bedenklichen Bahnen von Jacobsohn wandelt[7]). Jedenfalls sind insoweit seine Ausführungen durch die neuesten depotrechtlichen Ereignisse, insbesondere durch die Richtlinien des Vereins für Depotprüfung, überholt.

Düringer-Hachenburg-Lehmann[8]), der sich an Münzner anlehnt, gibt eine kurze systematische Darstellung über das Stückekonto, wobei er dieses wie folgt kennzeichnet: „Die Tatsache, daß der Kunde nicht Eigentümer der von dem Bankier verwahrten Stücke ist, wird im Bankverkehr üblicherweise dadurch zum Ausdruck gebracht, daß der Bankier den Kunden auf Stückekonto erkennt".

Opitz führt in Glossierung des vorerwähnten Urteils[9]), in dem Depotkonto mit Stückekonto verwechselt ist, folgendes aus:

> „Die Banken verbuchen die Papiere — richtiger die Anteile — ihrer Sammeldepotkundschaft nicht, wie das RG. annimmt, auf Stückekonto, sondern auf Depotkonto (Girosammeldepotkonto). Stückekonto ist der kauf-

---

7) Magazin der Wirtschaft 1926, 1434 und BankArch. XXVI, 299.

8) Anh. I zum 5. Abschn. nach § 424 HGB., Anm. 31 a ff.

9) JW. 1932, 238.

männische Fachausdruck für buchmäßige Feststellung einer Wertpapiergattungsschuld. „Erkennen auf Stückekonto“ soll zum Ausdruck bringen, daß die Bank dem Depotkunden die gutgeschriebene Effektensumme persönlich schuldet, sei es aus Darlehn, unregelmäßiger Verwahrung oder aus einem Wertpapieranschaffungsgeschäft. Depotkonto ist im Gegensatz hierzu der kaufmännische Fachausdruck für buchmäßige Feststellung des dinglichen Rechts des Depotkunden (Eigentum, Miteigentum). „Erkennen auf Depotkonto“ und „Erkennen auf Girosammeldepotkonto“ soll zum Ausdruck bringen, daß die Bank hinterlegte Wertpapiere dem Depotkunden als fremdes Eigentum verwahrt.“

II.

Man kann also davon ausgehen, daß der Begriff Stückekonto juristisch festgelegt ist. Wesentlich sind beim Stückekonto — wie beim Geldkonto — die rein obligatorischen Beziehungen zwischen dem Kontoführer und dem Kontoinhaber. Guthaben auf Stückekonto bedeutet für den Kontoführer das Bestehen einer Wertpapiergattungsschuld und für den Kontoinhaber Anspruch auf Lieferung von Wertpapieren in bestimmter Art und Menge.

Die Verbuchung auf Stückekonto an sich bringt aber, von der juristischen Seite betrachtet, nicht zum Ausdruck, welches Schuldverhältnis zugrunde liegt, und von der banktechnischen Seite aus betrachtet, kann nicht einmal gesagt werden, daß sich die Praxis an die klare Linie des rein obligatorischen Schuldverhältnisses hält. So kommt es, daß der Begriff Stückekonto, eben weil es sich juristisch um einen übergeordneten Begriff handelt, auf eine Reihe verschiedener juristischer Tatbestände angewendet wird und daß in der Praxis nicht selten auch da von Stückekonto gesprochen wird, wo es sich nicht um ein rein obligatorisches Rechtsverhältnis handelt (ganz abgesehen von der beim Publikum immer noch häufigen Verwechslung von Stückekonto und Depot).

Es sollen nun einmal die Tatbestände aufgezählt werden,

bei denen — zu Recht oder zu Unrecht — die Buchung auf Stückekonto in der Praxis angewendet wird:

1. Stückekonto und unregelmäßige Verwahrung.

a) Der unregelmäßige Verwahrungsvertrag, depositum irregulare, im Sinne von § 700 Abs. 1 Satz 2 BGB. und § 2 DepG.: Es handelt sich dabei um einen bankgeschäftlichen Verwahrungsvertrag über hinterlegte vertretbare Wertpapiere in der Art, daß der Bankier vom Depotkunden ermächtigt ist, sich die Wertpapiere anzueignen und darüber zu eigenem Nutzen zu verfügen. Wissenschaft und Rechtsprechung sind darüber einig, daß dem Depotkunden das Eigentum an den hinterlegten Papieren so lange erhalten bleibt, bis der Bankier von der Ermächtigung der Aneignung Gebrauch macht; bis dahin hat also der Depotkunde einen dinglichen Anspruch auf Herausgabe der für ihn verwahrten Wertpapiere. Gleichwohl wird bei dem unregelmäßigen Verwahrungsgeschäft in der Praxis oft — mißbräuchlich! — auch dann schon von Stückekonto gesprochen, wenn eine Aneignung auf Grund der Ermächtigung noch nicht erfolgt ist, und es findet auch häufig eine sofortige Verbuchung auf Stückekonto statt, obwohl mangels erfolgter Aneignung durch den Bankier der Depotkunde noch einen dinglichen Anspruch hat. Die Verbuchung auf Stückekonto allein kann den dinglichen Anspruch des Depotkunden noch nicht in einen schuldrechtlichen Anspruch verwandeln; es muß hinsichtlich des Wertpapiers selbst ein sinnfälliger Aneignungsakt hinzukommen. Ein solcher Aneignungsakt liegt regelmäßig dann vor, wenn der Bankier über die Wertpapiere „endgültig verfügt" oder sie dem eigenen Bestand in der Absicht des Eigentumserwerbs zuführt [10]); erst damit wandelt sich der bis dahin dingliche Anspruch des Depotkunden in einen schuldrechtlichen, und man kann dann von Stückekonto im wahren Sinn des Worts sprechen. Man könnte daran denken, die Wertpapiere so lange auf Depotkonto verbucht zu lassen, bis die Aneignung durch den Bankier die Umbuchung

[10]) RG. 52, 205.

auf Stückekonto rechtfertigt. Das würde aber wiederum der Sachlage in ihrem ganzen Umfang nicht entsprechen, da es sich nicht um ein depositum regulare in Reinkultur handelt, sondern um ein solches mit Nutzungsbefugnis. Es bleibt daher nichts anderes übrig als die Schaffung einer neuen Buchungsart, in der dieser depotrechtliche Tatbestand erschöpfend zum Ausdruck kommt. Der Begriff „Nutzungsdepot" würde sich hierfür eignen, zumal er bereits gelegentlich im Schrifttum verwendet ist [11]). Der von Düringer-Hachenburg-Lehmann [12]) verwendete Begriff „Verfügungsklausel" ist buchungstechnisch nicht verwertbar.

Bei der Girosammelverwahrung kann grundsätzlich keine andere Beurteilung Platz greifen, denn die Girosammelverwahrung hat das eigentumserhaltende Moment mit der Sonderverwahrung gemeinsam. Vom Verfasser ist stets der Standpunkt vertreten worden — und Schrifttum [13]) und Rechtsprechung [14]) sind gefolgt —, daß es sich bei der Girosammelverwahrung nicht, wie häufig von anderer Seite ausgeführt wurde [15]), um eine Zwischenstufe von depositum regulare und depositum irregulare handelt, sondern neben der Sonderverwahrung um eine andere Art des regulären Verwahrungsgeschäfts. Es ergibt sich nur insofern ein eigenartiger Sachverhalt, als die vom Depotkunden eingelieferten Wertpapiere in jedem Fall, mag eine Aneignungsabsicht des Bankiers vorliegen oder nicht, von diesem im unmittelbaren Anschluß an das Einlieferungsgeschäft oder nach Lösung aus dem Streifband des Depotkunden dem Girosammeldepot zugeführt werden. Hat nun der Bankier die Wertpapiere statt auf Sammeldepotkonto auf Stückekonto gutgeschrieben, so bleibt gleich-

---

[11]) Vgl. Staub-Koenige, Anm. 44 zu Anh. zu § 424 HGB.

[12]) Vgl. Anm. 30 aaO.

[13]) Z. B. Jaeger, Anm. 29 zu § 43 KO.

[14]) JW. 1930, 1385.

[15]) So noch jetzt Düringer-Hachenburg-Lehmann Anm. 7 zu Anh. I zum 5. Abschn. nach § 424 HGB.

wohl das Eigentum dem Depotkunden erhalten, wenn er eine Stückekontoermächtigung nicht gegeben hat [16]).

Es fragt sich zu dem angeschnittenen Thema, ob in der Zuführung der Wertpapiere zum Girosammeldepot (bei Verbuchung auf Stückekonto) dann ein Aneignungsakt liegt, wenn der Depotkunde eine Stückekontoermächtigung gegeben hat. Diese Frage ist in der vorgenannten Abhandlung [17]) nicht erörtert, weil sie nicht zum Thema gehörte. Eine Klärung ist aber deshalb von großer Wichtigkeit, weil man bei der Bejahung dieser Frage zu dem Ergebnis kommen würde, daß mit Hilfe der Girosammelverwahrung im Gegensatz zur Sonderverwahrung die eigentumserhaltende Tendenz dem Depotkunden nicht mit der gleichen Stärke zustatten kommen würde. Die Frage ist aber zu verneinen. Die Zuführung von hinterlegten Wertpapieren zum Girosammeldepot allein bedeutet noch nicht Aneignung, selbst dann nicht, wenn eine wirksame Stückekontoermächtigung vorliegt und die Papiere auf Stückekonto verbucht sind. Das Reichsgericht [18]) verlangt eine „endgültige Verfügung über die Papiere". Dieser Aneignungsakt muß, wie schon ausgeführt, irgendwie sinnfällig zum Ausdruck kommen. Bei der Sonderverwahrung geschieht dies — abgesehen von der endgültigen Verfügung im Wege der Veräußerung — durch die effektive Zuführung der hinterlegten Stücke zum Nostrobestand. Bei der Girosammelverwahrung läßt die zur Verwandlung von Eigentum in Miteigentum notwendige Handhabung mit den hinterlegten Wertpapierstücken noch nicht auf deren Aneignung durch den Bankier schließen, denn diese Manipulation nimmt ja der Bankier auch dann vor, wenn der Depotkunde nur Girosammelverwahrung wünscht, aber nicht Stückekonto. Man kann eben Besitz- und Eigentumsveränderung beim Girosammeldepot nicht durch eine Manipulation an den Effekten selbst kenntlich machen. Es liegt hier ebenso wie beim Kommissions-

---

16) Ausführlich erörtert von Opitz: BankArch. XXIX, 176 u. 300. Dazu zustimmend RFH. *29, 232.*

17) BankArch. XXIX, 176.

18) RG. *52, 205.*

geschäft, wo es sich darum handelt, dem Depotkunden Eigentum zu verschaffen. Das kann dort — abgesehen von der Erteilung eines Stückeverzeichnisses — sichtbar durch Legen in ein Streifband erfolgen (Besitzkonstitut), wenn bestimmte Wertpapiere übereignet werden sollen (Sonderdepot). Wird aber Eigentum in Form von Girosammeldepotanteilen verschafft, so tritt eine solche sinnfällige Manipulation mit den Wertpapieren selbst nicht in Erscheinung. An deren Stelle tritt die Buchung auf Sammeldepotkonto [19]. Eine solche eigentumverschaffende Buchung muß auch in dem hier behandelten Fall den Akt des Eigentumübergangs kenntlich machen. Es soll hier nicht auf die Einzelheiten der notwendigen Buchungsvorgänge eingegangen werden; die Methoden der Buchungen und deren Benennung sind verschiedenartig. Es muß aber in den Buchungen zum Ausdruck kommen, daß es sich bei den verbuchten Posten um eigene Bestände der Bank handelt (Nostrodepot — Memorialbuchung) und daß dem Depotkunden anstelle des Eigentums nur der obligatorische Anspruch auf Lieferung von Wertpapieren fortan zustehen soll. Erst solche Buchungsvorgänge lassen auf die Aneignungsabsicht des Bankiers schließen und geben einer bisherigen Buchung auf Stückekonto den Inhalt, daß fortan der Depotkunde nicht mehr einen dinglichen, sondern nur einen obligatorischen Anspruch hat. In der Praxis werden diese notwendigen Buchungen sicherlich häufig nicht gemacht, was dann natürlich zu Verwirrungen führen muß. Unterbleiben sie, so sind z. B. im Konkursfall die Eigentumsverhältnisse kaum klarzustellen, wenn Verfügungen über Sammeldepotanteile stattgefunden haben. Man durchhaut diesen Knoten wohl dann meistens in der Weise, daß man alle buchmäßigen Stückekontobestände zur Masse rechnet, wobei aber der Depotkunde im Sinne der vorherigen Ausführungen zu kurz kommt. Es ist in diesem Zusammenhang nicht uninteressant, daß manche Bankiers der Depot-

[19]) Vgl. Schultz-Opitz: BankArch. XXIV, Beil. zu Nr. 16, S. 8; Opitz-Schultz: JW. 1926, 676; Opitz: BankArch. XXVII, 199; Rießer-Bernstein S. 157.

kundschaft gegenüber von „unserem Stückekonto“ sprechen und andere Bankiers wieder von „Ihrem Stückekonto“.

Man wird aller dieser Unklarheiten erst Herr werden, wenn in der Bankpraxis streng zwischen Nutzungsdepot und Stückekonto unterschieden wird und wenn die Wertpapiere, für die eine Stückekontoermächtigung gegeben ist, so lange auf Nutzungsdepot verbucht bleiben, bis ein sinnfälliger Aneignungsakt durch den Bankier erfolgt ist.

Ein besonderes Kapitel ist die Weiterverpfändung von Wertpapieren an den Zentralbankier. Es handelt sich dabei sicherlich um eine Verfügung zu eigenem Nutzen. Gleichwohl ist in einer Weiterverpfändung noch kein Aneignungsakt zu sehen, auch dann nicht, wenn der Bankier seinerseits dem Zentralbankier eine Stückekontoermächtigung gegeben hat (Nutzungsdepot). Die Weiterverpfändung fremder Wertpapiere läßt das Eigentumsrecht des Depotkunden als solches unberührt; es wird nur pfandrechtlich belastet [20]). Anders bei der irregulären Verpfändung, bei der dem Bankier die Verfügung über die ihm verpfändeten Wertpapiere gestattet wird. Ist ein solcher pignus irregulare zweifelsfrei vereinbart, so geht das Eigentum des Depotkunden nicht sofort auf den Bankier über, sondern erst dann, wenn der Bankier oder sein Zentralbankier sich die Papiere aneignet und diesen Aneignungsakt nach den zum Nutzungsdepot entwickelten Grundsätzen kenntlich macht oder wenn die Wertpapiere veräußert werden (Exekution). Es erscheint also folgerichtig und notwendig, daß der Lokalbankier, solange er nicht seinerseits die Aneignung vollzogen hat, die Wertpapiere auf Nutzungsdepot beläßt oder daß er bei der Weiterverpfändung eine Nostroverbuchung vornimmt, wodurch sich die Verbuchung

[20]) Vgl. BankArch. XXIX, 49 = JW. 1930, 1385 = SeuffArch. 1929 Nr. 147, S. 233, wo ausgeführt wird: „Der Auftrag, Wertpapiere zu verpfänden, ist im Zweifel dahin aufzufassen, daß die Stücke in Sonderdepot gegeben werden sollen.“

auf Stückekonto (Loro) rechtfertigt. Auch das wird in der Praxis nicht so streng gehandhabt, woraus sich viele Mißverständnisse ergeben.

b) Der unregelmäßige Verwahrungsvertrag, depositum irregulare, im Sinne des § 700 Abs. 1 Satz 1 BGB.: Die bisherigen Ausführungen gehen davon aus, daß von Stückekontovereinbarung in der Praxis auch dann gesprochen wird, wenn es sich um den depotrechtlichen Tatbestand des § 700 Abs. 1 Satz 2 BGB. und des § 2 DepG. handelt, wobei vorerst dem Depotkunden das Eigentum an den hinterlegten Wertpapieren erhalten bleibt. Nach dem Grundsatz der Vertragsfreiheit ist aber auch eine Vereinbarung zwischen dem Depotkunden und seinem Bankier in der Richtung zulässig, daß das Eigentum sofort auf die Bank übergehen soll [21]). Es handelt sich dann um den Tatbestand des § 700 Abs. 1 Satz 1 BGB., den unregelmäßigen Verwahrungsvertrag in seiner reinsten Gestaltung. Dieser Tatbestand kommt dem Wertpapierdarlehnsgeschäft (§ 607 BGB.) und dem Gelddepositengeschäft jedenfalls so nahe, daß sich die Verbuchung unter Stückekonto im Sinne der Festlegung eines schuldrechtlichen Vertragsverhältnisses rechtfertigt; denn um die Vereinbarung eines schuldrechtlichen Verhältnisses handelt es sich, wenn auch nicht direkt um die Vereinbarung eines Wertpapierdarlehns (§ 607 BGB.).

Was die Wirksamkeit einer derartigen Vereinbarung gemäß § 700 Abs. 1 Satz 1 BGB. anlangt, so ist zu beachten — was vielfach übersehen wird und was später noch ausführlicher behandelt werden soll —, daß sie nicht in der formlosesten Weise, der stillschweigenden Übereinkunft, getroffen werden kann. § 700 Abs. 2 BGB. schreibt vor, daß bei der Hinterlegung von Wertpapieren eine Vereinbarung der in Abs. 1 bezeichneten Art nur gültig ist, wenn sie ausdrücklich getroffen wird. Das gilt schlechthin, also auch dann, wenn beide Parteien Bankiereigenschaft haben. Ist der Depotkunde

---

21) Vgl. KRGR. Anm. 2 zu § 700 BGB.; Düringer-Hachenburg-Lehmann aaO. Anm. 4 zu b; Münzner aaO. S. 38 zu 3 a; Rießer-Bernstein S. 112 zu 2.

aber nicht Bankier, so ist die Gültigkeit der Vereinbarung an die strenge Form des § 2 DepG. gebunden; denn diese Bestimmung schließt in ihrer weiten Fassung beide Fälle des § 700 Abs. 1 BGB. ein.

Es fragt sich nun, ob aus einer — formgerecht getroffenen — Vereinbarung, die lediglich zum Ausdruck bringt, daß zwischen den Parteien Stückekonto gelten soll, auf den Tatbestand des § 700 Abs. 1 Satz 1 BGB. geschlossen werden kann und ob die Bestimmungen über Auslegung der Willenserklärungen (§ 133 BGB.), über Auslegung der Verträge (§ 157 BGB.) und unter Kaufleuten die Rücksicht auf Gewohnheiten und Gebräuche (§ 346 HGB.) dazu zwingen. Man wird aber zu diesem Ergebnis nicht gelangen können. Es handelt sich um Depotrecht. Die vornehmsten Grundsätze dieses Rechts sind Erhaltung des Eigentums (im Hinterlegungsgeschäft) und Verschaffung des Eigentums (im Anschaffungsgeschäft)! Wer nicht selbst mit seinem Geld produktiv arbeiten will, muß, um Nutzen zu haben, es einem anderen zur Verfügung stellen, ihm das Eigentum daran übertragen und das Gläubigerrisiko auf sich nehmen. Wer aber einmal gegen Hingabe des Geldes Eigentum an dem Wertpapier, dem Träger seines Forderungs- oder Anteilrechts erworben hat, dem kann im Hinterlegungsgeschäft nicht nochmals die Hingabe des (Wertpapier-)Eigentums zugemutet werden und außer dem Risiko eines Wertpapiergläubigers noch das Risiko eines nur schuldrechtlich aber nicht dinglich gesicherten Hinterlegers — es sei denn, daß er sein Eigentum bewußt unentgeltlich zur Verfügung stellt oder auch aus der Hinterlegung für sich Nutzen ziehen will (durch Erhalt einer Gebühr oder eines Vorschusses). Diese Erwägungen decken sich mit dem Sinn des Depotvertrags sowie des Anschaffungsauftrags und rechtfertigen die Anwendung der vorerwähnten Grundsätze. Jeder geringste Zweifel bei der Auslegung von Willenserklärungen oder bei der Auslegung von Verträgen im Depot- und Effektenanschaffungsgeschäft muß daher im Sinn der Eigentumserhaltung oder Eigentumsverschaffung ausgewertet werden. Die Forderung nach zweifelsfreier Deutlichkeit der Willenserklärung muß hierbei vorangestellt werden. Wenn auch der juristische Tatbestand des Stückekontos im Sinn rein schuldrechtlicher Beziehung feststeht, so bleiben doch Zweifel hinsichtlich der Art des Schuldverhältnisses, über die auch die Anwendung der Grundsätze nach §§ 133, 157 BGB., 346 HGB. nicht hinweghilft. Die depotrechtliche Tendenz, dem Depotkunden das Eigentum möglichst zu erhalten, zwingt dazu, an die Auslegung von Willenserklärungen, die den sofortigen Verlust des Eigentums zur Folge haben sollen, den strengsten Maßstab anzulegen. Es soll nicht in Frage gezogen werden, daß eine Vereinbarung gemäß § 700 Abs. 1 Satz 1 BGB. den sofortigen Eigentumübergang zur Folge hat. Das ergibt schon die Gegenüberstellung der beiden Fälle des § 700 Abs. 1 BGB. Darüber herrscht auch im Schrifttum Einigkeit [22]). Zur Frage steht, ob eine Vereinbarung auf Stückekonto den Tatbestand des § 700 Abs. 1 Satz 1 BGB. unzweideutig enthält. Hier sind Zweifel gerechtfertigt. Der Depotkunde muß sich der Bedeutung seiner Erklärung immer bewußt sein. Das ist der Sinn der strengen Formvorschrift des § 2 DepG. und der — wenn auch (für den Bankierkunden) weniger strengen — Formvorschrift des § 700 Abs. 2 BGB. Diese Formvorschriften schützen vor Unaufmerksamkeit oder bezwecken es zum mindesten. Es darf aber nicht übersehen werden, daß die Vereinbarung sofortigen Eigentumübergangs (§ 700 Abs. 1 Satz 1 BGB.) im § 2 DepG. nicht geregelt ist. Die rechtlichen Folgen dieser Ermächtigung sind nach ihrem Inhalt gemäß den Grundsätzen des bürgerlichen Rechts zu bestimmen [23]). Die Rechtsprechung [24]) hat entschieden, daß in jedem der beiden Fälle des § 2 DepG. — Ermächtigungs- und Verfügungsklausel — dem Depotkunden das Eigentum bis zum

---

[22]) Vgl. z. B. Rießer-Bernstein S. 101; KRGR. Anm. 4 zu § 700 BGB.; Düringer-Hachenburg-Lehmann Anm. 4 im Anh. I zum 5. Abschn. nach § 424 HGB.

[23]) RG. 52, 204.

[24]) RG. 52, 204 u. 58, 286.

Aneignungsakt durch den Bankier erhalten bleibt, daß also der zivilrechtliche Tatbestand des § 700 Abs. 1 Satz 2 BGB. als gegeben anzunehmen ist [25]). Der Tatbestand des § 700 Abs. 1 Satz 1 BGB. — sofortiger Eigentumübergang — liegt danach nur dann vor, wenn dies in der Ermächtigung besonders zum Ausdruck gekommen ist. Das ist der Sinn der Vorschrift der Ausdrücklichkeit in § 2 DepG. und § 700 Abs. 2 BGB. Man darf nun an das Unterscheidungsvermögen des Depotkunden — auch wenn er selbst Bankier ist — nicht die Anforderung stellen, daß er sich der sofortigen Eigentumsaufgabe in Ansehung hinterlegter Wertpapiere bewußt zu sein hat, wenn er sich schlechthin zum Stückekonto versteht, schließlich zielt auch eine Ermächtigung, die sich an den Wortlaut des § 2 DepG. hält, auf Stückekonto, hier aber nicht mit sofortiger Wirkung. Die Aufforderung des Depotkunden an den Bankier, die hinterlegten Wertpapiere „auf Stückekonto" gutzubringen, wird daher mit Recht von Düringer-Hachenburg-Lehmann [26]) und Apt [27]) auf den Tatbestand des § 700 Abs. 1 Satz 2 BGB. bezogen. Die Vermutung spricht beim irregulären Wertpapierdepot, im Gegensatz zum irregulären Gelddepot, jedenfalls für diesen Tatbestand [28]). Die akademische Betrachtung unterscheidet mit Recht nicht zwischen Geld und Wertpapieren [29]). Für die Auslegung der Vereinbarung müssen aber bei Wertpapieren strengere Grundsätze gelten, denn diese haben insoweit eine Sonderstellung (§ 700 Abs. 2 BGB.).

Im Hinterlegungsgeschäft wird man hiernach einer Stückekontoermächtigung oder Stückekontovereinbarung nur dann die Bedeutung eines mit sofortiger Wirkung gewollten Eigentumübergangs beizulegen

[25]) Die beiden Fälle des § 2 DepG. sind also keine Gegensätze; das verkennt Koch (Bankwissenschaft 1932, 243).

[26]) aaO. Anm. 25.

[27]) Gutachten NS. II, 78.

[28]) Vgl. auch Düringer-Hachenburg-Lehmann aaO. Anm. 31 und RG. 58, 286.

[29]) Z. B. Düringer-Hachenburg-Lehmann aaO. Anm. 4.

haben, wenn dies besonders zum Ausdruck gekommen ist.

Ist einmal zwischen dem Bankier und dem Hinterleger eine Stückekontovereinbarung mit der Wirkung sofortigen Eigentumübergangs zweifelsfrei getroffen worden, so geht das Eigentum über entweder bei Übergabe der Stücke (§ 929 Abs. 1 BGB.) oder, wenn diese schon vor getroffener Vereinbarung beim Bankier lagen, mit dieser (§ 929 Abs. 2 BGB.). Es kann hierbei keine verschiedene Beurteilung Platz greifen, je nachdem der Bankier die Stücke seinen eigenen Beständen beifügt oder sie zum Effektengirodepot einliefert oder sie in ein Streifband auf den Namen des Depotkunden legt oder sie darin beläßt. Man kann insoweit der sonst bedenklichen Entscheidung des Reichsgerichts in JW. 1930, 2657 folgen, daß in einem solchen Fall, wie hier behandelt, die Verbringung in ein Streifband (und die Belassung darin) nur als interner Vorgang bei der Bank zu bewerten ist. Eine solche „Sonderverwahrung" kann also dem Depotkunden im Fall des Konkurses des Bankiers nicht das Aussonderungsrecht belegen, andererseits bleibt sein Recht auf Lieferung von Wertpapieren der hinterlegten Art und Menge auch dann erhalten, wenn die gebänderten Wertpapiere beim Bankier ohne dessen Verschulden verlorengegangen sind.

2. Stückekonto und Wertpapierdarlehn.

Wertpapiere können auch Gegenstand eines Darlehnsvertrags sein (§ 607 BGB.). Es muß sich nur um vertretbare Wertpapiere handeln. Das sind u. a. alle im § 1 DepG. genannten Wertpapiere. Der Darlehnsvertrag kann bei Übergabe der Wertpapiere — auch im Anschluß an deren Anschaffung — (§ 607 Abs. 1 BGB.) oder im Wege der Umschuldung (§ 607 Abs. 2 BGB.) geschlossen werden. Sowohl die Begründung des BGB. als auch die des DepG. hat sich mit dieser Vertragsart beschäftigt [30]). Es kommt da zum Ausdruck,

[30]) Die Motive zum BGB. II, 309 führen im Anschluß an das ALR. (I, 11 § 793) aus: „Werden einmal Inhaberpapiere ohne weitere Verabredung zu Darlehn gegeben, so ist dem Wesen des Darlehnsvertrags

daß der Wertpapierdarlehnsvertrag wie jeder Darlehnsvertrag formlos abgeschlossen werden kann, daß also, ganz abgesehen von der strengen Form des § 2 DepG., auch das Erfordernis der Ausdrücklichkeit, wie es für den unregelmäßigen Verwahrungsvertrag auch für den Bankier als Depotkunden vorgeschrieben ist (§ 700 Abs. 2 BGB.), in Wegfall kommt. Es genügt sogar stillschweigende Übereinkunft [31]). Das Wertpapierdarlehn ist also dem eigentlichen Depotrecht entrückt und steht in gleicher Linie wie das Gelddarlehn. Staub-Koenige (aaO.) findet „diese Erscheinung eigenartig insofern, als die Umwandlung eines regelmäßigen Depots in ein unregelmäßiges Depot nach § 700 Abs. 1 Satz 1 BGB. (das von Darlehnsgrundsätzen beherrscht wird) einer formgerechten Ermächtigung nach § 700 Abs. 2 BGB. oder nach § 2 DepG. bedarf, die Umwandlung in ein Darlehn, das im wesentlichen auf dasselbe hinausläuft, aber formfrei erfolgen kann". Es ist richtig, daß beim Wertpapierdarlehn wie bei der unregelmäßigen Verwahrung eine Hingabe zu Eigentum erfolgt, es darf aber nicht außer acht gelassen werden, daß im Verwahrungsgeschäft die Hingabe zu Eigentum außerhalb der Regel fällt, während sie beim Wertpapierdarlehn in des-

---

zufolge, wonach die Rückerstattung in Sachen derselben Art, Güte und Menge zu erfolgen hat, anzunehmen, daß Papiere derselben Art den Restitutionsgrund bilden sollen." In der Begründung des Depotgesetzes (S. 87) wird zu § 2 ausgeführt: „Durch die Bestimmung im § 2 ist nicht ausgeschlossen, daß die Hingabe eines Darlehns in Wertpapieren wie bisher so auch künftig besonderen formalen Erfordernissen nicht unterliegt. Ist dagegen der Wille des Kontrahenten auf Begründung eines Hinterlegungsverhältnisses an den Wertpapieren gerichtet, so soll für den Kaufmann das Recht, Wertpapiere gleicher Menge und Art statt der ihm übergebenen zurückzugeben (depositum irregulare), nur durch eine schriftliche und ausdrückliche Erklärung des Hinterlegers oder Verpfänders rechtsgültig begründet werden können. Auch die Umwandlung eines depositum regulare in ein depositum irregulare kann danach gültig nur durch eine im Sinne des § 2 schriftlich und ausdrücklich abgegebene Erklärung vollzogen werden, während die Umwandlung eines ursprünglichen Hinterlegungsvertrags in ein Darlehn zu ihrer Rechtsgültigkeit keiner Form bedarf."

[31]) Vgl. auch Rießer-Bernstein S. 108; Jacobi: Fischers Abhandlungen Bd. 8 Heft 1 S. 144; Staub-Koenige Anm. 52 im Anh. zu § 424 HGB.

sen Rechtsnatur begründet ist [32]). Für das Wertpapierdarlehn ist der allgemeine Grundsatz der Formfreiheit von Verträgen durchschlagend und deshalb, wie sich aus der Begründung des Depotgesetzes (S. 87) ergibt, nicht aufgegeben. Nur da, wo der Wille der Kontrahenten auf die Begründung irgend eines noch so locker gestalteten Hinterlegungsverhältnisses gerichtet ist, soll die schützende Formstrenge Platz greifen. Das Darlehn, auch wenn es Wertpapiere zum Gegenstand hat, gehört nicht zum Hinterlegungsgeschäft, auch nicht im weiteren Sinne. Die Hingabe von Wertpapieren zu Eigentum allein ist nicht schutzbedürftig. Sie ist auch dem — ebenfalls formfreien — Verkaufsgeschäft mit dem daran anschließenden Lieferungsgeschäft eigen.

Aber gerade die vom Gesetzgeber in der Formbehandlung gesteckte Abgrenzung zwischen Depot- und Darlehnsgeschäft zwingt dazu, bei Auslegung einer getroffenen Vereinbarung den strengsten Maßstab anzulegen, wenn man zu einer richtigen Erkenntnis der Willensbildung kommen will. Das zu 1 b) Ausgeführte gilt hier noch in verstärktem Maß. Von Bedeutung ist auch die Beweislastfrage. Der Bankkunde wird immer eine depotrechtliche Beurteilung für sich in Anspruch nehmen dürfen, wenn die geringsten Zweifel bestehen [33]).

Es liegt demnach hier entsprechend wie zu 1 b). Die Gutschrift auf Stückekonto deckt den Tatbestand des Wertpapierdarlehns insoweit, als die Verbuchung auf Stücke-

[32]) RG. 103, 288.

[33]) Jacobi (aaO.) geht sogar so weit, daß er die Möglichkeit einer generellen ausdrücklichen Wertpapierdarlehensabrede ableugnet. Auch wenn man ihm nicht folgt (vgl. Staub-Koenige aaO.), so bleibt doch zu der hier behandelten Frage seine folgende Ausführung beachtlich:

> „Fast immer wird es sich aber um eine Hinterlegung, nicht um ein Darlehn handeln, wenn einer Bank Wertpapiere übergeben werden und der Gläubiger den dem Rückgabepflichtigen übergebenen Betrag jederzeit oder nach kurzer Zeit (z. B. bei Summen, die eine bestimmte Höhe übersteigen, vielleicht einige Tage nach Kündigung) fordern kann, insbesondere wenn die Rückgabe am Hinterlegungsort erfolgen soll."

konto gerechtfertigt erscheint, wenn Wertpapierdarlehn vorliegt. Die Vereinbarung, Wertpapiere auf Stückekonto gutzuschreiben, kann Wertpapierdarlehn bedeuten, braucht es aber nicht. Es kann also aus einer bloßen, wenn auch vereinbarten Stückekontobuchung nicht auf Vorliegen eines Wertpapierdarlehns geschlossen werden. Es muß vielmehr auf Darlehn abzielender Vertragswille deutlich zum Ausdruck gebracht sein, oder es müssen bei stillschweigender Übereinstimmung ganz besondere Umstände vorliegen, die zwingend auf Darlehnswillen schließen lassen.

3. Stückekonto und Leihe.

Wertpapiere können auch Gegenstand eines Leihvertrags sein[34]) oder eines Schuldversprechens (§ 780 BGB.). Es sind auch andere Schuldverhältnisse denkbar, auch die abstrakte Vereinbarung eines Schuldverhältnisses. Alle diese Tatbestände fallen unter das Stückekonto, aber man kann mangels besonderer Umstände aus der Vereinbarung des Stückekontos nicht auf einen bestimmten juristischen Tatbestand schließen, auch nicht auf einen gewollten Innominatvertrag.

4. Stückekonto und Nostrodepot.

Eigenbestände des Bankiers sind unter Nostrodepot zu verbuchen. Die Praxis lehrt aber, daß einzelne Bankgeschäfte eigene Bestände unter Stückekonto verbuchen. Daher erklärt sich der zuweilen bei Mitteilungen an die Kundschaft verwendete, bereits erwähnte Wortlaut: „Wir haben die Wertpapiere auf unserem Stückekonto gutgeschrieben“. Zweifellos ist in derartigen Fällen der Ausdruck Stückekonto falsch gebraucht. Man kann nicht gut in Ansehung von Nostrobeständen davon sprechen, daß mit der Buchung auf Stückekonto Ansprüche auf Lieferung von Wertpapieren gekennzeichnet werden; man könnte dann höchstens von einem verbuchten Anspruch an sich selbst reden. Auch dieses

[34]) Vgl. Staudinger Anm. 2c zu § 598 BGB.

Beispiel aus der bisherigen Praxis zeigt, daß der Ausdruck Stückekonto auf die verschiedensten Tatbestände Anwendung findet.

5. Stückekonto und Sammeldepot.

Der Sammeldepotgedanke, der in seiner Gestaltung des Effektengirodepots in der Praxis unter Beifall von Schrifttum und Rechtsprechung einen so „mächtigen Aufschwung genommen" hat [35]), begegnete zunächst nicht unbeträchtlichen Schwierigkeiten und Mißverständnissen, die im wesentlichen darauf zurückzuführen waren, daß sowohl die Depotkundschaft wie auch viele Bankiers Sammeldepot und Stückekonto nicht genügend scharf auseinanderhielten. Beiden Tatbeständen ist gemeinsam, daß der Depotkunde einen Anspruch auf Lieferung von Wertpapieren in gleicher Art und Menge hat. Der ausschlaggebende Unterschied ist aber der, daß beim Stückekonto der Anspruch sich rein schuldrechtlich darstellt, während beim Sammeldepot das Eigentum in Form des Miteigentums dem Depotkunden erhalten bleibt, sein Anspruch auf Lieferung von Wertpapieren sich also aus dem dinglichen Recht herleitet. Dieser Unterschied ist heute in weitesten Kreisen der Depotkundschaft und der Bankierkundschaft durch die vielen Erörterungen und Veröffentlichungen geläufig geworden.

Gleichwohl begegnet man noch selbst bei Bankiers der Auffassung, daß die Sammeldepotbestände auf Stückekonto verbucht werden könnten, und in der bisherigen Praxis findet man immer noch solche unsachgemäßen Verbuchungen.

Es fragt sich nun, wie die Eigentumsverhältnisse zu beurteilen sind, wenn girosammelverwahrte Wertpapiere vom Bankier entgegen der auf Eigentumserhaltung zielenden Sammelverwahrungsermächtigung auf Stückekonto verbucht werden. In dem von Opitz im BankArch. XXIX, 176 u. 300 behandelten Fall aus der Praxis des Effektengiroverkehrs lag die Sache so, daß die hinterlegten und dem Girosammel-

[35]) Vgl. Jaeger Anm. 29 zu § 43 KO.

depot zugeleiteten Papiere auf Stückekonto verbucht worden waren, obwohl der Depotkunde weder eine uneingeschränkte Ermächtigung nach § 2 DepG. noch eine Sammeldepotermächtigung gegeben hatte. Es wurde zu 1 a) bereits ausgeführt, daß dann dem Depotkunden das Eigentum in der Form des Miteigentums erhalten bleibt [36]). Dasselbe muß erst recht gelten, wenn eine Ermächtigung des Depotkunden zur Sammelverwahrung vorliegt. Es wäre nicht folgerichtig, ihn dann schlechter gestellt zu sehen. Denn in der Ermächtigung zur Girosammelverwahrung wird der Wille zur Eigentumserhaltung ausdrücklich erklärt.

6. Ein Fall aus der Rechtsprechung zum Stückekonto.

Wie wichtig es ist, nach den vorher zu 1 und 2 wiedergegebenen depotrechtlichen Tatbeständen den Begriff des Stückekontos und sein Anwendungsgebiet klarzustellen, soll nun an einem praktischen Beispiel erörtert werden. Es handelt sich um die bereits erwähnte Entscheidung des Reichsgerichts JW. 1930, 2657 [37]) und seine Glossierung [38]). Der Sachverhalt, auf den es hier ankommt, ist der, daß Wertpapiere einer Bank von einem Kunden in Depot gegeben wurden und daß die Bank den Einlieferern bestätigt hat, daß sie die Wertpapiere auf Stückekonto genommen habe. Das Reichsgericht führt hierzu folgendes aus:

> „Das BG. geht bei der Beurteilung der Sachlage davon aus, daß zwischen den Kl. und ihrer Mutter einerseits und der Firma Sch. und L. andererseits im November 1924 ein uneigentlicher Verwahrungsvertrag über die eingelieferten Papiere geschlossen worden, d. h. daß vereinbart worden ist, daß die eingelieferten Stücke in das Eigentum der Firma übergehen und diese nur verpflich-

[36]) Vgl. BankArch. XXIX, 176 und offenbar zustimmend RFH. 29, 232.

[37]) Unvollständig wiedergegeben in RG. 125, 417 und BankArch. XXIX, 123.

[38]) Vgl. Ohse: JW. 1930, 2657; Düringer-Hachenburg-Lehmann Anm. 24 im Anh. I zum 5. Abschn. nach § 424 HGB.; Ascher: ZBH. 1931, 52; Altenberg: BlfR. 1930, 37.

tet sein sollte, Stücke gleicher Art und Menge zurückzugeben. Die Rev. bekämpft diesen Ausgangspunkt als rechtsirrig, kann aber damit keinen Erfolg haben. Am 24. Nov. 1924 hat die Bank den Einlieferern bestätigt, daß sie die Effekten „auf Stückekonto“ genommen habe. Damit kam nach kaufmännischer Auffassung unmißverständlich zum Ausdruck, daß sie einen uneigentlichen Verwahrungsvertrag schließen wolle (Staub, Anm. 51 im Anhang zu § 424 HGB.). Durch das Schweigen der Einlieferer kam ein solcher Vertrag auch zustande. Die Bekl. können sich nicht darauf berufen, daß sie die Erklärung rein formularmäßig abgegeben hätten. Auch bei Wertpapieren, die an der Börse nicht notiert wurden, hatte die Vereinbarung, wie das BG. zutreffend ausgeführt hat, einen guten Sinn. An der Sachlage wurde dadurch nichts geändert, daß Sch., als er von dem Vorhandensein der Papiere erfuhr, den Auftrag gab, sie in einer besonderen Mappe zu verwahren und diese mit einem Vermerk über das Eigentum der Kl. zu versehen. Denn das war ein innerer Vorgang in der Bank; daß den Einlieferern davon etwas mitgeteilt worden und ihnen insbes. ein Nummernverzeichnis übersandt worden ist, ist nicht festgestellt worden. Ohne Bedeutung war es ferner, daß den Kl. gelegentlich der Übersendung von Kontoauszügen oder aus anderen Anlässen mitgeteilt wurde, die Papiere befänden sich „im Depot“ der Bank. Abgesehen davon, daß eine solche Mitteilung nach der Auffassung des Verkehrs nicht als ein Antrag auf Abänderung eines bestehenden Vertrages angesehen werden kann, war der Ausdruck „im Depot“ nicht eindeutig, sondern konnte sowohl auf ein Summen-, wie auf ein Sonderdepot bezogen werden, und die Schreiben waren schon aus diesem Grunde nicht geeignet, eine Veränderung in der Rechtslage herbeizuführen. Daß eine solche seitens der Bank auch gar nicht gewollt war, muß daraus entnommen werden, daß sie noch am 5. Jan. 1926 den Kl. Auszüge übersandt hat, die als solche aus dem „Stückekonto“ bezeichnet waren und in denen die Aktien aufgeführt waren.

War somit hinsichtlich der Papiere ein uneigentlicher Verwahrungsvertrag geschlossen, so ist unbedenklich die Verpflichtung zur Rückgabe gleichartiger Stücke als auf diesem Vertrage beruhend anzusehen ...“

Es soll also durch die Gutschrift auf Stückekonto nach kaufmännischer Auffassung unmißverständlich zum Ausdruck gekommen sein, daß der Abschluß eines uneigentlichen Verwahrungsvertrags beabsichtigt war. Dazu ist zu bemerken, daß Staub-Koenige[39]) allerdings unter Stückekonto nur die buchmäßige Bezeichnung des uneigentlichen Verwahrungsvertrags (§ 700 BGB.) versteht. Aber unter Stückekonto fallen, wie ausgeführt, auch andere Tatbestände, und schon die Bestimmung des § 700 BGB. schließt zwei verschiedene Tatbestände der unregelmäßigen Verwahrung ein. Das Reichsgericht begibt sich also, wie auch Altenberg[40]) zutreffend ausführt, auf einen unsicheren Boden, indem es von dem Begriff Stückekonto als depositum irregulare schlechthin ausgeht; es kommt auch sofort auf einen falschen Weg, indem es ausführt, daß durch das Schweigen der Einlieferer auf die Benachrichtigung über die Gutschrift auf Stückekonto ein uneigentlicher Verwahrungsvertrag zustande gekommen sei. Gemeint ist offenbar der Tatbestand des § 700 Abs. 1 Satz 1 BGB. Ohse rügt mit Recht (unter Billigung durch Düringer-Hachenburg-Lehmann) das Übersehen der Formvorschrift aus § 2 DepG. Diese bezieht sich, wie bereits ausgeführt wurde, auf beide Fälle des § 700 Abs. 1 BGB. Es macht nichts aus, daß in § 2 DepG. nur von einer Ermächtigung die Rede ist, in § 700 BGB. aber von einer Abrede. Die Ermächtigungserklärung gemäß § 2 DepG. ist die eine Seite der Abrede nach § 700 BGB. Ohne eine formgerechte Erklärung des Depotkunden ist eine Abrede aus § 700 BGB. ungültig. Die negative Rechtsfolge ist in § 2 DepG. eindeutig zum Ausdruck gekommen. Die Ausführun-

[39]) aaO. Anm. 51.

[40]) aaO. S. 38.

gen von Ascher, der gegen Ohse und Düringer-Hachenburg-Lehmann die Ansicht des Reichsgerichts verteidigt, sind abwegig. Er beruft sich zu Unrecht auf RG. 52, 204. Die wiedergegebenen Ausführungen dieser Entscheidung, daß nämlich § 2 DepG. nicht bezwecke, bezüglich der Frage des Eigentumübergangs Bestimmungen zu treffen, sondern daß insoweit die Vorschriften des BGB. maßgebend seien, sind an sich nicht zu beanstanden, sie beziehen sich aber auf das materielle Recht, nicht auf die Formvorschriften. Was diese anlangt, so werden die depotrechtlichen Vorschriften des BGB. (§ 700 Abs. 2) durch § 2 DepG. ergänzt und verstärkt. Ohses Ausführungen sind also zutreffend. Nicht immer allerdings ist, wie er meint, beim Fehlen einer Ermächtigung nach § 2 DepG. der Übertrag auf Stückekonto rechtswidrig. Das Wertpapierdarlehn z. B. ist, wie bereits ausgeführt wurde, auch ohne Anwendung von Form denkbar. Aber man kann nicht sagen, daß Ohse dies übersehen hat, denn er behandelte nur das vom Reichsgericht angenommene depositum irregulare.

Aber selbst wenn man dem Reichsgericht und Ascher darin folgen wollte, daß in der Benachrichtigung an den Hinterleger ein Angebot zum Abschluß eines Vertrags nach § 700 Abs. 1 Satz 1 BGB. zu sehen wäre, daß der Hinterleger dieses Angebot angenommen hätte und daß er durch die besondere Vorschrift des § 2 DepG. nicht gehindert gewesen wäre, einen auf sofortigen Eigentumübergang zielenden Vertrag abzuschließen, so ist es dennoch zum gültigen Abschluß eines Vertrags gemäß § 700 Abs. 1 Satz 1 BGB. (oder nach Satz 2) nicht gekommen, weil eine Vereinbarung dieser Art gemäß § 700 Abs. 2 BGB. nur gültig ist, wenn sie ausdrücklich getroffen wird. Für eine ausdrückliche Erklärung „genügt nicht schon das Wollen einer Willenserklärung, sondern der Erklärende muß sich auch des Inhalts, der Bedeutung seiner Willenserklärung bewußt, darüber im klaren sein. ‚Ausdrücklich' heißt also, daß die Ermächtigung in der Willenserklärung selbst den vollen, unzweideutigen Ausdruck gefunden haben muß" [41]). Man kann vielleicht darüber streiten, ob eine Willenserklärung, für welche die Ausdrücklichkeit vorgeschrieben ist, in „besonderen unmißverständlichen Worten" erfolgen muß [42]) oder ob schon irgend eine menschliche Handlung genügt, die anstelle von Worten den Willen des Erklärenden dem Erklärungsempfänger unmittelbar sinnfällig macht [43]), irgend eine Handlung oder ein Verhalten des Erklärenden aber muß zum Schweigen hinzukommen, wenn der Wille zur Erklärung in anderer Weise als durch Worte deutlich zum „Ausdruck" gebracht werden soll. Das bloße Schweigen kann in diesem Fall die Sprache nicht ersetzen, sonst würde die Vorschrift der Ausdrücklichkeit ihren Sinn verlieren [44]). Das ist vom Reichsgericht und von Ascher übersehen und hätte von Ohse und von Altenberg noch ins Feld geführt werden können.

Abwegig ist auch das strafrechtliche Argument, das Ascher zur Unterstützung seiner Meinung hilfsweise anführt [45]).

Richtig ist in diesen Ausführungen nur, daß der Bankier beim Fehlen einer formgerechten Erklärung des Depotkunden Eigentum an den hinterlegten Wertpapieren nicht erwirbt. Dieses Ergebnis erscheint aber nicht unbillig. Der Bankier kann sich nicht auf Formfehler des Depotkunden berufen. Nicht der Depotkunde fehlt, wenn er die Form nicht wahrt,

[41]) RG. 65, 180.

[42]) KRGR. Anm. 5 zu § 700 BGB., ähnlich Staudinger Anm. 3 „mündlich" zu § 700 BGB.

[43]) Vgl. Staudinger Bd. I S. 451 ff., Vorm. II zum zweiten Titel vor § 119 BGB.

[44]) Vgl. auch Düringer-Hachenburg-Lehmann Anm. 25 aaO.

[45]) Seine Ausführungen (aaO.) lauten: „Würde das Depotgesetz nämlich mit § 2 gewollt haben, daß im Gegensatz zu den Bestimmungen des BGB. dingliche Einigung und Vertragsofferte beim depositum irregulare nur in den Formen des § 2 möglich sein sollten, so würde beim Vorliegen einer nur mündlichen Abrede der Bankier nie Eigentümer der hinterlegten Stücke werden können, und womöglich auch kein Dritter, der von ihm die Stücke erwirbt. Dann stände der verwahrende Bankier, dessen Kunde einen Formfehler begangen hat, praktisch wie der Dieb da, der die von ihm gestohlenen Effekten weiterveräußert (§ 935 BGB.). Das aber will das Depotgesetz natürlich nicht bewirken."

sondern der Bankier fehlt, wenn er die Formvernachlässigung zuläßt. Durch die Formvorschrift soll nicht der Bankier, sondern sein Depotkunde geschützt werden. Der verwahrende Bankier, der hinterlegte Wertpapiere widerrechtlich veräußert, steht „praktisch wie der Dieb da". Das Depotgesetz will dies bewirken. Der dritte gutgläubige Erwerber ist geschützt. Das übersieht Ascher. Die Schutzvorschrift des § 935 BGB. nimmt die Inhaberpapiere aus (Abs. 2) und die Orderpapiere haben die gleiche Ausnahmestellung [46]). Im übrigen könnte die Schutzvorschrift des § 935 Abs. 1 BGB. gegen den gutgläubigen Dritten nicht angewendet werden, da es sich in dem hier behandelten Fall weder um wirklich gestohlenes noch um verloren gegangenes noch um abhanden gekommenes Eigentum im Sinn der genannten Vorschrift handelt. Der Bankier hat ja mit Willen des Depotkunden den Besitz erlangt, und dem Bankier selbst sind die von ihm veräußerten Wertpapiere nicht abhanden gekommen [47]).

Die Entscheidung des Reichsgerichts wäre nur dann zu halten gewesen, wenn der Sachverhalt es gestattet hätte, vom Wertpapierdarlehn (§ 607 BGB.) auszugehen. Ein solcher Vertrag hätte formlos, also auch stillschweigend, abgeschlossen werden können. Wie aber zu 2 ausgeführt worden ist, fehlt es der bloßen Stückekontoabrede an genügender Deutlichkeit nach dieser Richtung. Das Reichsgericht hat daher mit dem Berufungsgericht zutreffend den Sachverhalt aus dem Gesichtspunkt des Verwahrungsvertrags betrachtet, dabei allerdings übersehen, daß die Vereinbarung eines unregelmäßigen Verwahrungsvertrags nicht wirksam zustande gekommen ist.

Nachdem nun einmal, wenn auch nicht zutreffend, von dem Abschluß eines unregelmäßigen Verwahrungsvertrags mit der Wirkung sofortigen Eigentumübergangs (§ 700 Abs. 1

---

[46]) Vgl. Art. 74 WO.; hierzu RG. 112, 204 = JW. 1926, 1548; ausführlich behandelt von Opitz: BankArch. XXIX, 450 ff.

[47]) RG. 54, 68; 101, 224; KRGR. Anm. 4 zu § 935 BGB.; Staudinger Anm. I, 2 zu § 935 BGB.

Satz 1 BGB.) ausgegangen war, hat das Reichsgericht folgerichtig in der Aussonderung der Wertpapiere und deren Kennzeichnung als Eigentum des Depotkunden nur einen inneren Vorgang bei der Bank gesehen. Es kann hierzu auf die letzten Ausführungen zu 1 b) verwiesen werden. Da die Folgerung aber von einer falschen Voraussetzung ausgeht, bleibt zu prüfen, welche Bedeutung dem Vorgang bei der Bank beizumessen ist unter dem Gesichtspunkt der richtigen Voraussetzung, daß ein unregelmäßiger Verwahrungsvertrag nicht wirksam zustande gekommen ist. In diesem Fall gewinnt die erneute Aussonderung von Wertpapieren an Stelle derer, die hinterlegt waren und über die der Bankier widerrechtlich verfügt hatte, für den Depotkunden Bedeutung. Im Verwahrungsgeschäft, wie es sich im Anschluß an das Kommissionsanschaffungsgeschäft ergibt, hat auch eine solche erneute Aussonderung die Bedeutung einer Eigentumsverschaffung nach §§ 930, 181, 688, 868 BGB. [48]) in der gleichen Weise, wie dies in ständiger Rechtsprechung für die der Ausführung des Kommissionsgeschäfts unmittelbar folgende Aussonderung angenommen wird [49]). In der hier behandelten Entscheidung [50]) ist allerdings die Verwahrung nicht auf ein Anschaffungsgeschäft, sondern auf Einlieferung zurückzuführen. Das kann aber keinen Unterschied machen. In beiden Fällen erfüllt die Bank eine Verbindlichkeit, Wertpapiere bestimmter Art und Menge zu liefern [51]), und die Berechtigung aus § 181 BGB. ergibt sich für die Bank in dem einen wie in dem anderen Fall. Man kann hiergegen nicht einwenden [52]), das stillschweigende Einverständnis des Depotkunden könne nicht angenommen werden, weil er von der Einigungsabsicht der Bank nichts gewußt und nichts zu hören bekommen habe. Die Zustimmung des Depotkunden gibt sich die Bank als dessen

[48]) Vgl. RG. 52, 132 und die Reichsgerichtsentscheidung in Strafsachen JW. 1927, 3013; außerhalb des Kommissionsgeschäfts vgl. RG. 63, 16.

[49]) Vgl. RG. 52, 130; 73, 418; 99, 210; 116, 202; JW. 1927, 3013; BankArch. XXIX, 281.

[50]) JW. 1930, 2657.

[51]) RG. 52, 132/133.

[52]) Vgl. Ascher: ZBH. 1931, 53.

Vertreter. Es kommt nur darauf an, ob sie mit sich selbst als Vertreter des Depotkunden handeln durfte [53]). Dies muß man aber im eigenen Interesse des Depotkunden immer annehmen, wenn die Bank Wertpapiere, die — mit oder ohne ihr Verschulden — abhanden gekommen sind, für den Depotkunden wieder aussondert. Im übrigen kann sich der Depotkunde auch auf § 185 BGB. berufen. Auf die Mitteilung von der Aussonderung an den Depotkunden, die das Reichsgericht für bedeutsam hält, kommt es nicht an, auch nicht auf die Absendung eines Stückeverzeichnisses, die ja nur im Kommissionsanschaffungsgeschäft Eigentum verschaffen kann (§ 7 DepG.). Auch das hat das Reichsgericht übersehen.

Im übrigen kann man dem Reichsgericht auch darin nicht folgen, daß eine Mitteilung der Bank, „die Papiere liegen im Depot", eine Bestätigung des dinglichen Rechts des Depotkunden nicht zum Ausdruck bringe. Depotkonto ist im Gegensatz zu Stückekonto der kaufmännische Ausdruck für buchmäßige Feststellung des dinglichen Rechts des Depotkunden (Eigentum, Miteigentum). „Erkennen auf Depotkonto" („Girosammeldepotkonto"), „Depot", „Sammeldepot", „Nutzungsdepot" soll zum Ausdruck bringen, daß die Bank hinterlegte Papiere als fremdes Eigentum verwahrt [54]). Wenn das Reichsgericht also ausführt, der Ausdruck „Depot" könne ebenso gut auf Summen- wie auf Sonderdepot bezogen werden, so ist dies unzutreffend, wenn man den Ausdruck Summendepot, wie dies das Reichsgericht tut, auf den Tatbestand des unregelmäßigen Verwahrungsvertrags bezieht. Der Ausdruck Summendepot ist aber falsch gebraucht. Das Summendepot gehört zu den regulären Verwahrungsarten und bedeutet für den Bankier Tauschbefugnis, ist also gleich Tauschdepot [55]).

[53]) Vgl. hierzu auch Rießer-Bernstein S. 162 Anm. 1.

[54]) Vgl. Opitz: JW. 1932, 238, auch bereits Staub-Koenige Anm. 51 aaO.; auch Düringer-Hachenburg-Lehmann Anm. 17 im Anh. I zum 3. Abschn. vor § 406 HGB.

[55]) Vgl. Rießer-Bernstein S. 102 u. 108; Düringer-Hachenburg-Lehmann Anm. 29 aaO. und Staub-Koenige Anm. 44 aaO., der — S. 819 — nur einmal versehentlich von Sammeldepot statt von Summendepot spricht.

Diese Irrungen und Wirrungen lehren, wie wichtig es für das Depotgeschäft ist, die zu verwendenden Ausdrücke in ihrer Bedeutung klarzustellen und in der Praxis im einheitlichen Sinn zu gebrauchen.

7. Stückekonto und Kommissionsgeschäft.

Die bisherigen Ausführungen (1—6) bezogen sich auf das Hinterlegungsgeschäft. Beim Wertpapieranschaffungsgeschäft erwirbt zunächst der Kommissionär Eigentum an den von ihm angeschafften Wertpapieren. Ihm liegt die Pflicht ob, Wertpapiere der bestimmten Gattung und Menge dem Kommittenten zu übereignen. Zwischen dem Erwerb durch den Kommissionär und der Übertragung des Eigentums ergibt sich ein Schwebezustand, währenddessen die Papiere zwar bereits angeschafft sind und für den Kommittenten bereit liegen, aber noch nicht im Weg der Aussonderung bestimmter Stücke oder der Buchung auf Girosammeldepotkonto in sein Eigentum übergegangen sind. Die Tendenz der depotrechtlichen Vorschriften, die sich ja nicht nur mit dem Hinterlegungsgeschäft, sondern auch mit dem Kommissionsgeschäft befassen, geht dahin, „dem Schwebezustand zwischen dem Erwerb der Stücke und der Übertragung des Eigentums auf den Kommittenten ein möglichst schnelles Ende zu bereiten“ [56]). Wie es beim Hinterlegungsgeschäft darauf ankommt, dem Depotkunden das Eigentum an den hinterlegten Werten nach Möglichkeit zu erhalten, gilt es im Kommissionsgeschäft, die Verschaffung des Eigentums möglichst zu sichern. Die Behandlung dieser im übrigen im Handelsrecht (§§ 383 ff. HGB.) geordneten schuldrechtlichen Materie im Depotrecht rechtfertigt sich im Hinblick darauf, daß sich im üblichen Geschäftsgang das Wertpapierverwahrungsgeschäft dem Anschaffungsgeschäft unmittelbar anschließt.

Für die Verschaffung des Eigentums stehen an sich im Wertpapieranschaffungsgeschäft der Praxis fünf Wege offen, von denen jeder für den Kommittenten zu dem gewünschten Ziel führt:

[56]) RG. 104, 120.

a) Die körperliche Übergabe (§ 929 BGB.),
b) die Abtretung des Herausgabeanspruchs, wenn die Papiere im Besitz eines Dritten sind (§ 931 BGB.),
c) die Absendung des Stückeverzeichnisses (§ 7 DepG.),
d) die gesonderte Inverwahrnahme (§ 930 BGB.),
e) das Legen der Stücke in Girosammeldepot (Buchung auf Sammeldepotkonto zugunsten des Kommittenten; §§ 930, 181, 868 BGB.).

Von diesen Übereignungsgeschäften kommen die zu a) und b) genannten zur Anwendung, wenn sich an das Anschaffungsgeschäft ein Verwahrungsgeschäft nicht unmittelbar anschließt, während die zu c)—e) genannten zusammen mit dem anschließenden Verwahrungsgeschäft einen einheitlichen Geschäftsvorgang darstellen. Das Depotgesetz ordnet materiell nur das zu c) genannte Übereignungsgeschäft (§§ 3—7 DepG.), weil die übrigen genannten Übereignungsgeschäfte bereits im bürgerlichen Recht geordnet sind [57]).

Nach dem hier zu behandelnden Thema sind nur die Übereignungsgeschäfte zu betrachten, die mit dem anschließenden Verwahrungsgeschäft einen einheitlichen Geschäftsvorgang darstellen, also die zu c)—e) genannten. Daß diese drei Wege als gleichwertig anzusehen sind, ist auch von der Rechtsprechung anerkannt [58]).

Der Eigentumserwerb kraft Übersendung des Stückeverzeichnisses ist ein Eigentumserwerb besonderer depotrechtlicher Art und hat mit dem Besitzkonstitut nach § 930 BGB. nichts zu tun [59]); er hat nur die Wirkung des Besitzkonstituts [60]). So ist es auch zu verstehen, wenn in der Begründung zum Depotgesetz (S. 78) ausgeführt wird, die dem Kommissionär gemachte Auflage, dem Kommittenten ein Stücke-

[57]) Vgl. § 7 Abs. 1 Satz 2 DepG., wo es im Anschluß an die Bestimmung über die rechtliche Wirkung der Absendung des Stückeverzeichnisses heißt: „Die Bestimmungen des bürgerlichen Rechts, nach welchen der Übergang des Eigentums schon in einem früheren Zeitpunkt eintritt, bleiben unberührt."

[58]) Vgl. LZ. 1928, 625.

[59]) Vgl. Düringer-Hachenburg-Lehmann Anm. 24 im Anh. I zum 3. Abschn. nach § 406 HGB.

[60]) Vgl. Rießer-Bernstein S. 158/159.

verzeichnis zu übersenden, stelle sich als die Verpflichtung dar, das constitutum possessorium zu vollziehen und dadurch den Kommittenten zum Eigentümer der Wertpapiere zu machen. Im übrigen (d und e) vollzieht sich der Eigentumserwerb in der Form des Besitzkonstituts (§§ 930, 181, 688, 868 BGB.)[61]). Diese Inverwahrnahme angeschaffter Wertpapiere für den Komittenten, die stets als von diesem mangels besonderer Weisung gewollt anzusehen ist, die sich also aus der geschäftlichen Natur des Anschaffungsgeschäfts als dessen selbstverständliche Erfüllung ergibt, kann als der reguläre Weg der Eigentumsverschaffung bezeichnet werden. Die Absendung des Stückeverzeichnisses hat demgegenüber für den Depotkunden etwa die Bedeutung einer Rückversicherung; sie dient, wie schon ausgeführt, der Beendigung des Schwebezustandes[62]) und soll auch eine „größere Sicherheit gegen Veruntreuung des Depots verschaffen“[63]). Das Depotgesetz in seiner ursprünglichen Gestalt machte es daher dem Kommittenten zur Pflicht, das Stückeverzeichnis auch ohne Anfordern des Kommittenten in bestimmter Frist abzusenden. Mit Rücksicht auf die Wertpapierinflation und das Aufkommen der Kleinaktien ist dann durch die Verordnung vom 21. November 1923 diese Verpflichtung dahin gelockert worden, daß das Anfordern des Kommittenten nach Übersendung des Stückeverzeichnisses abgewartet werden kann, indessen wurden gleichzeitig neue Sicherungen dadurch geschaffen, daß der Kommittent, der nicht selbst Bankgeschäfte betreibt, auf die Absendung des Stückeverzeichnisses nicht wirksam verzichten kann (§ 7 Abs. 2 DepG.) und daß der Kommittent, der die ihm gegenüber dem Kommissionär obliegenden Verpflichtungen vollständig erfüllt

---

61) Vgl. hierzu die ständige Rechtsprechung RG. 52, 130; 73, 418; 99, 210; 116, 202; JW. 1927, 3013; BankArch. XXIX, 281; Rießer-Bernstein S. 157; Opitz: BankArch. XXVII, 199.

62) RG. 104, 20.

63) RG. 73, 246; 81, 438.

hat, im Konkurs des Kommissionärs in gewissem Umfang bevorrechtigte Befriedigung beanspruchen kann (§ 7 a DepG.).

Ist nach dem normalen Verlauf des Wertpapieranschaffungsgeschäfts durch Inverwahrnahme (Besitzvereinbarung) der angeschafften Wertpapiere bereits Eigentum auf den Kommittenten übergegangen, so darf damit der Anspruch des Kommittenten auf Übersendung des Stückeverzeichnisses noch nicht als beseitigt angesehen werden, etwa aus dem Gesichtspunkt, daß der Kommittent, der bereits Eigentümer geworden ist, keinen Anspruch mehr darauf habe, Eigentum zu erwerben. Die Fälle, in denen die Übersendung des Stückeverzeichnisses unterbleiben kann, sind in § 3 Abs. 2 u. 3 DepG. erschöpfend erwähnt, und der Fall der bereits erfolgten Übereignung ist nicht darunter. Aber in diesem Fall verliert die Übersendung des Stückeverzeichnisses an rechtlicher Bedeutung. Man muß sich vergegenwärtigen, daß diese Einrichtung eine doppelte Funktion hat; sie vermittelt einmal, wie bereits ausgeführt wurde, den Eigentumserwerb, und sie ist ferner, wie bereits angedeutet wurde, Beweismittel für das erworbene Eigentum. Diese doppelte Zweckbestimmung kommt in der Begründung zum Depotgesetz deutlich zum Ausdruck [64]).

[64]) Vgl. Begründung S. 78/79, wo folgendes ausgeführt wird: „Die Mitteilung eines derartigen Stückeverzeichnisses ist in allen Rechtsgebieten zur Vollziehung des constitutum geeignet und ausreichend ... Die Mitteilung des Stückeverzeichnisses gewährt dem Kommittenten ferner (!) durch Kenntnisnahme der Nummern und sonstigen Unterscheidungsmerkmale der für ihn beschafften Papiere die Möglichkeit einer wirksamen Geltendmachung seines Eigentums sowohl gegenüber dem Kommissionär als mit den aus Artikel 306 und 307 des Handelsgesetzbuchs (jetzt in §§ 932 ff., 1207 BGB. und 366 HGB. geordnet) sich ergebenden Beschränkungen gegenüber Dritten, die in den Besitz der Papiere gelangt sind. Es ist nicht zu verkennen, daß durch die Forderung obligatorischer Stückeverzeichnisse für die Einkaufskommission dem Bankiergeschäft eine nicht unerhebliche Arbeitslast auferlegt wird. Indessen kann auf diese Forderung — soll anders die wirksame Geltendmachung der Eigentumsansprüche der Kommittenten gesichert werden — nicht verzichtet werden, weil — im Gegensatz zu dem Verwahrungs- und Verpfändungsdepot, bei welchem dem Eigentümer die Möglichkeit gegeben ist, vor Hingabe der Stücke sich ein Verzeichnis derselben aufzustellen — der Kommittent von den Nummern und Unterscheidungsmerkmalen der für ihn bezogenen, im Depot des Kommissionärs bleibenden Papiere auf keine andere Weise Kenntnis erlangen kann als durch Übersendung eines Stückeverzeichnisses."

Ist nun das Eigentum an den kommissionsweise angeschafften Wertpapieren bereits vor Übersendung des Stückeverzeichnisses durch Inverwahrnahme, also Besitzkonstitut, auf den Kommittenten übergegangen, so kann die Übersendung des Stückeverzeichnisses nicht mehr die Bedeutung eines Eigentumübertragungsakts haben. Sie hat dann aber noch die Bedeutung, dem Kommittenten ein Beweismittel über die erfolgte Eigentumübertragung zu verschaffen und ihm auf diese Weise die Geltendmachung des Eigentums an den ihm noch zu liefernden Papieren zu sichern. Insoweit bleibt also dem zum Hinterleger gewordenen Kommittenten das Recht erhalten, vom Kommissionär (Verwahrer) die Übersendung eines Stückeverzeichnisses verlangen zu können, dieses Recht hat aber nicht die Tragweite, daß der Kommittent (Hinterleger) im Fall der nicht rechtzeitigen Absendung des Stückeverzeichnisses Rechte aus § 4 DepG. — Rücktritt und Schadenersatz — herleiten kann [65]). Dieses Ergebnis ist auch durchaus befriedigend. Das Recht aus § 3 DepG. mit dem Ziel des Eigentumerwerbs (§ 7 Abs. 1 Satz 1 DepG.) soll den Kommittenten in die Lage versetzen, den Schwebezustand des Kommissionsgeschäfts zu beendigen. Dies Recht verliert aber seinen Sinn, wenn der Schwebezustand schon vorher durch Inverwahrnahme, also durch das eigentliche Besitzkonstitut, sein Ende gefunden hat. Überdies ist in § 7 Abs. 2 DepG. ausdrücklich bestimmt, daß der Kommissionär bezüglich der in seinem Gewahrsam befindlichen, in das Eigentum des Kommittenten übergegangenen Wertpapiere die im § 1 DepG. bezeichneten Pflichten des Verwahrers hat. Wenn diese an sich selbstverständliche Bestimmung mehr dazu dient, etwaige Zweifel hinsichtlich der Verwahrerpflichten abzuschneiden [66]), und nicht so zu lesen ist, daß der Kommissionär-Verwahrer „nur“ noch Verwahrerpflichten hätte, so kommt doch zum

---

[65]) Vgl. RG. 81, 440 = BankArch. XII, *232*; vgl. auch Rießer-Bernstein S. *162* und Düringer-Hachenburg-Lehmann Anm. *22* im Anh. I zum 3. Abschn. nach § 406 BGB.

[66]) Vgl. Rießer-Bernstein S. 163; Begr. S. 88/89.

Ausdruck, daß das Kommissionsgeschäft als solches abgeschlossen und in das Verwahrungsgeschäft übergeleitet ist [67]).

Die eben entwickelten Grundsätze gelten nicht nur für die Inverwahrnahme angeschaffter Wertpapiere zum Sonderdepot, sondern auch für die sich an das Kommissionsgeschäft unmittelbar anschließende Sammelverwahrung. Auch diese ist ein reguläres Verwahrungsgeschäft, nur ein solches besonderer Art. Auch die Inverwahrnahme zum Sammeldepot stellt sich — mit Willen des Kommittenten — als Erfüllung des Anschaffungsgeschäfts dar; der Kommissionär überträgt Eigentum an den für den Kommittenten angeschafften Werten, nur ein Eigentum besonderer Art, nämlich das Sammeldepotmiteigentum. Die Übertragung erfolgt wie bei der Inverwahrnahme zum Sonderdepot durch Besitzvereinbarung, mit dem Unterschied, daß die Sammeldepotbuchung konstitutiv wirkt [68]). Es gilt auch für die Inverwahrnahme zum Sammeldepot, daß dem Kommittenten, der nicht selbst Bankgeschäfte betreibt, das Recht, ein Stückeverzeichnis zu verlangen, nach § 3 DepG. unverzichtbar erhalten bleibt. Das ist allgemeine Meinung im Schrifttum [69]). Man legt hier der Übersendung des Stückeverzeichnisses die Bedeutung der Umwandlung des Miteigentums in Sondereigentum bei [70]). Tatsächlich geht ja auch Auftrag und Wille des Sammeldepotkunden, der seine Sammeldepotermächtigung zurückzieht, also die Sammelverwahrung kündigt, dahin, anstelle seines Sammeldepotmiteigentums Sondereigentum an bestimmten

[67]) In der Begründung zum DepG. (S. 78) wird hierzu folgendes ausgeführt: „Mit der Vollziehung des Eigentumübergangs der bezogenen Wertpapiere auf den Kommittenten tritt der Kommissionär hinsichtlich der in seinem Besitz bleibenden Papiere in die Stellung eines Verwahrers und hat demgemäß die vorher entwickelten Pflichten eines solchen zu erfüllen."

[68]) Vgl. vorher Anm. 19.

[69]) Vgl. Opitz-Schultz: JW. 1926, 668/9; Rießer-Bernstein S. 154; Staub-Koenige Anm. 77 im Anh. zu § 424 HGB.; Schumann, Bankverwahrung und Konkurs, S. 56; Düringer-Hachenburg-Lehmann Anm. 17 im Anh. I zum 3. Abschn. nach § 406 HGB.

[70]) Vgl. Rießer-Bernstein S. 162; Schumann, Bankverwahrung und Konkurs, S. 56; Düringer-Hachenburg-Lehmann Anm. 17 aaO.

Stücken zu erwerben. Er hat dann auch ein Interesse daran, zu erfahren, welche Stücke er nummernmäßig erworben hat. Die Übersendung des Stückeverzeichnisses, die er beanspruchen kann, hat aber auch hier wie im Fall der im Anschluß an das Anschaffungsgeschäft erfolgten Inverwahrnahme zur Sonderverwahrung nur die Funktion eines Beweismittels, weil das Anschaffungsgeschäft im Einverständnis des Kommittenten durch die Inverwahrnahme zum Sammeldepot und die damit erfolgte Übereignung sein Ende gefunden hat. Von da an ist der Kommittent Hinterleger geworden mit gleichen Rechten wie der Sammeldepotkunde, der seinen Sammeldepotanteil nicht durch ein Anschaffungsgeschäft, sondern durch ein Hinterlegungsgeschäft erworben hat. Der Sammeldepotkunde kann also wegen seines Rechts auf Erteilung eines Stückeverzeichnisses nicht auf das erledigte Anschaffungsgeschäft zurückgreifen mit dem Ziel, Rechte aus § 4 DepG. herzuleiten. Es handelt sich überhaupt nicht um ein Kommissionsgeschäft [71]), wenn der Bankier im Auftrag seines Sammeldepotkunden dessen Sammeldepotbestand auf Sonderdepot umlegt, das Geschäft vollzieht sich vielmehr — ohne Zwischeneigentumserwerb durch den Verwahrer — im Rahmen des Verwahrungsvertrags, wobei es keinen Unterschied machen kann, ob der Depotvertrag von Anfang an als solcher zustande gekommen ist oder im Anschluß an ein Anschaffungsgeschäft.

Nach der Auffassung des Bankgewerbes sind beide Arten der Inverwahrnahme — Sonderdepot und Girosammeldepot — gleichwertig, was die Erhaltung und Verschaffung des Eigentums und die Stärke des Eigentumsrechts anlangt [72]). Die Erkenntnis der Gleichwertigkeit in der Eigentumsfrage

[71]) Man könnte an Umtauschkommission denken (§§ 5 u. 6 DepG.) mit unmittelbarem Eigentumserwerb der aus dem Sammeldepot ausgesonderten Stücke für den (bisherigen) Sammeldepotkunden (vgl. RG. 33, 112; Gruchot Beitr. 40, 835), aber es liegt kein Umtausch im eigentlichen Sinn vor, sondern ein Wechsel in der Verwahrungsart.

[72]) In Ansehung des Depotschutzes ist der Sammeldepotkunde besser gesichert (vgl. Opitz-Schultz: JW. 1926, 666/667), und unter dem Gesichtspunkt der Wirtschaftlichkeit hat das Girosammeldepot den unbestrittenen Vorrang.

erst gab den Weg zum Aufbau des Effektengiroverkehrs frei, den der wirtschaftliche Fortschritt zwingend verlangte. Man hätte den Effektengiroverkehr wie den bargeldlosen Zahlungsverkehr auch auf schuldrechtlicher Grundlage aufbauen können. Das wäre unter Zuhilfenahme des Stückekontos sogar technisch einfacher gewesen, man hätte dann aber etwas dem Sonderdepot Gleichwertiges nicht schaffen können [73]).

Die dingliche Verankerung des Effektengiroverkehrs ist in einem reichhaltigen Schrifttum anerkannt worden. Dies gilt auch von den übersichtlichen, systematischen und erschöpfenden Erläuterungen von Düringer-Hachenburg-Lehmann [74]). Umso überraschender ist es, daß dort die Gleichwertigkeit beider Depotarten zu Ungunsten des Sammeldepots geleugnet wird [75]). Während die Richtigkeit der juristischen Konstruktion des Miteigentums [76]) und demgemäß das Konkursaussonderungsrecht — der Prüfstein für das Eigentumsrecht! — nicht bezweifelt ist [77]), wird das Sammeldepot zu Unrecht in eine Linie mit dem Stückekonto gebracht. Das erscheint nicht folgerichtig, erklärt sich aber aus einer unrichtigen Beurteilung der Besitzfrage, der überdies

[73]) Bei der rechtlichen Vorprüfung der Materie wurden daher folgende Erwägungen vorangestellt (vgl. das Rechtsgutachten im Bank-Arch. XXIV, Sonderb. zu Nr. 16 S. 1):

„Den Depotinhaber nur auf einen persönlichen Anspruch zu verweisen, unterliegt den schwersten Bedenken. Das Eigentumsrecht des Depotinhabers an seiner Aktie ist ein so grundsätzliches, daß es ihm zwangsweise nicht genommen werden kann; ihn durch differenzierte Provisionssätze dahin zu bringen, sein dingliches Recht aufzugeben, würde, selbst wenn rechtlich zulässig, von weiten Kreisen sicherlich ernstlich bekämpft werden, weil es die Aufgabe der bestehenden Sicherung (Aussonderung im Konkurse des Verwahrers und Schutz gegen dessen Veruntreuung) bedeuten würde.

Die Zusammenlegung der Aktiensonderdepots in Sammeldepots nach Aktiengattungen und die Vereinigung dieser Banksammeldepots in Gesamtsammeldepots beim Kassenverein hat aber die Aufgabe der dinglichen Sicherung des Depotinhabers gar nicht zur Folge, hält sie vielmehr aufrecht."

[74]) Anm. 7 ff. im Anh. I zum 5. Abschn. nach § 424 HGB.

[75]) aaO. Anm. 7 e.

[76]) aaO. Anm. 7 e.

[77]) aaO. Anm. 7 i.

eine zu große praktische Bedeutung beigemessen ist. Es soll fraglich sein, ob der mittelbar besitzende Depotkunde — neben seinen nicht angezweifelten Ansprüchen aus dem Verwahrungsvertrag und dem Miteigentum gegen den Verwahrer (übergeordneten Besitzer) — auch direkte Ansprüche gegen die Effektengirobank hat (§ 985 BGB.). In Wirklichkeit ist dies aber nicht fraglich. Die gerügte Ansicht Riesser-Bernsteins[78]), daß mittelbare Hinterleger Eigentumsrechte gegen den unmittelbar besitzenden Depothalter geltend machen können, ist zutreffend[79]). Das verkennt Düringer-Hachenburg-Lehmann auch nicht[80]), er ist aber der Meinung, daß der Sammeldepotkunde sein Miteigentumsrecht nicht direkt gegen die Effektengirobank geltend machen könne, weil nach deren Geschäftsordnung Verfügungen des Effektengirokunden nur mittels ordnungsgemäß ausgestellten Effektenschecks erfolgen könnten. Aber auch wenn man mit Düringer-Hachenburg-Lehmann und Deichmann[81]) davon ausgeht, daß sich der Bankkunde mit dieser zwischen seiner Bank (dem Effektengirokunden) und der Effektengirobank getroffenen Regelung einverstanden erklärt hat, so trifft doch die Scheckabrede nach ihrem klaren Wortlaut[82]) nur das Verfügungsrecht des Effektengirokunden, kann aber das Vindikationsrecht des Bankdepotkunden nicht beeinträchtigen, und wenn eine Beeinträchtigung in Frage käme, müßte die Effektengirobank ihm eben wie sonst dem Effektengirokunden Gelegenheit geben, durch Effektenscheck zu verfügen. Was dann weiter zu dem Klagerecht des Sammeldepotkunden aus seinem Eigentum gegen seine besitzver-

[78]) S. 125.

[79]) Vgl. Opitz-Schultz: JW. 1926, 476/477 u. 667; Opitz: JW. 1926, 1774; Staub-Koenige Anm. 59a Schlußsatz; Metze: ZHR. 90, 398.

[80]) Vgl. Anm. 7c nach § 424 HGB.

[81]) Effekten-Zentralsammeldepots, S. 66.

[82]) § 13 Abs. 1 GeschO. der Bank des Berliner Kassen-Vereins lautet: „Die Kontoinhaber können über die ihnen gutgeschriebenen Sammeldepotanteile ohne Zustimmung der anderen in der betreffenden Wertpapiergattung beteiligten Kontoinhaber verfügen. Verfügungen erfolgen nur mittels ordnungsmäßig ausgestellter Effektenschecks."

mittelnde Bank ausgeführt ist und woraus eine wesentliche Beeinträchtigung des Eigentums im Effektengiro gefolgert wird, trifft keineswegs die Eigenart des Sammeldepots, sondern folgt aus dem Wesen eines jeden mittelbaren Depots, gleichviel ob es sich dabei um Sammeldepot oder Sonderdepot handelt. Ganz abwegig — schon mit Rücksicht auf die im übrigen anerkannte dingliche Rechtslage im Konkurs — ist daher die Schlußfolgerung, die Ansprüche aus dem Sammeldepotmiteigentum „gingen praktisch nicht weiter als die Ansprüche desjenigen, der einen Anspruch auf Lieferung in genere habe, der also auf Stückekonto erkannt sei". Es ist richtig, daß beim Sammeldepot wie beim Stückekonto der Depotkunde einen „Anspruch auf Lieferung in genere" hat, im ersteren Fall ergibt sich der Anspruch aber aus dem Eigentum, in letzterem Fall dagegen aus einem schuldrechtlichen Verhältnis. Mit Recht hebt deshalb Jaeger[83]) hervor, daß die Sammelverwahrung im „scharfen Gegensatz" zum Stückekonto stehe. Verfehlt ist auch der Hinweis auf das Urteil des RFH. in StuW. 1930 Nr. 615. Es handelt sich dort um einen Einzelfall, der keinerlei allgemeine Bedeutung für die Sammelverwahrung hat. Reichsbankanteilscheine eignen sich wegen ihrer rechtlichen Struktur nicht zur Sammelverwahrung[84]) und sind auch nicht in den Effektengiroverkehr einbezogen. Dem abgeurteilten Tatbestand lag eine verkehrte Handhabung zugrunde. Der Hinweis auf das „besondere Risiko der Gefahrengemeinschaft" ist kein Argument gegen das Sammeldepot, sondern ein solches für dieses. Jede Verwahrungsart hat ihr besonderes Risiko. Die Sonderverwahrung hat das Risiko des vollen Verlustes in den gegebenen Beispielen. Die Gefahrengemeinschaft beim Sammeldepot wirkt demgegenüber wie eine risikoausgleichende Versicherung. Man kann also bei der Sammelverwahrung gegenüber der Sonderverwahrung weder von einem schwächeren Recht noch von einer erweiterten Gefahrentragung sprechen. Damit entfällt auch die Schlußfolgerung, die Sammelverwahrung sei gegenüber

[83]) 6. u. 7. Aufl. Anm. 29 zu § 43 KO.
[84]) Vgl. Opitz: BankArch. XXIX, 450.

der Stückekontoermächtigung kein minus, sondern ein aliud. Die Sammeldepotermächtigung ist gegenüber der Ermächtigung in der vollen Tragweite des § 2 DepG. ein minus, denn sie gestattet nicht, wie die letztere, die Aneignung. Die Sammelverwahrung ist ein aliud — aber ein durchaus (nicht nur „beinahe“) gleichwertiges — im Verhältnis zur Sonderverwahrung. Die „weite Kluft“ liegt nicht zwischen Sonderverwahrung und Sammelverwahrung, sondern zwischen diesen beiden Verwahrungsarten einerseits und dem Stückekonto andererseits [85]).

Aber über die theoretischen Auseinandersetzungen hinweg ist der Erfolg entscheidend. Der „mächtige Aufschwung, den das Sammeldepot als Effektengirodepot genommen hat“ [86]), erklärt sich dadurch, daß die Erkenntnis der Vollwertigkeit dieser Verwahrungsart der Depotkundschaft aufgegangen ist und daß dieser neue Gedanke sich in der Praxis ohne jede Reibung genau so bewährt hat wie das Sonderdepot, dem es aber an Wirtschaftlichkeit und Einfachheit den Rang abläuft.

Solange im Kommissionsgeschäft angeschaffte Papiere auf dem einen oder anderen der gezeigten Wege noch nicht übereignet sind, „schwebt“ das Anschaffungsgeschäft [87]).

[85]) Das verkennt auch Koch (Bankwissenschaft 1932, 245). Er führt zwar richtig aus, daß der Sammeldepotkunde durch Erwerb des Miteigentumsanteils dinglich gesichert ist, während der Stückekontogläubiger wie der Kommittent, dem Wertpapiere noch nicht übereignet sind, nur auf einen schuldrechtlichen Anspruch angewiesen ist, bezeichnet dann aber unzutreffend den Sammeldepotkunden als nur „wirtschaftlichen Eigentümer“ gegenüber dem „vollen Eigentümer“ (Sonderdepotkunden). Es entspricht nicht dem juristischen Tatbestand, den Sammeldepotkunden als nur wirtschaftlichen Eigentümer anzusprechen. Der Sammeldepotkunde ist juristischer Eigentümer, und zwar vollwertiger. Die Wertsumme der Anteile eines Sammeldepotkunden an den in einem Sammeldepot vereinigten einzelnen Wertpapieren ist gleich dem Wert der von ihm oder für ihn zur Sammelverwahrung hinterlegten ganzen Stücke oder der Wertpapiere, die für ihn als Kommittenten anzuschaffen waren (vgl. KRGR. Anm. 2 zu § 752 BGB.; Opitz: BankArch. XXIX, 301. Siehe auch die Ausführungen in Anm. 1).

[86]) Vgl. Jaeger Anm. 29 zu § 43 KO.

[87]) Das gilt nicht nur für den Tatbestand, daß der Kommissionär die Wertpapiere bereits angeschafft, sie aber noch nicht dem Depot-

Während des ganzen Schwebezustands hat der Kommissionär nur einen schuldrechtlichen, aus dem Kommissionsanschaffungsvertrag sich ergebenden Anspruch auf Lieferung von Wertpapieren bestimmter Art und Menge. Dieser Zustand entspricht dem Tatbestand des Stückekontos. Die Verbuchung auf Stückekonto während dieser Schwebezeit ist also gerechtfertigt. Bei den Banken, die eine Verbuchung angeschaffter Kundenwerte auf Stückekonto nicht vornehmen, vielmehr sofort eine Gutschrift auf Depotkonto, hat diese vorläufige Verbuchung in genere noch keine Eigentum verschaffende Wirkung; diese wird — wie bereits ausgeführt wurde — erst erzielt durch Absendung des Stückeverzeichnisses, durch Bänderung ausgesonderter Papiere oder durch endgültige Buchung auf Sammeldepotkonto. Bis dahin hat die vorläufige Verbuchung auf Depotkonto die Bedeutung einer Sollbuchung. Sie bringt den dinglichen Rechtszustand erst zum Ausdruck, wird also zur Istbuchung, nachdem ein Stückeverzeichnis abgesandt ist, bestimmte Wertpapiere für den Depotkunden ausgesondert in Verwahr genommen sind oder eine endgültige und als solche kenntlich gemachte Sammeldepotbuchung für den Depotkunden stattgefunden hat.

Die depotrechtliche Regelung des Kommissionsanschaffungsgeschäfts sieht, wie bereits ausgeführt wurde, diesen Vorgang unter dem Gesichtswinkel der anschließenden Inverwahrnahme. Demgemäß entspricht es auch der bankgewerblichen Standesauffassung, daß der Bankier die im normalen Verlauf des Kommissionsgeschäfts angeschafften Werte für den Kommittenten auch wirklich in Sonder- oder Sammelverwahrung nimmt und so ihm das unumschränkte Eigentum verschafft, soweit nicht berechtigte Ansprüche des Kommissionärs das Belassen auf Stückekonto rechtfertigen. Solche berechtigten Ansprüche liegen vor, solange der Kommittent seine Verpflichtungen zur Zahlung des Kaufpreises und zur Bewirkung etwaiger sonstiger ihm aus dem Geschäft

kunden im Wege der genannten Übereignungen geliefert hat, sondern auch für die Zeitspanne, während der dem Kommissionär selbst die gekauften Wertpapiere noch nicht — effektiv oder stückelos — geliefert sind.

gegenüber dem Einkaufskommissionär obliegenden Pflichten nicht vollständig erfüllt hat. Es handelt sich bei der Einkaufskommission um einen gegenseitigen Vertrag, aus dem der zur Lieferung von Wertpapieren Verpflichtete bis zur Bewirkung der Gegenleistung die Leistung verweigern kann (§ 320 BGB.). Dieses Zurückbehaltungsrecht des Einkaufskommissionärs in Ansehung der Verpflichtung zur Absendung des Stückeverzeichnisses wird im Schrifttum und in der Rechtsprechung als gegeben angenommen [88]). Was aber für die Verpflichtung zur Absendung des Stückeverzeichnisses gilt, muß auch für die Verpflichtung zur Inverwahrnahme in der einen oder anderen Art gelten.

Das eben geschilderte Zurückbehaltungsrecht steht aber dem Kommissionär ungeachtet fehlender oder mangelhafter Gegenleistung des Kommittenten nicht zu, wenn dem letzteren Stundung im Rechtssinne gewährt ist, weil dann der Kommissionär zur Vorleistung verpflichtet ist. Eine für das Kommissionsanschaffungsgeschäft getroffene Stückekontoabrede wirkt sich im Sinne der Erhaltung des Zurückbehaltungsrechts für den Kommissionär aus [89]).

---

[88]) Vgl. Rießer-Bernstein S. 153; Schriftleitung des BankArch. ebenda XXVI, 185; Düringer-Hachenburg-Lehmann Anm. 20 im Anh. I zum 3. Abschn. nach § 406 HGB. und das dort wiedergegebene Schrifttum; ders. Anm. 69 zu § 384 HGB.; SeuffArch. 81 Nr. 149 = BankArch. XXVI, 397.

[89]) Vgl. Rießer-Bernstein S. 153 und Schriftleitung des BankArch. ebenda XXVI, 185; Düringer-Hachenburg-Lehmann Anm. 21 im Anh. I zum 3. Abschn. nach § 406 HGB. Eine solche Stückekontoabrede im Anschaffungsgeschäft unterliegt keinerlei Formstrenge und kann auch generell in den Bankgeschäftsbedingungen getroffen werden. So auch das eben genannte Schrifttum. Vgl. auch Koch, Die Allgemeinen Geschäftsbedingungen der Banken, S. 121 ff.; ders. in Bankwissenschaft 1932, 242 ff.; vgl. auch RG. 129, 207 = BankArch. XXX, 16. Die strenge Form des § 2 DepG. kommt nicht zur Anwendung, da diese Vorschrift ein Verwahrungsverhältnis voraussetzt, das bei kommissionsweise angeschafften Papieren erst durch den Eigentumserwerb des Kommittenten zur Entstehung gelangt (§ 7 Abs. 2 DepG.; hierzu RG. 135, 319 = BankArch. XXXI, 269 = JW. 1932, 1651); vorher hat der Kommissionär nicht die Pflichten eines Verwahrers.

Es wird im Schrifttum [90]) und im Streit der Tagesmeinungen häufig so dargestellt, daß die Stückekontoabrede im Anschaffungsgeschäft ganz allgemein und typisch Bestandteil der Allgemeinen Geschäftsbedingungen der Banken sei und daß diese Abrede schlechthin und ohne Rücksicht auf ein bestehendes Kreditverhältnis Anwendung finde, so daß der geschilderte Schwebezustand zu einem Dauerzustand werde. Davon kann keine Rede sein, in der Praxis wird vielmehr uneinheitlich verfahren [91]). Bei den Großbanken wie überhaupt bei den größeren Bankunternehmungen ist es Regel, daß eine solche (wie schlechthin jede) Stückekontoabrede in den Geschäftsbedingungen fehlt; es liegt dann so, daß bei bestehendem Kreditverhältnis die Verpflichtung zur Vorleistung vom Kommissionär übernommen wird [92]). Soweit sich die Stückekontoabrede in den Geschäftsbedingungen findet, rechtfertigt sie die Anwendung in den Fällen, in denen der Kommittent den Kredit des Kommissionärs in Anspruch nimmt und der letztere nicht kapitalstark genug ist, um diesen Kredit aus eigenen Mitteln oder aus ihm zufließenden fremden Geldern zu gewähren, so daß er selbst auf der Basis der angeschafften Werte für den Zweck des Kundenkredits Gelder an dritter Stelle aufnehmen muß und so im eigenen Interesse des Kommittenten von der Stückekontoabrede praktischen Gebrauch macht.

Die Stückekontoabrede selbst hat, wenn sie sich vorfindet, üblicherweise folgenden Inhalt [93]):

> „Das Bankhaus ist berechtigt, Wertpapiere — mit Ausnahme von Lospapieren —, die es für einen Kunden auf Grund eines Kaufauftrages angeschafft oder ihm als

---

[90]) Z. B. Ruth, Das Depotgesetz und seine Reform, S. 15, und Münzner, Stückekonto und Stückeverzeichnis, S. 45; ferner Koch: Bankwissenschaft 1932, 242.

[91]) Vgl. die ausführliche Darstellung bei Düringer-Hachenburg-Lehmann Anm. 26 Anh. I zum 3. Abschn. nach § 406 HGB.

[92]) Wegen ihrer Ansprüche gegen den Kunden ist die Bank durch die übliche Pfandabrede in den Geschäftsbedingungen gesichert.

[93]) Vgl. Nr. 8 der Allgemeinen Geschäftsbedingungen im Bankgeschäftlichen Formularbuch des Centralverbands des Deutschen Bank- und Bankiergewerbes.

Eigenhändler verkauft hat, mangels gegenteiliger Weisung entweder unmittelbar oder durch eine auswärtige Bankverbindung im Sammeldepot bei einer deutschen Effektengirobank verwahren zu lassen; der Geschäftsfreund erwirbt alsdann Miteigentum am Sammeldepot. Das Bankhaus ist aber auch berechtigt, solche Wertpapiere dem Geschäftsfreunde, anstatt sie für ihn in Verwahrung zu nehmen, auf Stückekonto gutzuschreiben; in letzterem Falle erwirbt der Geschäftsfreund kein Eigentum an den Papieren, sondern nur ein Forderungsrecht an das Bankhaus auf Herausgabe von Stücken gleicher Art und Zahl.

Das gesetzliche Recht des Geschäftsfreundes, gegen Zahlung des Kaufpreises die Übersendung eines Stückeverzeichnisses nach Maßgabe des § 3 des Bankdepotgesetzes anzufordern, wird durch den vorstehenden Absatz nicht berührt; das Bankhaus ist jedoch in jedem Falle berechtigt, statt der Übersendung des Stückeverzeichnisses dem Kunden die Papiere selbst herauszugeben oder ihm den Herausgabeanspruch an eine zur Verwahrung der Stücke bestimmte dritte Stelle abzutreten.

Ist der Kunde ein Kaufmann, der gewerbsmäßig Bank- oder Geldwechslergeschäfte betreibt, so gilt bei allen auf die Anschaffung von Wertpapieren — mit Ausnahme von Lospapieren — gerichteten Aufträgen oder Eigengeschäften der Verzicht des Geschäftsfreundes auf Übersendung des Stückeverzeichnisses als ein für allemal erteilt."

Der zweite Satz von Abs. 1 dieser Geschäftsabrede, der die Stückekontoabrede enthält, ist in dem genannten Formularbuch mit folgender Anmerkung (42 a) versehen:

„Von dieser Befugnis wird nach den im Bankgewerbe allgemein bestehenden Anschauungen dann nicht Gebrauch gemacht werden dürfen, wenn der Kommittent vor oder bei Erteilung des Auftrags die anzuschaffenden Stücke voll bezahlt hat."

Diese Anmerkung geht auf ein Rundschreiben Nr. 94 des Centralverbands des Deutschen Bank- und Bankiergewerbes vom 24. November 1930 zurück, wo unter Nr. 2, betreffend kommissionsweise angeschaffte Effekten, folgende Grundsätze aufgestellt sind:

„In dieser Hinsicht möchten wir folgende Tatbestände einander gegenüberstellen, welche u. E. eine verschiedene Beurteilung und Behandlung zu erfahren haben.

a) Ein Kunde — Nichtbankier oder Bankier — erteilt einem Bankier den Auftrag, für ihn bestimmte Effekten börsenmäßig anzuschaffen, und zahlt den Gegenwert bar ein; ein mit Krediteinräumung verbundenes Kontokorrentverhältnis besteht nicht. Der Bankier schafft die Effekten an, schreibt sie dem Kunden auf Stückekonto gut und verfügt über die Effekten, bevor Nummernaufgabe erteilt ist oder ein Eigentumsübergang durch Banderolierung stattgefunden hat. Selbst wenn ein solches Verfahren nicht einen Verstoß gegen die Strafbestimmung des § 9 des Bankdepotgesetzes enthalten sollte, was in der Rechtsprechung und im Schrifttum streitig ist (vgl. Rießer-Bernstein, Bankdepotgesetz, S. 242), so halten wir dasselbe doch in jedem Falle vom Standpunkte bankgewerblicher Berufsauffassung aus für bedenklich, sind vielmehr der Meinung, daß in Fällen dieser Art eine Gutschrift auf Stückekonto überhaupt nicht angebracht, sondern daß dem Kunden unverzüglich Eigentum zu übertragen ist, sei es an bestimmten Nummern, sei es durch Verschaffung von Miteigentum am Sammeldepot einer Effektengirobank. Nach erfolgter Übertragung des Eigentums in einer dieser Formen bedarf der Bankier zur Verfügung über die Stücke, genau wie im Falle unter 1., der Ermächtigung des Kunden, und zwar, wenn der Kunde nicht Bankier ist, in der besonderen durch § 2 des Bankdepotgesetzes vorgeschriebenen Form.

b) Zwischen dem Bankier und seinen Kunden besteht

ein mit Krediteinräumung verbundenes Kontokorrentverhältnis. Der Bankier schreibt die kommissionsweise angeschafften Wertpapiere den Kunden nach Maßgabe seiner Geschäftsbedingungen auf Stückekonto gut; Einzahlungen des Kunden betrachtet er, dem Wesen des Kontokorrentverhältnisses entsprechend, lediglich als Aktivposten des Kontokorrents, nicht aber als Bezahlung bestimmter Wertpapiere, indem er davon ausgeht, daß der Kunde bei ihm fortgesetzt von neuem Kredit in Anspruch nehmen wird, so daß es vor endgültigem Abschluß der Rechnung überhaupt nicht feststeht, ob eine bestimmte Kaufpreisschuld bezahlt oder nicht bezahlt ist, während für den Kommissionär im Zusammenhang mit der Kreditinanspruchnahme des Kommittenten ein dauerndes Bedürfnis besteht, sich der angeschafften Papiere an dritter Stelle als Kreditunterlage zu bedienen. In einem solchen Falle halten wir den Bankier zur Verfügung über die auf Stückekonto gutgebrachten Effekten für berechtigt, bis gegen Vornahme einer den Bankier wegen seiner Schuldforderung befriedigenden Zahlung die Übertragung der Effekten vom Stückekonto auf Depotkonto erfolgt. Auch vor diesem Zeitpunkt darf jedoch nach der im Berufe geltenden Auffassung die Belastung solcher Effekten mit Pfandrechten Dritter nicht in einem Umfang erfolgen, der in einem ausgesprochenen Mißverhältnis zu der Höhe des vom Kunden in Anspruch genommenen Kredites steht."

Es liegt also nicht so oder jedenfalls nicht mehr so, daß die Stückekontoabrede im Anschaffungsgeschäft nach den im Bankgewerbe allgemein bestehenden Auffassungen schlechthin Anwendung finden darf, also auch da, wo ein Kreditverhältnis nicht oder nicht mehr besteht, und soweit sie mißbräuchlich angewendet wurde oder angewendet wird, ist solcher Mißbrauch zu bekämpfen. Das vorher wiedergegebene Rundschreiben des Centralverbands des Deutschen Bank- und Bankiergewerbes, der maßgebenden Standesorganisation, an seine Mitglieder ist eine bedeutsame Kundgebung in dieser

Richtung. Dabei hat es der Centralverband des Deutschen Bank- und Bankiergewerbes nicht bewenden lassen. Er hat im Frühjahr 1932 den Verein für Depotprüfung ins Leben gerufen, der nach seiner Satzung (§ 2) den Zweck hat, Prüfungen der Depothandhabung nach Maßgabe der hierfür erlassenen Richtlinien zu regeln. Der Erwerb und die Fortdauer der Mitgliedschaft des Centralverbands des Deutschen Bank- und Bankiergewerbes ist gleichzeitig für Banken und Bankiers davon abhängig gemacht, daß sie sich einer regelmäßigen Revision ihrer Depotbestände nach Maßgabe der Richtlinien der zuständigen Kommission des Centralverbands unterwerfen. Diese halbfreiwillig übernommenen Pflichtrevisionen der Depotbestände trägt das deutsche Bankgewerbe, obwohl ihre Unkosten das Depotgeschäft als solches überlasten, in der zuversichtlichen Erwartung, das geltende Depotrecht durch Selbstdisziplin im Sinn des Kundenschutzes ausbauen und dadurch neue gesetzgeberische Maßnahmen unnötig machen zu können.

In den erlassenen Richtlinien für die Depotprüfung hat der Verein für Depotprüfung den Grundsatz der Erhaltung des Eigentums (im Hinterlegungsgeschäft) und der Verschaffung von Eigentum (im Anschaffungsgeschäft) vorangestellt [94]).

Damit und mit der zuverlässigen Handhabung dieser Richtlinien in der Praxis ist der Gefahr einer Verschleppung des Eigentumübergangs, wie sie von den Befürwortern einer depotrechtlichen Reform in den geltenden Bestimmungen über die Absendung des Stückeverzeichnisses in der Stückekonto-

[94]) § 1 der Richtlinien bestimmt folgendes:

„Der Zweck der Depotprüfung ist die Feststellung, ob im Zeitpunkt der Depotprüfung die gesetzlichen Vorschriften und die bankgewerbliche Berufsauffassung hinsichtlich der Wertpapierverwahrung (Sonderdepot und Sammeldepot) beachtet werden, und, soweit erforderlich, die Beseitigung bei der Prüfung hervortretender Mängel.

Die Prüfung der Wertpapierverwahrung soll sich auch darauf erstrecken, ob den Kunden das unbeschränkte Eigentum an vollbezahlten Wertpapieren verschafft worden ist. Als vollbezahlt gelten Wertpapiere auch dann, wenn nur ein verhältnismäßig geringfügiger Teil der Gegenleistung rückständig ist (§ 320 Abs. 2 BGB.).

abrede gesehen wird [95]), wirksam vorgebeugt. Man wird sich der Meinung Schumanns [96]) anschließen können, der nach sorgfältiger Untersuchung über die Auswirkungen der Verordnung vom 21. 11. 1923 zu dem Schluß kommt: „Nach Prüfung des Für und Wider muß man zu dem Ergebnis kommen, daß die Umgestaltung des Bankdepotgesetzes den Bedürfnissen der Praxis Rechnung trägt, ohne dabei die Interessen des Kommittenten im Hinblick auf den Konkurs des Kommissionärs zu gefährden. Für die nächste Zukunft kann daher die Beibehaltung der neuen Schutzvorschriften befürwortet werden. Ihre längere Lebensdauer wird es ermöglichen, ein endgültiges Urteil über ihre Bewährung abzugeben." Angesichts der Fürsorge, die das Bankgewerbe nach den vorherigen Ausführungen neuestens getroffen hat, wird man heut erst recht für die Beibehaltung der geltenden Vorschriften eintreten können.

Es kommt noch hinzu, daß inzwischen der Depotschutz des Kommittenten durch die Rechtsprechung zu § 9 DepG. eine wesentliche Verstärkung erfahren hat. Nach der genannten depotrechtlichen Strafbestimmung, die sich sowohl mit dem Hinterlegungsgeschäft als auch mit dem Kommissionsgeschäft befaßt, wird der Kaufmann bestraft, der über Wertpapiere, die er als Kommissionär „für den Kommittenten in Besitz genommen hat", rechtswidrig zum eigenen Nutzen verfügt. Man hatte den Begriff „Inbesitznahme für den Kommittenten" dahin verstanden, daß die Wertpapiere durch Absendung des Stückeverzeichnisses oder durch Besitzkonstitut in den mittelbaren Besitz des Kommittenten übergegangen sein müßten, damit der strafrechtliche Tatbestand erfüllt sei [97]), und konnte sich hierbei auf die Entscheidungen des IV. Strafsenats des Reichsgerichts, RGStr. 47, 32 = BankArch. XXIII, 375, und des I. Strafsenats des Reichsgerichts, JW. 1927, 3012, stützen. Man sah im Tatbestand des § 9 DepG. entsprechend dem dort angeführten Fall der Unterschlagung

[95]) Vgl. z. B. Ruth aaO. S. 29.

[96]) Bankverwahrung und Konkurs nach der neuesten Gestaltung des Depotgesetzes, S. 51.

[97]) Vgl. Rießer-Bernstein S. 241.

(§ 246 StrGB.) ein Eigentumsdelikt, das nicht vorliegen könne, wenn der Kommissionär bei Verfügung über die Wertpapiere deren Eigentümer gewesen sei und dementsprechend „fremdes“ Eigentum nicht verletzt sei. Im Gegensatz zu dieser Meinung hat dann der II. Strafsenat des Reichsgerichts [98]), der Meinung Alsbergs [99]) und Feisenbergers [100]) folgend, dahin entschieden, daß § 9 DepG. nicht diese erörterte Eigentumslage (fremdes Eigentum) voraussetze. Der Begriff „Inbesitznahme für den Kommittenten“ hat also vom II. Strafsenat eine weite Auslegung dahin gefunden, daß schon die für den Kommittenten angeschafften, wenn auch noch im Eigentum des Kommissionärs befindlichen Wertpapiere unter strafrechtlichem Schutz im Sinn des § 9 DepG. stehen. Es wurde dann in Zweifel gezogen, ob dies auch für den üblichen Fall des Selbsteintritts zu gelten habe [101]). Inzwischen hat der I. Strafsenat des Reichsgerichts zu dieser Frage Stellung genommen und ist der Meinung Feisenbergers [102]) gefolgt, daß auch der selbsteintretende Kommissionär zur Verfügung über Wertpapiere, die aus Anlaß eines Kommissionsgeschäfts von ihm angeschafft, aber noch nicht auf den Kommittenten übereignet sind, nicht berechtigt ist (RGStr. 65, 90 = BankArch. XXX, 276). Mit dieser Entscheidung muß man sich abfinden [103]). Von dem Gesichtspunkt des Kundenschutzes aus gesehen, ist sie zu begrüßen.

Mit Recht ist aber in der Nachschrift der Schriftleitung zu der Veröffentlichung der Entscheidung im Bank-Archiv [104]) u. a. die Frage aufgeworfen worden, ob denn von einer rechtswidrigen Handlungsweise im Sinn des § 9 DepG. dann noch gesprochen werden könne, wenn der Kommissionär auf die angeschafften Stücke noch schulde, ferner dann,

[98]) Vgl. RGStr. 61, 336 = BankArch. XXVI, 485.

[99]) JW. 1927, 3012 u. LZ. 14, 524.

[100]) Stenglein-Feisenberger Anm. 5 zu § 9 DepG.

[101]) Vgl. BankArch. XXVI, Nachschr. d. Schriftl., und Rießer-Bernstein S. 242.

[102]) Vgl. Stenglein-Feisenberger, Nachträge S. 219.

[103]) So auch Düringer-Hachenburg-Lehmann Anm. 12 im Anh. III zum 3. Abschn. nach § 406 HGB.

[104]) XXX, 278.

wenn zwischen dem Kommittenten und dem Kommissionär eine wenn auch nur generelle, also nicht in der Form des § 2 DepG. gehaltene Abrede dahin getroffen worden sei, daß kommissionsweise anzuschaffende Wertpapiere nicht für den Kommittenten in Verwahrung genommen zu werden brauchen und daß dem Kommittenten darüber das Verfügungsrecht zustehen solle.

Nach Düringer-Hachenburg-Lehmann[105]) soll eine Rechtswidrigkeit nicht vorliegen,

a) wenn es sich um nicht bezahlte Effekten handelt,
b) wenn die Verfügung im Interesse des Eigentümers liegt,
c) wenn sie auf Grund einer Vereinbarung mit dem Eigentümer zulässig ist,
d) wenn Ersatzbereitschaft beim Kommissionär das Bewußtsein begründet, der Kommittent werde unter den obwaltenden Umständen mit der Verfügung einverstanden sein, es sei denn, daß der Kommissionär trotz der Erkenntnis seiner gefährdeten Wirtschaftslage verfügt.

Man wird sich dieser Meinung anschließen können. Zutreffend wird ebenda ferner ausgeführt, es müsse sich im einzelnen Fall feststellen lassen, daß das Geschäft, durch das der Bankier die Papiere erworben habe, sich als die Ausführung eines von dem Kommittenten erteilten Auftrags darstelle. Dies werde (vgl. Bernstein: JW. 1927, 3014) nicht möglich sein, wenn eine Großbank an einem Börsentag in die Hunderttausende gehende Beträge eines Wertpapiers, teils für eigene Rechnung, teils im Zusammenhang mit Aufträgen der verschiedensten Kommittenten, bei den verschiedensten Börsen angeschafft habe.

Dem von Düringer-Hachenburg-Lehmann unter d) behandelten Fall der gutgläubigen Ersatzbereitschaft kann im Sinn des § 9 DepG. nicht die Bedeutung beigemessen werden, daß der Kommissionär schlechthin über den Sollbestand der für den Kommittenten angeschafften, aber noch nicht übereigneten Papiere nach Gutdünken zu eigenem Nutzen verfügen darf, denn das könnte zu einer Verschlep-

[105]) Anm. 12 aaO.

pung des Eigentumübergangs führen[106]) und das Konkursvorrecht des Kommittenten aus § 7 a DepG. gefährden. Dagegen liegt eine rechtswidrige Verfügung im Sinn des § 9 DepG. nicht vor, wenn der Kommissionär in einem Anschaffungsgeschäft Wertpapiere, die ihm aus dem hierzu abgeschlossenen Deckungsgeschäft bereits angeliefert wurden — anstatt sie für den Einkaufskommittenten bereitzustellen — anderweitig zur Lieferung in einem Verkaufsdeckungsgeschäft verwendet, weil die ihm vom Verkaufskommittenten zu liefernden Stücke noch nicht zur Stelle sind, um dann nach Eingang dieser letzteren Stücke diese für den Einkaufskommittenten zu verwenden. Es tritt dann allerdings, wenn auch nur vorübergehend, anstelle schon „für den Kommittenten in Besitz genommener" Papiere ein Anspruch auf Lieferung solcher. Der Kommissionär darf aber nach den Umständen normalen Geschäftsverlaufs von der wirtschaftlichen Gleichwertigkeit beider Tatbestände ausgehen. Der Sollbestand der für die Übereignung bereitzuhaltenden Papiere erfährt also bei dieser Handhabung keine Schmälerung. Es ist in diesem Zusammenhang auch von Bedeutung, daß das Konkursvorrecht des Kommittenten aus § 7 a DepG. sich sowohl auf die in der Masse vorhandenen Wertpapiere bestimmter Gattung bezieht als auch auf die Ansprüche auf Lieferung solcher Wertpapiere.

Was nun die von Düringer-Hachenburg-Lehmann zu a) und c) behandelten Fälle anlangt, so sind die von der Schriftleitung des Bank-Archivs aufgeworfenen Fragen im Sinn der rethorischen Fragestellung mit Recht bejahend beantwortet worden. Von einer Rechtswidrigkeit nach § 9 DepG. kann also nicht gesprochen werden. Inzwischen hat der 1. Zivilsenat des Reichsgerichts Gelegenheit gehabt, hierzu Stellung zu nehmen. In seiner Entscheidung — vom 2. März 1932[107]) — hat das Reichsgericht die — von Düringer-Hachenburg-Lehmann nicht ausdrücklich behandelte — Vorfrage, betreffend die Form der Verfügungs-

[106]) Vgl. Ruth aaO. S. 29.

[107]) Vgl. RG. 135, 319 = JW. 1932, 1651 = BankArch. XXXI, 269, wo auch die mit der Revision angegriffene ausführliche Entscheidung des Landgerichts wiedergegeben ist.

ermächtigung, dahin entschieden, daß die strenge Formvorschrift des § 2 DepG. nicht zur Anwendung komme, daß vielmehr eine formlose Vereinbarung der Parteien rechtsgültig sei, weil eine solche Abrede sich nicht auf bereits in Verwahrung genommene (übereignete) Papiere beziehe (§ 7 Abs. 2 und § 1 DepG.). Die Vereinbarung, wie sie dem Reichsgericht zur Beurteilung vorlag, ging allerdings nicht so weit, daß dem Kommissionär das freie Verfügungsrecht schlechthin eingeräumt war, sie war vielmehr dahin eingeschränkt, „daß der Kommissionär bis zur Übertragung des Eigentums auf den Kommittenten das freie Verfügungsrecht über die aus Anlaß von Kaufaufträgen des Kommittenten angeschafften Wertpapiere haben solle, solange dessen Konto einen Schuldsaldo aufweise“. Aber die Begründung, die das Reichsgericht gibt, muß ebenso gelten für den Fall der uneingeschränkten Vereinbarung der Verfügungsberechtigung des Kommissionärs. Es handelt sich um eine Frage der Formstrenge, und diese kann nicht verschieden behandelt werden, je nach dem der Depotkunde schuldet oder nicht. Man kann also davon ausgehen, daß im Kommissionsgeschäft jede Vereinbarung über das freie Verfügungsrecht des Kommissionärs formlos getroffen werden kann [108]).

Nach Erledigung dieser Vorfrage hat das Reichsgericht entschieden, daß angesichts der getroffenen Vereinbarung von einer rechtswidrigen Verfügung des Bankiers nicht gesprochen werden könne, weil eine solche Vereinbarung die Rechtswidrigkeit ausschließe. Das Reichsgericht hat zu dem strafrechtlichen Tatbestand widerrechtlicher Verfügung (§ 9 DepG.) nicht ausdrücklich Stellung genommen, wie dies das Landgericht getan hatte. Dieses hatte sich die Ansicht der Schriftleitung des Bank-Archivs zu eigen gemacht, wonach

[108]) Die Entscheidung des Reichsgerichts, die auch eine nur sinngemäße Anwendung des § 2 DepG. ausdrücklich ablehnt, wird von Koch (Bankwissenschaft 1932, 243 ff.) zu Unrecht angegriffen. Formvorschriften, wie die im § 2 DepG., dürfen nicht sinngemäß auf andere Tatbestände als die von der Formstrenge bedachten angewendet werden (siehe auch vorher Anm. 25).

nur aus dem Zivilrecht die Frage für das Strafrecht beantwortet werden könne, nämlich unter welchen Voraussetzungen und in welchem Umfang von einer Rechtswidrigkeit der Verfügung des Kommissionärs über die von ihm aus Anlaß von Kommissionsaufträgen angeschafften, aber in seinem Eigentum verbliebenen Papiere zu sprechen sei. Wenn das Reichsgericht sich dazu nicht geäußert hat, so liegt dies daran, daß es strafrechtlich nicht zu befinden hatte; es kann aber angenommen werden, daß das Reichsgericht derselben Ansicht ist wie das Landgericht, weil dessen Meinung nicht, auch nicht andeutungsweise, gerügt ist.

Eine andere Frage ist die, ob beim Vorliegen einer ganz allgemeinen von der Tatsache des Schuldens des Kommittenten unabhängigen Verfügungsermächtigung die Rechtswidrigkeit einer Verfügung des Kommissionärs dann als ausgeschlossen zu gelten hat, wenn der Kommittent nicht schuldet. Diese Frage hat das Reichsgericht offen gelassen und konnte es tun, weil in dem abzuurteilenden Streitfall der Kommittent schuldete und weil die Abrede auf diesen Fall beschränkt war [109]). Auch das Landgericht hat nicht — wenigstens nicht ausdrücklich und nicht mit zweifelsfreier Deutlichkeit — zu dieser Frage Stellung genommen. Immerhin ist seine folgende Ausführung beachtenswert:

> „Selbst wenn man also im Gegensatz zu der oben erwähnten Verkehrsauffassung das Verfügungsrecht der Klägerin über die von ihr angeschafften, noch in ihrem Eigentum befindlichen Wertpapiere auf Grund gesetzlicher Sonderbestimmungen, insbesondere des § 9 des Depot-

[109]) Daß beim Fehlen jeder Verfügungsermächtigung die Verfügung über angeschaffte, noch nicht übereignete Papiere widerrechtlich ist, sofern der Kommittent nicht schuldet, wurde bereits ausgeführt (vgl. RGStr. 65, 90 = BankArch. XXX, 276); zu der Frage, wie es steht, wenn der Kommittent schuldet, ohne daß eine Verfügungsermächtigung zugunsten des Kommissionärs vorliegt, hat der 1. Zivilsenat (RG. 135, 319 = JW. 1932, 1651 = BankArch. XXXI, 269) nicht ausdrücklich Stellung genommen. Zwischen den Zeilen ist aber zu lesen, daß auch ohne eine solche Abrede die Widerrechtlichkeit ausgeschlossen ist, in welcher Frage das Landgericht der Schriftleitung des Bank-Archivs gefolgt war (vgl. auch Düringer-Hachenburg-Lehmann aaO. zu a).

gesetzes, zugunsten des Kommittenten als beschränkt ansehen wollte, so könnte diese Beschränkung nach allgemeinen Rechtsgrundsätzen durch eine in irgendwelcher Form erfolgte Vereinbarung unter den Parteien aufgehoben werden."

Die Worte „eine in irgendwelcher Form" klingen so, als ob sie nicht nur auf die Form der Abrede allein, sondern auch auf den Inhalt der Abrede bezogen werden können. Das würde bedeuten, daß auch eine von der Tatsache der Verschuldung des Kommittenten unabhängige Verfügungsberechtigung die Rechtswidrigkeit einer vom Kommissionär getroffenen Verfügung auszuschließen geeignet ist. Wie dem auch sei, man wird eine solche Meinung gelten lassen können. Daß eine solche Verfügungsermächtigung für den einzelnen Fall getroffen werden kann, ist sicher und ergibt sich aus dem allgemein geltenden Grundsatz der Vertragsfreiheit. Eine solche Ermächtigung ist ja in dem strengeren Depotrecht ausdrücklich vorgesehen (§ 700 Abs. 1 Satz 2 BGB. und § 2 DepG.). Es ist nicht einzusehen, warum im Anschaffungsgeschäft eine entsprechende generelle Verfügungsermächtigung weitestgehender Art — und dann nach den vorherigen Ausführungen formlos — nicht zulässig sein sollte. Man könnte daran denken, daß vielleicht die Unverzichtbarkeit auf den Erhalt eines Stückeverzeichnisses (§ 3 Abs. 2 Satz 2 DepG.) entgegensteht. Aber die Verfügungsermächtigung hat mit einem Verzicht auf den erwähnten Anspruch des Kommittenten nichts zu tun. Dies Recht bleibt dem Kommittenten ungeachtet der dem Kommissionär erteilten Verfügungsermächtigung erhalten. Das Verlangen nach Übersendung eines Stückeverzeichnisses bedeutet dann, worauf Ruth[110]) zutreffend hinweist, den Widerruf der Verfügungsermächtigung. Auch wenn der Kommissionär über die angeschafften Werte bereits verfügt hat, behält der Kommittent den Anspruch auf Übersendung des Stückeverzeichnisses. Der Kommissionär muß dann für erneute Anschaffung Sorge tragen. Ist er dazu außerstande, so kann aber angesichts der ihm erteilten Verfügungsermäch-

[110]) JW. 1932, 1652.

tigung der Vorwurf widerrechtlichen Verhaltens (§ 9 DepG.) gegen ihn nicht erhoben werden.

Soweit in den Allgemeinen Geschäftsbedingungen für das Anschaffungsgeschäft eine Stückekontoabrede vorgesehen ist, enthält sie bisher üblicherweise keine ausdrückliche Verfügungsermächtigung für die Bank. Man hielt eine solche Abrede neben der Stückekontoabrede nicht für erforderlich, weil man davon ausging, daß die Stückekontovereinbarung das freie Verfügungsrecht einschlöße. Es ist auch nicht zu verkennen, daß die vereinbarte Gutschrift auf Stückekonto die Rechtslage dahin zum Ausdruck bringt, daß die angeschafften Papiere im Eigentum der Bank verbleiben und der Kommittent fernerhin auf seinen schuldrechtlichen Anspruch auf Lieferung von vertretbaren Wertpapieren nach Art und Menge angewiesen bleiben soll. Man glaubte dann eben, sich auf den vom Landgericht (BankArch. XXXI, 269) anerkannten Grundsatz verlassen zu können: „Verfügungen des Eigentümers haben die Vermutung der Rechtmäßigkeit für sich". Demgegenüber darf man nicht an der Tatsache vorbeigehen, daß das Reichsgericht in seinen strafrechtlichen Entscheidungen zu § 9 DepG. [111]) dem Kommittenten, für den Wertpapiere angeschafft werden, auch wenn er an ihnen noch kein Eigentum erworben hat, einen für die Entscheidung der Straffrage jedenfalls gleich starken Schutz wie einem Eigentümer zugebilligt hat. Keiner der beiden Tatbestände, die zu beurteilen waren, läßt erkennen, ob eine Stückekontoabrede getroffen war. Die Frage, ob eine solche Abrede die Rechtswidrigkeit einer Verfügung im Sinne des § 9 DepG. auszuschließen geeignet erscheint, ist also offen geblieben. Nach dem Tatbestand der zivilrechtlichen Entscheidung vom 2. März 1932 [112]) waren die Wertpapiere im Einverständnis mit dem Kommittenten auf Stückekonto gutgeschrieben [113]). Aber diese Entscheidung wird von der außer-

[111]) RGStr. 61, 336 = BankArch. XXVI, 485 und RGStr. 65, 90 = BankArch. XXX, 276.

[112]) RG. 135, 319 = BankArch. XXXI, 269 = JW. 1932, 1651.

[113]) Ein ausdrückliches Einverständnis ist allerdings aus dem Tatbestand nicht zu entnehmen. Es genügt aber für das Anschaffungs-

dem vorliegenden ausdrücklichen Verfügungsermächtigung getragen. Die Frage, ob man bei Beurteilung von Verfügungen des Kommissionärs unter dem Gesichtspunkt des § 9 DepG. eine getroffene Stückekontoabrede einer Verfügungsermächtigung gleichstellen kann, ist auch hier offen geblieben.

Für die Entscheidung der Frage, ob bei vorliegender Stückekontoabrede (und fehlender ausdrücklicher Verfügungsermächtigung!) Verfügungen des Kommissionärs als rechtmäßig oder rechtswidrig anzusehen sind, müssen die Fälle, in denen der Kommittent schuldet, und die Fälle, in denen er nicht schuldet, gesondert betrachtet werden.

a) Der Kommittent schuldet: Für diesen Fall verneint das Landgericht in dem mehrfach erwähnten Rechtsstreit [114]) die Rechtswidrigkeit einer vom Kommissionär getroffenen Verfügung schlechthin [115]). Auf die im Tatbestand erwähnte Gutschrift der Wertpapiere auf Stückekonto kommt das Landgericht nicht zurück, und die Ermächtigungsabrede wird nur zusätzlich ausgewertet. Das Reichsgericht hat dann in der Revision seine Entscheidung allein von dieser Abrede tragen lassen und ausgeführt, daß es angesichts einer derartigen Vereinbarung einer Stellungnahme nicht bedürfe, ob abgesehen davon eine Verfügung des Kommissionärs rechtswidrig sei oder nicht. Immerhin wird das Landgericht, das diese Frage verneint, nicht gerügt. Man wird der Meinung des Landgerichts folgen dürfen. Das Landgericht stützt sich auf Verkehrsauffassung und findet es, auch wirtschaftlich betrachtet, gerechtfertigt, daß der kreditierende Kommissionär über die angeschafften, noch nicht dem Kommittenten übereigneten Papiere frei verfügen darf. Betrachtet man die An-

---

geschäft stillschweigende Zustimmung. Die Stückekontoabrede unterliegt insoweit keiner Formvorschrift (vgl. hierzu vorher Anm. 89). Es sind hier dieselben Erwägungen maßgebend, die für die Formfreiheit der Verfügungsermächtigung im Anschaffungsgeschäft sprechen.

[114]) BankArch. XXXI, 269 (= RG. 135, 319 = JW. 1932, 1651, wo aber die Entscheidung des Landgerichts nicht mit veröffentlicht ist).

[115]) Also in Übereinstimmung mit Düringer-Hachenburg-Lehmann Anm. 12 (Nr. 1 a) im Anh. III zum 3. Abschn. nach § 406 HGB.

gelegenheit von der Seite des schuldenden Kommittenten, so liegt in der Tat ein Schutzbedürfnis nicht vor. Es ist hierbei von entscheidender Bedeutung, daß dem Kommittenten, solange er schuldet, ein Anspruch auf Übersendung des Stückeverzeichnisses wie überhaupt auf Übereignung der angeschafften Papiere nicht zusteht [116]). Dazu kommt noch, daß in § 7 a DepG. das Vorzugsrecht im Konkurs nur demjenigen Kommittenten zugebilligt ist, der die Pflichten, die ihm dem Kommissionär gegenüber obliegen, vollständig erfüllt hat. Diese Vorschrift steht in engem Zusammenhang zu der behandelten strafrechtlichen Rechtsprechung des Reichsgerichts zu § 9 DepG. und zu dem schwebenden Anspruch des schuldenden Kommittenten, die Übersendung eines Stückeverzeichnisses erst dann verlangen zu können, wenn er vorgeleistet hat. Der verbindende Gesichtspunkt ist der, daß nur der Kommittent, der nicht mit seiner Leistung rückständig ist, einen eigentumsähnlichen Anspruch auf bereits angeschaffte, aber noch nicht übereignete Wertpapiere haben soll. Diese Argumente müssen noch verstärkt gelten, wenn eine Stückekontoabrede — ganz allgemein oder abgestellt auf den Fall des Schuldens des Kommittenten — vorliegt, weil dann alle Zweifel in der Frage der Vorleistung ausgeschaltet sind [117]).

b) Der Kommittent schuldet nicht: In diesem Fall sprechen die zu a) angeführten Gründe e contrario für den Kommittenten. Die bankgewerbliche Berufsauffassung geht dahin, daß dem Kommittenten, der nicht schuldet, unverzüglich Eigentum zu übertragen ist, sei es an bestimmten Nummern, sei es durch Verschaffung von Miteigentum am Girosammeldepot, und daß die Werte auf Depotkonto, aber nicht auf Stückekonto zu verbuchen sind, auch wenn eine Stückekontoabrede in den Geschäftsbedingungen vorgesehen ist [118]).

---

[116]) Vgl. Anm. 88 und die Ausführungen, zu denen diese Anmerkung gemacht ist.

[117]) Vgl. Anm. 89 und die Ausführungen, zu denen diese Anmerkung gemacht ist.

[118]) Vgl. das vorher wiedergegebene Rundschreiben des Centralverbands des Deutschen Bank- und Bankiergewerbes vom 24. Novem-

Die Verfügung des Kommissionärs ist, obwohl sie sich auf Werte erstreckt, die juristisch in seinem Eigentum stehen, wirtschaftlich betrachtet nicht gerechtfertigt. Die Auslegung, welche die erwähnten strafrechtlichen Reichsgerichtsentscheidungen[119]) der Vorschrift des § 9 DepG. geben, läuft darauf hinaus, den „wirtschaftlichen Eigentümer" zu schützen. Von entscheidender Bedeutung ist aber, daß durch die — wenn auch vereinbarte — Gutschrift auf Stückekonto weder die Lieferungspflicht des Kommissionärs (§§ 384, 400 HGB.) noch die Pflicht aus § 3 DepG. zur Übersendung des Stückeverzeichnisses erfüllt wird. Mit Recht führt Koch[120]) aus, daß durch die Neufassung des § 3 DepG. vom 21. 3. 1923 die generelle Stückekontoabrede für das Kommissionsgeschäft wesentlich an Bedeutung verloren hat, weil ein Verzicht des Kommittenten (der nicht selbst Bankgeschäfte betreibt) auf das Stückeverzeichnis nicht mehr zulässig ist[121]). Das Reichsgericht hat dementsprechend in seiner Entscheidung vom 14. Juni 1930 der vereinbarten Gutschrift auf Stückekonto einen Erfüllungscharakter nicht zugesprochen[122]). Das Recht

ber 1930 (a); ferner die gleichfalls vorher wiedergegebene Anmerkung (42 a) zu Nr. 8 der Allgemeinen Geschäftsbedingungen im Formularbuch des genannten Centralverbands.

[119]) RGStr. 61, 336 (BankArch. XXVI, 485) und 65, 90 (BankArch. XXX, 276).

[120]) Die Allgemeinen Geschäftsbedingungen der Banken S. 128.

[121]) Wegen der Bedeutung der Stückekontoabrede vgl. Anm. 89 und die Ausführungen, zu denen diese Anm. gemacht ist. Wenn bei Düringer-Hachenburg-Lehmann (Anm. 31 c Anh. zum 5. Abschn. nach § 424 HGB.) ausgeführt wird, daß nach Gutschrift auf Stückekonto das Kommissionsgeschäft regelmäßig beendet sei, so wird man dieser Meinung nicht folgen dürfen.

[122]) RG. 129, 207 = BankArch. XXX, 16. Die hier interessierenden, in der amtlichen Sammlung nicht wiedergegebenen Ausführungen des Reichsgerichts lauten:

> „Allerdings hat sich die Bank in Ziffer 6 dieser Bedingungen (gleich der vorher wiedergegebenen Nr. 8 der Allgemeinen Geschäftsbedingungen) das Recht vorbehalten, Wertpapiere, die sie für einen Kunden auf Grund eines Kaufvertrags angeschafft oder ihm als Eigenhändler verkauft hat, anstatt sie in Verwahrung zu nehmen, auf Stückekonto gutzuschreiben. Dadurch soll aber das gesetzliche Recht des Kunden, gegen Zahlung des Kaufpreises die Übersendung eines Stückeverzeichnisses zu verlangen, nicht be-

des Kommittenten auf Übersendung des Stückeverzeichnisses (wie überhaupt das auf Inverwahrnahme angeschaffter Werte) hat eben einen langen Atem! Schließlich darf nicht übersehen werden, daß das Konkursvorrecht des voll vorleistenden Kommittenten aus § 7 a DepG. in der Luft hängen würde, wenn der Kommittent uneingeschränkt über die angeschafften und voll bezahlten Wertpapiere verfügen dürfte.

Diese Erwägungen führen zu dem Ergebnis, daß der Kommissionär, der über vollbezahlte angeschaffte, noch nicht übereignete Papiere verfügt, sich dem berechtigten Vorwurf widerrechtlichen Verhaltens im Sinn des § 9 DepG. aussetzt und daß er sich dagegen nicht auf eine getroffene Stückekontoabrede berufen kann.

Man könnte nun daran denken, der vereinbarten Gutschrift auf Stückekonto die Bedeutung einer neuen Schuldverpflichtung — sei es einer solchen abstrakter Art, eines Darlehns oder eines depositum irregulare — beizumessen. Das scheitert aber schon daran, daß die übliche Stückekontoabrede im unmittelbaren Anschluß an das Anschaffungsgeschäft und mit Bezugnahme auf dieses getroffen und im Anschluß an die Stückekontoabrede ausdrücklich gesagt ist, daß „das gesetzliche Recht des Geschäftsfreunds, gegen Zahlung des Kaufpreises die Übersendung des Stückeverzeichnisses nach Maßgabe des § 3 DepG. anzufordern, durch die Stücke-

rührt werden. Es läßt sich daher aus Ziffer 6 (8) der Bedingungen nicht entnehmen, daß das Geschäft mit der Gutschreibung auf Stückekonto für die Bank als erfüllt gelten sollte."

Die Entscheidung sieht in Übereinstimmung mit RG. 91, 377 in der Gutschrift auf Stückekonto ein nach § 57 BörsG. unverbindliches Leistungsversprechen. Sofern zur Gutschrift auf Stückekonto der effektive Ankauf von Wertpapieren durch den Kommissionär und deren Bereithaltung für den Kommittenten hinzutritt, wird man aber mit Düringer-Hachenburg-Lehmann (vgl. Anm. 159 zu Anh. II nach § 382 HGB.) von einer heilenden Leistung sprechen können (vgl. auch BankArch. V, 84). Da es sich beim Bereithalten angeschaffter Papiere um einen internen Vorgang beim Bankier handelt, können sich allerdings für den Bankier leicht Beweisschwierigkeiten ergeben.

kontoabrede nicht berührt wird“ [123]). Abgesehen davon läßt sich die Stückekontoabrede nicht als Novation deuten. Wertpapierdarlehn kann nicht angenommen werden, weil dessen Tatbestandsmerkmale in der Stückekontoabrede nicht zum Ausdruck kommen. Es kann hierzu auf die vorher zum Hinterlegungsgeschäft unter Nr. 2 gemachten Ausführungen Bezug genommen werden. Gegen eine generelle Abrede eines Wertpapierdarlehns würden übrigens dieselben Gründe sprechen, die Jacobi [124]) gegen das Wertpapierdarlehn im eigentlichen Hinterlegungsgeschäft anführt. Es würde in der Tat eine unzulässige Einengung des Kommissionsgeschäfts bedeuten, wenn von vornherein alle zukünftigen Verpflichtungen aus Anschaffungsgeschäften als im Sinn des § 607 Abs. 2 BGB. auf Darlehnsschuld umgeschuldet zu gelten hätten. Als depositum irregulare aber läßt sich die Stückekontoabrede nicht deuten, weil zivilrechtlich eine Inverwahrnahme für den Kommittenten nicht vorliegt. Nach § 700 BGB. ist der irreguläre Verwahrungsvertrag von einem Hinterlegungsgeschäft abhängig. Eine Hinterlegung etwa, die sich nur in der Person des Kommissionärs abspielt (§ 181 BGB.), kann nicht in Frage kommen, da diese nur auf dem Weg über eine Besitzvereinbarung geschehen könnte. Schaltet man aber eine solche Übereignung dazwischen, so ist wegen der Formvorschrift des § 2 DepG. wiederum eine generelle Abrede unwirksam. Am ehesten könnte man in der vereinbarten Stückekontogutschrift noch eine neue abstrakte Schuldverbindlichkeit sehen, mit Rücksicht auf den üblichen Hinweis, daß im Fall der Stückekontogutschrift „der Geschäftsfreund kein Eigentum an den Papieren, sondern nur ein Forderungsrecht an das Bankhaus auf Herausgabe von Stücken gleicher Art und Zahl erwerbe“. Aber dieser Umschuldungsgedanke

[123]) Vgl. Abs. 1 und 2 der vorher wiedergegebenen Abrede (Nr. 8 der Geschäftsbedingungen im Bankgeschäftlichen Formularbuch des Centralverbands des Deutschen Bank- und Bankiergewerbes); vgl. hierzu RG. 129, 207 = BankArch. XXX, 16 (wiedergegeben vorher in Anm. 122).

[124]) Vgl. Fischers Abh. Bd. 8 Heft 1 S. 144; vorher wiedergegeben in Anm. 33.

nach der abstrakten Richtung darf nicht aufkommen, weil der Kommittent auch ohne Stückekontogutschrift gegen den Kommissionär „ein Forderungsrecht auf Herausgabe von Stücken gleicher Art und Zahl“ hat und weil eine Novation der gedachten Art eine Sabotierung des unverzichtbaren Rechts des Kommittenten auf Erteilung eines Stückeverzeichnisses bedeuten würde. An eine Abschwächung dieses Rechts nach der Richtung eines Beweismittels wie bei der behandelten Aussonderung oder Sammeldepotgutschrift darf man nicht denken, weil keine Übereignung stattgefunden hat, die zu beweisen wäre [125]).

Es fragt sich nun, ob die eben zu a) und b) entwickelten Gedankengänge auch für den Verkehr zwischen Bankiers Anwendung finden müssen. Es soll hierbei unterstellt werden, daß die vom Kommissionär für den Bankierkommittenten angeschafften Werte vereinbarungsgemäß dem Stückekonto des letzteren gutgeschrieben sind und daß dieser nach den Ge-Geschäftsbedingungen seines Zentralbankiers auf die Übersendung eines Stückeverzeichnisses verzichtet hat.

Die rechtliche Bedeutung eines solchen Verzichts, der nach § 3 Abs. 2 Satz 2 DepG. zulässig ist und keiner Formstrenge unterliegt, ist streitig. Es kann hierzu auf die ausführliche Darstellung bei Düringer-Hachenburg-Lehmann [126]) hingewiesen werden.

Schuldet der Bankierkommittent, so bleibt der Kommissionär entsprechend der Stückekontogutschrift Stückekontoschuldner und der Kommittent ist auf den persönlichen Anspruch auf Ausfolgung oder Übereignung angewiesen, wobei sein Anspruch von seiner Vorleistung abhängig ist [127]). Der Kommisisonär bleibt Eigentümer mit der Verpflichtung, das Eigentum an den angeschafften Wertpapieren auf einem der vorher gezeigten Wege auf den Bankierkommittenten zu

[125]) Vgl. Anm. 65 und die Ausführungen, zu denen diese Anmerkung gemacht ist.

[126]) Anm. 26 zu Anh. I zum 3. Abschn. nach § 406 HGB., wo auch das Schrifttum zu dieser Frage wiedergegeben ist. Vgl. insbesondere die ausführliche Darstellung bei Rießer-Bernstein S. 166 ff.

[127]) Vgl. auch RG. 109, 324 = BankArch. XXIV, 269.

übertragen, sobald dieser nicht mehr schuldet. Eine Verfügung des Kommissionärs über die angeschafften, aber noch nicht bezahlten und noch nicht übereigneten Papiere ist nicht widerrechtlich im Sinn des § 9 DepG. Die vorher zu a) gemachten Ausführungen treffen auch hier zu.

Schuldet der Bankierkommittent dagegen nicht, so behält er trotz seines Verzichts auf Übersendung eines Stückeverzeichnisses den Anspruch auf Übereignung der Wertpapiere. Der Verzicht auf Übersendung des Stückeverzeichnisses hat nur die Bedeutung, daß er diese Übereignungsart nicht für sich beanspruchen und dementsprechend Rechte aus § 4 DepG. nicht herleiten kann. Es entspricht bankgewerblicher Berufsauffassung und den Belangen des Kommittenten, daß dann von dem vereinbarten Recht auf Stückekontogutschrift nicht Gebrauch gemacht wird, sondern daß dem Kommittenten unverzüglich Eigentum an den angeschafften Werten zu übertragen ist, sei es im Wege der Inverwahrnahme bestimmter Stücke oder durch Verschaffung von Girosammeldepotmiteigentum, unter Verbuchung auf Depotkonto (Sammeldepotkonto) [128]). Der Handelsbrauch, den Düringer-Hachenburg-Lehmann [129]) vermißt, ist also bereits von maßgeblicher Stelle angeregt und muß sich in der Praxis des Vereins für Depotprüfung herausbilden, soweit nicht schon jetzt von einem bestehenden Brauch gesprochen werden kann [130]). Bei dieser Sach- und Rechtslage müssen Verfügungen des Zentralbankiers über die für den Bankierkommittenten angeschafften Werte im Sinn des § 9 DepG. und der dazu ergangenen mehrfach erwähnten strafrechtlichen Rechtsprechung als widerrechtlich bezeichnet werden. Es sind hierfür dieselben Gründe maßgebend, die vorher zu b), betreffend

---

[128]) Vgl. das vorher wiedergegebene Rundschreiben des Centralverbands des Deutschen Bank- und Bankiergewerbes vom 24. November 1930 (a).

[129]) Vgl. Anm. 26 im Anh. I zum 3. Abschn. nach § 406 HGB.

[130]) Hinsichtlich der Aufnahme oder Nichtaufnahme der Stückekontoabrede in die Allg. Geschäftsbedingungen besteht allerdings kein einheitlicher Handelsbrauch (vgl. Anm. 91 und die Ausführungen, zu denen diese Anmerkung gemacht ist).

das Kommissionsgeschäft zwischen Bankier und Nichtbankier, angeführt worden sind, abgesehen natürlich von dem Argument, das sich aus der Unverzichtbarkeit des Rechts auf Erhalt eines Stückeverzeichnisses herleitet. Es wäre auch nicht einzusehen, warum der Bankierkommittent hier schlechter geschützt sein sollte als der Kommittent, der nicht selbst Bankgeschäfte betreibt. Er muß schon deshalb denselben Schutz genießen, weil sein Kommittent, dem er die Anschaffung vermittelt und dem er dabei als Kommissionär gegenübersteht, nicht dadurch benachteiligt werden darf, daß er seine Vermittlung in Anspruch nimmt. Aus dem Nummernverzicht des Bankierkommittenten kann man das freie Verfügungsrecht des Zentralbankiers nicht herleiten, denn das würde, wie Düringer-Hachenburg-Lehmann[131]) mit Recht ausführt, einen Verzicht auf effektiven Ankauf bedeuten. Die Rechtswidrigkeit würde nur — gegenüber dem Bankierkommittenten wie schlechthin gegenüber jedem Kommittenten — in den bereits erwähnten Fällen[132]) der fähigen Ersatzbereitschaft und der erteilten Verfügungsermächtigung zu verneinen sein. Was aber die Verfügungsermächtigung durch den Kommittenten anlangt, so würde sie auch in dem hier behandelten Fall des Nichtschuldens nicht den Belangen des Kommittenten entsprechen und vom Standpunkt bankgewerblicher Berufsauffassung nicht zu rechtfertigen sein.

Eine besondere Stellung nehmen die Eigenhändlergeschäfte ein, in welcher Form der Handel in Kuxen, amtlich nicht notierten Aktien, Schuldverschreibungen und Anteilen abgewickelt wird. Es handelt sich hierbei nicht um Kommissionsgeschäfte, weshalb auf diese Geschäfte die Vorschriften des Depotgesetzes, die sich mit der Kommission befassen, nicht zur Anwendung kommen[133]). Es kommt auch eine sinnge-

---

[131]) Anm. 26 im Anh. I zum 3. Abschn. nach § 406 HGB.

[132]) Vgl. Anm. 105 und die Ausführungen, zu denen diese Anmerkung gemacht ist.

[133]) Vgl. die ausführliche Darstellung bei Rießer-Bernstein S. 168 ff.

mäße Anwendung dieser Vorschriften nicht in Frage, da die sonderrechtlichen Schutzvorschriften eine so weite Auslegung nicht zulassen. Eine Verfügung des Verkäufers über die dem Käufer „überlassenen“, aber noch nicht für ihn in Verwahrung genommenen — vielmehr auf Stückekonto gutgeschriebenen — Werte kann nicht als widerrechtlich im Sinn des § 9 DepG. und der strafrechtlichen Rechtsprechung dazu in Frage kommen. Dieser Strafschutz beschränkt sich auf die Verwahrungs- (Pfand-) und Kommissionsgeschäfte [134]). Aus dieser Sach- und Rechtslage darf aber nicht gefolgert werden, daß vom Standpunkt bankgewerblicher Berufsauffassung der Verkäufer frei zu seinem Nutzen verfügen darf. Bei der Abwicklung des Eigenhändlergeschäfts wird man vielmehr insoweit nach denselben Grundsätzen zu verfahren haben wie bei der Abwicklung der Kommissionsgeschäfte, und es entspricht auch den Belangen der Bankkundschaft, daß in den Geschäftsbedingungen eine einheitliche Behandlung vorgesehen ist.

Alle diese Betrachtungen führen zu dem Ergebnis, daß die Stückekontoabrede im Anschaffungsgeschäft ihre gute Bedeutung im Sinn der Vorleistungspflicht des Kommittenten hat, daß es aber in erster Linie nicht auf die mehr oder weniger weite Fassung dieser Abrede ankommt, als vielmehr auf die Frage, ob der Kommittent „schuldet“ oder nicht. Von dieser Erkenntnis werden die Banken und Bankiers auszugehen haben, wenn sie daran gehen, die übliche Stückekontoabrede den Ergebnissen aus den verschiedenen Reichsgerichtsentscheidungen in Zivil- und Strafsachen anzupassen. Es werden dabei auch die in dem erwähnten Rundschreiben des Centralverbands des Deutschen Bank- und Bankiergewerbes nie-

[134]) Der Tatbestand des § 246 StrGB. (Unterschlagung) ist nicht gegeben, da es sich nicht um Verfügung über fremdes Eigentum handelt.

dergelegten Standesauffassungen sowie die Richtlinien des Vereins für Depotprüfung zu beachten sein.

Bei der Gestaltung der Geschäftsabrede, betreffend das Verfügungsrecht des Kommissionärs über angeschaffte Stücke, darf man sich aber nicht damit begnügen, diese lediglich auf die Frage abzustellen, ob der Kommittent schuldet [135]) oder nicht, oder, von der anderen Seite gesehen, ob er vollständig erfüllt hat oder nicht (§ 7 a DepG.). Akademisch betrachtet, bietet der Begriff der vollständigen Erfüllung keine Schwierigkeiten. Er bedeutet Zahlung des Kaufpreises einschließlich Provision und Spesen. Für die Praxis muß man aber von dem Regelfall ausgehen, daß zwischen dem Kommissionär und dem Kommittenten ein Kontokorrentverhältnis besteht und daß im Kontokorrent alle Geschäftsvorfälle, nicht nur die aus dem Kommissionsgeschäft, ihren Niederschlag finden. Die Einzahlungen des Bankkunden sind dann nicht als auf ein bestimmtes einzelnes Geschäft geleistet anzusehen [136]). Offen bleibt aber noch die Frage, ob eine vollständige Erfüllung schon vorliegt, wenn nach Ausführung der Einkaufskommission das Kontokorrent vom Bankkunden zu irgendeiner Zeit, wenn auch nur ganz vorübergehend, glattgestellt war. Soll dann das Geschäft als vollständig erfüllt gelten [137]), so würde dies das Verfügungsrecht des Bankiers praktisch in bedenklicher Weise beeinträchtigen, insbesondere in den nicht seltenen Fällen, in denen eine — ausdrückliche oder stillschweigende — Kreditzusage des Bankiers vorliegt. Dies gilt auch dann, wenn der Bankkunde von der Kreditzusage noch nicht Gebrauch gemacht hat. Im Sinn der

---

[135]) Dieser Ausdruck wurde bisher der Kürze wegen angewendet.

[136]) Vgl. Rießer-Bernstein S. 170 Anm. 1; Staub-Koenige Anm. 106 im Anh. zu § 424 HGB.; Schütz: BankArch. XXIII, 131; Otto Bernstein: BankArch XXV, 440, dieser — mit Recht — gegen Schumann, Bankverwahrung und Konkurs, S. 15; vgl. hierzu auch Düringer-Hachenburg-Lehmann Anm. 27 a Nr. 3 Anh. I zum 3. Abschn. nach § 406 HGB. und RG.: BankArch. XXVII, 302, auch LG. und RG: BankArch XXXI, 269.

[137]) So Düringer-Hachenburg-Lehmann Anm. 26 u. 27 a Nr. 3 Anh. I zum 3. Abschn. nach § 406 HGB.

Stückekontoabrede erscheint es auch gerechtfertigt, die nicht eigentlichen Kredite, wie den Diskontkredit, Avalkredit, die Verbindlichkeit aus einem Kreditauftrag u. dgl., einzubeziehen.

Um alle diese Zweifel zu beseitigen und Unstimmigkeiten vorzubeugen, aber auch den Belangen beider Vertragsparteien gerecht zu werden, wird es sich empfehlen, in den Allgemeinen Geschäftsbedingungen die bisher übliche Kommissionsabrede (vgl. Anm. 93) wie folgt zu fassen:

„Das Bankhaus ist berechtigt, Wertpapiere — mit Ausnahme von auslosbaren Papieren —, die es für einen Geschäftsfreund auf Grund eines Kommissionsauftrags angeschafft oder ihm auf Grund eines Kaufvertrags als Eigenhändler verkauft hat, mangels anderer Weisung[138]) entweder unmittelbar oder durch eine Bankverbindung im Sammeldepot bei einer deutschen Effektengirobank verwahren zu lassen; der Geschäftsfreund erwirbt dann Miteigentum am Sammeldepot.

Gegenüber Geschäftsfreunden, denen ein Kredit irgendwelcher Art zugesagt ist oder die, auch ohne daß eine Kreditzusage vorliegt, Kredit irgendwelcher Art in Anspruch nehmen oder zu nehmen pflegen, ist das Bankhaus dagegen berechtigt, diese Wertpapiere, statt sie für den Geschäftsfreund in Verwah-

[138]) Der Kommittent behält also die Handlungsfreiheit. Die Sammelverwahrung wird ihm nicht durch die generelle Sammelverwahrungsabrede aufgezwungen, wie das im Schrifttum gelegentlich behauptet wird (vgl. z. B. Ruth, Das Depotgesetz und seine Reform S. 35 und Koch: Bankwissenschaft 1932, 243). Jeder Bankdepotkunde wird erst einmal gefragt, wie er sich grundsätzlich zur Sammelverwahrung stelle. Im Ablehnungsfall, also bei „anderer Weisung", bleibt es beim Sonderdepot (vgl. Opitz: JW. 1930, 1373).

rung zu nehmen, auf Stückekonto gutzuschreiben; in diesem Fall erwirbt der Geschäftsfreund kein Eigentum an Wertpapieren, sondern nur ein Forderungsrecht an das Bankhaus auf Herausgabe von Wertpapieren der gebuchten Art und Menge, und dem Bankhaus steht die freie Verfügung über die Wertpapiere zu.

Das gesetzliche Recht des Geschäftsfreunds, gegen Zahlung des Kaufpreises die Übersendung eines Stückeverzeichnisses nach Maßgabe des § 3 des Bankdepotgesetzes anzufordern, wird durch den Inhalt der beiden vorstehenden Absätze nicht berührt; das Bankhaus ist jedoch in jedem Fall berechtigt, statt der Übersendung des Stückeverzeichnisses dem Geschäftsfreund die Papiere selbst herauszugeben oder ihm den Herausgabeanspruch an eine zur Verwahrung der Stücke bestimmte dritte Stelle abzutreten.

Ist der Geschäftsfreund ein Kaufmann, der gewerbsmäßig Bank- oder Geldwechslergeschäfte betreibt, so gilt bei allen auf die Anschaffung von Wertpapieren — mit Ausnahme von auslosbaren Papieren — gerichteten Aufträgen oder Eigengeschäften der Verzicht des Geschäftsfreunds auf Übersendung des Stückeverzeichnisses als ein- für allemal erteilt.

Die mündliche Verhandlung vor den Finanzgerichten als Rechtsschutzbedürfnis.

Von Rechtsanwalt Dr. Richard Wrzeszinski in Berlin.

I.

Rechtsschutz und mündliche Verhandlung.

In den wirtschaftlichen Nöten und den seelischen Spannungen, die das deutsche Volk in einem unerwarteten zeitlichen Ausmaße zu durchleben hat, ist sein Rechtsschutzbedürfnis besonders lebhaft und beachtenswert. Das ideale Ziel dieses Rechtsschutzbedürfnisses wird stets die Rechtssicherheit sein; es ist, wie jedes Ideal, nicht vollkommen erreichbar, zumal das Recht nur die gegebenen Wirtschaftsverhältnisse zu ordnen vermag und daher durch deren Schwankungen mitbetroffen wird.

Immerhin wird eine Rechtsprechung, die im besten Sinne volkstümlich sein, d. h. die den Richtertisch vom Publikum trennende Schranke nicht auch wider das gegenseitige Verständnis aufrichten will, gerade diesem gesteigerten Rechtsschutzbedürfnisse entgegenkommen, und soweit die Möglichkeiten der Rechtsfindung hierfür nicht ausreichen, wird es Aufgabe der Gesetzgebung sein, dem Richter und durch ihn dem Volke zu helfen.

Eine der wichtigsten Stützen des Rechtsschutzes ist die mündliche Verhandlung (fortan: m. V.) vor dem erkennenden Gericht. Sie allein bringt das Gericht mit dem Rechtsuchenden in persönliche Fühlung und schlägt schon hierdurch die Brücke des Vertrauens von der Partei zum Spruchrichter. Sie verhütet, daß der sich in mehreren

Rechtszügen aufhäufende Aktenstaub den lebendigen Inhalt der Akten wie Flugsand vergräbt und die richterliche Leistung unfruchtbar macht.

Wir haben die m. V. in unverfälschter Form vor dem Strafgericht. Im Zivilprozeß ist sie gesetzlich vorgeschrieben (§ 128 ZPO.); der Entwurf einer neuen ZPO. (§ 228) sucht die Mündlichkeit weiter zu befestigen; ihre Ausgestaltung ist noch stark verbesserungsfähig [1]). Im Steuerverfahren ist sie, soweit die letzte Tatsacheninstanz in Frage kommt, gesetzlich unzureichend gesichert und durch die Praxis in ihrem Wert ungemein verringert.

II.

Die Gesetzeslage hinsichtlich der m. V. im Steuerverfahren.

1. Finanzgerichte.

Zur Entscheidung über das Rechtsmittel der Berufung sind den Landesfinanzämtern Finanzgerichte angegliedert. Diese entscheiden als Kammern in der Besetzung von fünf Mitgliedern, von denen zwei ständig und drei im Ehrenamte tätig sind. Die ständigen Mitglieder werden vom Reichsminister der Finanzen für die Dauer ihres Hauptamtes aus den Mitgliedern des Landesfinanzamtes bestellt. Die Mitglieder der Finanzgerichte sind als solche unabhängig und nur dem Gesetz unterworfen [2]).

Das Finanzgericht kann m. V. anordnen und ist hierzu verpflichtet, wenn ein Mitglied des Gerichts es verlangt. Ein Antrag auf Anberaumung der m. V. kann nur durch einstimmigen Gerichtsbeschluß zurückgewiesen werden. Wird m. V.

[1]) Vgl. den für den Zivilprozeß geschriebenen, in seinen Grundgedanken aber auch hier einschlägigen Aufsatz von Ernst Wolff, Die mündliche Verhandlung, Judicium 1931 S. 275 ff.

[2]) §§ 14, 15 RAbgO. Die RAbgO. (auf die Paragraphen ohne Zusatz stets verweisen) wird nachstehend in ihrer ursprünglichen Paragraphenbezeichnung zitiert. An die Ziffernfolge der Neufassung vom 22. Mai 1931 hat man sich bisher noch nicht gewöhnt. Die Preisgabe der wohlvertrauten bisherigen Numerierung war ein wenig glücklicher Gedanke.

angeordnet, so erhalten die Beteiligten Nachricht vom Termin mit der Eröffnung, daß ihnen das Erscheinen freigestellt und bei ihrem Ausbleiben nach Lage der Sache entschieden wird. Der Vorsitzende leitet die Verhandlung; er oder ein Mitglied des Gerichts trägt die Sache vor. Dann hört das Gericht die Beteiligten. Der Vorsitzende wirkt dahin, daß der Sachverhalt aufgeklärt wird und sachdienliche Anträge gestellt werden. Über tatsächliche Verhältnisse entscheidet das Gericht nach seiner freien, aus der Verhandlung und einer Beweisaufnahme geschöpften Überzeugung. Ist m. V. angeordnet, so dürfen der Entscheidung nur solche Tatsachen und Beweise zugrundegelegt werden, zu denen sich zu äußern die Parteien Gelegenheit hatten [3]).

2. Reichsfinanzhof.

Die Mitglieder des Reichsfinanzhofes werden vom Reichspräsidenten auf Lebenszeit ernannt. Sie sind als solche unabhängig und nur dem Gesetz unterworfen; auf sie findet Art. 104 RV. Anwendung. Als Spruchbehörde entscheiden die Senate des RFH. in der Besetzung von fünf Mitgliedern [4]).

Über die Rechtsbeschwerde ist vor dem RFH. mündlich zu verhandeln, wenn es ein Beteiligter beantragt oder wenn es der Vorsitzende des Senats oder der Senat für angemessen hält. Auch wenn m. V. beantragt ist, kann vorerst ohne eine solche entschieden werden, jedoch ist jeder Beteiligte berechtigt, binnen zwei Wochen nach Zustellung die Anberaumung der m. V. zu beantragen; andernfalls gilt der Vorbescheid als Urteil [5]).

Die Vorschriften für die Finanzgerichte und den RFH. unterscheiden sich in zwei wesentlichen Punkten: die ständigen Mitglieder der Finanzgerichte genießen — im Gegensatz zu den Mitgliedern des RFH. — nicht volle richterliche Unabhängigkeit, da Art. 104 RV. nicht auf sie für anwendbar erklärt ist; des weiteren kann der Antrag eines

---

[3]) §§ 252, 253, 256, 258, 259.

[4]) §§ 34, 36, 32 Abs. 3.

[5]) § 273.

Beteiligten auf Anberaumung der m. V. durch einstimmigen Beschluß des Finanzgerichts zurückgewiesen werden, während vor dem RFH. jeder Beteiligte die Ansetzung der m. V. verlangen kann.

III.

Die Gestaltung der m. V. in der Praxis der Finanzgerichte.

Man begeht keine Übertreibung, wenn man feststellt, daß die m. V. vor dem Finanzgericht eine seltene Ausnahme bildet. Von amtswegen wird sie kaum jemals anberaumt, und Anträge der Beteiligten auf m. V., die in der Regel von den Steuerpflichtigen ausgehen, werden in der überwiegenden Mehrzahl zurückgewiesen. Das Erfordernis der Einstimmigkeit für den zurückweisenden Beschluß hat sich als ein recht problematischer Schutz für die Steuerpflichtigen herausgestellt. Wenn die beiden ständigen Mitglieder des Gerichts den ehrenamtlichen Beisitzern darlegen, daß der Sachverhalt für sie durchaus geklärt sei, und daß dessen mündlicher Vortrag durch die Beteiligten oder deren Verfahrensbevollmächtigten daher nur einen Zeitverlust darstellen würde, so wirkt diese Erklärung offenbar meist beruhigend und läßt die ehrenamtlichen Mitglieder auf einen Widerspruch gegen die Zurückweisung verzichten. Dies ist auch nicht verwunderlich; die zum großen Teil mit Steuerrechtsfragen nicht näher vertrauten ehrenamtlichen Beisitzer gehen davon aus, daß die beiden Fachleute schon richtig beurteilen werden, ob die m. V. noch weitere Aufschlüsse zu geben vermag, würden auch bei mehr entwickelter Sachkunde vor einer m. V. sich garnicht darüber klar werden können, was von dieser zu erwarten ist.

Die Rechtsprechung des RFH. hat, obwohl seine Überlastung zum erheblichen Teil auf das Fehlen einer echten richterlichen Tatsacheninstanz zurückzuführen ist, diese dem wortdeutlichen Sinn des Gesetzes widersprechende Entwicklung nicht zu hemmen vermocht.

Wohl hat der RFH. in der Verletzung der Vorschriften

über die Anberaumung einer m. V. einen wesentlichen, zur Aufhebung der Vorentscheidung führenden Mangel erblickt, wenn nach Lage des Falles auch nur die Möglichkeit — nicht notwendig die Wahrscheinlichkeit — besteht, daß die angefochtene Entscheidung auf Grund einer m. V. anders ausgefallen wäre [6]). Diese Möglichkeit sollte nur ganz ausnahmsweise verneint werden dürfen, und zwar kaum jemals aus tatsächlichen Gründen, da die Vervollständigung und Klarstellung des aktenmäßigen Sachverhalts gerade das Wesen der m. V. ausmacht. Diese Folge zieht der RFH. aus seiner grundsätzlichen Stellungnahme jedoch nicht immer. So begegnet man in Entscheidungen der Ausführung, daß auch im Falle einer — nicht formgerecht abgelehnten — m. V. eine andere Entscheidung des Finanzgerichts nicht ergangen wäre, der an sich zweifelsfreie Verfahrensmangel mithin kein wesentlicher und das Urteil nicht aufzuheben sei [7]).

Bedenklich sind hierbei die vom RFH. nach folgender Richtung angestellten Erwägungen: An sich sei es nicht ausgeschlossen, daß in der m. V. weitere Gründe vorgebracht worden wären. Da aber der Beschwerdeführer schreibgewandt sei, dürfe man unterstellen, daß er sie in seinen Rechtsmittelschriften geltend gemacht haben würde, wenn sie ihm zur Seite gestanden hätten. Würde er sie erst neu in der m. V. vor dem Finanzgericht vorgetragen haben, so hätte ihm dieses wohl entgegengehalten, daß sie nicht belegt seien und daher keine Berücksichtigung verdienen [8]). Mit dem Hinweise auf die Schreibgewandtheit, die unter den Steuerpflichtigen vorherrschend und, soweit sie durch Anwälte vertreten werden, stets vorhanden ist, könnte man die meisten Anträge auf m. V. ablehnen. Die Erfahrungen der ordentlichen Gerichte und auch des RFH., aus dessen Mitte die Vorteile einer m. V. im Gespräch zwischen Richter und Anwalt häufig

---

[6]) RFH. (VI. Sen.) StW. 1927 Nr. 542 und 1930 Nr. 338, ferner (III. Sen.) StW. 1931 Nr. 62.

[7]) RFH. (VI. Sen.) StW. 1927 Nr. 542 und (III. Sen.) StW. 1930 Nr. 1321.

[8]) StW. 1927 Nr. 542.

anerkannt worden sind, stehen der Ansicht entgegen, daß Schreibgewandtheit den fruchtbaren Gedankenaustausch einer m. V. entbehrlich machen könne. Man schreibt an ein unsichtbares Gericht, ohne zu wissen, was diesem als erheblich erscheinen wird; man spricht vor einem Gericht, dessen Richter bei zweckdienlicher Gestaltung der m. V. dieser den Weg weisen und den Beteiligten ermöglichen, ihren Vortrag gerade auf diejenigen Punkte zu richten, die für das erkennende Gericht wesentlich sind. Ebensowenig trifft die — vom RFH. offenbar nur auf den Einzelfall bezogene — Auffassung etwa allgemein zu, daß der neue Vortrag in der m. V. als nicht belegt hätte unberücksichtigt bleiben müssen; die Aufgabe der m. V. und des richterlichen Fragerechts ist ja gerade, die Beteiligten zu beweiskräftiger Belegung noch unbewiesener Angaben zu veranlassen.

Erwägt man, daß der Vorsitzende eines Finanzgerichts — natürlich ohne hierfür die Billigung des RFH. zu finden — einmal die Verfahrensrüge mit der Erklärung zu entkräften gesucht hat, daß der von ihm nicht beachtete Antrag auf m. V. bei Beratung durch das Finanzgericht zweifellos einstimmig abgelehnt worden wäre [9]) so wird man der Gefahren einer Rechtsprechung sich bewußt, die eine derartige Verfahrensverletzung nicht als absoluten Aufhebungsgrund anerkennt. Wer je richterliche Tätigkeit ausgeübt hat, weiß, wie wenig das Ergebnis einer Abstimmung vorhersehbar ist. Die Äußerung des Gerichtsvorsitzenden läßt daher nur darauf schließen, daß die Abstimmungen in concreto nicht immer einer gründlichen Beratung und damit dem Geiste des Gesetzes entsprechen.

Eine systematische, also nicht statthafte Ablehnung von Anträgen auf m. V. wird auch durch höchstgerichtliche Entscheidungen gefördert, die es für zulässig erklären, daß der Beschluß des Finanzgerichts über den Antrag nicht in besonderer Sitzung vor der Fällung des Urteils zu erfolgen brauche [10]). Dieser Standpunkt genügt dem Wortlaut des

[9]) RFH. (II. Sen.) StW. 1926 Nr. 426.
[10]) RFH. (VI. Sen.) StW. 1929 Nr. 490.

Gesetzes in höherem Grade als seiner Zweckbestimmung. Er will dem Finanzgericht einen Zeitverlust ersparen, wird jedoch der psychologischen Wirkung einer derartigen Befugnis nicht gerecht: wenn die Kammer einmal zur Entscheidung über einen Fall versammelt ist, wird sie sich ungern dazu entschließen, dem Antrage stattzugeben und dadurch eine Vertagung herbeizuführen, vielmehr die Ablehnung vorziehen.

Die praktische Entwicklung hat hiernach ein recht widerspruchsvolles Ergebnis gezeitigt. Vor dem RFH., dessen Senate mit erlesenen, völlig unabhängigen Richtern besetzt sind und nur die Rechtsfragen zu entscheiden haben, besteht ein unentziehbares Recht auf m. V. Vor den Finanzgerichten dagegen ist die m. V. in das Ermessen des Gerichts gestellt. Dabei werden dessen ständige Mitglieder bei bestem Willen und Streben nach voller Objektivität den Zwiespalt ihrer vom Standpunkte des Rechtsschutzes aus unvereinbaren Funktionen als Hüter fiskalischer Interessen und Richter gegenüber Fiskus und Steuerpflichtigem nicht immer überwinden. Die ehrenamtlichen Mitglieder andererseits werden nur in Ausnahmefällen sich darüber Rechenschaft ablegen können, ob die m. V. die vom RFH. für hinreichend erachtete Möglichkeit bieten würde, den Sachverhalt oder die Rechtslage abweichend von dem Aktenbild erscheinen zu lassen. So ist es um den Rechtsschutz bei den Finanzgerichten bestellt, also bei derjenigen richterlichen Instanz, die dem Rohstoff der Tatsachen die endgültige Form gibt.

IV.

Der unschätzbare Wert der m. V.

Wenn die Bedeutung der m. V. vielfach unterschätzt wird, so ist dies nicht in ihrem Wesen, sondern in einer wesensfremden Handhabung der Verhandlung begründet [11]). Eine m. V., in der der Berufungsführer lediglich das von

---

[11]) Vgl. auch Wolff a.a.O. S. 278, 279.

ihm eingelegte Rechtsmittel rechtfertigt, der Vertreter des Finanzamtes erwidert, darauf sein Gegner zu dieser Entgegnung Stellung nimmt und schließlich der Finanzamtsvertreter sich abschließend äußert, ist nicht eine sinnreiche m. V., sondern meist nur eine verschlechterte Wiederholung des Akteninhalts. Leben gewinnt und Nutzen gewährt die m. V. nur, wenn sie zu einer Aussprache mit dem Gericht führt, wenn dieses die Aufmerksamkeit der Beteiligten auf noch erörterungsbedürftige Punkte, insbesondere auch auf erhobene Beweise, lenkt und mit offenem Visier zu erkennen gibt, was für seine Entscheidung bedeutungsvoll und was für diese ohne Wert ist. Dann kann der bisherige Sachvortrag eine das Gericht oft überraschende Ergänzung erfahren und die Gefahr beseitigt werden, daß das Urteil auf einem unvollständigen und daher fehlerhaften Tatbestande aufgebaut wird und der Beteiligte erst im Rechtsbeschwerdeverfahren die Folgen aus einer ihm bis zur Fällung des Urteils unbekannt gebliebenen Einstellung der Vorinstanz zieht. Wieviele Anrufungen des RFH. würden unterbleiben, wieviele unrichtige, aber wegen formaler Unangreifbarkeit in Rechtskraft übergehende Urteile der Finanzgerichte würden vermieden werden, wenn letztere in wesentlich erweitertem Umfange auf Grund einer m. V. entscheiden würden. Allerdings darf bei dieser Verhandlung nicht an dem buchstäblichen Ausdruck des § 256 Abs. 1 Satz 3 gehaftet werden, daß das Gericht die Beteiligten „höre". Wie Becker[12]) mit Recht ausführt, findet ein Gehör der Beteiligten nur statt, wenn sie Gelegenheit haben, sich über alle Punkte, auf die es ankommt oder bei allseitiger rechtlicher Prüfung ankommen könnte, erschöpfend auszulassen. Dieses Ziel kann indes nur dann erreicht werden, wenn an die Stelle einer mechanischen Aktenreproduktion ein lebendiger Gedankenaustausch zwischen Gericht und Beteiligten tritt.

Durch eine zweckmäßig gestaltete m. V. würde der Steuerpflichtige zugleich Gelegenheit haben, das Finanzgericht mehr als bisher in seiner richterlichen Tätigkeit kennen

[12]) Komm. z. RAbgO. 7. Aufl. Anm. 3 zu § 256.

zu lernen und zu dieser Instanz Vertrauen zu fassen. Wenn das Finanzgericht vielen nur als eine zeitraubende und kostenverursachende Verfahrensstufe zwischen Finanzamt und RFH. erscheint, so liegt dies wesentlich an dem meist üblichen Geheimverfahren. Ein Gericht, dessen Tätigkeit sich nicht vor den Augen der Öffentlichkeit vollzieht, wird vom Volk nicht als ein wahres Gericht anerkannt. Die grundsätzlich fehlerhafte Vorstellung, daß das Finanzgericht vornehmlich die Belange des Steuerfiskus berücksichtige, wird durch die hauptamtliche Stellung seiner ständigen Mitglieder genährt. Auch die Verfügung des Reichsfinanzministers vom 30. Dezember 1922 [13]), daß regelmäßig eine Vertretung des Finanzamtes in der m. V. vor dem Finanzgericht nicht erforderlich sei, fördert eine Verkennung der Unabhängigkeit der Finanzgerichte.

Des weiteren würden die ständigen Mitglieder des Finanzgerichts durch Gerichtsverhandlungen noch stärker auf den Unterschied zwischen ihrer hauptamtlichen und ihrer richterlichen Tätigkeit hingewiesen werden. Daß die Verbindung dieser beiden Funktionen höchst unerwünscht ist, war schon oben hervorzuheben. Es ist wohl kein Einzelfall, sondern eine Folge der Verbindung abhängiger und unabhängiger Amtsarbeit, wenn der stellvertretende Vorsitzende eines Finanzgerichts auf einen im schriftlichen Verfahren gestellten Beweisantrag den Antragsteller dahin beschied, dem Antrage könne nur stattgegeben werden, wenn der Antragsteller in jedem Fall, also auch sofern der Beweis der erheblichen Tatsache erbracht werde, die Kosten der Beweisaufnahme zu tragen sich verpflichte.

Zugleich dürfte das Interesse der Laienbeisitzer durch eine gut geleitete m. V. mehr Farbe gewinnen; der Laie empfindet die rein aktenmäßige Rechtsfindung noch wesentlich ernüchternder als der rechtsgelehrte Richter.

Auch würde das Gericht schriftsätzliche Fechterstücke, die Becker einmal als „wunderliche Papiermanöver" [14])

[13]) III. P. 33579, zitiert bei Becker Komm. Anm. 3 zu § 253.

[14]) StW. 1932 S. 484.

kennzeichnet, durch entsprechende Erörterung in der m. V. erledigen können.

Die Annahme, daß die zwingende Anordnung der m. V. vor den Finanzgerichten zu deren Überlastung hätte führen oder die Kosten zu sehr hätte steigern können [15]), ist keineswegs stichhaltig. Der Zeitverlust ist bei der jetzigen Praxis der Finanzgerichte ein wesentlich größerer. Im schriftlichen Verfahren werden monatelang Schriftsätze gewechselt, in denen sich die Beteiligten häufig auf Abwegen verlieren, weil sie nicht wissen, welcher Teil des eigenen oder gegnerischen Vorbringens für das erkennende Gericht von Interesse ist. Der Gerichtsvorsitzende pflegt hierbei meist die Erklärungen des einen Teils dem anderen ohne erläuternde Bemerkungen zu übersenden, da er der Auffassung des Gerichts nicht vorgreifen kann und will. Zu diesem Zeitverlust tritt auch ein beträchtlicher Kostenaufwand, da die lange Dauer des Berufungsverfahrens häufig einen Wechsel der Sachbearbeiter bedingt, die sich dann stets neu in die Sache einarbeiten müssen.

Becker [16]) hebt hervor, daß das Finanzgericht seine Überzeugung im Urteil sorgfältig begründen und dazu alle ihm zu Gebote stehenden Erkenntnisquellen, soweit sie für die Bildung seiner Überzeugung von Bedeutung sein können, benutzen und erschöpfen müsse. Das sind goldene, in der Zeit bitterer Wirtschaftsnot und harten Steuerdrucks besonders beherzigenswerte Worte. Sie führen dazu, die Erkenntnisquelle nicht ungenutzt zu lassen, die der Steuerpflichtige selbst in der m. V. bietet.

An anderer Stelle [17]) betont Becker, daß die leitenden Grundsätze des Steuerrechts nur im Feuer der praktischen Erfahrungen gebildet werden können. Ich bleibe in diesem Bilde: die richterliche Überzeugung kann zu einem kristallklaren Urteil nur in dem Feuer der Rede und Gegenrede der

---

[15]) Becker Komm. Anm. 2 zu § 252.

[16]) Komm. Anm. 3 zu § 258.

[17]) Von der Selbständigkeit des Steuerrechts, StW. 1932 S. 481 ff., hierfür 504.

Beteiligten gehärtet werden. Wie oft haben Richter und Anwälte erlebt, daß dickleibige Schriftsätze in der m. V. zerfielen und, angeregt durch den Gedankenaustausch der m. V., tatsächliche Anführungen oder Rechtsausführungen neu hervortraten, die dem Gerichtsurteil die Gestalt gaben.

Vor dem RFH. kann der Antrag auf m. V. auch nach Zustellung des Vorbescheides (§ 273 Abs. 2) gestellt werden, obwohl dieser bereits die Ansicht des Senats wiedergibt. Becker[18]) erblickt mit Recht einen Vorzug darin, daß die Beteiligten aus dem Bescheide die vorläufige Rechtsauffassung des RFH. erfahren und diese insbesondere mit solchen Bedenken bekämpfen können, die sich hieraus für den Verkehr ergeben. Auch das Verfahren vor dem Finanzgericht kennt einen entsprechenden vorläufigen Bescheid des Vorsitzenden[19]), der jedoch an die Mitwirkung eines ehrenamtlichen Mitgliedes geknüpft und in der Praxis einigermaßen selten ist. Umsomehr kommt es darauf an, daß der Steuerpflichtige in der m. V. sich mit der in ihr zutagetretenden Anschauung des Gerichts auseinandersetzen kann.

V.

Die m. V. als Erfordernis der „wirtschaftlichen Betrachtungsweise".

In engem Zusammenhange mit dem hier erörterten Problem stehen die sog. wirtschaftliche Betrachtungsweise und ihre Auswirkungen. Um den Rahmen der vorliegenden Abhandlung nicht zu sprengen, darf diese für die Methodik unserer Steuerrechtsprechung grundlegende Frage hier nur unter einem bestimmten Gesichtswinkel erörtert werden.

Die von dem Präsidenten des VI. Senats des RFH. inaugurierte wirtschaftliche Betrachtungsweise hat gegenwärtig die Kraft einer vollendeten Tatsache. Sie beherrscht die Mehrzahl der Senate des RFH., sodaß es im Interesse einer einheitlichen Rechtsprechung zu begrüßen wäre, wenn

---

[18]) Komm. Anm. 1 zu § 273.

[19]) § 251 Abs. 2, 3.

alle Senate ihr folgen würden. Die Wirtschaft vermag sich auch in einer ungünstigen Steuerrechtslage einzurichten; sie wird aber verwirrt, wenn beispielsweise — und zwar ohne zwingenden Grund — der Treuhänder im Grunderwerbsteuerrecht als der wahre Eigentümer, im Einkommen- und Vermögensteuerrecht dagegen als Platzhalter des wirtschaftlichen Eigentümers behandelt, mithin der Treugeber im ersten Falle nicht beachtet, im zweiten zum Steuerträger gestempelt wird.

Grundsätzlich darf hier wiederholt werden, was ich vor einigen Jahren an anderer Stelle [20]) ausgeführt habe:

> „Gewiß wird kein Einsichtiger es beklagen, daß die Rechtsprechung sich mehr und mehr von einer rein formalen Konstruktionsjurisprudenz freigemacht hat, die aus den Wolken ihres Begriffshimmels die Dinge, wie sie wirklich sind, nicht zu sehen vermag. Der Rechtskörper muß von dem Blut des Wirtschaftslebens durchströmt werden. Er muß den Pulsschlag der Zeit fühlen lassen, wenn die Rechtssätze nicht versteinern, sondern sich der Entwicklung des Rechtslebens anpassen sollen. Indes darf das Blut nicht die Adern sprengen; sonst verschwimmen die Linien einer klaren Rechtsentwicklung."

Die wirtschaftliche Betrachtungsweise kann nur dann unserem Wirtschaftsleben Segen bringen, wenn die auf ihr beruhenden Entscheidungen in allen einigermaßen erheblichen Fällen nicht hinter verschlossenen Türen, sondern auf Grund einer m. V. ergehen, in der die zu klärenden Tat- und Rechtsfragen von allen Seiten beleuchtet werden. Dies gilt für die Rechtsprechung der Finanzgerichte nicht minder als für den RFH., für erstere sogar in verstärktem Maße, sofern wichtige Tatfragen zu entscheiden sind. Gerade wenn es der zeitgenössischen Steuerrechtsprechung als geboten erscheint, sich von der Bindung an altgewohnte bürgerlichrechtliche Begriffe zu lösen, wenn an Stelle einer das Positiv-

---

[20]) Bankarchiv 1928 S. 96, 97.

Grundsätzliche in den Vordergrund rückenden Judikatur eine Rechtsfindung tritt, die — ähnlich den Pandekten — den engen Zusammenhang jeder Entscheidung mit dem Einzelfall, aus dem sie erwächst, betont, gerade dann ist die m. V. besonders berufen, den Einklang der für den konkreten Fall zu treffenden Entscheidung mit den allgemein gültigen Erfordernissen des Wirtschaftslebens zu wahren. Nur durch die lebendige Wirkung der m. V. kann verhütet werden, daß die wirtschaftliche Betrachtungsweise — unrichtig verstanden — zu einer die Rechtsprechung mehr und mehr subjektivierenden, gefühlsmäßigen freirechtlichen Betrachtungsweise entartet.

Hinzu kommt, daß sich neuerdings in der Rechtsprechung des RFH. die Tendenz ausprägt, unter dem Gesichtspunkte der Gleichmäßigkeit der Besteuerung das Wirtschaftsleben steuerrechtlich zu typisieren [21]). Hier kann nur durch die m. V. die Gefahr abgewendet werden, daß dieser Grundsatz von den Finanzgerichten mißverstanden wird und sie nicht nur verschleierte, also das Wesen durch die Form vergewaltigende, sondern auch einwandfreie, kaufmännisch wohldurchdachte und den wirtschaftlichen Erfordernissen entsprechende Rechtsgestaltungen auf das Prokrustesbett eines einseitigen Fiskalismus strecken und hierdurch das Rechtsgut der Vertragsfreiheit verletzen.

Die m. V. hat hiernach die wahrhaft zeitgemäße Aufgabe, durch weitgehende Aufklärung der Steuertatbestände die Nachprüfung zu ermöglichen, ob und inwieweit gewisse Anschauungen der Steuerrechtsprechung ganz allgemein mit der auch vom RFH. für maßgebend erklärten Verkehrsauffassung übereinstimmen, sowie ob und inwieweit nach den Bedürfnissen des Wirtschaftsverkehrs die grundsätzliche Anschauung auf den zu entscheidenden Einzelfall anwendbar ist. Dies soll an wenigen Beispielen aus dem Einkommensteuerrecht gezeigt werden.

[21]) Vgl. auch Haußmann, Für und wider die „wirtschaftliche Betrachtungsweise" im Steuerrecht, StW. 1931 S. 737 ff., hierfür S. 750 ff., 762 ff.

1. Eine ständige Quelle des Streits zwischen dem Steuerpflichtigen und dem Finanzamt bildet die Ermittelung des Mietwerts eines eigengenutzten Hauses. Der RFH. hat in ständiger Rechtsprechung [22]) den Grundsatz aufgestellt, daß es nicht auf den allgemeinen Mietswert (objektive Vermietbarkeit) ankomme, sondern daß man von der Vermietung des Eigentümers an sich selbst ausgehen müsse. Zivilrechtlich ist dies — worauf ich kein entscheidendes Gewicht legen möchte — nicht vorstellbar, aber auch wirtschaftlich ergeben sich für die Finanzgerichte bei der Anwendung des Grundsatzes auf den konkreten Fall fortgesetzt die erheblichsten Schwierigkeiten. Infolgedessen Rechtsbeschwerden, Aufhebungen, Zeit- und Geldverluste. Wenn dagegen der Eigentümer vor dem Finanzgericht die einzelnen Positionen seiner Hausbilanz erörtern kann, wird sich oft ein Ergebnis finden lassen, das der Steuergerechtigkeit entspricht.

2. Eine nicht minder schwere crux bildet die sog. Verbrauchsbesteuerung (§ 49 EinkStG.). Wenn nach der Auffassung des Finanzamts das Einkommen eines unbeschränkt Steuerpflichtigen unter Berücksichtigung der gesamten Lebensverhältnisse in einem offenbaren Mißverhältnis zu seinem Verbrauch steht, so kann es diesen an Stelle des Einkommens der Besteuerung zugrunde legen. Man hat diese Bestimmung damit gerechtfertigt, daß insbesondere in wirtschaftlich schweren Zeiten es nicht gerechtfertigt sei, daß der eine ein karges Einkommen versteuere, der andere aber mangels feststellbaren Einkommens steuerfrei bleibe, obwohl er weiter unverhältnismäßig viel verbrauche: ein hiernach im Gegensatz zu den Einkommensverhältnissen stehender Verbrauch stelle eine Art Selbsteinschätzung der Steuerkraft dar.

Nach fester Praxis des RFH. sind die Entscheidungen der Finanzgerichte über die Zulässigkeit der Verbrauchsbesteuerung in deren freies Ermessen gestellt und nur insoweit durch ihn nachprüfbar, als hierbei die Grenzen des billigen Ermessens überschritten sind. Es ist daher für den

[22]) so StW. 1931 Nr. 104, 105.

Steuerpflichtigen von größter Wichtigkeit, vor dem Finanzgericht darzulegen, ob und inwieweit sein Verbrauch wirklich eine Selbsteinschätzung seiner steuerlichen Leistungsfähigkeit darstellt oder ob der Verbrauch sich nicht vielmehr zwangsläufig gegen sein Interesse vollzieht und sein Vermögen allmählich aufzehrt, etwa weil er mit Rücksicht auf die besondere Art seines Geschäfts großzügige Gastlichkeit gewähren, wichtige Kunden beherbergen und bewirten muß oder weil das in glücklicheren Zeiten erbaute Haus gegenwärtig unverkäuflich ist. Hier kann nur die m. V. unbilligen Verallgemeinerungen entgegenwirken.

3. Zu Streitigkeiten führt oft das sog. Geheimkonto eines Kaufmanns, der im In- und Auslande Geschäfte macht und, um nicht bedenkenfreieren ausländischen Konkurrenten das Feld zu räumen und so neben seinem Unternehmen auch den deutschen Export zu schädigen, Aufwendungen für gewisse einflußreiche Persönlichkeiten machen muß. In Deutschland hat man hierfür den Ausdruck Schmiergelder und erblickt in ihrer Verwendung einen Sonderfall des unlauteren Wettbewerbs [23]). Im Auslande herrschen dagegen vielfach Methoden, die sich von der Beachtung des Sittengesetzes bewußt entfernen. Der RFH. geht von der gesunden Verkehrsauffassung aus, daß der Weltverkehr nun einmal nicht vom kategorischen Imperativ gelenkt wird, und sieht in derartigen Aufwendungen abzugsfähige Betriebskosten [24]). Natürlich darf hier nicht unter dem Deckmantel des Betriebsgeheimnisses eine steuerfreie Reserve entstehen, und es wird daher von dem Steuerpflichtigen mit Recht eine durch eidesstattliche Versicherung zu erhärtende Darlegung der Verausgabung verlangt. Neuerdings wird in einem Gutachten des VI. Senats [25]) darauf hingewiesen, daß der Steuerpflichtige zur Benennung der Spendenempfänger gezwungen werden könne. Wird von dieser Empfehlung ein ungeschickter Gebrauch gemacht [25a]),

[23]) § 12 des Gesetzes gegen den unlauteren Wettbewerb.

[24]) StW. 1927 Nr. 139, 1928 Nr. 848.

[25]) StW. 1932 Nr. 368.

[25a]) vgl. den zur Verhütung von Mißgriffen bestimmten Erlaß des RFM. v. 9. Juli 1932 (S 1183/44 III R.).

so muß die deutsche Wirtschaft Schaden leiden. Schon für den heimischen Verkehr bestehen, wenn man andererseits grundsätzlich den Schmiergeldern steuerrechtliche Beachtung zuteil werden läßt, gewisse Bedenken. Für das internationale Geschäft scheidet indes ein Kaufmann ein für alle Male aus, der erst den fremden Lotsen in Anspruch nimmt und ihn, nachdem er den Hafen erreicht hat, preisgibt. Wie sollen übrigens die Bekenntnisse des Steuerpflichtigen nachgeprüft werden? Rechtshilfe des Landes, in dem der Empfänger seine sicherlich nicht unbedeutende Stellung innehat, kommt nicht in Frage; Quittungen werden aber über derartige Aufwendungen nicht erteilt und können daher dem Finanzgericht auch nicht vorgelegt werden. Die fiskalischen Belange und das Verkehrsbedürfnis lassen sich hier nur durch die m. V. ausgleichen.

4. Zum Schlusse seien die Jubiläumsgaben an Angestellte erwähnt, die in der Regel zwar nicht als Schenkungen, wohl aber als steuerpflichtiger Lohn behandelt werden. Nur dann soll Arbeitslohn im Sinne des § 36 EinkStG. nicht vorliegen, wenn die Gaben auf Grund der allgemeinen Verkehrsauffassung nach Art und Höhe nicht über den Rahmen üblicher Gelegenheitsgeschenke hinausgehen [26]). Lohnsteuerfrei werden, wenn diese Auffassung nicht in jedem Einzelfalle sorgfältig überprüft wird, hiernach unbedenklich nur Sachgeschenke („Ehrengaben“) sein, da die Geldzuwendungen an langjährige, erprobte Angestellte meist in einer Höhe ausfallen werden, die — am Lohn oder Gehalt gemessen — erheblich sind. Es wäre aber eine verkehrsfeindliche Praxis, wenn man den Geber, der die Empfänger nicht mit Steuern belasten will, nötigen würde, statt einer wirtschaftliche Erleichterung verschaffenden Geldgabe eine goldene Uhr, eine Busennadel oder ähnlichen Zierat zu wählen, die bei dem vor dem Kriege herrschenden Wohlstande mitunter zweckentsprechend gewesen

---

[26]) RFH. (VI. Sen.) StW. 1931 Nr. 846; vgl. die zu einer anderen Entsch. erfolgten, aber auch hierfür voll verwertbaren Ausführungen von Haußmann a.a.O. S. 767, 768.

sein mögen, gegenwärtig aber den schönen Gedanken der Jubiläumsgabe entwerten müßten. Auch hier ist die m. V. für die Aufhellung des Sachverhalts unentbehrlich.

Es kommt nicht etwa ausschließlich darauf an, durch die m. V. eine Verbesserung der Lage des Steuerpflichtigen zu erzielen, sondern in höherem Grade auf die Vermeidung wirtschaftlicher Fehlbetrachtungen, kurz auf die Erreichung von Rechtsklarheit und Rechtssicherheit. Daß unsere Steuerrechtsprechung noch unter einer bedrückenden Rechtsungewißheit leidet, wird auch von einem ersten Sachkenner wie Becker mit Bedauern festgestellt [27]). Wenn er hierfür den noch unentwickelten Zustand unseres Steuerrechts verantwortlich macht, so deckt er damit zweifellos eine der Hauptursachen der Rechtsunsicherheit auf. Nicht minder ist diese aber bedingt durch die Labilität unserer Wirtschaftsverhältnisse, die auf eine wirtschaftliche Rechtsprechung übergreifen muß. Der Steuerpflichtige, dem vor wie nach der Vornahme einer wirtschaftlichen Handlung auch der erfahrene Berater kaum noch eine zuverlässige steuerrechtliche Prognose wie Diagnose stellen kann, muß oft den Sprung ins Dunkle wagen. Das Sprungtuch einer gefestigten Judikatur ist für ihn nicht ausgebreitet. Um so wichtiger ist hier die m. V., in der er sich gegen eine Mißdeutung seiner wirtschaftlichen Beweggründe schützen kann.

Gegenwärtig bedeutet die m. V., in der der Steuerpflichtige, wenn wichtige Belange in Frage stehen, den Beistand eines mit der Materie vertrauten Anwalts nicht entbehren kann, für ihn freilich ein Geldopfer. Seit dem Steuerpflichtigen die Kosten für die notwendige Zuziehung eines Bevollmächtigten auch im Falle des Obsiegens nicht mehr erstattet werden [28]), können die Finanzämter, ohne den Fiskus mit Kosten zu belasten, aus jedem Steuertatbestande die dem Steuerpflichtigen ungünstigste Folge ziehen und ihn auf die Rechts-

[27]) StW. 1932 a.a.O. S. 538 ff.

[28]) § 288 Abs. 2 Satz 3, 4 ist durch § 294 NotVO. vom 1. Dez. 1930 Dritter Teil Kap. IV bis zum 31. März 1934 außer Kraft gesetzt.

mittel verweisen. Ein schlagendes Beispiel bietet hierfür die Art und Weise, in der vielfach die Grundstückseinheitswerte für 1931 festgesetzt worden sind. Trotz alledem wird das Bedürfnis nach einer richtigen Entscheidung den Steuerpflichtigen die Verhandlungsgebühr neben den anderen Kostenlasten tragen lassen, solange die unbillige, auch durch die Finanznot des Reichs im Rechtsstaat nicht gerechtfertigte Kostenklausel des Jahres 1930 noch Geltung hat.

VI.

Schlußfolgerungen.

1. Bis zu einer Gesetzesänderung sollten die Finanzgerichte durch den Reichsminister der Finanzen sowie durch die Spruchtätigkeit des RFH. und durch die einflußreiche wissenschaftliche Arbeit führender Mitglieder des obersten Steuergerichtshofs dazu angeregt werden, weitherzig m. V. anzuordnen.

2. Im übrigen sind folgende Änderungen der gegenwärtigen Rechtslage anzustreben:

a) Den Vorsitzenden und den ständigen Mitgliedern der Finanzgerichte ist volle richterliche Unabhängigkeit (Art. 104 R. V.) zu verleihen. Eine Verwaltungstätigkeit ist von ihnen nur im Rahmen der Finanzgerichtsverwaltung auszuüben.

b) Über die Berufung ist mündlich zu verhandeln, wenn ein Beteiligter es beantragt oder wenn der Vorsitzende des Gerichts es für angemessen hält.

c) Die Kostenvorschrift des § 288 Abs. 2 Satz 3, 4 RAbgO. ist baldigst wieder herzustellen.

III.

Aktienrecht

Inhalt

Vom Recht der Betriebsratmitglieder im Aufsichtsrat der Aktiengesellschaft.

Von Rechtsanwalt Dr. Ewald Friedländer in Berlin.

1. Das Handelsrecht ist das Sonderrecht des kaufmännischen Geschäftsverkehrs und seiner besonderen Organisation [1]). Den Regeln des Handelsrechts unterliegen die Kaufleute im Sinne des Handelsgesetzbuchs in ihren geschäftlichen Beziehungen; zum kaufmännischen Geschäftsverkehr gehört die Erzeugung und Verteilung von Gütern (einschließlich des Verkehrs- und Versicherungsgewerbes) [2]). Unter den Organisationsformen des Handelsrechts ist die Aktiengesellschaft die „reinste Repräsentantin der Kapitalgesellschaft" [3]). Nach erfolgter Gründung tritt sie als eigene juristische Persönlichkeit ins Rechts- und Wirtschaftsleben. Der Aktionär ist mit ihr nur durch das lose Band der — meist frei übertragbaren — Aktie verbunden. Die Aktie ist das Instrument, um „das Kapital der Nichttätigen zu sammeln und zu aktivieren" [4]). Das Interesse des Aktionärs erschöpft sich im wesentlichen in dem Bezuge des auf seine Kapitaleinlage entfallenden Gewinnanteils [5]). Die ihm zustehenden Rechte werden in der Generalversammlung ausgeübt [6]). Von der Generalversammlung werden auch die Mitglieder des Aufsichtsrats gewählt [7]). Das Institut des Aufsichtsrats der

1) Stammler, Das Gesamte deutsche Recht 1931 Bd. I S. 1186.

2) Düringer-Hachenburg, Handelsgesetzbuch 1930, Bd. I S. 16.

3) Dsgl. 1932 Bd. III S. 196.

4) Dsgl. 1932 Bd. III S. 196.

5) § 213 HGB.

6) § 250 HGB.

7) § 243 HGB.

Aktiengesellschaft wurzelt im Handelsgesetzbuch (vom 10. Mai 1897), teilweise abgeändert durch die Verordnung über Aktienrecht (vom 19. September 1931), entstammt also dem Rechtsgebiet des Handelsrechts.

Der Betriebsrat dagegen ist eine Einrichtung aus dem Rechtsgebiet des Arbeitsrechts. Das Arbeitsrecht hat sich in neuester Zeit, im wesentlichen seit 1918, zu einem Sonderrecht[8]) der Arbeitnehmer entwickelt. Artikel 157 der Reichsverfassung vom 11. August 1919 hat die Schaffung eines einheitlichen Arbeitsrechts in Aussicht gestellt; Artikel 165 hat den Arbeitern und Angestellten zur Wahrnehmung ihrer sozialen und wirtschaftlichen Interessen gesetzliche Vertretungen in den Betriebsarbeiterräten zugesagt. Demzufolge entstand das Betriebsrätegesetz vom 4. Februar 1920, dessen § 70 nach Maßgabe eines besonderen hierüber zu erlassenden Gesetzes die Entsendung von ein oder zwei Betriebsratsmitgliedern in den Aufsichtsrat vorsah, „um die Interessen und Forderungen der Arbeitnehmer, sowie deren Ansichten und Wünsche hinsichtlich der Organisation des Betriebs zu vertreten". Dieses „Gesetz über die Entsendung von Betriebsratsmitgliedern in den Aufsichtsrat" erging unter dem 15. Februar 1922, die Wahlordnung hierzu unter dem 23. März 1922. — Gegenstand des Arbeitsrechts ist das Recht der Verwendung der Arbeitskraft; es regelt die Rechtsstellung des Arbeitnehmers in verschiedenen Beziehungen: das Verhältnis zum Arbeitgeber im Arbeitsvertragsrecht (Einzelarbeitsvertragsrecht und kollektives Arbeitsvertragsrecht oder Tarifvertragsrecht), das Verhältnis zum Betriebe im Arbeitsverfassungsrecht (Berufsorganisation und Betriebsorganisation), und das Arbeitnehmerschutzrecht[9]). Dem Betriebsorganisationsrecht gehört das Institut des Betriebsrats an.

---

[8]) Daß §§ 59—83 HGB. das Recht der Handlungsgehilfen regeln, erklärt sich aus der Zeit der Entstehung; im Falle eines einheitlichen Arbeitsrechtsgesetzbuches würden diese Bestimmungen dort fortfallen, ohne daß das HGB. sonst hiervon berührt würde.

[9]) Kaskel-Dersch, Arbeitsrecht 1932 S. 3.

Seit der Entsendung von Betriebsratsmitgliedern in den Aufsichtsrat der Aktiengesellschaft besteht der Aufsichtsrat somit aus zwei Arten von Mitgliedern, die im Wesen verschiedenen Rechtsgebieten entstammen. Daß die Rechtslage, welche sich durch das Zusammentreffen zweier verschiedener Rechtsgebiete ergibt, keine klare ist, dürfte nicht verwunderlich sein.

2. Um zu sich ergebenden Zweifelsfragen Stellung zu nehmen, muß m. E. zweierlei betont werden: zunächst einmal die besondere Zweckbestimmung der B. R. Mitglieder im Aufsichtsrat; sodann, daß sie entsandt sind.

Bevor das Gesetz vom 15. 2. 22 erlassen und nur der § 70 BRG. vorhanden war, war streitig, ob der mit „Um" eingeleitete Satz eine Beschränkung der B. R. Mitglieder in ihren Rechten darstelle [10]). Dies ist durch § 3 Aufs. R. Ges. klargestellt, wonach auf die Betriebsratsmitglieder die gesetzlichen Bestimmungen Anwendung finden, welche für die übrigen Aufsichtsratsmitglieder gelten, soweit nicht im BRG. und im Aufs. R. Ges. etwas anderes bestimmt ist; sie haben daher grundsätzlich die gleichen Rechte und Pflichten wie die gewählten Mitglieder [11]). Trotzdem ist es m. E. nicht zutreffend, wenn davon ausgegangen wird, daß die B. R. Mitglieder genau so wie die gewählten Mitglieder die Interessen der Aktionäre, insbesondere auch in der Dividendenpolitik wahrzunehmen haben [12]). Der § 70 BRG. ist durch § 3 Aufs. R. Ges. nicht aufgehoben, ist „nicht zu einer leeren Redensart degradiert" worden [13]), er enthält weiter die besondere Zweckbestimmung der B. R.-Mitglieder; § 3 Aufs. R. Ges. gibt ihnen als Mittel zur Erreichung ihres besonderen Zwecks die gleichen Rechte, wie sie die G. V. Mitglieder haben. Trotz der Gleichberechtigung bleiben sie Interessenvertreter der Arbeitnehmer, der Arbeit,

[10]) Mansfeld, Betriebsrätegesetz 1930 S. 337.

[11]) Staub-Pinner, Handelsgesetzbuch 12. und 13. Aufl. Einl. zu § 243 HGB.; Pinner im Nachtrag 1932 Anm. 14 d zu § 246 S. 75.

[12]) H. Friedländer, Kommentar zum Aufs. R. Ges. 1922 S. 75.

[13]) Philippe im „Arbeitsrecht" 1931 Sp. 643.

während jene Interessenvertreter der Aktionäre, des Kapitals sind. Wenn auch beide Aufsichtsratsgruppen das Gesamtinteresse des Unternehmens im Auge behalten müssen und nicht verletzen dürfen, so doch von verschiedenen Gesichtspunkten und entgegengesetzter Einstellung (Kapitalsanlage — Arbeitskraft) aus. Zutreffend erscheint mir die Formulierung, daß „Gleichberechtigung" nicht „Gleichstellung" bedeutet [14]).

Hervorzuheben ist ferner, daß die B. R. Mitglieder auf Grund ausdrücklicher gesetzlicher Bestimmung vom Betriebsrat delegiert sind. Zwar werden bezüglich der G. V. Aufsichtsratsmitglieder obligatorische Verträge, für die Wahl bestimmter Personen in den Aufsichtsrat zu stimmen, für wirksam bezeichnet — allerdings ohne Zulässigkeit einer Erfüllungsklage —. Indessen, „daß die Satzung keine Abordnung von Außenstehenden in den Aufsichtsrat verfügen darf, ist in § 243 Abs. 1 HGB. wortdeutlich vorgeschrieben". „Die Wahl des Aufsichtsrats ist kraft zwingender gesetzlicher Vorschrift im allgemeinen einzig und allein Sache der Generalversammlung; eine Ausnahme ergibt sich nach § 70 des BRG." [15]). Die Wahlfreiheit der Generalversammlung wird durch die erwähnten Abmachungen nicht angetastet.

Ob dadurch, daß die B. R. Mitglieder zu besonderen Zwecken delegiert sind, ihre Stellung im Aufsichtsrat beeinflußt wird, wird später bei Erörterung ihrer Rechte und Pflichten zu prüfen sein.

3. Zuvor erscheinen mir noch einige Unterschiede bezüglich des Beginns und der Beendigung des Amtes beachtenswert.

Die von der G. V. gewählten Aufsichtsratsmitglieder brauchen in keinerlei, irgend wie gearteten Beziehungen zur Aktiengesellschaft zu stehen. Die Satzungen können aber bestimmte Eigenschaften vorschreiben, wie z. B. bestimmte

---

[14]) Pohl, Rechtsbedeutung des Betriebes 1930, S. 40 ff., insbes. S. 44.

[15]) RGZ. 83, 382; 133, 94.

Staatsangehörigkeit, Wohnsitz, Geschlecht, Aktienbesitz, Kautionsstellung [16]).

Die vom B. R. entsandten Aufsichtsratsmitglieder müssen von der Aktiengesellschaft als Arbeitnehmer (im Sinne der §§ 10 bis 12 BRG.) beschäftigt sein, und zwar mindestens seit einem Jahr (§ 5 Aufs. R. Ges.). Außerdem müssen sie die Voraussetzungen des § 20, 2 BRG. erfüllen, da sie sonst nicht in den Betriebsrat gewählt werden konnten, d. h. insbesondere mindestens 24 Jahre alt und reichsangehörig sein. Weitere Voraussetzungen, z. B. männliches Geschlecht, Aktienbesitz, können hier auch in der Satzung wirksam nicht vorgesehen werden. Infolge der Bestimmungen der Wahlordnung (§ 3) entsteht, wenn der Betriebsrat neu gewählt ist und der alte Betriebsrat zu bestehen aufhört, hierdurch auch das Amt der B. R. Mitglieder im A. R. erloschen ist, bis zum Amtsantritt der neuen B. R. Mitglieder im A. R. ein Zwischenraum von vier Wochen, in denen der Aufsichtsrat der A. G. nur aus G. V. Mitgliedern besteht [17]).

Wichtig erscheinen mir aber vor allem die verschiedenen Abberufungsmöglichkeiten: die Bestellung der von der G. V. gewählten Aufsichtsratsmitglieder kann vor Ablauf der Wahlperiode durch die Generalversammlung mit der satzungsmäßigen oder gesetzlichen $^3/_4$-Mehrheit widerrufen werden (§ 243 Abs. 4 HGB.), ohne Angabe oder Feststellung von Gründen; sie können nach der Abberufung jederzeit wieder gewählt werden.

Völlig verschieden hiervon sind die Möglichkeiten der

---

[16]) Flechtheim-Wolff-Schmulewitz, Satzungen deutscher Aktiengesellschaften 1929, S. 214 ff.

[17]) Blätter für Arbeitsrecht, ständige Beilage zur Deutschen Arbeitgeberzeitung 1930 Nummer 10. Das RAG. hat soeben in einem Beschluß vom 9. 7. 1932, RAG. R. B. 49/32 (Rechtspr. i. Arb. 32 S. 267) entschieden, daß, auch wenn das bisher in dem A. R. delegierte B. R.-Mitglied nach Ablauf der Wahlperiode des B. R. erneut in den B. R. gewählt wird, eine neue Wahl innerhalb des B. R. notwendig wird. Es heißt dort: Eine Fortdauer der Mitgliedschaft im Aufsichtsrat bis zur Wahl eines neuen Mitgliedes in entsprechender Anwendung des § 43 BRG. kommt nicht in Frage."

außerordentlichen Beendigung der Mitgliedschaft für die B. R. Aufsichtratsmitglieder. Da die Mitgliedschaft durch Verlust der Zugehörigkeit zum Betriebsrat endet (§ 7 Aufs. R. Ges.), kommt hier der § 39 BRG. zur Anwendung. Danach endet die Mitgliedschaft im Betriebsrat durch Beendigung des Arbeitsvertrages, insbesondere also auch „aus wichtigem Grunde". Außerdem kann auf Antrag, — und zwar sowohl des Arbeitgebers als auch von mindestens einem Viertel der wahlberechtigten Arbeitnehmer (§ 20 Abs. 1 BRG.) — das Arbeitsgericht das Erlöschen der Mitgliedschaft „wegen gröblicher Verletzung der gesetzlichen Pflichten" beschließen. (Im Falle der Amtsentsetzung aus § 39 BRG., tritt nach § 5 Aufs. R. Ges. für die Dauer von zwei Jahren Unfähigkeit, in den Aufsichtsrat entsandt zu werden, ein). Derselbe Sachverhalt kann möglicherweise für den Arbeitgeber sowohl einen Anlaß geben, den Arbeitsvertrag fristlos zu lösen, wie einen Antrag auf Absetzung zu begründen. Im ersteren Falle wird im normalen Rechtsweg des arbeitsgerichtlichen Prozeßverfahrens, im letzteren im sogen. Beschlußverfahren der §§ 80 AGG. entschieden [18]). Hiermit ist eine Art Disziplinarverfahren gegenüber den Betriebsratsmitgliedern einschließlich der in den Aufsichtsrat entsandten geschaffen, und zwar sowohl auf Antrag des Arbeitgebers wie auf Antrag der Arbeitnehmerschaft. Im Falle der Beendigung des Amtes des B. R. Mitgliedes im A. R. durch Amtsentsetzung entsteht eine juristisch schwierige Situation dadurch, daß die Rechtsbeshwerde im Beschlußverfahren nach § 85 Abs. 3 AGG. aufschiebende Wirkung hat. Das Reichsarbeitsgericht nimmt hier grundsätzlich an, daß ein Schwebezustand

[18]) RAG. v. 6. 4. 32, RAG. 564/31 Amtl. Sammlung XI, S. 20.

Einen tatbestandsmäßig interessanten Fall enthält RAG. v. 27. II. 32, RAG. 445/31 in JW. 1932 S. 1987. Das Reichsarbeitsgericht erklärt die Entlassung eines Betriebsratsmitglieds für berechtigt, weil in einem Flugblatt aus Anlaß von Betriebsratswahlen die Betriebsverhältnisse als „menschenunwürdig" und der Baderaum als „Schweinestall" bezeichnet worden war. Das RAG. lehnt ab, die gegenwärtige Verwilderung der Sitten im politischen Wahlkampf als Norm und Vorbild für betriebliche Wahlen anzuerkennen. — Vgl. ferner RAG.—RB. v. 23. III. 32 Amtl. Sammlung XI S. 5.

vorliege und daß, wenn der Rechtsbeschwerdebeschluß die Amtsentsetzung des Arbeitsgerichts billige, Rückwirkung eintritt. Dies könnte aber gefährliche Folgen haben, wenn während des Schwebezustandes etwa Beschlüsse des Aufsichtsrats gefaßt wurden, bei denen die Stimme des betreffenden B. R. Mitgliedes den Ausschlag gab. Es entspricht, falls man sich der Rückwirkungstheorie anschließen will, dem Erfordernis der Rechtssicherheit, wenn das RAG. (im Urt. v. 27. II. 32, RAG. 428, 31, Amtl. Sammlung Bd. 10 S. 239) diese Rückwirkung auf das private Vertragsverhältnis, insbesondere also den Lohnanspruch beschränkt, dagegen verneint, soweit es sich um Amtswaltung im Zwischenstadium handelt. Mit Rücksicht auf die Belange Dritter und der Öffentlichkeit bleiben inzwischen erfolgte Abstimmungen im Aufsichtsrat (wie auch im Betriebsrat z. B. beim Kündigungseinspruch) von der späteren Beschwerdeentscheidung unberührt.

Somit ergeben sich folgende Unterschiede: Die Generalversammlungs-Aufsichtsrats-Mitglieder können nur von der Generalversammlung gewählt und von ihr beliebig abberufen werden.

Die Betriebsrats-Aufsichtsratsmitglieder werden vom Betriebsrat delegiert und können auf Antrag des Arbeitgebers oder der Arbeitnehmerschaft wegen gröblicher Pflichtverletzung im Wege eines gerichtlichen Verfahrens abgesetzt werden.

4. M. E. ergibt sich aus dieser Stellung der B. R. Mitglieder eine besondere Verantwortlichkeit der B. R. Mitglieder gegenüber dem entsendenden Betriebsrat und gegenüber der Belegschaft.

Die Parallelfrage nach der Verantwortlichkeit der G. V. Mitglieder zu denjenigen Stellen, die ihre Wahl veranlaßt haben, ist wiederholt erörtert worden, und zwar im Anschluß an eine Entscheidung des Reichsgerichts [19]). Die herrschende Ansicht verneint ein Auftragsverhältnis für die sogen. Auf-

[19]) RGZ. 105, 393.

sichtsratsmitglieder „kraft Auftrags“, welche durch die Generalversammlung gewählt sind [20]).

Die Stellung der B. R. Mitglieder ist insofern eine andere. Während die übrigen Aufsichtsratsmitglieder, gleichviel aus welcher Veranlassung, von der G. V. gewählt werden, spricht der § 70 BRG. ausdrücklich von einem „Entsenden“ [21]). Hieran ändert auch der Umstand nichts, daß die Auswahl unter den Betriebsratsmitgliedern durch eine Wahl innerhalb des Betriebsrats erfolgt [22]). Die von der G. V. gewählten Mitglieder können nur von dieser, nicht von derjenigen Aktionärgruppe oder Behörde, auf deren Veranlassung sie gewählt sind, abberufen werden. Das von der G. V. gewählte Mitglied verbleibt im Aufsichtsrat auch wenn es z. B. mit Rücksicht auf seine Eigenschaft im Vorstand einer Bank gewählt wurde, diese Eigenschaft aber verliert.

Anders beim Betriebsratsmitglied. Mit dem Verlust seiner Zugehörigkeit zum Betriebsrat, z. B. infolge Ausscheidens als Arbeitnehmer aus dem Betriebe erlischt seine Zugehörigkeit zum Aufsichtsrat [23]). Ferner gibt es die oben erwähnte Amtsentsetzung durch das Gericht auf Antrag auch der Arbeitnehmerschaft im Wege eines Disziplinarverfahrens. Daß das B. R. Aufsichtsratsmitglied in dem arbeitsgerichtlichen Beschlußverfahren als „Beteiligter“ zu hören ist, ist allgemeine Ansicht in Schrifttum und Rechtsprechung [24]). Aus dieser Regelung muß m. E. auf eine Verantwortlichkeit des B. R. Aufsichtsratsmitgliedes gegenüber dem entsendenden Betriebsrat, ja sogar gegenüber der ausdrücklich als antragsberechtigt bezeichneten Belegschaft geschlos-

---

[20]) Rospatt, Bankarchiv. 1930 S. 159 mit eingehenden Angaben aus dem Schrifttum; von Hoffmannsthal das. S. 306; Simonson das. S. 404; Rosendorff in Leipziger Zeitschrift 1930 Sp. 857; Huppert das. Sp. 1281; Szamatolski das. Sp. 1465.

[21]) Ebenso §§ 2 u. 4 d. Aufs. R. Ges.

[22]) § 5 ff. Aufs. R. Ges.

[23]) § 7 Aufs. R. Ges.

[24]) Dersch-Volkmar, Arbeitsgerichtsgesetz 1931 zu § 83 AGG. S. 586.

sen werden. Dem steht auch nicht entgegen, daß diese besondere Verantwortlichkeit nicht im § 3 Aufs. R. Ges. ausdrücklich angeführt ist. § 3 besagt, daß die Bestimmungen, welche für die übrigen Aufsichtsratsmitglieder gelten, insoweit Anwendung finden, als im Betriebsrätegesetz nicht etwas anderes bestimmt ist. Die angeführten Bestimmungen des BRG. ergeben aber m. E. nicht nur nach seinem Sinn, sondern sogar nach ausdrücklicher Regelung hier etwas Besonderes bezüglich der B. R. Mitglieder im Aufsichtsrat.

Dabei ist es m. E. unerheblich, ob diese Verantwortlichkeit wirtschaftliche Folgen hat oder nicht. Diese Frage steht zwar bei den G. V. Mitgliedern „kraft Auftrages" im Vordergrund. Von Seiten des Betriebsrats und der Belegschaft sind derartige Ansprüche allerdings nicht zu befürchten, da diese nicht Träger von Vermögensrechten sein können [25]). Denkbar wäre aber sogar vielleicht ein Schadensersatzanspruch der einzelnen Mitglieder der Belegschaft, der z. B. bei Pflichtverletzungen im Einspruchsverfahren der §§ 84 ff. BRG. in gewissem Umfange anerkannt ist [26]). Aber darauf kommt es nicht an. Für einen verantwortungs- und pflichtbewußten Menschen — und einen solchen erfordert die difficile Stellung des B. R. Mitgliedes im A. R. ganz besonders, — difficil sowohl gegenüber den G. V. Aufsichtsratsmitgliedern, wie gegenüber der Arbeitnehmerschaft, — kann diese Situation nicht gleichgültig sein, ebensowenig wie die moralischen Folgen, wenn ihm seine Berufsgenossen gröbliche Pflichtverletzung vorwerfen können.

5. Was nun im einzelnen die Pflichten und die Rechte der Betriebsratsaufsichtsratsmitglieder betrifft, so gehört zu den im Schrifttum vielfach erörterten Zweifeln die Frage, ob das Maß der Verantwortlichkeit das gleiche ist, wie bei den Generalversammlungsaufsichtsratsmitgliedern.

---

[25]) Deshalb die Kostenregelung des § 63 Abs. 2 AGG., wenn die Einspruchsklage der Betriebsvertretung abgewiesen wird; vgl. Dersch-Volkmar zu § 63 AGG. S. 482.

[26]) Flatow-Kahn-Freund 1931, Abs. VII zu § 86 BRG. S. 520 ff.

§ 249 HGB. bestimmt, daß die Mitglieder des Aufsichtsrats bei der Erfüllung ihrer Obliegenheiten die „Sorgfalt eines ordentlichen Geschäftsmannes“ anzuwenden haben. § 249 stimmt mit der gleichen Vorschrift des § 241 bezüglich der Vorstandsmitglieder überein. Dieser Begriff kehrt auch sonst im HGB. wieder, z. B. im § 202. Bis 1920 bestand Einigkeit, daß es sich um einen für alle Aufsichtsratsmitglieder gleichen, objektiven Maßstab handelt. Man verstand darunter „eine solche Sorgfalt, wie sie ein ordentlicher Mann, der geschäftliche Unternehmungen der betreffenden Art auf eigene Rechnung leitet, aufzuwenden pflegt“ [27]). Man wird heute weniger als je geneigt sein, diese Haftung allgemein relativ zu gestalten und etwa eine Entschuldigung eines Aufsichtsratsmitgliedes zuzulassen, er habe keine ausreichende kaufmännische Vorbildung, um die Vorgänge beurteilen zu können, Bilanzen zu lesen usw. Für die zivilrechtliche Haftung dürfte es eher ein erschwerender Umstand sein, wenn ein Sachunkundiger eine Wahl in ein Amt annimmt, dem er nicht gewachsen ist. Auch bei Beamten, die vom als Aktionär beteiligten Fiskus in den Aufsichtsrat delegiert sind oder, juristisch richtiger, deren Wahl durch die Generalversammlung auf Wunsch des Fiskus erfolgt ist, hat man den gleichen Grad zivilrechtlicher Haftung angenommen [28]). Hiermit wird man sich abfinden können. Aktienrechtlich ist die Herkunft dieser Aufsichtsratsmitglieder keine besondere, tatsächlich wird wohl der Fiskus auch über Beamte verfügen, deren Vorbildung es ihnen erleichtert, sich in den zunächst fremden Verhältnissen zurechtzufinden.

Anders liegt es bei den B. R. Mitgliedern. Sie kommen infolge nicht nur tatsächlicher, sondern rechtlicher Delegation in den Aufsichtsrat. Sie müssen Arbeiter und Ange-

[27]) Staub-Pinner, 10. Aufl. Bd. I, 2 S. 862, Anm. 9 zu § 202 HGB.

[28]) Wimpfheimer, Beamte als Aufsichtsräte, in Festschrift für Heinitz 1926 S. 305. Vgl. weiter Steiniger, Der Stadtverordnete im Aufsichtsrat, DJZ. 1931 Sp. 356; ferner Rospatt, Aufsichtsratsmitglieder „kraft Auftrags“ oder „in amtlicher Eigenschaft“ in Bankarchiv 1930 S. 159.

stellte sein, gehören also Kreisen an, deren Aufgabe es sonst nicht ist, „geschäftliche Unternehmungen der betreffenden Art zu leiten". Gerade die sogen. leitenden Angestellten, deren Tätigkeit der Unternehmertätigkeit nahesteht, gehören nicht zu den Arbeitnehmern des BRG. (§ 12). Es mutet daher allerdings eigenartig an, wenn man sie für die Sorgfalt „eines ordentlichen Grschäftsmannes" verantwortlich machen will.

In der Tat ist auch versucht worden, § 249 HGB. hier nur entsprechend anzuwenden. H. Friedländer will nur die Sorgfalt fordern, die „von einem Manne seiner Vorbildung im allgemeinen verlangt werden kann" [29]). Kießler will einen „Gruppenmaßstab" anlegen, und zwar einen Maßstab, „der der Bildung entspreche, welche die Arbeitnehmer des Unternehmens durchschnittlich hätten" [30]). Es mag zugegeben werden, daß diese Gedanken de lege ferenda durchaus erwägenswert sind. Ob sie sich durchsetzen werden, hängt von anderen als juristischen Gesichtspunkten ab. De lege lata wird man sich der herrschenden Meinung [31]) anschließen müssen, daß die Haftung diejenige des § 249 HGB. ist. Man kann nicht sagen, daß hier eine Gesetzeslücke ist, die sinngemäß, d. h. unter besonderer Berücksichtigung der arbeitsrechtlichen Herkunft der B. R. Mitglieder im Aufsichtsrat, auszufüllen sei oder daß gar für die Haftung der B. R. Mitglieder nach Gesellschaftsrecht „jede Rechtsgrundlage fehle" [32]). § 3 Aufs. R. Ges. schreibt die — nicht nur entsprechende — Anwendung der für die übrigen Aufsichtsratsmitglieder geltenden Bestimmungen vor. Und die Entstehungsgeschichte des Gesetzes kann keinen Zweifel darüber lassen, daß der Wille des

---

[29]) H. Friedländer, Kommentar z. Aufs. R. Ges. 1922 S. 105.

[30]) Kießler, die Verantwortlichkeit der in den Aufsichtsrat einer A. G. entsandten Betriebsratsmitglieder 1928 S. 37.

[31]) Flatow-Kahn-Freund BRG. 1931 S. 680 Anm. 3e zu § 3 Aufs. R. Ges. S. 680.

[32]) So Pohl, die Rechtsbedeutung des Betriebes 1930 S. 48. Ebenso Bergmann in Arbeitsrechtspraxis 1931 S. 370, der die B. R. Mitglieder nur „für die Sorgfalt eines ordentlichen Betriebsratsmitglieds" haften lassen will. Ähnlich nennt Hueck-Nipperdey, Lehrbuch des Arbeitsrechts 1932 Bd. II S. 641 als Haftungsmaßstab die „Sorgfalt eines ordentlichen Betriebsratsmitgliedes im Aufsichtsrat".

Gesetzgebers ausdrücklich dahin ging, daß das Maß der Haftung der B. R. Mitglieder sich wie bei den G. V. Mitgliedern nach § 249 HGB. richtet (vgl. die eingehende Darstellung der Entstehungsgeschichte bei Kießler)[33]).

Und trotzdem ergibt sich m. E. eine Abweichung gegenüber den G. V. Mitgliedern. Wenn es, wie oben auszuführen versucht ist, richtig ist, daß im Gegensatz zu den G. V. Mitgliedern die B. R. Mitglieder Delegierte zu besonderen Zwecken mit sich daraus ergebender besonderer Verantwortlichkeit gegenüber Betriebsrat und Belegschaft sind, die unter Umständen zu der Einleitung eines Disziplinarverfahrens führen kann, so kann das gleiche Maß der Haftung nur so beschaffen sein, wie man es von einem „ordentlichen Geschäftsmann" erwarten kann, der in persönlicher Beziehung nicht völlig unabhängig ist. Das Maß der Haftung ist das gleiche wie das der G. V. Mitglieder sein würde, falls es auch bei diesen im Rechtssinne eine Delegation mit entsprechender Verantwortlichkeit gäbe. Damit soll nicht gesagt sein, daß die B. R. Mitglieder sich von ihrer Haftung lediglich durch Berufung darauf befreien können, daß sie auf Grund von Aufträgen des Betriebsrats gehandelt haben. Aber wenn sie auch kein imperatives Mandat haben, so haben sie doch immerhin ein Mandat; sie sollen zwar (nach § 70 BRG.), die Forderungen und Ansichten der Arbeitnehmer vertreten, können davon abweichen, wenn sie sich von ihrer Unrichtigkeit überzeugt haben, und dürfen sich nicht daran halten, wenn dieselben dem Gesamtinteresse des Unternehmens zuwiderlaufen. Aber daß das Maß ihrer Verantwortlichkeit durch ihre sich aus dem Gesetze ergebende besondere Stellung beeinflußt wird, kann m. E. nicht verkannt werden.

6. Unter den besonderen Pflichten der B. R. Mitglieder im A. R. spielt die Verschwiegenheitspflicht in Schrifttum und Rechtsprechung eine größere Rolle. Während

[33]) Kießler aaO. S. 27 ff.
Feig-Sitzler, BRG. 1931 S. 416.

das HGB. eine besondere gesetzliche Verschwiegenheitspflicht der übrigen Aufsichtsratsmitglieder nicht ausdrücklich erwähnt, enthält § 70 S. 3 BRG. die positive Bestimmung, daß die B. R. Mitglieder im A. R. „verpflichtet sind, über die ihnen gemachten vertraulichen Angaben Stillschweigen zu bewahren" [34]). Daneben enthält § 100 BRG. bezüglich aller B. R. Mitglieder eine Strafvorschrift (die Schutzgesetz im Sinne des § 823 Abs. 2 BGB. ist), falls jemand „unbefugt vertrauliche Angaben, Betriebs- oder Geschäftsgeheimnisse offenbart, die ihm als Angehörigen einer Betriebsvertretung bekannt geworden und als solche bezeichnet worden sind". Hierzu ist eine ausführliche Entscheidung des Reichsarbeitsgerichts vom 1. X. 30 ergangen [35]). Es handelte sich um ein Beschlußverfahren aus § 39 BRG. auf Amtsenthebung auf Antrag des Arbeitgebers. In tatsächlicher Beziehung ist interessant, daß Grundlage des Verfahrens ein schriftlicher kritischer Bericht an die entsendende Betriebsvertretung bildete. In einem vorangegangenen arbeitsgerichtlichen Prozeßverfahren war bereits verneint worden, daß hierin ein arbeitsvertraglich wichtiger Grund zur fristlosen Entlassung liege. Das Reichsarbeitsgericht führt in den Gründen aus, „daß eine bloß objektive Verletzung der den Betriebsratsmitgliedern obliegenden gesetzlichen Pflicht, selbst wenn ihre Folgen noch so schwer wären, die disziplinare Maßnahme der Amtsenthebung nach § 39 BRG. nicht zu rechtfertigen vermag", und verneint eine subjektive Pflichtverletzung. „Keinesfalls kann gesagt werden, daß jede Mitteilung, die ein Mitglied des Aufsichtsrats über Vorgänge in der Aufsichtsratssitzung macht, unterschiedslos eine Verletzung seiner Schweigepflicht enthalte. Im Aufsichtsrat kommen nicht selten Dinge zur Sprache, die durchaus nicht vertraulicher Natur sind, sondern deren Verbreitung umgekehrt im Interesse des Betriebes erwünscht ist. Insbesondere kann leicht der Fall eintreten, daß manche gemachte Mitteilung zweckmäßigerweise an die Betriebsvertretung wei-

[34]) Ähnlich jetzt § 262 g HGB. bezüglich der Bilanzprüfer.

[35]) RAG. R. B. 34/30, Bensheimer Bd. X S. 122 ff.

ter gegeben wird, um Mißverständnisse aufzuklären, Besorgnisse zu zerstreuen und so das gute Einvernehmen zwischen Werksleitung und Arbeitnehmerschaft zu fördern. Es ist daher Frage des einzelnen Falles, wie weit die im Aufsichtsrat besprochenen Vorgänge gegenüber der Arbeitnehmerschaft im allgemeinen oder gegenüber dem Betriebsrat im besonderen vertraulicher Natur sind. Bei Zweifeln wird es zweckmäßig sein, daß sich der Vorsitzende des Aufsichtsrats über die Frage der Vertraulichkeit äußert."

Daß die Entscheidung keine scharfe Grenze zieht, sondern auf den Einzelfall abstellt, kann man ihr nicht zum Vorwurf machen [36]), diese Elastizität ist ein Vorteil. Dagegen ist es m. E. nicht unbedenklich, wenn man aus diesen Ausführungen des RAG. schließen will, daß es zur Annahme unbedingter Vertraulichkeit ausreicht, wenn der Aufsichtsratsvorsitzende diese erklärt oder ein entsprechender Aufsichtsratsbeschluß erging. Dies könnte unter Umständen gewohnheitsmäßig in jeder Aufsichtsratssitzung erfolgen. Es hätte dies die gleiche Wirkung, als wenn die Satzung der A. G. bestimmte, daß alle Verhandlungen des Aufsichtsrats vertraulich sind [37]). Eine besondere Vertraulichkeit für die B. R. Mitglieder wird ohne weiteres dem § 3 Aufs. R. G. widersprechen [38]). Aber auch die allgemeine grundsätzliche Vertraulichkeit wäre m. E. insofern unbeachtlich, als sie die Amtspflichten der B. R. Mitglieder ungerechtfertigter Weise beeinträchtigen würde. Wann dies der Fall sein wird, ist nach den vom RAG. aufgestellten Grundsätzen zu beurteilen; darüber hinausgehende Beschlüsse oder Satzungsbestimmungen wären dagegen als nichtig zu behandeln.

Für die Beurteilung darf m. E. auch hier die besondere

---

[36]) So E. Ko. in „Rechts- und Betriebsrätepraxis" in „Der Kaufmann in Wirtschaft und Recht", herausgegeben vom Deutschnationalen Handlungsgehilfen-Verband 1931 S. 45.

[37]) Flechtheim-Wolff-Schmulewitz aaO. S. 344.

[38]) Flatow-Kahn-Freund BRG. 13. Aufl. S. 358.

Stellung der B. R. Mitglieder im A. R. nicht unberücksichtigt bleiben. Nach dem weiterbestehenden § 70 BRG. (s. oben zu Anm. 13) sollen sie die Forderungen, Ansichten und Wünsche der Arbeitnehmer vertreten. Wie aber soll sich die Betriebsvertretung eine sachgemäße Ansicht bilden und Wünsche äußern, welche die von ihr entsandten Mitglieder im Aufsichtsrat vertreten sollen, wenn diese grundsätzlich gehindert sind, ihnen über die vorangegangenen Beschlüsse und Erörterungen im Aufsichtsrat zu berichten. Dazu kommt die oben erwähnte Verantwortlichkeit der B. R. Mitglieder im A. R. gegenüber dem entsendenden Betriebsrat, die sie berechtigen muß, zu berichten, wie und mit welchem Erfolge sie die ihnen aufgetragenen Wünsche vertreten haben oder weshalb sie hiervon Abstand genommen haben. Hierbei ist zu berücksichtigen, daß ja auch der Betriebsrat als solcher die sich aus § 100 BRG. ergebende Schweigepflicht hat.

Hinzu kommt weiter das bereits erwähnte Disziplinarverfahren aus § 39 BRG., in dem das B. R. Mitglied berechtigt ist, sich zu verantworten, und zwar in einer Weise, durch die seine Ausführungen zur Kenntnis der sonst am Verfahren Beteiligten, also der Belegschaft gelangen. Es wäre nun m. E. ein ungerechtfertigter Formalismus, wenn man meinen würde, daß es hierzu immer erst der formellen Einleitung eines gerichtlichen Verfahrens bedürfe, und wenn man das Recht bestreiten würde, sich auch schon in der vorhergehenden Sitzung des Betriebsrats oder der Betriebsversammlung, in welcher Vorwürfe erhoben werden und über den nach § 39 BRG. erforderlichen Antrag beschlossen werden soll, gegen den Vorwurf gröblicher Pflichtverletzung zu verteidigen.

In dem Absetzungsverfahren jedenfalls liegen die Dinge hier m. E. ähnlich wie bei der Verschwiegenheitspflicht des Anwalts oder des Richters. Die Verschwiegenheitspflicht des Anwalts ergibt sich aus § 300 RStGB., die Pflicht zur Geheimhaltung des Beratungsherganges und der Abstimmung ist für Geschworene und Schöffen in § 198 GVG. geregelt, bezüglich der beamteten Richter allgemein anerkannt [39]). Dem entspricht das Zeugnisverweigerungsrecht für Rechtsanwälte und Richter [40]). Indessen gibt man dem Anwalt das Recht zu reden, z. B. wenn er sich ehrengerichtlich zu verantworten hat [41]). Und das Gleiche gilt für den Richter im Disziplinarverfahren [42]). Bei der Ähnlichkeit des Absetzungsverfahrens aus § 39 BRG. mit einem Disziplinarverfahren — (die oben erwähnte Entscheidung des RAG. vom 1. X. 30 spricht von der „disziplinaren Maßnahme" der Amtsenthebung) — wird man also, soweit an sich eine Verschwiegenheitspflicht aus § 70 RRG. besteht, hier ein Recht zum Reden annehmen können. Natürlich darf auch das Recht nicht mißbraucht werden und nur soweit ausgeübt werden, als es zur Verteidigung gegen die erhobenen Vorwürfe notwendig ist; hierbei darf an die Vorschrift des § 52 A. G. G. erinnert werden, wonach auf Antrag eines am Verfahren Beteiligten die Öffentlichkeit der Verhandlung ausgeschlossen werden kann, wenn Betriebs- oder Geschäftsgeheimnisse zum Gegenstand der Verhandlung oder Beweisaufnahme gemacht werden.

7. Die Rechte der A. R. Mitglieder werden in erster Reihe durch Stimmabgabe ausgeübt. Daß die B. R. Mitglieder das gleiche Stimmrecht haben wie die G. V. Mitglieder, ergibt sich aus § 3 Aufs. R. Ges. In der Praxis können Schwierigkeiten dann entstehen, wenn — die aktienrechtliche Zulässigkeit vorausgesetzt — das Stimmrecht der G. V. Mitglieder satzungsgemäß nach dem Aktienbesitz abgestuft ist. Den B. R. Mitgliedern nur je eine Stimme ge-

[39]) RGZ. 89, 16.

[40]) § 383 Ziff. 5 ZPO.

Bezüglich des zugeschobenen Eides, z. B. im Regreßprozeß, gibt es heute ein Eidesleistungsverweigerungsrecht nicht, vielmehr tritt die Folge des § 464 Abs. 2 ZPO. ein, wenn keine Erklärung erfolgt. Der Entwurf der ZPO. kennt statt dessen die Parteivernehmung mit freier Beweiswürdigung (Entw. § 435). Hierdurch erübrigt sich eine Regelung der Berechtigung der Eidesverweigerung analog dem Zeugnisverweigerungsrecht (Begründung S. 337).

[41]) A. u. M. Friedlaender, Kommentar zur Rechtsanwaltsordnung 3. Aufl. S. 164 Ziff. 29.

[42]) von Coelln, Das Beratungsgeheimnis 1931 Verlag Springer S. 101.

ben [43]), hieße sie schlechter stellen als andere A. R. Mitglieder. Man wird den B. R. Mitgliedern vielmehr soviel Stimmen geben müssen, als die G. V. Mitglieder im Durchschnitt haben [44]). Damit nun aber nicht trotzdem bei der einzelnen Abstimmung unrichtige Ergebnisse eintreten, wird man m. E., wenn nicht sämtliche G. V. Mitglieder an der Abstimmung teilnehmen (es fehlen z. B. gerade die G. V. Mitglieder mit geringerem Stimmrecht), in jedem Fall das Durchschnittsstimmrecht besonders feststellen müssen.

8. Ist das Anwesenheitsrecht der B. R. Mitglieder an jeder Sitzung des A. R. unbestritten, so gilt nicht das Gleiche für die Teilnahme an der Generalvesammlung. Daß dies streitig werden konnte, muß verwunderlich erscheinen, wenn man die Praxis vor 1922 betrachtet. Noch in der 10. Auflage des Staubschen Kommentars zum HGB. (1920) findet sich eine diesbzgl. Streitfrage überhaupt nicht erwähnt. Daß etwa die — bis dahin nur existierenden — G. V. Mitglieder im A. R. an Generalversammlungen nicht teilgenommen haben, ist nicht anzunehmen. Denn da schon § 246 Abs. 2 dem Aufsichtsrat des Recht gab, eine Generalversammlung zu berufen, wird man es wohl nicht als Übung angesehen haben, daß die Einberufer der G. V. fernzubleiben haben. § 246 Abs. 1 neuer Fassung hat die Rechte der einzelnen Aufsichtsratsmitglieder vermehrt, aber auch, in Verbindung mit §§ 239 a und 244 a, die Verantwortlichkeit gesteigert. Man wird sich nur der Ansicht anschließen können [45]), daß die

[43]) Goldschmitt in DJZ. 1922, 311.

Hueck-Nipperdey, Lehrbuch des Arbeitsrechts Bd. II 1932 S. 641 will das höchste Stimmrecht geben, das eines der übrigen Aufsichtsratsmitglieder hat.

[44]) Dr. Roland Freisler in „Neue Zeitschrift für Arbeitsrecht" 1924, Sp. 287: Stimmwert der Rätevertreter im Aufsichtsrat. —

Ebenso Flatow-Kahn-Freund, BRG. 13. Aufl. S. 679/80 und Feig-Sitzler, BRG. 13. u. 14. Aufl. S. 413.

[45]) H. Friedländer, Aktienrecht 1932 S. 135. —

Pinner in Nachtrag zur 12. u. 13. Aufl. von Staub's Kommentar 1932 S. 67 zu § 246 HGB., Anm. 9a mit eingehenden Angaben aus Schrifttum und Rechtsprechung.

Ebenso Jacusiel, Neue Zeitschr. f. Arbeitsrecht 1924 Sp. 436 A. A. Johannes Fuchs daselbst Sp. 651.

B. R. Mitglieder wie die übrigen Mitglieder des A. R. ein Recht haben, an der Generalversammlung teilzunehmen und nötigenfalls das Wort zu ergreifen.

9. Anders liegt es mit der Teilnahme an den Sitzungen der Ausschüsse des Aufsichtsrats. Die Vertretungen der Arbeitnehmerschaft klagen darüber, daß durch Verlegung wichtiger Beratungen in Ausschüsse — deren Notwendigkeit an sich nicht verkannt wird — die B. R. Mitglieder im Aufsichtsrat in ihrer Tätigkeit sehr stark behindert werden, weil sie diesen Ausschüssen nicht anzugehören pflegen; hinzu käme, daß vielfach den formellen Aufsichtsratssitzungen private Besprechungen der G. V. Mitglieder vorangingen, zu denen die B. R. Mitglieder nicht eingeladen würden, so daß die offiziellen Verhandlungen sehr kurz seien; da Führung von Protokollen nicht vorgeschrieben sei, würden diese in steigendem Maße nicht geführt oder nur kurz gehalten [46]). Daß man seit dem Eintritt der Betriebsräte in den Aufsichtsrat vielfach Funktionen, die bisher der Aufsichtsrat ausgeübt hat, auf seinen Vorsitzenden übertragen hat und „das Schwergewicht des Aufsichtsrats häufig in engere Ausschüsse verlegt" hat, dürfte durch die „Sondervernehmungen des Enquete-Ausschusses über den Einfluß des Eintritts der Betriebsräte in den Aufsichtsrat bestätigt sein [47]). Andererseits scheint, wie häufig, auch hier die Auswirkung von Bestimmungen in der Praxis vielfach von der Persönlichkeit der Beteiligten abzuhängen [48]).

Was die geltende Rechtslage betrifft, so hat sich das Reichsgericht in zwei, im wesentlichen übereinstimmenden Entscheidungen mit den maßgebenden Rechtsgrundsätzen

---

[46]) Die Praxis der Betriebsräte im Aufsichtsrat, herausgegeben vom Allgemeinen Freien Angestelltenbund (AFA-Bund) 1930 S. 21 ff.

[47]) Enquete-Ausschuß, 1. Unterausschuß, 3. Arbeitsgruppe S. 280 ff., insbes. Sachverst. Hagen S. 281, Sachverst. Wolf S. 284. Sachverst. Clemm S. 287 usw.

[48]) aaO. Sachverst. v. Siemens S. 285 und dessen B. R. Mitglied L. S. 297 f.

befaßt: in der ausführlichen Entscheidung vom 11. I. 24 [49]) und in einer weiteren vom 21. III. 24 [50]). Es mag ausreichen, einige grundlegende Sätze wiederzugeben. Das RG. geht davon aus, daß § 70 BRG. und das Aufs. R. Ges. „sich an eine fertig bestehende, vom Gesetz in allen wesentlichen Richtungen geregelte Rechtseinrichtung, den Aufsichtsrat, anschließen. Sie enthalten sich durchaus, diese Einrichtung selbst irgendwie zu verändern oder gar umzugestalten, setzen vielmehr den Aufsichtsrat als etwas gegebenes und gesetzlich geordnetes voraus. Daraus folgt, daß das Unternehmen nicht genötigt ist, die seinen Aufsichtsrat betreffenden Satzungsvorschriften so zu schaffen, zu belassen oder zu ändern, daß sie anderen, als den aktienrechtlichen Bestimmungen Genüge leisten. Es ist namentlich nicht verpflichtet, dem Aufsichtsrat solche Aufgaben zuzuweisen, welche die Interessen und Forderungen der Arbeitnehmer, sowie deren Ansichten und Wünsche hinsichtlich der Organisation des Betriebes betreffen. Ja es ist nicht gehindert, dem Aufsichtsrat, wenn er bisher derartige Gegenstände zu erledigen hatte, diese wieder zu entziehen und sie anderen Organen zu überweisen, auch wenn das in der Absicht geschieht, eine Mitwirkung der Betriebsratsmitglieder bei diesen Angelegenheiten möglichst zu unterbinden. Die Betriebsrätegesetze haben es unterlassen, den Unternehmungen eine solche Anpassung an ihre Zwecke vorzuschreiben. Diese stehen daher lediglich unter den eigenen Gesetzen und haben auf fremde Vorschriften nur insoweit Rücksicht zu nehmen, als dies ausdrücklich von ihnen verlangt wird. . . . ." Das Reichsgericht tritt dann weiter dem Berufungsgericht darin bei, „daß das Verlangen der Betriebsräte nach fortgesetzter Beteiligung an den Arbeiten des Aufsichtsrats und die Auffassung, der Aufsichtsrat habe seine Geschäfte ausnahmslos in Sitzungen zu erledigen, zurückzuweisen ist, weil damit letzten Endes die

[49]) RGZ. 107, 221 ff. = JW. 1924 S. 1145.

[50]) JW. 1924 S. 1144.

Bildung von Ausschüssen unmöglich gemacht würde; ferner auch darin, daß das BRG. den Betriebsratsmitgliedern ein Recht auf Bevorzugung gegenüber den übrigen Aufsichtsratsmitgliedern nicht einräumt".

Diese Ausführungen zeichnen sich durch besondere Klarheit aus; sie zeigen, daß es die Generalversammlung der A. G. in der Hand hat, durch Zurückführung der Befugnisse des Aufsichtsrats auf das gesetzliche Minimum den Zweck des § 70 BRG. im wesentlichen zu sabotieren; sie zeigen aber weiter, daß die Schuld nicht am Gericht liegt, das man nicht deshalb schelten darf, sondern am Gesetzgeber. Aufgabe des Gerichts ist es, das bestehende Gesetz richtig anzuwenden. Die richtige Gestaltung des Gesetzes ist Sache des Gesetzgebers. Es zeigt sich an dieser Stelle deutlich, daß man bei Schaffung des § 70 BRG. und des Aufs. R. Ges. das Ineinandergreifen dieser Gesetze mit dem HGB. nicht ausreichend durchdacht hat. Vielleicht hat man sich in Anbetracht der an sich schon bei Schaffung der Betriebsrätegesetze vorhandenen Spannungen auch gescheut, alle Fragen durchgreifend zu erörtern und zu regeln, und hat gehofft, die Rechtsprechung werde schon einen befriedigenden Ausweg finden. Auf diese Weise setzt man dann die Rechtsprechung dem Verdacht aus, sie sei Arbeitnehmer- oder Unternehmerfreundlich oder -feindlich, und stellt sie mitten in die Kämpfe der Parteien, während sie über denselben stehen muß. Auf Grund eines unzulänglichen Gesetzes kann auch das beste Gericht kein gutes Recht sprechen. Ein gutes Gesetz braucht nicht jede Einzelfrage zu regeln; eine gewisse Elastizität ist nicht nur zulässig, sondern notwendig, um ein Erstarren des Rechts zu vermeiden. Aber die Grundlagen müssen klar und deutlich vom Gesetzgeber geschaffen werden. In diesem Zusammenhange ist es daher interessant, daß der Rechtsausschuß des Reichstages in seiner Sitzung vom 12. Februar 1932 u. a. folgende Beschlüsse zur Abänderung der Notverordnung über das Aktienrecht vom 19. September 1931 gefaßt hat:

1. Das Recht der Betriebsräte, Mitglieder in den Auf-

sichtsrat zu entsenden, wird auch im Handelsgesetzbuch verankert.

2. Es wird gesetzlich bestimmt, daß die vom Betriebsrat entsandten Mitglieder nicht nur an allen Sitzungen des Aufsichtsrats, sondern auch an den Sitzungen der vom Aufsichtsrat eingesetzten Ausschüsse teilnehmen können.

10. Es soll nicht Aufgabe dieser Erörterungen sein, sämtliche Rechte und Pflichten der B. R. Mitglieder im A. R. darzustellen. Nur einige Besonderheiten, welche auf die arbeitsrechtliche Herkunft der B. R. Mitglieder zurückzuführen sind, sollen noch erwähnt werden. Nach ausdrücklicher Bestimmung des § 70 S. 2 BRG. erhalten sie keine andere Vergütung als eine Aufwandsentschädigung. Das wesentliche ist hier das Negative; die B. R. Mitglieder dürfen im Gegensatz zu den G. V. Mitgliedern keine Tantieme beziehen, sie sollen grundsätzlich nicht kapitalistisch interessiert sein. Daß die B. R. Mitglieder eine Aufwandsentschädigung von der Aktiengesellschaft beanspruchen können, ist an sich eine überflüssige Wiederholung des § 36 BRG. In der Praxis hat sich gerade hier gezeigt, wie difficil die Stellung der B. R. Mitglieder im A. R. auch ihren Berufsgenossen gegenüber ist. Die Unternehmer neigen anscheinend dazu, die Aufwandsentschädigungen zu pauschalieren und nach oben abzurunden; dies hat das Mißtrauen der übrigen Betriebsräte und der Belegschaft hervorgerufen, so daß die Gewerkschaften den B. R. Mitgliedern im A. R. nahelegen mußten, sich auf die wirklichen Spesen zu beschränken, um auch den leisesten Anschein zu vermeiden, als ob sie sich Nebeneinnahmen verschafften [51]). Dies entspricht auch der Rechtslage. Das RAG. hat sich in seiner Rechtsprechung zu § 36 BRG. gegen Vergütungen z. B. eines monatlichen Pauschalsatzes an die B. R. Mitglieder ausgesprochen, da dies einem versteckten Entgelt gleichkäme [52]).

11. In diesem Zusammenhange mag die Ausübung eines

[51]) Die Praxis der Betriebsräte (AFA-Bund) S. 18.

[52]) RAG. v. 2. V. 28, RAG. 119/27 in JW. 29 S. 1314.

Rechtes der A. R. Mitglieder erwähnt werden, das den B. R. Mitgliedern erleichtert ist. Nach § 271 Abs. 4 HGB. kann jedes A.R.Mitglied unter den dort geregelten Voraussetzungen im Wege der Klage Generalversammlungsbeschlüsse anfechten. Für das G. V. Mitglied im A. R. ist eine solche Anfechtungsklage mitunter mißlich; es muß befürchten, von dem Großaktionär abberufen zu werden, und trägt für den Fall der Klageabweisung ein erhebliches Kostenrisiko. Im Gegensatz hierzu ist das B. R. Mitglied von der Generalversammlung unabhängig. Außerdem kommt hier der soeben erwähnte § 36 BRG. in Frage [53]). § 36 BRG. bestimmt, daß der Arbeitgeber die durch die Geschäftsführung des Betriebsrats entstehenden notwendigen Kosten zu erstatten hat. Dieser (öffentlich-rechtliche) Anspruch steht auch dem einzelnen Betriebsratsmitglied zu, dem Kosten erwachsen sind [54]). Der häufigste Anwendungsfall ist der der Erstattung der Prozeßkosten eines verlorenen Rechtsstreits [55]), und zwar einer Kündigungseinspruchsklage. Die hierbei regelmäßig erörterte Frage, ob vor dem Landesarbeitsgericht die Hinzuziehung eines Rechtsanwalts notwendig oder die Vertretung durch einen Verbandsvertreter ausreichend war, entfällt hier, weil für eine Klage aus § 271 HGB. die ordentlichen Gerichte mit Anwaltszwang zuständig sind. Notwendig im Sinne des § 36 BRH. waren die Prozeßkosten dann nicht, wenn die Rechtsverfolgung erkennbar aussichtslos war. Dies wird sich häufig nicht feststellen lassen, da ja meist gerade ein nicht ausreichend aufgeklärter Sachverhalt Veranlassung zur Anfechtungsklage sein wird.

12. Eine ähnliche Rechtslage kann bei Anwendung der neuen Bestimmung des § 224a HGB. entstehen. Danach

[53]) Vgl. Bergmann, Aktienrechtliche Anfechtung und Betriebs rat in „Arbeitsrecht" 1931 S. 650.

[54]) Flatow-Kahn-Freund, BRG. 13. Aufl. S. 206.

Gerlach, die Geschäftsführungskosten der Betriebsvertretung, Verlag Hobbing 1931, S. 51.

[55]) RAG. R. B. v. 4. II. 31 und vom 14. III. 31 in JW. 1932 S. 2192 und Braun in J. W. 1932 S. 2133.

ist jedes Mitglied des A. R. berechtigt, unter Angabe des Zweckes und der Gründe zu verlangen, daß der Vorsitzende unverzüglich den Aufsichtsrat beruft. Wird einem mindestens von zwei Mitgliedern geäußerten Verlangen nicht entsprochen, so können diese Mitglieder selbst den Aufsichtsrat berufen. Diese Vorschrift der Verordnung vom 19. 9. 31 (Art. IV) entspricht einem Vorschlag des Deutschen Anwaltvereins, der hierbei ausdrücklich betont hat, daß ein Unterschied zwischen den gewählten Mitgliedern und den vom Betriebsrat entsandten nicht gemacht werden dürfe [56]). Durch die Ausübung dieses Rechts kann von den B. R. Mitgliedern im A. R. vielleicht zum Teil erreicht werden, daß Fragen im A. R. behandelt werden anstatt in ihnen nicht zugänglichen Ausschüssen.

Nun bestimmt § 244 a Abs. 3 aber weiter, daß, wenn die Einberufung einen offenbaren Mißbrauch darstellt, die Kosten der Sitzung den Mitgliedern zur Last fallen, die die Einberufung veranlaßt haben. Dieser Kostenerstattungsanspruch — zu dem erhebliche Reisekosten auswärtiger Mitglieder gehören können — kann von der Gesellschaft nur mit Zustimmung von drei Vierteln der Gesamtzahl der Mitglieder des Aufsichtsrats geltend gemacht werden. Wann „offenbarer" Mißbrauch vorliegt, ist eine Frage des Einzelfalles. Erwähnung verdient hier aber eine gerade für die gegenwärtige Erörterung interessante Meinungsverschiedenheit. H. Friedländer [57]) will einen solchen Fall offenbaren Mißbrauchs stets annehmen, wenn die Einberufung über einen Gegenstand verlangt ist, der nicht zur Zuständigkeit des Gesamt-A. R., sondern eines besonderen Ausschusses (z. B. des Personalausschusses) gehört. Pinner will dieser Ansicht nur mit Einschränkung folgen [58]).

Besonders eigenartig gestaltet sich nun die prozessuale

[56]) Zur Reform des Aktienrechts. Antworten des Deutschen Anwaltvereins auf die Fragen des Reichsjustizministers. I. Teil S. 109.

[57]) H. Friedländer, Aktienrecht 1932 S. 130. Ebenso Lehmann-Hirsch, Verordnung über Aktienrecht 2. Aufl. 1932 S. 95.

[58]) Pinner in Nachtrag zu Staub's Kommentar 1932 S. 54, Anm. 17.

Rechtslage. Nachdem im Falle der Einberufung durch die beiden B. R.-Mitglieder der Beschluß aus § 244 a Abs. 3 mit der erforderlichen $^3/_4$-Mehrheit ergangen ist (diese Mehrheit wird natürlich aus G. V.-Mitgliedern bestehen), muß der Vorstand namens der Aktiengesellschaft Klage erheben, und zwar selbstverständlich vor den ordentlichen Gerichten, da es sich um einen Anspruch aus dem HGB. handelt. Es werden also mit beamteten Juristen besetzte Gerichte zu entscheiden haben, ob ein „offenbarer Mißbrauch" vorlag.

Ergeht Verurteilung, so taucht nun die Frage auf, ob das B. R.-Mitglied, das verurteilt ist, an die Aktiengesellschaft zu zahlen, im Wege des § 36 BRG. von derselben Aktiengesellschaft als Arbeitgeber Befreiung von dieser Schuld verlangen kann. Daß es arbeitsrechtlich nichts ungewöhnliches ist, daß der obsiegende Arbeitgeber dem verlierenden Betriebsrat die letzterem entstehenden Kosten zu zahlen hat, ist für den Fall der Kündigungseinspruchsklage bereits erwähnt worden. Für den vorliegenden Fall wird die Anwendbarkeit teils verneint [59]), teils bejaht [60]). M. E. besteht durchaus die Möglichkeit, daß die Frage des „offenbaren Mißbrauchs" aktienrechtlich und arbeitsrechtlich sehr verschieden beurteilt werden kann. Wesentlich hierbei ist, daß für den Anspruch aus § 36 BRG. das arbeitsgerichtliche Verfahren zuständig ist. Dieses Verfahren gliedert sich in zwei Teile. Über die Vorfrage, ob die Einberufung offenbar mißbräuchlich war, wird im sogen. Beschlußverfahren der §§ 80 ff. AGG. entscheiden, d. h. in erster Instanz vom Arbeitsgericht, in zweiter Instanz auf Rechtsbeschwerde vom Landesarbeitsgericht, (in Ausnahmefällen vom Reichsarbeitsgericht). Sodann ist für die Leistungsklage das arbeitsgerichtliche Prozeßverfahren zuständig. Arbeits- und Landesarbeitsgerichte bestehen aus je einem Arbeitgeber- und einem Arbeitnehmerbeisitzer und einem ordentlichen Richter, „der auf

[59]) W. H. in Zentralblatt der christlichen Gewerkschaften Deutschlands. 1931. S. 340.

[60]) Tuchler, Karten-Auskunftei des Arbeitsrechts, Heft 364 v. 13. 11. 31.

arbeitsrechtlichem und sozialem Gebiete Kenntnisse und Erfahrungen besitzt".

Eine Bindung der Arbeitsgerichtsbehörden an die Entscheidung des ordentlichen Gerichts ist m. E. ebensowenig gegeben, wie eine solche z. B. zwischen Arbeitsgerichten und Sozialbehörden besteht, soweit dies nicht besonders vorgeschrieben ist[61]). Voraussetzung für die Arbeitsgerichte ist nur, daß das ordentliche Gericht rechtskräftig verurteilt hat. Die Gründe nehmen an der Rechtskraft nicht teil. Vielmehr haben die Arbeitsgerichte selbständig zu prüfen, wobei ihre andere Zusammensetzung wesentlich sein kann. So wäre z. B. eine abweichende Ansicht etwa deshalb möglich, weil sie es nicht für „offenbar mißbräuchlich" halten, wenn das Betriebsratsmitglied in der Frage der Ausschüsse selbst oder auf Veranlassung des ihn delegierenden Betriebsrats, ausgehend von der besonderen Zweckbestimmung des § 70 BRG., einen von der bisherigen Rechtsprechung abweichenden Standpunkt eingenommen hat.

Gerade diese letzten Erörterungen zeigen, wie auf dem besprochenen Gebiete nicht nur in materieller, sondern auch in formeller Beziehung Handelsrecht und Arbeitsrecht aufeinanderstoßen, ohne daß es dem Gesetzgeber gelungen ist, eine befriedigende Anpassung zu finden.

---

[61]) Vgl. z. B. RAG. v. 29. XI. 30 und Reichsversicherungsamt v. 31. 10. 29 bei Bensheimer Bd. XI. S. 192. Anders § 901 Reichsversicherungsordnung.

Aktienkauf als Aktienzeichnung.[1])

Von Rechtsanwalt Dr. Dr. Max Hachenburg in Mannheim.

Die Wirtschaftskrise hat nicht nur die Einführung eines Stückes des neuen Aktienrechts im Wege der Notverordnung herbeigeführt. Einzelne vorübergehend scheinende Bedürfnisse riefen befristete Regelung des besonderen Falles hervor. Eine Verordnung zog die andere und diese wieder eine andere nach sich. Konkrete Vorgänge führten zu allgemein lautenden Anordnungen. Dabei kamen merkwürdige Rechtserscheinungen zutage. Ein Kauf von Aktien, der unter den Vorschriften der Aktienzeichnung steht, verdient wohl eine Betrachtung. Dabei wird man zugleich einen Blick in die Werkstatt dieser Art NotV. tun.

Die NotV. vom 6. Oktober 1931 zur Sicherung der Wirtschaft und Finanzen etc. (5. Teil Kap. II § 1 ff.) gestattet die Herabsetzung des Grundkapitals einer GmbH., um dieses „an den insbesondere aus Anlaß der Wirtschaftsentwicklung veränderten Vermögensstand anzupassen", in erleichterter Form. Sie ist zeitlich beschränkt. Die Haupterleichterung besteht in der Befreiung von dem Gläubigeraufruf und dessen Folgen (§ 289 Abs. 2—4 HGB.). Der Gläubigerschutz tritt hier hinter dem Interesse der Gesellschaft zurück. Das war möglich, da auf Grund der K. H. i. e. F. Zahlungen an die Aktionäre nicht erfolgen dürfen (§ 6 Abs. 1 Haupt V). Dagegen tritt ein dem bisherigen Rechte nicht bekannter Schutz der Aktionäre ein. Diese Herabsetzung muß zuerst durch Einziehung von Aktien, die der Gesellschaft oder einem anderen für sie gehören, er-

[1]) Zu der nachfolgenden Arbeit bin ich durch eine Unterhaltung mit Albert Pinner bei einer Fahrt von Berlin nach Leipzig angeregt worden. Es ist daher nur billig, daß sie ihm gehören soll.

folgen. Dem gleich stehen Aktien, die von dem Aktionär oder Gründer oder Zeichner für Rechnung der Gesellschaft übernommen wurden. Erst wenn keine solche Aktien vorhanden sind, ist die Herabsetzung des Nennbetrags und erst wenn dies nicht möglich ist, die Zusammenlegung gestattet. Die AG. hat zuerst ihren eigenen Aktienbesitz zur Anpassung zu verwerten. Die Verwaltung soll nicht unter Zurückhaltung der der Gesellschaft gehörenden Aktien die außenstehenden Aktionäre dem Drucke der Kapitalherabsetzung aussetzen. Darin liegt ein Gedanke, der dauernde Beachtung verdienen und aus dem zeitlich begrenzten in das allgemein geltende Gebiet hinübergenommen werden könnte, wenn sich nicht doch wieder Bedenken ergäben und diese zu einer eigenen Verordnung geführt hätten.

Alsbald nach dem Inkrafttreten der NV. wurde streitig, ob diese Herabsetzung rückwirkend beschlossen werden könnte. Das bereits abgelaufene Geschäftsjahr schien logischerweise nicht von ihr berührt. Die erste Durchführungsverordnung vom 18. Februar 1932 (I. DurchVO.) entschied die Frage bejahend (§ 5). Vorausgesetzt ist, daß dieselbe Generalversammlung über die Genehmigung der Jahresbilanz und über die K. H. i. e. F. beschließt. Dann kann jene so aufgestellt werden, wie sich Kapital und Reserven nach Durchführung der Kapitalherabsetzung darstellen. Dasselbe gilt auch für die gleichzeitig erfolgende Erhöhung des Grundkapitals. Es muß gezeichnet und soweit erforderlich, einbezahlt sein (§ 6 I. DurchVO.). Den Anstoß zu diesen Bestimmungen gab ein besonderer Fall. Sie lauten aber allgemein. Jede AG. kann sie benützen. Das geschieht auch. Diese Abweichung von der Regel der Bilanz kann man nur für Notzeiten verantworten. Ein Überdauern derselben ist hier nicht zu erwarten.

Der ersten folgte eine zweite DurchVO. vom 20. Februar 1932 auf dem Fuße. Sie enthält nur einen Paragraphen. Er bringt das eigenartige Gebilde von dem am Eingang die Rede war. Es handelt sich darum, von der Schutzbestimmung zugunsten der Aktionäre, wonach in erster Linie eigene Aktien der Gesellschaft oder die ihr gleichstehenden zum Zwecke der K. H. i. e. F. zu benützen sind, wieder eine Ausnahme zu machen. Das hat sich wieder in einem besonderen Falle als notwendig herausgestellt. Wie dieser lag, mag man sich aus dem Inhalte der DurchVO. ableiten. Gesagt ist darin nichts davon. Es ist nicht einmal ausdrücklich an die NV. vom 6. Oktober 1931 angeknüpft. Der Inhalt zeigt es. Zugleich auch die Spuren des Falles, der den Anstoß gab. Die Gesellschaft hatte offenbar eine bessere Verwendung für ihre eigenen Aktien. Sie konnte sie entweder mit Nutzen veräußern. Damit bot sich ihr eine Gelegenheit, sich flüssige Mittel zu verschaffen. Oder man wollte die Aktien bei einer Fusion oder Angliederung benützen. So wurde man wieder zu einer Ausschaltung der Vorschrift, daß die K. H. i. e. F. in erster Linie durch die Einziehung vorzunehmen ist, geführt. Aber allgemein wurde es nicht angeordnet. Die lex unica vom 20. Februar 1932 gibt diese Möglichkeit nur unter bestimmten Voraussetzungen.

Zunächst muß die Veräußerung der eigenen Aktien vor dem Beschlusse über die K. H. i. e. F. wirksam erfolgt sein. Wie lange vorher ist nicht gesagt. Eine Frist ist dieser nicht gesetzt. Andererseits genügt nicht die Absicht, die Aktien zu veräußern. Eine Ermächtigung hierzu macht den Beschluß der Herabsetzung durch Zusammenlegung nicht wirksam. Er wäre anfechtbar. Übernimmt man die Vorschrift der HauptV. (§ 2) über die an erster Stelle stehende Einziehung der eigenen Aktien, so könnte sich eine Ausnahme hiervon auch nur daran knüpfen, daß in der Tat die eigenen Aktien im Interesse der Gesellschaft v e r ä u ß e r t werden. Den Aktionären kann ein Zurücktreten ihres Interesses nur angesonnen werden, wenn ihnen Sicherheit für die Veräußerung der eigenen Aktien der Gesellschaft gegeben ist.

Der Beschluß der Generalversammlung muß nun aber nicht nur die Herabsetzung des Grundkapitals enthalten. Es muß auch die Rückwirkung auf die zur Genehmigung stehende Bilanz gewollt sein. Es kann auch das Grundkapital erhöht werden. Aber auch dann wieder mit Einfügung in die

Bilanz (Abs. 1 Satz 1). Dementsprechend ist auch das Ergebnis der Veräußerung darin aufzunehmen. Der „zu erzielende Gegenwert" ist an Stelle der Aktien in die Bilanz einzusetzen. Mit der Herabsetzung des Grundkapitals hat dieser Vorgang an sich so wenig zu tun, wie mit einer Erhöhung. Beide gehen ihre eigenen Wege. Der Veräußerungsvertrag ändert nur die Substanz des Vermögens der AG. Er führt ihr beim Verkauf bare Mittel zu. Er bringt ihr beim Tausche andere Sachwerte. Nur soweit hierbei über den Buchwert der eigenen Aktien ein Mehrbetrag erzielt wird, liegt eine Vermögensvermehrung vor. Übersteigt sie den Nennbetrag der Aktien, so fließt sie in die gesetzliche Reserve. Bleibt sie unter pari, aber über dem Buchwert, so steht die Verwendung der Gesellschaft frei. Sie mag sie zur teilweisen Tilgung einer Unterbilanz verwenden. Dann mindert sich der Betrag der Kapitalherabsetzung. Zur Erhöhung des Grundkapitals dient ein solcher Veräußerungsgewinn nie. Er mag sie unnötig machen. Man hätte vielleicht nach der Kapitalherabsetzung durch den Verkauf und den etwa erzielten Gewinn das erwünschte Betriebskapital. Man kann aber nicht das Grundkapital wieder durch diesen heraufsetzen. Die Veräußerung ist ein Geschäft des Verkehrs, kein körperschaftlicher Vorgang. Es ist aber nicht ersichtlich, warum der Verkauf der eigenen Aktien nur dann gestattet sein soll, wenn neben der K. H. i. e. F. auch der Beschluß der Rückwirkung auf die abgeschlossene noch zu genehmigende Bilanz in Frage steht. Man wird wohl häufig von dieser Gebrauch machen. Allein es sind auch Fälle denkbar, in denen ein Bedürfnis hierzu nicht vorliegt. Man begnügt sich mit einer Herabsetzung des Grundkapitals. Das kann seinen Grund darin haben, daß die Bilanz für das abgelaufene Geschäftsjahr bereits genehmigt ist. Die erste DurchVO. soll in den §§ 5 und 6 doch nur eine Erleichterung bringen. Sie kann nicht aufgezwungen werden. Der Schwerpunkt bei der II. DurchVO. liegt darin, daß die Aktionäre, die sich zum Zwecke der Herabsetzung des Grundkapitals nunmehr eine Denomination oder eine Zusammenlegung ihrer Aktien gefallen lassen müssen, sicher sein sollen, daß die Aktien auch in einer für sie vorteilhaften Weise verwendet werden. Dann können sie auf die Einziehung verzichten. Daß in der zu genehmigenden Bilanz trotz des Ablaufs des Geschäftsjahres bereits der Erlös der Aktien angeführt werden soll, kann nicht als Motiv dieser Beschränkung gelten. Kommt die Herabsetzung des Grundkapitals erst nach Schluß des laufenden Jahres in der hierfür maßgebenden Bilanz in die Erscheinung, so wird das gleiche auch für die Veräußerung der eigenen Aktien genügen. Vermutlich war in dem Falle, der zu der II. DurchVO. führte, die gleichzeitige Genehmigung der Bilanz auf der Tagesordnung der Generalversammlung. Man brauchte die Rückwirkung der Kapitalherabsetzung auf diese. So mag sie in die Verordnung selbst hineingekommen sein. Ein innerer Grund, diese Veräußerung nicht bei jeder K. H. i. e. F. zuzulassen, läßt sich nicht finden. Woraus wieder folgt, daß bei einer Herübernahme in das gemeine Aktienrecht eine Beschränkung auf den Fall der Rückwirkung der Herabsetzung nicht zu erwarten ist. Diese selbst wird ja auch mit der Wiederkehr geordneter Verhältnisse verschwinden.

Neben der allgemeinen Voraussetzung der Kapitalherabsetzung i. e. F. in Verbindung mit der Einfügung in die zur Genehmigung stehende Bilanz stellt die II. DurchVO. besondere Bedingungen für den Veräußerungsvertrag auf. Sie beziehen sich zum Teil auf dessen Inhalt, zum Teil auf dessen Vollzug. Beides aus dem Gesichtspunkte der Sicherung der Aktionäre zu erklären. Ihr Opfer soll nur dann ihnen zugemutet werden, wenn die AG. die neuen Werte auch wirklich erhält. Man erkennt daran schon hier die Parallele zur Aktienübernahme und der für diese durchgeführten Fürsorge. Der Gegenwert für die Aktien muß mindestens dem Nennbetrag der Aktien gleichkommen. Der Vertrag bedarf der Schriftform. Der Erwerber muß sich darin verpflichten, jedem Aktionär auf sein Verlangen einen seinem Aktienbesitz entsprechenden Teil der eigenen Aktien zu überlassen. Hierfür darf er neben dem vertraglich vereinbarten Entgelt nur eine angemessene Vergütung für den Vermittlungsdienst berechnen.

Dieses Recht der Aktionäre kann die Generalversammlung nur mit einer Dreiviertelmehrheit des vertretenen Grundkapitals ausschließen. Andere Bedingungen, als die Genehmigung durch die Generalversammlung und die Eintragung der erfolgten Kapitalherabsetzung und gegebenenfalls der Kapitalerhöhung im Handelsregister, dürfen im Vertrag nicht enthalten sein (Abs. 2). Der Vertrag selbst bedarf der Genehmigung der Generalversammlung. Sie kann diese aber nur geben, wenn der Gegenwert, soweit er in bar zu leisten ist, vor der Beschlußfassung bereits einbezahlt wurde. Der Vorstand hat zu Protokoll der Generalversammlung zu erklären, daß der Gegenwert endgültig in seiner freien Verfügung steht, und daß Gegenforderungen nicht bestehen. Der Nachweis der Barzahlung ist der amtierenden Urkundsperson, Richter oder Notar, unter Vorlage des Vertrags zu erbringen. Dabei gilt auch hier als Barzahlung Einzahlung auf das Konto einer Bank (Abs. 3 II. DurchVO. § 6 Abs. 3 Ziff. 2 I. DurchVO.). Werden statt baren Geldes Sachwerte für die eigenen Aktien gewährt, so müssen, in Anwendung der Vorschriften des § 279 HGB. diese Vermögensgegenstände bezeichnet und der Betrag der hierfür zu gewährenden Aktien festgesetzt sein (Abs. 4).

Bei diesen Bestimmungen springt deren Ähnlichkeit mit der Zeichnung der Aktien bei der Erhöhung des Grundkapitals in die Augen. Dem Veräußerungsvertrag entspricht dann der Beschluß der Generalversammlung und die Zulassung zur Zeichnung. Eine Ausgabe unter dem Nennwerte ist verboten (§ 184 HGB.). Der Zeichnungsschein bedarf der Schriftform. In ihm dürfen keine Bedingungen enthalten sein, welche seine Wirksamkeit in Frage stellen. Nur eine Befristung ist zulässig (§ 189 Abs. 4 HGB.). Der Eintragung in das Handelsregister hat die Versicherung des Vorstandes der Barzahlung von mindestens 25% vorauszugehen. Doch genügt diese. Ein weiterer Nachweis wird nicht verlangt. Jedem Aktionär muß auf sein Verlangen ein seinem Anteil an dem bisherigen Gesellschaftsvermögen entsprechender Teil der neuen Aktien zugeteilt werden. Der Beschluß über die Erhöhung kann dieses Bezugsrecht aber ausschließen (§ 282 HGB.). Sieht man von dem rein formellen Unterschiede ab, daß bei der Veräußerung ein gegenseitiger Vertrag beurkundet wird, während bei der Erhöhung des Grundkapitals körperschaftsrechtlich nur einseitige, wenn auch übereinstimmende Erklärungen anerkannt sind, so ist die Parallele vollständig. Die Überlassung von Aktien erfolgt gegen eine Zuwendung von Vermögenswerten an die Gesellschaft. Eine Unterpariübernahme der Aktien ist nicht statthaft. Daher von der gleichzeitig erfolgenden Herabsetzung des Grundkapitals nur die übrigen Aktien betroffen werden. Die II. DurchVO. bestimmt zwar in Abs. 1, daß die Generalversammlung, wenn sie von der Einziehung der eigenen Aktien absieht, beschließen kann, daß diese „von der Herabsetzung des Nennbetrags und der Zusammenlegung" nicht betroffen werden. Aber wenn der Gegenwert mindestens 100% betragen muß (Abs. 2 Satz 1), so macht dies die Kannvorschrift zu einer zwingenden. Die Parallele zur Erhöhung des Grundkapitals mag hier eingewirkt haben. Auch diese Veräußerung ist ein bedingungsfeindliches Geschäft. Der beim Zeichnungsschein zugelassenen Beschränkung der Wirksamkeit durch Setzung einer Frist, innerhalb deren die Erhöhung des Grundkapitals zum Handelsregister eingetragen werden muß, entspricht hier die Einfügung der Genehmigung der Generalversammlung und die Eintragung der Kapitalherabsetzung und vorkommendenfalls der Erhöhung des Grundkapitals zum Handelsregister (Abs. 2 Satz 3). Für normale Aktienverkäufe gibt es eine solche Beschränkung des Inhalts nicht. Hier erklärt sie sich aus der Wahrung der Interessen der anderen Aktionäre. Der Ausfall einer Bedingung könnte die Voraussetzung, unter denen sie die Herabsetzung des Nennbetrages oder die Zusammenlegung gestatten, hinfällig machen. Sind andere Bedingungen als die allein zugelassene Genehmigung der Generalversammlung in dem Vertrag aufgenommen, so müßte die Generalversammlung die Zustimmung versagen. Der Beschluß wäre anfechtbar. Unterbleibt dies und erfolgt die Eintragung, so muß die Veräußerung rechtswirksam sein und bleiben, auch dann, wenn die zu Unrecht eingefügte Bedingung nicht eintritt. Der Zeichnungsschein wäre zunächst nichtig. Er könnte geheilt werden, wenn der Erwerber als Aktionär Rechte ausübt (§ 189 Abs. 4 HGB.). Man wird diese Bestimmung hier nicht anwenden. Sie ist singulär. Die Rechtsähnlichkeit ist keine Gleichheit. Das Verbot der Aufnahme anderer Bedingungen als der ausdrücklich zugelassenen Genehmigung der Generalversammlung muß seinem Zwecke nach ausgelegt werden. Eine Nichtigkeit bei einem Verstoße gegen die gesetzliche Vorschrift tritt nur ein, wenn sich nicht aus dem Gesetze etwas anderes ergibt (§ 134 BGB). Das muß aber hier angenommen werden. Man will den Aktiengesellschaften eine unbedingte Sicherheit für die Erfüllung des Veräußerungsvertrages gewähren. Man kann sich aber nicht darauf verlassen, daß in der Generalversammlung der Vertrag genau kontrolliert wird. Die Möglichkeit, daß auch eine als Bedingung später aufgefaßte Bestimmung unbeachtet bleibt, ist stets gegeben. Es würde dem wirtschaftlichen Zwecke der Vorschrift widersprechen, wenn der Erwerber der Aktien unter Berufung auf die unzulässige Bedingung sein Geld zurückforderte. Daher müssen diese Bestimmungen als nicht zulässig gestrichen werden. Der Vertrag bleibt ohne sie aufrecht. Daß dies rechtlich möglich ist, zeigt doch wieder die Behandlung des Zeichnungsscheines. Was dort an die Ausübung der Rechte als Aktionär geknüpft ist, schließt sich hier an die Genehmigung des Vertrags durch die Generalversammlung und den Eintrag der Herabsetzung des Grundkapitals zum Handelsregister an.

Der Abs. 2 Satz 3 der II. DurchVO. spricht nur von „Bedingungen“, von denen der Vertrag nicht abhängig sein darf. Das gleiche wird aber von anderen Abreden gelten, deren wirtschaftliches Ergebnis der Rückfluß der Gegenleistung an den Erwerber und der Wiederanfall der Aktien an die AG. wäre. Es gibt also kein Rücktrittsrecht, sei es ein allgemein, sei es für besondere Fälle vereinbartes. Auch keine Rückkaufspflicht und kein Rückkaufsrecht, weder für die AG. noch für den Gegenpartner.

Die Bestimmung über das Bezugsrecht der Aktionäre ist ein notwendiger Bestandteil des Veräußerungsvertrags. Es muß in ihm enthalten sein. Es ist der gesetzlichen Vorschrift nachgebildet. Das kommende Recht wirft hier seinen Schatten voraus. Für die Genehmigung des Veräußerungsvertrags wird man keinesfalls eine größere Mehrheit fordern dürfen als das Statut für die Erhöhung fordert. Der Anspruch der Aktionäre auf Eintritt in den Veräußerungsvertrag kann nur mit einer Mehrheit von drei Vierteln des bei der Beschlußfassung vertretenen Grundkapitals versagt werden. Rechtlich erscheint die Bestimmung des Vertrags als eine Abrede zugunsten der Aktionäre. Die DurchVO. hat ein solches Recht nicht von selbst an den Veräußerungsvertrag geknüpft. Es muß bedungen werden. Eine Vorschrift, wie in § 282 Abs. 2 HGB. über die Bekanntmachung durch den Vorstand und die Setzung einer Frist zur Ausübung hat man hier nicht getroffen. Sie blieb dem Vertrage überlassen. Fehlt sie, so bedarf er der Ergänzung der Verkehrsübung entsprechend. Fehlt im Vertrage die Verpflichtung, so ist er nicht nichtig. Der Mangel eines wesentlichen Teiles hätte allerdings an sich diese Folge. Allein der Ausschluß des Bezugsrechts braucht nicht ausdrücklich zu erfolgen. In der Nichtaufnahme liegt eine solche konkludente Erklärung. Nur wenn die vorgesehene besondere Mehrheit nicht erreicht wurde, kann der Beschluß angefochten werden. Ist weder Protest eingelegt, noch rechtzeitig die Anfechtung erfolgt, so ist der Vertrag gültig. Der Erwerber kann sich nicht später, wenn die Aktien im Kurse zurückgehen, auf die Nichtigkeit berufen. Der Gegenwert ist den Aktionären gesichert.

Aus diesem Motive erklärt sich auch die Kontrolle der Erfüllung. An sich wäre dies Sache des Vorstandes. Er muß aber hier nicht nur zum Protokolle versichern, daß der Gegenwert einbezahlt ist und „endgültig zu seiner freien Verfügung steht“. Er muß auch dem Notar, der das Protokoll über die Herabsetzung des Grundkapitals aufnimmt, den Beleg für die Einzahlung erbringen. Das geht über die Vorschriften über die Erhöhung des Grundkapitals hinaus. Dort genügt die Versicherung der Einzahlung. Das läßt sich stets nur aus dem Bestreben erklären, die Abweichung vom Prinzip bei der K. H. i. e. F. nur bei der Möglichkeit weitgehender Sicherung der Aktionäre zuzulassen, daß die AG. auch wirklich die Gegenwerte erhält. Ein Stück Mißtrauen gegen die Versicherung des Vorstandes spielt auch hier herein. Sollte trotzdem die Zahlung nicht wirksam erfolgt sein, hätte also etwa der Vorstand mit dem Käufer verabredet, daß nur eine Scheinzahlung stattfinde, so wäre der Akt selbst nicht ungültig. Auch eine Anfechtung des Beschlusses über die Herabsetzung des Grundkapitals findet nicht statt. Der Vorstand ist haftbar, falls der Käufer nicht zahlt. Der Vorstand soll auch versichern, daß Gegenforderungen nicht bestehen. Das hat bei dem Verlangen der Barzahlung keine Bedeutung. Es kann nur von Wert sein, wenn trotz der Behauptung die Zahlung nicht erfolgt war. „Rückforderungen" sind schon deshalb ausgeschlossen, weil sie nicht in den Vertrag aufgenommen werden dürfen.

Die Analogie zwischen der Erhöhung des Grundkapitals zeigt sich wieder bei Sachleistungen. Hier ist ausdrücklich sogar auf § 279 HGB. verwiesen. Damit wird der Erwerber der eigenen Aktien, obwohl er ein Rechtsgeschäft des Zivilrechts abschließt, einem Aktienzeichner materiell gleichgestellt. Das wird sich wieder aus der Eigenart des Vertrags erklären. Zeigt sich der Vertrag als Kaufvertrag, wird also eine Barzahlung verabredet, so muß man wieder in folgerichtiger Durchführung nur diesen allein für zulässig erklären. Eine zwischen dem Vorstand der AG. und dem Erwerber erfolgte Absprache, daß nicht bares Geld, sondern Sachwerte gewährt werden sollen, ist der Gesellschaft gegenüber unwirksam. Die Änderung des Veräußerungsvertrags, wonach an Stelle der Geldzahlung eine Sachleistung tritt, kann nur mit Genehmigung der Generalversammlung erfolgen. Ebenso, wenn eine Sachleistung durch eine andere ersetzt werden soll. Die Verwaltung allein kann nicht unter Aufhebung eines Tauschvertrags eine Benützung der eigenen Aktien zur Fusion verfügen. Nicht unzulässig ist es aber, der Verwaltung hier Spielraum zu lassen. Der Abschluß kann alternativ gestaltet sein. Es genügt, daß er der AG. ein unbedingtes Recht auf die eine oder andere Gegenleistung gibt. Für die Bilanz wird zu beachten sein, auch wenn die Rückbeziehung beschlossen wird, daß bei Sachleistung eine Vorauserfüllung nicht vorgeschrieben ist. Hier kann nur der Anspruch auf diese in Betracht kommen.

Sicher birgt die II. DurchVO. vom 20. Februar 1932 noch eine Reihe anderer Fragen. Hier handelte es sich darum, die Übertragung der aktienrechtlichen Vorschriften über die Erhöhung des Grundkapitals auf einen Aktienkauf aufzuzeigen. Damit war auch die Frage des Übergangs der hierin enthaltenen Ideen in das kommende Aktienrecht beantwortet. Hält man an der Auffassung fest, daß die Bestimmung des § 2 NotV. vom 6. Oktober 1931 über die Reihenfolge der Herabsetzungswege sich zur Einfügung in das HGB. eignet, gibt man die Notwendigkeit zu, Abweichungen hiervon zu gestatten, hält man bei diesen daran fest, daß dann die Veräußerung der eigenen Aktien spätestens mit dem Herabsetzungsbeschlusse durch die Generalversammlung genehmigt werden muß, so wird man auch die zur Sicherung der Interessen der Aktionäre dienenden Vorschriften beibehalten müssen. Ob genau sowie in der II. DurchVO. vom 20. Februar 1932 oder in etwas umgestalteter Form, wäre von geringerer Bedeutung.

Zu lösen wäre aber noch die Frage ob und inwieweit durch die Bestimmung der II. DurchV. die Verwaltung der Gesellschaft an der freien Veräußerung ihrer eigenen Aktien trotz der geplanten K. H. i. e. F. gehindert ist. In Abs. 1 II. DurchVO. ist ja nur gesagt, daß von der Einziehung eigener Aktien abgesehen werden darf. Das setzt aber voraus, daß im Momente, in dem die Generalversammlung die K. H. i. e. F. beschließt, die Gesellschaft noch eigene Aktien besitzt. Gerade diese sollen erst durch den Kaufvertrag auf den dritten Erwerber übergehen. Werden die Vorschriften der Abs. 2 und 3 II. DurchVO. nicht beachtet, so verletzt die Herabsetzung i. e. F. das Gesetz. Der Beschluß unterliegt der Anfechtung. Hätte aber die Gesellschaft ihre eigenen Aktien bereits verkauft und das Eigentum daran übertragen, so ist für die Anwendung der II. DurchVO. kein Raum mehr. Der Vertrag bedarf nicht der Genehmigung der Generalversammlung. Er kann Bedingungen enthalten wie immer beliebt. Es besteht kein Bezugsrecht der Aktionäre. Der Vorstand braucht keine Versicherung zu Protokoll der Generalversammlung zu geben usw. Man wird nicht sagen können, daß dies zur Umgehung des Gesetzes geschieht. Die Rechtsgültigkeit eines solchen Verkaufs kann nicht beanstandet werden. Ebensowenig ist eine Anfechtung der K. H. i. e. F. möglich. Es kann sich nur um die Verantwortung von Vorstand und Aufsichtsrat drehen. Ein Regreß wird aber nur dann denkbar sein, wenn die Gesellschaft geschädigt ist. Das wird kaum je nachweisbar sein. Daß der einzelne Aktionär sich beschwert fühlt, weil er durch die Zusammenlegung der Aktien seine Aktionärstellung verliert, gibt ihm keine Klage gegen die Verwaltung der AG. Anders, wenn der ganze Vorgang, Aktienverkauf und Kapitalherabsetzung als eine Einheit erscheint und der Beschluß der Herabsetzung unter den besonderen Umständen des Falles gegen die guten Sitten verstößt. Es muß ein Mißbrauch sowohl der Verfügungsmacht des Vorstandes, als der Mehrheit in der Generalversammlung vorliegen. Dieses Mittel greift überall ein, wo Schutzrechte der Aktionäre vereitelt werden. Es würde auch im neuen Rechte, soweit für dieses die Übernahme der Vorschriften der NV. und der II. DurchfVO., die derzeit als für dieses denkbar angesehen würde, gelten.

Der aktienrechtliche Verwaltungsrat.

Von Rechtsanwalt Justizrat Hugo Horrwitz in Berlin.

1. Unter dem aktienrechtlichen V. R.[1]) verstehen wir nicht einen V. oder A. R., welcher — was zulässig[2]) wenn auch nicht empfehlenswert ist — den Titel „Verwaltungsrat" führt. Auch nicht einen A. R. oder einen A. R. Ausschuß, welchem eine Mitverwaltung der A. G. obliegt. Noch weniger sog. beratende Mitglieder, richtiger Gehilfen, des V. oder des A. R.[3]), und schließlich auch nicht ein außerhalb der A. G.

---

[1]) Abkürzungen: V. R. = Verwaltungsrat, V. = Vorstand, A. R. = Aufsichtsrat, G. V. = Generalversammlung, A. G. = Aktiengesellschaft, Ges. = Gesellschaft, N. V. = Notverordnung vom 19. 9. 31. Die ohne Gesetzesbestimmung zitierten Paragraphen sind die des HGB. einschließlich der Novelle vom 19. 9. 31.

[2]) Anders die herrschende Meinung, vgl. z. B. Cahn, Der A. R. der A. G. 38, Goldschmit, Der A. R. Anm. 19. Wie wir betreffs des A. R. z. B. die N. V. vom 2. 12. 30, Teil 2, Kap. 4 Art. 3 § 10, Staub-Hachenburg G. m. b. H. Ges. § 53 Anm. 4. Einzelne alte Aktiengesellschaften haben bei der Umwandlung ihres Verwaltungsrates in den gesetzlich vorgeschriebenen A. R. für letzteren die Benennung „Verwaltungsrat" beibehalten, z. B. die Bank des Berliner Kassenvereins. Andere Beispiele der Verwendung des Wortes „Verwaltungsrat" für den A. R. u. a. Berliner Handelsgesellschaft, Preußische Central Boden A. G. (Flechtheim-Wolff-Schmulewitz, Die Satzungen der deutschen A. G. 120) und Aachen-Münchener Feuervers. Ges., Bergisch-Märkische Bank (Cahn 38). Vgl. für die frühere Zeit z. B. ROHG. 17, 253; 18, 337; 19, 335.

In der österreichischen Praxis wird der Vorstand vielfach als V. R. bezeichnet; s. Schlegelberger, Rechtvergl. Handwörterbuch Bd. 2 S. 79.

[3]) Solche sind jüngst von der A. G. für Bergbau, Blei- und Zinkfabrikation zu Stolberg vom A. R. kooptiert worden; sie sind natürlich rechtlich nicht „Mitglieder" des A. R. Hierher gehört auch der aus Mitgliedern des A. R. „und weiteren Mitgliedern" bestehende „Hauptausschuß" der Deutschen Bank und Diskonto-Gesellschaft, welcher nach der

stehendes Kollegium, welches ihre und beteiligter Ges^{n}. Geschäftsführung mitbestimmt (sog. Interessen-Gemeinschafts-ausschuß, Delegationsrat, Gesamt-A. R. Vgl. unten zu 13)[4]). Wir verstehen vielmehr unter V. R. im nachfolgenden eine Stelle innerhalb der A. G., welcher als einem besonderen Organ derselben durch den Ges. Vertrag eine Verwaltung oder Mitverwaltung oder auch eine Überwachung von Angelegenheiten der Ges. übertragen ist.

2. Derartige V. Räte, welche hin und wieder auch anders bezeichnet werden, z. B. als Delegation, als Lokal-Ausschuß, waren zu der Zeit, als noch an Stelle des gesetzlichen A. R. die Staatsaufsicht bestand, also vor dem Gesetz vom 11. 6. 1870, allgemein gebräuchlich[5]). Sie hatten kraft statutarischen Rechts gewöhnlich auch die Funktion der Aufsicht. Mit der gesetzlichen Einrichtung des A. R. übertrug die Praxis letzterem auch die Verwaltungsfunktion der bisherigen V. Räte, sodaß diese in der Regel überflüßig und selten wurden. Die Allg. Begr. zur Aktiennovelle von 1884 (Verh. des Dtsch. Reichstags 1884 Bd. 3 S. 289) hielt sie sogar für schädlich, weil die tüchtigeren Elemente wegen der einflußreicheren Stellung in den V. R. eintreten würden, und dadurch der A. R. notwendig an Einfluß und Ansehen verlieren müsse. Sie erklärte deswegen, daß der Gesetzentwurf einen V. R. neben dem A. R. als rechtlich selbständiges Organ nicht zulassen dürfe, und daß Art. 231 Abs. 2 des alten Gesetzes, wo diese Zulassung ausgesprochen war, ein Mißgriff sei. Es ist interes-

Satzung Anträge, die ihm vom A. R. oder vom V. vorgelegt werden, zu beraten und zu ihnen Stellung zu nehmen sowie auch eigene Anträge an den A. R. richten kann. Der tatsächliche Einfluß des Hauptausschusses wird wahrscheinlich erheblich größer sein, aber satzungsgemäß ist er nur Beratungs-Einfluß, nicht Anordnungs- oder Zustimmungsrecht.

[4]) Z. B. „Gemeinschaftsausschuß" der Interessengemeinschaft Ostwerke A. G. — Schultheiß-Patzenhofer-Brauerei-A. G.

[5]) Vgl. z. B. RGZ. 48, 41 ff. — Geschichtliche Entwicklung bei Passow, Die Aktiengesellschaft, 2. Aufl. 1922 S. 345 ff.

sant, daß Art. 231 Abs. 2 des Entwurfes von 1884 trotzdem denselben „Mißgriff" begeht. Der Verfasser des Entwurfes dachte offenbar anders als der Verfasser der Begründung. Der gleiche „Mißgriff" hat sich dann später auf den jetzigen § 235 Abs. 2 vererbt, wo mit den gleichen Worten wie in den beiden früheren Gesetzen von „anderen" Organen der A. G. außer Vorstand, G. V. und A. R. die Rede ist, solche anderen Organe also als gesetzlich zulässig vorausgesetzt werden (s. unten zu 5).

3. Immerhin hat der richtige Kerngedanke, der in der Übertreibung der Allg. Begr. liegt, es bewirkt, daß die deutsche Praxis von der statutarischen Möglichkeit der Einsetzung eines V. R. nur spärlichen Gebrauch machte. Das 1929 publizierte Sammelwerk von Flechtheim - Wolff - Schmulewitz, welches von den damals etwa 12.000 deutschen Aktiengesellschaften allerdings lediglich die 689 bedeutendsten untersucht, führt, abgesehen von einigen lokalen Ortsausschüssen (s. unten), im ganzen nur sechs A. G^{n}. mit der Einrichtung eines V. R. in unserem Sinne auf [6]), von denen noch dazu zwei diese Einrichtung inzwischen wieder aufgehoben haben [7]). Der Generalbericht des Untersuchungsausschusses für allgemeine Wirtschaftsstruktur (Enquete — Ausschuß) erwähnt sie nicht einmal.

Die deutsche Praxis ist bisher andere Wege gegangen. Sie hat den A. R. zum V. R. entwickelt und außerdem durch das ständige Zusammenarbeiten des A. R. Vorsitzenden beziehungsweise A. R. Ausschusses mit dem Vorstand wenn auch nicht rechtlich, ja streng genommen nicht einmal in der Richtung des deutschen Gesetzes, so doch in Wirklichkeit

---

6) Hierher aber gehören ferner gewisse Lokal-Ausschüsse der Banken (s. unten), hierher auch die Ausschußräte der Aktiengesellschaft für Überseeische Unternehmungen, der V. R. (Junta Direktiva) der Deutschen Antióquia Bank Aktiengesellschaft zu Bremen (Passow, 429). Hierher auch der Fall einer mitteldeutschen A. G., deren Statut einen Ausschuß der G. V. (nicht des A. R.) vorsieht für Vertrags-Abschlüsse der Ges. mit V. Mitgliedern.

7) Die Sarotti A. G. und die Hoffmanns Stärkefabriken A. G.

vielfach eine einheitliche „Verwaltung“ geschaffen (vgl. auch Hachenburg in Düringer-Hachenburg Bd. 3, 119).

Man kann aber trotz alledem an der Tatsache nicht vorübergehen, daß die Einrichtung des aktienrechtlichen Verwaltungsrates, wenn auch nicht häufig, in der Praxis schon jetzt vorkommt, und vor allem, daß sie in der Praxis sich bewährt und Proben ihrer Wichtigkeit gegeben hat. Schon deshalb wäre es nicht überflüssig, diese Rechtseinrichtung rechtswissenschaftlich eingehend zu untersuchen, was bisher nicht geschehen ist. Darüber hinaus aber erscheint eine solche Untersuchung erheblich und reizvoll im Hinblick darauf, daß die Einrichtung des V. R. geeignet ist, bei der ersten Befruchtung durch die Zeitumstände an Zahl und Bedeutung zu wachsen, und daß gerade die jetzige Zeit eine Fülle solcher Befruchtungskeime in sich trägt.

Die Erkenntnis, daß die dem A. R. in § 246 auferlegte allgemeine Überwachungspflicht eine lebensfremde Unmöglichkeit ist, hat sich fast allgemein durchgesetzt. Die Einführung der obligatorischen Bilanzprüfung hat daran im Kern nichts geändert, trotz der durch sie geschaffenen begrüßenswerten Erleichterung, die freilich dadurch gemindert wird, daß der A. R. nach § 262 e zu dem Bericht der Bilanzprüfer Stellung zu nehmen, denselben also seinerseits wiederum in gewissem Umfange inhaltlich nachzuprüfen hat. Vorfälle der letzten Jahre haben die Regreßgefahr für die Mitglieder des A. R. besonders vor Augen gebracht. Die Einzelpflichten des A. R. sind erweitert [8]), wobei zu beachten ist, daß alle neuen Rechte des A. R. zugleich neue Pflichten sind, seine strafrechtliche Verantwortung ist jetzt bis zu Zuchthausstrafe verschärft (N. V. Art. IX). Dazu kommt, daß fortan die Gesamtzahl der Mitglieder des A. R. nicht mehr als dreißig betragen darf, und daß Jemand, der bereits in zwanzig A. G^{n}. oder K. G. a. A^{n}. Mitglied des A. R. ist, zum Mitglied eines weiteren A. R. nicht gewählt werden kann (N. V. Art. VIII Abs. 3 u. 4). Alle diese Umstände, besonders die letztgenannten,

[8]) §§ 227 a Abs. 2, 239 a, 240 a Abs. 5, 244 a, 246 Abs. 1 S. 2, 262 b Abs. 2, 262 e Abs. 2.

werden es begünstigen, daß Persönlichkeiten, die sonst im A. R. sitzen würden, in denselben teils nicht mehr werden eintreten dürfen teils nicht mehr werden eintreten wollen. Als Ersatz bietet sich ihnen wie der Ges. der V. R. dar. Hier können sie in der Hauptsache die gleiche Wirksamkeit ausüben wie im A. R. ohne die besondere zivil- und strafrechtliche Verantwortlichkeit desselben [9]) und ohne durch die Zahl der Ratsmitglieder oder ihrer eigenen A. R. Stellen beschränkt zu sein. Hier kann sich ein Senioren-Konvent bilden aus ehemaligen Mitgliedern des Vorstandes und A. R. der Ges., aus den mit A. R. Stellen besonders reichlich bedachten Prominenten der Wirtschaft und aus einflußreichen Persönlichkeiten des öffentlichen Lebens. Hier können Geschäftsfreunde unterkommen, die man wegen der Gefahren der Indiskretion oder der Konkurrenz nicht gern im A. R. sieht. Hier können ehrgeizige Interessenten abgesetzt werden, die sich unerwünscht und ohne Unterbringungsmöglichkeit zum A. R. drängen, und deren Empfindlichkeit oder Egoismus die Ges. zu scheuen hat. Hier kann sich andererseits die Sicherheitsstelle herausbilden für solche Großaktionäre, welche ohne Verantwortungs-Gefahr die Ges. mitregieren wollen; wobei darauf verwiesen sei, daß E I § 86, welcher an das Handeln zum Schaden der Ges. zwecks Erreichung gesellschaftsschädlicher Sondervorteile Schadensersatzpflicht knüpft, noch nicht Gesetz ist und vielleicht niemals Gesetz werden wird. Und hier kann gleichzeitig die ungestörte Regierungsstelle der Mehrheit errichtet werden, ungestört nicht allein durch die so wie so wenig zur Last fallenden Sendboten des Betriebsrates, sondern vor allem ungestört durch die Vertrauensmänner der Minderheit, wenn — wie z. B. nach E II § 76 vorgesehen — das Recht der Minderheit auf Sitze im A. R. gesetzlich anerkannt werden sollte.

Der vorstehende Katalog ist naturgemäß unvollständig, er hat nur die Bedeutung der Beispiele. Die Anpassungsfähigkeit der Einrichtung des V. R. an die besonderen Ver-

[9]) Betreffs der Verjährung s. jedoch zu 10; ebenda a. E. betreffs der Nichtanwendbarkeit der §§ 312 ff. auf die Mitglieder des V. R.

hältnisse der einzelnen Gesellschaft ist ebenso unendlich mannigfaltig wie diese Verhältnisse selber. Denn der Quell seines Lebens ist nicht das starre Gesetz, sondern der elastische Gesellschaftsvertrag. Dieser bestimmt Art und Umfang seiner Zuständigkeit sowie die Stärke seiner geschäftlichen Dynamik und seines gesellschaftlichen Einflusses, soweit diese Elemente, die letzten Endes solche der Persönlichkeit sind, überhaupt sachlich geregelt werden können. Der Ges. Vertrag kann z. B. vorschreiben, daß das Amt des V. R. Mitgliedern des V. u. A. R. unzugänglich ist, ebenso aber, daß die Mitglieder eines dieser Organe oder sogar beider in den V. R. eintreten dürfen, so daß eine Art board entsteht. Der Ges. Vertrag kann also einen ungemischten V. R. oder einen gemischten V. R. schaffen (vgl. zu 13). — Betreffs der Funktionen des V. R. kann der Ges. Vertrag bestimmen, daß dem V. R. ausschließlich eine Anteilnahme an der Geschäftsführung obliegt oder gleichzeitig eine Überwachung der letzteren oder beides. Er kann also einen reinen V. R. oder einen Aufsichts-V. R. schaffen (vgl. unten zu 7 vorletzter und letzter Absatz). Für die Regel wird lediglich der ungemischte und reine V. R. zu empfehlen sein (vgl. zu 7 letzter Absatz und zu 12 Abs. 3). — Der Ges. Vertrag kann die Befugnisse des V. R. beliebig abstecken. Er kann ihn der Mitteilungspflicht gegenüber den Bilanzprüfern entziehen oder nicht. Er kann die Zahl und Amtsdauer der V. R. Mitglieder, die Bedingungen ihrer Abberufung beliebig bestimmen, ja er kann die ganze Einrichtung des V. R. wieder aufheben, also es zunächst mit einem V. R. auf Probe versuchen.

Diese und andere Möglichkeiten bergen Gefahren in sich, aber es sind die Gefahren eines Vorzuges: der geschäftlichen Geschmeidigkeit. Nicht jede der Möglichkeiten des V. R. wird immer dem wahren Interesse der Ges. entsprechen. Ihre Verwirklichung kann im Einzelfall zum Schicksal der Ges. werden. Die Praxis wird das hinnehmen, wie sie, darin der Natur ähnlich, erfahrungsgemäß immer wirtschaftliche Einzelschicksale erträgt, denen im allgemeinen überwiegende wohltätige Wirkungen entgegenstehen. So dürfte es nicht schwer sein, vorauszusagen, daß die Praxis jene Möglichkeiten aufnehmen wird. Schon haben sich mehrfach sog. Lokalausschüsse gebildet, die weiter nichts sind als wirkliche Verwaltungsräte mit örtlich begrenzter Zuständigkeit. Schon hat der A. R. sog. „beratende Mitglieder" kooptiert (s. oben Anm. 3), ein Ausweg, der leicht zu der Einrichtung eines wirklichen V. R. führen kann. — In welchem Umfange freilich die Praxis den Weg des V. R. gehen wird, ist eine andere Frage. Das wird von der statutarischen und sonstigen Rechtsentwicklung dieses Instituts abhängen und noch mehr von der Auslegung, welche die gesetzlichen Vorschriften über Pflichten und Haftung des A. R. in der Rechtsprechung erfahren werden. Je enger, d. h. je weitherziger vom Standpunkt des A. R. aus (vgl. Horrwitz-Ullmann, Vorbem. vor Art. IV Anm. 3), diese Auslegung sein wird, desto mehr wird der A. R. gegenüber dem V. R. das Feld behaupten. Im Interesse der Vertrauenswürdigkeit der A. G^n. und damit dieser selbst und der gesamten Wirtschaft wäre das zu begrüßen. Wahrscheinlich wird, jedenfalls bei den bedeutenderen Gesellschaften, die Rücksichtnahme auf ihr Ansehen und ihren Kredit es verhindern, daß ihr A. R. nach dem Vorbild der Sitzredakteure zu einer Vereinigung von bezahlten Straf- und Regreßpflichtigen degradiert und ihr V. R. zur denkbarst verantwortungsfreien eigentlichen Regierungsstelle erhoben wird. Wenn der V. R., ohne den A. R. an die Wand zu drücken, lediglich zur Unterstützung oder Ergänzung desselben auftritt, kann er für das Leben der A. G^n. und damit der Allgemeinwirtschaft sich vorteilhaft auswirken. Selbst wenn er hier und da den A. R. auf dessen gesetzliche Funktion, die der Aufsicht, beschränken, also aus dem A. R., der sich praktisch in der Hauptsache zum Mitverwaltungs- ja zum Geschäftsleitungsorgan entwickelt hat [10]), ein „Nur"-Kontrollorgan machen sollte [11]).

---

[10]) Darin erblickt Albert Pinner (Enquete Aussch. Generalbericht 328, 9) mit Recht eine grundlegende Änderung des praktischen A. R.-Rechts. Ähnlich Ernst Wolff (s. das. 53). Vgl. ferner Homburger, Z. B. H. 30, 105 mit reicher Literaturangabe. Anders z. B. noch die An-

4. In der **ausländischen Gesetzgebung** ist die Einrichtung des wirklichen aktienrechtlichen V.R. als eines Ges. Organes neben Vorstand und Kontrollorgan, auch wenn dieses ein A.R. ist, ausdrücklich geregelt in § 36 des Österreichischen Aktienregulativs vom 20. 9. 99/10. 7. 25. Dieses fakultative Organ, welches vom Regulativ „Direktionsrat" genannt wird, ist dort ziemlich verbreitet (Schlegelberger, Handwörterbuch Bd. 2 S. 79). Das Mexikanische Gesetz normiert beratende Ausschüsse mit satzungsmäßigen Verwaltungsbefugnissen außerhalb des Sitzes der Gesellschaft (Hallstein, Die Aktienrechte der Gegenwart S. 310). Das Polnische Aktiengesetz vom 22. März 1928 verordnet, daß die A. G. einen A. R. oder eine Revisionskommission haben muß oder, wenn es der Ges. Vertrag bestimmt, diese beiden Organe; bei größeren Ges^{n}. ist der A. R. obligatorisch (Art. 90). Da die Revisionskommission berechtigt ist, eventuell auch G. V^{n}. zu berufen, und da der Ges.-Vertrag ihr eine ständige Aufsicht über die Geschäftsführung zuweisen darf (Art. 97), so kann sie zu einem aktienrechtlichen V. R. werden.

Die Gesetze Frankreichs, Norwegens, Dänemarks, Brasiliens und der Sowjet-Union kennen ein besonderes Direktorium, das neben dem Vorstand fungiert (Schlegelberger S. 134 u. 110). In Belgien und Luxemburg kann die Satzung die Bildung eines conseil général, der aus den Verwaltern (Vorstand) und Kommissaren (A. R.) besteht, und zugleich dessen Befugnisse bestimmen (Schlegelberger S. 95), und damit als drittes Organ einen statutarischen board schaffen; der A. R. ist dort wie in Italien zwar obligatorisch, aber nur zur Überwachung, nicht zur Verwaltung berechtigt.

schauung in RGZ. 82, 349. Dagegen hat Levin Goldschmidt, Die Reform des Aktiengesellschaftsrechts, schon 1884 die Ermöglichung der Fortbildung des A. R. zum V. R. als gewichtigen Fortschritt hervorgehoben.

[11]) Wie z. B. im Falle der Kromschröder A. G., der Radeberger Exportbierbrauerei, der Glasfabrik A. G. in Brockwitz, der Mechanischen Treibriemenweberei und Seilfabrik Gustav Kunz A. G.

Der board der angelsächsischen Länder, ähnlich dem französischen conseil administratif, aber ausschließlicher als dieser das einheitliche Organ für Geschäftsführung und Kontrolle und damit die organische Vereinheitlichung von A. R. und V. R., schließt von selber einen besonderen V. R. aus.

Eine weitere einen V. R. ausschließende Gesetzgebung haben wir nicht ermittelt.

5. Deutschland müßte nicht das Land der Kontroversen sein, wenn nicht auch die Frage streitig geworden wäre, ob neben Vorstand und A. R. ein besonderer V. R. überhaupt zulässig ist. Im Anschluß an die Allg. Begr. von 1884 (s. oben zu 2) haben Behrend, Lehrbuch des H. R., S. 857 und Goldmann, § 246 Nr. 14 (nicht ganz klar Esser, Hgb. von 1884 Art. 231 Anm. 6) die Frage verneint.

Die **gesetzliche Zulässigkeit des V. R.** würde schon gegeben sein, wenn sie im Gesetz nicht verboten wäre. Die Vorschrift des Vorhandenseins der Organe des Vorstandes, der Liquidatoren, des A. R., der G. V., und jetzt auch der Bilanzprüfer bedeutet lediglich ein gesetzliches Minimalerfordernis (vgl. RGZ. 73, 407) hinsichtlich des Vorhandenseins und der Zuständigkeit der Gesellschafts-Organe. Ihrer Ergänzung durch andere Organe steht keine zwingende Vorschrift des Gesetzes und kein wirtschaftlicher Gesichtspunkt entgegen. Zum Überfluß ergibt sich aus dem Wortlaut des § 235 Abs. 2 die Zulässigkeit solcher Ergänzung (s. oben zu 2 a. E.). Hier hat also die Rechtsentwicklung neben, ja gemäß dem Gesetz, oder, wie man es in dieser Beschränkung ausdrücken kann, das Lebende Aktienrecht allen Spielraum [12]).

6. Es ist nicht ohne Bedeutung, daß der *V. Rat als* ein

[12]) Vgl. die gelegentlich einer anderen Rechtsfrage gemachten Rechtsausführungen von Heinz Pinner in Z. B. H. 1928, 385. Die Ansicht Homburgers (A. R. und Bil. Prf. Seite 11), daß die statutarische Bestimmung eines V. R. gemäß N.V. VIII fortgefallen sei, findet in der N. V. keine Stütze; die letztere bezieht sich und will sich lediglich auf den A. R. beziehen.

statutarisches *Organ* der A. G. *anzusprechen* ist. Für die praktische Rechtsgestaltung eines Gesellschaftsorganes ist es unumgänglich, sich den Sinn des Rechtsbegriffes „Organ", der auch sonst in der Gesetzgebung vielfach verwendet wird (Otto Gierke, Die Genossenschaftstheorie Bd. 1 S. 614), klar zu machen. Das griechische Wort „organon" bedeutet im besonderen „Sinneswerkzeug". Das trifft den Kern der Sache. Der V. R. ist ein Sinneswerkzeug der Gesellschaft, nicht ihr bloßer Vertreter (vgl. auch RGZ. 3, 129). Er handelt nicht als Dritter für die Ges., sondern die Ges. handelt selber vermittelst seiner, wie nach einem treffenden Vergleiche von Otto Gierke (Deutsches Privatrecht Bd. 1 S. 472) die Einzelperson durch die Rede des Mundes oder die Bewegung der Hand. Kein Organ sind also Bevollmächtigte der Gesellschaft. Wird eine Gesamtheit bloßer Bevollmächtigter als V. R. bezeichnet, so ist das lediglich ein irreführender Name. Hat der wirkliche V. R. auch Vollmachts-Rechte[13]), so ist er insoweit Bevollmächtigter, nicht V. R., nicht Gesellschaftsorgan.

Die **praktischen Auswirkungen der Organ-Eigenschaft** des V. R. **sind** namentlich **die folgenden.**

Da es die Organe sind, durch welche die Ges. ihr Leben äußert, so können dieselben nur aus dem Lebensgesetz, dem Strukturgesetz der Ges. herauswachsen, d. h. entweder aus dem für alle A. G^{n}. geltenden Aktiengesetz oder aus dem für die konkrete Ges. gewillkürten Ges., dem Ges. Vertrage. Der V. R. muß im Ges. Vertrage zugelassen, sein Recht dort normiert sein. Ohne dies können weder der A. R. noch die G. V. rechtsgültig einen V. R. bestellen und Mitglieder zu demselben wählen. Art und Umfang der Befugnisse des V. R. bestimmen ausschließlich das Aktienrecht und der Ges. Vertrag. Jede Änderung der Obliegenheiten des

[13]) Nach den Satzungen der Gebhard & Co. A. G. u. der Radeberger Exportbierbrauerei z. B. liegt dem V. R. die Vertretung der A. G. in den Fällen des § 247 ob. Die Rechtsgültigkeit einer solchen Verdrängung des A. R. als Vertreters dürfte, soweit die Prozeßvertretung in Betracht kommt, übrigens zu bezweifeln sein (s. drittnächsten Abs.).

V. R. ist eine Änderung des Ges. Vertrages und unterliegt den Bestimmungen über eine solche.

Auf Grund der positiven Vorschriften des deutschen Aktiengesetzes kann der V. R. in unserem Sinne gesetzlich nur Geschäftsführungs- niemals Vertretungsorgan sein. Als solches fungieren ausschließlich für die Regel der Vorstand, ausnahmsweise der A. R. (§§ 247, 272 Abs. 1) sowie die G. V. (Hugo Horrwitz, Recht der G. V. S. 9).

Daß der V. R. ein statutarisches, also schon deswegen nicht lebensnotwendiges Organ der A. G. ist, verschlägt nichts gegen seine Organstellung. Das würde schon aus dem Recht der körperschaftlichen Autonomie folgen, selbst wenn die A. G. überhaupt lebensnotwendige Organe hätte. Solche hat sie aber, genau betrachtet, nicht, auch nicht in ihren gesetzlich vorgeschriebenen Organen. Zum Entstehen und Bestehen der A. G. gehört lediglich die brutale, selbst rechtswidrige Tatsache ihrer Eintragung im Handelsregister (§§ 142 [1], 144 FGG., 309, 310 HGB.). Fehlt eines ihrer gesetzlichen Organe oder wird es handlungunfähig oder dauernd untätig, so stirbt die A. G. nicht, sie braucht nicht einmal zu schlafen; sie hat Möglichkeiten, sich weiter zu betätigen, wenn auch in mancher, nur in mancher, Hinsicht nicht vollständig.

Weil die Mitglieder des V. R. Mitglieder eines Ges. Organs sind, können sie von einem außerhalb des Ges. stehenden Dritten oder auf Grund eines Gründervorrechts weder ernannt noch abberufen werden (s. unten zu 13 Abs. 1 und 7). Aus dem gleichen Grunde kann andererseits das Recht ihrer Abberufung der Ges. nicht dadurch genommen werden, daß man es ihrem obersten Organ, der G. V., entzieht, und ebenso kann aus dem gleichen Grunde der V. R. selber Mitglieder nicht ausstoßen (s. unten zu 13 vorletzter Abs.).

Andererseits kann der V. R. durch den Ges. Vertrag befugt werden, die Mitglieder des

Vorstandes zu bestellen und abzuberufen, was er nicht könnte, wenn er nicht Ges. Organ wäre, weil das Interesse der A. G., ihrer Gläubiger und der Allgemeinheit es ausschließt, daß ein außerhalb der Ges. stehender Dritter die Personen eines ihrer Organe bestimmen darf [14]).

Weil der V. R. Gesellschaftsorgan ist, darf er den Weisungen einer Stelle, die nicht Ges. Organ ist, überhaupt nicht folgen, z. B. nicht einem Konsortium, das seine Wahl durchgesetzt hat, oder sonst irgend einer Aktionärgruppe, und darf er den Weisungen eines anderen Ges. Organs nur insoweit folgen, als es der Ges. Vertrag bestimmt. Und ferner — im Gegensatz zum gewöhnlich Beauftragten — auch dann nur, soweit es nicht gegen das Interesse der Ges. ist. Da die Wahl zum V. R. Organ — Bestellung ist, so bedeutet sie nicht die Erteilung eines eigentlichen Auftrages oder bei Entgelt das Angebot eines eigentlichen Dienstvertrages, sie begründet mit ihrer Annahme ein besonderes gesellschaftsrechtliches Verhältnis, für das die Regeln des Auftrages und Dienstvertrages wohl heranzuziehen sind (vgl. unten zu 10 drittletzter Abs.), aber doch immer nur derart, daß sie dem Gesichtspunkt des gesellschaftlichen Rechtsverhältnisses sich unterordnen [15]). Deshalb tritt anstelle des § 665 BGB. ausschließlich die Pflicht, nicht gegen das Interesse der Ges. zu handeln, deshalb kommt, weil eine gesellschaftliche Organstellung an sich nicht übertragbar ist (vgl. § 246 Abs. 4), eine Übertragung gemäß § 664 BGB. überhaupt nicht in Betracht, deshalb kann eine anonyme, also juristische Person nicht V. R. Mitglied sein (s. unten 12 Abs. 1), deshalb ist das Amt der V. R. Mitglieder, unbeschadet ihrer vertraglichen Ver-

---

[14]) Vgl. RG. 82 S. 312, 314; auch 3 S. 132; Brodmann 4e zu § 231; anders betreffs der Bestellung Staub-Pinner Anm. 20 Abs. 3 zu § 231, Bondi in der Festgabe für Liebmann 284, Haußmann, Die Tochtergesellschaft 32, sowie Fischer in Ehrenbergs Handbuch Bd. 3 S. 214. — Vgl. ferner unten zu 13 Abs. 1.

[15]) Ähnlich betreffs der delegierten A. R. Mitglieder Haußmann Z. B. H. 31 S. 4 ff. und 29 ff.

gütungsansprüche, jederzeit widerruflich, soweit nicht der Ges. Vertrag etwas anderes bestimmt, deshalb kann der Ges. Vertrag den Widerruf aus wichtigen Gründen überhaupt nicht ausschließen, deshalb sind die §§ 22, 23 KonkO. und § 29 Abs. 2 Vergleichsordnung v. 5. 7. 27 nicht anwendbar, erlischt also das Amt der V. Räte nicht mit der Eröffnung des Konkurses über die Ges., sei es von selber (bei Auftrag), sei es durch Kündigung (bei Dienstvertrag), und deshalb kann es auch im Vergleichsverfahren zur Abwendung des Konkurses nicht gekündigt werden (s. ferner unten zu 17). Aus der Organ-Eigenschaft des V. R. folgt, daß seine Entlastung ausschließlich der G. V. obliegt (s. zu 10 vorletzter Abs.), daß die Haftung seiner Mitglieder auf Grund der Sorgfalt eines ordentlichen Geschäftsmannes weder ausgeschlossen noch beschränkt werden kann (s. zu 10 Abs. 7), und ebensowenig wie die Bilanzprüfer (Horrwitz-Ullmann Anm. 7 zu § 262 d) können sich die Mitglieder des V. R., weil dieser Organ ist, bei Verletzung ihrer Pflichten auf ein etwaiges mitwirkendes Verschulden der anderen Organe (§ 254 BGB.) berufen.

7. Die **Zuständigkeit des V. R.** richtet sich, weil derselbe aus dem Ges. Vertrage geboren ist, nach diesem. Dabei ist dreierlei zu beachten.

a) Zunächst scheidet der V. R. völlig aus für diejenigen gesellschaftsrechtlichen Akte, für welche die gesetzlich vorgeschriebenen Organe derart ausschließlich zuständig sind, daß dabei keinerlei auch nur nebenherlaufende Betätigung eines anderen Organes vertragen wird. So kann der V. R. als solcher z. B. nicht ermächtigt werden, einen Prokuristen mitzubestellen, über eine Delegation aus dem A. R. in den Vorstand mitzubestimmen, den Jahresabschluß oder den Geschäftsbericht oder die Bemerkungen des A. R. rechtsbedingend mitzuunterzeichnen, einen G. V. Beschluß zu sanktionieren, gegen die Wahl von Bilanzprüfern Widerspruch zu erheben, von ihnen den Prüfungsbericht anstelle des A. R. zu empfangen (§ 262 e Abs. 2).

b) Sodann gibt es eine zweite Gruppe von Rechtsakten, für welche zwar die gesetzlich vorgeschriebenen Ges. Organe ebenfalls, sei es ausschließlich sei es nicht ausschließlich, zuständig sind, welche aber dennoch außerdem eine nebenherlaufende Betätigung eines anderen Organs vertragen. So kann z. B. im Gesellschaftsvertrag bestimmt werden, daß der V. R. ermächtigt ist, die G. V. einzuberufen, sofern er es im Interesse der Ges. für erforderlich hält, daß insbesondere bei Verlust der Hälfte des Grundkapitals, unbeschadet der dadurch unberührten Pflicht des Vorstandes aus § 240, im Falle von dessen Säumnis der V. R. unverzüglich die G. V. berufen muß und dieser Anzeige zu machen hat; daß, unbeschadet der gesetzlichen Rechte und Verpflichtungen des A. R. aus §§ 240 a, 244 a, 246, Mitgliedern des Vorstandes und den sonst von N. V. Art. VIII betroffenen Personen Kredit nur gewährt werden darf, wenn zu der ausdrücklichen Zustimmung des A. R. diejenige des V. R. hinzukommt, daß auch der V. R. berechtigt ist, zu verlangen, daß der Vorsitzende des A. R. diesen einberuft, daß es auch dem V. R. obliegt, unabhängig von der allgemeinen Überwachung durch den A. R. die Geschäftsführung des Ges. ganz [16]) oder teilweise ebenfalls zu überwachen, daß er berechtigt ist, eine G. V. einzuberufen, von dem Vorstand Bericht zu verlangen, die Bücher und Schriften der Ges. einzusehen, den Bestand der Gesellschaftskasse, der Wertpapiere und Waren zu untersuchen, daß auch er den Jahresabschluß und die Vorschläge zur Gewinnverteilung zu prüfen und darüber der G. V. Bericht zu erstatten hat.

c) Schließlich kommt diejenige Gruppe von Gesellschaftsakten in Betracht, welche den gesetzlich vorgeschriebenen Organen nicht gesetzlich obliegen, aber statutarisch übertragen werden können. Dieselben können auch dem V. R. übertragen werden,

[16]) Anders Homburger, A. R. und Bilanzprüfer im neuen Aktienrecht S. 11. Empfehlenswert ist eine allgemeine Überwachungs-Zuständigkeit des A. R. nicht (s. auch unten).

und zwar so, daß er entweder ausschließlich oder kumulativ mit einem anderen Ges. Organ zuständig ist. Diese dritte Gruppe wird praktisch hauptsächlich das Feld der V. R. Betätigung sein. Namentlich für diejenigen Obliegenheiten, welche statutarisch dem A. R. übertragen zu werden pflegen (§ 246 Abs. 3).

Üblicherweise zählen zu denselben u. a. die Beschlußfassung über den Erwerb, die Veräußerung sowie die Belastung von Grundstücken, Hypotheken und Grundschulden, die Genehmigung von Neubauten oder wesentlichen Umbauten, von Pacht- und Mietsverträgen, zur Aufnahme von Darlehen, insbesondere von Anleihen, zur Errichtung und Auflösung von Zweigniederlassungen und Agenturen, zur Aufnahme und Veräußerung von Beteiligungen an anderen Unternehmungen, zum Abschluß wichtigerer Anstellungsverträge, zur Bestellung und Entlassung der Vorstandsmitglieder und Prokuristen, die Bestimmung der Normen des Geldverkehrs, die Zustimmung zur Eingehung von Wechselverpflichtungen, zum Abschluß von Verträgen über einen bestimmten Betrag oder eine bestimmte Dauer hinaus, die Erteilung genereller oder spezieller Geschäftsanweisungen an den Vorstand, z. B. die Anweisung der Einholung der Zustimmung des A. R. zu allen denjenigen Rechtsgeschäften und sonstigen Maßnahmen, hinsichtlich deren der A. R. dies jeweilig bestimmt. In Betracht können ferner z. B. kommen die Stillegung eines Betriebes, die Beteiligung an Kartellen, der Ankauf und die Einziehung eigener Aktien, die Entscheidung von Meinungsverschiedenheiten zwischen Vorstandsmitgliedern.

Nach alledem gibt es also hauptsächlich folgende Zuständigkeitsmöglichkeiten der aktienrechtlichen Verwaltungsräte (vgl. oben zu 3 Abs. 5): Reine Verwaltungstätigkeit, gleichzeitige teilweise oder volle Überwachungsobliegenheit, Überwachungstätigkeit allein. Von der Zulassung voller Überwachung ist zu widerraten. In erster Linie ist der V. R., wie schon sein Name besagt, als Verwaltungsorgan gedacht. Nur ist der Name nicht entscheidend. Es kann zu nichts Gutem, vielmehr nur zu der Ges. abträglichen Innenkonflikten führen, wenn neben dem gesetzlichen Überwachungsorgan noch ein statutarisches mit im wesentlichen gleichen Obliegenheiten besteht. Das gesetzliche Überwachungsorgan, der A. R., kann und soll von der G. V. so zusammengesetzt werden, daß er genügt. Die Einsetzung eines Kontroll-Organs neben dem A. R. würde vielfach auf eine Kontrollierung des letzteren hinauslaufen, im Einzelfall das Eingeständnis enthalten, daß der Zuverlässigkeit des A. R. mißtraut wird, gewichtige Persönlichkeiten von der Annahme des A. R. Amtes abhalten, einen pflichttreuen A. R. degradieren und erbittern, und zu Reibungen, ja Kämpfen mit ihm führen müssen. Etwas anderes ist es, wenn dem V. R. einzelne für den A. R. schwierige Überwachungen übertragen werden, z. B. die eines örtlichen Sonderbetriebes durch einen örtlichen V. R. (Lokalausschuß) oder die eines besonderen komplizierten technischen Betriebes durch einen diesbezüglich sachverständigen V. R. oder die einer periodischen, etwa alle Vierteljahre sich betätigenden Revisionskommission. Derartige Überwachungstätigkeiten wird ein vernünftiger A. R. als wertvolle Unterstützung selber begrüßen.

8. Welches ist die Rechtsstellung des V. R., wenn ihm eine Tätigkeit zugewiesen ist, die mit derjenigen eines anderen Ges. Organs zusammenwirken muß oder sich deckt?

a) **Mit derjenigen des A. R.**

In den Fällen des erforderlichen Zusammenwirkens, z. B. wenn für die Aufnahme einer Anleihe der Vorstand der Zustimmung des A. R. und des V. R. bedarf, oder wenn der A. R. die Aufnahme nur mit Zustimmung des V. R. anordnen kann, ist die Rechtslage ohne weiteres klar. Der Geschäftsführungsakt hat zu unterbleiben, wenn eines der beiden Organe ihn ablehnt.

Das Tätigkeitsgebiet beider Organe deckt sich, wenn jedes derselben parallel selbständig zuständig ist. Z. B. jedes von ihnen kann vom Vorstand Bericht verlangen, für gewisse Teile der Geschäftsführung liegt außer dem A. R. auch dem V. R. die Überwachung ob, der Vorstand kann einen Prokuristen nur bestellen mit Zustimmung des A. R. oder des V. R. — In letzterem Falle genügt die Zustimmung eines der beiden Organe. Auch wenn das andere bereits abgelehnt hat. Die Ablehnungsgründe sind aber ernstlich zu prüfen. Der Vorstand ist verpflichtet, sie mitzuteilen. — In den beiden ersteren Fällen darf keines der beiden Organe das andere hindern. Ist das Verlangen eines von ihnen schikanös, verlangt z. B. der A. R. vom Vorstand einen neuen Bericht, obwohl ihm ein kurz vorher über denselben Gegenstand an den V. R. erstatteter vollständiger Bericht mitgeteilt worden, so kann der Vorstand das Verlangen des A. R. ablehnen. Das Verlangen ist nicht schikanös, falls der A. R. eine vierteljährliche, der V. R. eine monatliche Berichterstattung verlangt. Hier hat der Vorstand beiden zu genügen. Die Meinung des A. R. geht alsdann nicht etwa deswegen vor, weil sein Aufsichtsrecht aus dem Gesetz, das des V. R. nur aus dem Ges. Vertrage fließt, und zwar auch dann nicht, wenn der A. R. die Mitglieder des V. R. gewählt hat.

Jedes der beiden Organe ist verpflichtet, dem anderen alles das mitzuteilen, was von diesem gewußt zu werden im Interesse der Ges. zweckmäßig ist. Diese Pflicht folgt daraus, daß jedes Ges. Organ nur im Interesse der Ges. bestellt ist und in erster Linie für dieses Interesse tätig zu sein hat (s. unten zu 10). Es wird zweckmäßig sein, zu bestimmen, daß periodisch beide Organe zwecks Austausches von Mitteilungen und Meinungen zusammentreten. Dagegen empfiehlt es sich im Interesse der freien Selbständigkeit jedes der beiden Organe nicht, zu bestimmen, daß die Mitglieder des einen schlechthin berechtigt sein sollen, den Sitzungen des anderen beizuwohnen. Eine derartige Beiziehung sollte nur von Fall zu Fall nach bestem Ermessen erwogen werden.

Vorläufig sind alle diese Fragen mehr theoretischer Natur. Sie werden aber praktisch werden, wenn der V. R.

sich im Leben der A. G. entwickeln sollte. Für diesen Fall mag ihre Erörterung auch dazu dienen, unvorsichtige oder zweckwidrige oder gar konfliktsschwangere Statutenbestimmungen verhüten zu helfen. Eine der vornehmsten Aufgaben des Ges. Vertrages wird es sein, die von ihm bestimmten Obliegenheiten beider Organe zweifelsfrei gegen einander abzugrenzen. In gleichem Sinne wird die Rechtsprechung den Ges. Vertrag auszulegen haben. Verordnet z. B. letzterer, daß der Vorstand die Geschäfte nach den Weisungen des A. R. zu führen hat, und andererseits, daß der Vorstand zum Abschluß eines Mietsvertrages der Einwilligung des V. R. bedarf, so hat letzterer über den Abschluß allein zu bestimmen, ohne Einmischungsrecht des A. R.; denn es ist anzunehmen, daß der Ges. Vertrag von jenem allgemeinen Rechte des A. R. für den Fall eines Mietsvertragsabschlusses eine Ausnahme zugunsten des V. R. machen wollte, wie überhaupt allgemein davon auszugehen sein wird, daß der Ges. Vertrag zwecks Verhütung unnötiger Instanzenhäufung, von Bürokratismus und von Konflikten ein Zusammenwirken beider Organe in der Regel nicht beabsichtigt.

b) Die vorstehenden Grundsätze gelten entsprechend für die Fälle, in denen die statutarischen **Obliegenheiten des V. R. sich mit den Obliegenheiten des Vorstandes decken,** wobei, wie wir wiederholen (s. oben zu 6), nur diejenigen der Geschäftsführung, nicht diejenigen der Vertretung in Betracht kommen können. Der Ges. Vertrag bestimmt z. B., daß Bericht über gewisse Angelegenheiten sowohl vom Vorstand als vom V. R. an die G. V. oder an den A. R. zu erstatten ist. Diese Deckungsfälle werden voraussichtlich immer selten bleiben.

Von größter praktischer Bedeutung sind aber diejenigen des erforderlichen Zusammenwirkens beider Organe, d. h. diejenigen Fälle, in denen der Vorstand zu einer Handlung der Zustimmung des V. R. bedarf (s. oben zu 7 c). Von einem Konflikt beider Organe kann hier keine Rede sein. Die Zustimmung des V. R. ist schlechthin erforderlich. Nur im Falle nachweisbarer Schikane oder zwecks

Verhütung zweifelsfreier erheblicher Schädigung der Ges. darf und muß der Vorstand auch ohne die Zustimmung des V. R., ja gegen dessen Beschluß handeln (vgl. Hugo Horrwitz Recht der G. V. S. 19 ff.). Wichtig ist dabei, daß Dritten gegenüber eine Beschränkung der Vertretungsbefugnis des Vorstandes unwirksam ist (§ 235 Abs. 2), auch dann, wenn die Beschränkung dem Dritten bekannt ist (Staub-Pinner § 235 Anm. 15, 17).

c) **Kann es einen Kompetenzkonflikt zwischen G. V. und V. R. geben?** Nein. Zweifellos ist, daß ein anderes Organ die Zuständigkeit der G. V. beseitigt, wenn es außerhalb der gesetzlichen Zuständigkeit der G. V. nach dem Ges. Vertrag als ausschließlich zuständig bestimmt ist. Ist z. B. im Ges. Vertrage ausdrücklich gesagt, daß ausschließlich der V. R. den Vorstand bestellt und abberuft, so ist er, unter Ausschluß auch der G. V., hierzu allein zuständig. Will die G. V. derartige Rechte in solchen Fällen ausüben, so muß sie vorher eine entsprechende Änderung der Satzung bewirken. Ob die kumulative Zuständigkeit der G. V. auch dann beseitigt ist, wenn die Zuständigkeit eines anderen Ges. Organes nur schlechthin statutarisch bestimmt wird, ist bestritten. Für die Bejahung z. B. wohl RGZ. 117, 209 = JW. 27, 2298 ff., ebendas. Reichel, Fischer in JW. 26, 614, Simon in ZHR. 49, 17 und in DJZ. 04, 781, für die Verneinung insbesondere Staub-Pinner Anm. 7 zu § 250 und Anm. 16 zu § 231, Hugo Horrwitz Recht der G. V. 10, ferner Lehmann-Ring Nr. 1 zu § 250, 10, Lifschütz in JW. 27, 2301, wohl auch Brodmann Anm. 1a zu § 250; vgl. auch RGZ. 73, 236. Für die letztere, die verneinende Ansicht, spricht folgendes. Die G. V. ist die Zusammenfassung der Gesellschafter, für welche die Ges. begründet ist und besteht, welche die Herren des Unternehmens, wirtschaftlich die Eigentümer des Ges. Vermögens sind; alle anderen Organe sind nur Träger der Exekutive und der Kontrolle, ihre Wahl und ihr Widerruf unterliegen grundsätzlich dem Willen der G. V. Diese Tatsachen werden rechtsbegrifflich ausgedrückt in der Bezeichnung der G. V. als obersten Organs der Ges.

Es ist nicht zu vermuten, daß die Herren des Unternehmens auf ein Herrschaftsrecht zugunsten eines von ihnen grundsätzlich abhängigen Organs verzichten wollten. Gewiß nicht zu Gunsten eines Organes, welches sie, wie den V. R., selber erst geschaffen haben und welches sie jederzeit wieder beseitigen können. Vor allem würde das dem inneren Wesen und Zweck des obersten Organs widersprechen. Es ist nur natürlich, daß die Gesellschafter, auf deren Risiko alle Handlungen innerhalb der A. G. gehen, betreffs dieser das letzte Wort haben, soweit das Gesetz und ihr eigener Wille sie nicht beschränken, was, wie bemerkt, möglich, aber nicht zu vermuten ist. Wäre die Gegenmeinung richtig, so könnte die G. V. zwar dasselbe erreichen, aber nur auf dem Umwege einer vorherigen Statutenänderung — ein zeitraubender, kostspieliger, unnötiger, ja in der Regel widersinniger Umweg, von dem man also nicht vermuten kann, daß ihn die G. V., falls sie es nicht s. Zt. selber ausdrücklich erklärt hat, gewollt haben sollte.

In jedem Falle der nicht ausschließlichen Zuständigkeit des V. R. ist also die G. V. neben demselben, ja über demselben zuständig. Einen Kompetenzkonflikt zwischen beiden Organen kann es demnach nicht geben. Hat daher z. B. der V. R. gemäß seinem statutarischen Recht die Aufnahme einer Anleihe angeordnet oder abgelehnt, so ist die G. V. berechtigt, die Aufnahme zu verbieten und umgekehrt; ebenso wie sie berechtigt ist, in solchem Falle, bevor der V. R. auch nur gehört ist, dem Vorstand für diesen bindend die Aufnahme der Anleihe aufzugeben oder zu untersagen.

9. Der V. R. hat keine Rechtspersönlichkeit. Er kann insbesondere auch nicht als Verein konstruiert werden. Er ist lediglich die zusammenfassende Bezeichnung für die Gesamtheit seiner Mitglieder. Er kann daher nicht klagen oder verklagt werden, nur seine Mitglieder können es (s. unten zu 10 Abs. 2). Daß zu seinen Beschlüssen nicht Einstimmigkeit erforderlich ist, vielmehr Stimmenmehrheit hinreicht, ist nicht Folge einer Rechtspersönlichkeit, bedeutet vielmehr lediglich, daß alle Mitglieder verpflichtet sind, das zu tun oder zu unterlassen, was die Mehrheit beschließt. Wenn der V. R. einen Vorsitzenden ernennt und diesen ermächtigt, namens des V. R. anderen gegenüber zu handeln, insbesondere gegenüber dem Vorstand und A. R., so handeln die einzelnen V. R. Mitglieder, vertreten durch den von ihnen bevollmächtigten Vorsitzenden. Die Vollmacht kann daher nicht auf Grund eines Mehrheitsbeschlusses, ferner, da es sich um Mitwirkung bei einer Organbetätigung handelt, nur als widerrufliche gegeben werden.

Die Willensbildung des V. R. ist, falls er nicht nur aus einer Person besteht (s. zu 12 Abs. 2), die Bildung eines Kollegialwillens, nicht die bloße Summierung der Einzelwillen seiner Mitglieder (vgl. RGZ. 66, 369 ff.). Allen Mitgliedern muß Gelegenheit zur Mitwirkung an den Kollegialbeschlüssen und zur genügenden vorherigen Information gegeben werden. In dazu geeigneten Fällen ist schriftliche oder telegraphische Abstimmung zulässig, wenn alle Mitglieder mit diesem Modus einverstanden sind. Nachträgliche Genehmigung genügt in der Regel nicht, weil nur ein Beschluß des Kollegiums genehmigt werden könnte und ein solcher nicht vorliegt. Ausnahmsweise genügt sie, wenn nämlich dargetan werden kann, daß die Teilnahme des Genehmigenden an der Beschlußfassung die letztere nicht geändert hätte. Praktisch wird diese Ausnahme natürlich die Regel sein. — Der V. R. kann sich (s. oben) einen Vorsitzenden bestellen, der ihn gegenüber den anderen Ges. Organen vertritt. Der Vorsitzende des V. R. hat die gleiche Rechtsstellung wie der Vorsitzende des A. R.

Da der V. R., insoweit er Ges. Organ ist — und nur insoweit interessiert er hier (s. oben zu 1) — nicht die Ges. nach außen vertritt, sondern lediglich für ihre interne Geschäftsführung in Betracht kommt, so vertritt er Dritten gegenüber nicht die Ges., repräsentiert er nicht deren Willen. Das soll er auch nicht. Es besteht kein Bedürfnis, neben den gesetzlichen Vertretungsorganen der Ges., insbesondere dem Vorstand, noch ein statutarisches Vertretungsorgan, wenn auch nur für einzelne Fälle, zuzulassen. Eine solche Zulassung wäre vielfach geradezu schädlich. Wenn daher der Vorstand mit einem Dritten ein Rechtsgeschäft abschließt unter dem Vorbehalt, daß der V.R. statutenmäßig zustimmen werde, so liegt eine echte Bedingung vor. Da der V.R. dem Dritten gegenüber die Ges. nicht mitvertritt, auch nicht mitvertreten kann, so liegt keine Erklärung „si volam" vor, auch nicht einmal eine Erklärung „si voluero", die als echte Bedingung schon genügen würde (RGZ. 94 S. 297, RGR. Anm. 2, Staudinger Anmerk. 6 vor § 158 BGB), sondern im Verhältnis zum Dritten die Bedingung, daß eine Stelle, welche dem Dritten gegenüber nicht die Ges. vertritt, ihr Einverständnis erklärt. Die Ges. ist vor dieser Erklärung nicht etwa überhaupt nicht gebunden, sie ist gebunden, nur bedingt. Der Vorstand kann die Ges. nicht befreien durch Rücktritt vor Abgabe der Erklärung des V.R. Auch gerade der Verkehr verläßt sich auf diese bedingte Bindung und muß sich auf sie verlassen. Daß § 162 BGB. nicht anwendbar ist, falls der anderer Ansicht gewordene Vorstand pflichtgemäß dem V.R. von der Einverständniserklärung abrät, bedarf bei der Organstellung des Vorstandes und mit Rücksicht auf §§ 241 Abs. 1, 312 keiner Hervorhebung, hat also mit der vorliegenden Rechtsfrage nichts zu tun. Will der Vorstand die Ges. von vornherein überhaupt nicht binden, auch nicht bedingt, so muß er das dem Dritten gegenüber zum Ausdruck bringen. Bei Börsenumsatzgeschäften wird es daher zwecks etwaiger Vermeidung der KV.-Steuer (§ 43 Abs. 1 KVStG.) erforderlich sein, die vorherige Einwilligung des V.R. einzuholen [17]).

Da das V.R. Organ keine Vertretungsmacht hat, ist das vom Vorstand mit dem Dritten ohne Zustimmung des V.R. vorbehaltslos abgeschlossene Geschäft rechtsgültig, auch wenn zu demselben nach dem Ges. Vertrage die Zustimmung des V.R. einzu-

[17]) Wie hier Staub-Hachenburg § 37 Anm. 13 RFH. in JW. 1926 S. 627. Dagegen Flechtheim das. und ihm folgend RGZ. 115, 302.

holen war und der Dritte dies wußte. Deshalb können auch weder der Grundbuchrichter noch der Handelsregister-Richter [18]) vom Nachweis dieser Zustimmung eine Eintragung abhängig machen. In dem besonderen Falle der Kollusion des Dritten mit dem Vorstand ist das Geschäft rechtsungültig, kann es jedenfalls im Wege der Schadensersatzpflicht als der Pflicht der Wiederherstellung des früheren Zustandes beseitigt werden.

10. Die **Rechte und Pflichten des V. R.** sind dreierlei: Die in der Satzung bestimmten, die im etwaigen Bestellungsvertrage vereinbarten, die sich aus der Organ-Eigenschaft ergebenden. Zu den letzteren gehört die oberste Pflicht, für, keinesfalls gegen das Interesse der Ges. zu handeln.

Rechte und Pflichten des V. R. bestehen nur gegenüber der Ges., nicht gegenüber einem ihrer Organe, oder doch letzteren gegenüber nur insofern, als sie Organe der Ges. sind, damit also rechtlich nur der Ges. gegenüber. Klagen können daher die Mitglieder des V. R. als solche nur gegen die Ges., und nur von ihr können sie als V. R. Mitglieder verklagt werden (s. oben zu 9. Vgl. RGZ. 75, 310). Hat der V. R. eine der Vorschriften des § 241 Abs. 3 verletzt oder mitverletzt, so haftet er deswegen den Gläubigern der Ges. nicht; die §§ 241 Abs. 4, 249 Abs. 3 sind nicht analog anwendbar.

Mangels Bestimmung des Ges. Vertrages haben die Mitglieder des V. R. keinen Anspruch auf Teilnahme an den Sitzungen des A. R. oder an den G. V^{n} [19]), ebenso wenig eine Pflicht zur Teilnahme. Daß ihnen das Recht zur Teilahme an den G. V^{n}. eingeräumt wird, sei es im

[18]) Vgl. KG. in JW. 1925, 268 in Abänderung seiner früheren Rechtsprechung (Johow 22, 115). Für letztere Cohn das. Anm. Gegen diesen Altschul das. 1745.

[19]) Vgl. betreffs des A. R. Hugo Horrwitz, Recht der G. V. S. 5; OLG. Braunschweig in JW. 24 S. 1183, Fuchs das., im wesentlichen ebenso Bernicken JW. 26, 2877. Anders Gundlach JW. 24, 156, Staub-Pinner § 250 Anm. 17, Brodmann § 235 Anm. 4a. Betreffs der Bilanzprüfer wie wir Horrwitz-Ullmann § 262e Anm. 8.

Einzelfall, sei es besser generell durch den Ges. Vertrag, ist dringend anzuraten.

Die Pflichten des V. R. sind, weil die eines Ges. Organs, individueller Natur, also unübertragbar (s. oben zu 6 letzter Abs.). Daß sich der V. R. sachlicher Hilfe anderer, z. B. spezialistischer Sachverständiger im Einzelfall, bedienen kann, event. pflichtgemäß bedienen muß, ist selbstverständlich.

Der Anspruch auf Vergütung bestimmt sich ausschließlich nach Gesellschafts- und Bestellungsvertrag. Nur wenn er in einem von beiden festgesetzt worden, besteht er. Die Vorschriften des § 245 Abs. 1 und 3 finden keine analoge Anwendbarkeit. Dieselbe statutarisch festzusetzen, empfiehlt sich. Der Anspruch auf Vergütung kann von jedem V. R. Mitglied für sich, nicht vom gesamten V. R. eingeklagt werden (vgl. RGZ. 75, 310). Der Anspruch auf Anteil am Jahres-Reingewinn (Tantieme) natürlich erst nach Feststellung des letzteren durch die G. V. Ein Klagerecht auf solche Feststellung gegen die Ges. haben die V. R. Mitglieder nicht. Unterbleibt aber die Feststellung überhaupt oder wird sie ungebührlich verzögert, so kann auf Zahlung eines Betrages geklagt werden, welcher den Anteil an einem als angemessen anzunehmenden Reingewinn darstellt (§§ 612 Abs. 2, 242, 315 BGB.), und zum Zwecke der Ermittlung eines solchen auf entsprechende Auskunftserteilung (analog RGZ. 89 S. 103). Scheidet ein V. R. Mitglied während des Geschäftsjahres aus, ohne daß ein Grund dazu in seiner Person vorlag, so hat es die Vergütung, auch die Tantieme, anteilig zu beanspruchen. — Im Geschäftsbericht sind die Bezüge des V. R. nicht schlechthin anzugeben, sondern nur, wenn im Einzelfalle das Interesse der Aktionäre, der Gläubiger oder der Allgemeinheit die Angabe erfordert. § 260 a Abs. 3 Nr. 6 ist nicht analog ausdehnbar.

Gegenüber der Verletzung ihrer Rechte auf Mitverwaltung oder Mitüberwachung haben die V. R. Mitglieder kein Klagerecht; gegen verletzende G. V. Beschlüsse — es wird z. B. der Jahresabschluß festgestellt, ohne daß er statutengemäß dem V. R. vorgelegt und von ihm genehmigt worden ist —, kein Anfechtungsrecht; gegen rechtsverletzendes Verhalten der anderen Verwaltungsorgane — der V. R. soll z. B. statutenwidrig vor dem Erwerb eines Grundstückkomplexes nicht gehört werden —, kein Klagerecht auf statutenmäßiges Handeln oder Unterlassen. Auch der Registerrichter kann nicht eingreifen (s. unten). Es bleibt den Mitgliedern des V. R. nur übrig, Verwahrung einzulegen, insbesondere in der G. V., oder ihre Ämter niederzulegen.

Betreffs ihrer Pflichten **haften** die V. R. Mitglieder **für die Sorgfalt eines ordentlichen Geschäftsmannes.** Aus den §§ 202, 241, 249 ergibt sich, daß das Gesetz diesen Haftungsmaßstab an die der Ges. verantwortlichen gesellschaftlichen Stellen angelegt wissen will. Sodann hat der V. R. in der Hauptsache ähnliche Funktionen wie Vorstand und A. R. Außerdem ist vorliegend die von Schuldnern allgemein zu vertretende, im Verkehr erforderliche Sorgfalt (§ 276 BGB.) mit der Sorgfalt eines ordentlichen Geschäftsmannes identisch, da auch bei ersterer die typische Gruppenverschiedenheit der Tätigkeit zu berücksichtigen ist (RGR. § 276 Anmerk. 3). Die Haftung auf Grund der Sorgfalt eines ordentlichen Geschäftsmannes kann statutarisch und vertraglich erweitert, aber weder ausgeschlossen noch beschränkt werden. Das folgt aus der Rechtsstellung des V. R. als Ges. Organes.

Die Haftung der Mitglieder des V. R. wird durch die Mithaftung der Mitglieder anderer Organe, z. B. bei entsprechender statutarischer Zuständigkeit in den Fällen der §§ 227 a Abs. 2, 240 a Abs. 5, weder aufgehoben noch beschränkt (s. oben zu 6 a. E.).

Verletzung der obliegenden Sorgfalt kann zwar kein Eingreifen des Registerrichters auslösen, insbesondere kein Ordnungsstrafverfahren, aber zum sofortigen Widerruf der Bestellung, bezw. zur fristlosen Kündigung des

Bestellungsvertrages berechtigen, zur Verweigerung der Entlastung und zum Ersatz etwa entstandenen Schadens [20]).

Mehrere V. R. Mitglieder, die in gleicher Weise pflichtwidrig handeln, haften nicht als Einzelschuldner, sondern als Gesamtschuldner, da sie sich zu gemeinschaftlicher Tätigkeit verpflichtet haben (§ 427 BGB. Vgl. §§ 241 Abs. 2, 249 Abs. 2).

Die Verjährung des Schadensersatzanspruches der Ges. gegen die V. R. Mitglieder ist nicht wie beim A. R. die fünfjährige des § 249 Abs. 4, welcher nicht analog angewendet werden kann, sondern die gewöhnliche dreißigjährige — der einzige Gesichtspunkt, aus dem die Verantwortlichkeit der Mitglieder des V. R. an sich eine schwerere ist als die der Mitglieder des Vorstandes u. A. R. Es empfiehlt sich deshalb, die Abkürzung der Verjährungsfrist im Gesellschaftsvertrag zu bestimmen (§ 225 S. 2 BGB.), so daß die Wahl zum V. R. und die Annahme der Wahl von vornherein mit dieser Maßgabe erfolgen. Mangels solcher Statutenbestimmung ist eine entsprechende besondere Vereinbarung zwischen der Ges. und dem Gewählten anzuraten.

Da die Regeln des Auftrags- oder Dienstvertragsverhältnisses heranzuziehen sind (s. oben zu 6 letzter Abs.), so kann das pflichtsäumige V. R. Mitglied auf Pflichterfüllung verklagt werden (vgl. Staub-Pinner § 243 Anm. 2 a). Natürlich nur von der Ges., nicht von den anderen V. R. Mitgliedern (s. oben Abs. 2). Im Wege der Zwangsvollstreckung kann allerdings die Pflichterfüllung nicht erzwungen werden [21]).

Das Recht auf Entlastung steht den Mitgliedern des V. R. zunächst zu, soweit letzterem eine Rechenschaftslegung, sei es auf Grund des Ges. Vertrages sei es sonst, obliegt (und das wird meistens der Fall sein), da rechen-

[20]) Betreffs der Regreßansprüche s. weiteres zu 11 letzter Abs.

[21]) ZPO. § 888 Abs. 2 — betreffs der Auftragserfüllung bestritten — und jedenfalls nach Abs. 1 das., da immerhin individuelle Fähigkeiten für die Erfüllung der Pflichten eines V. R. vorhanden sein müssen, vgl. Stein-Jonas § 888 ZPO. III, 3 u. I, 2, c.

schaftspflichtig ist, wer fremde Angelegenheiten besorgt (RGR. § 259 Anm. 1. Vgl. RGZ. 49, 144). Aber auch im übrigen wird das Recht des V. R., der, wie schon bemerkt, analoge Funktionen wie Vorstand und A. R. hat, analog aus dem Entlastungs-Rechte dieser Organe zu folgern sein. Wird die Entlastung verweigert oder grundlos verzögert oder nur bedingt erteilt, so haben die davon betroffenen Mitglieder ein Klagerecht gegen die Ges. auf Erteilung der Entlastung [22]). Ein Anfechtungsrecht gegen den verweigernden G. V. Beschluß steht ihnen nicht zu. Die Entlastung ist in jedem Falle von der G. V. zu erteilen, also auch dann, wenn der V. R. nicht von der G. V. bestellt worden ist. Das ergibt der Umstand, daß der Bestellende nur namens der Ges. bestellt hat, ferner die Analogie des § 260 Abs. 1 sowie der dem letzteren offenbar zugrunde liegende Gedanke, daß über die Verantwortlichkeit eines Ges. Organs gegenüber der Ges. letzten Endes nur deren oberstes Organ, die Zusammenfassung der Gesellschafter selber, entscheiden soll.

Sehr wichtig ist, daß die **speziellen aktienrechtlichen Strafbestimmungen** der §§ 312 ff. HGB. auf die Mitglieder des V. R. **keine Anwendung** finden. Dieselben unterliegen nur den allgemeinen Strafvorschriften [23]). Gerade dieser Um-

[22]) Offenbar ebenso Staub-Hachenburg G. m. b. H. Ges. § 46 Anm. 25 betreffs der Ges. Organe schlechthin. Über die Streitfrage, ob die Mitglieder der A. R. die Leistungsklage oder nur die Feststellungsklage auf Entlastung haben, s. Staub-Pinner § 260 Anm. 12. — Betreffs des Entlastungsrechts des Testamentsvollstreckers s. Staudinger-Herzfelder BGB. § 2219 Anm. 3 und Weissler, Das Nachlaßverfahren II 264/5. Jedoch ist die diesbezügliche Rechtsposition der Mitglieder eines Gesellschaftsorgans eine eigenartige und stärkere. — Der Bilanzprüfer hat keinen Anspruch auf Entlastung, obwohl er Ges. Organ ist. Aber deswegen nicht, weil er keine dauernde Verwaltung, sondern nur ein einmaliges Amt ausübt; er hat deswegen auch keine Rechenschaftslegungs-Pflicht.

[23]) § 266 StGB. (Untreue) ist von geringer Bedeutung, da Bevollmächtigte im Sinne dieser Vorschrift Personen sind, welche die Befugnis haben, mit Wirksamkeit für einen anderen gegenüber einem Dritten rechtsgeschäftlich zu handeln (Frank § 266 Stgb. Anm. II, 2), und diese Voraussetzung für die Mitglieder des V. R. nicht zutrifft; haben sie solche Befugnis, so sind sie außerdem Bevollmächtigte (s. oben Nr. 6 Abs. 1). Sind sie das nicht, so kann unter Umständen die Frage

stand kann zur Verbreitung der Einrichtung des V. R. wesentlich mitbeitragen. Sollte diese Verbreitung eine größere werden, so wird im Interesse der Vertrauenswürdigkeit der Aktiengesellschaften und damit dieser selber eine Ausdehnung jedenfalls der §§ 312 und 314 Nr. 1 auf die Mitglieder des V. R. vielleicht nicht zu umgehen sein. Auch dann würden für die Einrichtung eines V. R. noch genug Gründe übrig bleiben.

11. Die **Geschäftsführung des V. R. unterliegt der Überwachung durch den A. R.,** da letzterer nach § 246 die Geschäftsführung der Ges. in allen Zweigen der Verwaltung zu überwachen hat. Diese Überwachung kann statutarisch nicht ausgeschlossen werden [24]), sie ist zwingenden Rechtes. In der Praxis wird sie eine Frage weniger des Rechts als des Taktes und der tatsächlichen Macht sein. Umgekehrt kann dem V. R. nicht die Befugnis eingeräumt werden, den A. R. zu überwachen. Tatsächlich mag dies im Einzelfall möglich sein, wünschenswert ist es nicht (s. oben zu 7 letzter Abs.). Aus dem Überwachungsrecht des A. R. folgt u. a. zunächst, daß derselbe jederzeit von dem Vorstand Berichterstattung über das Verhalten, insbesondere die Maßnahmen des V. R. verlangen kann, darüber hinaus aber, daß er die für ihn gegenüber dem Vorstand in § 246 Abs. 1 S. 2 ff. normierten Rechte auch gegenüber dem V. R. geltend machen kann. Es ergibt sich dies nicht unmittelbar aus § 246 Abs. 1. S. 2 ff. selber, weil diese Bestimmungen speziell das Rechtsverhältnis zwischen A. R. und Vorstand regeln, aber aus dem Wesen des Überwachungsrechtes, welches die in § 246 Abs. 1 für den Hauptfall besonders normierten Befugnisse zwangsläufig auswirkt. Keine dieser Rechtsfolgen kann durch den Ges. Vertrag ausgeschlossen werden. — Dagegen ergibt sich die Befugnis des § 239 a nicht zwangsläufig, sie ist, wenn auch höchst zweckmäßig, gewillkürt. Der Ges. Vertrag kann sic aber dem A. R. gegenüber dem V. R. gewähren. Ob dies an-

für sie erheblich werden, wie sie sich zu verhalten haben, um sich nicht als Anstifter oder Gehilfen strafbar zu machen.

[24]) Wie es z. B. in der Satzung der Glasfabrik A. G. in Brockwitz geschehen ist; diese Satzungsbestimmung ist rechtlich nichtig.

gebracht ist, kann nur nach den besonderen Umständen des Einzelfalles beurteilt werden, ebenso, ob und inwieweit der A. R. von seinem gedachten Rechte Gebrauch machen soll.

Der gesetzlichen Bilanzprüfung unterliegt die Geschäftsführung des V. R. nicht; jene wäre sonst „Wirtschaftsberatung, nicht Bilanzprüfung" (Horrwitz-Ullmann § *262* a Anm. 5). Trotzdem ist die Bilanzprüfung für die Beurteilung der Geschäftsführung des V. R. durch den A. R. und die G. V. von großer Bedeutung. Denn, da die Bilanzprüfung des Jahresabschlusses unter Einbeziehung des Geschäftsberichts vorzunehmen ist (§ *262* a Abs. 1), so hat sie sich auch darauf zu erstrecken, ob in dem letzteren diejenigen Tatsachen mitgeteilt sind, welche hinsichtlich der Geschäftsführung des V. R. mitteilungspflichtig sind. Unterbleibt solche Mitteilung, so ist dies im Prüfungsbericht festzustellen (*262* e Abs. 1). Die Bilanzprüfer können betreffs des V. R. vom V. alle Aufklärungen und Nachweise verlangen, welche die sorgfältige Erfüllung der ihnen obliegenden Prüfungspflicht erfordert (*262* d Abs. 2). Der V. hat ihnen die Einsicht der Bücher und Schriften des V. R. zu gestatten, weil dieselben als Bücher und Schriften der Ges. zu gelten haben (§ *262* d Abs. 1). Lehnt freilich der V. R. die Einsichtnahme ab, so ist dagegen ein Rechtsbehelf nicht gegeben. Auch hierin kommt die Organeigenschaft des V. R. zum Ausdruck. Der Ges. Vertrag kann den V. R. zur Gestattung und Ermöglichung der Einsicht verpflichten. Mittelbar vermag auch der A. R. zu helfen, indem er kraft seines Rechtes der allgemeinen Überwachung der Geschäftsführung die Bücher und Schriften des V. R. einsieht und den Bilanzprüfern daraus berichtet; eine Verpflichtung des A. R. hierzu besteht nicht.

Jedenfalls ist es der Ges. unbenommen, den Bilanzprüfern einen umfassenderen Prüfungsauftrag als den gesetzlich vorgeschriebenen zu erteilen (Horrwitz-Ullmann § *262* a Anm. 10), also auch dahin, die Geschäftsführung des V. R. mitzuprüfen. Verpflichtungen des V. R. gegenüber den Bilanzprüfern entstehen dadurch nicht. Natürlich kann der Gesellschaftsvertrag sie anordnen.

Andererseits ist der A. R. berechtigt, die Einsicht des Prüfungsberichts den Mitgliedern des V. R. zu gewähren. Er muß sie gewähren, soweit dies im Einzelfall die dem A. R. obliegende Sorgfalt eines ordentlichen Geschäftsmannes erfordert oder der Ges. Vertrag es vorschreibt. Eine derartige Vorschrift wird in der Regel zweckmäßig sein.

Da von den Bilanzprüfern zwar nicht die Geschäftsführung des V. R., aber ihre Publizität im Rahmen des § 262 a zu prüfen ist, so könnnen Mitglieder des V. R. nicht als Bilanzprüfer gewählt oder bestellt werden (vgl. auch § 262 c Abs. 2 S. 2).

Dagegen unterliegt die Geschäftsführung des V. R. der besonderen Revisionsprüfung gemäß § 266, da diese für Vorgänge bei der Geschäftsführung nicht nur des Vorstands und A. R., sondern schlechthin gestattet ist. Wenn ausführende weitere Bestimmungen des § 266 sich nur mit dem Vorstand und A. R. beschäftigen, so erklärt sich dies daraus, daß praktisch im wesentlichen nur diese beiden Stellen als Geschäftsführungs-Organe bisher in Betracht gekommen sind. Aus dieser Tatsache ist aber nicht die Ausschließung anderer bei der Geschäftsführung beteiligter Organe von der grundsätzlichen Vorschrift des § 266 zu folgern. Das wäre sachlich nicht zu rechtfertigen und würde außerdem daran scheitern, daß die gedachten lediglich ausführenden Bestimmungen sich auch mit den Gründern nicht beschäftigen, obwohl doch deren Geschäftsführung ausdrücklich der Vorschrift des § 266 Abs. 1 S. 1 (vgl. § 268 Abs. 1) unterworfen ist. — Vielfach wird übrigens ein Vorgang bei der Geschäftsführung des V. R. ein solcher bei derjenigen des Vorstandes oder A. R. sein und daher mit der Prüfung dieser Geschäftsführung jedenfalls indirekt mitgeprüft werden.

Die Bestimmung des § 266 Abs. 6 S. 1, wonach vor der gerichtlichen Bestellung der Reviionsprüfer der Vorstand und der A. R. zu hören sind, ist an sich zugunsten des V. R. nicht analog anwendbar. Daß solche Anwendung auch hier zweckmäßig ist, bedarf keiner Hervorhebung (vgl. auch § 146 Abs. 1 FGG.). Der Ges. Vertrag kann sie anordnen. Sind die Mitglieder des V. R. zugleich Aktionäre, so sind sie als solche berechtigt, das in der Debatte in der G. V. vor der Beschlußfassung zu sagen, was sie über die Rechtfertigung des V. R. zu sagen haben. Stellt eine Minderheit den Antrag auf Revisoren — Bestellung durch das Gericht, so hat dieses, wenn tunlich, vor seiner Entscheidung den V. R. zu hören. (§ 146 Abs. 1 FGG.). Außerdem gewährt die Kostenbestimmung des § 267 Abs. 4 auch hier einen gewissen vorbeugenden Schutz gegen frivole Anträge auf besondere Prüfung der Geschäftsführung des V. R.

Nach § 266 Abs. 1 S. 2 können bei der Beschlußfassung über die Revisoren-Bestellung Aktionäre, die zugleich Mitglieder des Vorstandes oder A. R. sind, weder für sich noch für einen anderen mitstimmen, wenn die Prüfung sich auf Vorgänge erstrecken soll, die mit der dem Vorstand oder dem A. R. zu erteilenden Entlastung oder der Einleitung eines Rechtsstreits zwischen Mitgliedern des Vorstandes oder des A. R. und der Ges. im Zusammenhang stehen. Das Gleiche muß auch betreffs der Mitglieder des V. R. gelten. Zwar nicht auf Grund analoger Anwendung; eine solche wäre für Stimmrechtsausschließungen unzulässig (RG. bei Holdheim 15, 246). Wohl aber deswegen, weil die zitierte Vorschrift keine für den gedachten Fall besonders aufgestellte ist, sondern eine solche, die sich aus der allgemeinen Stimmrechtsausschließungs-Vorschrift des § 252 Abs. 3 ergibt und in § 266 nur wegen ihrer großen Wichtigkeit in diesem Einzelfalle noch ausdrücklich normiert ist[25]). Den ausdrücklichen Normen des Gesetzes stehen die aus seinem Geist sich ergebenden gleich[26]). Wenn also der Ges. Vertrag betreffs der V. R. Mitglieder eine entsprechende Stimmrechts-

[25]) Vgl. Pinner in J. W. 30, 3679, Staub-Pinner § 252 Anm. 24, § 266 Anm. 6, Brodmann § 252 Anm. 5a, Hugo Horrwitz Recht der G. V. S. 137.

[26]) RGZ. 68, 243; KGJ. 33 A. 177 ff.

Ausschließung erklärt, so gestaltet er das bestehende Aktienrecht in dessen eigener Richtung nicht aus, was zulässig wäre [27]), sondern er gibt es nur wieder.

Für die Geltendmachung von Regreßansprüchen gegen Mitglieder des V. R. aus deren Geschäftsführung kommen die §§ 268, 269 nicht in Betracht. Sie sind spezieller Natur und beziehen sich auf die Regreßansprüche aus der Geschäftsführung ausdrücklich nur gegen Mitglieder des Vorstandes und A. R.; sie sind daher nicht ausdehnungsfähig. Regreßansprüche gegen Mitglieder des V. R. sind danach vom Vorstand namens der Ges. geltend zu machen, wenn die Geltendmachung im Interesse der Ges. liegt oder von der G. V. oder vom A. R., falls letzterer dazu statutarisch ermächtigt ist, angeordnet wird. Im übrigen steht nichts im Wege, daß die Vorschriften der §§ 268 bis 270 — natürlich ausgenommen § 268 Abs. 2 S. 2 und 3, § 269 Abs. 2. S. 2, Abs. 3 und 5 — vom Ges. Vertrage hinsichtlich der V. R. Mitglieder aufgenommen werden [28]).

12. In der **Zusammensetzung des V. R.** ist der Ges. Vertrag frei, sowohl nach der zulassenden als nach der verbietenden Seite. Er kann die gleichen Eigenschaften erfordern wie für die Mitgliedschaft zum A. R., ebenso aber auch abweichende. Auch solche Personen, die mehr als zwanzig A. R. oder V. R. Stellen haben, sind wählbar; N. V. Art. VIII Abs. 4 ist nicht analog anwendbar. Die Wahl juristischer Personen in den V. R. muß als unzulässig erachtet werden, da es dem Wesen eines Gesellschaftsorganes eigen ist, daß seine Mitglieder letzten Endes nicht anonym sind, daß diejenigen, welche in der Ges. tätig und verantwortlich sind, in Wirklichkeit von der Ges. bestimmt werden und nicht von einer Rechtsperson außerhalb derselben [29]).

[27]) RGZ. 120, 177, Heinz Pinner in JW. 1928, 1556 und Zbl. HR. 1928, 385, Goldschmit JW. 1928 S. 2618; anders Nord und Veit Simon dort 2617/18.

[28]) Betreffs Einzelschuldverhältnis, Verjährung, Aktivlegitimation s. oben zu 10.

[29]) S. zu 6 letzter Abs. u. zu 13; vgl. E II § 75 Abs. 2 S. 2 und über die betreffs des A. R. nicht unbestrittene Frage Staub-Pinner § 243 Anm. 4.

Die Zahl der Mitglieder ist unbeschränkt, nach unten wie nach oben. § 243 Abs. 1, N. V., Art. VIII Abs. 3 sind nicht analog anwendbar. Der V. R. ist nicht notwendig ein Kollegium, er kann anders als der A. R. nur aus einer einzigen Person bestehen. Bei Familien-A. G.ⁿ wird diese Möglichkeit u. a. praktisch werden. Sind so viele Personen gewählt, daß die Zahl der V. R. Mitglieder die statutarisch bestimmte Zahl überschreitet, so ist der verletzende Wahlbeschluß nicht nichtig, sondern nur anfechtbar. Wird er mit Erfolg angefochten, so treten dieselben Rechtsfolgen ein wie in dem Falle, daß mehr als 28 A. R. Mitglieder gewählt sind (Art. VIII). Sind weniger Personen gewählt als statutarisch vorgeschrieben, so besteht ein V. R. überhaupt nicht, die Beschlüsse des Rumpf-V. R. sind unbeachtlich.

Es ist zulässig, daß Mitglieder des Vorstandes auch Mitglieder des V. R. sind (gemischter V. R., s. oben zu 3. Beispiele in ROHG. 17, 107, ferner G. Kromschröder A. G., Radeberger Exportbierbrauerei, Mechanische Treibriemenweberei und Seilfabrik Gustav Kunz A. G.) — Im Zweifel ist die Nichtzulassung als gewollt anzunehmen. Denn entweder haben beide Organe bei der Geschäftsführung zusammenzuwirken, wie z. B. bei der Bestellung eines Prokuristen mit Genehmigung des V. R., und dann soll jedes möglichst mit voller eigener, getrennter Selbständigkeit und Verantwortlichkeit handeln, oder aber der Vorstand hat lediglich Anordnungen des V. R. auszuführen, und dann soll er die Beschlüsse des V. R. nicht mitschaffen. Außerdem liegt jedem Organ allgemein eine eigene Prüfungspflicht ob. Z. B. hat der V. R. kritisch zu prüfen, ob er im Einzelfall mit dem Vorstand konform gehen soll, und andererseits der Vorstand, ob nach seiner Überzeugung eine Anordnung des V. R. gesetzwidrig oder die Ges. zweifellos schädigend und deshalb nicht auszuführen ist. Diese allgemeinen eigenen Pflichten können dadurch gefährdet werden, daß die Gesamtheit oder ein Teil ihrer Träger zugleich Mitträger der vorzunehmenden Handlung oder des zu prüfenden Auftrages ist. Deshalb wird im Einzelfalle auf das sorgfältigste überlegt werden müssen, ob die Bedenken gegen einen gemischten Vorstands-V. R. nicht stärker sind als die von ihm erwarteten Vorteile.

Das Gleiche gilt hinsichtlich des mit Mitgliedern des A. R. gemischten V. R., der ebenfalls vom Ges. Vertrage zugelassen werden kann. Auch hier ist eine solche Zulassung nicht zu vermuten, weil der A. R. auch die Geschäftsführung des V. R. zu überwachen hat (s. zu 11 Abs. 1) und es mißlich sein kann, wenn Mitglieder des überwachenden Organs zugleich solche des überwachten sind.

Auch eine zeitweilige Delegation von Mitgliedern des A. R. in den V. R. kann der Ges. Vertrag gestatten. — Dagegen ist das Umgekehrte, nämlich die zeitweilige Delegation von Mitgliedern des V. R. in den A. R. nicht erlaubt. § 248 ist nicht analog anwendbar und eine zeitweilige Delegation in den A. R. ist dem deutschen Gesetz überhaupt fremd.

Die Wahl von Konkurrenten der Ges. in den V. R. ist rechtlich nicht unzulässig. Hier kann der Ges. Vertrag Vorsorge treffen. Vor allem aber müssen dabei Verantwortungs- und Fingerspitzengefühl des Wahlorgans rege sein.

Daß im V. R. der V. oder A. R. einer abhängigen oder beteiligten Ges. vertreten ist, begegnet keinem Bedenken. Der Ges. Vertrag kann es natürlich verbieten.

Über die Zugehörigkeit von Gründern zum V. R. s. unten zu 13 a. E.

Die Rechtsfolgen der Wahl eines unzulässigen Mitgliedes sind verschieden, je nachdem durch dieselbe eine starre oder nachgiebige Rechtsnorm verletzt wird. Ein Fall ersterer Art liegt z. B. vor, wenn eine juristische Person (nicht unbestritten, s. Staub-Pinner § 243 Anm. 4) oder ein Geschäftsunfähiger in den V. R. gewählt wird. Das ist unter allen Umständen unzulässig. Eine solche Wahl ist nichtig, der Gewählte ist nicht Mitglied des V. R.. Ein Fall letzterer Art liegt vor, wenn jemand gewählt wird, der einer statutarisch erforderlichen Eigenschaft entbehrt. Die Wahl wird mangels Anfechtung des Wahlbeschlusses rechtsgültig. — Nachträglich eintretende Unfähigkeit bringt in den Fällen ersterer Art das Amt automatisch zum Erlöschen, in denen der letzteren Art entsteht lediglich das Recht der Ges., die Bestellung zu widerrufen [30]).

Wie ist die Rechtslage, wenn ein Gewählter als Mitglied des V. R. fungiert, obwohl er einer erforderlichen Eigenschaft ermangelt? Dabei ist vorweg zu bedenken, daß der statutarische Mangel eines von der G. V. Gewählten durch klaglosen Ablauf der Anfechtungsfrist geheilt wird. Es wird sich also diesbezüglich praktisch um solche Fälle hauptsächlich handeln, in denen eine andere Stelle als die G. V. gewählt hat (s. zu 13). Handelt es sich um einen Beschluß des V. R., der auch ohne die Zustimmung des Pseudomitgliedes die erforderliche Mehrheit hätte, so wird er durch dessen Zustimmung nicht rechtsungültig. Würde er ohne jene Zustimmung als abgelehnt zu gelten haben, so ist er rechtlich abgelehnt (vgl. Horrwitz-Ullmann Anm. 17 zu Art. VIII). Wird der Beschluß umgekehrt nur infolge der Stimmabgabe des Pseudomitgliedes abgelehnt, so ist er rechtsgültig gefaßt. Der Vorstand, der einen derart rechtsgültigen Beschluß als rechtsungültig behandelt oder umgekehrt und dabei die Sorgfalt eines ordentlichen Kaufmannes verletzt, macht sich der Ges. schadensersatzpflichtig.

Wie zum A. R. (Staub-Pinner § 243 Anm. 15) können auch zum V. R. stellvertretende Mitglieder gewählt werden. Dieselben sind als solche nur in dem statutarischen Stellvertretungsfall wirkungsberechtigt. Stimmen sie z. B. außerhalb desselben im V. R. mit, so sind ihre Stimmen rechtsungültig und damit der V. R. Beschluß, falls er ohne ihre Stimmen ein anderer gewesen wäre.

13. Weil der V. R. ein Gesellschaftsorgan ist, **können seine Mitglieder nur von einer Stelle innerhalb der Gesellschaft bestellt werden**; nicht von einer Stelle außerhalb der-

[30]) Staub-Pinner § 231 Anm. 12; a. M. z. B. Behrend Lehrbuch H. R. S. 861 Anm. 22.

selben [31]). Auch nicht von einer Behörde, Es ist unvereinbar mit dem Wesen und dem Interesse der A. G., daß ein außerhalb ihr stehender Dritter die Mitglieder eines ihrer Organe bestellt; denn damit werden in der Regel gerade diejenigen, welche das Schicksal der A. G. organisch mitbestimmen, nicht vom gesellschaftlichen, sondern von einem fremden Interessenstandpunkt aus bestimmt. Wenn Fischer (in Ehrenbergs Handbuch III, 1. Abt., S. 214) es mit dem Wesen der A. G. noch für verträglich hält, daß die Berufung in das Vorstandsamt von einer Stelle außerhalb der Korporation erfolgt, jedoch nicht mehr, daß die im Amt Befindlichen von einer solchen Stelle abhängig sind, so ist im wirklichen Leben eine solche Scheidung meist weder möglich noch erkennbar. Es ist nicht jeder frei, der seiner Ketten spottet, Ernennung verpflichtet moralisch, und welche Interessentenstelle — nur eine solche käme für die Regel in Betracht — wird Jemanden ernennen, von dem sie nicht annehmen darf, daß er in entscheidenden Dingen ihrem Interesse helfen wird, auch wenn es sich nicht mit dem der Ges. deckt, oder daß er mindestens sich zu der Auffassung durchringen wird, daß das Interesse seines Wählers dem der Ges. nicht entgegenstehe? Aus diesen Gründen kann auch ein Dritter ein Recht der Bestätigung von V. R. Mitgliedern nicht haben [32]). Zugunsten des Deutschen Reichs normiert die

[31]) Im Ergebnis ebenso Brodmann § 231 Anm. 5 a, § 182 Anm. 12 a. Nicht unbestritten, anders z. B. Bing in Düringer-Hachenburg § 182 Anm. 57, s. ferner Staub-Pinner § 231 Anm. 20. Vgl. oben zu 6 Anm. 14.

[32]) Ebenso im Ergebnis Brodmann § 182 Anm. 12 a mit allerdings nicht zutreffender Begründung (gegen letztere s. Düringer-Hachenburg-Bing § 182 Anm. 57). Staub-Pinner § 231 Anm. 20 ist offenbar der gleichen Ansicht wie Fischer, Homburger S. 55 jedenfalls für die Zulässigkeit der Bestellung durch einen Dritten. — Nach unserer Ansicht wirkt z. B. die Bestimmung im Ges. Vertrage von Gebhard & Co., daß der V. von einem V. R. ernannt wird, zu welchem auch der Vorsitzende des A. R. einer anderen Ges. gehört (Flechtheim-Wolff-Schmulewitz S. 121 zu d), insoweit rechtsungültig, als im Einzelfall ohne die Stimme gerade dieses Mitgliedes ein die V. Ernennung betreffender Beschluß anders ausgefallen wäre.

Reichshaushaltsordnung vom 31. Dez. 22, § 48 Abs. 2, S. 2 eine entsprechend zu bewertende Ausnahme. Nach §§ 262 b Abs. 3, 266 Abs. 2 kann das Gericht in den dort vorgesehenen Fällen den Bilanzprüfer und den Revisor bestellen, nach E II § 78 die länger als drei Monate fehlenden Mitglieder des A. R. Aber in diesen Fällen tritt das Gericht von Gesetzes wegen an die Stelle des an sich für die Bestellung zuständigen Ges. Organs, und nur, falls dieses versagt hat. Das Gericht wird tätig als die unparteiische staatliche Ersatzstelle, es ist im Rechtssinne nicht gesellschaftsfremd. Wenn bei einer Interessengemeinschaft die Dachgesellschaft oder ein Gemeinschaftsausschuß befugt ist, ein oder mehrere Mitglieder des V., A. R. oder V. R. einer zur Gemeinschaft gehörigen A. G. zu bestimmen, so hat eine solche Befugnis lediglich obligatorische Rechtswirkung; d. h. ihre Nichtbeachtung durch die A. G. kann diese schadensersatzpflichtig machen, auch ein Recht auf Kündigung der Gemeinschaft erzeugen, aber niemals kann die A. G. gezwungen werden, den vom Ausschuß oder von der Dachgesellschaft Bestimmten zu bestellen.

Bei der G. m. b. H. liegt die Sache anders. Aber die dortige Rechtslage darf man hier nicht entgegenhalten. Die G. m. b. H. ist zugeschnitten auf eine Handelsgesellschaft mit einem beschränkten Kreis von Gesellschaftern, welche ihre Haftung begrenzen wollen und deswegen nicht die Rechtsform der offenen Handelsgesellschaft wählen. Die G. m. b. H. wendet sich in aller Regel nicht an einen größeren Personenkreis. geschweige denn an das allgemeine Publikum zwecks Werbung von Gesellschafter-Beteiligungen. Sie hat anders als die A. G. (vgl. § 260 a Abs. 4 S. 2) die Belange der Allgemeinheit überhaupt nicht zu berücksichtigen. Nicht einmal ihren eigenen Gläubigern haften — bis auf einen Ausnahmefall (§ 81 Abs. 3 G. m. b. H. Ges.) — die Geschäftsführer unmittelbar für die Erhaltung des Ges. Kapitals. Bei der G. m. b. H. kann es daher anders als bei der A. G. dem Ges. Vertrage überlassen bleiben, die Bestellung der Geschäftsführer, ja sogar des A. R. (§ 52 Ges. betr. G. m. b. H.) und gewiß eines V. R. dritten außerhalb der Ges. stehenden Personen zu übertragen (§ 45 Abs. 2 das. vgl. RGZ. 49, 147).

Zur Zeit mögen auch die vorstehend erörterten Fragen mehr theoretischer Natur sein (Bing a. a. O.), obwohl gerade § 48 cit. zu denken gibt. Jedenfalls ist es nicht unwahrscheinlich, daß sie in einer nicht fernen Zukunft sehr praktisch werden können, wie es des öfteren zunächst mehr theoretisch gewesene Fragen des Aktienrechts geworden sind, z. B. die der Vorratsaktien, der Mehrstimmenrechtsaktien, die in der ganzen Zeit von 1900 bis 1919 nur in drei Fällen geschaffen wurden, der A. R. Ausschüsse, welche erst seit der obligatorischen Entsendung von Betriebsrats-Mitgliedern in den A. R. häufig geworden sind.

Welche Ernennungsstellen innerhalb der Ges. kommen in Betracht?

Zunächst der Gesellschaftsvertrag. Er kann bestimmte Personen zu Mitgliedern des V. R. ernennen, z. B. Gründer (ohne Gründervorrecht, s. unten), aber auch andere bestimmte Personen, und zwar nicht nur Aktionäre. — Der Ges. Vertrag kann ferner Mitglieder des V. R., sogar sämtliche, nach einem objektiven Gesichtspunkt berufen, z. B. anordnen, daß die aus dem V. oder A. R. Austretenden, falls ihr Amt nicht fristlos widerrufen worden, mit ihrem Austritt ohne weiteres Mitglieder des V. R. werden.

Wird die Frage, wer wahlberechtigt ist, im Ges. Vertrage nicht beantwortet, so ist die G. V. wahlberechtigt.

Der Ges. Vertrag kann aber anstelle oder neben der G. V. den A. R., den Vorstand[33]), eine Minderheit, eine Aktionärgruppe (vgl. E II § 77), ja einen einzelnen Aktionär für wahlberechtigt erklären. In der Regel wird es sich nicht empfehlen, einer anderen Stelle als der G. V., insbesondere dem V., das Wahlrecht zu geben (s. oben zu 12 Abs. 3). Natürlich kann der V. sich stets, falls es ihm nicht durch Ges. — oder Anstellungsvertrag verboten

[33]) Ebenso Goldschmit Der A. R. S. 316 Anm. 195, Cahn Der A. R. der A. G. 160.

ist, einen Beirat bestellen. Ein solcher Beirat ist aber kein V. R., überhaupt nicht Ges. Organ, sondern Gehilfe des V. —

Als Gründervorrecht (§ 186 Abs. 1), d. h. als Recht, welches dem Gründer verbleibt, auch wenn er nicht mehr Aktionär ist (Staub-Pinner § 186 Anm. 1), kann zwar das Recht, Mitglied des V. R. zu sein (s. unten letzter Abs.), eingeräumt werden, aber nicht das Recht, Mitglieder des V. R. zu bestellen, weil der Ges. Vertrag die Möglichkeit der Bestellung durch einen außerhalb der Ges. stehenden Dritten nicht gewähren darf (s. oben Abs. 1).

Die Ausstattung eines einzelnen Aktionärs mit dem Ernennungsrecht kann die faktische Ernennung durch einen außerhalb der Ges. stehenden Dritten begünstigen. In Wirklichkeit wird diese Gefahr dadurch außerordentlich gemindert, daß anderen als Großaktionären der Ges. Vertrag das Ernennungsrecht wohl kaum einräumen wird. Sollte er es ausnahmsweise tun, so kann, wie in jedem Falle, geprüft werden, ob der eine solche Statutenbestimmung normierende G. V. Beschluß auf Grund der konkreten Umstände des Einzelfalls nicht gesellschaftsfeindlich und deswegen anfechtbar ist. —

Bei Wahl durch den V., den A. R., eine Aktionärgruppe oder einen Einzelaktionär wird zunächst zu den Registerakten nicht bekannt, welche Personen Mitglieder des V. R. sind, und frühestens mit der Einreichung des Geschäftsberichts, ob ein V. R. überhaupt besteht (s. unten zu 14 Abs. 1).

Wenn neben der G. V. noch eine andere Stelle das Ernennungsrecht hat und beide von demselben Gebrauch machen, so ist im Konfliktsfalle die Ernennung durch die G. V. allein rechtsgültig; denn letztere ist das oberste Organ der Ges. (Ebenso RGZ. 117, 210).

Wenn die Ernennung anstatt der G. V. einer anderen Stelle zum ausschließlichen Rechte statutarisch übertragen ist, so hat die G. V. kein Ernennungsrecht neben jener Stelle. Um ein solches zu erlangen, muß zuvor der Ges. Vertrag entsprechend geändert werden. Ist dagegen das Ernennungsrecht der anderen Stelle übertragen, ohne daß der Ges. Vertrag die Ausschließlichkeit der Übertragung erkennen läßt, so hat die G. V. neben jener Stelle das Ernennungsrecht, und zwar so, als wenn es ihr von vornherein im Ges. Vertrage eingeräumt worden wäre (vgl. oben zu 8 c).

Kann dem V. R. das Recht der Zuwahl (Kooptation) statutarisch eingeräumt werden? Gewiß, obwohl, anders als für den Vorstand (s. z. B. Handelsregister A. G. Berlin Mitte Nr. 24423), für den A. R. die gleiche Frage nach § 243 Abs. 3 zweifellos zu verneinen ist, und der V. R. seiner Struktur und seinem Aufgabenkreis nach in der Regel dem A. R. näher stehen wird als dem Vorstand. Da aber das gesamte Recht des V. R. im Ges. Vertrage wurzelt, so kann letzterer auch das Kooptationsrecht zulassen.

Über die Einwirkung von Verträgen auf die Ernennung von V. R. Mitgliedern s. zu 15.

Wer ist berechtigt, eine Bestellung zum Mitgliede V. R. zu widerrufen?

In erster Linie der nach dem Ges. Vertrag zum Widerruf Berechtigte. Mangels einer Bestimmung des Ges. Vertrages diejenige Stelle, welche den Abzuberufenden bestellt hat. Das Statut kann ihr dieses Recht nehmen oder beschränken. Ausgenommen ist nur der V. R. selber. Ein Organ-Kollegium kann nicht eigene Mitglieder ausstoßen, es ist kein Verein. Ein solches Recht der Mehrheit der Organmitglieder würde auch die Selbständigkeit der Organ-Minderheit sowie der kooptierten Mitglieder äußerst bedrohen und damit das Ges. Interesse, zu dessen Förderung auch eine etwaige Kooptation erfolgt ist, erheblich gefährden. Ein Widerrufsrecht des V. R. kann deswegen auch der Ges. Vertrag nicht festsetzen. In jedem Falle ist die G. V. widerrufsberechtigt[34]). Dieses Recht kann durch den Ges. Vertrag nicht ausgeschlossen werden. Es wäre untragbar für das Gesellschaftsinteresse, dieses Fundament der A. G. und des Aktienrechts, wenn

[34]) Ebenso Staub-Pinner § 231 Anm. 16 (abweichend § 250 Anm. 7), Brodmann § 231 Anm. 5 a betreffs des A. R., anders OLG. Hamburg in OLG. 2, 462, RGZ. 117, 203 ff. Teilweise anders E. II § 77 Abs. 3.

die Ges., die in dieser Hinsicht durch die G. V. handelt, nicht in der Lage sein sollte, jederzeit schlechthin Mitglieder eines Ges. Organs zu entfernen, die nach ihrer Ansicht gesellschaftsschädlich sind. Diese Anschauung kommt betreffs des A. R. in § 243 Abs. 4 zum Ausdruck. Hier ist der G. V. das Widerrufsrecht schlechthin gegeben. Dies muß auch hinsichtlich der Abberufung des V. R. gelten. Ein Anfechtungsprozeß darüber, ob im Einzelfalle die Ausübung dieses Rechtes durch die G. V. zu billigen ist, wäre mit den Ges. Interessen unvereinbar (vgl. auch unten). Durch das ausnahmslose Widerrufsrecht der G. V. wird das anderen Stellen zustehende Ernennungsrecht keineswegs illusorisch. Zur Ausübung des Widerrufsrechts bedarf es der Stimmenmehrheit. Ein ungerechtfertigter Widerruf belastet die Ges. mit etwaigen Vergütungsansprüchen des Abberufenen. Es ist deshalb, wie übrigens auch sonst, nicht zu vermuten, daß die G. V. ihr Widerrufsrecht mißbrauchen wird.

Aus den gleichen Gründen, aus denen ein außerhalb der Ges. stehender Dritter kein Ernennungsrecht haben kann (s. oben Abs. 1), kann er auch kein Abberufungsrecht haben.

Als Gründerrecht kann das Recht auf einen Sitz im V. R. gemäß § 186 Abs. 1 zwar festgesetzt werden. Nur unterliegt dieses Gründerrecht den allgemeinen Abberufungs-Bedingungen, welche für die übrigen V. R. Mitglieder gelten, ebenfalls, nicht etwa nur der Abberufung aus wichtigen Gründen[35]). Ganz abgesehen davon, daß die oft schwierige und zweifelhafte Frage, ob ein wichtiger Grund vorliegt, leicht zu gesellschaftsschädlichen Konflikten mit der Ges. führen kann und daher schon rechtspolitisch verneinenswert ist, darf in die nicht beschränkbare Selbstbestimmung der Ges. über ihr inneres Leben nicht so weit eingegriffen werden, daß ein einzelner Aktionär sie zu seinen Gunsten für die Regel ausschließen könnte, und vor allem

[35]) So betreffs V. u. A. R. Pinner Zbl. H. R. 30, 304, betreffs des A. R. Bing in Düringer-Hachenburg § 182 Anm. 58.

kann der G. V. grundsätzlich das Widerrufsrecht überhaupt nicht versagt werden (s. oben).

14. Die in den V. R. gewählten Personen sowie ihr Ausscheiden sind weder öffentlich bekannt zu machen noch zu den Handelsregisterakten anzuzeigen oder anzumelden. Wird der V. R. von der G. V. gewählt, so ist beglaubigte Abschrift des Wahlprotokolls unverzüglich vom Vorstande zum Handelsregister einzureichen (§ 259 Abs. 5). Wird er dagegen vom A. R. gewählt, so gibt erst der Geschäftsbericht zu den Registerakten Kunde. Der Geschäftsbericht muß diesbezügliche Mitteilungen enthalten, weil, und zwar mit in erster Reihe, zu den Verhältnissen der Gesellschaft (§ 260 a Abs. 1) die Tatsachen gehören, daß ein V. R. besteht und welche Personen während des Geschäftsjahres seine Mitglieder waren und (§ 260 a Abs. 3 Nr. 8) noch sind. Da der Geschäftsbericht mindestens während der letzten zwei Wochen vor dem Tage der ordentlichen G. V. in dem Geschäftsraum der Ges. zur Einsicht der Aktionäre auszulegen und alsdann der ordentlichen G. V. selber vorzulegen ist, so können im Falle der Wahl durch den A. R. erst mit jenem Zeitpunkte die Aktionäre Kenntnis erhalten, erst mit letzterem Zeitpunkt die Allgemeinheit, praktisch beide erst in der G. V. Rechtlich kann die Allgemeinheit, da sie zur G. V. nicht zugelassen zu werden braucht, sogar erst nach der Einreichung des Geschäftsberichts zum Handelsregister Kenntnis erlangen. Sollte die Einrichtung des V. R. häufiger werden, so wird sich die gesetzliche Vorschrift seiner öffentlichen Bekanntmachung und deren Einreichung zum Handelsregister ebenso empfehlen wie sie beim A. R. gesetzlich besteht.

Im Geschäftsbericht werden auch die für die Ges. wichtigsten Beschlüsse und sonstigen Handlungen des V. R. mitzuteilen sein, ebenso, falls das Publizitäts-Interesse es erfordert, seine Gesamtbezüge für das Geschäftsjahr, (§ 260 Abs. 1; nicht nach Abs. 3 Nr. 6 daselbst; s. oben zu 10 Abs. 5). Vielfach können die Maßnahmen des V. R. wichtig werden auch für die Frage der Entlastung des A. R. und insbesondere des Vorstandes.

Der Registerrichter hat dem V. R. gegenüber keinerlei Rechte. Aber auch nicht dem Vorstande gegenüber, soweit dieser Pflichten gegenüber dem V. R. hat. Wenn der Vorstand dem A. R. gegenüber die in § 246 Abs. 1 festgesetzten Pflichten der Berichterstattung, Informierung oder Überwachungsunterstützung verletzt, so hat der Registerrichter nach § 319 Abs. 1 mit Ordnungsstrafen einzugreifen. Die ausdehnende Auslegung einer Strafvorschrift verbietet sich. Das gilt auch dann, wenn der V. R. als Überwachungsgehilfe des A. R. konstruiert ist. Erst wenn letzterer sich ein entsprechendes Verlangen des V. R. gegenüber dem V. vergebens zu eigen gemacht hat, kann der Registerrichter eingreifen.

15. Können sich Personen, welche Glieder eines ernennungsberechtigten Ges. Organs sind, also Aktionäre und A. R. Mitglieder, verpflichten, eine bestimmte Person in den V. R. zu wählen? Z. B. durch Konsortialvertrag? Die Frage ist ebenso zu beantworten wie die gleiche betreffs des A. R., d. h. sie ist grundsätzlich zu bejahen [36]), mit der Maßgabe, daß der Verpflichtete trotzdem stimmen kann wie er will, daß er auf Erfüllung nicht verklagt werden kann, vielmehr bei Vertragsverletzung sich nur schadensersatzpflichtig macht [37]). Selbst diese Schadensersatzpflicht fällt fort, wenn ein zweifelloses überwiegendes Interesse der Ges. die Nichterfüllung der Stimmabrede erfordert (vgl. § 260a Abs. 4, S. 2); das ist offenbar auch der Sinn der Entsch. RGZ. 133, 95. Jede auf eine gesellschaftsrechtliche Tätigkeit gerichtete Abrede wäre rechtsungültig, wenn sie nicht diese stillschweigende Bedingung in sich trüge, gleichgültig, ob man die Rechtsungültigkeit auf Sittenwidrigkeit zurückführt oder richtiger auf eine in jedem ge-

[36]) Ebenso Staub-Pinner § 243 Anm. 2d, RGZ. 133, 95. Anders RGZ. 131, 179ff.

[37]) Analog § 137 BGB. Wie wir RGZ. 112, 279 und 133, 95, Brodmann § 252 Anm. 1d und in JW. 1929, 615, Scholz § 47 Anm. 1e G. m. b. H. Gesetz. Anders z. B. Staub-Hachenburg § 45 Anm. 44 G. m. b. H. Gesetz, Isay in LZ. 1922, 1295, Wolff in JW. 1929, 2115.

sellschaftlichen Recht von vornherein liegende Maßgabe bezw. Beschränkung.

Die vorstehenden Ausführungen sind entsprechend auf den Fall anwendbar, daß die Ges. selber oder daß eine abhängige oder beteiligte Ges. die Gewähr dafür übernommen oder sich verpflichtet hat, dafür Sorge zu tragen, daß eine bestimmte Person in den V. R. gewählt wird [38]).

16. Die **Amtsdauer der V. R. Mitglieder** ist die statutarisch festgesetzte. Mangels solcher Festsetzung ist das Amt jederzeit widerruflich (s. oben zu 6 letzter Absatz). Darüber, wer widerrufsberechtigt ist, s. oben zu 13. Das Amt endet nicht etwa in Gemäßheit der Bestimmungen des Bgb. über die Beendigung eines Auftrags- oder Dienstvertragsverhältnisses. Diese Bestimmungen haben Bedeutung für die Frage, wann ein Mitglied des V. R. seinerseits das Amt niederlegen darf (vgl. Staub-Pinner § 243 Anm. 9), und auf welche Zeit eine etwaige Vergütung an Mitglieder des V. R. zu leisten ist. Die Dauer des gesellschaftlichen Amtes eines Organs der A. G. muß sich ausschließlich nach gesellschaftlichen Bedingungen richten (vgl. oben zu 6 letzter Abs.). — Der Widerrufsbeschluß erfordert nur einfache Mehrheit; § 243 Abs. 4 S. 2 ist nicht analog anwendbar.

Ist ein V. R. Mitglied als solches nach Ablauf seines Amtes tätig, so gilt dasselbe wie in dem Falle daß ein Mitglied wirkt, obwohl es einer statutenmäßigen Eigenschaft entbehrt (s. oben zu 12 vorletzter Abs.).

17. Im Stadium der Liquidation der A. G., **insbesondere während des Konkurses** derselben hat der V. R. weiter zu fungieren (vgl. RG. 81 S. 335). Die §§ 22, 23 KonkO. sind nicht anwendbar (s. oben zu 6 letzter Abs.). Mitgliedsveränderungen im V. R. während des Konkurses sind zulässig (vgl. Brodmann § 292 Anm. 5 b und die dortigen Zitate). Während des Konkurses fungiert der V. R. ebenso wie die ande-

[38]) An der Gültigkeit derartiger Abreden ist kein Zweifel. Vgl. z. B. Staub-Pinner Anm. 22b, Lehmann-Hirsch Anm. 10 zu N. V. Art. VIII.

ren Organe der Ges., d. h. soweit nicht die Zuständigkeit des Konkursverwalters in Betracht kommt. Demgemäß bleiben während des Konkurses statutarische Überwachungs- und Verwaltungsfunktionen des V. R. nach Recht und Pflicht bestehen, soweit es sich um Überwachung von und Mitwirkung bei bestehen gebliebenen Obliegenheiten des Vorstandes handelt[39]). Ferner dauern fort die statutarischen Rechte und Pflichten, welche die der A. G. verbliebene innere Geschäftsführung betreffen, wie Einberufung der G. V., Bestellung und Absetzung von Vorstands-Liquidatoren (OLG. 27, 380; LZ. 1918, 180). — Die Frage, ob die statutarische Vergütung der A. R. Mitglieder während des Konkurses weiter zu zahlen ist, wird von RGZ. 81, 338 und Brodmann § 245 Anm. 2 d schlechthin verneint, von Staub-Pinner § 245 Anm. 18 dahin beantwortet, daß eine angemessene Vergütung zu zahlen ist. Diese letztere Ansicht erscheint als die richtigere. Sie ergibt sich aus den analog anzuwendenden Grundsätzen der §§ 612 Abs. 2, 157, 242 und vor allem, was bisher nicht beachtet worden, der §§ 323 Abs. 1 und 325 Abs. 1 BGB. — Was von der Vergütung des A. R. gilt, gilt auch von der des V. R.

Das **Vergleichsverfahren zur Abwendung des Konkurses** hat nicht wie die Konkurseröffnung (§ 6 der KonkO.) die Wirkung, daß der Schuldner die Befugnis verliert, sein zur Masse gehöriges Vermögen zu verwalten. Es ist deshalb auf die gesellschaftsrechtlichen Befugnisse und Pflichten des V. R. ohne Einfluß. Auch § 29 Abs. 2 der VerglO. v. 5. 7. 27 ist nicht anwendbar (vgl. auch RGZ. 100, 3). Jedoch hat die Vertrauensperson, weil sie u. a. zur Überwachung der Geschäftsführung des Schuldners bestellt ist (§ 40 Abs. 1 das.), auch die des V. R. zu überwachen. Der letztere als Organ der Schuldnerin hat der Vertrauensperson Einsicht in seine Bücher und Geschäftspapiere zu gestatten und ihr alle erforderlichen Auskünfte zu erteilen (§ 47 Abs. 1 S. 2 VerglO.). Von der bevorstehenden oder erfolgten Mitwir-

[39]) §§ 100, 109, 123, 135, 144 Abs. 2, 173, 189 KO.; DJZ. 06, 81.

kung des V. R. bei einer erheblichen Handlung hat die Vertrauensperson dem Gericht sofort Mitteilung zu machen (Abs. 2 das.). Das Gericht kann bei und nach Eröffnung des Vergleichsverfahrens jederzeit Verfügungsbeschränkungen auch gegenüber dem V. R. anordnen (§ 50 Abs. 2 das.), ihm z. B. verbieten, der Aufnahme von Darlehen über einen bestimmten Betrag hinaus ohne Einwilligung des Gläubiger-Ausschusses zuzustimmen.

Da der Vertrauensperson die Prüfung der Verhältnisse der Schuldnerin, und damit mindestens indirekt die Prüfung der vergangenen Tätigkeit des V. R. obliegt, und ferner mit der Überwachung der Geschäftsführung auch die Überwachung derjenigen des V. R., so kann die Vertrauensperson weder Mitglied des V. R. sein noch aus den Mitgliedern desselben gewählt werden.

18. Steuerliches. Nach N. V. vom 1. Dez. 30 (RGBl. I, 517) 2. Teil Kap. 4 Art. 3 § 10 unterlagen die Mitglieder auch des V. R. hinsichtlich ihres Einkommens aus der V. R. Tätigkeit den Zuschlägen zur EKSt. im Rechnungsjahr 1931. Diese Verpflichtung ist durch N. V. v. 28. 12. 31 (RGBl. I, 799) I. Teil Kap. I Art. 1 auf das Rechnungsjahr 1932 ausgedehnt und wird sich voraussichtlich für weitere Rechnungsjahre fortsetzen. Die N. V. vom 1. Dez. 30 sagt, daß zuschlagspflichtig sind „Mitglieder des Aufsichtsrats (Verwaltungsrats)". Gemeint ist mit der Klammer-Einsetzung „V. R." nicht etwa der Hinweis darauf, daß der A. R. zuweilen auch V. R. genannt wird (s. oben zu 1.), sondern es wird damit der wirkliche V. R., welcher nicht A. R. ist, getroffen. Wenn die N. V. dabei auch offenbar diejenigen Gesellschaften im Auge gehabt hat, bei denen der A. R. nicht obligatorisch ist, so umfaßt sie doch nach Wortlaut und Sinn auch den V. R. der Aktiengesellschaften. Dabei kann man nicht unterscheiden zwischen einem reinen V. R. und einem Aufsichts V. R. (s. oben zu 3.). Auch die Mitglieder des ersteren sind einkommensteuerzuschlagspflichtig.

Dagegen ist die an die Stelle der bereits seit 1925 aufgehobenen Aufsichtsratssteuer getretene, der Ges. obliegende Körperschaftssteuer von den Vergütungen an den V. R. lediglich insoweit zu zahlen, als der letztere nur oder auch zur Überwachung der Geschäftsführung verfassungsmäßig bestellt ist (§ 17 Nr. 4 KörperschStGes.), also nicht von den Vergütungen an die Mitglieder eines reinen V. R. — Die Vergütungen an einen reinen V. R. können von dem körperschaftssteuerpflichtigen Einkommen abgezogen werden. Sie sind anders als die Vergütungen an den A. R. und an den Aufsichtsrat V. R. auch nicht „mindestens" körperschaftssteuerpflichtig, nämlich auch dann, wenn die Ges. keinen Gewinn gehabt hat (vgl. § 10 Abs. 2 KörperschStGes.).

Bildung und Auflösung stiller Reserven in der Bilanz der Aktiengesellschaft.

Von Rechtsanwalt Professor Dr. Julius Lehmann in Frankfurt a. M.

I.

Der Begriff der stillen Reserve ist ein kaufmännischer Begriff. Man versteht hierunter aus der Bilanz nicht ersichtliche Mehrwerte einer Unternehmung, und zwar gleichgültig, ob Aktiven unterbewertet oder Passiven überbewertet sind. Die Rechtssprache hat diesen Begriff der stillen Reserve aufgenommen und erörtert das Problem, ob und wie stille Reserven gebildet werden dürfen und wie sie wieder aufgelöst werden können. Hierbei wird der Begriff der stillen Reserve an und für sich als ein feststehender Begriff im Sinne der eingangs erwähnten kaufmännischen Auffassung zugrunde gelegt. Es werden dann Rechtssätze aufgestellt, wie etwa: „Die Auflösung stiller Reserven ist zulässig". Der Begriff der stillen Reserve ist aber als Rechtsbegriff nur dann praktisch verwertbar, wenn er auf eine bestimmte Rechtsform bezogen wird. Stille Reserve im Rechtssinne kann stets nur ein Mehrwert sein, der in der Bilanz des Kaufmannes nach den für ihn maßgebenden Vorschriften auch als offene Reserve gebucht werden könnte. Minderbewertungen, denen diese Eigenschaft nicht zukommt, verdienen rechtlich den Namen „Reserve" nicht. Hat eine offene Handelsgesellschaft einen Kupferbestand, der mit 100.000 RM. angeschafft ist und der am Bilanzstichtag einen Marktwert von 200.000 RM. hat, so ist sie auf Grund § 40 HGB. berechtigt, ihn mit 200,000 RM. zu aktivieren und den Nutzen von

100,000 RM. in der Gewinn- und Verlustrechnung erscheinen zu lassen. Diesen Nutzen kann sie dann entweder als Gewinn ausschütten oder dem Kapitalkonto oder einem besonderen Reservekonto gutbringen. Die offene Handelsgesellschaft kann aber auch den Kupferbestand mit 100,000 RM. unverändert zu Buch stehen lassen. Diese Bewertung beruht dann auf einem freien Entschluß der offenen Handelsgesellschaft. In dieser Bewertung liegt kaufmännisch eine stille Reserve von 100,000 RM. Aber auch juristisch kann man hier passend von einer stillen Reserve in dieser Höhe sprechen. Der Charakter als Reserve ergibt sich eben daraus, daß diese 100,000 RM. auch auf der Passivseite als Reserve figurieren könnten; der Charakter als stille Reserve daraus, daß die Buchung eben nicht in dieser Weise vorgenommen wird, sondern durch eine Minderbewertung auf der Aktivseite.

Liegt der gleiche Geschäftsvorfall bei einer A.-G. vor, so wird der Kaufmann auch von einer stillen Reserve sprechen. Ihn interessiert die Rechtsform des Unternehmens nicht. Für ihn ist lediglich die Tatsache von Bedeutung, daß eine Minderbewertung des Kupferbestandes gegenüber dem Marktwerte vorliegt. Der Jurist sollte es aber vermeiden, in einem derartigen Falle, soweit es sich um die Jahresbilanz der A.-G. handelt, von einer stillen Reserve zu sprechen. Die A.-G. ist nach dem Niederstwertprinzip des § 261 nicht berechtigt, den Kupferbestand höher als zum Anschaffungspreis aufzunehmen. Sie kann den in dem Kupfer steckenden Mehrwert von 100,000 RM. nicht in der Gewinn- und Verlustrechnung erscheinen lassen. Sie kann ihn deswegen auch nicht in offene Reserve stellen; er kann nie einen Teil des Kapitals der A.-G. bilden. Einen Rechnungsposten, dem diese Eigenschaft fehlt, sollte man aber rechtlich auch nicht als stille Reserve bezeichnen. Das Bild ändert sich, sobald es sich nicht um die Jahresbilanz, sondern um die Liquidationsbilanz der A.-G. handelt. Hier fallen die einschränkenden Vorschriften des § 261 weg und hier kann der auf dem Kupferbestand ruhende Mehrwert von 100,000 RM. bilanziert werden.

Noch charakteristischer ist vielleicht der Fall des selbstgeschaffenen Geschäftswertes. Seine Aktivierung ist sowohl für den Einzelkaufmann wie für die A.-G. in der Jahresbilanz unzulässig. Rechtlich bildet er daher keine stille Reserve. Trotzdem kann man kaufmännisch davon sprechen, daß das betreffende Unternehmen in seinem Goodwill eine erhebliche stille Reserve besitze. Auch hier ändert sich die juristische Betrachtungsweise in der Liquidationsbilanz. Die Aktivierung des selbstgeschaffenen Geschäftswertes wird zulässig. Unterbleibt die Aktivierung in der Liquidationsbilanz, so entsteht auch rechtlich eine stille Reserve.

Nicht wesentlich für den Begriff der stillen Reserve ist, daß die Höhe der Reservestellung nicht erkennbar ist. Eine stille Reserve liegt nicht nur vor, wenn der Bilanzansatz heißt: X Tonnen Kupfer = 100,000 RM., sondern auch wenn der Bilanzansatz etwa heißen würde: X Tonnen Kupfer à RM. X = 100,000 RM. und jeder sich ausrechnen kann, daß das Kupfer nur mit der Hälfte des Marktwertes und somit mit einer stillen Reserve von 100,000 RM. zu Buch steht. I n s o w e i t i s t d e r B e g r i f f d e r s t i l l e n R e s e r v e e i n f o r m a l e r B e g r i f f. E n t s c h e i d e n d i s t n i c h t d i e E r k e n n b a r k e i t o d e r N i c h t e r k e n n b a r k e i t, s o n d e r n d i e B u c h u n g s f o r m. Die Frage, inwieweit die Stellung stiller Reserven materiell zulässig ist, kann heute als geklärt angesehen werden. Es ist das Verdienst P i n n e r 's, durch seine Ausführungen in „Aktienrechtliche Beiträge" S. 21 ff. eine den wirtschaftlichen Bedürfnissen Rechnung tragende Judikatur des Reichsgerichts durchgesetzt zu haben. Nach der maßgebenden Entsch. Bd. 116 S. 119 ff., der sich heute die herrschende Meinung völlig angeschlossen hat, ist die stille Bildung stiller Reserven insoweit zulässig, als sie nach gewissenhafter, sorgfältiger kaufmännischer Abwägung aller Verhältnisse notwendig ist, um das Unternehmen widerstandsfähig zu erhalten und gegen entstehende Gefahren zu schützen. Streitig ist lediglich, ob nur zeitlich naheliegende Risiken eine Berücksichtigung finden dürfen. M i t R e c h t nehmen insbesondere S c h l egelberger-Quassowski-Schmölder § 261b Anm. 21, Horrwitz-Ullmann § 261 Anm. 9 an, daß eine zeitliche Begrenzung sich nicht rechtfertigen lasse.

II.

Dies vorausgeschickt, soll im folgenden untersucht werden, inwieweit formal unter Beobachtung der Vorschriften der §§ 261 bis 261c die Bildung und die Auflösung stiller Reserven bei der A.-G. erfolgen kann. Beschränkt man sich auf die Untersuchung derjenigen Fälle, die in der Jahresbilanz der A.-G. nach dem zu I dargelegten rechtlich als stille Reserven zu betrachten sind, so sind folgende Fälle zu unterscheiden:

1. Die Bildung stiller Reserven auf der Aktivseite.

Stille Reserven auf der Aktivseite können aus folgenden Tatbeständen entstehen:

a) durch übermäßige Abschreibungen. Diese können in der verschiedensten Weise erfolgen:

aa) Offen, z. B. das Gebäudekonto wird über Gewinn- und Verlustkonto auf 1 RM. abgeschrieben. In diesem Falle liegt eine offene Legung stiller Reserven vor, die formal stets zulässig ist. Hier wie bei allen anderen Formen der übermäßigen Abschreibung darf die Minderbewertung nicht so weit gehen, daß Aktiven aus der Bilanz verschwinden. Die Nichtkontierung ist unzulässig. Unerheblich ist dagegen, wie die verzeichneten Aktiven bewertet werden. Der Wertansatz kann ebensogut mit Null wie mit 1 RM. erfolgen. So mit Recht Weiß „Der Wirtschaftsprüfer" 1932 S. 36; dies ist wohl auch der Sinn der Entsch. RG. 131, 192.

bb) Durch besondere Manipulationen des Bilanzkontos. Praktisch vollzieht sich dies folgendermaßen: Das Warenkonto eines Handelsunternehmens sehe wie folgt aus:

DEBET:		CREDIT:	
1931.			1931.
1. 1. an Bilanz-Conto (Warenbestand)	50.000.—	1. 5. per B.	60.000.—
1. 7. an A.	100.000.—	1. 12. per C.	30.000.—
31. 12. an Gew & Verl.	40.000.—	31. 12. per Bilanz-Conto (Bestand lt. Inventur)	100.000.—
	190.000.—		190.000.—

In das Kredit des Gewinn- und Verlustkontos wird dagegen gebucht: „per Waren Cto. 40.000 RM." Diese Buchung entspricht der Vorschrift des § 261 c II Ziff. 1. Die stille Legung stiller Reserven ist nunmehr vielfach so vorgenommen worden, daß der Posten „per Bilanz Cto. (Bestand laut Inventur)" von vornherein niedriger als erforderlich eingesetzt wurde. Es wurden also die Waren, die nach dem Niederstwertprinzip mit 100.000 RM. einzusetzen wären, nur mit 80.000 RM. eingesetzt. Dies ist formal zulässig. In dieser Weise kann auch auf Konten des Anlagevermögens und der Beteiligungen verfahren werden. Verkauft also die Gesellschaft aus ihrem Grundstücksbestand ein Grundstück mit Nutzen gegenüber dem Buchwert, so kann sie die übrigen Grundstücke entsprechend niedriger bewerten und hierdurch den Ausweis eines außerordentlichen Ertrages auf dem Grundstückskonto vermeiden. Sind etwa in dem Fabrikskonto, das mit 500.000 RM. zu Buch steht, zwei Fabriken enthalten, von denen jede 250.000 RM. gekostet hat und wird die eine Fabrik für 300,000 RM. verkauft, so ist es zulässig, das Konto nunmehr mit 200.000 RM. auszuweisen. Anders dann, wenn in der Bilanz selber die beiden Fabriken mit je 250.000 RM. getrennt aufgeführt waren.

cc) Durch besondere Manipulationen des Gewinn- und Verlustkontos. In diesen Fällen würde der sich nach dem zu bb) gegebenen Beispiel ergebende Gewinnsaldo von 40.000 RM. nicht dem Gewinn- und Verlustkonto gutgebracht, sondern einem anderen Sachkonto. Ein Fall der letzteren Art liegt der Entsch. RG. 105, 40 zugrunde. Diese Buchungsmethode ist unzulässig. Die Übertragung des auf einem Konto erzielten Gewinnes auf ein anderes Sachkonto zum Zwecke der Abschreibung kann gem. § 261 nur über die Gewinn- und Verlustrechnung erfolgen.

dd) Eine vielfach übliche und formal zulässige Form der Legung stiller Reserven besteht in der Vornahme übermäßiger Abschreibungen oder Rücklagen über Gewinn- und Verlustkonto. Hier wird es sich in den meisten Fällen um eine offene Legung stiller Reserven handeln. Denn bei einem Vergleich mit der vorhergehenden Bilanz wird sich in der Mehrzahl der Fälle feststellen lassen, wie die Abschreibungen auf die einzelnen Bilanzposten verteilt und insbesondere ob ungewöhnlich große Abschreibungen vorgenommen sind.

b) Stille Reserven auf der Aktivseite entstehen ferner, wenn Aktiven in der Bilanz nicht hinaufgeschrieben werden. Z. B. die A.-G. besitzt Effekten, deren Einstandspreis 100 ist, deren Kurswert am letzten Bilanzstichtag 50 betrug, die infolgedessen mit 50 in der letzten Bilanz erschienen und nunmehr wieder pari stehen. Die herrschende Ansicht geht heute mit Recht dahin, daß die Hinaufschreibung in derartigen Fällen zulässig ist. Von besonderer praktischer Bedeutung ist die Frage bei den Anlagekonten, wenn in der Vergangenheit übermäßige Abschreibungen vorgenommen worden sind. Auch bei den Anlagekonten hält heute die herrschende Lehre die Hinaufschreibung für ein zwar durchaus unübliches aber zulässiges Verfahren. Die Bildung stiller Reserven geschieht hier im Gegensatz zu den zu a) erörterten Fällen nicht durch Vornahme einer außerordentlichen Abschreibung, sondern durch Unterlassung einer Höherbewertung. Die Bildung stiller Reserven auf diesem Wege ist zulässig. Auch die stille Stellung stiller Reserven auf diesem Wege ist formal zulässig. Sie liegt dann vor, wenn die Unterbewertung nach außen nicht erkennbar ist.

c) Stille Reserven auf der Aktivseite werden gebildet, wenn Aktiven zu Lasten des Handlungsunkostenkontos erworben werden. Derartige aktivierbare Aufwendungen erscheinen bei einer solchen Buchung unter § 261 c I Ziff. 7 und stellen dort eine unzulässige Falschkontierung dar. Hier ist allerdings darauf hinzuweisen, daß die Grenze zwischen Handlungsunkosten und aktivierbaren Aufwendungen im einzelnen außerordentlich schwankt. Es läßt sich vielfach eher eine Tendenz feststellen, zuviel als zu wenig zu aktivieren. Dieser Tendenz wird Vorschub geleistet durch die gerade in diesem Punkt außerordentlich weitgehende und vielfach recht bedenkliche Judikatur des Reichsfinanzhofs. Charakteristisch ist in dieser Beziehung das Urt. des RFH. v. 29. 7. 1931 (St.u.W. 1931 S. 1816). Dort hatte ein Kaufmann einem ausscheidenden Gesellschafter 19.000 RM. gezahlt gegen Übernahme einer Konkurrenzklausel. Nun ist die Zahlung für Übernahme einer Konkurrenzklausel ein geradezu typischer Fall für eine Aufwendung, durch die kein neues Aktivum geschaffen wird, insbesondere nicht, wie der RFH. annimmt, eine Erhöhung des Geschäftswertes eintritt. Der Zahlende will auch durch eine derartige Zahlung sein Geschäft nicht wertvoller machen als es früher war. Er will im Gegenteil verhindern, daß es dadurch wertloser wird, daß ein neuer Konkurrent entsteht. Diese äußerst bedenkliche Judikatur wird insbes. literarisch verteidigt von B e c k e r (St. u. W. 1931 S. 1406 ff.). B e c k e r will alles aktivieren, was der Kaufmann für Ruf, Kundschaft, Organisation usw. gezahlt hat, alles was ein bestehendes Unternehmen zahlt, um ein anderes Unternehmen stillzulegen, die Kosten der Niederringung eines anderen Unternehmens, die Abfindung, die einer besonders tüchtigen Kraft dafür gezahlt wird, daß sie aus den Diensten des anderen Unternehmens in das eigene Unternehmen übertritt. Diese Grundsätze führen in ihrer äußersten Konsequenz dahin, daß ein Unternehmen, welches Waren mit großem Verlust verkauft hat, um einen Konkurrenten niederzuringen, den Verlust aktivieren muß, eine Konsequenz, vor der Becker durchaus nicht zurückzuschrecken scheint. Für das Gebiet des Aktienrechts ist jedenfalls daran festzuhalten, daß derartige Ausgaben Handlungsunkosten darstellen und daß durch ihre Nichtaktivierung folglich aktienrechtlich eine stille Reserve nicht entsteht. Hingegen ist es unzulässig, wenn z. B. ein Unternehmen neue Maschinen kauft und diese Maschinen über Handlungsunkosten, wie der Kaufmann zu sagen pflegt, „abschreibt".

d) Als ein weiterer Fall, in dem stille Reserven entstehen, wird in der Literatur der Erwerb von Werten gegen eigene neugeschaffene Aktien erwähnt, sei es daß es sich um Einbringung oder um Fusionen handelt. Der Tatbestand ist folgender: Die Aktien eines Unternehmens haben einen Kurswert von 200%. Das Unternehmen erhöht sein Kapital um 1 Million RM. und erwirbt hierfür Aktiven im Werte von 2 Millionen RM. Nach der herrschenden Lehre hat nunmehr die Gesellschaft die Wahl, die erworbenen Werte mit 1 Million RM. unter die Aktiven einzusetzen oder aber sie mit bis zu 2 Millionen RM. unter die Aktiven einzusetzen und dagegen den Mehrwert über 1 Million RM. dem gesetzlichen Reservefonds zuzuführen. Ich habe im ZBl. f. H.R. 1930 S. 288 dagegen die Auffassung vertreten, daß ein solches Wahlrecht nicht bestehe, daß vielmehr eine entsprechende gesetzliche Reserve zu bilden ist. Vom Standpunkt dieser Auffassung aus können durch eine derartige Transaktion stille Reserven nicht entstehen. Aber auch vom Standpunkt der herrschenden Lehre aus gesehen entstehen stille Reserven nicht. Zwar wäre es von dieser Auffassung aus zulässig, anstelle der Minderbewertung der Aktiven diese höher zu bewerten und einen Reservefonds zu bilden. Hat aber die A.-G. das ihr zustehende Wahlrecht einmal dahin ausgeübt, daß sie die erworbenen Aktiven nur mit pari einsetzt, so ist diese Bewertung eine endgültige. Die Gesellschaft kann nicht in späteren Jahren dazu übergehen, die Aktiven — soweit sie nicht realisiert sind — auf 2 Millionen RM. hinaufzuschreiben und dagegen einen Reservefonds von 1 Million RM. zu bilden. Es entstehen in diesem Falle daher zwar kaufmännisch gesehen, aber nicht in dem zu I entwickelten Rechtssinne stille Reserven.

e) Soweit hiernach die Bildung stiller Reserven zulässig ist, ist folgendes zu beachten:

aa) Es muß sich wirklich um Reserven in dem zu I dargelegten Sinne handeln. Hieran fehlt es, wenn die etwa auf Warenkonto gebildete stille Reserve nicht bestimmt ist, einen Ausgleichsposten gegen die auf dem Warenkonto oder dem Unternehmen als solchem ruhenden Risiken und Lasten zu bilden, sondern wenn diese Minderbewertung den Ersatz dafür bieten soll, daß ein anderer Posten zu hoch bewertet ist. Wird in einer Bilanzsitzung die Bewertung eines Postens als zu hoch beanstandet, so wird man häufig die Verteidigung hören, man habe ja dagegen auf einem anderen Konto stille Reserven. Durchaus typisch ist in dieser Beziehung das Urt. RG. 116 S. 119 ff. Dort heißt es S. 134:

> „Die Bekl. hat nun unter Beweisantritt behauptet, ... daß nur mit Rücksicht auf die Nichtbewertung der 1 RM. — Anlagekonten andere Konten in der Höhe, wie geschehen, hätten bewertet werden können."

In derartigen Fällen liegt überhaupt keine stille Reserve vor, sondern eine Abschreibung auf einem falschen Konto. Anstatt das zu hoch bewertete Konto abzuschreiben, wird die Abschreibung auf einem anderen beweglicheren Konto vorgenommen. Dies ist unzulässig. Abschreibungen gehören, wenn sie auf der Aktivseite vorgenommen werden, auf dasjenige Konto, das zu hoch bewertet ist und nicht auf ein anderes Konto, das aus irgendwelchen Gründen bequemer ist. Würde in derartigen Fällen nicht auf einem falschen Konto eine sogenannte stille Reserve gebildet, sondern der entsprechende Posten offen auf die Passivseite gesetzt, so würde er auf der Passivseite eben kein Reservekonto bilden, sondern ein Wertberichtigungskonto. Derartige „stillen Reserven" sind daher weder nach kaufmännischen noch nach juristischen Begriffen stille Reserven. Es sind vielmehr unzulässige falsche Buchungen.

bb) Außerordentliche Erträge können zur Vornahme stiller Reservestellungen nicht verwandt werden. Sie sind gem. § 261 c II Ziff. 4 gesondert auszuweisen. Verkauft also eine Gesellschaft ein Fabriksgrundstück mit einem Nutzen gegenüber dem Buchwert, so kann sie diesen Nutzen nicht verwenden, um eine stille Reservestellung auf Warenkonto vorzunehmen. Wohl aber kann eine stille Reservestellung auf Fabrikkonto selber vorgenommen werden (vgl. oben a) bb); ebenso Minz, Zeitschrift für handelswissenschaftliche Forschung 32 S. 236 Anm. 1).

2. Die Bildung stiller Reserven auf der Passivseite

Das Wesen der stillen Reserve wird zu I darin erblickt, daß der betreffende Posten auch als offene Reserve gebucht werden könnte. Legt man diese Begriffsbestimmung für die Passivseite zugrunde, so muß man als stille Reserven auf der Passivseite solche Posten bezeichnen, die an und für sich auch als offene Reserve aufgeführt werden könnten, jedoch unter einem anderen Namen erscheinen. Stille Reserven auf der Passivseite würden hiernach stets eine falsche Kontierung voraussetzen. Diese Auffassung wird denn auch von Lion „Bilanzsteuerrecht" S. 236 vertreten, der die Bildung stiller Reserven auf der Passivseite in allen Fällen als eine falsche Kontierung ansieht. Eine derartige Falschkontierung liegt tatsächlich in einer außerordentlich großen Reihe von Fällen vor, in denen stille Reserven auf der Passivseite gebildet werden. Lion führt folgende Beispiele a.a.O. an: Auf der Passivseite ist für eine Bürgschaft ein Konto angesetzt, obwohl der

Hauptschuldner zweifellos zahlungsfähig und eine Inanspruchnahme nicht zu erwarten ist. Ein Garantiekonto ist aufgenommen, obwohl das Unternehmen seine ganzen Lieferungen an den Staat macht, seit vielen Jahren niemals eine Inanspruchnahme aus Garantieverpflichtungen erfolgte und nach den vorliegenden Verhältnissen eine solche auch nicht zu erwarten ist. Eine Schuld ist mit dem Nennwert aufgenommen, obwohl ein Teil davon bereits getilgt oder mit Recht bestritten oder erlassen ist. In allen diesen Fällen liegt die Aufnahme eines fiktiven Kreditors vor, deren Unzulässigkeit § 261 a Abs. 3 ausdrücklich feststellt. Aber nicht in allen Fällen wird man von einer u n z u l ä s s i g e n Falschkontierung sprechen können (a. A. N e u f e l d § 261 Anm. 2 unter Berufung auf Q u a s s o w s k i und U l l m a n n, von denen jedoch in der Zwischenzeit Q u a s s o w s k i stillschweigend (§ 260 b Anm. 23) und U l l m a n n ausdrücklich (§ 261 Anm. 13) diese Meinung aufgegeben haben). Dies gilt nämlich in zwei Fällen nicht:

1. In dem gleichen Ausmaß, wie es formell zulässig ist, auf der Aktivseite übersetzte Abschreibungen zu machen, um neben der Bewertung der einzelnen Gegenstände einen Ausgleich gegen die Risiken des Unternehmens zu schaffen, können die auf der Passivseite gebildeten Rücklagen und Wertberichtigungskonten, die ja nur eine Form der Abschreibung bilden, übersetzt werden. Die Rücklagen und Wertberichtigungskonten können daher stille Reserven enthalten. Allerdings können diese stillen Reserven insofern nur offen gebildet werden, als die betreffenden Beträge über Gewinn- und Verlustkonto verbucht werden müssen. Eine zulässige stille Bildung stiller Reserven auf der Passivseite liegt dann vor, wenn die Tatsache, daß die Konten übersetzt sind, nicht erkennbar ist. Die stille Bildung ist hier ebenso zulässig wie bei der übersetzten Abschreibung auf der Aktivseite, deren buchungsmäßiges Gegenstück sie bildet.

2. Eine Bildung stiller Reserven auf der Passivseite muß aber auch dann als zulässig angesehen werden, wenn hier-

durch nicht ein Ausgleich gegen das Risiko des Gesamtunternehmens geschaffen, sondern das in einem besonderen Passivposten liegende Risiko berücksichtigt wird. Der typische Fall hierfür ist die Valutaschuld. Wird eine infolge des Verfalls der Währung entwertete Schuld mit der alten Parität unter den Passiven weitergeführt, so kann man von einer „vorsichtigen Bewertung" nicht mehr sprechen. Denn der Wert der Schuld am Bilanzstichtag steht fest. Hier liegt vielmehr eine echte Reservestellung vor, die genau so gut in der Form der offenen Reserve erfolgen könnte. Trotzdem muß es in Zeiten von Valutaschwankungen als zulässig erachtet werden, in einem derartigen Posten zum Ausgleich künftiger Gefahren eine stille Reserve zu schaffen. Diese stille Reserve kann sowohl offen wie still gestellt werden. Es ist also sowohl zulässig, zu bilanzieren: per 31. 12. 1931 £ 1.000.— à 20,40 RM. = 20400 RM., wie unter die Kreditoren den Betrag von 20400 RM. einzusetzen. Dies ergibt sich aus einer entsprechenden Anwendung der in RG. Bd. 116 S. 119 für die Aktivseite entwickelten Grundsätze.

Im übrigen wird man, ebenso wie auf der Aktivseite stets sehr vorsichtig zu prüfen haben, ob Posten, die als stille Reserven bezeichnet werden, wirklich stille Reserven sind. Charakteristisch hierfür ist die Bildung einer Versicherungsreserve, der ersparte Prämien zugewiesen werden, unter gleichzeitiger Übernahme der vollständigen oder teilweisen Selbstversicherung. Rosendorff S. 103 bezeichnet diesen Fall als einen typischen Fall der Bildung stiller Reserven. In Wahrheit liegt hier jedoch ein echtes Wertberichtigungskonto vor. Die Tatsache der Nichtversicherung führt nämlich an und für sich zu einem Minderwert. Es sei auf die Literatur und Judikatur zu §§ 1133, 1134 BGB. verwiesen. Die Unterlassung der Versicherung ist eine Verschlechterung des Unternehmens. Auch die Bildung von Wohlfahrts- und Pensionsfonds wird häufig zu Unrecht als Bildung stiller Reserven betrachtet.

3. Die Auflösung stiller Reserven.

Die Auflösung stiller Reserven kann sich in folgender Weise vollziehen:

a) Das Aktivum, auf das die stille Reserve gelegt ist, wird mit einem Gewinn gegenüber dem Buchwert verkauft. In diesem Falle ist zu unterscheiden: War die stille Reserve auf ein Aktivum des Umlaufsvermögens gelegt, so erfolgt die Auflösung über Gewinn- und Verlustkonto, indem der ausgewiesene Betriebsgewinn sich um die realisierte stille Reserve erhöht (vgl. Horrwitz-Ullmann § 261 c Anm. 17; Weiss a.a.O. 3. 39). Die Auflösung erfolgt also still.

Die Auflösung stiller Reserven, die auf dem Anlagevermögen oder Beteiligungen ruhen, durch Verkauf erfolgt gleichfalls, indem der Gewinn über Gewinn- und Verlustkonto geführt wird. Ob hier eine stille Auflösung möglich ist oder nicht, hängt davon ab, ob der erzielte Buchgewinn in der Gewinn- und Verlustrechnung als außerordentlicher Ertrag aufzuführen ist oder nicht. Die herrschende Lehre ist durchaus der Auffassung, daß ein derartiger Buchgewinn stets als außerordentlicher Ertrag auszuweisen ist (vgl. Horrwitz-Ullmann § 261 c Anm. 17; Schlegelberger-Quassowski-Schmölder § 261 c Anm. 13; Weiss a.a.O. S. 37). Bei der Auflösung stiller Reserven, die auf dem Warenlager ruhen, wird die Zulässigkeit der stillen Auflösung damit begründet, daß nicht etwa die „fortgelassenen" Waren reaktiviert werden, sondern daß die am Bilanzstichtag vorhandene Ware mit ihrem richtigen Wert eingestellt wird (so Horrwitz-Ullmann § 261 c Anm. 17; Weiss a.a.O. S. 39). Mit dieser Begründung wird jedoch lediglich festgestellt, daß die Auflösung der stillen Reserve nicht durch Heraufschreibung, sondern durch Realisierung erfolgt. Genau der gleiche Tatbestand liegt bei der Realisierung einer stillen Reserve vor, die auf dem Anlagevermögen ruht. Auch hier geschieht ja nichts weiter, als daß die an Stelle des bisherigen Aktivums neu erworbene Aktiven mit ihrem richtigen Wert eingesetzt werden. Wollte man also der Begründung von Horrwitz-Ullmann und Weiss folgen, so würde nicht der mindeste Grund dafür vorliegen, die Auflösung stiller Reserven auf dem Anlagekonto anders zu behandeln, wie die Auflösung stiller Reserven auf dem Betriebsvermögen. Die richtige Begründung für die Zulässigkeit, den Gewinn aus einer Realisierung einer stillen Reserve auf dem Warenkonto nicht als außerordentlichen Ertrag zu bezeichnen, liegt aber in Wahrheit in einem ganz anderen Moment, nämlich in der Tatsache, daß ein Gewinn nicht dadurch zu einem außerordentlichen Ertrag werden kann, daß er in einem anderen Jahre ausgewiesen wird als in dem Jahre, in dem er entstanden ist. In dieser Tatsache liegt die wahre Rechtfertigung für die Zulässigkeit, die Realisierung stiller Reserven auf dem Umlaufsvermögen nicht als außerordentlichen Ertrag in der Gewinn- und Verlustrechnung erscheinen zu lassen. Dieser Grundsatz muß aber auch für die Realisierung stiller Reserven auf dem Anlagevermögen gelten. Man nehme folgenden Fall: Die Beteiligungen einer Gesellschaft haben einen Anschaffungspreis von 100 und einen Wert von 100. Über die Gewinn- und Verlustrechnung werden trotzdem diese Beteiligungen unnötigerweise auf 50 abgeschrieben. Hierdurch wird der Nettobetriebsgewinn um 50 niedriger ausgewiesen als er in Wirklichkeit ist und eine stille Reserve still zu Lasten des Betriebsgewinnes gelegt. Nunmehr wird die Beteiligung zu 100 verkauft. Würde der Nutzen von 50 als außerordentlicher Ertrag in der Gewinn- und Verlustrechnung des nächsten Jahres erscheinen, so wäre dies in keiner Weise zu rechtfertigen. Denn es liegt ja garnichts anderes vor, als daß ein in früheren Jahren erzielter Betriebsgewinn erst in einem späteren Jahre ausgewiesen wird. Ein Ertrag, der nicht im regelmäßigen Geschäftsbetrieb erzielt worden wäre, ist garnicht vorhanden. Anders wenn die Beteiligung nicht zu 100, sondern zu 150 verkauft wird. Dann ist der Nutzen von 50, der den Anschaffungspreis übersteigt, in der Tat ein außerordentlicher Ertrag und als solcher in der Gewinn- und Verlustrechnung zu führen, während die Differenz von 50 auf 100 als Betriebsgewinn erscheinen muß. Gerade hier zeigt sich deutlich die Bedeutung der zu I versuchten Abgrenzung zwischen stillen Reserven im Rechtssinne und kaufmännischen stillen Reserven. Der Mehrwert über 100 bildet eben rechtlich keine stille Reserve und ist deswegen nicht anders zu behandeln, wie jeder sonstige Gewinn, der dadurch erzielt wird, daß ein Aktivum mit Nutzen verkauft wird.

b) Stille Reserven können auch ohne Veräußerung des Aktivums, auf das sie gelegt sind, realisiert werden, indem man sie buchmäßig auflöst, also durch Heraufschreibung. Diese Auflösung kann bei dem Anlagevermögen und bei den Beteiligungen stets nur offen erfolgen. Denn die Tatsache der Heraufschreibung wird dadurch ersichtlich, daß sie erfolgt, obwohl kein Zugang vorhanden ist. Ein Zugang wäre gem. § 261 a Abs. 3 Satz 1 gesondert aufzuführen. Die Frage, ob der aus einer solchen Heraufschreibung erzielte Gewinn außerordentlicher Ertrag ist oder nicht, muß ebenso wie zu a) entschieden werden. Er ist außerordentlicher Ertrag lediglich insoweit, als die stille Reservestellung nicht zu Lasten des Betriebsgewinnes erfolgt ist. Es ist nicht ersichtlich, warum man die Heraufschreibung einer Beteiligung von 50 auf 100 anders behandeln sollte als die Realisierung einer Beteiligung, die mit 50 zu Buch steht zu 100 unter Zugrundelegung des zu a) gebildeten Beispiels.

Auch eine stille Reserve auf dem Umlaufsvermögen kann durch Heraufschreibung aufgelöst werden. Dieser Vorgang findet sich sogar in der Praxis außerordentlich häufig bei Unternehmungen, die in Schwierigkeiten geraten. Hier wird der Versuch gemacht, die Bilanz dadurch auszugleichen, daß alte Warenlager, Ersatzteile usw. heraufgeschrieben werden. Man wird hier mit der Neubewertung bei der Heraufschreibung sicherlich ganz besonders vorsichtig sein müssen, aber an ihrer Zulässigkeit bestehen keine Zweifel. Hier ist die Heraufschreibung aus der Bilanz nicht ersichtlich. Der Ausweis des durch die Heraufschreibung erzielten Nutzens erfolgt auch hier über Gewinn- und Verlustkonto, aber auch hier nicht als außerordentlicher Ertrag. Hier ist daher eine stille Heraufschreibung möglich.

c) Schließlich kann die stille Reserve sich von selber auflösen, indem der Wert eines in einer früheren Bilanz unterbewerteten Warenlagers auf den Buchwert sinkt. Hier ist dann der Verlust und der Verlustausgleich ein stiller (Flechtheim „Verlorene stille Reserven" Bank-Arch. XVIII, 67).

III.

Vorstehende Übersicht ergibt, daß sowohl die stille Bildung stiller Reserven wie die stille Auflösung stiller Reserven formal in einer ganzen Reihe von Fällen möglich bleibt. Hierbei ist jedoch § 260 a Abs. 1 zu beachten. Die stille Auflösung oder stille Bildung stiller Reserven können wesentliche Abweichungen von dem früheren Abschluß im Sinne des § 260 a Abs. 1 bedeuten und infolgedessen zu erörtern sein, insoweit nicht § 260 a Abs. 4 eingreift. Inwieweit sich aus der Vorschrift des § 260 a Abs. 1 eine Offenlegungspflicht ergibt, ist eine Frage der Größenordnung. Es sind eben nur wesentliche Abweichungen zu erörtern. Prinzipiell steht § 260 a Abs. 1 der stillen Bildung und der stillen Auflösung stiller Reserven, auch abgesehen von § 260 a Abs. 4, nicht im Wege.

Insoweit stille Reserven auf andere Weise als vorstehend dargelegt gebildet und aufgelöst werden, liegt ein Verstoß gegen §§ 261 a ff. vor. Die Folge dieses Verstoßes besteht darin, daß der Bilanzprüfer den Bestätigunsvermerk des § 262 f. nicht ausstellen kann. Darüber hinaus ist der Beschluß, durch den eine derartige Jahresbilanz genehmigt wird, anfechtbar, wenn durch die Verstöße gegen §§ 261 a ff. gleichzeitig der Grundsatz der Bilanzklarheit verletzt ist.

Zur aktienrechtlichen Theorie des „Unternehmens an sich".*

Von Rechtsanwalt Dr. Oskar Netter in Berlin.

Inhaltsverzeichnis.

---

*) Abschluß des Manuskripts Ende Juni 1932.

I. Methodische Grundlegung.

1. Theoretische Untersuchungen über gesellschaftsrechtliche Probleme nehmen im Schrifttum keinen allzu breiten Raum ein. Für die Praxis und dementsprechend in der Rechtsprechung erscheinen sie wohl vielfach von mehr untergeordneter Bedeutung. Die Entwicklung, die etwa im letzten Jahrzehnt die gesellschaftsrechtlichen Organisationsformen genommen haben, die Konzentrationsbewegung, das Verbandswesen und insbesondere der Strukturwandel der Aktiengesellschaft haben eine solche Fülle schwierigster Fragen gezeitigt, daß Schrifttum und Rechtsprechung wenigstens überwiegend und in der Regel vollauf und überreichlich in Anspruch genommen waren mit der Aufgabe, das hier zur Geltung gelangte Recht zu gestalten und durchzubilden. Die Vertiefung der theoretischen Erkenntnis mag demgegenüber von geringerer Dringlichkeit erschienen sein. Es lohnt sich aber sehr wohl, die Frage aufzuwerfen, ob nicht vielleicht gerade diese Zurückhaltung eine, vielleicht sogar die wesentliche, Ursache dafür ist, daß das Gesellschaftsrecht, vor allem das hier allein zur Untersuchung stehende Aktienrecht, im ganzen und in fast allen wesentlichen Einzelfragen eine Problematik zeigt, die seine wissenschaftliche Beherrschung nicht minder wie, als zwangsläufige Folge, seine praktische Handhabung besonders schwierig und kontroversenreich gestaltet. Diese Lage findet ihren Ausdruck nicht nur in dem kaum mehr übersehbaren Schrifttum zur Aktienreform. Diese Bewegung selbst in ihrer weiten Ausdehnung und starken Gegensätzlichkeit der Standpunkte und Auffassungen ist ja selbst nur der Ausdruck für die kaum mehr umstrittene Einsicht in die Notwendigkeit tiefgreifender Änderungen des Aktienrechts. Rechtliche Regelungen, die durch die Entwick-

lung des Aktienwesens unumgänglich geworden, vom Boden des geltenden Rechts aus aber, nach verbreiteter Meinung, nicht oder nur mit besonderer Schwierigkeit möglich sind, sollen durch Gesetzesänderung die gebotene Umgestaltung finden. Dabei bleibt natürlich, bis zum Inkrafttreten eines neuen Aktienrechts, die Problematik des geltenden Rechts unvermindert bestehen, höchstens noch verstärkt durch die Teilregelung einzelner Probleme in der Aktiennovelle vom 19. 9. 1931[1]). Ihre dogmatische und praktische Vereinigung mit den noch nicht neu geregelten Teilen des HGB. ist gewiß nicht das leichteste der Probleme des derzeitigen Aktienrechts. Ob und inwieweit indessen eine theoretische Untersuchung geeignet und berufen ist, einen Beitrag zur Lösung der auf dem aktienrechtlichen Gebiete danach zur Zeit bestehenden Schwierigkeiten zu liefern, ist alles eher wie unbestritten. Man kann für die Verneinung verweisen auf das rechtswissenschaftliche Schrifttum, das, vor allem in den führenden Kommentaren, ohne allzu weitgehende Beschäftigung mit theoretischen Fragen für die in der Praxis aufgetauchten und weiter zu erwartenden Zweifelsfragen Lösun-

[1]) Es ist eine der wenigen Fragen, in der alle Kommentare zur Aktiennovelle übereinstimmen, daß die vorweggenommene Regelung besonders dringlicher Fragen durch die Novelle, abgesehen von den zahlreichen Streitfragen über die Bestimmungen der Novelle selbst, gerade durch die Notwendigkeit der systematischen Eingliederung der neuen Bestimmungen in das noch geltende alte Recht besondere Schwierigkeiten geschaffen hat. Vgl. z. B. Pinner Nachtrag zu Staubs Kommentar zum HGB., enthaltend die Vorschriften der Verordnung über Aktienrecht vom 19. 9. 31 Berlin 1932, S. 5 u. 6, Schlegelberger-Quassowski-Schmölder Verordnung über Aktienrecht, Berlin 1932, S. 53, Lehmann-Hirsch, Verordnung über Aktienrecht, 2. Aufl., Berlin 1932, S. 7 u. 61, Goldschmit. Das neue Aktienrecht, München 1931, S. 63 u. 91, Rheinstrom, Das neue Aktienrecht, München 1932, S. 25 ff., Neufeld, Die Aktienrechtsnovelle vom 19. 9. 1931, Berlin 1932, S. 45, 55, 84 ff.. Rosendorff, Was müssen die Aktionäre und Verwaltungen vom neuen Aktienrecht wissen? 1932, Vorwort S. VII ff., Friedländer, Aktienrecht, Stuttgart 1932, der im Vorwort als Ziel seines Kommentars bezeichnet, die Verbindung zwischen altem und neuem Recht herzustellen, Düringer-Hachenburg, Kommentar zum HGB., Berlin 1932, 3. Aufl.. Die deutsche Wirtschaft und die Aktienrechtsreform, S. 42.

gen darbietet, die ohne weiteres die praktische Behandlung dieses Gebiets zu ermöglichen scheinen [2]). Man kann weiter, vom Standpunkt der Praxis gesehen, die Entbehrlichkeit theoretischer Untersuchung begründen mit dem Hinweis darauf, daß auch in der Rechtsprechung des Reichsgerichts sich in den Grundfragen einigermaßen klare und bestimmte Auffassungen durchgesetzt haben, die wiederum theoretische Erörterungen entbehrlich erscheinen lassen. So bliebe für die Theorie aktienrechtlicher Fragen nur das selbstverständlich nicht zu leugnende Interesse wissenschaftlicher Erkenntnis bestehen. Von dieser Auffassung aus würde es immerhin nicht ohne Zweifel sein, ob gerade im gegenwärtigen Zeitpunkt, wo eine überaus große Fülle dringender praktischer Fragen dieses Gebiets zum mindesten noch nicht restlos geklärt sind, Anlaß zu theoretischen Untersuchungen besteht. Mag man geneigt sein, jedenfalls vom Standpunkt des Praktikers aus, diese Frage zu verneinen und darauf verweisen, die Kräfte für die Lösung der Streitfragen einzusetzen, wo genügend Betätigungsmöglichkeit geboten ist, die Theorie aber ruhigeren und weniger verworrenen Zeitläuften vorzubehalten. Mit dieser Meinung, so verständlich sie vom Standpunkte des Nur-Praktikers sein mag, würde man aber die Lösung des

[2]) Eine Ausnahme macht unter den Kommentaren nur die im Erscheinen begriffene 3. Aufl. des Kommentars von Düringer-Hachenburg, in der erstmals auch das in den bisherigen Auflagen noch nicht behandelte Aktienrecht eingehend erörtert wird. Hier gibt Hachenburg selbst (III. Bd. 1. Lieferung) in einer umfangreichen Einleitung eine Darstellung der „Aktiengesellschaft im Leben der Wirtschaft". Sie will zwar nur zeigen, „wie die wirtschaftlichen Strömungen auf die Gestaltung der Aktiengesellschaft einwirken" (S. 3), sie liefert damit aber zugleich eine reiche Fülle von Anschauungsmaterial, das für die theoretische Behandlung des Problems, soweit sie nicht in ihm zugleich enthalten, unentbehrlich ist, umsomehr als diese wissenschaftliche Sichtung des Stoffs neben der ebenfalls überaus anschaulichen Darstellung in den Verhandlungen und Berichten des Enquete-Ausschusses (1. Teil. Gutachten und Vernehmungen, Berlin 1928; 3. Teil. Generalbericht, Berlin 1930) im ganzen umfangreichen Schrifttum zur Zeit die einzige zusammenfassende Darstellung des Aktienwesens darbietet. Ring-Schachian, Die Praxis des Aktienwesens, Berlin 1929, dient diesem Zweck nur in einzelnen Beiträgen des Sammelwerks, die sonst überwiegend nur den Stand der Rechtsprechung darstellen.

aktienrechtlichen Kernproblems genau so verfehlen, wie die Behandlung der Einzelfragen erschweren, ja ihre Klärung vielfach unmöglich machen.

2. Die Rechtfertigung dieser grundsätzlichen Einstellung bedingt zunächst eine Verständigung darüber, was denn unter einer aktienrechtlichen Theorie zu verstehen ist, oder doch wenigstens im Rahmen dieser Untersuchung darunter verstanden werden soll. Diese Verständigung wird über eine Seite dieser Frage, man könnte sie die negative nennen, sehr leicht herbeizuführen sein. Ist schon die Rechtswissenschaft im ganzen gewiß keine theoretische Wissenschaft, wie etwa Mathematik und mathematische Naturwissenschaft, sondern eine eminent praktische, weil mit dem Handeln der Menschen und ihren Willensbetätigungen befaßte Wissenschaft, so ist vor allem doch das Aktienrecht eine Materie, die mit der Wirtschaft und also mit dem handelnden, planenden Menschen, seinen Interessen und ihren Gestaltungsformen auf das engste und unlöslichste verknüpft ist. Mit den Mitteln und Formen konstruktiver Begriffsjurisprudenz ist auf diesem Gebiete also nicht weiterzukommen. Daß diese Konstruktionsjurisprudenz überhaupt heutigen Anforderungen an wissenschaftliche Erkenntnis ihrem Wesen und ihrer Methode nach nicht zu entsprechen vermag, dürfte durch die neueren, gerade dieser Frage gewidmeten Untersuchungen geklärt sein. In der Praxis der Rechtsfindung wirkt freilich der alte konstruktive Geist noch vielfach nach, doch ist gerade in den letzten Jahren eine fortschreitende Anpassung an die vertiefte Rechtserkenntnis unverkennbar [3]). Damit ist aber, negativ,

[3]) Diese Wandlungen sind neuerdings aus weiter Perspektive besonders anschaulich dargestellt namentlich von Rümelin, Erlebte Wandlungen in Wissenschaft und Lehre, Tübingen 1930. Sie finden in der Rechtsprechung Ausdruck vor allem in der Anerkennung der wirtschaftlichen Betrachtungsweise, die sich namentlich im Steuerrecht durchgesetzt hat (vgl. Krämer, JW. 1932, 1425 und das dort angeführte Schrifttum, Lion, Berl. Tagebl. 24. 6. 32 Morgen-A.), aber auch in anderen Rechtsgebieten sich mit zunehmender Kraft bemerkbar macht, vgl. z. B. für das Wettbewerbsrecht Rosenthal, ZBH. 1932, 103, für das Handelsrecht StW. 1931, 737 ff., RG. 132, 150 ff., 133, 292, Rheinstrom, JW. 1932, 1459.

zugleich entschieden, welche Wege für die Gewinnung einer aktienrechtlichen Theorie ungangbar sind. Die Zusammenfassung der einzelnen rechtlichen Vorschriften des Gesetzes auf dem logischen Wege der Aufspaltung der Begriffe, ihrer Zerlegung und Vereinheitlichung in übergeordneten Begriffen, um auf diesem Wege zu einem oder mehreren Grundbegriffen zu gelangen, ermöglicht es nicht, die Fülle der lebendigen Vorgänge der gesellschaftlichen Wirklichkeit im Begriffe aufzufangen und so aus der Praxis eine Theorie zu schaffen. Dieses Verfahren muß scheitern an drei Hindernissen: Einmal an seiner methodischen Unzulänglichkeit, zweitens daran, daß die Gesetzesbestimmungen des HGB. (einschließlich derjenigen der Aktiennovelle vom 19. 9. 1931) nicht aus einer geschlossenen einheitlichen Auffassung entstanden sind und entstehen konnten, die es gestatten würde, ihre Vielheit theoretisch zu vereinheitlichen. Drittens — und das hängt mit dem ersten und zweiten Grund auf das engste zusammen — an der gegenwärtigen Lage des Aktienwesens. Man wird also einen anderen Zugang zu der Frage der aktienrechtlichen Theorie suchen müssen als den Weg der Begriffskonstruktion.

3. Sieht man das aktienrechtliche Schrifttum — und dies gilt, wenn auch mit gewissen Einschränkungen, ebenso von der Rechtsprechung — im ganzen auf seine innere methodische Struktur näher an, so wird man zwei verschiedene Typen unterscheiden können. Sie stellen sich freilich wohl nirgends in logischer Reinheit dar, bieten zahllose Spielarten und Vermischungen, lassen aber die Unterschiedlichkeit, auf den Typus hin betrachtet, doch deutlich hervortreten. Man wird diese beiden Typen als konstruktiven und gestaltenden Typus unterscheiden können. Gemeinsamkeit und Unterschied beider Typen wird wohl am leichtesten anschaulich, wenn man jeden der beiden Typen an einem charakteristischem Beispiel zu verdeutlichen versucht; nur darf dabei nicht übersehen werden, daß auch bei noch so illustrativen Beispielen die erwähnte Vermischung beider Arten beachtet werden muß. Der konstruktive Typus enthält mehr oder

weniger gestaltende Elemente, ebenso wie der gestaltende Typus konstruktive. Was die Einordnung der einzelnen literarischen Leistung in den einen oder anderen Typus trotzdem rechtfertigt, ist das bewußte und gewollte Hervortreten der einen oder anderen Methode. Für den konstruktiven Typus ist das „Aktienrecht" von Brodmann charakteristisch. Er will den Mißbildungen der Praxis entgegenwirken und dem Gesetz selbst, seinen Bestimmungen und ihrer logischen Interpretation endlich einmal wieder zum Recht verhelfen[4]). Das tritt nicht nur hervor in seiner Stellungnahme zu wichtigen Einzelproblemen, wie z. B. den Verwaltungsaktien, deren Beurteilung ja von der grundsätzlichen theoretischen Einstellung besonders beeinflußt werden muß[5]). Es ist überhaupt Ausgangspunkt und bewußte Tendenz der ganzen Darstellung. Sie gerät damit in fast allen Einzelproblemen in strikten Gegensatz zum Kommentar von Pinner, der sowohl im Kommentar zu den §§ 178 ff. HGB. im Kommentar zum HGB. von Staub-Pinner wie im Kommentar zur Aktiennovelle vom 19. 9. 31 den im gegenwärtigen aktienrechtlichen Schrifttum bedeutsamsten gestaltenden Typus darstellt. Gerade weil sowohl Brodmann wie Pinner Werke der Praxis und für die Praxis, nicht prinzipielle theoretische Arbeiten, sind und sein sollen, läßt sich an beiden das Wesen der aktienrechtlichen Theorie am besten verdeutlichen. Für beide ist Gegenstand selbstverständlich das Gesetzesmaterial an aktienrechtlichen Bestimmungen. Beide müssen für die Formulierung der von ihnen gesuchten Erkenntnis den Weg begrifflicher Entwicklung gehen, denn kein Geschehen der Wirklichkeit ist für die Erkenntnis anders erfaßbar als durch den Begriff, auch die engste Verbindung mit dem Leben tritt in das Bewußtsein und damit in den Kreis möglicher Mitteilung nur durch den Begriff. Soweit ist die logische Struktur beiden Typen gemeinsam. Aber auch nur

[4]) Brodmann, Aktienrecht, 1928, Vorwort S. IX, vgl. dagegen freilich auch S. VI oben, Brodmann, Die Sanierung unseres Aktienwesens, 1931, S. 4 ff.

[5]) Brodmann, Aktienrecht, S. 49 ff.

soweit. Sie spaltet sich sofort, und zwar entscheidend, wenn man der Art der Begriffsbildung bei beiden Typen näher nachgeht. Der Unterschied geht letzten Endes zurück auf die grundsätzliche Einstellung des Denkens zum Sein. Diese Behauptung ist nicht widerlegt durch den gewiß zutreffenden Hinweis, daß in den seltensten Fällen dem wissenschaftlich arbeitenden Juristen der typische Unterschied dieser Grundeinstellung völlig klar und bewußt sein wird. Das wird letzten Endes damit zusammenhängen, daß seit dem Ende der Naturrechtsepoche und — in weiterem Zusammenhang gesehen — seit dem Zusammenbruch des philosophischen Idealismus Hegelscher Prägung die methodische Fundamentierung der juristischen Erkenntnisarbeit nicht gerade zu den beliebtesten Betätigungsformen, wenigstens der juristischen Praktiker, gehört. Ob mit Recht oder Unrecht, steht hier nicht zur Erörterung [6]). Wohl aber hat jede begründete Stellungnahme zu einer aktienrechtlichen Theorie, wie sie hier zur Theorie des „Unternehmens an sich" geboten werden soll, zur unerläßlichen und notwendigen Voraussetzung die Klärung der Vorfrage, was denn unter einer solchen Theorie verstanden werden soll, welche logischen und praktischen Voraussetzungen sie erfüllen muß, um als Theorie überhaupt

[6]) Eine Änderung dieser Einstellung ist übrigens in jüngster Zeit unverkennbar, vgl. z. B. Manigk, JW. 1930, 234, Larenz, JW. 1931, 982, Lassar, Die juristische Studienreform, 1931, Sauer, Fruchtbarkeit der Rechtsphilosophie? Heutige Tendenzen unserer Wissenschaft, Kongreß der Internat. Vereinigung für Rechts- und Wirtschaftsphilosophie, Oktober 1926, JW. 1926 S. 2521. Vgl. anderseits die starke Zurückhaltung gegenüber der Rechtsphilosophie bei Heck, Begriffsbildung und Interessenjurisprudenz, S. 25 ff., die bei einem sonst so fortschrittlichen Forscher immerhin nicht ganz verständlich ist.

Nußbaum (Zur neueren Entwicklung der Lehre vom Unternehmen, S. 502 in Arbeiten zum Handels-, Gewerbe- und Landwirtschaftsrecht, herausg. von Heymann, Marburg 1931, Nr. 62, Beiträge zum Wirtschaftsrecht Bd. II) bezeichnet sogar die Theorie des „Unternehmens an sich" als eine typische aktienrechtliche Untergangsphilosophie. Ob man allerdings die hier vertretene Auffassung, wie Nußbaum es will, als eine Untergangsphilosophie bezeichnen muß oder ob sie nicht vielmehr in Anspruch nehmen darf, für die Weiterentwicklung der aktienrechtlichen Probleme wesentlich zu sein, sollen die Ausführungen im Text ergeben.

angesprochen werden zu können. Dabei zeigt sich dann, daß auch dem methodisch nicht bewußten Bestreben, die Vielheit der juristischen Erscheinungsformen auf dem Gebiet des Aktienwesens zu klären und zu formen, in aller Regel eine bestimmte Einstellung zu dem Verhältnis von Denken und Sein zugrunde liegt und liegen muß, die sich in allen Einzelheiten der juristischen Begriffsbildung entscheidend auswirkt. Die vorwiegend am Pandektenrecht geschulte Juristengeneration, insbesondere insoweit sie etwa unter dem Einfluß der Windscheid'schen Schule steht, legt den entscheidenden Wert auf den Begriff, die neuere Richtung, namentlich soweit sie sich aus den Erfahrungen und Beobachtungen der Praxis entwickelt, auf den Stoff. Daß auch sie den Stoff begrifflich formen muß, um ihn zu gestalten, wurde bereits betont und erscheint im übrigen so selbstverständlich, daß es kaum weiterer Erörterung bedarf. Wenn danach der konstruktive Typus auf die materielle Erfüllung des Begriffs mit dem Stoff, der „begriffen" werden soll, so wenig verzichten kann wie der gestaltende Typus auf die begriffliche Formung des zu Gestaltenden, so bleibt der durchgreifende Unterschied doch darin bestehen: Der konstruktive Typus will „konstruieren", Begriffe spalten, in höherer Einheit zusammenfügen, und glaubt dadurch die Erkenntnis vertiefen zu können. Er stützt sich dabei als Stoff auf das Gesetz und die Auslegung, die es in der Rechtsprechung gefunden hat. Der gestaltende Typus bedient sich des Begriffs lediglich als Mittel, um mit ihm deutlich zu machen, wie das Recht sich im Sein der lebendigen Wirklichkeit gestaltet. Dem konstruktiven Typus ist der Begriff Selbstzweck, der Stoff Mittel zum Zweck der begrifflichen Formung (Windscheid's „Rechnen mit Begriffen"), dem gestaltenden Typus ist die rechtliche Gestaltung des Stoffs wesentliches Ziel der Erkenntnis, die begriffliche Formung Mittel zu diesem Zweck. So verstanden kann man — zum Zwecke der Verdeutlichung überspitzt — sagen: Im konstruktiven Typus herrscht der formale Begriff, im gestaltenden Typus das materiale Leben. Der Gegensatz beider Auffassungen, der wohl weit tiefer reicht, als nur bis zur Entscheidung für die eine oder andere zweier verschiedener juristischer Erkenntnisweisen, ist für die sozialwissenschaftliche Erkenntnis neuerdings treffend charakterisiert von Heimann:

„Das Verhältnis von Denken und Sein, die Beziehung des Erkennenden zum Stoff seiner Erkenntnis ist damit von Grund auf geändert. Die nachidealistische Wissenschaft und ihre Vertreter verhielten sich zum Leben herrschaftlich; sie fühlten sich in der Luft des reinen Denkens über dem trüben Leben stehend, und sie mußten möglichst weit abseits und hoch über ihm stehen, wenn die Erkenntnis unparteiisch und ungetrübt sein sollte. Dem Leben wurden die aus dem Denken stammenden Kategorien auferlegt, und es wurde so geadelt. In jeder realistischen Erkenntnisweise verhält der Erkennende sich demütig zu seinem Stoff, aus dem er die Erkenntnis empfängt; er trennt sich nicht von ihm und stellt sich nicht über ihn, sondern sucht seinen vollen und lebendigen Anteil am Leben, um das Leben und seine Bewegung zu erkennen. Er ist ein Teil und ein Diener des Lebens und ordnet sich in seinem Erkennen dem Gange des Lebens ein. Die Anwendung des realistischen Erkenntnisprinzips auf die idealistische Erkenntnishaltung ergibt deren illusorischen Charakter; sie kann nicht von oberhalb des Lebens erkennen, weil sie Lebensfunktion ist. Zugleich aber erhebt sich die weitere Frage, warum hier die tatsächliche Gebundenheit der Erkenntnis an einen realen historischen Ort im Leben uneingestanden bleibt, aus dem Bewußtsein verdrängt wird; und so erweist sich die idealistische Haltung nicht nur als Illusion, sondern als Ideologie, als Verallgemeinerung und daher als Verhüllung eines begrenzten Interesses, so aufrichtig auch der Einzelne gerade kraft seiner historischen Gebundenheit in ihr befangen sein mag. Das wichtigste einzelwissenschaftliche Beispiel der Ideologie ist die klassische Nationalökonomie“ [7]).

[7]) Heimann, Kapitalismus und Sozialismus, Potsdam 1931, S. 205, Anm. 3. Die besonders klare und plastische Fassung, die Heimann in seinen Arbeiten für diese auch juristisch grundlegende Einsicht ge-

Den hier erwähtnen Gegensatz hier weiter in seiner methodischen Bedeutung zu verfolgen, erübrigt sich umsomehr, als gerade in jüngster Zeit die eingehenden Arbeiten von Rümelin, Oertmann, Heck [8]) hierüber volle Klarheit geschaffen haben.

4. Vom Boden der so gewonnenen Einsicht aus läßt sich nun weiter erklären, warum der konstruktive Typus zwar Elemente einer aktienrechtlichen Theorie in sich enthält und enthalten muß, für die aktienrechtliche Theorie an sich aber nicht verwertbar ist. Die von ihm benutzten Elemente können zur theoretischen Erkenntnis nur führen, wenn sie aus

---

lungen ist, rechtfertigt es, auch noch auf die Formulierung hinzuweisen, die Heimann an anderer Stelle (Soziale Theorie des Kapitalismus, Tübingen, S. 54) dieser Erkenntnis gibt: „Aber das Rationale ist nicht das Prinzip des Lebens. Kein Wesen lebt aus dem Denken; keine lebendige Leistung entstammt ihm, nicht in der Wissenschaft noch in der Praxis. Das Denken kann sich nur des bereits Vorhandenen bemächtigen und es klären; es kann mit dem Gegebenen und von ihm aus rechnen. Leben aber und Geschichte ist die Aufeinanderfolge, das Auseinander-hervorgehen immer neuer lebendiger Qualitäten, neuer sinnvoller Wesenheiten, deren keine mit der vorigen kommensurabel, aus ihr errechenbar, sondern nur dem Mitlebenden verständlich ist. Das Irrationale ist nicht der Gegensatz des Rationalen; es ist eine viel tiefere Schicht, die eigentliche Tiefenschicht des Lebens: der Drang der lebendigen Wesenheit nach Verwirklichung, Gestaltung und Erfüllung. Es ist das Lebendige im Leben: das Bewegte und Bewegende, das dynamische Element; daher „transzendiert" es die Unbewegtheit der rationalen Maßstäbe und ihre Anwendung: es bricht in sie ein und zerbricht sie immer von neuem. Es verbindet sich zwar auch mit ihnen, es bedarf ihrer zu jeweils neuer Verwirklichung und Gestaltung, denn die Vernunft ist ein gewaltiges Werkzeug des Lebens. Aber die Vernunft in ihrer Zeitlosigkeit hält ihr Werk leicht für ewig und für ihr Werk und pocht darauf, und so bricht in die Form, die dem Wesen rational angepaßt war, neues gewandeltes Wesen ein und droht in ihr zu ersticken oder sie zu mißbrauchen, bis sie endlich gesprengt wird. In den rational-begründeten Bestrebungen und hinter ihnen wirkt die Kraft der lebendigen Wesenheit, in ihnen wird sie ins Bewußtsein gehoben und zum Ausdruck gebracht; aber sie geht nicht ganz in sie ein, sie erschöpft sich nicht in ihnen. Der Konflikt wird um so schwerer, je mehr das Bewußtsein diesen Tatbestand verkennt und sich selbst für das ganze Leben hält."

[8]) Rümelin, Erlebte Wandlungen in Wissenschaft und Lehre, Tübingen 1930, Oertmann, Interesse und Begriff in der Rechtswissenschaft, Leipzig 1931, Heck, Begriffsbildung und Interessenjurisprudenz, Tübingen 1932, alle mit reichem weiteren Schrifttum.

dem gestaltenden Typus entwickelt werden. Das ist begründet in der Einsicht, daß, richtig verstanden, Theorie und Praxis eins sind [9]), — richtig verstanden, das will besagen, daß eine nur im Wege der begrifflichen Formulierung gewonnene Einsicht nicht zur Erkenntnis führen kann. Dieser Weg geht nur durch die Wirklichkeit und ihre Gestaltung [10]).

---

[9]) Diese Formulierung ist Heimann entnommen (Kapitalismus und Sozialismus S. 206, 207, 208), der die sozialwissenschaftliche Erkenntnis auf sie stützt. Sie gilt aber allgemein für das gesamte Gebiet der Geisteswissenschaften. Daß sie eine weit darüber hinaus gehende Bedeutung hat, ergibt sich aus dem zutreffenden Hinweis Heimanns aaO., S. 209 auf Goethe: „Was fruchtbar ist allein, ist wahr."

[10]) Die hier vertretene Auffassung deckt sich im Ergebnis weitgehend mit Geiler, der im Anschluß an frühere Arbeiten (Die wirtschaftsrechtliche Methode im Gesellschaftsrecht, Gruchots Beiträge zur Erläuterung des Deutschen Rechts, Neue Folge 5. Jahrg., 6. Heft, S. 593 ff., Gesellschaftliche Organisationsformen des neueren Wirtschaftsrechts, 1922) jüngst „Moderne Rechtswandlungen auf dem Gebiete des Privatrechts" in einer gedankenreichen Studie besonders behandelt hat (Arbeiten zum Handels-, Gewerbe- und Landwirtschaftsrecht, herausg. von Heymann, Marburg 1931 Nr. 62, Beiträge zum Wirtschaftsrecht S. 174 ff.). Sie unterscheidet sich von dem Standpunkt Geilers aber in methodischer Hinsicht in zwei wesentlichen Punkten: Einmal scheint es mir nicht angezeigt, für eine Erkenntnisweise der Jurisprudenz, die bewußt und gewollt möglichst enge Anlehnung an die lebendige Rechtsentwicklung sucht, (was für Geiler und die im Text vertretene Auffassung übereinstimmend zutrifft) die Bezeichnung einer wirtschaftsrechtlichen Methode in Anspruch zu nehmen. Das verbietet m. E. die überaus verschiedenartige und vielfach schillernde Verwendung des Begriffs „Wirtschaftsrecht" bei den einzelnen Autoren, eine Tatsache, die sich aus den auf das überaus reiche Schrifttum gestützten Untersuchungen von Klausing, Wirtschaftsrecht (Beiträge zum Wirtschaftsrecht, aaO. S. 1 ff.) zweifelsfrei ergibt. Vgl. auch Schachian, JW. 1932, 1621 ff. und das dort angeführte weitere Schrifttum.

Zweitens — und das dürfte die wesentlichere Abweichung sein — glaubt Geiler zum Ausgangspunkt die zweifellos zutreffende Feststellung machen zu können, daß das heutige Recht sich durch seine Seinsgebundenheit charakterisiert und als Ausfluß daraus sich eine starke Parallelität zwischen allgemeiner Lebensgestaltung, Wirtschaftsgestaltung und Rechtsgestaltung ergebe (aaO., S. 174). Auch das ist gewiß zutreffend. Es wird aber für die wissenschaftliche Erkenntnis dieses Zusammenhangs nicht genügen, auf die fehlende Apriorität des meisten zeitlichen Rechts hinzuweisen und diese Erscheinung aus dem Zurücktreten der Mission des Naturrechts und der Kompliziertheit der heutigen stofflichen Grundlegung zu erklären. Damit bleibt man m. E. auf halbem Wege stehen. Es bedarf doch gerade der Klärung, weshalb die sicher

a) Es wird im juristischen Schrifttum selten beachtet, jedenfalls nicht mit der Entschiedenheit betont, die solcher Einsicht wegen ihrer weitreichenden Bedeutung zukommt, daß in den letzten Jahrzehnten eine tiefgreifende Änderung in der Art der juristischen Erkenntnis sich vollzogen hat. Das ist an einer Reihe von Einzelsymptomen deutlich erkennbar. Am sichtbarsten tritt diese Wendung hervor in dem Interesse für die Rechtstatsachen. Mag auch die Einzelforschung, die sich gerade diesem Gebiet der juristischen Erkenntnis

---

zutreffende Komplikation des Rechtsstoffs gleichzeitig ein Zurücktreten apriorischer Rechtsbegriffe beobachten läßt. Der Grund dafür liegt in der veränderten Einstellung der wissenschaftlichen Erkenntnis zum „apriori", diesem philosophischen Terminus der Erkenntnistheorie, der eine Erkenntnis vor aller Erfahrung sucht. Dieser methodische Weg scheitert an der Unmöglichkeit, die Lebenserscheinungen restlos im Begriff zu erfassen. Gerade die Parallelität der Entwicklung der Lebensgestaltung und Rechtsgestaltung zwingt zu der Einsicht, die Geiler in späterem Zusammenhang (S. 193 ff., insbes. S. 206) dann auch eingehend erörtert, ohne sie freilich m. E. methodisch bis in die letzten Wurzeln zu verfolgen, daß nur aus dem Eindringen in die lebendige Wirklichkeit für die juristische Erkenntnis der rechtliche Gehalt der Lebenserscheinungen erfaßbar wird. Es muß also von der Einheit von Theorie und Praxis ausgegangen und diese Einheit begründet werden. Erst von dieser methodischen Grundlage aus wird der Zusammenhang zwischen Recht und Leben wissenschaftlich begreiflich, weil dann das Recht nicht als ein System von konstruierten Begriffen, sondern als ein Teil der Lebensgestaltung erfaßt wird. Es ist selbstverständlich weder im Text noch in dieser notwendig nur andeutungsweisen Auseinandersetzung mit Geiler möglich, dieses grundlegende Problem der juristischen Begriffsbildung eingehender zu erörtern. Die hier vertretene Auffassung glaubt jedenfalls für sich die Übereinstimmung mit den Ergebnissen der modernen philosophischen Erkenntnistheorie und Sozialwissenschaft in Anspruch nehmen zu dürfen. Es mag der Hinweis genügen auf Jaspers, Die geistige Situation der Zeit, Berlin 1931, Mannheim, Ideologie und Utopie (Schriften zur Philosophie und Soziologie, herausg. von Mannheim 2. Aufl. Bonn 1930), Herrigel, Zwischen Frage und Antwort, Gedanken zur Kulturkrise, Berlin 1930, Heimann, Soziale Theorie des Kapitalismus, Tübingen 1929, Heimann, Kapitalismus und Sozialismus, Potsdam 1931, Tillich, Das System der Wissenschaften nach Gegenständen und Methoden, 1923; Fehr, Recht und Wirklichkeit, Potsdam 1927.

Mit diesen Hinweisen auf das Schrifttum sollen selbstverständlich nur einige wenige Schriften genannt sein, die als wissenschaftliche Grundlage für die Auffassung dieser Abhandlung wesentlich mitbestimmend waren.

zuwendet, noch verhältnismäßig gering an Umfang sein, so ist die veränderte Einstellung zu dem Stoff der Jurisprudenz doch unverkennbar. Sie zeigt sich in der Gestaltung des akademischen Unterrichts, der gerade in seinen fruchtbarsten und pädagogisch wirksamsten Vertretern in wachsendem Umfang bemüht ist, den juristischen Nachwuchs nicht nur zur Fähigkeit scharfen begrifflichen Denkens zu erziehen, sondern ihn auch in die Wirklichkeit des Rechtslebens einzuführen. Die gleiche Tendenz zeigen eine wachsende Fülle von Einzeluntersuchungen, die sich vielfach von der rein begrifflichen Entwicklung der Probleme abwenden zu einer eindringlichen Erforschung der rechtlichen Gestaltung einzelner Gebiete. Gerade das reich entwickelte Gebiet des vielverzweigten Gesellschaftsrechts reizt offenbar zur Ausgestaltung und Vertiefung dieser Forschungsrichtung. Das zeigt vor allem auch die Rechtsprechung zu diesem Teil der Jurisprudenz. In ihr tritt die Neigung zur rein konstruktiven Lösung der Probleme sichtbar zurück vor dem Bedürfnis, zunächst in das Leben der Gesellschaft, in die Form der Organisation und die Kräfte ihrer Bildung verstehend einzudringen, ehe man die rechtlichen Schlußfolgerungen zieht [11]). Geht man der Bedeutung dieser Einzelsymptome nach und sucht ihren tieferen Sinn und ihren inneren Zusammenhang zu ergründen, so wird man auf eine grundlegende Einsicht geführt. Ist, nach dem tiefsinnigen Wort Hegels, die Philosophie das Bewußtsein ihrer Zeit im Begriffe erfaßt, so wird damit auch zugleich der Rechtswissenschaft im ganzen ihr methodischer Standort im Gesamtbereich der zeitgenössi-

---

[11]) Sehr präzis und zutreffend hat Becker StW. 1931, 950 diesen Sachverhalt klargestellt: „Die wirtschaftliche Betrachtungsweise, deren Aufgabe wesentlich darin besteht, unvoreingenommen zu erkennen, was wirklich vorliegt, d. h. den Tatbestand in seiner wirtschaftlichen Bedeutung zu erkennen, ist m. E. erstes Gebot jeder Rechtsanwendung."

Für das aktienrechtliche Gebiet stellt meine Abhandlung „Probleme des lebenden Aktienrechts", Berlin 1929 einen Versuch dar, diese Auffassung fruchtbar zu machen. Vgl. auch die Aufsätze „Das Problem der Rechtswissenschaft", ZBH. 1929, 5 ff. und ZBH. 1931, S. 1 ff., 37 ff., 59 ff. mit dem dort angeführten weiteren Schrifttum.

schen Erkenntnis angewiesen. Mit der strukturellen Änderung des erkennenden Bewußtseins ändert sich zwangsläufig auch die Struktur der juristischen Erkenntnisform. Das braucht im Bewußtsein des einzelnen Forschers oder Richters nicht klar erfaßt zu werden — und wird in aller Regel, wenn und insoweit die juristische Arbeit sich in beruflicher Fachabgrenzung ohne gewollten und durchgeführten engen Zusammenhang mit den sonstigen Geisteswissenschaften vollzieht, nicht bewußt deutlich werden: Der Zusammenhang besteht selbstverständlich auch dann und wirkt sich mit gleicher Kraft und Bedeutung aus, wenn er nicht bewußt erkannt und gestaltet wird. Denn das Denken einer Zeit ist ein einheitliches auf allen Gebieten, die den gegebenen historischen Stoff im Rahmen einer bestimmten Wissenschaft zu gestalten versuchen, sei es die Rechtswissenschaft, die Volkswirtschaft, die Naturwissenschaft oder die Geschichte, ja, die jeweilige Einstellung einer Zeit zu dem Grundproblem der Beziehung von Form und Stoff, von Idee und Wirklichkeit beschränkt sich nicht und kann sich nicht beschränken auf die Auswirkung auf die Wissenschaft, sie erfaßt alle anderen Äußerungen menschlicher Kultur, wie Kunst, Religion, Lebensform in gleicher entscheidender Weise. Dies zu klären ist eine und vielleicht die wesentlichste Aufgabe der „Königin der Wissenschaften", der Philosophie; und schon aus diesem Grund ist, beiläufig bemerkt, die trotz zweifellos wachsendem Interesse für rechtsphilosophische Probleme immer noch viel zu geringe Beschäftigung des juristischen Praktikers mit den Nachbargebieten der Jurisprudenz gerade vom Standpunkte einer vertieften Behandlung der Fragen der Praxis aus sehr zu bedauern. Die Philosophie der Neuzeit zeigt nun aber eine deutliche Veränderung ihrer Erkenntnisstruktur. Seit dem Zusammenbruch des Hegel'schen Idealismus mit seiner zweifellosen Überspannung der Begriffsrealität ist ein dauerndes Bemühen erkennbar, der Wirklichkeit der Dinge näher zu kommen. Es nimmt seinen Ausgangspunkt von der neu-kantischen Richtung, die vor allem in der südwestdeutschen Schule (Windelband,

Rickert, Lask) die methodische Grenzziehung zwischen naturwissenschaftlicher und geisteswissenschaftlicher Begriffsbildung begründet hat. Damit ist die Bedeutung des Wertbegriffs für die Kulturwissenschaften erfaßt und geklärt worden. Von hier aus war es ein naheliegender Schritt, dem Irrationalen, dem formalen Begriff nur schwer zugänglichen Gehalt der Wirklichkeit näher zu dringen durch das mit der künstlerischen Intuition verwandte Verstehen (Simmel, Dilthey) oder durch die Betonung des Lebens als wirkender und gestaltender Kraft (Nietzsche, Bergson). Es fehlt zur Zeit, soweit ersichtlich, an einer eingehenderen Untersuchung, wie diese in der geistesgeschichtlichen Entwicklung wirksam gewordenen Wandlungen und Umbildungen sich in der Jurisprudenz ausgewirkt haben [12]). Da die Aufgabe der Jurisprudenz in allen ihren Zweigen, Forschung, Lehre und Rechtsgestaltung, aber selbstverständlich aus dem Gesamtgeist der Zeit nicht isoliert herausgehoben werden kann, sondern mit ihm in engster lebendiger Verbindung steht, so ist es außer Zweifel, daß dieser Zusammenhang besteht. Das Ergebnis dieser inneren Verbindung ist der unverkennbar eingetretene Wechsel der juristischen Methode, dessen einzelne Symptome angedeutet wurden und dessen Vollzug in den letzten Jahrzehnten gerade ein Forscher von solchem Weitblick und solcher Erfahrung wie Rümelin anschaulich dargestellt und im einzelnen belegt hat [13]). Für die aktienrechtliche Theorie — wie für jede rechtswissenschaftliche Theorie — ergibt sich aus dieser geistesgeschichtlichen Lage eine klare und zwingende Schlußfolgerung. Sie muß bei der begrifflichen Formung des Stoffs vom Stoff ausgehen und darf nicht Begriffe konstruieren. Auch da, wo sie heute noch dem Scheine nach konstruktiv ist, wird ihr Verfahren in Wirklichkeit bestimmt von einer mehr oder minder bewußten Abhängigkeit von einer der verschiedenen Formen oder

---

[12]) Auch die Hinweise Geilers aaO., insbes. S. 193 ff., 204 ff. erschöpfen diese Zusammenhänge nicht, so fruchtbar sie in der Aufhellung des Zusammenhangs auch gewiß sind.

[13]) Vgl. Anm. 8.

Theorien des Rechtsgefühls, am häufigsten wohl von der für Praxis und Wissenschaft wenig erfreulichen Krypto-Soziologie, deren Aufdeckung und eindringliche Klärung wir Ernst Fuchs [14]) verdanken. Auch der konstruierende Jurist, sei es als Forscher, sei es als Richter, ist innerlich abhängig von dem rechtlichen Lebensvorgang, dessen Gestaltung ihm obliegt, er sucht das Ergebnis seiner Begriffsbildung in Verbindung mit dem Leben zu halten, sei es bewußt, in dem er das vermeintlich vorher deduktiv gefundene Ergebnis auf seine Billigkeit und Gerechtigkeit nachprüft, sei es unbewußt, indem er die wirklichen Gründe seiner Rechtsgestaltung nicht nennt oder erkennt und die tatsächlich formulierten Gründe nach diesen unbewußt bestimmenden Gründen „krypto-soziologisch" orientiert. Es leuchtet ein, daß die Sicherheit der Erkenntnis, mag sie in der Jurisprudenz den Charakter des Relativen auch noch stärker in sich ausprägen als bei anderen Gebieten der Kultur, durch solches Verhalten nicht gewährleistet sein kann. Es geht nicht an, das Verfahren der Erkenntnis, das wirklich geübt wird und geübt werden muß, um ein richtiges Ergebnis zu finden, in der juristischen Darstellung verschwinden zu lassen und es zu ersetzen durch ein Verfahren, das den — falschen — Anschein erweckt, als ob durch Analyse und Verbindung von Begriffen ein Ergebnis erzielt werden könnte, das Recht enthält. Im methodisch-logischen Sinne ist dieses Verfahren unwahr. „Was fruchtbar ist allein, ist wahr". Diese Fruchtbarkeit der Methode ist aber nur gewährleistet, wenn man dem tatsächlichen Stoff, den die Rechtswirklichkeit darbietet, in allen seinen Verzweigungen und Erscheinungsformen nachforscht, ein Verfahren, das gerade beim Gesellschaftsrecht seine besonderen Schwierigkeiten bietet; wenn man die wirkenden Kräfte zu verstehen sucht, ehe man sich entschließt, zur

[14]) Fuchs, Die Gemeinschädlichkeit der konstruktiven Jurisprudenz 1909, Schreibjustiz und Richterkönigtum 1907, Recht und Wahrheit in unserer heutigen Jurisprudenz 1908; Juristischer Kulturkampf 1912; Was will die Freirechtsschule Rudolstadt 1929; vgl. hierzu allerdings die im wesentlichen zutreffende Kritik von Rümelin, aaO., S. 40 ff.; Oertmann aaO., S. 76 ff.; Heck aaO., S. 104 ff.

Formgestaltung fortzuschreiten und zu „konstruieren", dann aber nicht aus dem luftleeren Raum, sondern aus der lebendigen Wirklichkeit, der das Recht dient, die es weder beherrscht noch beherrschen kann, so wenig wie irgend eine andere Idee aus sich Wirklichkeit bildet. „Anschauungen ohne Begriffe sind blind, Begriffe ohne Anschauung sind leer" (Kant). Ihre Einheit finden Begriff und Anschauung nur in der aus dem Leben geschöpften Wirkung. So bleibt also für die juristische Theorie jeder Art ein gewisser Rest von Irrationalität wie für jede andere Erkenntnis. Ihn vernachlässigen, heißt dem Fehler der Konstruktion verfallen, ihn beachten, zwingt zu einer Umschreibung des zu erforschenden Sachverhalts, die einer begrifflichen Präzisierung in der meist für nötig erachteten eindeutigen Schärfe nicht immer zugänglich ist. Die Ausschöpfung des Sachverhalts ist auf ein nachdenkendes Verstehen angewiesen. Gerade diese Art der juristischen Erkenntnis ist das methodisch wesentliche an den Typen gestaltender Jurisprudenz, denen deswegen selbstverständlich die logische Klarheit weder fehlt noch fehlen darf. Es bleibt aber ein grundlegender Unterschied, ob die juristische Begriffsbildung die gesetzlichen Vorschriften konstruiert und damit zwangsläufig im juristischen Begriffshimmel endigt oder ob sie Gesetz und Leben in Einklang zu bringen und das wirklich lebende Recht zu gestalten sucht.

b) Sind so die methodischen Grundlagen juristischer Theorie aus ihrer engen innerlichen und logischen Verbindung mit der Praxis klargestellt, so gewinnt diese Einsicht noch eine wesentliche Verstärkung bei Anwendung dieser Grundsätze auf die aktienrechtliche Theorie. Ihr fehlt jeder Anhalt im Gesetz. Dieses gibt keine Definition der Aktiengesellschaft, deren Begriff dann also benutzt werden könnte, um aus ihm die Lösung der Einzelprobleme zu konstruieren. Das Gesetz beschreibt lediglich die Gesellschaftsform, für die seine gesetzlichen Bestimmungen in § 178 HGB. gelten sollen. Es ist die Gesellschaftsform, bei der die Gesellschafter mit Aktien beteiligt sind. Auf diese beschränkt sich ihre

Haftung. Diese Beteiligung ist maßgebend für die Beziehungen der Gesellschafter zu der Gesellschaft und zu den Mitgesellschaftern. Es wird also in den Einzelbestimmungen lediglich die Auswirkung dargelegt, die sich aus der in Aktien zerlegten gesellschaftlichen Organisationsform ergibt. Über das Wesen dieser Gesellschaftsform selbst sagt das Gesetz nichts [15]). Wenn die juristische Systematik — also die konstruierende Lehre — die Aktiengesellschaft unter die Rechtsform der juristischen Person einfügt [16]), so ist auch damit für die sachliche Erkenntnis wenig gewonnen. Mag daraus folgen, daß die A. G. ein selbständiger Träger von Rechten und Pflichten ist, in materiell-rechtlicher, prozessualer, steuerlicher Hinsicht usw., über das Wesen der A. G., darüber, was dieser Gesellschaftsform ihren besonderen rechtlichen Inhalt gibt, läßt sich auch aus der Fiktion der juristischen Person nichts herleiten. Versagt das Gesetz und damit die Möglichkeit der Begriffskonstruktion aus dem Gesetz, so bleiben für die Theorie der A. G. nur zwei Wege: Sie kann resignierend feststellen, daß eine konstruktive Erkenntnis des Wesens der A. G. infolge der Zurückhaltung der gesetzlichen Begriffsbildung nicht möglich ist, ein Armutszeugnis wissenschaftlicher Erkenntnis, mit dem, soweit ersichtlich, niemand sich bloßzustellen bisher sich veranlaßt sah. Will also die Theorie zur Erkenntnis der Grundlage dieser Form der Gesellschaftsbildung vordringen, so bleibt ihr nur der

[15]) Daß dieser Verzicht des Gesetzgebers gewollt ist, kann nicht zweifelhaft sein, vgl. Flechtheim bei Düringer-Hachenburg, Komm. zum HGB., 3. Aufl., Vorbemerkung zu § 178 HGB. Daß er notwendig ist, mag man aus der Bemerkung Flechtheims schließen (aaO., Vorbemerkung, Anm. 1 I S. 196). „In der Aktie werden tiefste Triebkräfte des homo oeconomicus in genialer Weise der Gesamtwirtschaft dienstbar gemacht. Das Mysterium der Aktie ist noch nicht ergründet und noch weniger geschrieben."

[16]) „Die heute herrschende Ansicht sieht in der AG. einen besonderen Regeln unterstehenden rechtsfähigen Verein". Die hier bestehenden Streitfragen (vgl. Düringer-Hachenburg aaO., S. 199 Anm. 2) interessieren für die im Text an dieser Stelle behandelte Frage nicht. Vgl. hierzu insbesondere für die konzernrechtlichen Fragen Friedländer, Konzernrecht, 1927, S. 63 ff., Rosendorff, Die rechtliche Organisation der Konzerne 1927, S. 53 ff.

Weg in die lebendige Wirklichkeit. Sie muß das Leben dieser Gesellschaftsform in der Wirklichkeit beobachten mit allen Mitteln, die eine Beobachtung gestatten, im Handeln der Verwaltungsorgane und der Gesellschafter-Aktionäre, in der Auswirkung dieser Gesellschaftsform auf die Wirtschaft und der Rückwirkung der wirtschaftlichen Gesamtentwicklung auf diese Gesellschaftsform, in den Wechselwirkungen, die zwischen der geistesgeschichtlichen Lage einer bestimmten Kulturepoche eines bestimmten Volkes und der Gesellschaftsform der A. G. sich ergeben. Diese bedeutungsvolle rechtswissenschaftliche Aufgabe ist, wenn überhaupt erkannt, so gewiß zur Zeit nicht gelöst, kaum in Angriff genommen. So ist jedenfalls gegenwärtig für die Theorie der wissenschaftlich gesichtete und geordnete Tatsachenstoff nur in quantitativ bescheidenem Umfang vorhanden [17]). Sie ist also weitgehend auf die mehr oder weniger enge und damit mehr oder weniger einseitige Sehweite des einzelnen Forschers angewiesen. Er muß versuchen, aus dem Stoff eigenen Wissens und eigenen Verstehens die lebendige rechtliche Substanz der A. G. zu gestalten. Dabei ist nicht nur die Schranke gezogen, die sich aus der fehlenden Stellungnahme des Gesetzgebers ergibt. Es wird, je klarer die Sachlage die notwendig relative Unzulänglichkeit des Versuchs theoretischer Fundamentierung ergibt, desto stärker das Bestreben sein müssen, mögliche Fehlerquellen der Erkenntnis zu vermeiden. Die Fehlerquelle rein begriffskonstruktiver Formulierung ist aus den dargelegten Gründen kaum gefährlich. Desto mehr muß bei der Übersicht über das stoffliche Material Vorsicht walten gegenüber dem unbemerkten und unbereinigten Eindringen subjektiver Wertungen. Es handelt sich um die Feststellung und Klärung von Material aus wirtschaftlichem und geistig-sozialem Geschehen. Wieweit hier objektives Erkennen, frei von Vorurteilen, möglich ist, ist seit den grundlegenden Untersuchungen Max Webers [18]) in der Sozialwissenschaft

[17]) Vgl. das in Anm. 2 zitierte Schrifttum.

[18]) Weber, Die Objektivität sozialwissenschaftlicher Erkenntnis, Archiv f. Sozialwiss. und Sozialpol. 1904 Bd. 19 und Gesammelte Aufsätze

als dem hierfür zuständigen Fachgebiet Gegenstand lebhafter und tiefschürfender Erörterung geworden. Sicher ist danach, daß die wissenschaftliche Erkenntnis des Aktienwesens unbeeinflußt bleiben muß von jeder irgendwie gearteten wirtschaftspolitischen Einstellung. Sie wird, nach der Methode, die Sombart [19]) für die verstehende Nationalökonomie entwickelt hat, das Leben der Gesellschaftsform der A. G. beobachten müssen in den geschilderten Richtungen und aus dem Ergebnis dieser Beobachtung die Schlüsse auf ihren rechtlichen Gehalt zu ziehen haben, getragen von der Hoffnung, daß die letzten Endes nie restlos zu vermeidende persönliche Einstellung des Forschers durch die Feststellung der Tatsachen so weit paralysiert wird, daß sie ohne Einfluß auf das Ergebnis bleibt. „Wer in der Front der Wirklichkeit steht, sieht die Wirklichkeit. Daß sein Standort der richtige ist, kann er freilich demjenigen nicht beweisen, der diesen Standort nicht teilt; aber die weitere Bewegung der Wirklichkeit beweist es. Durch ihre Fruchtbarkeit wird die Wahrheit bestätigt. Theorie und Praxis sind eins" [20]).

c) Was sich in der Wirklichkeit des Rechtslebens bei der Vergesellschaftung von Interessen in der Form der A. G. vollzieht, ist die Bindung von Vermögenswerten zu einem gemeinschaftlichen Zweck. Die rechtlichen Auswirkungen dieser Form der Vergesellschaftung im einzelnen (Form der Entstehung, Verwaltungs- und Mitgliedschaftsrechte der Aktionäre, Funktion und Aufgabe der Verwaltungsorgane, Lebensbetätigung der Gesellschaftsform usw.) mögen hier zunächst unberücksichtigt bleiben. Für die Erfassung des rechtlichen Wesens der A. G. sind vielmehr vorweg diese beiden rechtlichen Elemente konstitutiv: Eine Mehrheit von juristisch selbständigen Gesellschaftern und eine Einheit des Zwecks, zu dem sie sich verbinden. Aus der Intensität und

---

zur Wissenschaftslehre, Tübingen 1922, S. 146 ff., vgl. ebenda S. 451 ff., 503 ff.

[19]) Sombart, Die drei Nationalökonomien, München 1930, S. 140 ff., vgl. derselbe, Die Ordnung des Wirtschaftslebens, 2. Aufl., Berlin 1927.

[20]) Heimann, Kapitalismus u. Sozialismus, S. 209.

Stärke der Bindung ergibt sich das Wesen der A. G. Es umfaßt zunächst nur die Bindung des Vermögensteils, den der Aktionär freiwillig durch seine Zeichnung dem gemeinsamen Zwecke gewidmet hat. Es läßt sich aber deutlich in der Entwicklung der jüngsten Zeit verfolgen, wie weitgehend der Inhalt dieser Bindung Wandlungen erfahren hat. Sind diese Wandlungen in der Wirklichkeit des Rechtslebens zuverlässig erkennbar, so bedingen sie Beachtung für die rechtliche Gestaltung und also auch für die Erkenntnis des Wesens der heutigen A. G. Das ist die notwendige Schlußfolgerung aller bisherigen Erörterungen. Diese Wandlungen sind aber deutlich erkennbar von zwei Seiten her: Einmal von der Seite des gemeinschaftlichen Zwecks, zum anderen von der gesellschaftlichen Verbundenheit.

α Es besteht Übereinstimmung im Schrifttum einschließlich aller in der Frage der Aktienreform vertretenen Auffassungen, daß die A. G. eine Kapitalgesellschaft ist. Auch der Teil des Schrifttums, der bemüht ist, die Wandlungen im Aktienwesen von der wirtschaftlichen Seite her zu erkennen und festzustellen, wie dies insbesondere für die Verfasser der dem Enquete-Ausschuß erstatteten Gutachten (Flechtheim, Geiler, Buchwald, Hachenburg) zutrifft [21]), hält an dieser Grundauffassung fest. Er begnügt sich

---

[21]) Enquete-Bericht I. Teil, S. 45: „Die Aktiengesellschaft ist als Kapitalträger gedacht", S. 57: „Es können daher zur Zeit diese strukturellen Wandlungstendenzen unserer Wirtschaft höchstens bei einzelnen Teilproblemen der Reform eine gewisse Berücksichtigung finden, aber noch nicht zu einer Änderung der bisherigen Grundnatur der Aktiengesellschaft führen".

Generalbericht Berlin 1930, S. 11: „... daß der Gedanke, Aktionäre hätten ein größeres Stimmrecht, als ihnen nach ihrer Kapitalbeteiligung zukomme, dem Wesen der Aktiengesellschaft als einer Kapitalgesellschaft widerspreche."

Ebenso Düringer-Hachenburg aaO., Bd. III, S. 4: „In einer Wirtschaft, die unter dem Zeichen des Kapitalismus steht, erscheint die AG. als dessen stärkster Exponent. Sie ist der größte Kapitalist." S. 196: „Die AG. ist die reinste Repräsentantin der Kapitalgesellschaft." Vgl. dazu auch Sombart, Der moderne Kapitalismus, Das Wirtschaftsleben im Zeitalter des Hochkapitalismus, 2. Halbband, S. 739: „... insbesondere in der AG. ein den Anforderungen des Kapitalismus entspre-

zu dieser Frage mit der Klarstellung, daß die Rechtsstellung des Aktionärs sich in der Praxis derjenigen eines Obligationärs angenähert habe, lehnt es aber, mit Recht, durchaus ab, dieser Strukturwandlung der Aktionärstellung einen so weitgehenden Einfluß einzuräumen, daß dadurch etwa die Organisationsform der A. G. als Kapitalgesellschaft im rechtlichen Grundprinzip verändert wird. Der Aktionär bleibt, wirtschaftlich, Kapitalist, d. h. er verwertet ihm gehöriges Vermögen oder Teile davon durch Anlage in Aktien. Die A. G. bleibt Kapitalgesellschaft, d. h. eine Gesellschaftsform, die ihren Zweck zu erreichen sucht durch Heranziehung des erforderlichen Kapitals im Wege der Aktienzeichnung (wobei die Finanzierung durch Kreditaufnahme, etwa in Form von Obligationen, in diesem Zusammenhang unberücksichtig bleiben kann, da sie weder wirtschaftlich noch rechtlich eine Eigentümlichkeit der A. G. gegenüber anderen Unternehmungsformen darstellt). Bleibt es danach jedenfalls für den heutigen Stand der wirtschaftlich-rechtlichen Gestaltung der A. G. dabei, daß sie einen Typus der Kapitalgesellschaft darstellt — und zwar den, wirtschaftlich gesehen, nach Ausbreitung und in ihr zusammengefaßten Kapitalien bedeutsamsten und wichtigsten — so werden doch die theoretischen Folgerungen, die sich hieraus ergeben, meist nicht erschöpfend beachtet und gewürdigt. Ist die A. G. Kapitalgesellschaft, so bedeutet das, anders gewendet, daß sie eine der gesellschaftlichen Organisationsformen ist, deren sich der Kapitalismus zur Durchsetzung des von ihm gebildeten Wirtschaftssystems bedient. Dieser grundsätzlichen Einsicht entspricht die tatsächliche Entwicklung und muß ihr ja auch entsprechen, wenn die Beziehung zwischen Theorie und Praxis richtig erfaßt ist. Die Rechtsform der A. G. hat tatsächlich insbesondere der Entwicklung der deutschen Industrie von den Zeiten des Frühkapitalismus bis in die heutigen Erscheinungsformen als

chender Körper geschaffen ist, in dem der kapitalistische Geist sich erst völlig frei entfalten kann." Vgl. auch Sombart, Das europäische Wirtschaftsleben im Zeitalter des Frühkapitalismus, vornehmlich im 16., 17. und 18. Jahrhundert, 11. Kapitel.

bevorzugter Rechtstypus für die von ihr erstrebten und erfüllten wirtschaftlichen Aufgaben gedient. Es wird nun zwar, wie bemerkt, im Schrifttum der Strukturwandel der A. G. im Laufe der letzten Jahrzehnte nicht verkannt und insbesondere in den erwähnten Gutachten des Enquete-Ausschusses im ganzen und allen rechtlichen Einzelheiten umfassend dargestellt. Dabei beschränkt sich aber die Erkenntnis im wesentlichen auf die Feststellung zweier grundlegender Änderungen und ihres inneren Zusammenhanges: Die Konzentrationsbewegung der Wirtschaft hat die Selbständigkeit der einzelnen A. G. weithin aufgelöst und ihr durch die Einordnung in den umfassenden Konzern, durch Verflechtung und Verschachtelung, rechtlich eine andere Gestalt gegeben als sie dem Gesetzgeber von 1884 vorgeschwebt haben mag. Damit und mit der hierdurch zugleich gegebenen Umschichtung in der Gliederung der Aktionäre sind fast alle Einzelbestimmungen des HGB. in den §§ 178 ff. HGB., in ihrem wirtschaftlichen Gehalt und damit in ihrer rechtlichen Auswirkung wesentlich beeinflußt. Die Erkenntnis des Wesens der heutigen A. G. wird aber noch eine Schicht tiefer dringen müssen, um den zweifellos erfolgten Strukturwandel auf das letzte der Erkenntnis zugängliche Gestaltungsprinzip zurückzuführen. Diesen Weg ist neuerdings vor allem Hachenburg ein weites Stück gegangen[22]). — Ist die A. G. eine Gestaltungsform des Kapitalismus, so folgt daraus zwingend, daß der Wechsel der Gestaltungsformen des kapitalistischen Systems sich in der Struktur der ihm vorzugsweise dienenden Gesellschaftsform der A. G. entscheidend auswirken muß. Dem ließe sich nur entgegenhalten, daß der Wechsel wirtschaftlicher Gestaltungsformen nicht notwendig auf die Rechtsinstitute des betreffenden wirtschaftlichen Gebiets von Einfluß sein müsse, ja, mit Rücksicht auf die durch die Rechts-

[22]) Hachenburg, Kommentar zum HGB. 3. Aufl. Er stellt sich allerdings nur das Ziel, „das heutige, lebendige Aktienrecht auf wirtschaftlicher Grundlage zu erläutern“ (S. 71), die theoretische Untersuchung der gestaltenden Prinzipien fällt damit aus dem Rahmen der von ihm zu lösenden Aufgabe.

sicherheit gebotene Starrheit der Gesetzesnormen („fiat justitia, pereat mundus“) gar nicht sein könne und dürfe. Diesen Einwand berührt die Kardinalfrage aller praktischen Jurisprudenz. Seine eingehende Erörterung und Widerlegung würde nicht nur die Darstellung einer umfassenden Theorie der Rechtsquellen, sondern die historische, methodologische und dogmatische Erörterung des Verhältnisses von Recht und Wirtschaft bedingen. Was hierzu vom Standpunkt heutiger rechtswissenschaftlicher Erkenntnis zu sagen ist, findet sich in methodischen Andeutungen im Eingang dieser Untersuchung; es mag hier genügen, auf sie Bezug zu nehmen. Sie bedürfen einer Ergänzung und Konkretisierung indessen für die Frage des Strukturwandels der A. G. und dessen rechtlicher Bedeutung nach einer wesentlichen Seite. Die Bestimmungen des HGB. hinsichtlich der A. G. stehen wie die gesamte Zivilgesetzgebung der letzten Jahrzehnte des vorigen Jahrhunderts unter dem bestimmenden Einfluß der liberalen Wirtschaftstheorie und fußen damit auf dem Prinzip des Individualismus. Die technischen und wirtschaftlichen Aufgaben, die sich nach Beseitigung aller wirtschaftlichen Bindungen durch Gewerbefreiheit, Freihandel, Freizügigkeit, durch Wegfall des Konzessionssystems, insbesondere für die A. G., ergeben, sollten ihre Erfüllung finden durch das freie Spiel aller wirtschaftlichen Kräfte [23]). Durch das Prinzip der freien Konkurrenz, geregelt lediglich durch das Marktgesetz von Angebot und Nachfrage, glaubte man die der merkantilistischen Wirtschaftspolitik vorschwebende höchstmögliche Entfaltung der Produktivität der Wirtschaft gesichert. Für das Gebiet des Aktienwesens kamen hinzu die vornehmlich aus den Erfahrungen der Gründerzeit entstandenen Rücksichten auf den Schutz der Gläubiger und Aktionäre vor un-

[23]) Vgl. die übersichtliche Zusammenfassung der charakteristischen Elemente des liberalen Wirtschaftssystems von Sombart in der Enzyklopädie der Rechts- und Staatswissenschaft, Abteilung Staatswissenschaft, 2. Aufl., Berlin 1927, auch als Sonderdruck, Berlin 1927, S. 59 ff., ebenda die Charakteristik des Kapitalismus S. 27 ff. und S. 45, Sombart, Die Zukunft des Kapitalismus, Berlin 1932, dagegen Stolper, Dt. Volkswirt 1932, 1147.

soliden Gründungen. Dieser Atmosphäre entstammt die wirtschaftliche und damit auch rechtliche Struktur der A. G. des HGB. Dieser ihr Ursprung charakterisiert alle aktienrechtlichen Bestimmungen des HGB., in dem was sie aussprechen, und dem, was sie unausgesprochen lassen. Folgt man dieser Auffassung — und sie dürfte wirtschaftlich und rechtsgeschichtlich wie methodologisch kaum grundsätzlich widerlegbar sein — so ergibt sich damit aber zugleich ein Schluß von entscheidender Tragweite für die heutige A. G. und ihre rechtliche Struktur. Sie muß dann ebenso entscheidend von der gegenwärtigen Struktur des kapitalistischen Systems beeinflußt sein, wie dies für die A. G. von 1884 im Verhältnis zur damaligen Form des Kapitalismus zutrifft. Zieht man diese, vom gewählten Ausgangspunkt aus zwingende, Schlußfolgerung, dann eröffnet sich damit zugleich der Einblick in die Gestaltungsprinzipien, die den Strukturwandel der heutigen A. G. geformt haben. Sie sind auf das engste verbunden mit dem Gestaltwandel des kapitalistischen Systems. Konzernbildung und Änderung des Wirklichkeitswerts der Einzelbestimmungen des gesetzlichen Aktienrechts erscheinen dann als die sichtbarsten und wichtigsten Symptome diedes Gestaltwandels der Gesellschaftsform der A. G. Versucht man aus diesem Zusammenhang heraus das formende Prinzip dieses Gestaltwandels zu erfassen, so wird der Weg der rechtlichen Erkenntnis wiederum durch die Einsicht in die wirtschaftlichen Tatsachen vorgezeichnet sein. Gibt es doch keine andere fruchtbare Methode wissenschaftlicher Erkenntnis als diejenige, die sich dem Gegenstand, auf dessen Erkenntnis sie abzielt, anpaßt. Diese Tatsachen aber führen für den Zusammenhang, auf den es hier ankommt, eine eindeutige Sprache. Sie sind auch wissenschaftlich genügend erkannt und erfaßt, um der rechtswissenschaftlichen Einsicht als Material für die juristische Folgerung dienen zu können. Mag man zu der hier nicht zu entscheidenden Frage der Zukunft des Kapitalismus wie immer stehen, die Tatsache ist nicht zu verkennen, daß das heutige kapitalistische System von wesentlich anderen Triebkräften bestimmt wird als dasjenige der kapitalistischen Frühzeit. Jedes Werturteil über die Entwicklung fällt selbstverständlich aus dem Rahmen dieser Untersuchung. Sie muß sich mit der Feststellung begnügen, daß, gleichviel ob erwünscht oder unerwünscht, die freie Verfügung des Eigentümers über sein Eigentum und damit auch die freie Verfügung des Kapitaleigentümers über sein Kapitaleigentum (Kapital ist ja wirtschaftlich und rechtlich nur eine der Eigentumsformen) durch zahlreiche Bindungen beschränkt ist. Das kommt schon in dem Artikel 153 III der Reichsverfassung zum Ausdruck: „Eigentum verpflichtet. Sein Gebrauch soll Dienst sein am gemeinen Besten." Mag man mit den verschiedenen staatsrechtlichen Theorien die rechtliche Bedeutung dieser Verfassungsnorm wie immer charakterisieren, sie ist jedenfalls Niederschlag des derzeitigen, mindestens des deutschen, Rechtsbewußtseins. Von anderem Gesichtspunkt aus bringt die außerordentliche volkswirtschaftliche und politische Bedeutung des Eigentums als Steuerquelle weitgehende Beschränkungen der privaten Verfügungsfreiheit mit sich, die, mögen sie auch in erster Linie fiskalischen Rücksichten entspringen, in ihrer sozialen und psychologischen Auswirkung doch auch wesentlich dazu beitragen, die Stellung des Unternehmers immer mehr zu der eines Treuhänders der Gesamtheit zu gestalten. Mag der Gewinntrieb des Kapitalisten als noch so wesentlich für die Produktivität der Gesamtwirtschaft und die Rentabilität des Unternehmens als noch so unerläßlich für den Bestand der Wirtschaft anerkannt werden, Gewinntrieb und Rentabilität werden doch in steigendem Umfang nicht mehr als die allein ausschlaggebenden Faktoren wirtschaftlicher Betätigung anerkannt, das volkswirtschaftliche Interesse als das Interesse der Gesamtheit nimmt für sich das Recht entscheidender Mitbestimmung auf die privatwirtschaftliche Initiative in Anspruch. Das gilt sicher nicht nur, wie oft betont wird, für die großen Zusammenballungen wirtschaftlicher Produktivkräfte in Konzernen, Trusts und Mammutgesellschaften vom Typus J. G. Farben, Vereinigte Stahlwerke, Deutsche Bank- und Diskontogesellschaft usw. Schon die

Bestimmungen der Stillegungsverordnung mit ihrer Vorschrift behördlicher Genehmigung für jede Stillegung eines Unternehmens zeigen, daß grundsätzlich nicht und jedenfalls nicht nur die Größenordnung eines Unternehmens maßgebend ist für die Bedeutung, die das heutige Recht ihm im Rahmen der Gesamtwirtschaft beimißt. Führt man all diese in den verschiedenen Einzelgesetzen und auf den verschiedenen Rechtsgebieten [24]) sich ergebenden Einschränkungen des Eigentums auf ihren letzten Sinn zurück, so wird man feststellen müssen: Die Freiheit des Entschlusses besteht grundsätzlich für den Kapitalisten in der Frage, ob und welchen Teil seines Kapitaleigentums er durch die Beteiligung an einer A. G. einem gemeinschaftlichen Zweck, nämlich eben den Gegenstand des Unternehmens, widmet. Hat er diesen Entschluß aber getroffen, ist ein neues Wirtschaftsobjekt durch die A. G. entstanden oder ein bestehendes durch Kapitalerhöhung erweitert, so folgt dieser neue Rechtsträger nicht mehr ausschließlich den Geboten des privaten Eigentümers, der Kapitalisten, sondern weithin eigenen Gesetzen. Er wird nicht mehr ausschließlich von dem privaten Interesse der Aktionäre, sondern weitgehend von dem wirtschaftlichen Interesse der Gesamtheit in seiner Lebensbetätigung bestimmt. Das mag man, je nach der wirtschaftspolitischen Einstellung, begrüßen oder beklagen. Man wird aber die Tatsächlichkeit dieses Sachverhalts in der lebendigen Wirklichkeit des Lebens der A. G. nicht bestreiten können. „Was die kapitalistische Unternehmung als Betriebsorganisation kennzeichnet, ist die Verselbständigung des Geschäfts, das heißt also: die Emporhebung eines selbständigen Wirt-

[24]) Sie sind in weiter Perspektive insbesondere dargestellt von Geiler, Moderne Rechtswandlungen aaO., und in ihrer Auswirkung auf das Aktienwesen im Wandel von Individualismus zum Kollektivismus bei Hachenburg aaO., S. 68 ff., allerdings hier mit einer doch wohl zu schwachen Betonung der gerade auf das kollektive Element und damit auf das Unternehmen hinwirkenden Strömungen. Eine sehr instruktive grundsätzliche Darstellung der „Wandlungen in der Sozialpolitik" bietet Oppenheimer in „Die Arbeit" 1929, Heft 11, S. 711 ff. im Rahmen einer Besprechung der Schrift Heimanns „Soziale Theorie des Kapitalismus", Tübingen 1929.

schaftsorganismus über die einzelnen lebendigen Menschen hinaus, die Zusammenfassung aller neben- und nacheinander sich zeigenden geschäftlichen Vorgänge in einer Wirtschaft zu einer begrifflichen Einheit, die aber dann selbst als der Träger der einzelnen Wirtschaftsakte erscheint und ein eigenes, das Leben der Individuen überdauerndes Leben führt. In der kapitalistischen Unternehmung — dem „Geschäft" als dem Inbegriff der einzelnen Geschäfte — sind die wirtschaftlichen Beziehungen von allem Persönlichen losgelöst; sie sind zu eigenem Leben erweckt. Die einzelnen Wirtschaftsakte werden nicht auf eine bestimmte Person, sondern eben auf ein vom rein wirtschaftlichen Geiste erfülltes Abstraktum, gleichsam auf sich selbst als Ganzes bezogen: die Vermögensbeziehungen sind entpersönlicht, versachlicht"[25]).

β Damit ist von der Seite des Gegenstandes des Unternehmens für die aktienrechtliche Theorie eine grundlegende Einsicht gewonnen. Sie erweitert sich, wenn man, in gleicher Zielrichtung, die Betrachtung auf die andere Seite, die Struktur der gesellschaftlichen Verbundenheit der Aktionäre abstellt.

Der Aktienverein des HGB. ruht auf den Prinzipien der römischrechtlichen Societas. Gleichviel ob man die Rechtsform der A. G. den vereinsrechtlichen Normen unterstellt oder in ihr einen gesellschaftlichen Zusammenschluß eigener Art sieht, in den gesetzlichen Bestimmungen des HGB. über die A. G. im Ganzen und Einzelnen fehlen ausdrückliche An-

[25]) Sombart, Die Ordnung des Wirtschaftslebens, S. 45; vgl. auch Keynes, Das Ende des Laissez-faire, 1926, S. 32 ff. „Keynes meint, wenn auch aus anderen Gedankengängen als Rathenau, daß man das Ende des Laissez-faire mit am charakteristischsten an der Entwicklung der Aktiengesellschaften beobachten könne, die, wenn sie ein gewisses Alter und eine gewisse Größe erreicht hätten, sich mehr dem Status einer öffentlichen Korporation näherten, als dem eines individuellen Privatunternehmens" (Haußmann, Vom Aktienwesen und vom Aktienrecht 1928, S. 30). Bernhard, Entpersönlichung der Wirtschaft, MdW. 1931, S. 24 ff.; Liefmann, Beteiligungs- und Finanzierungsgesellschaften 1923, S. 23 ff.; Landsberger, Der Rechtsgedanke des „Unternehmens an sich" und das neue Aktienrecht, ZBH. 1932, S. 83; Rathenau, Von kommenden Dingen, 84. Aufl., Gesammelte Schriften, Bd. III, insbesondere S. 150 ff.

satzpunkte, die es gestatten, über die Rechtsbeziehungen der Aktionäre zueinander und zu dem Unternehmen grundsätzliche Schlüsse und aus ihnen Folgerungen über die Art der Bindung zu ziehen. Es führt auch nicht sehr viel weiter, wenn man beachtet, daß das HGB. selbst in § 178 die Folgerung aus dem rechtlichen Charakter der A. G. nur insoweit zieht, als es einige Merkmale bezeichnet, die die Organisationsform der A. G. rechtlich charakterisieren und wenn, in wörtlicher Wiederholung dieser Gesetzesbestimmung, § 1 des amtlichen Entwurfs eines Gesetzes über A. G. sie unter die Überschrift „Begriff der A. G." stellt. Es liegt hier eine gesetzliche Begriffsbildung vor, die über das Wesen der im Begriffe vermeintlich erfaßten Rechtsform sachlich nichts Entscheidendes aussagt, sondern nur Merkmale beschreibt [26]). Auch die ausdrückliche Bestimmung des § 39 des amtlichen Entwurfs, daß die A. G. eine juristische Person sei, führt nicht zur Aufhellung ihrer inneren Struktur, zumal auch der Rechtsbegriff der juristischen Person logisch eher den Charakter eines Arbeitsbegriffs hat, d. h. eines zu Zwecken der juristischen Behandlung dienenden und diese erleichternden Begriffs, als den eines Erkenntnisbegriffs, also eines Begriffs, der das Wesen des Gegenstandes zu begreifen, in seinem essentiellen logischen Gehalt zu erfassen sucht. Mag man sich der juristischen Fiktion der juristischen Person bedienen, um damit die rechtliche Grundlage für den der A. G. zustehenden Charakter als selbständigen Träger von Rechten und Pflichten zu gewinnen, über die Art der Verbundenheit der Gesellschafter, die doch die juristische Person erst konstituieren, ist damit kein Aufschluß gewonnen. Es ergibt sich aber schon aus den bekannten Gierke'schen Untersuchungen zur Genossenschaftstheorie, daß jedenfalls nach deutschrechtlicher Auffassung in der Societas, gleichviel welcher besonderen Art und Rechtsform, wesentliche verbandsmäßige Elemente enthalten sind. Sie wirken sich nicht nur aus in den gesellschaftsrechtlichen Verpflichtungen, die den Gesell-

[26]) Vgl. Düringer-Hachenburg, Kom. z. HGB. 3. Aufl. Bd. III Anm. 1 zu § 178.

schaftern im Verhältnis zueinander obliegen. Sie berühren vielmehr wesentlich auch das rechtliche Verhältnis des einzelnen Gesellschafters zur Verbandsperson [27]). Auch bei ihm wird man aber gerade von dem hier vertretenen theoretischen Ausgangspunkt mit einem durch die wirtschaftlich-geistige Entwicklung entstehenden Wandel in der Art der Bindung grundsätzlich rechnen müssen und diese theoretische Einsicht in der Gestaltung der Praxis demgemäß auch bestätigt finden. Es kann keinem Zweifel unterliegen, daß Rechtsprechung und Schrifttum früherer Zeit sich hier von der gegenwärtig herrschenden Rechtsauffassung wesentlich unterscheiden. Wenn früher die Geltendmachung des privaten Interesses des Einzelaktionärs oder einer bestimmten Aktionärgruppe (Mehrheit, Minderheit) als zulässig angesehen wurde, so ist immer mehr und stärker die Einsicht durchgedrungen, daß die hemmungslose Durchsetzung dieses privaten Interesses durch die Rücksicht auf das Gesamtinteresse der Aktionäre einer Einschränkung bedürfe. Es läßt sich feststellen, daß diese Einschränkung immer stärker sich durchgesetzt und den Spielraum des privaten Interesses immer durchgreifender eingeengt hat. Dafür bietet nicht nur die Rechtsprechung, namentlich des R. G., überzeugende Belege [28]). Dieser Wandel des Rechtsbewußtseins tritt insbe-

---

[27]) Vgl. Gierke, Die Genossenschaftstheorie und die deutsche Rechtsprechung, 1887, S. 174 ff.; Deutsches Privatrecht 1895, S. 530 ff. Hierzu die aufschlußreichen Erörterungen bei Bondi, Die Rechte der Aktionäre 1930, S. 110 ff. Matsuda ZHR. 96, S. 244 ff. will die Ergebnisse der Gierke'schen Genossenschaftstheorie für das Aktienrecht nutzbar machen. Im Ergebnis kommt er dabei zu Schlußfolgerungen, die mit den im Text vertretenen Auffassungen übereinstimmen, doch wird die Durchführung seiner Untersuchung dem von ihm erörterten Problem nicht voll gerecht. Vgl. auch Isay, Allgemeines Berggesetz für die preuß. Staaten, I, S. 619 Anm. 5." Das Beste der Gewerkschaft ist nicht identisch mit dem Besten aller derzeitigen Gewerken." „Im Interesse der Gewerkschaft liegt, dauernd das bestmögliche Erträgnis zu erzielen. An bloß augenblicklichen Gewinnen hat die Gewerkschaft als solche kein Interesse." Haußmann, ZHR. 78, S. 417 ff. Vgl. auch die interessanten Entscheidungen Kartellrundschau 1931, 771, Heinsheimer, Über die Teilhaberschaft 1930, S. 16 ff.

[28]) Vgl. einerseits noch z. B. Staub-Pinner, Kom. z. HGB.

sondere in den Erörterungen über die Generalklausel deutlich hervor. Mag man sie als solche, wie z. B. Pinner[29]), ablehnen oder für überflüssig halten, wie Homburger[30]); mag man die Bindung des Aktionärs an das Interesse des Unternehmens ausdrücklich aus ethischen Gesichtspunkten betonen wie das Gutachten des Deutschen Anwaltsvereins zu den Fragebogen des Reichsjustizamts[31]) und damit die Generalklausel befürworten; oder mag man endlich wie Lifschütz[32]) die Gebundenheit der Aktionäre nur im Verhältnis zu den anderen Aktionären, nicht im Verhältnis zur A. G. anerkennen — alle diese verschiedenen Auffassungen bringen doch ein gemeinsames Prinzip zum Ausdruck: Der einzelne Aktionär ist nicht uneingeschränkt frei in der Ausübung seiner Aktionärrechte und Erfüllung seiner Aktionärpflichten. Rechte und Pflichten leiten sich her aus seiner Eingliederung in den Rahmen der A. G. und werden von dieser Eingliederung in Umfang und Richtung entscheidend und wesentlich bestimmt. Es handelt sich bei alledem selbstverständlich nicht etwa um eine neue Rechtsnorm, deren rechtliche Gel-

---

12./13. Aufl. Anm. 31 b zu § 252 HGB. aber auch Anm. 20 zu § 261, andererseits Netter, Probleme des lebenden Aktienrechts S. 23 ff., Hachenburg aaO. S. 107. „Erst in der Rechtsprechung, dann in der Gesetzgebung hat sich eine Ethik des Rechts gegen die Selbstsucht des Einzelnen im Wirtschaftsleben durchgesetzt", ebenso S. 28, 71 und passim, Geiler aaO., S. 176, 182 ff. Haußmann, Bank-Archiv XXX S. 64. Druckschriften des Deutschen Anwaltsvereins „Zur Reform des Aktienrechts", Teil I, S. 151, Teil II, S. 13 f., Homburger „Aufsichtsrat und Bilanzprüfer im neuen Aktienrecht" 1932 Einl. S. VI. Friedländer, Aktienrecht 1932, S. 3, 228 Anm. 4, Lifschütz „Die Generalklausel im Aktienrecht" 1931, S. 42 ff., zuletzt RG. in JW. 1932, 1647 mit Anmerkung von Hachenburg.

[29]) Pinner JW. 1928, 2594 ff.

[30]) Homburger, Neugestaltung des Aktienrechts, 1931, S. 7 u. 63 ff., Aufsichtsrat und Bilanzprüfer, S. 23 ff.

[31]) Druckschriften des DAV. Nr. 20, S. 151. „Auch das Verlangen, daß jeder Gesellschafter sich der Zugehörigkeit zur Gesellschaft bewußt sein soll und seine Sonderinteressen dem Interesse dieser nachstelle, ist ein Stück der Ethik des Rechts."

[32]) Lifschütz Die Generalklausel, S. 37 ff. Flechtheim bei Düringer-Hachenburg Kom. z. HGB. 3. Aufl. Anm. 3 zu § 179 verneint diese Bindung des Aktionärs ohne nähere Begründung.

tung abhängig wäre vom Inkrafttreten des neuen Aktiengesetzes. Vielmehr sind die Formulierungen des Aktiengesetzentwurfs, die den Gedanken der Generalklausel, wenn auch in abgeschwächter Form, in den §§ 86 und 137 des Entwurfs II aufnehmen, nur Versuche, dem Rechtsbewußtsein der Gegenwart durch gesetzliche Fixierung zuverlässigen Ausdruck zu geben. Wenn hier das Verfolgen „gesellschaftsschädlicher Sondervorteile" als Rechtsgrund für einen Schadensersatzanspruch oder für die Anfechtbarkeit von Beschlüssen festgestellt wird, so ergibt sich aus diesem Gebot, das Verfolgen gesellschaftsschädlicher Sondervorteile zu unterlassen, zugleich das positive Gebot, Sonderinteressen zurückzustellen gegenüber dem Interesse der Gesellschaft. Ob man rechtlich diese Folgen aus der Anwendung der bürgerlich-rechtlichen Bestimmung des § 826 BGB. herleitet oder aus der Generalklausel, ist in vielfacher Richtung wesentlich und wichtig, nicht aber für die im gegenwärtigen Zusammenhang zu erörternde Frage der Gebundenheit des Aktionärs, der Einschränkung seiner willkürlichen Entschlußfreiheit zugunsten der A. G. Es ist danach eine durchaus zutreffende Erkenntnis der geltenden Rechtsauffassung, wenn der (erste) Entwurf eines neuen Aktiengesetzes in grundsätzlicher Übereinstimmung mit dem Gutachten des Deutschen Anwaltvereins in der Erläuterung ausführt:

> „Von diesem Gedanken ausgehend, erkennt der Entwurf den in der Rechtsprechung entwickelten Grundsatz als berechtigt an, daß die Interessen des Unternehmens als solchen ebenso schutzbedürftig sind wie das individuelle Interesse des einzelnen Aktionärs. Bei sachgemäßer Verwaltung des Unternehmens und richtiger Einstellung der einzelnen Aktionäre gibt es in Wahrheit einen Interessengegensatz zwischen dem Unternehmen und seinen Aktionären nicht" [33]).

Freilich zeigt gerade diese Äußerung der amtlichen Stel-

---

[33]) Entwurf eines Gesetzes über die Aktiengesellschaften und Kommanditgesellschaften auf Aktien, veröffentlicht vom Reichsjustizministerium Berlin 1930, S. 94.

len, daß sie neben dem Interesse des Unternehmens auch das individuelle Interesse des Aktionärs anerkennen. Das Problem besteht aber, jedenfalls für die Praxis und damit zugleich für die theoretische Erkenntnis, gerade darin, wie diesen beiden Interessen Rechnung getragen werden kann oder, anders ausgedrückt, wie im Falle des Konflikts beider Interessen zu entscheiden ist. In dieser Hinsicht wird man nun in der geltenden Rechtsauffassung ein Vordringen des Interesses des Unternehmens und damit zugleich ein Zurücktreten des Individualinteresses festzustellen haben, nicht nur im Schrifttum, sondern auch in der Rechtsprechung. Es wird dies ohne weiteres verständlich, wenn man die Strömungen beachtet, auf die im Zusammenhang früherer Erörterungen über die Versachlichung und Objektivierung des Gegenstands des Unternehmens hingewiesen wurde. Sie können sich in ihrer Auswirkung, da sie von allgemeinen wirtschaftlichen und geistigen Elementen des Zeitbewußtseins geformt und bestimmt werden, nicht nur auf den Gegenstand des Unternehmens beschränken, sie müssen sich vielmehr ebenso, von der anderen Seite betrachtet, geltend machen im Einfluß auf die Struktur der Verbundenheit der Aktionäre. Wie sie dort ein selbständiges Rechtsgut in dem Unternehmen entstehen lassen, das den Gegenstand der einzelnen A. G. bildet, so bilden sie im Verhältnis der Aktionäre zueinander und zu dem Unternehmen Wertmaßstäbe, an denen gemessen das Sonderinteresse des Aktionärs im zunehmenden Maße zurücktritt gegenüber dem Interesse, das die Gesamtheit der Gesellschaftsaktionäre hat und das in dem Unternehmen verkörpert ist.

5. Wenn man versuchen will, zur Förderung der zurzeit dogmatisch und methodisch noch wenig geklärten aktienrechtlichen Theorie vom Unternehmen an sich beizutragen, so wird der weite Umweg, der hier beschritten wurde, nicht zu vermeiden sein. Man muß erst Klarheit schaffen, welche Aufgabe einer aktienrechtlichen Theorie gestellt werden kann und soll und welche Funktion ihr im Bereich der rechtswissenschaftlichen Erkenntnis zuzusprechen ist. Da dieser Versuch bei dem heutigen Stand der Dinge von einer anerkann-

ten, geschweige denn herrschenden, rechtsphilosophischen Grundlage nicht ausgehen, eine solche Grundlage aber andererseits nicht entbehren kann, wenn er nicht der Gefahr der Subjektivität und des Mißverständnisses unterliegen will, so bleibt eben nichts übrig, als die methodologische Grundauffassung, von der er ausgeht, ausführlich darzulegen und zu entwickeln. So ergibt sich dann, daß die Aufgabe der Theorie nur gefunden werden kann in der Durchleuchtung der Praxis. Die Theorie des Aktienrechts kann so wenig wie irgend eine wissenschaftliche Erkenntnis auf begriffliche Erfassung des von ihr untersuchten Sachverhalts verzichten. Ihre Begriffe bedingen aber die Lebensnähe, die uns gesichert bleibt, wenn die theoretische Erkenntnis die begriffliche Spiegelung des wirklichen Lebens bietet. Sie bedarf der Anschauung und der engen Verbindung mit dem Stoff, um die in ihm wirksame Idee zu finden. Sie wird dabei die volle Auflösung des Lebens in den Begriff nie erreichen, sondern sich damit abfinden müssen, daß im letzten Sinne alles Geschehen einen irrationalen Charakter hat; was nichts anderes besagen will, als daß es der begrifflichen Erfassung nicht restlos zugängig ist. Für die aktienrechtliche Theorie ergibt sich daraus eine negative und eine positive Folgerung: Negativ in der Einsicht, daß eine Konstruktion aus Begriffen des Gesetzes oder der Wissenschaft zur Erkenntnis des Wesens der A. G. nicht führen kann, wenn und insoweit ihr die Anschauung und die enge Verbindung mit der praktischen Wirklichkeit fehlt. Positiv in der Notwendigkeit, das lebendige Geschehen zu beobachten, es verstehend zu durchdringen und es gestaltend zu formen. Nichts anderes will und kann daher die Theorie des Unternehmens an sich besagen, als daß sie in dem, was sie als „Unternehmen an sich“ bezeichnet, ein gestaltendes Prinzip erkannt zu haben glaubt, aus dem sich die einzelnen Lebensfunktionen der Aktiengesellschaft, wie wir sie in der Wirklichkeit vor uns sehen, erfassen und „richten“, das will heißen auf ein Grundprinzip zurückführen lassen. Ist diese Erkenntnis richtig, so muß die Richtigkeit sich darin bewähren, daß sie den Maßstab liefert, um mit ihm die einzelnen aktienrechtlichen Probleme in einheitlichem Sinne zu ordnen und systematisch zu erfassen.

So ergibt sich für die weitere Erörterung eine doppelte Aufgabe: Sie wird einmal, von der Grundlage der bisher entwickelten methodischen Einsicht aus, dogmengeschichtlich die Entwicklung der Theorie vom Unternehmen an sich näher zu untersuchen und dabei gleichzeitig auf die Klärung ihres rechtlichen Gehalts hinzuwirken haben (II). Sie wird dann die Probe aufs Exempel zu machen haben dadurch, daß sie von der systematischen Grundlage aus wenigstens einige der wichtigsten aktienrechtlichen Probleme behandelt (III).

II. Zur Dogmatik und Dogmenkritik des aktienrechtlichen Unternehmensbegriffs.

1. Der Unternehmensbegriff hat in der neueren Rechtswissenschaft zunehmende Bedeutung erlangt. Insbesondere auf dem Gebiet des Handelsrechts wird vielfach versucht, die Systematik auf dem Begriff des Unternehmens aufzubauen. Einer der besten Kenner der neuzeitlichen Rechtsentwicklung ist der Ansicht, daß „der Unternehmensbegriff vielleicht dazu berufen ist, der dominierende Begriff bei dem Neubau der Privatrechtsordnung zu werden" [34]).

[34]) Hedemann, „Das bürgerliche Recht und die neue Zeit", S. 17, ähnlich Schreiber, Grundgedanken zum System eines künftigen Handelsrechts, Veröffentlichungen der Vereinigung der Handelsrechtslehrer deutscher Hochschulen, H. 1, der für den Fall einer künftigen gründlichen Reform des Handelsrechts das „Handelsunternehmen" als die neue systematische Grundlage, den neuen zentralen Bezugspunkt seiner Normen bezeichnet. Vgl. im übrigen das Schrifttum:

Pisko, Das Unternehmen als Gegenstand des Rechtsverkehrs 1907. Rud. Isay, Das Recht am Unternehmen, 1910. Pisko, Das kaufmännische Unternehmen, in Ehrenbergs Handbuch des gesamten Handelsrechts, Bd. 2, S. 195—462, 1918. Eugen Rosenstock, Vom Industrierecht (Festgabe für Xaver Gretener) 1926. E. Rosenstock, Lebensarbeit in der Industrie, 1926. Oppikofer, Das Unternehmensrecht, 1927. Karl Wieland, Handelsrecht, Bd. 1, S. 143 ff., 1921. Erwin Jacobi in Leipziger Festschrift für Ehrenberg, Eckardt, ZHR. 94, H. 2/3.

Passow, Betrieb, Unternehmung, Konzern, 1925.

Jessen, Unternehmen und Unternehmensrecht. ZHR. 96, H. 1.

Für die aktienrechtliche Theorie ist indessen vorweg zu berücksichtigen, daß das grundlegende methodische Prinzip, wonach die Methode sich nach dem Gegenstand der Erkenntnis richten muß, auch für die Abgrenzung des aktienrechtlichen Unternehmensbegriffs gegenüber sonstigen rechtlichen Verwendungsmöglichkeiten des Begriffs des Unternehmens gelten muß. Diese Abgrenzung muß sich richten nach dem stofflichen Substrat, das Gegenstand der rechtlichen Erkenntnis sein soll. Dieses Substrat ist im allgemeinen Zivilrecht ein anderes wie im Handelsrecht, dieses als Ganzes betrachtet, ein anderes im Arbeitsrecht, im öffentlichen Recht, im Steuerrecht. Für die aktienrechtliche Theorie gilt es, dasjenige rechtsgestaltende Prinzip zu finden, das, richtig erkannt, aus den Erscheinungsformen der Aktiengesellschaft im wirtschaftlichen Leben im Wege der logischen Analyse ermittelt wird. Die Abgrenzung liegt somit in dem Stoffgebiet. Die juristische Erkenntnis des Aktienwesens muß auf dasjenige Prinzip abstellen, das die Gestaltung des Aktienwesens bewirkt und in ihr lebendig ist. Aus diesen grundsätzlichen Erwägungen ergibt sich, daß die umfangreichen Untersuchungen, die im juristischen Schrifttum dem Begriff des Unternehmens gewidmet worden sind, für die hier interessierenden Fragen ohne wesentliche Bedeutung sind. Will die rechtliche Erkenntnis zu systematischen Prinzipien des gel-

---

Callmann, Der Unternehmensbegriff im gewerblichen Rechtsschutz. ZHR. 97, H. 2/3.

Müller-Erzbach, Deutsches Handelsrecht, 2. u. 3. Aufl., 1928, S. 71 ff.

Nipperdey, Die Frage des Schutzes des Unternehmens nach § 823 Abs. 3 BGB. Beiträge zum Wirtschaftsrecht, Bd. II, S. 445 ff., 1930.

M. Wolff, Über einige Grundbegriffe des Handelsrechts, Festgabe für Gierke, 1910.

Müller-Erzbach, Die Erhaltung des Unternehmens, GZ. 61, 357 ff.

Derselbe, Der Schutz der Unternehmerarbeit, GZ. 64, 530 ff.

Geller, Das Unternehmen und seine Beziehung zu Firma, Schild und Warenzeichen, 1913.

Derselbe, Die Stellung des Unternehmens im bürgerlichen Recht, Zbl. f. d. jur. Praxis 1913, S. 461 ff.

Nußbaum, Zbl. f. d. jur. Praxis, 1908—1910.

tenden Aktienrechts vordringen, so muß sie bei der dogmatischen Prüfung des Schrifttums sich nur mit den Theorien befassen, die in gleicher Einstellung das gleiche Ziel erstreben oder diesen Versuch bekämpfen[35]). Hier nun ist

[35]) Rathenau, Vom Aktienwesen. Eine geschäftliche Betrachtung, 1917.

Haußmann, JW. 1927, 2953 ff.

Haußmann, Vom Aktienwesen und vom Aktienrecht, 1928 (zitiert Aw.).

Haußmann, Gesellschaftsinteresse und Interessenpolitik, Bk. Arch. XXX, 57, 86 (zitiert Bk. Arch.).

Eine im Erscheinen begriffene, mir freundlicherweise zugängich gemachte Arbeit „Der allgemeine Anfechtungstatbestand („Generalklausel") im Aktienrecht und im Recht der Berggewerkschaft" konnte leider nicht mehr berücksichtigt werden.

Bericht der durch den 34. Juristentag zur Prüfung einer Reform des Aktienrechts eingesetzten Kommission, 1928.

Nußbaum, Aktionär und Verwaltung, 1928.

Solmssen, Probleme des Aktienrechts, 1928.

Wertheimer, Entwicklungstendenzen im deutschen Privatrecht, 1928.

Druckschriften des Deutschen Anwaltsvereins Nr. 22. Zur Reform des Aktienrechts, 1929.

Entwurf eines Gesetzes über Aktiengesellschaften und Kommanditgesellschaften auf Aktien. Veröff. durch das Reichsjustizmin., 1930.

Köln. Zeitung, Die Reform des Aktienrechts, 1930.

Krey, Treibende Kräfte. Rechts-, sozial- und wirtschaftspolitische Grundzüge der Aktienrechtsreform. Rhein- u. Ruhr-Wirtschaftsztg. 24. 12. 30, S. 1633.

Ludewig, Hauptprobleme der Reform des Aktienrechts, 1929.

Netter, Probleme des lebenden Aktienrechts, 1929.

Passow, Jahrb. f. Nationalökonomie, 75. Bd., H. 6, 1929.

Bondi, Die Rechte der Aktionäre, 1930.

Heilbrunn, Zur Reform des Aktienrechts, 1930.

Netter, ZBH. 1931, 1 ff., 37 ff., 59 ff.

Nord, Grundlinien der Machtverteilung zwischen Verwaltung und Aktionären, 1930.

Passow, Der Strukturwandel der Aktiengesellschaft, 1930.

Welter, Der Aktienrechts-Entwurf. Sonderdruck aus der Frankf. Ztg. 1930.

Brodmann, Die Sanierung unseres Aktienwesens, 1931.

Goldschmidt, Die Generalklausel. Festgabe zum 24. Dt. Anwaltstag, 1929.

Lifschütz, Die Generalklausel im Aktienrecht, 1931.

Vogelstein, Die Aktiengesellschaft und der Mythos der Unternehmung. Dt. Volkswirt, 1931, S. 741.

festzustellen, daß die Dogmengeschichte des aktienrechtlichen Unternehmensbegriffs von verhältnismäßig geringem Umfang ist.

2. Die Theorie des aktienrechtlichen Unternehmens an sich taucht erstmals auf bei Haußmann in seiner Schrift „Vom Aktienwesen und vom Aktienrecht". Ungefähr gleichzeitig wird sie erwähnt in dem Bericht der Kommission des 34. Juristentages. Es scheint, daß der letztere sich in seinen Auseinandersetzungen mit dieser Theorie auf die Äußerungen von Haußmann stützt, wie aus dem zeit-

---

Weisbart, Der Schutz des Unternehmens im Aktienrechtsentwurf. ZBH. 1931, 161.

Wilmersdoerffer, Treuhand und Treupflicht im Wirtschaftsrecht. LZ. 1931, 1417.

Geiler, Moderne Rechtswandlungen auf dem Gebiete des Privatrechts. Beiträge zum Wirtschaftsrecht. Bd. 1, S. 173 ff., 1932.

Bonn, Kapitalismus oder Feudalismus? 1932.

Düringer-Hachenburg, Handelsgesetzbuch. III. Bd. 1. Lieferung. Die Aktiengesellschaft im Leben der Wirtschaft u. §§ 178—183, 1932.

Homburger, Aufsichtsrat und Bilanzprüfer im neuen Aktienrecht, 1932.

Matsuda, Kollektivismus und Individualismus im Aktienrecht. ZHR. 96, S. 239.

Nußbaum, Zur neueren Entwicklung der Lehre vom Unternehmen. Beiträge zum Wirtschaftsrecht. Bd. 2, S. 492 ff., 1932.

Leitz, Publizität der Aktiengesellschaft, Bretten 1930.

Delmonte, Die neue Aktiengesellschaft, Voss. Ztg. 1928 Nr. 238, 1930 Nr. 216.

Weißbarth bei Ring-Schachian, Die Praxis der Aktiengesellschaft, 1929, S. 472.

Göppert, Bank-Archiv 1930, 26; Kracauer, Die Angestellten, 1930.

Sinzheimer, Der Mensch im Arbeitsrecht, JW. 30, 3078; Schmidt, Verhandlungen des 36. Juristentages, Bd. I, Lieferung 1, S. 152 ff.; Callmann, Der unlautere Wettbewerb, S. 26.

F. Marx, Die Bedeutung der Interessenkollision für das Aktienstimmrecht, Heidelberg 1927.

F. Marx, Ein Vorschlag zur Reform des Aktienrechts auf der Grundlage des Persönlichkeitsprinzips, ZBH. 1926, 349.

Spier, Das Unternehmen an sich als Prinzip einer Reform des Aktienrechts, ZBl. f. Aktienwesen, 1929, S. 153.

Landsberger, Der Rechtsgedanke des „Unternehmens an sich" und das neue Aktienrecht, ZBH. 1932, S. 79.

lichen Zusammenhang wahrscheinlich ist[36]). Wenn daher von Haußmann auszugehen ist als dem ersten Autor, der sich mit der angeblich Rathenauschen Theorie des „Unternehmens an sich" auseinandergesetzt hat, so muß festgestellt werden, daß die Äußerungen von Haußmann[37]), die Rathenau als den ersten Autor dieser Theorie bezeichnen, sich — wie Haußmann selbst anerkennt und wie Passow mit Recht bemerkt[38]) — nicht auf eine von Rathenau selbst gewählte Prägung stützen, sondern mit dieser begrifflichen Formulierung den Rathenauschen Äußerungen diejenige Formulierung geben, die nach Ansicht Haußmanns die Rathenausche Auffassung zutreffend charakterisiert. Dies nötigt somit zu der Prüfung, ob und inwieweit dieses Verfahren Haußmanns dogmengeschichtlich gerechtfertigt ist, d. h. also, welches der eigentliche Inhalt der Rathenauschen Darlegungen ist. Dabei zeigt sich, daß Haußmann die Darlegungen Rathenaus in einer Perspektive sieht, die dem Sinn und Inhalt der Rathenauschen Auffassung nicht gerecht wird. Offenbar geht Haußmann von der an sich naheliegenden Auffassung aus, es müßte die Rathenausche Schrift „Vom Aktienwesen"[39]) gewürdigt werden in Zusammenhang mit Rathenaus stark gemeinwirtschaftlich beeinflußter Wirtschaftsauffassung. Als wesentliche Stütze für diese Auf-

[36]) Vgl. dazu Haußmann, JW. 1927, 2953 (der Artikel ist nur ein Auszug aus dem Werk „Aw.").

Haußmann, Aw., S. 14, 18, 23 und passim, Bericht des 34. Juristentags, S. 6: „Den neuen Typus aufzunehmen, den W. Rathenau in dem ‚Unternehmen an sich' gegenüber der Mehrheit der Aktionäre vorgeschlagen hat, lag auch für die Kommission keine Veranlassung vor." Die Kommission hat ihre Sitzungen abgehalten am 4. Dezember 1926, 17. Dezember 1927, 9. und 10. März 1928, 3. und 4. Mai 1928. Haußmanns „Aw." erschien 1928 auf der Grundlage eines im März 1927 gehaltenen Vortrags in der Juristischen Gesellschaft in Wien.

[37]) Das gilt gleichmäßig von allen Äußerungen Haußmanns zu diesem Thema, also sowohl von JW. 1927 als Aw. und BkArch.

[38]) Haußmann, BkArch. S. 58, Anm. 3, Passow, Strukturwandel, S. 3 Anm. 2. Landsberger, aaO., S. 79.

[39]) Rathenau, Vom Aktienwesen. Eine geschäftliche Betrachtung. Berlin 1917.

fassung Rathenaus vermag Haußmann nur das Zitat aus der Schrift von Rathenau zu bringen, Rathenau lenke bei seinen Äußerungen „seinen Blick von der Aktiengesellschaft zur Gemeinwirtschaft. Weder unsere Wirtschaftsordnung, noch die Form unserer Unternehmungen, noch die Verfassung unseres Aktienwesens betrachtet er als etwas endgültiges. Diese Dinge scheinen ihm vor einem Umschwung zu stehen und er bemüht sich hier „Künftiges“ anzudeuten“ [40]).

Auf Grund dieses Zitats und damit nach Haußmanns Darlegung der wichtigsten Belegstelle für die angeblich gemeinwirtschaftliche Auffassung Rathenaus läßt sich die von Haußmann gezogene Schlußfolgerung nicht halten. Im übrigen versucht Haußmann den Beweis dafür, daß Rathenaus Schrift auf gemeinwirtschaftlichen Gedankengängen beruhe, lediglich zu führen durch Zitate gelegentlicher Bemerkungen von Rathenau. So führt Haußmann an, Rathenau betrachte die Großunternehmung als einen nationalwirtschaftlichen Faktor, der sein eigenes Leben führe [41]). Das ist zweifellos richtig, be-

[40]) Rathenau aaO., S. 31, Haußmann Aw., S. 14; vgl. dazu auch Aw. S. 7: „... vielleicht der Grundfehler dieser Schrift eine zu ausgesprochene Vermengung aktienrechtlicher Probleme mit allgemeinen wirtschaftlichen und wirtschaftspolitischen Idealen ist. Der Versuch, von der Erörterung der Aktiengesellschaften auf die Idee der Gemeinwirtschaft überzuspringen und in diese das Wesen der modernen Aktiengesellschaft einzugliedern, erscheint mehr als bedenklich.“

Aw. S. 27: „Es ist der Grundfehler seiner Betrachtungen über das Aktienwesen, daß ihm auch die Aktiengesellschaft letzten Endes nur als eines der wesentlichen Instrumente erscheint, mittels deren er eine bestimmte Wirtschaftsauffassung zur praktischen Geltung zu bringen versucht.“

BkArch. S. 62: „Gemeinwirtschaftlich gedacht ist in erster Linie die Idee des ‚Unternehmens an sich‘, so wie es sich in der Ideologie von Rathenau darstellt.“

BkArch. S. 63: „Für die Erkenntnis der Bedeutung der Rechtsform der Aktiengesellschaft als solcher kommt es jedenfalls, was in den Rathenau'schen Gedankengängen verschwimmt, darauf an, Tatsachen von Ideologie zu scheiden.“

[41]) Rathenau aaO., S. 38, Haußmann Aw. S. 14. Das Zitat ist von Haußmann nicht ganz zutreffend wiedergegeben, Rathenau

sagt aber ebenso zweifellos nichts für gemeinwirtschaftliche Gedankengänge. Diese im Jahre 1917 geäußerte Ansicht ist nach dem zwischenzeitlichen Schicksal der deutschen Wirtschaft eine Selbstverständlichkeit von so zweifelsfreier Richtigkeit, daß es darüber einer weiteren Erörterung nicht bedarf. Hieraus den Schluß zu ziehen, daß Rathenau nicht Tatsachen, sondern Ideologien biete [42]), ist sicherlich nicht gerechtfertigt.

Das vorher Gesagte gilt schließlich auch für einen Rathenauschen Gedankengang, den Haußmann besonders kritisiert. Haußmann erwähnt das von Rathenau gegebene Beispiel der Deutschen Bank, in dem Rathenau darauf hinweist, daß, wenn etwa die Deutsche Bank aus privatwirtschaftlichen Gründen in der Generalversammlung einen Beschluß auf Auflösung fassen würde, der Staat sofort würde eingreifen müssen, um das Institut zu erhalten. Auch dieses wird man weder als einen Ausfluß von Ideologie noch einen solchen von gemeinwirtschaftlicher Anschauung ansehen dürfen, was sich aus den schmerzlichen Erfahrungen der Zwischenzeit ebenfalls von selbst ergibt. Die Auffassung Haußmanns, der Staat würde „in solchen Fällen schwerlich die Aufgabe in sich fühlen, womöglich unter finanziellen Opfern einer wirtschaftlich notwendigen Entwicklung sich in den Weg stellen“ [43]) ist jedenfalls durch die Praxis der Zwischenzeit mehr als widerlegt worden.

Haußmann zitiert als Abschluß der Rathenauschen Äußerungen dessen Darlegung, aus der sich die Theorie des „Unternehmens an sich“ offenbar ergeben soll.

„Auch dem Wesen der Unternehmung wird nicht die Verstärkung des privatwirtschaftlichen Gedankens beschieden sein, sondern bewußte Einordnung in die Wirtschaft der Gesamtheit, die Durchdringung mit dem Geiste der Gemein-

---

betont lediglich die allgemein wirtschaftliche Bedeutung der Großunternehmung.

[42]) Haußmann, BkArch. S. 63, vgl. Anm. 40. Vgl. dazu auch Landsberger, aaO., S. 80 ff.

[43]) Haußmann, Aw., S. 43; Rathenau, aaO. S. 39..

verantwortlichkeit und des Staatswohls" [44]). Er glaubt daraus den Schluß ziehen zu dürfen, Rathenau sähe danach in der A. G. „ein in sich geschlossenes Gebilde, das entsprechend theoretischen Überzeugungen wandlungsfähig ist, zwar jetzt noch vom Mehrheitswillen regiert wird, aber letzten Endes zu formen ist nach der Idee der Gemeinwirtschaft" [45]). Auch hier wird man sagen müssen, daß die Ansicht in dem vorerwähnten Zitat aus Rathenau, mit dem dieser seine Darlegungen schließt, für die heutige Auffassung als selbstverständlich zutreffend keiner weiteren Erörterungen mehr bedarf. Würde das, wie Haußmann anzunehmen scheint, „die Idee der Gemeinwirtschaft" sein, dann würden wir in der Tat im Aktienwesen heute mitten in der Gemeinwirtschaft stehen. Das trifft nun gewiß nicht zu. Ebenso wenig trifft es danach also zu, daß die Rathenausche Auffassung ein Ausfluß seiner gemeinwirtschaftlichen Einstellung und deshalb nur ideologisch zu werten sei. Sie hat vielmehr, wie die vorstehenden Hinweise ergeben, die zwischenzeitliche Entwicklung vollkommen richtig und zutreffend gesehen. Schon durch diese wirtschaftliche Entwicklung der Nachkriegsjahre wird also die Auslegung, die Haußmann der Rathenauschen Auffassung gibt, widerlegt.

Vielleicht ist die mißverständliche Auffassung Haußmanns hinsichtlich der Rathenauschen Darlegungen auch nicht unbeeinflußt von Haußmanns grundsätzlicher Einstellung [46]). Persönlich steht Haußmann offenbar jedem staatlichen Eingriff ablehnend gegenüber [47]). Das

---

[44]) Haußmann, Aw., S. 14; Rathenau, aaO. S. 62.

[45]) Haußmann, Aw., S. 14 unten, S. 15 oben.

[46]) Vgl. Haußmann, Aw., S. 1: „Die Frage, was wesentlich zu erachten ist, ist ein Problem, das im Persönlichen wurzelt."

[47]) Haußmann, Aw. S. 46 spricht von der Umformung „des in der AG. verkörperten kapitalistischen Prinzips".

Haußmann, BkArch. S. 60: „Die A. G. hat in erster Linie die Aufgabe, Erträge zu erzielen und zu verteilen"; ebenda, S. 61: „Dieser allgemeinen volkswirtschaftlichen Grundlage — (Ertragsstreben als regelndes Prinzip für die Wirtschaftsordnung) — entspricht auch — jedenfalls heute noch — die juristische Grundstruktur der A. G. ... Hierin liegt zugleich auch die Rechtfertigung des ‚Ertragsstrebens' unter allgemeinen

mag dann, vom wirtschaftspolitischen in das rechtsmethodische übersetzt, sehr leicht zu einem Standpunkt führen, der der rechtlichen Entwicklung, die in die Richtung der Gemeinverantwortlichkeit geht, nicht allzu freundlich gegenübersteht und somit dazu neigt, sich gegen sachlich unerwünschte juristische Konsequenzen durch Aufrichtung methodischer Prinzipien zu schützen.

3. Sie widerlegt sich aber auch, wenn man auf die Äußerungen Rathenaus selbst quellenmäßig zurückgeht. Rathenau nennt seine Schrift „Eine geschäftliche Betrachtung". Daß in ihr volkswirtschaftliche Einsichten und wohl auch wirtschaftspolitische Überzeugung gelegentlich Ausdruck finden, zeigt der vorstehende Hinweis. Aber das ist doch nur gelegentlich der Fall. Bestimmend für das, was Rathenau darlegen will, sind diese gelegentlichen Äußerungen in keiner Weise. Um das nachzuweisen, bedarf es nur einer kurzen Zusammenfassung dessen, was den Inhalt der Rathenauschen Schrift bildet. Sie ist, wie schon aus dem Untertitel als „geschäftliche Betrachtung" sich ergibt, durchaus nicht etwa ein Teil eines bestimmten wirtschaftspolitischen Systems. Sie will vielmehr lediglich Erfahrungen eines an leitender Stelle des Wirtschaftslebens tätigen Mannes über das Aktienwesen darstellen. Das rechtliche Prinzip, auf dem Rathenau aufbaut, ist die von ihm sogenannte „Substitution des Grundes". Er versteht darunter die Erscheinung, daß eine menschliche Einrichtung ihren

---

Gesichtspunkten. Denn das Prinzip des wirtschaftlichen Ertragsstrebens gewährleistet zugleich die größtmögliche Wirtschaftlichkeit der Unternehmungen." Ebenda, S. 65 spricht Haußmann von dem „ordnenden, nicht fördernden Eingreifen des Staates, soweit dies unbedingt notwendig erscheint, und soweit es das wirtschaftliche Ertragsstreben nicht ertötet oder auch nur entscheidend hemmt."

Ebenso: Vogelstein, Dt. Volkswirt 1931, S. 741: „Die A. G. ist eine Assoziation von Kapitalisten zum Geldverdienen, nicht eine Gesellschaft zur Förderung des Fortschritts auf dem Gebiete der Elektrizität oder zur Hebung der Gesundheit durch Pillen."

Krey, aaO. S. 1637: „Not und Mißstand zu heben, ist nicht Aufgabe des Gesetzgebers, sie ist Aufgabe des Wirtschaftspolitikers und sie ist Aufgabe der Rechtsprechung." Dagegen betont Landsberger, aaO., S. 83 die erfolgte Wandlung des Ertragsstrebens.

Namen und einzelne Züge ihrer ursprünglichen Wirksamkeit behält, obgleich unmerklich ihre Voraussetzungen, häufig ihre Ziele und ihr inneres Wesen sich geändert haben [48]). So kommt es ihm lediglich auf den Nachweis an, daß im Aktienwesen diese Substitution des Grundes wirksam geworden ist. Er legt das dar hinsichtlich der Stellung des Aufsichtsrats (S. 13—23) und der veränderten Bedeutung der Hauptversammlung (S. 23—37). Wenn Rathenau im Rahmen dieser Ausführungen das Aktienwesen, so wie er es schildert, in einen schroffen Gegensatz stellt zu dem Aktienrecht, wie es nach seiner Meinung den Gerichten, Rechtslehrern und Zeitungen erscheint [49]), so ist das zwar bei einem Manne von

[48]) Rathenau, aaO., S. 8.

[49]) Vgl. z. B. Rathenau aaO., S. 14: „Seltsam berührt es, wenn aus den Urteilssprüchen höchster Gerichte hervorgeht, daß richterlichen Autoritäten dieser ganze Sachverhalt... unbekannt ist, daß sie vielmehr davon überzeugt sind, jedes Aufsichtsratsmitglied müsse von allen wichtigen Geschäften nicht nur Einsicht genommen, sondern beratend dabei mitgewirkt haben." Ebenso aaO., S. 29.

In Bezug auf die Auskunftspflicht vgl. S. 30: „Angesehene Rechtslehrer verlangen jede denkbare Auskunftserteilung auch an die Minderheit der souveränen Versammlung, gleichviel, aus wem diese Minderheit besteht, und gleichviel, ob das Unternehmen, das nun einmal ein Erwerbsunternehmen ist und allen seinen Aktionären ‚gehört', geschädigt wird." Ebenso S. 34: „Weiter schärft man der Verwaltung ein, sie sei jeder Minderheit, wo nicht gar jedem Anwesenden, jegliche Auskunft schuldig, ohne prüfen zu dürfen, in wessen Interesse sie verlangt werde, und ob ihre Preisgabe dem Unternehmen schädlich sei."

In Bezug auf die Reservenbildung vgl. S. 35: „... innere Rückstellungen dürfen nicht gemacht werden, ohne daß jeweils die ausdrückliche Genehmigung eingeholt werde, insbesondere aber habe grundsätzlich die Norm zu gelten, daß eigentlich alles, was verdient sei, ausgeschüttet werden müsse, denn es brauche sich niemand das Erträgnis seines eigenen Geschäftes vorenthalten zu lassen."

Ebenso S. 41: „Von allen diesen Dingen scheinen diejenigen Publizisten und Rechtslehrer nichts, aber auch gar nichts zu wissen, die... den privatrechtlichen Anspruch des Einzelaktionärs auf Ertrag und freie Verfügung als alleinige Richtlinie für Gesetz und Praxis gelten lassen."

S. 56: „Rechtslehrer und Publizisten, Kleinaktionäre und Unbeteiligte... erklären: die Geschäfte sind so zu führen, die Bilanzen und Rechenschaftsberichte sind so aufzustellen, daß zu jeder Zeit jedem Beteiligten der volle Vermögensstand des Unternehmens unter Aufführung aller Rückstellungen und Vorsichtsbewertungen ersichtlich ist. Von Rechts wegen dient mithin der unverkürzte Jahresertrag nach Absetzung not-

der Bedeutung Rathenaus recht merkwürdig, da es juristisch unzutreffend ist, aber nicht wesentlich für den Zusammenhang, auf den es hier ankommt.

Ebenso ist für seine grundsätzliche Einstellung die Frage ohne entscheidende Bedeutung, ob die Schilderung der Aktionärtypen, die er vornimmt und mit der er die Änderung in der Struktur beweisen will, zutreffend oder erschöpfend ist [50]). Gewiß sind das wesentliche Fragen, aber keine Fragen, die die grundsätzliche Einstellung berühren, gleichviel ob sie von Rathenau richtig oder falsch beantwortet sind.

Rathenau zieht aus seinen Darlegungen den Schluß, daß die Mehrheit gegen die Minderheit geschützt werden muß und erhärtet dieses im wesentlichen mit der Darlegung der nach seiner Auffassung rechtlich gebotenen Dividendenpolitik der A. G., die das Zurückhalten der verdienten Erträge im Interesse der dauernden Erhaltung der Unternehmung gebietet [51]). Darauf kommt es ihm offensichtlich ausschlaggebend an. Er lehnt es dabei aber ausdrücklich ab, solange die gegenwärtige Rechtsordnung besteht „aus dem veralteten Mechanismus willkürlich Teile herauszubrechen und durch Konstruktionen zu ersetzen, die einem anderen, erdachten Mechanismus angehören“ [52]). Kern seiner Darlegung ist offenbar der Beweis dafür, daß „solange das Gebilde (die A. G.) in seiner jetzigen Form besteht, haben wir es gegen Zerstückelung durch privatinteressierten Partikularismus zu schützen, gleichviel ob hierdurch gelegentliche spekulative Absichten durchkreuzt werden; wir haben vor allem seine Lebensbedingungen zu prüfen und dafür zu sorgen, daß diese ohne gewaltsame Verletzung der Rechte

---

dürftiger Abschreibungen zur Ausschüttung an die Aktionäre; nur ausnahmsweise und aus besonderen Gründen kann die Hauptversammlung die Einbehaltung gewisser Rückstellungen genehmigen; über ihre Verwendung ist öffentlich Rechnung zu legen.“ Vgl. dazu auch Flechtheim, Enquete-Bericht, S. 10 ff.

[50]) Vgl. Rathenau, aaO., S. 26 ff.

[51]) Rathenau, aaO., S. 30, 31, 35, 56 ff.

[52]) Rathenau, aaO., S. 31.

Einzelner zum Wohle der Gemeinschaft erhalten bleiben“ [53]).

Die vorstehend wiedergegebenen Gedankengänge der Rathenauschen Schrift sind umrahmt von allgemein geschäftlichen Betrachtungen über die technische und wirtschaftliche Entwicklung der Großunternehmungen, Gedankengänge, die ebenfalls in dem hier vorliegenden Zusammenhang nicht interessieren.

Der juristische Kern der Rathenauschen Darlegungen läßt sich mithin dahin zusammenfassen, daß er im Interesse der dauernden Erhaltung des Unternehmens und der volkswirtschaftlichen Bedeutung des Großunternehmens die Mehrheit der A. G. gegen ungezügelten privatwirtschaftlichen Eigennutz der Minderheit schützen will. So erkennt er in der Tat das Unternehmen als ein selbständiges Rechtsgut an. Er findet damit eine Formulierung, die nicht nur die heutige Praxis und einen wesentlichen Teil der Theorie, wie noch darzulegen sein wird, beherrscht, sondern zeigt damit auch zugleich, wie vollkommen richtig er die Entwicklung der Nachkriegsjahre auf diesem Gebiet schon während des Krieges erkannt hat.

Sachlich läßt sich an sich wohl nichts dagegen einwenden, wenn man diese Auffassung als Theorie des „Unternehmens an sich“ bezeichnen will. Es bleibt nur die Frage, ob diese begriffliche Formulierung das Wesen der Sache richtig trifft und es bleibt die Einsicht, daß diese Theorie Rathenaus jedenfalls nicht mit dem Einwand, sie sei ideologisch gemeinwirtschaftlich orientiert oder hiervon entscheidend beeinflußt, widerlegt werden kann.

Zusammenfassend ist danach über die angeblich Rathenausche Theorie des „Unternehmens an sich“ festzustellen, daß Rathenau selbst eine solche Theorie nicht aufgestellt hat. Wenn er Aktienrecht und Aktienwesen einander gegenüberstellt, so geschieht es, um die Notwendigkeit zu begründen, den Bedürfnissen des lebenden Organismus der A. G. gerecht zu werden. Gemeinwirtschaftliche Auffassungen

[53]) Rathenau, aaO., S. 41.

bilden danach keineswegs das theoretische Fundament Rathenaus in seiner „geschäftlichen Betrachtung“ vom Aktienwesen. Haußmann hat hier die Darstellung Rathenaus nicht zutreffend interpretiert. Dadurch ist die ganze weitere Erörterung der Frage zu erheblichem Teil auf ein falsches Geleise geraten.

4. Verfolgt man nun die Rathenausche Theorie weiter in dem späteren Schrifttum, so muß darnach vorerst darauf hingewiesen werden, daß sie in dieses wohl ausnahmslos übernommen worden ist in der Prägung und, wie dargelegt, mißverständlichen Deutung, die ihr Haußmann gegeben hat. Nur so läßt es sich erklären, daß die ablehnenden Auffassungen der Theorie wohl sämtlich Luftstöße sind, weil sie eine Auffassung bekämpfen, die Rathenau selbst überhaupt nicht vertreten hat und in dem, was sie selbst als richtig anerkennen, im wesentlichen das aufnehmen, was in Wirklichkeit der Inhalt der Rathenauschen Auffassung ist.

Berücksichtigt man dieses dogmengeschichtliche Schicksal der sogenannten Theorie des Unternehmens an sich, so wird es verständlich, daß die Gegnerschaft gegen diese Theorie sich in etwa drei Gruppen gliedern läßt, die alle von einer bestimmten, in jedem Fall aber gegenüber der Rathenauschen Theorie schon dogmengeschichtlich unrichtigen Auffassung ausgehen [54]).

A. Zur ersten Gruppe sind diejenigen Autoren zu rechnen, die der Theorie des „Unternehmens an sich“ Einwendungen begrifflich-dogmatischer Art entgegenhalten.

a) So wird z. B. von Passow [55]) der Begriff des „Un-

[54]) Dabei ist selbstverständlich nicht zu verkennen, daß die Motive innerhalb der drei Gruppen sich vielfach überschneiden und die Argumente der einen Gruppe innerhalb der anderen wiederkehren. Der nachstehende Versuch der Gruppierung ist deshalb von einer gewissen Willkür nicht frei, er soll nur die typischen Auffassungen unter dem für jede maßgeblichen Gesichtspunkt anschaulich machen.

[55]) Vgl. Passow, Strukturwandel, S. 5, Anm. *2*: „... muß man jedenfalls unterscheiden zwischen dem Unternehmen und der A. G., die es betreibt, die dessen Inhaberin ist, weiter zwischen dem Verhältnis der Gesellschafter untereinander und dem Verhältnis der Gesellschaft (der

ternehmens an sich“ deshalb kritisiert, weil er mit der betriebswirtschaftlichen Begriffsbildung nicht übereinstimmt. Es wird betont, nicht nur die A. G. sei ein Unternehmen, sondern auch das Geschäft des Einzelkaufmanns, folglich könne dieser Begriff nicht auf die A. G. beschränkt werden. Dabei wird übersehen, daß die Tatsache der Verwendung des Unternehmensbegriffs für eine Fülle der verschiedenartigsten Rechtsgebilde durchaus nicht daran hindert, diesen Rechtsbegriff auch für die A. G. als Rechtsprinzip zu benutzen. Nur muß er dann für die A. G. begrifflich die Ausgestaltung erhalten, die der Struktur des zu begreifenden Stoffes entspricht. Es ist der logische Vorteil des Unternehmensbegriffs gerade der, daß er nicht ein statischer, sondern ein dynamischer Begriff ist. Er muß dann aber gerade, wenn dieses zutrifft, aus der Dynamik derjenigen Erscheinung geschöpft werden, deren Klärung er dienen soll. Die Tatsache, daß der Unternehmensbegriff auch sonst wirtschaftswissenschaftliche Verwendung findet, schließt also seine Brauchbarkeit für die

---

Gesellschafter) zu dem Unternehmen, weiter zwischen dem Rechte (des Inhabers) am Unternehmen, dem Problem des Unternehmensschutzes, dem Unternehmen als Träger von Rechten und Pflichten, dem Unternehmen als Träger eines selbständigen wirtschaftlichen Interesses.“

Passow, Jahrb. f. Nat.-Ökonomie, 1929, Bd. 75, H. 6: „Eine Aktiengesellschaft ist jedenfalls niemals ein Unternehmen. Sie kann zwar ein Unternehmen betreiben und tut das, zwar nicht immer und nicht notwendig, meist, aber sie kann nicht selbst als ein Unternehmen angesprochen werden.“

Passow, Betrieb, Unternehmung, Konzern, S. 94.

Weisbart, Der Schutz des Unternehmens im Aktienrechtsentwurf, ZBH. 1931, S. 162: „... unter Umständen ein einheitliches Unternehmen auf zwei Gesellschaften aufgebaut sein kann. Unternehmen ist ein wirtschaftlicher, Gesellschaft ein rechtlicher Begriff.“

Brodmann, aaO., S. 42: „Hinein spielt der verschwommene Gedanke, daß ein gewisser Gegensatz bestehe zwischen dem Interesse des Unternehmens und dem der Aktionäre, also zwischen dem Unternehmen und seinem Unternehmer. Namentlich wird in Bezug auf die ganz großen Unternehmungen der Gedanke ausgesponnen, daß bei ihnen die allgemeinen volkswirtschaftlichen und wirtschaftspolitischen Interessen mitsprechen und die Rechte der Aktionäre modifizieren, als wenn alles das, was daran zweifellos richtig ist, nicht von dem Unternehmen oder dem Großunternehmen des Einzelkaufmanns ebenso gelte, wie wenn der Unternehmer eine A. G. ist.“

aktienrechtliche Theorie nicht nur nicht aus, sondern beweist sie unter der Voraussetzung der Anpassung des Begriffs an die aktienrechtliche Struktur.

b) Prinzipiell gleiche Gesichstpunkte gelten dann, wenn man etwa die begriffliche Überflüssigkeit des Unternehmensbegriffs damit erweisen will, daß über den Rechtscharakter der A. G. als juristische Person heute kein Zweifel mehr besteht [56]). Hier hat Giesecke [57]) in sehr anschaulicher Weise darauf hingewiesen, daß man dabei nur in die alten Streitigkeiten über das Wesen der juristischen Person gerät und Gefahr läuft, die zu diesen Fragen aufgestellten Theorien wieder aufzufrischen. Es ist aber nicht nötig, zu dieser Theorie Stellung zu nehmen, wenn man dem systematischen Prinzip der A. G. nachforscht. Die Begriffskonstruktion der juristischen Person dient logisch und praktisch vollkommen anderen Zwecken, als sie mit der Forschung nach dem gestaltenden Rechtsprinzip der A. G. erstrebt werden. Jene will Rechtsvorgänge konstruieren, um die selbständige Handlungsfähigkeit der A. G. im Rechtsleben zu begründen, diese will die wirkenden Prinzipien der lebenden A. G. erkennen.

c) In methodischem Zusammenhang mit der letzterwähnten Frage steht die Strömung der Praxis, die mit dem Begriff der guten Sitten die aktienrechtlichen Konflikte lösen zu können glaubt [58]). Ihr liegt die Auffassung zugrunde, daß der

---

[56]) Vgl. Bericht über den Vortrag von Schlegelberger, JW. 1930, S. 3712. Nußbaum, Zur neueren Entwicklung der Lehre vom Unternehmen, S. 500, Anm. 32: ... „Hiernach soll die Lehre vom Unternehmen lediglich zum Ausdruck bringen, daß die A. G. eine juristische Person sei."

[57]) Giesecke, Grundsätzliches zur Reform des Aktienrechts, Beiträge zum Wirtschaftsrecht, Bd. II, S. 749, 750.

[58]) Hueck, Die Sittenwidrigkeit von Generalversammlungsbeschlüssen der Aktiengesellschaften und die Rechtsprechung der Reichsgerichte, Bd. IV S. 167 ff.

Horrwitz, JW. 1930 S. 2642.

Haußmann, BankArch. S. 90 u. 95: „Eine neu formulierte Generalklausel und insbesondere die einseitige Betonung des Begriffs der gesellschaftsfremden Interessen in dem neuen Aktienrecht muß in jedem Fall begriffsverwirrend wirken. Sollte aber selbst eine derartige oder

juristischen Erkenntnis die Möglichkeit verschlossen sei, bis zur Feststellung eines letzten gestaltenden Prinzips der lebenden A. G. vorzudringen. Sie begnügt sich daher damit, Auswüchse, die das Rechtsleben hervorbringt, zu bekämpfen, indem sie diese an dem Begriff der guten Sitten mißt und bei Widerspruch mit diesen ihre rechtliche Zulässigkeit verneint. Auch diese Auffassung verkennt die grundsätzliche Frage. Das Erkenntnisziel der Unternehmenstheorie beschränkt sich nicht auf die Einsicht in die Notwendigkeit, praktisch Konflikte zu lösen; es handelt sich um die tiefere Einsicht in das gestaltende Prinzip des lebenden Organismus der A. G. überhaupt. Das führt dann freilich im Ergebnis zur Ermittlung eines Prinzips, das auch zur Lösung der praktischen Konflikte dient, indem es hier als Wertmaßstab den Einfluß der zu schlichtenden Konflikte auf die Lebensfähigkeit des gesellschaftlichen Organismus anlegt. Hier kann der Begriff der guten Sitten methodisch nicht genügen, denn wenn er nach der grundsätzlichen Reichsgerichtsentscheidung [59]), die diesen Begriff in die Rechtsprechung einführt, lediglich auf das Anstandsgefühl aller billig und gerecht Denkenden abstellt,

---

ähnliche allgemeine Klausel in das neue Aktienrecht Eingang finden, so könnte ihr im wesentlichen auch keine andere Interpretation gegeben werden, als dies schon nach den bisherigen Grundsätzen der Rechtswissenschaft und der Rechtsprechung über den Begriff der guten Sitten im Aktienrecht der Fall war.“ Ebenso Haußmann, Aw., S. 55: „Auch hier — (bei einem Konflikt zwischen gesellschaftlichen und außergesellschaftlichen Interessen der Aktionäre) — ist lediglich der Begriff der guten Sitten geeignet, als Direktive für Entscheidungen von Grenzfällen zu dienen.“ S. 57: „... in der verständnisvollen Handhabung des Begriffs der guten Sitten liegt die Brücke zwischen Form und Inhalt.“

Vgl. dagegen Bericht des 34. Juristentags, S. 28: „Der Begriff des Verstoßes gegen die guten Sitten ist aber für derartige wirtschaftliche Interessenstreite nicht geeignet und nicht ausreichend.“ Erwähnenswert in diesem Zusammenhang ist die Ansicht Wilmersdoerffers, Treuhand und Treupflicht im Wirtschaftsrecht, LZ. 1931, S. 1427: „Es fragt sich nun, ob nicht der Begriff der guten Sitten, der keineswegs feststehend ist, im Aktienrecht bereits eine Wandlung erfahren hat eben in der Richtung, daß es dem einzelnen Aktionär nicht erlaubt sein darf, auf dem an sich legitimen Wege der Abstimmung die Vermögensrechte seiner Mitaktionäre und die Existenz der Gesellschaft zu schädigen“.

[59]) RGZ. 48, 124.

so muß er doch diesen Begriff erst dem hier in Frage kommenden Rechtsstoff anpassen, also den Auffassungen entweder der Aktionäre oder der Verwaltung der A. G. oder der Öffentlichkeit über das, was auf dem Gebiet des Aktienrechts „billig und gerecht" ist. Abgesehen von der Frage, welcher dieser Faktoren maßgebend sein soll, wird mit dieser Fragestellung das Problem nicht gelöst, sondern nur auf eine andere Ebene verschoben. Es muß dann eben der erkennende Richter oder der die vertragliche Vereinbarung gestaltende Jurist oder der rechtswissenschaftliche Forscher erst feststellen, was dem Anstandsgefühl aller billig und gerecht Denkenden auf dem Gebiete des Aktienrechts entspricht und welcher Instanzen Anstandsgefühl maßgebend sein soll. Wenn er hierfür einen anderen Maßstab zugrunde legen will, als sein persönliches Rechtsgefühl, so bedarf es einer objektiven Grundlage. Es ist nicht einzusehen, wo anders sie gesucht und gefunden werden kann, als in dem Versuch der Analyse des lebenden Organismus der A. G. Dann gilt als zulässig, was diesem Organismus dient und unzulässig, was ihn schädigt und vergiftet.

d) Nach alledem bedarf es keiner eingehenden Darlegung, daß diejenigen Gegner der Theorie des Unternehmens an sich gegen Windmühlen kämpfen, die glauben, diese Theorie deshalb ablehnen zu müssen, weil sie im luftleeren Raum schwebt. So hat jüngst noch Hachenburg die Ansicht vertreten, es sei „der Gedanke der Loslösung der A. G. von ihrem Personensubstrat die extremste Auffassung von dem Zurückdrängen des Aktionärs.... Es ist kennzeichnend, daß dieser Begriff des Aktienwesens sich neben den der A. G. stellt und sie zu verdrängen droht. Wie alle Schlagworte hat er seine Berechtigung. Er trägt aber auch die Gefahr des Mißbrauchs in sich. Noch in der Begründung des E. I. (Erl. Bem. 94) ist die Rede von der Gesellschaft an sich. Aber eine A. G. schwebt nicht in der Luft. Sie bedarf eines Personensubstrats" [60]).

[60]) Hachenburg, aaO., S. 103, Anm. 77, ähnlich S. 109, Anm. 83, ähnlich auch Nord, aaO., S. 24. „Die Aktionäre haben das

Nun läßt sich aber, wie dargelegt, aus Rathenau selbst nicht der geringste Anhalt dafür entnehmen, daß er etwa auf die Idee gekommen wäre, eine A. G. so zu konstruieren, daß sie von dem Personensubstrat losgelöst in der Luft schwebt. Rathenau lehnt ja, wie gezeigt, jede Konstruktion ausdrücklich ab[61]). Er stellt zwar Aktienrecht und Aktienwesen in einen Gegensatz, aber nur deshalb, weil er zu Unrecht annimmt, daß das, was dem Bedürfnisse des lebenden Organismus der A. G. entspreche, von den Juristen weder erkannt noch anerkannt werde. Jedenfalls spricht Rathenau nirgends und niemals von einem mystischen Wesen, das irgendwo jenseits und außerhalb der Personenmehrheit, durch die die A. G. gebildet wird, eine reale Existenz führt. Wenn er das Unternehmen den Aktionären gegenüberstellt, so ist damit methodisch und logisch nichts anderes gemeint, als die Notwendigkeit, den rechtlichen Gehalt der Willensbildung der Aktionäre zu orientieren an den Bedürfnissen des Unternehmens als eines lebenden Organismus. Das aber ist etwas, was Hachenburg gewiß nicht ablehnt, betont er doch selbst, „der Aktionär tritt in die A. G. als Glied einer Kollektiverscheinung ein. Daraus fließt für ihn die Unterwerfung unter die Sonderbestimmungen der Gesamtheit. Er ist nicht mehr Einzelwesen, sondern ein Stück eines Gan-

Kapital gegeben, und sind doch die geborenen Eigentümer der A. G. Es ist doch ganz unvernünftig, ihnen das Eigentum zu nehmen und es etwa einer von ihnen unabhängigen, in der Luft schwebenden Verwaltung zuzuweisen."

Homburger, Aufsichtsrat und Bilanzprüfer im neuen Aktienrecht, S. 25. „Eine Loslösung des Unternehmens von den Trägern des Gesellschaftsvermögens und der Gesellschaftsrechte könnte nicht beschränkt werden auf den Typus, welcher seine Unternehmungen in Form der Kapitalvereinigung betreibt . . . Das würde dazu führen, daß neben die Gesellschaft oder Personenvereinigung, die sich zum Zweck der Betreibung des Unternehmens zusammengeschlossen hat, noch das Unternehmen selbst als weitere Rechtsfigur hinzuträte . . . Das hätte einen starken Einbruch in das ganze System des geltenden Rechts zur Folge, dem der Begriff des von der Gesellschaft oder Vereinigung losgelösten Unternehmens fremd und unbekannt ist."

[61]) Rathenau, aaO., S. 31.

zen. Damit verliert er seine Rechte als Individuum"[62]). So zeigt sich gerade bei Stellungnahme dieses führenden Praktikers zur Theorie des „Unternehmens an sich" die Verleitung, die die Haußmannsche Interpretation der Rathenauschen Theorie weithin zur Folge hat. Es mag dieses schließlich auch damit zusammenhängen, daß die Formulierung des „Unternehmens an sich" eine gefährliche Verwandtschaft mit dem erkenntnistheoretischen Begriff des „Ding an sich" zeigt, — das erkennt auch Haußmann selbst an[63]) — und das hat wohl in weiterer Auswirkung die Einstellung der Öffentlichkeit zu der Theorie wesentlich beeinflußt[64]). Die Gefahren, die gerade durch diese an ein erkenntnistheoretisches Problem anklingende Formulierung entstehen müssen, werden deutlich, wenn man berücksichtigt, daß der Begriff des „Ding an sich" eine wesentliche Rolle spielt in der Kantschen Erkenntniskritik. Kant versteht darunter „die Wirklichkeit, wie sie unabhängig von aller Erfahrungsmöglichkeit für sich selbst besteht, die absolute Realität"[65]). Nicht einmal die Erkenntnistheorie behauptet aber, daß diese absolute Realität ein möglicher Gegenstand der Erkenntnis sein kann, da die Erkenntnis des Wirklichen ja nur in den Formen der Anschauung (Raum und Zeit) und den Kategorien des Denkens möglich ist. Identifiziert man den Unternehmensbegriff mit dem Dingbegriff in der Form, wie es von Haußmann geschehen ist, durch den Zusatz der Worte „an sich", dann entsteht in der Tat die Gefahr, als ob man damit auf eine absolute Realität abzielt, die auf dem Gebiete des Tatsächlichen nicht zu erkennen und nur ideologisch konstruierbar ist. So ist aber gewiß — wie dargelegt — die Auffassung Rathenaus nicht gemeint. So verstanden würde das „Unternehmen an sich", selbst wenn Rathenau diese Auffassung etwa vertreten hätte, kein Gegenstand möglicher juristischer Erkenntnis sein. Daraus ergibt sich dann

[62]) Hachenburg, aaO., S. 93 Anm. 69.

[63]) Haußmann, BkArch. S. 58 Anm. 3.

[64]) Die Kölnische Zeitung z. B. gibt einem ihrer Aufsätze über die Aktienrechtsreform den Titel „Die A. G. als ‚Ding an sich'?".

[65]) Eisler, Kantlexikon, S. 93.

zugleich die Unzweckmäßigkeit dieser Begriffsformulierung, weil sie notwendig zu Mißdeutungen führen muß. Das würde selbst dann der Fall sein, wenn diese Theorie nicht ein so eigentümliches Schicksal gehabt hätte und die bei ihr naheliegenden Mißverständnisse in Wirklichkeit im Schrifttum so weitgehend Wirklichkeit geworden wären. Es ist deshalb, auch wenn man aus den Rathenauschen Gedanken ihren wirklichen Kern herausschält, nicht ratsam, es bei der Formulierung dieser Theorie als Theorie des „Unternehmens an sich" zu belassen.

B. Es ist danach ohne weiteres verständlich, daß eine weitere Gruppe ablehnender Auffassungen Mißverständnissen der Rathenauschen Theorie aus einer anderen Perspektive unterlegen ist. Hier spielt die Ansicht von der demokratischen Struktur des Aktienwesens eine entscheidende Rolle [66]).

a) Diese Gegnerschaft führt daher letzten Endes zurück auf eine prinzipielle aktienpolitische Einstellung. Sie sieht wie z. B. Passow in der Theorie nichts anderes als eine neue Ideologie, die lediglich der Rechtfertigung einer im Aktienwesen entstandenen Oligarchie dienen will [67]). Das führt dann weiter dazu, daß dieser Gruppe der Gegner sich diejenigen Autoren beigesellen, die von ihrer wirtschaftspolitischen Einstellung zu den aktienrechtlichen Problemen nicht unbeeinflußt sind. So erklärt sich die Kritik etwa in den an sich besonders wertvollen Erörterungen einer führenden Handelszeitung [68]). Eine Nebenerscheinung dieser Strömung sind diejenigen Stimmen, die der Theorie überhaupt die wis-

[66]) Es darf übrigens nicht übersehen werden, daß die Anwendung demokratischer Prinzipien auf das Aktienwesen, wenn überhaupt, so sicher nur mit starken Einschränkungen möglich ist, vgl. Netter, ZBH. 1931, S. 59 ff., und Giesecke, aaO., S. 750 ff.

[67]) Vgl. Passow, Strukturwandel, S. 2 ff., S. 5.

[68]) Welter, Der Aktienrechtsentwurf, Sonderdruck aus der Frankfurter Ztg., S. 7: „In Wirklichkeit denkt man, wenn man vom öffentlichen Interesse der A. G. spricht, meist an die Stärkung der Macht der gerade amtierenden Verwaltung, und tatsächlich wird mit dem Hinweis auf das schutzbedürftige Unternehmen oft in erster Linie die Aufrechterhaltung der Herrschaftsaktie gefordert".

senschaftliche Ernsthaftigkeit absprechen wollen und glauben, sie damit abtun zu können, daß sie nichts sei als eine von den Verwaltungsjuristen erfundene Konstruktion, um eine mißbräuchliche Praxis juristisch zu rechtfertigen[69]). Bedauerlicherweise sind sowohl ein sonst so ernst zu nehmender Autor wie Nell-Breuning[70]) und selbst ein Autor von der Bedeutung Bonns dieser Versuchung unterlegen, wenn letzterer vielleicht auch zu seiner Rechtfertigung anführen mag, daß ihm als Volkswirtschaftler die juristische Theorie in ihrer Entwicklung und ihrem spezifisch rechtlichen Inhalt nicht so nahe liegt. Immerhin meint auch er, es wären zeitweilig „die Verwaltung von Aktiengesellschaften von den Gesellschaftsleitungen nach dem Grundsatz geführt worden, daß nicht die Interessen der Aktionäre, die das Kapital zur Verfügung gestellt hatten, berücksichtigt werden müssen, sondern diejenigen des „Werks an sich", dessen Wohlergehen mit der Meinung der Leitung identisch sei"[71]). So viel Behauptungen, so viel Irrtümer. Nirgends im aktienrechtlichen Schrifttum wird die Auffassung vertreten, daß die Interessen der Aktionäre, die das Kapital zur Verfügung gestellt haben, nicht zu berücksichtigen seien, nirgends besteht die Theorie, daß nur das „Werk an sich" zu beachten sei und

---

[69]) Felix Pinner, B. Tageblatt vom 6. 9. 30, Abend-A. „Wo Gedanken fehlen", Nord, aaO., S. 24: „Diese ganzen Gedankengänge ... konnten wohl überhaupt nur auftauchen, weil das Vorgehen der Verwaltungen irgend wie nachträglich von wissenschaftlicher Seite gerechtfertigt werden mußte".

Krey, Ruhr und Rhein, 1930 S. 1635 ff. lehnt die Theorie des Unternehmens an sich als „sozialistischen Gedankengang" ab, denn „nicht der soziale, sondern der sozialistische Antrieb herrscht bei diesen Gedankengängen" (S. 1636).

Wenn auch — wie dargelegt — die Theorie Rathenaus nicht als Ausfluß seiner wirtschaftspolitischen Einstellung zu verstehen ist, so ist sie doch von der Gewerkschaftspresse aufgegriffen worden (vgl. Gewerkschaftszeitung Jahrgang 1930 Nr. 13, Vorwärts vom 27. 2. 1930 „Arbeiterschaft und Aktienrecht" und vom 20. 8. 1930 „Der Weg des neuen Aktienrechts") und so von bestimmter wirtschaftspolitischer Einstellung aus bejaht.

[70]) Nell-Breuning, Aktienreform und Moral, 1930, S. 12 ff.

[71]) Bonn, aaO., S. 19.

noch weniger die Meinung, daß dessen Wohlergehen mit der Meinung der Leitung identisch sei. Die Darlegungen zu I. zeigen vielmehr, was diese Theorie wirklich zum Inhalt hat. Sie besagt, daß das Unternehmen das gestaltende Prinzip für die A. G. sei und damit der individualistische Einfluß des Kapitals auch nur insoweit Berücksichtigung beanspruchen darf, als er mit dem Interesse des Unternehmens übereinstimme. Diesem dient auch die Verwaltung, nicht ihre Meinung ist identisch mit dem Wohlergehen des Unternehmens. Dieses Wohlergehen ist das entscheidende Prinzip. Die Verwaltung dient ihm. Sie mag an sich hierüber eine richtige oder falsche Auffassung haben. Das Recht dieses Verwaltungseinflusses beruht aber darauf und findet darin seine Grenze, daß es dem Unternehmen dient und diese Treupflicht dem Unternehmen gegenüber im Streitfalle objektiv ermittelt und festgestellt wird. Es ist danach unzutreffend, wenn Bonn betont, „der Kapitalismus (hätte) sich indes die Vorstellungen von Recht und von Willkür angeeignet, die im Staate als Staatsräson Mode geworden wären"[72]). Die Idee der Staatsräson ist für das Aktienrecht nicht verwendbar.

b) Damit widerlegt sich auch die Kritik an der Theorie, die Nußbaum geboten hat. Selbst hier findet sich die für die sachliche Kritik doch entbehrliche Bemerkung: „Es ist bekannt, daß jedes wirtschaftliche oder politische Herrschaftssystem sich seine Ideologie zu schaffen pflegt"[73]). Daß diese einen berechtigten Kern und damit einen sachlichen Wert haben kann, gibt auch Nußbaum zu. Er bestreitet es nur hinsichtlich der Formel „Unternehmen an sich" und bezeichnet dieses Schlagwort als einen „verwirrenden Mißgriff"[74]). Das mag man zugeben, doch geht die Kritik fehl, wenn sie darauf abstellt, die Formulierung sei abzuleh-

[72]) Bonn, aaO., S. 19; vgl. dagegen Meinecke, Die Idee der Staatsraison, 1929.

[73]) Nußbaum, Zur neueren Entwicklung der Lehre vom Unternehmen, Beiträge zum Wirtschaftsrecht, Bd. II, S. 499.

[74]) Nußbaum, aaO., S. 500.

nen, weil sie an sich für jedes Unternehmen gelten muß[75]). Es ist bereits dargelegt, daß der Unternehmensbegriff für die A. G. seinen besonderen methodischen Erkenntniswert hat, gleichviel, wie der Unternehmensbegriff in den sonstigen Rechtsgebieten verwendet wird oder benutzt werden kann. Wenn Nußbaum aber weiter meint, der Grundsatz, das Unternehmen an sich müsse erhalten bleiben, würde die Selbstausscheidung lebensunfähiger Unternehmen verhindern und den wirtschaftlichen Fortschritt hemmen[76]), so führt das offenbar wieder auf die Auffassung zurück, als ob das „Unternehmen an sich" auf die Formulierung einer von dem Personensubstrat losgelösten realen Existenz abziele. Trifft dieses — wie nachgewiesen — in keiner Weise zu, dann erweist sich auch die Kritik Nußbaums als ein schweres Mißverständnis. Die Theorie hemmt den wirtschaftlichen Fortschritt nicht und verhindert nicht die Ausscheidung lebensunfähiger Unternehmungen, wobei übrigens, nebenbei gesagt, die Richtigkeit der Theorie methodisch doch zweifellos nicht widerlegt werden kann durch den Hinweis darauf, daß ihre praktische Handhabung unerwünschte wirtschaftliche Folgen zeitige, eine Annahme, die überdies in keiner Weise zutrifft, von Nußbaum auch nicht weiter belegt wird. In Wirklichkeit ist das Gegenteil zutreffend, es ergibt sich aus der Theorie des Unternehmens als ihr Rechtsprinzip gerade die Notwendigkeit, den reinen kapitalistischen Einfluß so zu lenken, daß er dem Unternehmen, seiner Erhaltung und Ertragsfähigkeit dient. Erst wenn und gerade wenn man diesen juristischen Gehalt der Theorie klar erfaßt und analysiert, ergeben sich die Schranken für ihre praktische Anwen-

[75]) Nußbaum, ebenda S. 501.

[76]) Nußbaum, ebenda S. 502, ähnlich Nord, aaO., S. 12: „Ein Schutz des Unternehmens an sich ist kein zwingendes Erfordernis der Produktivität der Volkswirtschaft ...... Wenn der Zusammenschluß von Unternehmungen zwar ein Unternehmen an sich aufgehen läßt, trotzdem aber die Produktivität der zusammengeschlossenen beiden Unternehmungen größer ist, als die Summe ihrer einzelnen Produktivität war, würde ein Schutz des Unternehmens an sich nicht produktiv, sondern unproduktiv sein".

dung. Hier liegt in der Nußbaumschen Kritik ein richtiger Gedanke. Unterstellt man die Machtausübung des Kapitaleinflusses und diejenige der Verwaltung gleichmäßig der Notwendigkeit, sich auf dem Boden der rechtlichen Grundlagen zu halten, also ihren Einfluß im Interesse des Unternehmens auszuüben, so ergeben sich die Grenzen, jenseits deren die Geltendmachung des Einflusses beider Gruppen mit ihrer Rechtsgrundlage auch ihre Rechtswirksamkeit verliert. Das ist dann und gerade dann der Fall, wenn der Einfluß nicht dem Unternehmen, sondern Sonderinteressen, sei es der Aktionäre, sei es der Verwaltung dient. Das mag und muß zu rechtstechnischen Maßnahmen führen, durch die die Innehaltung der rechtlichen Grenzen nach Möglichkeit gesichert und gewährleistet wird. Das ist der berechtigte Kern der Nußbaumschen Kritik. Sie kann aber nicht dazu führen, die Theorie des „Unternehmens an sich" abzulehnen, sondern muß gerade von ihrem Standpunkt aus richtig gesehen zu ihrer Anerkennung, dann aber auch zu ihrer weiteren Ausgestaltung führen.

C. Wiederum von einem anderen Ausgangspunkt entsteht die ablehnende Kritik einer dritten Gruppe. Sie geht davon aus, daß die A. G. eine Gesellschaft ist, sie verneint die Möglichkeit einer Antithese zwischen den Interessen des Unternehmens und dem Interesse der Gesellschafter. So vor allem Homburger und Lifschütz[77]). Auch hier wieder findet sich das Mißverständnis eines von der Gesellschaft oder Vereinigung losgelösten Unternehmens[78]). Nur

[77]) Vgl. Homburger aaO., S. 26: „Solange das jetzige Rechtssystem beibehalten bleibt, kann ein Interesse des Unternehmens oder der Gesellschaft in Antithese zum Interesse der Gesellschafter nicht anerkannt werden", ebenda S. 27: „Die hier vertretene Auffassung, daß das Interesse der Gesellschaft identisch ist mit dem ‚Interesse der Gesellschafter' führt im konkreten Fall zu befriedigenden Ergebnissen".

Lifschütz, aaO., S. 34: „Normalerweise sind die Interessen der Gesellschaft mit denjenigen des Aktionärs identisch oder laufen mindestens parallel zueinander".

Schreier, Neue Gedanken zur Aktienrechtsreform, Beiträge Bd. II, S. 790: „Der Ausdruck ‚Interesse der A. G.' ist bloß eine abgekürzte Formel für die gemeinsamen Interessen der Gesellschafter".

[78]) Vgl. Homburger aaO., S. 25.

wenn man von dieser unrichtigen Auffassung der Theorie ausgeht, kann überhaupt die Frage aufgeworfen werden, ob es eine Antithese zwischen den Interessen der Gesellschaft und der Gesellschafter geben kann. „Gesellschaft“ und „Unternehmen“ sind für die Theorie des Unternehmens an sich weder sachlich noch methodisch Gegensätze. Der Begriff des Unternehmens mag deshalb vor dem der Gesellschaft den Vorzug verdienen, weil das rechtliche Denken, beeinflußt durch die römischrechtlichen Kategorien, geneigt ist, den Begriff der Gesellschaft mehr auf das vertragliche Verhältnis der Gesellschafter zueinander zu beziehen. Aus diesem vertraglichen Verhältnis erwächst aber die Bindung der Gesellschafter an das Schicksal der in der Gesellschaft gebundenen Einheit von materiellen und ideellen Werten. Diese durch die gesellschaftliche Bindung entstandene Einheit, die sich in Wirklichkeit aus einer unübersehbaren Vielheit von sachlichen, persönlichen, finanziellen, ideellen Substraten zusammensetzt, bedarf, um wissenschaftlich erfaßt zu werden, eines einheitlichen Begriffs. Dem eben soll der Begriff des Unternehmens dienen. Er ist nicht losgelöst von den Gesellschaftern und steht nicht in Antithese weder zu den einzelnen Gesellschaftern, noch zu ihrer Gesamtheit. Er stellt nur eine einheitliche Willensrichtung innerhalb aller Gesellschafter heraus, nämlich diejenige Bindung ihres Willens, die von dem Interesse des Unternehmens bestimmt wird. So verstanden klärt sich auch die Kritik von Lifschütz auf, der das Unternehmen an sich, so wie er es versteht und nach der dogmengeschichtlichen Entwicklung auch verstehen mußte, ablehnt, eine Bindung der Gesellschafter untereinander und dementsprechend eine Treupflicht im Verhältnis der Gesellschafter zueinander aber mit Entschiedenheit bejaht [79]). Damit bindet er aber die Willensrichtung der Aktionäre in ihrer gesellschaftlichen Bedeutung in der Richtung auf das Interesse des Unternehmens, sodaß sachlich sein Standpunkt von

---

[79]) Vgl. Lifschütz aaO., S. 32 ff., insbes. S. 34: „Gegen die Schädigung der Mitgesellschafter muß ein Schutz gewährt werden“.

der Theorie des Unternehmens an sich, diese dogmatisch geläutert verstanden, nicht wesentlich abweicht.

5. Die dogmenkritische Untersuchung der Unternehmenstheorie auf Grund der Einstellung der verschiedenen gegnerischen Typen zeigt, daß diese Kritik zum wesentlichen Teil auf Mißverständnissen beruht und nach der Entwicklung der Frage im Schrifttum auch beruhen mußte. Sie zeigt zugleich aber weiter, daß auch in den ablehnenden kritischen Meinungen ein wesentlicher Teil der Unternehmenstheorie als richtig anerkannt wird und zwar, wie sich aus vorstehenden Darlegungen ergeben dürfte, gerade derjenige Teil, der ihren wirklichen Kern darstellt. Die Richtigkeit dieser Auffassung findet ihre Bestätigung, wenn man einen weiteren Teil des Schrifttums prüft und dabei feststellt, daß hier dieser Kern der Unternehmenstheorie richtig erfaßt ist und weithin Bestätigung gefunden hat. Dies gilt vor allem für die Stellungnahme H a u ß m a n n s in weitem Umfang. Was er bei R a t h e n a u ablehnt, stellt er selbst zusammenfassend [80]) so dar: er beanstandet einmal die von R a t h e n a u übernommene Gruppierung der Aktionärinteressen in anlagesuchende und spekulative Aktionäre. Hierin trifft seine Kritik zu; die vielleicht noch für die Kriegszeit zutreffende Typisierung R a t h e n a u s ist durch die wirtschaftliche Entwicklung [81]) überholt. Für den juristischen Gehalt der R a t h e n a u schen Auffassung ist dieser Einwand aber nicht entscheidend. H a u ß m a n n glaubt weiter, daß von der Planwirtschaft in dem 1918 aufgetauchten Sinne keine unmittelbaren Wege zur Erkenntnis des Wesens der modernen A. G. führen. Auch das ist zutreffend, stößt aber ins Leere, weil — wie nachgewiesen — planwirtschaftliche Gedankengänge, mögen sie sonst bei R a t h e n a u vorhanden sein, die in seiner Schrift „Vom Aktienwesen“ entwickelte Auffassung nicht entscheidend beeinflußt haben. Er bekämpft schließlich den bei R a t h e n a u betonten Gegensatz vom Aktienrecht im Sinne einer engbe-

[80]) H a u ß m a n n, Aw. S. 15 u. 16.

[81]) Vgl. hierzu vor allem die anschauliche Darstellung von H a c h e n b u r g aaO., S. 139 ff.

grenzten Fachwissenschaft und Aktienwesen. Auch hier trifft seine Kritik zu, weil Rathenau bei dieser Auffassung schweren rechtlichen Mißverständnissen über die aktienrechtliche Praxis unterlegen ist. Daran knüpft Haußmann aber dann seine positive Einstellung zu Rathenau mit der prinzipiellen Feststellung, „die Brücke zwischen Aktienrecht und Aktienwesen liegt in dem „lebenden Aktienrecht", das die Erscheinungen zwar in erster Linie juristisch faßt, aber dem Wandel der Wirtschaftsvorgänge in elastischer Form anpaßt" [82]). Hier stößt Haußmann auf den wirklichen Kern der Rathenauschen Auffassung. Dabei bleibt es im Ergebnis selbstverständlich unerheblich, ob Rathenau seine Rechtserkenntnis als dem Aktienwesen zugehörig und von den Juristen verkannt bezeichnet hat, oder ob man, wie dies zutrifft, durch die Bildung des Begriffs vom lebenden Aktienrecht gerade die von Rathenau dargelegte Gestaltungsform als rechtlich relevant erkennt. Das aber trifft für Haußmann durchaus zu. Er sieht das gestaltende Prinzip in dem Rechtsbegriff der Autonomie [83]), den er dahin zusammenfaßt, es sei der positive Gehalt des Begriffs des „Unternehmens an sich", daß in diesem Begriff erfaßt werde die Einheit der in dem Unternehmen verbundenen Interessen. „Alle Einzelinteressen in der A. G. sind nur relativ frei, weil sie an das Gesamtinteresse aller gebunden sind" [84]). Sieht man zunächst einmal von der rein terminologischen Frage dieser Begriffsformulierung ab, so darf sie inhaltlich für sich in Anspruch nehmen, daß Haußmann mit voller methodischer Klarheit und dogmengeschichtlich erstmals eine Fassung des gestaltenden Rechtsprinzips der A. G. gegeben hat. Die A. G. ist ihm in ihrer Rechtsform ein „lebender Organismus" [85]), dessen Lebensgesetz unter dem Prinzip der Auto-

---

[82]) Haußmann, Aw. S. 16.

[83]) Haußmann, Aw. S. 47 ff., BkArch., S. 64.

[84]) Haußmann, BkArch., S. 64.

[85]) Haußmann, Aw. S. 47. Zur Bedeutung der Abstellung auf die Grundfragen vgl. Klein, Die wirtschaftlichen und sozialen Grundlagen des Rechts der Erwerbsgesellschaften 1914, Pinner, JW. 1927, S. 2966.

nomie steht. Die weitgehenden Folgerungen aus dieser theoretischen Erkenntnis liegen auf der Hand. Eine der wichtigsten formuliert Haußmann dahin, „es sei ein ungeschriebenes Rechtsprinzip des Aktienrechts, daß jeder seinen Einfluß in der A. G. nur im Interesse des Unternehmens selbst ausüben dürfe“ [86]). Allerdings glaubt er diesen von ihm zuerst in seiner früheren Schrift [87]) vertretenen Rechtsgrundsatz „angesichts der verschiedenen Interessenlagerungen . . . und der neuerdings verstärkten Unklarheit der Meinungen“ [88]) einschränken zu müssen. „Aus der Realität der Dinge erhellt, daß es keinen Grundsatz und auch kein Rechtsprinzip in der A. G. gibt, wonach gesellschaftsfremde Interessen nicht vertreten werden dürfen. Sie dürfen vertreten werden! Nur müssen sie in Kollisionsfällen hinter den höheren Interessen zurücktreten [89]). . . . . Die Verbindung der verschiedenen Interessen zu einer Einheit hat zugleich den Sinn, daß jedes Einzelinteresse eine gewisse Selbstbeschränkung zugunsten der Summe aller Interessen sich auferlegen muß. Diese Summe oder Einheit der Interessen ist nichts anderes, als das richtig verstandene „Unternehmen an sich“. Dieses Gesamtinteresse, wie man es bezeichnen kann, ist nicht das der Aktionäre allein, sondern aller in der Aktiengesellschaft und ihrer Form verbundenen Interessen, z. B. auch der Gläubigerinteressen. Es ist das Interesse des in der Aktiengesellschaftsform in Erscheinung tretenden lebenden Organismus des Unternehmens“ [90]). Führt man die Rathenauschen Thesen, wie zu 1—3 versucht worden ist, auf das zurück, was Rathenau wirklich gesagt hat und läßt man das unberücksichtigt, was m. E. zu Unrecht Haußmann als Meinung Rathenaus in das Schrifttum einführt, so besteht ein wesentlicher Gegensatz zwischen beiden Auffassungen nicht mehr [91]). In der Tat

[86]) Haußmann, BkArch., S. 63.

[87]) Haußmann, Aw. S. 55.

[88]) Haußmann, BkArch., S. 63.

[89]) Haußmann, BkArch. S. 63.

[90]) Haußmann, BkArch. S. 64.

[91]) Derselben Ansicht ist auch Brodmann, der die Theorie des „Unternehmens an sich“ ablehnt (Die Sanierung unseres Aktienwesens,

hat auch diese so bereinigte Theorie des „Unternehmens an sich" im weiteren Schrifttum und zwar gerade in seinen wichtigsten Vertretern durchaus Anerkennung gefunden. Schon der Bericht des 34. Juristentags zeigt Ansätze, aus denen sich ergibt, daß die grundsätzliche Ablehnung der Unternehmenstheorie durch die Kommission zur Prüfung einer Reform des Aktienrechts mehr in dogmengeschichtlichen Mißverständnissen wurzelt, als in sachlicher Gegnerschaft [92]).

Mit voller Deutlichkeit tritt die Anerkennung der Unternehmenstheorie in den Erläuterungen zu dem ersten Entwurf eines Aktiengesetzes hervor, die ausdrücklich erklären: „Von diesen Gedanken ausgehend, erkennt der Entwurf den in der Rechtsprechung entwickelten Grundsatz als berechtigt an, daß die Interessen des Unternehmens als solchem ebenso schutzbedürftig sind wie das individuelle Interesse des einzelnen Aktionärs" [93]). Für die Stellungnahme des Entwurf I zu den aktienrechtlichen Problemen ist, wie nach den offiziösen Bemerkungen geschlossen werden darf [94]), das Gutachten des Deutschen Anwaltvereins zu den Fragebogen des Reichsjustizministeriums, die ihrerseits als Vorbereitung für den E I gedient haben, von wesentlichem Einfluß gewesen. In diesem Gutachten findet sich bereits die Theorie des „Unternehmens an sich" mit voller unmißverständlicher Deutlichkeit vertreten: „Das Unternehmen ist als solches in seiner Objektivierung und Versachlichung und durch den Schutz dieser sozialen Funktion des Unternehmens zu einem den Aktionärindividualismus einschränkenden Moment geworden" [95]). Und weiter: „Der Rechtsgedanke des Unternehmens

S. 42): „Gedanken dieser Art können an dieser Stelle nur verwirrend wirken. Es handelt sich hier durchaus nur um eine Frage des Privatrechts. Das ist auch der Standpunkt Haußmanns, der dabei doch jene Auffassung vertritt und der Autor ist, bei dem ich sie am ausführlichsten begründet finde".

[92]) Vgl. Bericht des 34. Juristentags, S. 27 u. S. 32.

[93]) Entwurf eines Gesetzes über Aktiengesellschaften und Kommanditgesellschaften auf Aktien, 1930, S. 94.

[94]) Schlegelberger, JW. 1930, 2617.

[95]) Druckschriften des Dt. Anwaltsvereins, Nr. 22 S. 14.

als eines selbständigen Rechtsgutes, das, sei es in seiner Funktion als sozialer Organismus, sei es im Hinblick auf die gesellschaftsrechtliche Verbundenheit seiner Träger, eigenen Schutz verdient, hat sich bereits im geltenden Recht durchzusetzen begonnen" [96]).

Auch das weitere Schrifttum hat die Theorie übernommen. Sie findet sich nicht nur bei L u d e w i g [97]) und zwar in

[96]) Ebenda, S. 16.

[97]) Vgl. L u d e w i g, Hauptprobleme der Reform des deutschen Aktienrechts 1928 S. 12: „Das Unternehmen als solches verlangt in eigenem Interesse und in demjenigen der Gesamtheit einen erhöhten Schutz, einen Schutz selbst gegenüber einer Generalversammlung, falls Aktionäre in dieser selbstische Interessen verfolgen. Für eine tüchtige Verwaltung ist namentlich bei größeren Unternehmungen nicht so sehr das Interesse möglichst hoher Gewinne der Aktionäre, als vielmehr in erster Linie das Interesse an der möglichst starken Festigung und Gesunderhaltung des Unternehmens maßgebend." S. 13: „Die leitenden Persönlichkeiten haben nicht mehr in erster Linie ihr Interesse auf die Verteilung eines möglichst hohen Gewinns an die Aktionäre zu richten, sondern ihr Streben muß darauf hingehen, das Unternehmen als solches und die in diesem Arbeitenden zu fördern, sowie darüber hinaus den großen wirtschaftlichen Zusammenschluß zu stärken, hierbei Rücksicht nehmend notwendigerweise auf die Interessen der Gesamtwirtschaft." S. 21: „Man muß sich stets vor Augen halten, daß eine Schutzwürdigkeit der einzelnen Interessen nur soweit besteht, als der Schutz in Einklang mit dem in erster Linie entscheidenden Interesse des Unternehmens als solchen steht". S. 71: „Die auf die Herrschaft der Verwaltungspartei gerichtete Entwicklung ist nicht mehr aufzuhalten ... Die bindende Kraft der Mehrheitsentscheidung der Verwaltungspartei ist innerlich gerechtfertigt, wenn die Mehrheit sich von den Gesellschaftsinteressen leiten läßt und nicht unter Außerachtlassung dieser Interessen bei der Beschlußfassung bewußt eigennützig handelt ... Daß das Gedeihen des Unternehmen als solchen im Vordergrund stehen muß, ist eigentlich ein selbstverständlicher Satz". Vgl. auch § 10 Schutz des Unternehmens und der Aktionäre, S. 147 ff.

Ebenso u. a. z. B. W e r t h e i m e r, Entwicklungstendenzen im deutschen Privatrecht 1928, S. 34: „In der Praxis des deutschen Aktienwesens wie auch in der Praxis der deutschen Gerichte hat sich die Ansicht Anerkennung verschafft, daß dem Interesse des Aktionärs nicht nur als gleichwertiger, sondern sogar als überwiegender Faktor das Interesse des Unternehmens gegenübersteht". S. 35: „Der Gedanke beginnt sich durchzusetzen, daß die Aktiengesellschaft selbst andere Interessen haben kann als ihre Aktionäre und daß deshalb das Unternehmen als mehr oder minder bedeutsamer Faktor der nationalen Wirtschaft in erster Linie gefördert, seine Bewegungsfreiheit gewährleistet werden muß". Ebenso M a t s u d a, der ihn zustimmend zitiert und meint (ZHR. 96, S. 251): „Die Verwaltung, die die Kontinuität der Geschäftsführung aufrecht zu erhalten hat, kann und soll das Einzelinteresse bei Beurteilung eines bestimmten Geschäfts hinter dem Gesamtinteresse zurücktreten lassen, vielmehr die Gemeinsamkeit der Interessen in erster Linie ins Auge fassen".

Marx, aaO., S. 118: „Unsittlich handeln, heißt in diesem Fall (bei Besprechung der Entscheidung des RG. 107, 204) das Eigeninteresse der Gesellschaft vorsätzlich schädigen". S. 121: „Selbst dem Kleinaktionär mit seinem geringen Aktienbetrag kann man es nicht zumuten, daß er sein Geld sozusagen à fond perdu zur Verfügung stellt, ohne gewisse, genau bezeichnete Ansprüche aus dieser Leistung zu gewinnen, Ansprüche auf Information, Mitbestimmung, wenn auch nur in beschränktem Maße, Kontrolle und Gewinnbezug. Streichung dieser Rechte bedeutet weiter aber auch Wegräumen aller Hindernisse für die freie Auswirkung egoistischer Großaktionär-Interessen und uneingeschränkten Verwaltungsabsolutismus. Diesen sonst nicht zu verbindenden Forderungen gegenüber bleibt als einzige Lösung die gesetzliche Einfügung der Eigeninteressen der Aktiengesellschaft". S. 122: „Das Eigeninteresse muß also zum Balance-Gewicht, das heißt zum ausschlaggebenden Faktor bei Streitigkeiten innerhalb der Aktiengesellschaft gemacht werden".

Wilmersdoerffer, aaO., S. 1419: „Uns interessiert hier die Frage, in welcher Weise der Vorstand und Aufsichtsrat verpflichtet sind, die Stimmrechtsausübung an den Herrschaftsaktien zu bestimmen ... Die Willensbildung des Vorstandes (muß) von anderen Quellen abhängig sein, diese Quellen sind das Interesse der Gesellschaft". S. 1425: „Die heutige Rechtslage dürfte die sein, daß Vorstand und Aufsichtsrat eine Treupflicht gegenüber dem Unternehmen haben, daß die Richtung bestimmt wird durch Beschlüsse der Generalversammlung, daß aber Vorstand und Aufsichtsrat verpflichtet sind, soweit sie selbst Beschlüsse der Generalversammlung beeinflussen können, das Gesamtinteresse des Unternehmens, nicht nur etwa der Aktionäre, sondern auch seiner Angestellten und Arbeiter in gleichem Maße zu wahren".

Landsberger, dessen Ausführungen methodisch noch der Vertiefung bedürfen, sagt aaO., S. 84: „Aber das Aktienwesen, als lebender Wirtschaftsausdruck hat gegenwärtig unzweifelhaft den Selbstwert des „Unternehmens an sich" herausgebildet. Während Aktionäre mehr oder minder bedeutungslose Schutzverbände gründen, kämpft das Unternehmen selbst um seine Bedeutung als Wirtschaftsfaktor für sich und erst mittelbar für die Eigentümer-Aktionäre. Es kämpft und siegt gegen Männer der eigenen Verwaltung, gegen unzufriedene Aktionäre, gegen wirtschaftliche Krisen, gegen bankpolitische und spekulative Angriffe. Es konsolidiert sich als unabhängige Organisation. ... Nur in der Mathematik die Summe aller Einzelinteressen der rechnerischen Anzahl dieser Interessen gleichbedeutend wäre. In der Wirtschaftswelt wächst diese Summe zu einem Eigenwert auf, der sich im lebenden Organismus des Unternehmens repräsentiert. Und das „richtig verstandene" Interesse dieses Unternehmens an sich steht auf einer

weitgehender Übereinstimmung mit der hier vertretenen Auffassung. Vor allem hat Geiler die Auffassung vertreten, die A. G. sei „als lebendiger sozialer Organismus anerkannt mit einem Gesamtinteresse, das höher steht als das Individualinteresse der Aktionäre und das autonom die in der Gesellschaft verbundenen Interessen regiert und ausgleicht" [98]). Das erscheint umso bedeutungsvoller, als Geiler auch methodisch mit Recht beanstandet, daß die noch immer stark individualistisch eingestellte Rechtsdogmatik noch viel zu wenig der Entwicklung gefolgt ist, die das frühere Individualrecht in zunehmendem Maße zum Sozialrecht umgestaltet. Auch für die Kritik der Rechtsprechung wird die Unternehmenstheorie fruchtbar, wie Fleck in der Analyse einer steuerlichen Entscheidung gezeigt hat [99]), ebenso für die Beurteilung der Zweifelsfragen nach der Novelle vom 19. 9. 1931 [99]).

6. Ehe nun die so geklärte Unternehmenstheorie weiter in ihren praktischen Auswirkungen und hinsichtlich der Übereinstimmung von Theorie und Praxis geprüft wird, erscheint es für die theoretische Seite der Untersuchung angezeigt, die Formulierung der Theorie noch etwas näher zu untersuchen. Das mag in erster Linie von rein terminologischer Bedeutung sein, doch ist die terminologische Fassung eines rechtlichen Erkenntnisbegriffs auf das Interesse der

---

anderen Basis als das „Gesamtinteresse" der Eigentümer; es deckt auch dieses, aber darüber hinaus tritt ein neues Element in Erscheinung, abstrahiert von den eigentlichen Eigentümern, möglicherweise ohne, ja gegen den Willen dieser „Eigentümer" gebunden und gekettet an die Gesamtheit." Ähnlich auch S. 87.

[98]) Geiler, Moderne Rechtswandlungen, S. 183.

[99]) Fleck, JW. 1929, 1761, Lehmann-Hirsch, Verordnung über Aktienrecht, Komm. 1932, S. 38: „Es muß sich um Abwendung eines schweren Schadens von der Gesellschaft handeln. Nicht das Interesse einzelner Aktionäre oder Aktionärgruppen, sondern das Interesse der A. G. selbst entscheidet. Ohne hier auf den Streit über den Schutz des Unternehmens an sich einzugehen, muß jedenfalls als Richtschnur dienen, daß der Erwerb eigener Aktien notwendig ist zur Abwendung eines Schadens, der im wirtschaftlichen Erfolg jeden einzelnen Aktionär in seiner Wirtschaftsspäre als Aktionär, also unabhängig von anderen wirtschaftlichen Interessen, treffen würde".

sprachlichen Klärung nicht beschränkt. Vielmehr wird die Fassung des Begriffs, die bestrebt ist, den Erfordernissen unmißverständlicher Formulierung zu genügen, soweit es die logische Struktur des Begriffs gestattet, auch für die Klärung der sachlichen Probleme in aller Regel nicht ohne Bedeutung sein. Hier ist nun zunächst zu berücksichtigen, daß die Theorie des „Unternehmens an sich", wie dargelegt, schon durch ihren Anklang zu erkenntnistheoretischen Begriffen die Gefahr des Mißverständnisses in sich trägt. Führt schon diese Gefahr zu Bedenken, die von Haußmann geprägte Formulierung beizubehalten, so wird dieses Bedenken verstärkt durch die Reaktion des Schrifttums auf die Theorie des „Unternehmens an sich" Haußmannscher Prägung. Die hier zutage getretenen Mißverständnisse werden ihre Klärung umso leichter finden, je eher man durch andere Formulierung die Identifizierung des sachlichen Gehalts der Unternehmenstheorie mit der im Schrifttum stark entstellten Theorie des „Unternehmens an sich" vermeidet. Hier bietet sich zunächst der Haußmannsche Begriff der Autonomie, dessen Aufnahme umso näher liegen könnte, weil, wie sich ergeben hat, sachlich in der Haußmannschen Formulierung der Kern der Unternehmenstheorie aufgenommen ist. Der Terminus der Autonomie aber begegnet wiederum andersgearteten Bedenken. Er bedeutet die Selbstgesetzlichkeit der A. G. Da er diese Selbstgesetzlichkeit auf den lebenden Organismus der A. G. gründet, dem Inhalte nach also auf dem Lebensgesetz dieses Organismus fußt, erfüllt er zwar methodisch die Voraussetzungen, die an einen hier verwendbaren, nicht statischen, sondern dynamischen Rechtsbegriff geknüpft werden müssen [100]). Seine Verwendbarkeit für die Formulierung des theoretischen Prinzips entfällt aber deshalb, weil er in der Haußmannschen Prägung einen zu stark formalen Charakter trägt. Gewiß wird er, wie die Einsicht in die logische Struktur des Begriffs ohne weiteres er-

[100]) Vgl. über diesen grundsätzlichen Gegensatz der Rechtsbegriffe Fehr, Recht und Wirklichkeit, Potsdam 1927.

gibt, nicht den Inhalt des begriffenen Materials darstellen können; denn Form und Stoff und damit begriffene Anschauung sind logische Gegensätze, die sich ausschließen. Wohl aber hängt die Brauchbarkeit eines theoretischen Rechtsbegriffs davon ab, daß in ihm die Dynamik des begriffenen Rechtsstoffs erkennbar wird. Nur so kann er der Gefahr des Mißbrauchs zu begriffskonstruktiver Benutzung entgehen. Die Selbstgesetzlichkeit des lebenden Organismus gibt aber in dieser begrifflichen Fassung keinen Anhaltspunkt dafür, welcher Wertbegriff für das Gesetz bestimmend ist. Ohne diese Beziehung auf den Wert ist aber der Gesetzbegriff nicht verwendbar. Nun will allerdings Haußmann offenbar diese logische Beziehung zum Inhalt für seinen Begriff gerade vermeiden in der Annahme, daß dieser Begriff die Direktiven für den Ausgleich der verschiedenen Interessen im Rahmen des lebenden Körpers gäbe. Als materielles Lebensgesetz dieses lebenden Körpers nimmt er offenbar das Ertragsstreben an. Gerade um jede Beeinträchtigung des Ertragsstrebens zu vermeiden, wendet er sich gegen die angeblich gemeinwirtschaftliche Rathenausche Theorie, von der er eine Beeinträchtigung des rein kapitalistischen Prinzips zu befürchten scheint [101]). Anderseits läßt er das Gesamtinteresse entscheiden und erkennt an, daß dieses Gesamtinteresse auf das Interesse des Unternehmens gerichtet sein muß. Damit entsteht die Frage des Verhältnisses des Gesamtinteresses zu dem Interesse des Unternehmens. Haußmann meint, der Autonomiebegriff bedeutet für die A. G., daß es auch in (nicht über) der A. G. ein Gesamtinteresse gibt, das höher steht als das Einzelinteresse und das autonom die in der Gesellschaft verbundenen Interessen regelt [102]). Das Gesamtinteresse soll dann wiederum dem „Unternehmen an sich“ dienen, das nicht Selbstzweck ist. „Zugleich liegt in dem so verstandenen Begriff des autonomen Unternehmens eine Abgrenzung und bewußte Differenzierung gegen äußere Einflüsse, insbesondere auch mißverständliche Einflüsse zum

[101]) Vgl. Anm. 47.

[102]) Haußmann, BkArch. S. 64.

Zwecke der „Förderung“ von seiten des Staates“ [103]). Man sieht, daß in dieser abschließenden Fassung, die Haußmann seinem Autonomiebegriff gibt, die verschiedenartigsten Tendenzen durcheinander gehen. Zunächst die wirtschaftspolitische Einstellung der Abwehr staatlicher Eingriffe. Sie kann auf die Begriffsbildung nicht von Einfluß sein, denn diese kann nur aus der Erkenntnis des gestaltenden Rechtsprinzips des lebenden Organismus entnommen werden. Daß der lebende Organismus der A. G. aber auch als solcher nicht isoliert steht, sondern in den mannigfachsten theoretisch nicht restlos erfaßbaren Beziehungen zur Gesamtwirtschaft, kann keinem Zweifel unterliegen. Wenn eine A. G. lediglich den Zielen des Ertragsstrebens im Sinne der Erzielung möglichst hoher Erträgnisse dienen wollte, in einer Periode, in der durch die Wirtschaftspolitik, also von Seiten des Staates aus volkswirtschaftlichen Gründen, der Preisabbau gefördert wird, würde dieses sicherlich auch dem Unternehmen auf die Dauer abträglich sein, Öffentlichkeit und, wenigstens weitsichtige, Aktionäre würden — ganz abgesehen von der Möglichkeit behördlicher Eingriffe — zu dem Unternehmen in eine ihm gewiß nicht förderliche kritische Einstellung geraten. Wenn ein Unternehmen eine bewußt arbeiterfeindliche Politik durch starke Lohnkürzung im Interesse der Ertragssteigerung betreiben wollte, soweit es heute im Rahmen der arbeitsrechtlichen Lage noch möglich ist, würden sich gleiche Konsequenzen ergeben. Wenn monopolistische Tendenzen eines Unternehmens wiederum aus dem Gesichtspunkte eines rücksichtslosen Ertragsstrebens durchgesetzt würden, müßten notwendig ebenfalls Konflikte entstehen. Die Beispiele können nach Belieben vervielfältigt werden, sie führen alle auf die grundsätzlich nicht mehr bestreitbare Einsicht zurück, daß gerade im Interesse des Unternehmens die Notwendigkeit seiner Eingliederung in den Organis-

---

[103]) Haußmann, BkArch. S. 65, vgl. auch Haußmann, Die Tochtergesellschaft 1923 und Grundlegung der Unternehmenszusammenfassungen 1926.

mus der Gesamtwirtschaft auch für die geschäftspolitischen Maßnahmen im einzelnen nicht unbeachtet bleiben kann.

Bestehen so terminologische und sachliche Bedenken gegen die Annahme des Autonomiebegriffs als gestaltendem Rechtsprinzip, so erscheint bei näherer Prüfung auch der Begriff des Gesamtinteresses nicht verwendbar. Hier bleibt in der Haußmannschen Formulierung zunächst das Verhältnis des Gesamtinteresses zum Interesse des Unternehmens unklar. Einmal soll das Unternehmen dem Gesamtinteresse dienstbar sein, anderseits soll das Interesse des Unternehmens für die Vielgestaltigkeit jedes Einflusses in der A. G. maßgebend sein. Eines von beiden aber muß das höhere Prinzip sein, wenn die Möglichkeit bestehen soll, Konflikte zu entscheiden, und für die Theorie die Möglichkeit, dasjenige Prinzip zu finden, das die Erscheinungsformen der A. G. gestaltet. Der Begriff des Gesamtinteresses erscheint hierfür auch aus einem anderen Grunde nicht geeignet. Als Summe der Einzelinteressen kann das Gesamtinteresse nicht aufgefaßt werden, denn die Summierung der einzelnen Interessen ergibt in aller Regel kein einheitliches Interesse, sondern eine Vielheit verschiedenartigster Interessen, bei denen gerade die Frage, welche rechtliche Willensrichtung ihnen gegeben werden muß, entscheidend ist. „In der verbandsfreien individualrechtlichen Sphäre hat der Wille des Mitglieds vom Verbandswillen unbeeinflußt zu bleiben" [104]). Es bleibt die Frage, wie die individualrechtliche Sphäre gegenüber der verbandsrechtlichen, die in dem Unternehmen verkörpert ist, abgegrenzt werden muß. Läßt sich das Gesamtinteresse durch die Summierung von Einzelinteressen nicht feststellen, so bleiben theoretisch zwei Wege: es läßt sich daran denken, daß der Verbandswille festgestellt wird durch die Entscheidung der Verwaltung, in denen als Organen sich das Unternehmen seine physischen Träger schafft. Nach der Struktur der A. G. aber ist die Verwaltung jedenfalls nicht der einzige Träger der Organfunktion, wenn auch nach

[104]) Vgl. Gierke, Anm. 27.

richtiger Auffassung ihre Rechtsgrundlage auf dieser Organfunktion beruht und daraus ihre Verbundenheit mit dem Unternehmen, ihre Treupflicht gegenüber dem Unternehmen folgt [105]). Soweit die Willensbildung des Unternehmens durch die Verwaltung als Organ erfolgt, ist rechtsgrundsätzlich das Interesse des Unternehmens gesichert. Daß das in praktischer Handhabung nicht immer zutrifft, ändert an der grundsätzlichen Rechtslage nichts. Diese rechtliche Analyse zeigt den Weg, auf dem die Willensäußerung der Verwaltung rechtlich in Übereinstimmung mit dem Unternehmen und seinen Interessen gebracht wird. Da aber der Verwaltung die Organfunktion des Unternehmens, also die Willensbildung der A. G. nicht allein anvertraut ist, sie vielmehr nach der rechtlichen Struktur der A. G. unmittelbar und mittelbar von der Generalversammlung als oberstem Organ ihre Funktion ableitet, so kann jedenfalls nicht ausschließlich durch die Verwaltung die Willensbildung der A. G. erfolgen.

Es bleibt als zweiter Weg nur der Wille der Mehrheit, der als Verbandswille betrachtet wird [106]). Diese Willensbildung durch die Mehrheit findet danach ihre rechtliche Grundlage darin, daß sie den Verbandswillen schafft und ihre rechtliche Grenze da, wo diese Äußerung des Mehrheitswillens nicht dem Unternehmen dient, sondern in der Sprache des Entwurf I „gesellschaftsfremde Sondervorteile“ [107]) erstrebt. Auch die Mehrheit übt ihre Rechte für die A. G. [108]) aus. Das Gesamtinteresses besagt also nichts anderes, als daß die Geltendmachung der Interessen der Gesamtheit der Aktionäre durch die Verwaltung und Mehrheit die rechtliche Grundlage findet im Interesse des Unternehmens. Daß dieses Rechts-

---

[105]) Netter, Aktienrechtliche Auskunftspflicht 1928, S. 15 ff., Bondi, aaO., S. 84.

[106]) Über die Entwicklungsgeschichte des Mehrheitsprinzips vgl. Gierke, Schmollers Jahrb. Bd. 39, S. 7, Genossenschaftsrecht Bd. III S. 220, 323, 391; Bd. IV S. 480; Bondi, aaO., S. 82, insbes. Anm. 6.

[107]) Entwurf eines Gesetzes über Aktiengesellschaften und Kommanditgesellschaften auf Aktien 1930, § 84.

[108]) So auch Hachenburg, aaO., S. 104, Anm. 78.

prinzip sich darnach auch auswirken muß für die Geltendmachung des Interesses der Mehrheit und daß dieses auch in dem Interesse des Unternehmens die Rechtsgrundlage und Grenze findet, folgt zwangsläufig aus dem Prinzip. So genügt auch der Begriff des Gesamtinteresses nicht den Erfordernissen, die an den rechtlichen Erkenntnisbegriff zu stellen sind. Soll dieser Begriff, wie es das Ziel der Erkenntnis ist, die Vielheit der Erscheinungen der lebenden Wirklichkeit im gesellschaftlichen Wirken der A. G. in einem Begriff einheitlich erfassen, soll und muß er anderseits wegen seines dynamischen Charakters in sich die Struktur des erfaßten Rechtsstoffs enthalten, so muß er abgestellt sein auf die Verbundenheit der Gesellschafter in dem Unternehmen. In ihm stellen sie eine Gemeinschaft dar, die zueinander und dem Unternehmen gegenüber in rechtlicher Bindung steht. Diese Bindung grenzt die Individualsphäre gegenüber der Gemeinschaftssphäre ab. Die Glieder der Gemeinschaft sind nur insoweit frei, als ihre Interessenausübung für die Gemeinschaftssphäre dadurch nicht schädigend beeinflußt wird [109]). In diesem rechtlichen Prinzip der Gemeinschaft wird die Gesamtheit der Erscheinungsformen des aktiengesellschaftlichen Lebens einheitlich erfaßt. In ihm kommt der rechtliche Gehalt dieses Lebens dogmatisch zum Ausdruck. Es klingt in ihm an die Beziehung auf das Allgemeininteresse, aus dem sich die A. G. in ihrer Lebensbetätigung nicht lösen kann. Es klingt aber nur insoweit an, als diese Beziehung aktienrechtlich von Bedeutung ist. Aus ihr fließen nicht unmittelbar aktienrechtliche Normen, wohl aber werden die spezifisch

[109]) Goldschmidt, Generalklausel, Festschrift zum 24. Dt. Anwaltstag 1929, S. 213: „Jeder Gmeinschafter ist notwendig wirtschaftschaftlich handelnd in zwei Sphären einbezogen: in die rein individuelle seiner eigenen, nur ihn angehenden Interessen und in die soziale Sphäre der Gemeinschaftszwecke. Diese Sphären scheiden sich vielfach. Der daraus entstehende Interessenkonflikt wird bei der Bindung an eine Gemeinschaft regelmäßig durch die Statuierung der Treuepflicht gegenüber der Gemeinschaft zur Lösung gebracht: Soweit jene Sphären sich schneiden, hat der als Gemeinschafter Handelnde der Sozialsphäre den Vorrang einzuräumen".

aktienrechtlichen Normen in ihrer Ausübung von dieser Beziehung, die mit den Wandlungen des Wirtschaftslebens sich selbst wandelt, beeinflußt. Für den Verband selbst deutet der Begriff das gestaltende Prinzip anschaulich an, weil er die innere Willensbildung der in der Gemeinschaft verbundenen einzelnen Individuen zum Ausdruck bringt. Wenn danach also der Begriff der Gemeinschaft den wesentlichen Kern der Theorie des „Unternehmens an sich" zutreffend charakterisiert, so bedarf er doch noch einer Ergänzung. Gemeinschaft steht begrifflich im Gegensatz zu Gesellschaft [110]) und erfaßt damit den wesentlichen Gehalt des Unternehmensbegriffs auch für die A. G. Die Beschränkung auf den Begriff der Gemeinschaft würde diesen Begriff aber zu allgemein halten, weil Gemeinschaft in diesem Sinne ein auf weiten Gebieten des gesellschaftlichen Lebens entwickelter Typus ist. Es bedarf daher einer weiteren Konkretisierung des Begriffs, um seine methodische Einstellung auf den Gegenstand der aktienrechtlichen Erkenntnis zu erfassen. Es muß zu diesem Zweck also der Begriff des Unternehmens in die Formulierung mit einbezogen werden. Durch die Verbindung mit dem Begriff der Gemeinschaft erfolgt damit zugleich die Abgrenzung gegen den Begriff des Unternehmens in seiner etwaigen sonstigen rechtlichen Bedeutung für andere Rechtsgebiete. Alle diese Erwägungen lassen es als richtig erscheinen, die in dem Schrifttum als Theorie des „Unternehmens an sich" bezeichnete aktienrechtliche Theorie als Theorie der „Unternehmensgemeinschaft" zu formulieren. Ob mit dieser Formulierung den weiteren Erfordernissen genügt ist, daß der richtig erfaßte theoretische Begriff sich durch die Praxis und in der Praxis bestätigen muß, das wird nunmehr Gegenstand der weiteren Untersuchung sein.

III. Die Unternehmenstheorie und die Praxis.

1. Die methodische (I) und dogmengeschichtliche (II) Untersuchung ergibt rechtlichen Gehalt und logische Begren-

[110]) Vgl. Tönnies, Gemeinschaft und Gesellschaft 1926.

zung der aktienrechtlichen Theorie. Ihre Begrenzung fließt aus der Einsicht, daß die Theorie der Praxis eng verbunden ist. Es gibt keinen Begriff, der anders gebildet ist als aus dem Stoff, wie es freilich auch keinen Stoff gibt, der wissenschaftlich anders erfaßt werden könnte, als durch den Begriff. Wenn so mit logisch-methodischer Notwendigkeit der Begriff aus dem Stoff gestaltet werden muß, so ist damit für das logische Verhältnis des Rechtsbegriffs zur Wirklichkeit des Rechtslebens zugleich eine weitere Einsicht gewonnen: Gegenstand der Rechtserkenntnis und damit der Rechtstheorie sind die im Lebensprozeß selbst in seiner Wandlung und Entwicklung enthaltenen rechtlichen Elemente. Die Rechtserkenntnis erfaßt und umfaßt also nur einen bestimmten Ausschnitt des Lebens und auch diesen Ausschnitt nicht erschöpfend; denn da der theoretischen Erkenntnis nur zugänglich ist, was sich im Begriff begreifen läßt, so muß notwendig das „Unbegreifliche", das Irrationale, das der Lebensprozeß enthält, ja, das wohl ein wesentliches Element dieses Prozesses bildet, außerhalb der theoretischen Erkenntnis bleiben. Wieweit es dem intuitiven Verstehen und damit der künstlerischen Gestaltung zugänglich ist, läßt sich hier nicht weiter untersuchen. Nur beiläufig mag bemerkt werden, daß aus diesen Zusammenhängen sich der künstlerische Einschlag erklärt, der jeder echten Jurisprudenz innewohnt. Für die aktienrechtliche Theorie insbesondere ergibt sich aus diesem Sachverhalt: Gegenstand ihrer Erkenntnis ist nicht ein System von gesetzlichen Begriffen, sondern das flutende Leben der gesellschaftlichen Organisationsform, die sich formal als Aktiengesellschaft in der Wirklichkeit des Rechtslebens darbietet. Es kann aber Gegenstand der Erkenntnis nicht sein in der ungeformten, nur im Handeln der beteiligten Personen wahrnehmbaren Wirklichkeit des tatsächlichen Geschehens. Dieses Geschehen hat eine bestimmte Formung erhalten durch das Gesetz, das ihm Richtung und Inhalt vorschreibt. Der Zusammenschluß einer Mehrheit von Personen zu einem gemeinsamen Zweck stellt sich für die rechtliche Erkenntnis als Aktiengesellschaft nur dann dar, wenn die Formen des Zusammenschlusses, die nach dem Gesetz gerade für die Aktiengesellschaft wesentlich sind, gewahrt sind. Diese Formung des gesellschaftsrechtlichen Zusammenschlusses, die sich in den Paragraphen des Handelsgesetzbuches über die Aktiengesellschaft darbietet, ist aber nicht als solche und nicht in ihrer abstrakten Gestaltung im Gesetz Gegenstand der Erkenntnis. Wo dieser Weg beschritten wird, liegt eine Erscheinungsform des konstruktiven Typus vor, die logisch und methodisch vom Standpunkt richtig verstandener Rechtstheorie abzulehnen ist. Für den gestaltenden Typus muß die Einsicht grundlegend bleiben, daß auch die Formung der Wirklichkeit durch das Gesetz eben nur eine begriffliche Gestaltung des Stoffs ist und bleibt und von dieser stofflichen Bindung nicht losgelöst werden kann. Die Umgestaltung des Stoffs in der Wirklichkeit des gesellschaftlichen Lebens muß damit auf die begriffliche Gestaltung des Stoffs unvermeidlich und mit innerlicher Notwendigkeit von bestimmendem Einfluß sein und bleiben [111]).

---

[111]) Hier entspringt das ebenso schwierige wie grundlegende Problem der Rechtstheorie, wie rechtlich zu entscheiden ist, wenn Gesetzesnorm und Rechtswirklichkeit in Gegensatz treten. Ist die Entscheidung dann nach der gesetzlichen Norm oder nach dem lebendigen Recht zu treffen? Und läßt sich die letztere Auffassung verneinen mit dem Grundsatz der Bindung des Richters an das Gesetz? Freirechtsbewegung und Interessenjurisprudenz stellen die zwei wohl bedeutsamsten Strömungen der neueren Jurisprudenz dar, die hier eine Lösung zu finden suchen. Neuerdings hat insbesondere Isay (Rechtsnorm und Entscheidung, Berlin 1930) diesem Problem eine tiefschürfende Untersuchung gewidmet, die sich mit dem Gegensatz zwischen richterlichem Rechtsgefühl und staatlichem Gesetz insbesondere S. 154 ff., 224 ff. eingehend beschäftigt. Die darin zutage tretende übersteigerte individualistische Auffassung ist von Geiler (Moderne Rechtswandlungen S. 204 ff.) zutreffend und überzeugend widerlegt. Vgl. auch die Besprechung des Isayschen Werks von Geiler, Archiv für Rechts- und Wirtschaftsphil., Band 24 Heft 4 und Wieruszowski JW. 1930, 44 ff. Aber auch Geiler dürfte die letzte Lösung dieses Problems nicht geglückt sein, wenn er zwar der Norm den Vorzug gibt vor dem Rechtsgefühl, aber nur dann, wenn die Norm der Überzeugung der Rechtsgenossen entspricht (aaO. S. 208). Daß alle Rechtsgenossen übereinstimmend sich zu einer Norm bekennen, wird, zumal für die Geistigkeit unserer Zeit, kaum je zutreffen. Gerade die Konfliktsfälle aber, in denen Überzeugung gegen Überzeu-

Der rechtliche Gehalt der aktienrechtlichen Theorie wird danach geboten von dem Stoff, den das Leben der Aktiengesellschaft in der Wirtschaft darbietet. Aber auch dieses Leben kann nicht in seiner Tatsächlichkeit Gegenstand der Erkenntnis sein. Es bedarf jedenfalls der Analyse seiner gestaltenden Prinzipien. So sind Arbeiten, wie die Darstellung Hachenburgs im Kommentar von Düringer-Hachenburg zum HGB. über „die Aktiengesellschaft im Leben der Wirtschaft" für die aktienrechtliche Theorie notwendige Grundlage. Sie bedürfen aber für die theoretische Erkenntnis einer weiteren Analyse. Deren Aufgabe ist es, aus diesem vorgeformten Stoff die gestaltenden Prinzipien zu ermitteln, die rechtlich das Wesen der Aktiengesellschaft bestimmen. Dabei wird nach den Darlegungen zu I eine weitere Erörterung darüber entbehrlich sein, daß mit diesem Wesen der A. G. nicht ein Begriff gesucht wird, der irgendwie im luftleeren Raum zu konstruieren wäre, sondern ein Begriff, der aus dem Leben der A. G. wie es sich wirklich darbietet, hervorwächst, aus ihm im Wege der logischen Analyse gestaltet wird. Und damit ist zugleich eine weitere Einsicht in zweifacher Richtung gewonnen: Dieses gestaltende Rechtsprinzip der lebenden A. G. kann nicht eine Formel bieten, die zeitlich und räumlich für jede A. G. gilt; es kann, da es aus dem Leben gestaltet wird, nur ein Prinzip der lebenden Wirklichkeit sein, die als Stoff für die Begriffsbildung benutzt wird, und wandelt sich daher mit diesem Stoff.

gung im Kreise der Rechtsgenossen steht, bieten der richterlichen Entscheidung und also der Rechtserkenntnis die größten Schwierigkeiten. Hier reicht die Formulierung Geilers nicht aus. Hier wird die Entscheidung und damit die Erkenntnis eben doch nur nach dem Rechtsgefühl getroffen werden können (vgl. insbesondere Rümelin aaO., S. 48), das Rechtsgefühl aber der Kontrolle bedürfen durch die Einsicht, daß „das Recht selbst es ist, das als Dominante aller dem System angehörender Subjekte und Gebilde kategorial die Frage ......" entscheidet (Manigk, Rechtsstaatdämmerung? JW. 1932, 1331 ff.). Das Problem, dessen Erörterung außerhalb des Rahmens des hier behandelten Themas liegt, kann jedenfalls nur durch rechtsphilosophische Klärung des Rechtsbegriffs gelöst werden. Vgl. auch Holldack, Das Reichsgericht und die Geschichte, JW. 1932, 1333.

So kann das gestaltende Prinzip in einer bestimmten Epoche oder in einem bestimmten Gebiet streng individualistisch sein, wie in der A. G. der frühkapitalistischen Zeit, oder streng kollektivistisch, wie z. B. in jeder gesellschaftlichen Organisationsform des heutigen Rußland. Eine aktienrechtliche Theorie, die für alle Zeiten und alle Rechtsgebiete Geltung hätte, gibt es nicht und kann es nicht geben. Die Grenze der juristischen Erkenntnis ist für die aktienrechtliche Theorie nicht anders wie für jede Rechtstheorie das Rechtsbewußtsein eines bestimmten Volks auf einer bestimmten Stufe seiner geschichtlichen Entwicklung. Nicht zutreffend ist es dagegen, wenn man annimmt, daß eine Übergangszeit wie die des heutigen Deutschland infolge der Zerrissenheit seiner geistigen Strömungen und der scharfen Gegensätzlichkeit seiner wirtschaftlichen Interessengruppen die Möglichkeit verhindert, in dem Leben der gesellschaftlichen Organisationsformen das gestaltende Prinzip zu ermitteln. Sie erschwert diese Erkenntnis gewiß außerordentlich, aber sie verhindert sie nicht. Sie nimmt den Ergebnissen der theoretischen Erkenntnis ebenso wie der Entscheidung des Einzelfalles vielfach wohl die einwandfreie Sicherheit und allgemeine Anerkennung, die durch ein einheitliches Kulturbewußtsein und eine geschlossene Mentalität besser verbürgt wurden. Aber das Bedürfnis nach Erfassung des gestaltenden Prinzips bleibt trotzdem sowohl eine Forderung der Wissenschaft, wie eine dringende Notwendigkeit der Praxis. Es kann diesem doppelten Bedürfnis daher auch nicht genügen, wenn jüngere Äußerungen des Schrifttums, und zwar gerade solchen Schrifttums, das dem gestaltenden Typus zugehört und daher mit dem hier grundsätzlich vertretenen theoretischen Standpunkt sich deckt [112]), für die heutige A. G. sowohl den Schutz des Unternehmens wie den Schutz der Aktionäre als gestaltendes Prinzip anerkennen. Gewiß liegt in dieser Auffassung ein wichtiger und weittragender Fortschritt gegenüber der älteren Auffassung, die, als Repräsentant des konstruktiven Typus, das Gesetz

[112]) Geiler aaO. S. 182, Hachenburg aaO. Anm. 53 und passim, Druckschriften des D. A. V. Nr. 22 S. 14.

allein mit seinem Begriffssystem zur Grundlage für die systematische Erfassung des Wesens der A. G. benutzt. Trotzdem muß — und das ist die zweite wesentliche Folge der hier entwickelten grundsätzlichen Auffassung — die Entscheidung gesucht werden, welchem der beiden gestaltenden Prinzipien der entscheidende Vorrang nach derzeitiger Rechtsauffassung zukommt. Nach der methodischen Erörterung (I) und der dogmengeschichtlichen Darlegung (II) beansprucht das Unternehmen diesen Vorrang. Es bleibt zu prüfen, ob diese Auffassung sich bei Betrachtung der wichtigsten Gestaltungsformen der lebenden Aktiengesellschaft bestätigt.

2. Für die heutige Praxis des Aktienwesens ist in erster Linie das Verhältnis von Aktionär und Verwaltung kontrovers geworden. Es stehen sich hier, wenn man von Abweichungen und Mischformen im Einzelfalle absieht, zwei Typen grundsätzlich gegenüber: Die eine Richtung will, vom Begriffe der A. G. als Kapitalgesellschaft ausgehend, das Kapital. d. h. die Aktionäre als Repräsentanten bestimmend sein lassen für die Lebensäußerung der A. G. Das führt zur Gegnerschaft gegen die Verwaltungsaktien jeglicher Form, zum Verlangen einer weitgehenden Kontrolle der Verwaltung durch die Aktionäre, zu einer starken Auswirkung der Aktionärrechte. Die andere Richtung stellt dem kapitalistischen Element der A. G. den für ihre Lebensgestaltung wesentlichen Faktor der Arbeitsleistung in der Verwaltung entgegen. Sie nimmt für diese Verwaltung in Anspruch, daß nur bei Sicherung ihrer Kontinuität die Zwecke des Unternehmens gedeihlich und wirtschaftlich sinnvoll verwirklicht werden können. Sie sucht in der Gestaltung der Aktienverteilung und der Handhabung der Publizität die Mittel, um diese Auffassung zu verwirklichen. Grundsätzlich gesehen kann man sagen, daß die erste Richtung das Gestaltungsprinzip für die A. G. im Schutz der Aktionäre, die zweite dagegen im Schutz des Unternehmens erblickt. Dabei ist nun für die hier interessierende Frage die Feststellung von besonderer Wichtigkeit, daß sich in der literarischen Vertretung der ersten Richtung eine Annäherung an die zweite Richtung nicht verkennen läßt. Es

sind im Wesentlichen heute wohl nur noch Horrwitz und Brodmann[113]), die, von mehr vereinzelten und gelegentlichen Äußerungen im Schrifttum abgesehen, an der Gegnerschaft gegen die Verwaltungsaktie festhalten. Der Rufer in diesem Streit, Nußbaum, hat sich damit abgefunden, daß die Verwaltungs-, insbesondere die Stimmrechtsaktie in der Praxis kaum mehr bestrittene Anerkennung gefunden hat[114]). Das ist wesentlich für die Feststellung, daß im wirklichen Leben der A. G., wie es sich in der Praxis darstellt und in der Rechtsprechung gebilligt wird[115]), die Verwaltungsaktie zur Anerkennung gelangt ist. Damit zeigt sich zugleich, daß das ihr zugrundeliegende Prinzip der Erhaltung des Unternehmens sich durchgesetzt und, was daraus zwangsläufig folgt, die Geltendmachung des reinen Kapitalinteresses zurückgedrängt hat. Diese Sachlage findet eine weitere bedeutsame Bestätigung in der Tatsache, daß auch die Reformbewegung die Stimmrechtsaktie wie die Vorratsaktie, also die beiden wichtigsten Typen der Verwaltungsaktie, nicht grundsätzlich beseitigen will. Sowohl das Gutachten der Juristentagskommission[116]) wie dasjenige des deutschen Anwaltsvereins[117]) erkennen ein rechtliches Bedürfnis für diese Aktien an. Damit findet in diesen beiden wichtigsten Dokumenten zur Aktienrechtsreform das Prinzip der Wahrung des Unternehmensinteresses Anerkennung. Gleiches gilt für die Ergebnisse der Untersuchungen des Enquete-Ausschusses des Reichswirtschaftsrats[118]). Entsprechend beseitigt daher auch weder der erste noch der zweite Entwurf eines neuen Aktiengesetzes

---

[113]) Brodmann, Aktienrecht Einl. VIII ff. und Note 2c zu § 252 Horrwitz, Hanseat. Rechts- und Gerichts-Ztft. 4. Jahrg. H. 4, April 1931.

[114]) Nußbaum, Aktionär und Verwaltung Berlin 1928 S. 11.

[115]) RGZ. 108, 322; 113, 188 (Ilse-Bergbau); 119, 248 (Hamburg-Südamerikanische Dampfschiffahrts Ges.); vgl. aber auch RGZ. 112, 18 und 132, 149 (Victoria); vgl. im übrigen die Zusammenstellung der Rechtssprechung bei Friedländer, Aktienrecht Anm. 4 zu § 252.

[116]) Gutachten d. Kommiss. d. Deutschen Jur. Tages S. 24 ff., insbes. 25.

[117]) Druckschriften d. D. A. V. Nr. 20 I S. 131 ff.

[118]) Generalbericht S. 12 ff.

diese Aktien, was die Erläuterungen zum ersten Entwurf mit dem rechtlichen Bedürfnis für ihre Beibehaltung rechtfertigen[119]). In der Rechtsprechung sind mehrfach die Schutz- und Vorratsaktien als rechtlich unangreifbar anerkannt (Fall Ilse, Fall Hamburg-Süd u. a.). Auch das jüngste Urteil des Reichsgerichts zur Schutzaktienfrage im Falle Victoria steht mit dieser Rechtsauffassung nicht im Widerspruch. Es beseitigt zwar die von der Victoria erfolgte Schutzaktienemission, aber nur deshalb, weil in diesem Sonderfall das Recht der Gesellschaft zur Verweigerung der Umschreibung von Namensaktien einen ausreichenden Schutz des Unternehmens biete. Gerade also dieses Prinzip wird auch hier als berechtigt anerkannt.

Hat so der Unternehmensschutz bei der Regelung des Verhältnisses zwischen Aktionär und Verwaltung in Schrifttum und Rechtsprechung die herrschende Anerkennung gefunden, so läßt sich das gleiche Prinzip feststellen in denjenigen Fällen, in denen der Unternehmensschutz nur als Vorwand benutzt wurde, um nicht das Unternehmen zu schützen, sondern der Verwaltung Sondervorteile zu verschaffen. Hier hat die Rechtsprechung durchgegriffen und den Grundsatz betont, daß Maßnahmen, die an sich berechtigt sein mögen, um den Interessen des Unternehmens zu dienen, die Berechtigung verlieren, wenn dieser berechtigte Zweck nicht erfüllt oder vereitelt wird. So betont auch das Schrifttum, daß Sondervorteile für die Verwaltung bei Bildung und Benutzung von Verwaltungsaktien durch die Art der zu treffenden Vereinbarungen zuverlässig ausgeschlossen sein müssen, wenn nicht die getroffenen Maßnahmen ihre Berechtigung einbüßen sollen[120]). In diesem Sinne sind schließlich

[119]) Entwurf I. 1930 § 94 ff. Erläuterungen S. 103/104. Entwurf II. 1931 § 96—98.

[120]) Staub-Pinner Note 26, S. 344, 345 zu § 252, Ludewig aaO., S. 84 ff. Netter, Probleme d. leb. Aktienrechts S. 7, 64 f. und Z. B. H. 1930, Zur rechtlichen Struktur d. Verwaltungsaktie, S. 218. Der Ansicht Hachenburgs aaO., S. 128 Anm. 102, daß in der Praxis ein Zurücktreten des Einflusses der Stimmrechtsaktien zu beobachten sei, kann ich mich nicht anschließen. Nur eine Beschränkung des Mehr-

auch die Erschwerungen zu verstehen, die der amtliche Entwurf eines neuen Aktiengesetzes für Stimmrechtsaktien und Vorratsaktien vorsieht [121]). Sie sollen ebenso, wie die Bestimmungen der Aktiennovelle vom 19. September 1931, bei grundsätzlicher Billigung dieser Rechtsformen, ihren Mißbrauch verhüten oder beschränken. So zeigt sich gerade auch in diesen kritischen Äußerungen von Schrifttum, Rechtsprechung und Gesetzgebung zur Verwaltungsaktie der gleiche Grundgedanke wie in den Fällen ihrer Anerkennung: Sie sollen dem Schutze des Unternehmens dienen, finden darin ihre rechtliche Grundlage und ihre rechtliche Schranke. Der Schutz der Aktionäre als gestaltendes Rechtsprinzip tritt grundsätzlich hinter den Schutz des Unternehmens zurück; er wirkt sich aber dann bestimmend aus, wenn der Schutz des Unternehmens nicht erforderlich oder nur als Vorwand benutzt wird, um Aktionärrechte zu beeinträchtigen [122]) [123]).

---

stimmrechts ist, wesentlich unter dem Druck der Börsenzulassungsstellen, m. E. festzustellen.

[121]) Entwurf II 1931 §§ 96, 97, 98.

[122]) Wenn Giesecke aaO., S. 750 Anm. 8 meint, diese Begründung der Verwaltungsaktien aus dem Interesse des Unternehmens, wie sie von mir ausführlicher Z. B. H. 1930, S. 295 ff. dargestellt ist, enthalte einen entbehrlichen Umweg, so läßt sich dem meines Erachtens nicht beitreten. Gewiß kann man, wie Giesecke aaO., S. 764 das will, auch aus der Anwendung des Grundsatzes von Treu und Glauben ein rechtliches Fundament für die Verwaltungsaktie finden. Es ist aber einmal zu bedenken, daß das Rechtsprinzip von Treu und Glauben allerdings zwar auch auf die aktienrechtlichen Normen Anwendung findet, immerhin aber diese Ansicht nicht unbestritten ist und sich anscheinend nur allmählich durchsetzt. Vgl. Anmerkung 130.

Überdies ist die Begründung mit diesem Rechtsprinzip nicht ausreichend, denn sie läßt gerade die entscheidende Frage offen, welche inhaltliche Regelung sich aus dem Grundgesetze von Treu und Glauben für das einzelne aktienrechtliche Problem ergibt. Wenn auch die Rechtfertigung aus dem Interesse des Unternehmens diese inhaltliche Klärung nicht für jeden einzelnen Fall gibt und geben kann, es wird eben immer auf den konkreten Tatbestand ankommen, so ist doch dieses Rechtsprinzip konkreter und es sind ihm die Richtlinien für die Behandlung des Einzelfalles zuverlässiger zu entnehmen, als dem immerhin allgemeineren und, auf den Inhalt angesehen, farbloseren Begriff von Treu und Glauben.

[123]) Wenn Hachenburg aaO. in seiner Darstellung der Mehrstimmaktien Seite 15 Anm. 13 ff.; S. 102 Anm. 76 ff. der Meinung Ausdruck gibt, daß die Verwaltungsaktien „noch vor dem Entstehen der

3. Mit dem zunächst erörterten Problem des Verhältnisses von Aktionär und Verwaltung und der Verwaltungsaktien hängt eng zusammen das Stimmrechtsproblem.

Die Regelung dieser Frage im HGB. beschränkt sich auf die Vorschriften des § 252 HGB. Sie gibt an sich mit der Bestimmung, daß jede Aktie das Stimmrecht gewährt, einen nur sehr dürftigen Inhalt für die Lösung der mit dem Stimmrecht verknüpften Probleme. Diese Probleme selbst haben durch die Entwicklung des Aktienwesens nach Umfang und Tragweite eine außerordentliche Bedeutung erlangt, ja man darf sie vielleicht nicht mit Unrecht als die wichtigsten Probleme des lebenden Aktienrechts bezeichnen. Das erklärt sich ohne weiteres durch die Tatsache, daß die Einflußmöglichkeit des Aktionärs auf die Lebensgestaltung der A. G. im Stimmrecht ihre wesentlichste Verkörperung findet. Mit diesem Instrument werden die Machtkämpfe innerhalb der A. G. und um die A. G. ausgefochten. In diesem hauptsächlichsten Recht des Aktionärs treten damit die Kräfte am sichtbarsten in Erscheinung, die das lebende Aktienrecht gestalten. In der Behandlung des Stimmrechtsproblems durch die Praxis tritt

---

neuen Gesetzgebung stumpfe Waffen geworden seien" (aaO. S. 129) und daß die Praxis Bedenken trage, das Stimmrecht noch vorhandener Verwaltungsaktien in den Generalversammlungen gegen die Stammaktien auszuüben, so hat diese gelegentlich vielleicht zutreffende Beobachtung doch wohl nicht die ihr von Hachenburg zugesprochene allgemeine Bedeutung für die Praxis. Vielleicht ist die Annahme Hachenburg's darauf zurückzuführen, daß, wie Hachenburg an anderer Stelle zutreffend hervorhebt, in Übereinstimmung mit Feststellungen des Ausschusses des DAV. (Druckschriften des Deutschen Anwaltsvereins zur Reform des Aktienrechts I, S. 134) Fälle des Mißbrauchs der Mehrstimmaktien kaum bekannt geworden sind. (Hachenburg aaO. S. 17). Das führt dazu, daß in den in der Öffentlichkeit bekannt gewordenen Fällen Streitigkeiten zwischen Mehrstimmenaktien und Stammaktien selten zu beobachten sind. Das ändert aber nichts daran, daß Mehrstimmenaktien und die ihnen in der Wirkung gleichstehenden, wenn auch an sich wohl gefährlicheren und in der Möglichkeit des Mißbrauchs kritischer zu beurteilenden Schutzstammaktien für die mit ihrer Schaffung beabsichtigten Zwecke auch heute noch in der Praxis Verwendung finden. Vgl. z. B. aus jüngster Zeit den Fall Ilse Bergbau Berliner Tageblatt vom 22. 3. 32 Nr. 139, Frankf. Ztg. v. 23. 3. 32 Nr. 221—223 und 292—294 vom 20. 4. 32.

daher auch die Bedeutung des Unternehmens für die Lösung der aktienrechtlichen Konflikte und damit für die Gestaltung des lebenden Aktienrechts mit besonderer Deutlichkeit hervor. Wenn im Schrifttum die Auffassung vertreten wird, daß für die Gestaltung der A. G. das demokratische Prinzip maßgebend sei, so kann diese Auffassung, wenn überhaupt, so nur in dieser Bestimmung des § 252 HGB. versuchen, eine Grundlage zu finden. Daß ihr eine durchaus mißverständliche Ansicht über das Wesen der Demokratie zugrunde liegt, hat neuerdings Giesecke überzeugend entwickelt [124]). Der unbeschränkte Einfluß der Kapitalmehrheit, wie er äußerstenfalls aus diesem Prinzip mit dem Mittel der Stimmrechtsausübung hergeleitet werden könnte, entspricht weder der herrschenden Praxis noch der überwiegenden Meinung des Schrifttums. Zwei Entwicklungsreihen haben ihn beseitigt. Einmal die im Gesetz nicht berücksichtigte, in Wirklichkeit aber unbestritten bestehende Strukturänderung in der Zusammensetzung der Aktionäre, wie sie namentlich von Haußmann und neuerdings von Hachenburg dargestellt ist [125]). Man kann auch nicht sagen, daß dadurch der Einfluß der Kapitalmehrheit nicht beschränkt sei. Sie äußert sich nur in anderen typischen Formen als sie dem Gesetz vorgeschwebt haben mögen Die Einflußmöglichkeiten, die sich in der Praxis durch die Verschachtelung, durch die Konsortialverträge zwischen den Aktionären, durch das Depotstimmrecht und ähnliche Erscheinungen herausgebildet haben, gehen in ihrer Einflußmöglichkeit weit hinaus über den lediglich durch den Kapitalbesitz begründeten Einfluß. Es ist durchaus nicht immer die kapitalistische Mehrheit, die bestimmend in das Leben der A. G. eingreift. Sie braucht es auch nicht zu sein, einmal deshalb nicht, weil die Einflußmöglichkeiten sich nicht nur auf die Ausübung des Stimmrechts beschränken, sondern auch außerhalb der Generalversammlung auf zahlreichen Wegen ihre Wirkung entfalten

---

[124]) Vgl. Anm. 66.

[125]) Haußmann „Vom Aktienwesen und vom Aktienrecht" S. 21 ff., Hachenburg aaO. S. 139 ff.

können, zum andern nicht, weil eine Mehrheit des Kapitals kaum je notwendig ist für die Majorität in der Generalversammlung. Das folgt wiederum daraus, daß ein größerer Teil der Aktionäre in aller Regel von der Ausübung seines Stimmrechts keinen Gebrauch macht und der Generalversammlung fernbleibt, oder wenn er auch an der Generalversammlung teilnimmt, sich den Verwaltungsanträgen anschließt. Alle diese Tendenzen und Entwicklungen beschränken die Bedeutung der Kapitalmehrheit für die Lebensgestaltung der A. G.

Wichtiger aber für die rechtliche Erkenntnis und entscheidend für das von ihr gesuchte gestaltende Prinzip des Lebens der A. G. ist die inhaltliche Wandlung, die der rechtliche Gehalt des Stimmrechts selbst erfahren hat. Es besteht heute kaum mehr ein Zweifel darüber in Rechtsprechung und Schrifttum, daß das Stimmrecht des Aktionärs nicht ein Recht ist, das er willkürlich nach seinem Belieben in seinem eigenen Interesse ausüben kann. Das Verpflichtungsmoment, das nach der heutigen Rechtsauffassung jedem Recht innewohnt, hat auch auf das Stimmrecht umgestaltend gewirkt. Das führt zu einer rechtlichen Bindung des Aktionärs in der Ausübung auch seines Stimmrechts. Der Streit geht lediglich darüber, worauf diese Bindung rechtlich beruht und wie danach ihre Grenzen zu ziehen sind. Mit der Annahme der Treupflicht des Aktionärs, die bereits im früheren Zusammenhange erörtert wurde [126]), ist dieses Problem noch nicht gelöst. Es bleibt die Frage offen, wem gegenüber der Aktionär zur Treue verpflichtet ist, ob nur seinen Mitaktionären gegenüber oder auch der A. G. als solcher. Dieser Teil des Problems löst sich verhältnismäßig einfach durch die Einsicht, daß die Interessen der Mitaktionäre verkörpert sind in den Interessen des Unternehmens. Eine Ausübung des Stimmrechts, die sich gegen das Interesse der anderen Aktionäre richtet, wird immer zugleich auch die Interessen des Unternehmens entscheidend berühren. Das gilt jedenfalls dann, wenn man mit der hier vertretenen Auffassung davon aus-

[126]) Vgl. oben Anm. 28.

geht, daß die Interessen aller Aktionäre in dem Unternehmen zusammengefaßt sind. Dann ergibt sich, daß die Treupflicht gegenüber den Aktionären sich in ihrem rechtlichen Gehalt nicht unterscheidet von der Treupflicht gegenüber dem Unternehmen. Die Frage vereinfacht sich dann dahin, ob dem Unternehmen gegenüber eine Treupflicht des Aktionärs besteht, worauf sie sich gründet und welches ihre Grenzen sind. Es ist die Ansicht vertreten worden, die Treupflicht des Aktionärs erkläre sich aus den Tendenzen des Spätkapitalismus [127]). Das mag insoweit zutreffend sein, als die Strukturänderung des Kapitalismus auf die in ihm wirkende Wirtschaftsgesinnung selbstverständlich nicht ohne Einfluß ist. Das würde nach den früheren Ausführungen zu der Einsicht führen, daß aus dem Wesen des heutigen Kapitalismus die Anerkennung der Selbständigkeit des Unternehmens als besonderem Rechtsgut folgt. So wiederum wird es dann verständlich, daß das Verpflichtungsmoment des Stimmrechts, die Bindung des Aktionärs an ein Rechtsprinzip, das die Geltendmachung seines eigenen Interesses beschränkt, in der Verpflichtung gegenüber dem Unternehmen seine Grundlage findet. So erklärt denn auch Haußmann mit vollem Recht [128]), daß die Generalklausel, die die Juristentagskommission und der erste Entwurf des neuen Aktiengesetzes einführen will, und die ja, wie früher gezeigt, nur dem Zwecke dienen soll, die Treupflicht des Aktionärs gesetzlich zu verankern, implicite die Anerkennung des Rechtsprinzips des „Unternehmens an sich" enthält. Damit wird deutlich, daß die Beschränkung der Interessenausübung des Aktionärs in der Geltendmachung seines Stimmrechts jedenfalls beruht in der Bindung des Aktionärs an das Unternehmen. „Zwischen dem Aktionär und der A. G. besteht ein Treuverhältnis gesellschaftlicher Art, freilich nicht in dem Sinne, daß hierdurch die Aktionäre einander oder auch gegenüber der A. G. zu einem positiven Tun verpflichtet sind. Es führt aber zur

[127]) Wilmersdoerfer, Treuhand und Treupflicht im Wirtschaftsrecht L. Z. 1931, 1427.

[128]) Haußmann Bank-Archiv XXX S. 94 Spalte 1.

Einschränkung und Begrenzung in der Ausübung der Aktionärrechte .... Es wird zwar nicht das Verlangen aufgestellt, daß jeder Aktionär das Wohl der Gesellschaft zu fördern habe. Es bleibt das negative Verbot des Handelns aus Sonderinteresse, das der Gesellschaft muß dem des Einzelnen bei seiner Ausübung des Stimmrechts vorgehen, andernfalls verliert er das Stimmrecht. Das ist nur zu verstehen, wenn aus der Mitgliedschaft auch außer der Beteiligung am Kapital noch soziale Momente sich ergeben. Erst in der Rechtsprechung, dann in der Gesetzgebung hat sich die Ethik des Rechts gegen die Selbstsucht des Einzelnen im Wirtschaftsleben durchgesetzt“ [129]).

Besondere Schwierigkeiten bietet die Frage, wie der Inhalt der Bindung des Aktionärs und damit die rechtliche Beschränkung in der Ausübung des Stimmrechts näher zu umgrenzen ist. Eine Bindung in dem Umfange, daß der Aktionär lediglich und ausschließlich das Interesse des Unternehmens bei seiner Stimmrechtsausübung zu berücksichtigen habe, besteht selbstverständlich nicht. Sie würde nur dann anzunehmen sein, wenn eine organische Verbindung nicht nur zwischen dem Aktionär und dem Unternehmen, sondern auch zwischen dem Unternehmen und dem Staat bestände, sodaß die Aktiengesellschaft nur das Mittelglied wäre, in dem sich die Bindung des Aktionärs verkörpert. Diese Bindung bestände dann in Wirklichkeit nicht gegenüber der A. G., sondern gegenüber der staatlichen Gemeinschaft. Eine solche Struktur ist theoretisch denkbar in einem sozialistischen Staatswesen, wobei die Frage hier nicht zur Erörterung steht, wie weit ihre praktische Verwirklichung erreichbar oder möglich ist. Jedenfalls findet sie in der Wirklichkeit des gegenwärtigen wirtschaftlichen Lebens und der gegenwärtigen Staatsgestaltung in Deutschland keinen Anhalt. Anderer-

[129]) Vgl. Hachenburg aaO., S. 106 Anmerkung 79 und 80. Daß freilich die Anerkennung dieses Rechtsgrundsatzes in der Rechtsprechung noch nicht restlos gefestigt ist, zeigt ein Vergleich etwa der Entscheidung RGZ. 107, 204 mit RGZ. 119, 389, vgl. auch Haußmann BkArch. XXX S. 58 Anm. 7.

seits ist ebenso klar, daß, wie sich aus den bisherigen Darlegungen ergibt, die Geltendmachung eines schrankenlosen Individualismus des Aktionärs in der Ausübung seiner Rechte dem heutigen Rechtsbewußtsein widerspricht. Die Bindung des Aktionärs kann also nur zwischen diesen beiden Extremen liegen. Der Schutz des Unternehmens und der Schutz der Aktionäre sind beides gestaltende Prinzipien des Aktienrechts. Damit grenzt sich der Raum, innerhalb dessen die Begrenzung zu finden ist, für die Bindung des Aktionärs weiter ab. Er muß zwischen diesen beiden Prinzipien liegen. Die Lösung kann nicht darin gefunden werden, daß man im Einzelfalle auf eine Abwägung der Interessen abstellt, die sich aus der Berücksichtigung beider Rechts-Prinzipien ergeben. Diese Abwägung hat logisch zur Voraussetzung einen Maßstab, an dem die beiden Interessen gemessen werden und durch den festgestellt wird, welches der beiden Interessen im Einzelfalle den Vorzug verdient. Wenn die Beschränkung der Stimmrechtsausübung auf der Bindung des Aktionärs an das Unternehmen beruht, so kann ihr Inhalt kein anderer sein als der, daß beim Widerstreit der beiden Rechtsprinzipien das private Aktionärinteresse gegenüber dem Interesse des Unternehmens zurücktreten muß. „Es ist ein ungeschriebenes Rechtsprinzip, daß jeder Aktionär seinen Einfluß nur im Interesse des Unternehmens selbst ausüben darf [130]).

[130]) Haußmann „Vom Aktienwesen und vom Aktienrecht" S. 55. Haußmann hat diese zutreffende Formulierung allerdings später etwas einschränken zu müssen geglaubt. Vgl. BkArch. XXX, 63 Spalte 1 und Zusammenfassung S. 95. Wenn er dann im Ergebnis (vgl. aaO. S. 86) die Einschränkung dahin konkretisiert, daß die Handlung des Aktionärs gemessen werden müsse an dem, was normal und verkehrsüblich im Aktienwesen ist, so schwächt er damit die gefundene richtige Lösung theoretisch und praktisch zu Unrecht ab. Das Normale erfordert die Norm, nach der es sich richtet, das Verkehrsübliche kann sich nicht nach dem richten, was im Verkehr wirklich gehandhabt wird, also üblich ist, sondern was in dieser Übung als berechtigt anzusehen ist. Es gibt gewiß auch im Aktienwesen zur Genüge Übungen der Praxis, die verkehrsüblich sein mögen, ohne deshalb rechtliche Anerkennung beanspruchen zu dürfen. Es muß also doch bei der Formulierung eines Rechtsprinzips verbleiben, das auch für die Wertung des Verkehrsüblichen einen Maßstab liefert. Diese Einwendungen gelten gegenüber

4. Das rechtliche Prinzip, das für die Gestaltung der Beziehungen zwischen der A. G. und dem Aktionär maßgebend ist, wird besonders anschaulich, wenn man die wichtigsten Konfliktsfälle darauf prüft, welche Lösung sie in der Praxis gefunden haben. Dann wird wiederum anschaulich werden, von welcher grundsätzlichen Auffassung dieser Be-

---

allen Versuchen, aus § 826 BGB. oder aus dem Wohl der Gesamtheit oder ähnlichen nicht genügend konkretisierten Rechtsbegriffen den Inhalt der Bindung herzuleiten. Vgl. z. B. Horrwitz „Zur Freiheit der Abstimmung" JW. 1930, 2637, Hueck, „Die Sittenwidrigkeit von Generalversammlungsbeschlüssen der A. G. und die Rechtsprechung des Reichsgerichts", in „Die Reichsgerichtspraxis im deutschen Rechtsleben" Bd. IV, S. 167 ff. Haußmann BkArch. XXX, S. 86 Anm. 4. Grundsätzlich gilt dies auch gegenüber dem Versuch, die Bindung aus dem allgemeinen Rechtsgrundsatz von Treu und Glauben herzuleiten. Es ist gewiß zutreffend, daß auch das Stimmrecht in seiner Ausübung dem allgemeinen Rechtsgrundsatz von Treu und Glauben untersteht. Diese Ansicht hat zuerst Hachenburg L. Z. 1907 S. 460 ff. vertreten, ohne, zunächst wenigstens, in der R. G. Rechtsprechung, damit durchzudringen, doch ist ihm das Schrifttum weitgehend gefolgt. Vgl. die Belege bei Netter „Probleme des lebenden Aktienrechts" S. 42 Anm. 2 und ZBH. 1931, S. 63 und neuerdings Hachenburg Kom. z. HGB. aaO. S. 105 Anm. 79. Indessen liegt meines Erachtens das Problem gerade darin, den allgemeinen Begriff von Treu und Glauben für die Probleme des Aktienrechts zu konkretisieren.

Für die Anwendung des Begriffs von Treu und Glauben im Steuerrecht vgl. Lion, B. Tagebl. Morgen-A. v. 24. 6. 32.

Vgl. auch Herzfelder, Stimmrecht und Interessenkollision bei den Personenverbänden des deutschen Reichsprivatrechts, 1927, S. 43: „Man kann allerdings nicht verlangen, daß ein Gesellschafter stets sein Interesse dem der Gesellschaft bei seiner Abstimmung hintansetzt. Dennoch ist davon auszugehen, daß das Stimmrecht dem Gesellschafter nicht um seinet-, sondern um der Gesellschaft willen gegeben ist." Vgl. auch Matsuda, aaO., S. 245, der Gierke, Die Genossenschaftstheorie S. 261 zitiert: „Das Stimmrecht bleibt, wenngleich ein Sonderrecht auf dasselbe besteht, ein reines Mitgliedschaftsrecht. Es ist dem Aktionär lediglich als Mittel zur Ausübung derjenigen Befugnisse verliehen, welche er als Mitglied der Genossenschaft in Bezug auf deren einheitliche Herrschaftssphäre besitzt. Er erscheint dabei in keiner Weise als Träger eines selbständigen Einzelwillens, sondern durchaus nur als Mitträger eines einheitlichen Gemeinwillens. Darum soll er das Stimmrecht lediglich im Interesse des Ganzen und nicht im eigenen oder fremden Sonderinteresse handhaben."

ziehungen das lebende Aktienrecht ausgeht und wie es sich in Rechtsprechung und Schrifttum darstellt [131]).

a) Das zeigt sich zunächst in den Problemen Mehrheit und Minderheit. Die unverkennbare Änderung in der Einstellung der Rechtsprechung zur Frage der zulässigen Grenzen der Ausübung von Mehrheitsrechten ist an anderer Stelle dargestellt. Diese Entwicklung läßt keinen Zweifel, daß die Geltendmachung des Mehrheitsrechts rechtliche Schranken hat. Wenn die Rechtsprechung versucht, diese Schranken aus §§ 138, 826 HGB. herzuleiten, so tritt darin die grundsätzliche Auffassung zutage, daß Mehrheit und Minderheit zu einem gemeinsamen Zweck verbunden sind, zu dem sie in einer Treuverpflichtung stehen. Es ist deshalb nicht nur die Vergewaltigung der Minderheit, aus der die Widerrechtlichkeit einer die Schranken überschreitenden Mehrheitsausübung folgt. Es ist vielmehr letzten Endes die Verletzung der Treuverpflichtung gegenüber dem Unternehmen, die der rechtlichen Anerkennung einer Ausübung von Majoritätsrechten im Wege steht, durch die das Interesse des Unternehmens geschädigt wird. Das wird besonders deutlich, wenn man die Ausübung der Mehrheitsrechte betrachtet in einem durch die neuere Entwicklung sehr bedeutsam und typisch gewordenen Anwendungsfall, nämlich bei dem Zusammenstoß zwischen den Konzerninteressen und Interessen des eingegliederten Unternehmens. Wäre, im Sinne der älteren Rechtsprechung, der Mehrheitsaktionär frei in der Ausübung seiner Majoritätsrechte und dürfte er dabei unbeschränkt seinen eigenen Interessen folgen, so würde der Konzern als Mehrheitsaktionär einer eingegliederten Aktiengesellschaft das Konzerninteresse gegen das Interesse des eingegliederten Unternehmens durchsetzen dürfen, also z. B. bei dessen Stillegung oder bei der Regelung seiner Abnahme- und Lieferungsverträge sich ausschließlich vom Interesse des Konzerns bestimmen lassen können. Geht man

[131]) Vgl. hierzu auch Netter, Probleme des lebenden Aktienrechts S. 37 ff. und jetzt auch übereinstimmend Hachenburg aaO. S. 105 Anm. 79.

dagegen von der Auffassung aus, daß auch der Mehrheitsaktionär an das Interesse des Unternehmens gebunden ist, so findet die Ausübung des Mehrheitsrechts ihre Schranken in dem Interesse des Unternehmens, an dem er beteiligt ist. Dieses Interesse geht dem Konzerninteresse vor. Auch hier läßt sich die Lösung nicht durch den bequemen Hinweis finden, daß eine Abwägung der Interessen des Konzerns und des Einzelunternehmens erfolgen muß. Diese Lösung ließe den Maßstab vermissen, nach dem diese Interessenabwägung zu erfolgen hat. Sie ist auch grundsätzlich nicht zutreffend. Wohl kann es im Einzelfalle so liegen, daß das Interesse des Konzerns mit dem Interesse der eingegliederten Gesellschaft zusammenfällt; auch die letztere kann z. B. ein Interesse daran haben, sich die Unterstützung des Konzerns dauernd zu erhalten, weil sie daraus finanzielle, organisatorische und sonstige Vorteile zieht. Das kann es rechtfertigen, in einem bestimmten Falle die Interessen des Unternehmens zurücktreten zu lassen gegenüber den Interessen des Konzerns, also z. B. eine Quote bei kartellierten Unternehmungen vorübergehend dem Konzern zu überlassen oder sich mit Absicht gewissen Beschränkungen zu unterwerfen. Liegt es dagegen so, daß eine Maßnahme, wie z. B. die Stillegung, zwar dem Interesse des Konzerns, nicht aber dem Interesse des eingegliederten Unternehmens dient, so würde die Durchsetzung einer solchen Maßnahme auf Grund der Mehrheitsrechte des Konzerns rechtlich unzulässig sein. Als Prinzip bleibt immer maßgebend, daß auch die Ausübung des Mehrheitsrechts an das Interesse des Unternehmens gebunden ist [132]).

[132]) Die hier einschlägigen Fragen sind in Rechtsprechung und Schrifttum wohl noch nicht restlos geklärt. Vgl. Friedländer, Konzernrecht S. 290 ff., Friedländer, Aktienrecht Anm. 4 zu § 271 HGB. und das dort weiter angeführte Schrifttum, Netter JW. 1931, 3030, Haußmann, Die Tochtergesellschaft 1923, S. 54 ff., Haußmann, Grundlegung der Unternehmenszusammenfassungen 1926, S. 152 ff. Haußmann besonders eingehend in der in Anm. 35 erwähnten, im Text nicht mehr berücksichtigten Arbeit; Flechtheim, Enquete-Bericht, S. 27 ff. Vgl. auch die Urteile Kartellrundschau 1931, S. 771 ff.

Auch eine nähere Betrachtung der Rechtsgrundlage des Minderheitsrechts führt zu dem gleichen Ergebnis. Die Minderheitsrechte, die das Gesetz vorsieht (Auskunft, Anfechtung, Revisionsrecht, Regreßansprüche) haben ihre Rechtsgrundlage nicht darin, daß sie die Minderheit vor einer Vergewaltigung durch die Mehrheit schützen sollen. Das Recht der Minderheit auf diesen Schutz leitet sich letzten Endes her aus der Verbundenheit der Aktionäre in dem Unternehmen. Hieraus ergibt sich ihre gemeinsame Treupflicht gegenüber dem Unternehmen. Die Richtigkeit dieser Auffassung zeigt sich sofort, wenn man auf die Grenzen dieser Minderheitsrechte achtet. Bestände ihr Rechtsgrund lediglich darin, die Minderheit gegen eine Vergewaltigung durch die Mehrheit zu schützen, so müßte das Minderheitsrecht auch dann bestehen, wenn seine Ausübung im Einzelfalle das Unternehmen schädigt. Dann aber fehlt es an einem Anspruch der Minderheit. Sie muß in den Fällen des § 266 eine Verbundenheit mit dem Unternehmen wenigstens in gewissem Umfange nachweisen und ebenso, daß eine Schädigung des Unternehmens stattgefunden hat (§ 266 Abs. 3 HGB.). Wer nur gelegentlich und vielleicht zu selbstsüchtigen Zwecken Aktionär geworden ist, um durch Minderheitsrechte Vorteile für sich herauszuholen, findet keinen Rechtsschutz. Ebenso liegt es bei dem Regreßanspruch aus § 268 HGB. Auch die Vorschrift eines gewissen Mindestbesitzes in beiden Fällen zeigt die gleiche Tendenz des Verlangens eines nachzuweisenden Interesses an der Gesellschaft. Vor allem tritt diese Rechtsgrundlage der Minderheitsansprüche aber in den Publizitätsrechten hervor, wie noch zu zeigen sein wird. Hinsichtlich des Rechts auf Anfechtung von Gesellschafterbeschlüssen ist der zugrundeliegende Rechtsgedanke in der Praxis noch nicht durchgedrungen. Mit Recht betont Hachenburg, daß die zulässige Anordnung der Sicherheitsleistung (§ 272 Abs. 3 HGB.) nicht ausreicht, um den dem Anfechtungsgrund zugrundeliegenden Rechtsgedanken voll zu verwirklichen. Auch das Anfechtungsrecht ist dem Aktionär nicht in seinem eigenen Interesse gegeben. Es findet seine Grenzen in dem Interesse des Unternehmens. Es muß auch hier die Frage auftauchen, ob nicht die Klage zu versagen ist, wenn sie nur erhoben wird, um dem Kläger einen außergesellschaftlichen Vorteil im Bewußtsein einer Schädigung der Gesellschaft zu verschaffen. Versagt man der Mehrheit das Recht, in solchen Fällen Beschlüsse zu fassen, so muß man folgerichtig aus demselben Grunde der Minderheit die Anfechtung eines Beschlusses versagen[133]). Die Bedeutung der theoretischen Klärung des gestaltenden Rechtsprinzips der A. G. zeigt sich hier an einem wichtigen Beispiel. Ist es zutreffend, daß die gesamte Lebensgestaltung der A. G. von dem Interesse des Unternehmens entscheidend bestimmt wird, so folgt daraus, daß der Aktionär — es mag hier unerörtert bleiben, ob jeder einzelne Aktionär oder eine irgendwie qualifizierte Minderheit — einen Anspruch darauf hat, im Einzelfalle die dem Interesse des Unternehmens entsprechende Rechtslage durch Anfechtung von Beschlüssen herzustellen. Es folgt daraus aber weiter, daß auch dieses Recht seine Grenzen findet in dem Interesse des Unternehmens und danach seine Rechtsgrundlage verliert, wenn die Anfechtung zur Durchsetzung von Sondervorteilen eines Aktionärs führt[134]).

b) Die weitere Durchführung dieses Rechtsgedankens würde wohl auch die Lösung der schwierigen Frage der Abgrenzung von Anfechtbarkeit und Nichtigkeit erleichtern. Zeitlich unbegrenzte Ausübung von Minderheitsansprüchen kann nicht im Interesse des Unternehmens liegen. Die Verwaltung muß damit rechnen können, daß, selbst wenn Gesetzesverletzungen vorgekommen sein sollten, der Wille

---

[133]) Hachenburg aaO., S. 110.

[134]) Ebenso Ludewig, aaO., S. 150 ff. Haußmann hat Unrecht, wenn er meint, ich berücksichtige nicht genügend, daß das Interesse des „Unternehmens an sich" die Interessen des Einzelaktionärs beeinträchtige (BkArch. S. 59, Anm. 15). Vgl. für die Frage des Rechtsschutzinteresses bei der Anfechtungsklage Netter, Minderheitsschutz im Aktienrecht, Zft. f. Ges.-Wes. 1925, 149 und Grenzen des Aktionärschutzes, Voss. Ztg. v. 18. 3. 1930, a. A. Horrwitz, JW. 1930, 3690 ff.

der Aktionäre, hieraus Folgerungen zu ziehen oder diese zu unterlassen, in angemessener Frist erkennbar sein muß. Dies ist der Gedanke, der ja auch der Bestimmung des § 271 Abs. 2 HGB. mit der Begrenzung der Klagefrist auf einen Monat zugrunde liegt. Der gleiche Rechtsgrundsatz zeigt sich in der Tendenz der Rechtsprechung, die von ihr sonst zugelassene Nichtigkeitsklage zu Gunsten der Anfechtbarkeit einzuschränken. Aus dem Gesichtspunkt des Interesses des Unternehmens erscheint diese Beschränkung der Nichtigkeitsklage in allen Fällen gerechtfertigt, in denen es sich nicht um Vorschriften handelt, die ausschließlich oder vorwiegend im öffentlichen Interesse gegeben sind [135]). Liegt eine solche Verletzung von Vorschriften öffentlichen Interesses vor, dann werden die Rechtsgrundlagen des Unternehmens so stark berührt, daß hier die Befristung der Klage nicht mehr gerechtfertigt erscheint. Es mag genügen, in diesem Zusammenhang dieses Problem nur kurz zu streifen, um zu zeigen, wie auch hier das gestaltende Rechtsprinzip sich auswirkt. Ebenso muß in diesem Rahmen eine ausführlichere Untersuchung der Frage unterbleiben, wie der Kollektivgedanke, also die Rücksicht auf das Interesse des Unternehmens, sich auch in der Ausgestaltung der Formalvorschriften (z. B. der Gründung) und des Gläubigerschutzes auswirken [136]).

c) Das private Interesse des Aktionärs zielt ab auf die Gewinnung eines möglichst hohen Ertrages aus seiner Aktienbeteiligung. Er ist an dem Ertrage auch mittelbar interessiert, weil dieser den Kurs der Aktie und damit die Chance des Veräußerungsgewinns beeinflußt. Ihm steht entgegen das Interesse der A. G. Zwar läßt sich nicht sagen, daß ihr Interesse dahin geht, die erzielten Erträge tunlichst für sich zu behalten. Sie ist für ihre Finanzierung auf den

---

[135]) Vgl. § 136 des amtlichen Entwurfs eines Gesetzes über Aktiengesellschaften und Kommanditgesellschaften auf Aktien, Berlin 1930.

[136]) Diese Frage ist von Hachenburg aaO. S. 72—93 ausführlich behandelt.

Kapitalmarkt angewiesen, auf dessen Interessen muß sie daher Rücksicht nehmen und daher auch aus diesem Gesichtspunkt beachten, daß sie fremdes Vermögen verwaltet und jeder Besitzer von Vermögen an einer möglichst hohen Rentabilität dieses Besitzes interessiert ist. So wirkt sich das Interesse des Unternehmens und das Interesse der Aktionäre in der Frage der Dividende aus. Die Entwicklung des Aktienwesens der jüngsten Zeit hat diesem Tatbestand noch eine weitergehende Gestaltung gegeben. Die Schwierigkeiten der Geldbeschaffung auf dem offenen Kapitalmarkt und die hohen Kreditzinsen, beides Momente, die sich aus dem Verlauf der Wirtschaftskurve notwendig ergeben mußten, haben dazu geführt, daß die Gesellschaften in wachsendem Umfange versucht haben, ihre finanziellen Bedürfnisse aus sich selbst zu befriedigen, d. h. einen wesentlichen Teil des Erträgnisses nicht zur Ausschüttung an die Aktionäre zu bringen, sondern im Wege der Selbstfinanzierung für das Unternehmen zu verwenden. Das liegt letzten Endes auch wieder im Interesse der Aktionäre, weil durch diese Maßnahmen tunlichst finanziellen Schwierigkeiten der Gesellschaft vorgebeugt und damit der möglichst ungehinderte Fortgang ihrer geschäftlichen Tätigkeit gesichert oder doch zum mindesten erleichtert werden soll. Das wiederum dient als Sicherung für die künftigen Dividenden. So stellt sich die Selbstfinanzierung als eine Maßnahme dar, die in dem Widerstreit zwischen den Interessen des Unternehmens und den Interessen der Aktionäre ihre Rechtfertigung darin findet, daß das Interesse des Unternehmens den Vorrang beansprucht, weil es auf die Dauer mit den Interessen des Aktionärs identisch ist. Ein nur vorübergehendes Interesse des Aktionärs, wie z. B. das eines möglichst hohen Ertrages in einem bestimmten Jahre, kann keine Berücksichtigung beanspruchen, wenn es mit den Interessen des Unternehmens und damit den dauernden Interessen der Aktionäre in Widerspruch gerät. Es zeigt sich hier ein Anwendungsfall des Grundsatzes, den für solche Fälle die Begründung zu dem ersten Entwurf aufstellt, daß Interesse des Unternehmens und Interesse des Aktionärs zusammenfallen[137]).

d) Verwandt aber nicht identisch mit dieser Frage der Selbstfinanzierung ist das Problem der stillen Reserven. Die Selbstfinanzierung erfüllt ihren Zweck auch dann, wenn die von der Ausschüttung zurückgehaltenen Beträge offen ausgewiesen und für die Zwecke der Finanzierung des Unternehmens verwandt werden. Die stillen Reserven dienen zwar auch der Finanzierung des Unternehmens. Ihr Zweck beschränkt sich aber nicht hierauf. Sie sollen darüber hinausgehend der Verwaltung auch ermöglichen, bestimmte Teile des Ertrages zurückzustellen, ohne daß diese Zurückstellung aus der Rechnungslegung der Gesellschaft ersichtlich wird. Es taucht hier also das weitere Problem auf, wie diese Kollision zwischen Interessen des Unternehmens an verschwiegenen Erträgnissen und dem Interesse der Aktionäre an weitgehender Publizität sich lösen läßt. Soweit das Verlangen der Aktionäre dahin zielt, auf Ausweisung aller erzielten Gewinne ohne Rücksicht auf die dauernden Bedürfnisse des Unternehmens zu erlangen, muß es hinter den Interessen des Unternehmens zurückbleiben. Soweit das Interesse der Verwaltung, die Gewinne zurückzuhalten, das Interesse des Unternehmens daran verletzt, sich auf dem Kapitalmarkt das Ansehen und das Vertrauen zu erhalten, das für die Gesellschaft die unerläßliche Grundlage einer gedeihlichen Führung ihrer Geschäfte ist, kann es rechtliche Beachtung nicht beanspruchen. Die praktische Lösung der hier auftauchenden Fragen bietet besondere Schwierigkeiten. Diese Schwierigkeiten werden nunmehr verstärkt auftreten durch die erheblich erweiterten Publizitätsvorschriften der Aktiennovelle. Die Offenlegungs-, Bewertungs- und Gliederungsbestimmungen der §§ *261* a ff. verhindern, namentlich in Verbindung mit den Bestimmungen über die Bilanzprüfung in § *262* a ff., manche Wege, die bisher zur Bildung stiller Reserven

[137]) Erläuternde Bemerkungen zum Entwurf eines Gesetzes über Aktiengesellschaften und Kommanditgesellschaften auf Aktien, 1930, S. 94, vgl. auch Anm. 33 und 93.

beschritten wurden. Die neuen Bestimmungen über den Inhalt des Geschäftsberichts in § 260 a errichten weitere Schranken. Es wird mit Recht gefragt [138]), ob nicht das Vorhandensein stiller Reserven zum Vermögensstand und den Verhältnissen der Gesellschaft gehört und damit der Berichterstattungspflicht unterliegt. Bejaht man dies, dann fällt selbstverständlich die Bildung stiller Reserven fort, denn wenn über sie berichtet werden muß, sei es auch selbst nicht ziffernmäßig, sondern nur andeutungsweise, so sind es eben keine stillen Reserven mehr und es kann dann auch eine zurückhaltende Berichterstattung leicht durch die Geltendmachung des Auskunftsrechts zur Erweiterung gezwungen werden. Die bisherige Rechtsprechung hat die Bildung stiller Reserven in weiten Grenzen ebenso zugelassen, wie die Bestimmung der Novelle sie nicht grundsätzlich verbietet [139]).

Wie die Gestaltung dieser Frage in der künftigen Praxis sich entwickeln wird, läßt sich danach zur Zeit nicht mit Sicherheit beurteilen. Es zeigt sich aber auch hier, wie der Schutz des Unternehmens als gestaltendes Rechtsprinzip sich auswirkt. Es zeigt sich zugleich, daß in dem Interesse des Unternehmens die Interessen der Aktionäre weitgehend eingeschlossen sind. Zu einem wesentlichen Teil wird die künftige Entwicklung der hier auftauchenden Rechtsfragen beeinflußt werden durch die Gestaltung der Publizitätsfragen.

5. Bei den aktienrechtlichen Publizitätsproblemen tritt die gestaltende Funktion der beiden Rechtsprinzipien des Schutzes des Unternehmens und der Aktionäre wohl am anschaulichsten zutage. Die Auswirkung dieser Prinzipien läßt sich hier in der Praxis besonders deutlich verfolgen. Die Vorschriften des HGB. über die Rechnungslegung der Verwaltung in § 260 HGB. haben zunächst in der verkehrsüblichen Handhabung eine gegenüber dem Wortlaut erheb-

---

[138]) Hachenburg aaO. S. 137.

[139]) Vgl. wegen der Rechtsprechung im einzelnen die ausführliche Darlegung bei Rosendorff „Was müssen die Aktionäre und Verwaltungen vom neuen Aktienrecht wissen?" Berlin-Wien 1932, S. 114 ff.

liche Einschränkung erfahren. Diese Praxis ist, beiläufig bemerkt, ein besonders einleuchtendes Beispiel dafür, daß das Verkehrsübliche und damit, soweit es nur auf die allgemeine Übung ankommt, das Normale keinen Maßstab bieten kann für die Entscheidung dessen, was auf dem Gebiete des Aktienwesens als Recht zu gelten hat [140]). Man müßte sonst die Gestaltung der Bilanz und des Geschäftsberichts, wie sie in der Praxis allgemein üblich geworden war, als schon durch diese Übung rechtswirksam geworden ansehen. Das wird sich nicht begründen lassen. Die Begründung kann auch nicht daraus hergeleitet werden, daß die Fälle der zivil- oder strafrechtlichen Beanstandungen von Bilanz und Geschäftsbericht verhältnismäßig selten waren, wenigstens wenn man die bekannt gewordenen Konflikte mißt an der Zahl der Bilanzen und Geschäftsberichte, die unbeanstandet von dem Aktionär und anderen Instanzen geblieben sind. Wenn auch der Wortlaut des Gesetzes selbst über die Aufmachung der Bilanz, abgesehen von den Bewertungsvorschriften der §§ 261, 40, keine nähere Anordnung trifft, so folgt doch aus dem Wesen der Bilanz und der Vorschrift, daß sie durch die Generalversammlung genehmigt werden muß, die Notwendigkeit, sie in einer Form zum Bestandteil der Rechnungslegung zu machen, die eine Beurteilung durch die Instanz, die über die Bilanz abzustimmen hat, also durch die Generalversammlung, möglich macht. In der Praxis ist die Handhabung aber wohl fast ausnahmlos so, daß die wirkliche Bilanz, d. h. die Vermögensaufstellung, die einen vollen Einblick in die Verhältnisse der Gesellschaft und in ihren Vermögensstand gestattet, nur dem Aufsichtsrat vorgelegt wird. Das, was die Generalversammlung zu sehen bekam und was dann zur Veröffentlichung gelangte, war in aller Regel die „zusammengezogene Bilanz", also eine Bilanz, in welcher die einzelnen Posten der wirklichen Bilanz zu einheitlichen Positionen zusammengefaßt wurden, sodaß aus diesem Zahlenwerk der Rückschluß auf den wirklichen

[140]) Vgl. oben Anm. 130.

Vermögensstand der Gesellschaft für den Nichteingeweihten nur in sehr geringem Umfange möglich war. Wenn diese Übung weitgehend unbeanstandet geblieben ist, so läßt sich daraus nicht der Schluß ziehen, daß sie dadurch rechtliche Anerkennung gefunden hat, sondern lediglich der Schluß, daß die Aktionäre sich in aller Regel um die Bilanz im einzelnen nicht weiter gekümmert haben, sofern das Ergebnis ihnen nicht Anlaß bot, sich wegen des Gewinns oder Verlustes der Gesellschaft mit der Verwaltung auseinanderzusetzen. Die Einsicht, daß diese Übung rechtlich mangelhaft war, ergibt sich sogleich, wenn man sich vergegenwärtigt, welche Aufgaben im Rahmen der Lebensfunktion der A. G. die Bilanz zu erfüllen hat. Sie soll einen Bestandteil der Rechnungslegung bilden, zu der die Verwaltung der A. G. den Aktionären gegenüber verpflichtet ist. Der Umfang dieser Verpflichtung ergibt sich grundsätzlich aus der Organstellung der Verwaltung [141]). Geht man hiervon aus, so zeigt sich wieder: die Verwaltung ist im Dienste des Unternehmens und damit der in ihm zusammengeschlossenen Interessen der durch das Unternehmen verbundenen Aktionäre. Ihr sind die in dem Unternehmen verkörperten Werte anvertraut. Sie schuldet dem Unternehmen Rechenschaft über die Ausübung ihrer Funktion. Das Unternehmen als lebender Organismus verkörpert sich für die Zwecke dieser Rechnungslegung in der Generalversammlung als der zu ihrer Entgegennahme zuständigen Instanz. Damit zeigt sich auch hier wieder, daß die Rechnungslegung ihre rechtliche Grundlage findet in der Verbindung der beiden die Aktiengesellschaft gestaltenden Rechtsprinzipien, dem Interesse des Unternehmens und dem Interesse der Aktionäre. Es ergibt sich daraus aber zugleich die weitere Folge, daß bei einem Widerstreit dieser beiden Interessensphären das gleiche gilt wie in allen anderen Fällen eines solchen Widerstreites. Wie die Verwaltung ihre Rechte ableitet aus ihrer Verpflichtung gegenüber dem Unternehmen, so folgt das Recht der Aktio-

[141]) Wegen der Einzelheiten vgl. Netter, Aktienrechtliche Auskunftspflicht, Berlin 1928.

näre auf Rechnungslegung aus ihrer Verbundenheit mit dem Unternehmen. Ist diese die Rechtsgrundlage für den Anspruch auf Rechnungslegung, so endigt dieser Anspruch an der Grenze, wo er durch das Interesse des Unternehmens nicht mehr gedeckt wird. Im Konfliktsfalle zwischen den Interessen des Aktionärs auf möglichst umfassenden Einblick in den Vermögensstand der Gesellschaft und dem Interesse dieser, die Rechnungslegung nicht weiter auszudehnen, als es die Rücksichten auf Bestand und Weiterentwicklung des Unternehmens gestatten, muß auch hier das Interesse des Unternehmens vorgehen, also den Maßstab bilden, der bei der Abwägung der Interessen Anwendung findet. Die hier vorliegende Frage ist von so lebenswichtiger Bedeutung für das Unternehmen, daß der Gesetzgeber mit Recht geglaubt hat, sie durch Ausgestaltung des Gesetzes in weitem Umfange gegen jede Erörterung ihrer Tragweite und Regelung im Normalfalle sichern zu müssen. Gerade weil die Rechtsgrundlage der Bilanzgestaltung in der Praxis nicht die Anerkennung gefunden hat, die sie bei ihrer Bedeutung für das Leben der A. G. beanspruchen muß, ist die gesetzliche Neuordnung durch die Novelle vom 19. 9. 1931 erfolgt. Sie soll klarstellen, welche Folgen der Gesetzgeber aus der dargestellten Rechtslage in allen Einzelheiten zieht. Das ist letzten Endes der rechtliche Gehalt der Bilanzgliederungsvorschriften der Novelle und der zu ihrer Sicherung eingeführten Pflichtprüfung. Gewiß hat auch hier der Gesichtspunkt entscheidend mitgewirkt, daß die Gesamtwirtschaft und die Öffentlichkeit an der Bereinigung der Mißstände auf dem Gebiete des Bilanzwesens ein erhebliches Interesse haben. Dieses Interesse ist letzten Endes begründet in der Notwendigkeit, das Vertrauen zu den Aktiengesellschaften zu stärken und Vorsorge zu treffen gegen Schädigungen, die sich aus dessen Mißbrauch gerade in jüngster Zeit in weitem Umfange für die Gesamtheit innen- und außenwirtschaftlich ergeben haben. Die Notwendigkeit der Bekämpfung der Vertrauenskrise besteht aber mindestens in gleichem Maße auch im Verhältnis der A. G. zu ihren Aktionären. Es tritt auch damit das Interesse des Unternehmens wieder entscheidend hervor und erweist sich als der Rechtsgrund auch für die neuen Bestimmungen der Aktiennovelle hinsichtlich der Bilanz.

In den Bestimmungen des § 260 a HGB. über den Inhalt des Geschäftsberichts finden diese rechtlichen Zusammenhänge sogar im Wortlaut des Gesetzes Ausdruck. Da der Geschäftsbericht nur ein Bestandteil der Rechnungslegung ist und seine rechtlichen Funktionen im Leben der A. G. sich aus dieser seiner Eigenschaft als Mittel der Publizität herleiten, so läßt sich nicht bezweifeln, daß der rechtliche Gehalt des Geschäftsberichts sich weitgehend mit dem der Bilanz deckt. Die Unterschiede ergeben sich aus der verschiedenen technischen Form beider Publizitätsmittel. Die Bilanz enthält lediglich Zahlen, der Geschäftsbericht wesentlich ergänzende Darlegungen. Für die Bilanz gilt, was unbestritten ist, der Grundsatz der Bilanzklarheit und Bilanzwahrheit, verstärkt durch die Ausgestaltung der gesetzlichen Vorschriften im einzelnen [142]). Für den Geschäftsbericht erkennt die Novelle dagegen ausdrücklich an, daß die Rechenschaftslegung unterbleiben darf, „insoweit, als das überwiegende Interesse einer der beteiligten Gesellschaften oder der Allgemeinheit es erfordert“ (§ 260 a Abs. 4 Satz 2). Hier wirkt sich die Wichtigkeit, die der Gesetzgeber dem Vertrauensmoment zuspricht, in einer ausdrücklichen Vorschrift des Gesetzes aus. Sie beweist, wie der Wortlaut selbst zur Genüge zeigt, daß in dem Widerstreit zwischen dem Interesse an weitgehender Publizität und dem Interesse des Unternehmens an ihrer Einschränkung das letztere überwiegt. Daraus ergibt sich die rechtsgestaltende Funktion des Unternehmens als selbstän-

---

[142]) Daß auch dieser Grundsatz immerhin nicht bedingungslos, sondern nur unter gewissen Einschränkungen gilt, folgt daraus, daß auch nach den Bestimmungen der Aktiennovelle stille Reserven nicht verboten sind, wie von allen Kommentaren übereinstimmend anerkannt wird. Vgl. Schlegelberger-Quassowski-Schmölder, Verordnung über Aktienrecht, 1932, S. 175 ff., Lehmann-Hirsch, aaO., S. 135, Pinner, Nachtrag zum HGB., Vorschriften der Verordnung über Aktienrecht 1932, S. 111 ff., Rheinstrom, Das neue Aktien-

digem Rechtsgut für die Regelung dieser Publizitätsfrage [143]).

Besteht dieser Grundsatz für den Geschäftsbericht und beruht er rechtlich auf der rechtsgestaltenden Funktion des Unternehmens, so muß gleiches für alle anderen Formen der Publizität gelten. Damit lösen sich auch die Fragen, die auf dem Gebiete des Auskunftsrechts der Aktionäre entstanden sind. Diese Frage hat bekanntlich ein wechselvolles Schicksal in der Praxis gehabt. Bis zu der Entscheidung des Reichsgerichts von 1913 wurde ein Individualrecht des Aktionärs auf Auskunft anerkannt. Durch diese Entscheidung [144]) wurde das Individualrecht beseitigt. Die Auskunftspflicht besteht nur, wenn sie durch Mehrheitsbeschluß der Generalversammlung verlangt wird. Sie besteht auch der Mehrheit gegenüber dann nicht, wenn das Interesse des Unternehmens die Verweigerung der Auskunft rechtfertigt [145]). Diese im Schrifttum mit Recht bekämpfte Stelungnahme des R. G. ist für die Praxis maßgebend geworden. Aber auch wenn man sie nicht billigt, zeigt sie doch wiederum die in dieser Frage sich auswirkenden rechtlichen Prinzipien. Das Interesse des Unternehmens wird als Grund für die Verweigerung der Auskunft auch der Mehrzahl gegenüber anerkannt. Wenn dagegen das R. G. nur der Mehrheit das Recht zuerkennt, innerhalb der Grenzen der Interessen des Unternehmens Auskunft zu beanspruchen oder darauf zu verzichten, so fehlt hier die Einsicht in die rechtlichen Grundlagen der Ausübung des Majoritätsrechts. Auch die Mehrheitsrechte sind in ihrer Geltendmachung, wie oben dargelegt, nicht frei, sondern gebunden an das Interesse des Unternehmens. Diese

---

recht 1932, S. 105, Horrwitz-Ullmann, Komm. zum neuen Aktienrecht 1932, S. 106, 108, besonders ausführlich Rosendorff aaO., S. 97 ff., enger Quassowski JW. 1931, 2915, Neufeld, Die Aktienrechtsnovelle vom 19. Sept. 1931, S. 83.

[143]) Vgl. hierzu auch Netter, Die Grenzen der aktienrechtlichen Offenbarungspflicht JW. 1932, 691, Schlegelberger aaO., S. 161, Pinner aaO., S. 87.

[144]) RGZ. 82, 192.

[145]) Wegen der Einzelheiten vgl. Friedländer, Aktienrecht, Anm. 15 zu § 260a HGB. Staub, Kommentar zum HGB. 12. und 13. Aufl. § 260 Anm. 20.

Bindung gebietet nicht nur den Verzicht auf das Auskunftsverlangen, wenn und insoweit es mit dem Interesse des Unternehmens nicht vereinbar ist, sie gebietet ebenso die Geltendmachung des Auskunftsverlangens als wesentliches Element der Rechenschaftslegung der Verwaltung, gerade weil diese Rechenschaftslegung, wie dargelegt, im Interesse des Unternehmens geboten ist. So zeigt sich, daß diese Rechtsprechung auch wegen ihres grundsätzlichen Widerspruchs bekämpft werden muß. Soweit nicht das Interesse des Unternehmens die Auskunft über bestimmte Tatsachen verbietet, besteht die Verpflichtung zur Auskunft, und zwar gegenüber jedem Aktionär. Sie gründet sich darauf, daß aus dem Rechtscharakter des Unternehmens als selbständigem Rechtsgut, dessen Verwaltung den Organen der A. G. anvertraut ist, die rechtliche Verpflichtung zur Auskunftserteilung folgt. Die Durchführung dieses Grundsatzes in der technischen Einzelgestaltung bietet dann allerdings wieder mannigfache Schwierigkeiten. Bei dem Streit darüber, ob das Interesse des Unternehmens die Auskunft gestattet oder verbietet, muß vermieden werden, daß die sich rechtfertigende Verwaltung zur Begründung ihres Standpunktes gerade diejenigen Tatsachen anzuführen gezwungen wird, die sie geheimzuhalten sich für verpflichtet hält. Ebenso bedarf es der Vorkehrung dagegen, daß das grundsätzlich berechtigte Auskunftsverlangen nicht im Einzelfall, etwa durch Überrumpelung der Verwaltung mit Fragen, auf die sie nicht vorbereitet sein kann oder zu eigennützigen Zwecken des Einzelaktionärs oder einer Aktionärgruppe mißbraucht wird.

Für die hier zu erörternde grundsätzliche Frage interessieren diese Einzelheiten der technischen Ausgestaltung nicht [146]). Für den hier interessierenden Zusammenhang muß die Feststellung genügen, daß auch hier und gerade hier bei der Gestaltung des Publizitätsproblems sich das gleiche

[146]) Vgl. hierzu Druckschriften des Deutschen Anwaltsvereins Nr. 22 Teil II S. 24 ff. und die im Anschluß an diese Vorschläge erfolgte Neuordnung der Auskunftserteilung im amtlichen Entwurf eines Gesetzes über Aktiengesellschaften, § 86 ff., ferner F r i e d l ä n d e r, Aktienrecht Anm. 16 zu § 260 a.

gestaltende Rechtsprinzip des Unternehmens auswirkt, wie in allen anderen erörterten Einzelfragen.

IV.

Das Ergebnis dieser Untersuchungen über die aktienrechtliche Theorie des Unternehmens an sich ist dahin zuzusammenzufassen:

1. Die gesetzlichen Bestimmungen über die A. G. decken sich weithin nicht mit der Lebensgestaltung der A. G. in der Praxis der Wirtschaft. Das erklärt sich daraus, daß die A. G. ein wesentlicher Bestandteil des kapitalistischen Systems ist. Folglich muß sie in der Wirklichkeit des Rechtslebens durch die Wandlungen bestimmend beeinflußt sein, die das kapitalistische System seit 1884 erfahren hat.

2. Daraus ergibt sich, daß auf dem Gebiete des Aktienwesens eine Fülle neuer Probleme entstanden sind, deren Lösung mit den logischen und methodischen Hilfsmitteln konstruktiver Jurisprudenz nicht möglich ist. Diese kann nur mit den gesetzlichen Begriffen arbeiten. Sie kann auf diesem Wege nicht zur Erkenntnis des lebenden Rechts gelangen. Die Frage, was lebendes Recht ist und wie weit es neben oder vor dem Wortlaut des gesetzlichen Rechts rechtliche Geltung hat, bedarf der Klärung, bevor mit dem Gesetzesbegriff die Lösung der Probleme versucht wird; denn die Berechtigung dieses Verfahrens hängt gerade davon ab, ob und inwieweit auf dem Wege der Begriffskonstruktion Rechtserkenntnis überhaupt möglich ist.

3. Das Recht eines bestimmten Gebietes läßt sich nur erkennen, wenn es gelingt, die Prinzipien zu ermitteln, die das betreffende Rechtgebiet wirkend gestalten. Das gilt, wie für alle Rechtsgebiete, auch für das Gebiet des Aktienrechts. Die rechtlichen Prinzipien, die seine Gestaltung bestimmen, sind der Schutz des Unternehmens und der Schutz der Aktionäre. Die Grundfrage, welches dieser beiden Prinzipien bei der Rechtsgestaltung und Rechtserkenntnis des Einzelfalles den Vorrang hat, ist nicht durch Interessenabwägung zu lösen. Diese Interessenabwägung setzt einen Maßstab

voraus, an welchem beide Interessen gemessen werden und mit dem der Vorrang des einen Interesses vor dem anderen entschieden wird.

4. Ergibt sich so die Notwendigkeit, den Schutz des Unternehmens und den Schutz der Aktionäre auf ein gemeinsames Rechtsprinzip zurückzuführen, so zeigt sich, daß das Interesse der Aktionäre in das Interesse des Unternehmens eingeschlossen ist. Die im Schrifttum sogenannte Theorie des „Unternehmens an sich" ist auf ein Mißverständnis Rathenauscher Gedanken zurückzuführen. Sie hat im nachfolgenden Schrifttum zu Unklarheiten mannigfacher Art geführt. Das nationalökonomische Schrifttum hat bei Erörterung der Theorie des Unternehmens an sich die Verschiedenheit des nationalökonomischen und des juristischen Unternehmensbegriffs nicht beachtet. Das juristische Schrifttum, soweit es sich mit dem Unternehmensbegriff beschäftigt, untersucht diesen Begriff in seiner Verwertbarkeit für die verschiedenen Einzelgebiete des bürgerlichen und öffentlichen Rechts. Auch hier ist also die Zweckbestimmung des Begriffs eine andere, als sie für die Rechtserkenntnis auf dem Gebiete des Aktienrechts gefordert und benötigt wird.

5. Die aktienrechtliche Theorie des Unternehmens an sich geht nicht aus von einem Unternehmensbegriff, der das Unternehmen als solches losgelöst von dem Substrat der das Unternehmen konstituierenden rechtlichen Elemente kennzeichnen will. Ein solches Unternehmen findet sich in der Wirklichkeit des aktiengesellschaftlichen Lebens nicht. Diese Wirklichkeit zeigt als gestaltendes Prinzip den lebenden Organismus des Unternehmens. Die in ihm wirksamen Kräfte sind der rechtlichen Erkenntnis zugängig nur in den Auswirkungen, die sie im Leben der A. G. zeigen. Hier wird das Unternehmen verkörpert durch die Verwaltung und getragen von der Gesamtheit der Aktionäre. Verwaltung und Aktionär sind in allen ihren rechtlichen Willensäußerungen gebunden durch das Unternehmen, in dessen Organismus sie eingefügt sind. Daraus ergibt sich die rechtliche Grund-

lage ihrer Funktion. Die Formulierung einer aktienrechtlichen Theorie des Unternehmens an sich führt daher zu Mißverständnissen, wenn man darunter etwas anderes versteht, als das Gesamtinteresse aller Aktionäre verkörpert in dem Unternehmen. Dieses Gesamtinteresse ist ein juristischer Erkenntnisbegriff. In der Wirklichkeit des aktiengesellschaftlichen Lebens ist die Summe aller einzelnen Interessen nicht identisch mit dem Gesamtinteresse, weil die Willensrichtung der einzelnen Interessen notwendig verschieden und von den privaten Interessen des Einzelnen beeinflußt ist. Das private Interesse des einzelnen Aktionärs hat im Rahmen der A. G. nur insoweit rechtlich freien Spielraum, als es das Interesse des Unternehmens nicht beeinträchtigt. Es ist nicht frei, sondern gebunden durch die rechtliche Notwendigkeit, beim Konflikt der Interessen den Interessen des Unternehmens den Vorrang einzuräumen.

6. Die Theorie des Aktienrechts dient der Erkenntnis des für die Aktiengesellschaft in der lebendigen Rechtsgestaltung wirksam werdenden Rechtsprinzips. Ein „Unternehmens an sich" stellt ein solches Rechtsprinzip nicht dar. Vielmehr ist das gestaltende Rechtsprinzip das Unternehmen, verstanden als lebender Organismus, in dem die Gesamtheit der Interessen aller Aktionäre verkörpert ist. Die Theorie des Aktienrechts führt somit zur Erkenntnis der Unternehmensgemeinschaft als des die lebende Aktiengesellschaft gestaltenden Rechtsprinzips.

7. Die rechtsgestaltende Funktion des so verstandenen Rechtsbegriffs der Unternehmensgemeinschaft ist systematische Grundlage für das lebende Aktienrecht. Sie bestimmt damit entscheidend alle einzelnen Lebensgestaltungen der A. G. Sie bildet die rechtliche Grundlage für die einzelnen Erscheinungsformen des aktiengesellschaftlichen Lebens (insbesondere Verwaltungsaktien, Stimmrecht, Mehrheit und Minderheit, Nichtigkeit und Anfechtbarkeit, die formalen Prinzipien im Aktienrecht, die Regelung der Finanzierung, die Publizitätsgestaltung in Bilanz, Geschäftsbericht und Auskunftspflicht).

Erwerb eigener Aktien und Rückzahlung der Einlage.

Von Rechtsanwalt Dr. Heinz Pinner in Berlin.

I.

Einer der Grundsätze, die das deutsche Aktienrecht beherrschen, ist der der Erhaltung des Grundkapitals. Was einmal verantwortliches Grundkapital einer Aktiengesellschaft geworden ist, soll es grundsätzlich bleiben. Es darf an die Aktionäre, abgesehen vom Falle der Liquidation, nur unter Beachtung der Vorschriften der §§ 288 ff. oder 227 HGB. im Wege der Kapitalherabsetzung oder der erleichterten Einziehung ausgezahlt werden. Deshalb bestimmt § 213 HGB., daß Aktionäre ihre Einlage nicht zurückfordern dürfen, sie vielmehr nur Anspruch auf den aus der Jahresbilanz sich ergebenden Reingewinn haben. Es ist anerkannten Rechtens, daß auch eine freiwillige Rückzahlung der Einlage der Gesellschaft nach § 213 HGB. verboten ist [1]). Der Begriff der Rückzahlung der Einlage setzt voraus, daß diese endgültig dem Aktionär zurückerstattet wird; die Gewährung eines Darlehns an Aktionäre z. B. wird durch § 213 nicht berührt, es sei denn, daß es sich bei dem Darlehn um ein Scheingeschäft handelt. Der Rückzahlung der Einlage wird in der Praxis regelmäßig die Rückgewähr der Aktie seitens des Aktionärs gegenüberstehen, sodaß § 213 ergibt, daß die Aktiengesellschaft eigene Aktien nicht erwerben kann, soweit in der auf die Aktie zu leistenden Zahlung eine Rückzahlung der Einlage zu erblicken wäre. Nun ist

---

[1]) Staub-Pinner § 213 Anm. 2.

aber der entgeltliche Erwerb eigener Aktien der Aktiengesellschaft keineswegs ausnahmslos verboten. § 226 HGB. in der bis zur Aktienrechtsnovelle vom 19. 9. 1931 geltenden Fassung verbot im regelmäßigen Geschäftsbetriebe mit Nichtigkeitsfolge den Erwerb von nichtvollbezahlten eigenen Aktien und Interimsscheinen und durch eine Sollvorschrift den Erwerb von vollbezahlten eigenen Aktien außer im Falle der Einkaufskommission. In der Fassung der Aktienrechtsnovelle verbietet § 226 grundsätzlich den Erwerb eigener Aktien und Interimsscheine mit der Maßgabe, daß ein gegen das Verbot erfolgender Erwerb eigener vollbezahlter Aktien wirksam ist. Von diesem Verbot sind jedoch bestimmte Ausnahmen gemacht, in denen im Gegensatz zur bisherigen Regelung das Gesetz nunmehr ausdrücklich den Erwerb gestattet: Eigene Aktien, gleichgültig, ob vollbezahlt oder nicht, und eigene Interimsscheine dürfen in Höhe von 10% des Grundkapitals zur Abwendung eines schweren Schadens erworben werden, eigene vollbezahlte Aktien in unbeschränkter Höhe im Falle der Einkaufskommission und in Höhe von 10% des Grundkapitals zum Zwecke der Einziehung.

Die Frage, wie die Vorschrift des § 226 HGB. mit der der §§ 213, 215 HGB. in Übereinstimmung zu bringen ist, ist während der Geltung des § 226 HGB. in der alten Fassung stets streitig geblieben. Sie ist zuletzt noch kurz vor Erlaß der Novelle Gegenstand einer eingehenden Untersuchung von Nord[2]) gewesen. Auch die Novelle hat das Verhältnis beider Bestimmungen zueinander nicht ausdrücklich abgegrenzt und geklärt. Der Streit durchzieht die gesamte bisher zur Novelle entstandene Literatur. Im folgenden soll versucht werden, die Rechtslage, wie sie sich nach der Novelle darstellt, klarzulegen; hierzu ist es unerläßlich, zunächst auf den Rechtszustand bis zum Erlaß der Novelle einzugehen, um dann zu prüfen, ob und wie weit durch die Novelle eine Änderung des Rechtszustandes eingetreten ist.

---

2) ZBH. 1931, 176 ff.

II.

Rechtszustand vor der Aktiennovelle.

Die bereits oben erwähnte Tatsache, daß im Regelfalle eine Rückzahlung der Einlage nicht ohne Rückgewähr der Aktie erfolgt, sowie die Tatsache, daß wenn die Aktiengesellschaft eigene Aktien erwirbt, in der Zahlung des Kaufpreises Rückgewähr der Einlage liegen kann, hat in einer Reihe von typischen Fällen zu Schwierigkeiten in der Beurteilung der Rechtslage geführt. Solche Fälle waren u. a. die Anfechtung einer Aktienzeichnung oder eines Aktienkaufes wegen Drohung, Betruges oder Irrtums unter gleichzeitiger Geltendmachung von Schadensersatzansprüchen, der Verkauf eigener Aktien durch die Gesellschaft mit der Verpflichtung zum Rückkauf, die Geltendmachung von Schadensersatzansprüchen gegen die Gesellschaft aus dem Verkauf eigener Aktien auf Grund eines unrichtigen Börsenprospektes und schließlich überhaupt die Frage der Gültigkeit des Erwerbs eigener Aktien, wie er in steigendem Maße mit der stärker werdenden Wirtschaftskrise zunahm. In allen diesen Fällen handelt es sich um die Grenze der Auswirkung des § 213 HGB., zum Teil in Verbindung mit der hier zu behandelnden Abgrenzung des § 213 HGB. von § 226 HGB.

A.

Sowohl die Judikatur wie die Literatur haben in ausgiebigem Maße zu dem Problem Stellung genommen. Die wesentlichsten Urteile und Stellen der Literatur seien wie folgt angeführt:

a) Judikatur des Reichsgerichts.

1. Das Reichsgericht (I. Zivilsenat) hat sich in RG. 54, 128 mit der Frage beschäftigt. In dem dort behandelten Falle handelt es sich um einen Rückforderungsanspruch eines Aktionärs, der bei einer Kapitalerhöhung, getäuscht durch wissentlich falsche Angaben des Vorstandes, Aktien übernommen hatte. Das Reichsgericht gibt zu, daß der Aktionär nicht

nur gesellschaftsrechtliche Ansprüche, sondern auch Gläubigerrechte haben könne, und daß diese durch § 213 HGB. nicht ausgeschlossen seien. Trotzdem weist es im Anschluß an die ständige Praxis den erhobenen Anspruch ab, weil es sich um originär erworbene Aktienrechte handelt. Es weist jedoch darauf hin, daß der Fall dem gleichzustellen sei, wenn jemand durch schuldhaftes Verhalten der Vorstandsmitglieder einer Aktiengesellschaft veranlaßt worden sei, Aktien der Gesellschaft zu kaufen, also derivativ zu erwerben, und dadurch Mitgliedschaftsrechte zu erhalten.

2. In der ebenfalls von dem I. Zivilsenat erlassenen Entscheidung RG. 62, 29 handelt es sich um einen Fall, in dem jemand, veranlaßt durch falsche Angaben des Vorstandes, Aktien gekauft hatte, und zwar teils von Dritten, teils von der Gesellschaft selbst als Kommissionärin. Das Reichsgericht hat den auf Vertrag und unerlaubte Handlung gestützten Anspruch, mit dem der Aktionär gegen Hingabe der Aktien an die Gesellschaft Schadensersatz verlangte, unter ausdrücklicher Berufung auf RG. 54, 128 abgewiesen.

3. In RG. 68, 309 wird vom II. Zivilsenat im Gegensatz zu RG. 62, 29 der Standpunkt vertreten, daß zwischen der Beitrittserklärung eines Gründers und der nachträglichen Beteiligung durch Kauf, auch wenn Verkäufer die Gesellschaft sei, ein wesentlicher Unterschied bestehe, und daß der Käufer grundsätzlich berechtigt sei, im Wege der Anfechtung des Kaufs die von ihm geleistete Zahlung gegen Zurverfügungstellung des Mitgliedschaftsrechts zurückzuverlangen. Von einer Anrufung der vereinigten Zivilsenate hat das Reichsgericht trotz dieser abweichenden Stellungnahme abgesehen mit der Begründung, daß es sich bei der Entscheidung RG. 62, 29 um das Gebiet des Aktienrechts gehandelt habe, während es sich vorliegend um das Recht der Gesellschaft mit beschränkter Haftung handele.

4. Bereits in RG. 71, 97 hatte der I. Zivilsenat wiederum Veranlassung, sich mit dem Problem zu beschäftigen, und zwar für den Fall einer Aktiengesellschaft. Er erklärt, daß an der Auffassung festgehalten würde, daß der Aktionär seine

durch Zeichnung oder Ausübung des Bezugsrechts bei Gründung oder Kapitalerhöhung einer Aktiengesellschaft ausgesprochene Beteiligung nicht nachträglich wegen Betruges, Drohung oder Irrtums gegenüber der Gesellschaft anfechten und auch keine Schadensersatzansprüche geltend machen könne, die in ihrem Erfolg der Aufhebung der Beteiligung und der Rückzahlung der Einlage gleichkämen, daß aber nunmehr eine Ausdehnung dieses Grundsatzes auf Fälle, in denen die Beteiligung an der Aktiengesellschaft in anderer Weise als durch Zeichnung oder Übernahme des ursprünglichen oder des erhöhten Grundkapitals bewirkt würde, abgelehnt würde.

5. In RG. 72, 291 wird dem Käufer einer nicht voll eingezahlten Aktie das Recht verweigert, die Resteinzahlung, gestützt auf die Einrede des Betruges, zu verweigern, jedoch ausdrücklich erklärt, daß dies keine grundsätzliche Abweichung von der in RG. 71, 97 ausgesprochenen Ansicht bedeute, weil es sich vorliegend — im Gegensatz zu dem seinerzeit entschiedenen Falle — um nicht volleingezahlte Aktien handele.

6. In RG. 76, 306 wird die Vereinbarung einer Gesellschaft mit beschränkter Haftung, dem Käufer eines Geschäftsanteils diesen später wieder abzunehmen, vom II. Zivilsenat für gültig erklärt.

7. In RG. 77, 11 wird anerkannt, daß zwischen Aktionär und Gesellschaft auch ein Gläubigerverhältnis bestehen könne und — wenn dies der Fall sei — ein Anspruch auf Schadensersatz gegen Rückgabe der Aktien zu bejahen sei.

8. In RG. 77, 71 wird die Vereinbarung einer Aktiengesellschaft mit Aktionären, ihnen unter gewissen Umständen die Aktien wieder abzukaufen, vom I. Zivilsenat als dem § 213 widersprechend für nichtig erklärt, ohne daß ein Unterschied gemacht wird, ob es sich um Erwerb vom Zeichner bezw. Übernehmer oder von einem späteren Erwerber handelt, jedoch hat es sich in dem dieser Entscheidung zugrundeliegenden Fall um einen solchen gehandelt, in dem die Verpflichtung dem ersten Übernehmer der Aktien eingegangen war (vgl. RG. 87, 341).

9. In JW. 1912, 876 verneint das Reichsgericht die Gültigkeit der mit dem Vorstandsmitglied einer Aktiengesellschaft von dieser getroffenen Vereinbarung, eine von ihm erworbene eigene Aktie bei Vertragskündigung zurückzunehmen im Hinblick darauf, daß er als Erster die Einlage zu leisten gehabt hätte und deshalb das Abkommen gegen § 213 HGB. verstoße.

10. In RG. 87, 339 = JW. 1916, 490 hält das Reichsgericht an der Anschauung fest, daß unterschieden werden müsse, ob das Rückkaufversprechen dem Aktionär in Verbindung mit der Gründung oder Kapitalerhöhung erteilt wurde, oder ob es einem die Aktien betreffenden Umsatzgeschäft angehört, und erklärt, daß nur im ersten Falle § 213 HGB. mit der Folge der Nichtigkeit der Einlösungsgarantie Platz greife.

11. In RG. 88, 187 erklärt das Reichsgericht ausdrücklich, daß die in RG. 54, 128 und 62, 29 vertretene Ansicht durch RG. 71, 97 und 68, 309 berichtigt sei und es bei der in RG. 71, 97 vertretenen Ansicht verbleibe.

12. In RG. 88, 271 werden die Grundsätze der Entscheidung RG. 71, 97 erneut bestätigt.

13. In RG. 121, 199 erklärt das Reichsgericht nochmals, daß § 213 HGB. nicht Platz greife, wenn die Einlösungspflicht für Aktien im Zusammenhang mit einem anderen Umsatzgeschäft übernommen werde.

14. Auch in JW. 1930, 3730 hat sich das Reichsgericht mit dieser Frage beschäftigt und erklärt, daß die Verbürgung der Aktiengesellschaft für die Kaufpreisschuld eines Aktionärs an einen anderen, der die verkauften Aktien bei der Gründung übernommen hatte, gegen § 213 HGB. verstoße.

b) Literatur.

1. Bondi in DJZ. 1906, 1250 und Hachenburg im „Recht" 1907, 225, vertreten im Gegensatz zu Sievers im „Recht" 1906, 974 den Standpunkt, daß das Wort „Einlage" im Sinne des § 213 HGB. eng auszulegen sei, und daß die Gegenleistung für Aktien, die jemand nicht als erster Erwerber, sondern als späterer Käufer erwirbt, nicht als Einlage

behandelt werden kann, sodaß in solchen Fällen die Anwendbarkeit des § 213 HGB. entfalle.

2. Hermann Veit Simon in LZ. 1913 Seite 11 vertritt in seiner Kritik des Urteils RG. 71, 97, insbesondere auch im Hinblick auf wirtschaftliche Erwägungen, den Standpunkt, daß es für die Anwendung des § 213 HGB. keinen Unterschied mache, ob es sich um den ersten Erwerber oder um einen späteren Käufer handele, und daß jede Anfechtung und jeder Schadensersatzanspruch eines Aktionärs, der zur Rückzahlung des Preises für die Aktien und Rückgabe der Aktien führen würde, unmöglich sei.

3. Breit ist dieser Ansicht in LZ. 1913, 337 zunächst entgegengetreten und hat die Berechtigung zur Anfechtung und Schadensersatzforderung in allen Fällen, auch in denen der Zeichnung oder Übernahme bejaht, soweit es sich um Prospekthaftung handelt. In ZHR. 76, 439 hat er dann jedoch die Frage über den Rahmen der Prospekthaftung hinaus allgemein behandelt und seine Ansicht geändert; er hält es zwar für die Frage, ob Rückzahlung der Einlage vorliege, für gleichgültig, ob Zahlung an den ersten Erwerber oder einen späteren Käufer erfolge, erblickt aber einen wesentlichen Unterschied darin, ob die Rückzahlung aus dem Gewinn bezw. aus Reserven oder aus dem Grundkapital erfolge, und erklärt nur letzteres für unzulässig. Ähnlich hat er sich in JW. 1916, 490 geäußert.

4. Flechtheim in JW. 1916, 937 ist der Breitschen Ansicht grundsätzlich mit gewissen Einschränkungen beigetreten.

5. Hachenburg in der Festschrift für Cohn sieht in der Verpflichtung der Aktiengesellschaft, einem Aktionär seine Aktie zu einem bestimmten Preise abzunehmen, dann — unabhängig davon, ob es sich um den ersten oder einen späteren Erwerber handelt — einen Verstoß gegen § 213 HGB., wenn der Kaufpreis über dem wirklichen Wert zur Zeit der Abnahme liegt. In seinem Kommentar zum GmbH.-Gesetz § 2 Anm. 34 versagt er das Recht der Anfechtung und des Schadensersatzes dem bei Gründung oder Kapitalerhöhung

beitretenden Gesellschafter und gibt es dann jedem späteren Erwerber, letzteres allerdings mit der Maßgabe, daß es wirtschaftlich nicht im Erfolg zur Rückzahlung der Stammeinlage führen dürfe und dies der Fall wäre, wenn die Gesellschaft sich im Konkurse befände.

6. Staub-Pinner § 213 Anm. 1 und 2 steht auf dem Standpunkt, daß die Einlage nach § 213 im Sinne des § 211 gemeint sei, und daß als solche nur die Zahlung des ersten Erwerbers der Aktie an die Gesellschaft gelte, und nicht etwa der Kaufpreis desjenigen, der eine von der Gesellschaft erworbene eigene Aktie von dieser kauft. Auch eine Verpflichtung zur Rücknahme von Aktien von einem späteren Erwerber könne gültig begründet werden (vergl. auch Staub-Pinner § 232 Anm. 43 und Pinner, Beiträge zum Aktienrecht, Seite 8).

7. Derselben Ansicht wie Staub-Pinner sind Goldschmit, Die Aktiengesellschaft, § 213 Anm. 3 und Fischer, Aktienrecht, Seite 103.

8. Brodmann in Aktienrecht § 226 Anm. 2b und c und § 213 Anm. 3 steht, ausgehend von seiner Grundansicht, daß die Bestimmung des § 226 singulären Charakter habe und so einschränkend wie möglich ausgelegt werden müsse, auf dem Standpunkt, daß mehr oder weniger jeder Erwerb eigener Aktien § 213 verletze, unter allen Umständen aber dann, wenn es sich nicht um sofortigen Erwerb, sondern um Verpflichtung zum späteren Erwerb handele.

9. Nord in ZBH. 1931, 176 steht auf dem Standpunkt, daß ein Erwerb von einem späteren Aktionär, dem kein Vertrag vorausgeht, oder wo der Vertrag sofort oder innerhalb kürzester Frist seine Erfüllung findet, nicht gegen § 213 HGB. verstoße, wohl aber ein Erwerb auf Grund eines sich über lange Frist erstreckenden Vertrages.

B.

Die Angaben über die wesentlichsten Stellen der Judikatur und Literatur unter A erscheinen notwendig, um zu zeigen, daß eine Klärung des Verhältnisses des § 213 zu § 226 für den Rechtszustand bis zur Novelle nicht eingetreten ist. In der Literatur sind alle irgendwie denkbaren Lösungsmöglichkeiten vertreten, ohne daß man sagen kann, daß die eine oder die andere Ansicht in der Literatur herrschend geworden sei. Die Judikatur des Reichsgerichts zu § 213 läßt ein Eingehen auf das durch das Nebeneinanderbestehen der Vorschriften des § 213 und des § 226 entstandene Problem vermissen, wodurch die Klärung der Frage erschwert worden ist. Wenn in der Literatur allerdings der Standpunkt vertreten wird, daß die Judikatur des Reichsgerichts eine klare Linie nicht innehält, so hält dieser Vorwurf einer eingehenden Nachprüfung der in den Urteilen des Reichsgerichts ausgesprochenen Ansicht nicht stand, wie unter 2) ausgeführt werden wird.

Bei der Behandlung des Verhältnisses der §§ 213 und 226 zueinander sind die Fälle zu unterscheiden, in denen es sich um den Erwerb eigener Aktien und die, in denen es sich um die Übernahme der Verpflichtung zu einem solchen Erwerb handelt.

1. Zunächst ergibt die Judikatur des Reichsgerichts, daß von diesem in feststehender und unveränderter Rechtsprechung seit der Entscheidung RG. 68, 309 die Anwendbarkeit des § 213 HGB. verneint wird, soweit es sich um den Erwerb von einem späteren Aktionär und nicht vom Zeichner oder Übernehmer handelt. Diese Ansicht des Reichsgerichts ist auch gerechtfertigt. Dies ergibt sich einmal aus dem Begriff der Einlage, wie er in § 213 HGB. gebraucht wird. Einlage im Sinne des Gesellschaftsrechts ist der Vermögenswert, den der Gesellschafter vertragsmäßig an die Gesellschaft zu leisten hat, damit er Teil des Gesellschaftsvermögens werde[3]). So findet sich der Begriff in § 178, so in § 211 und nicht anders ist er auch in § 213 zu verstehen. Einlage ist nur derjenige Vermögenswert, den ein Gesellschafter auf Grund seiner durch Zeichnung oder Übernahmserklärung eingegangenen Verpflichtung

[3]) So Staub-Pinner § 178 Anm. 19; Wieland Handelsrecht Bd. I S. 538; ähnlich Hachenburg im Recht 1907 S. 225.

zum originären Mitgliedschaftserwerb leistet [4]). Der Kaufpreis, den ein Aktionär für eine bereits im Verkehr befindliche Aktie zahlt, ist, auch wenn die Aktie von der Gesellschaft erworben wird, keine Einlage in der Sprache des Gesellschaftsrechts. Ebensowenig ist der zum Erwerb einer Aktie von einem späteren Aktionär seitens der Gesellschaft gezahlte Kaufpreis Erstattung der Einlage. Eine Erstattung der Einlage setzt voraus, daß eine Einlage geleistet ist, d. h. daß auf Grund des Gesellschaftsvertrages in das Gesellschaftsvermögen ein Vermögensbeitrag geleistet ist [5]). Dies liegt aber beim späteren Aktionär nicht vor, und zwar gleichgültig, ob er die Aktien von einem Dritten oder von der Gesellschaft selbst erwirbt. Mit Recht hat schon Bondi [6]) auf die Folge der gegenteiligen Ansicht dahin hingewiesen, daß sie zu einer Häufung der Einlage führen würde. Es würden dann für die Aktie zwei Einlagen, nämlich die des früheren und die des jetzigen Aktionärs, dem die Gesellschaft die Aktie verkauft hat, vorhanden sein. Wenn Breit [7]) diesen Einwand mit dem Hinweis zu entkräften sucht, daß kein Bedenken dagegen bestände, in dem Kaufpreis des neuen Erwerbers eine Einlage zu erblicken, weil eine Häufung der Einlage nicht in Frage käme, da ja durch den vorher erfolgten Ankauf der Aktie seitens der Gesellschaft die ursprüngliche Einlage zurückgezahlt sei, so steht dem entgegen, daß ja nach § 213 die Rückzahlung der Einlage nichtig ist und der frühere Aktionär nach § 217 zur Rückzahlung des Empfangenen, d. h. also zur Wiederherstellung seiner Einlage, verpflichtet ist. Im Gegensatz zu Breit und zu Nord [8]) hindert deshalb schon der im § 213 gebrauchte Begriff der Einlage die Annahme, daß § 213 in einem Falle Anwendung finden kann, in dem es sich nicht um den Zeichner oder Übernehmer handelt. Selbst wenn man aber in Bezug auf die

[4]) Vergl. auch Mann, Die Sachgründung im Aktienrecht, S. 5.

[5]) Wieland, Handelsrecht, Bd. I S. 538; vgl. auch S. 495. RG. in JW. 1930, 3732.

[6]) DJZ. 1906, 1250.

[7]) ZHR. 76, 442.

[8]) ZBH. 1931, 178.

Würdigung des Begriffs der Einlage einer anderen als der hier vertretenen Ansicht ist, bleibt das Ergebnis dasselbe. Wenn § 213 einerseits die Rückzahlung der Einlage ausnahmslos verbietet, andererseits im § 226 nicht jeder Erwerb eigener Aktien für unzulässig erklärt wird und daher in den Fällen, in denen gegen die Sollvorschrift verstoßen wird, die Gültigkeit des Erwerbes zu bejahen ist, muß es also Fälle geben, in denen der Erwerb eigener Aktien zweifelsfrei keine Rückzahlung der Einlage ist. Solche Fälle wären nicht denkbar, wenn man unterschiedslos im Erwerb eigener Aktien eine Rückzahlung der Einlage erblickt, gleichgültig, ob der Verkäufer der erste oder ein späterer Erwerber ist. Die von Breit[9]) erwähnte Möglichkeit, daß § 226 eine gesetzlich zugelassene Ausnahme von dem Verbot der Rückzahlung der Einlage darstelle, erscheint für die alte Fassung des § 226 nicht annehmbar, weil es nach dem Inhalt des § 226 an jedem Hinweis dafür fehlt und nicht anzunehmen ist, daß die Bestimmungen der §§ 213 und 226 ohne jede Bezugnahme einfach nebeneinander ins Gesetz aufgenommen worden wären, wenn § 226 eine Ausnahme von § 213 hätte bilden sollen. Nach dem Aufbau des Gesetzes muß angenommen werden, daß § 226 keine Ausnahme von § 213 darstellt, vielmehr Fälle umfaßt, in denen in dem Erwerb eigener Aktien keine Rückzahlung der Einlage zu erblicken ist. Wenn Breit in dieser Beziehung die Möglichkeit eines Erwerbes eigener Aktien nach § 226 ohne Verletzung des § 213 dann für gegeben ansieht, wenn die Zahlung nicht aus dem Grundkapital, sondern aus dem Gewinn oder aus Reserven erfolgt, so kann dieser Ansicht nicht gefolgt werden. Das Reichsgericht hat[10]) mit Recht auf die praktischen Bedenken hingewiesen, die dieser Ansicht entgegenstehen. In zahlreichen Fällen wird im Laufe des Geschäftsjahres der Vorstand einer Aktiengesellschaft nicht genau feststellen können, ob die für die Aktien notwendige Zahlung aus Gewinn oder Reserven genommen werden kann oder ob die Zahlung aus dem Grundkapital er-

[9]) ZHR. 76, 442.
[10]) RG. 88, 189.

folgen müßte. Auch nach Schluß des Geschäftsjahres und vor Feststellung der Bilanz läßt sich diese Frage nicht mit Sicherheit beantworten, da ja in den inzwischen vergangenen Monaten des neuen Geschäftsjahres der am Schluß des vergangenen Geschäftsjahres vorhanden gewesene Gewinn und die Reserven schon wieder wesentliche Änderungen erfahren haben können, die dazu führen können, daß ein Gewinn in der Bilanz nicht ausgewiesen wird und die Reserven sich ändern. Noch viel weniger als dem Vorstand der Aktiengesellschaft ist es selbstverständlich dem vertragschließenden Aktionär möglich, eine solche Feststellung zu treffen. Brodmann[11]), der dem Reichsgericht im Ergebnis beitritt, bekämpft dessen Begründung mit dem Hinweis auf § 30 des GmbH.-Gesetzes. Dem ist zu entgegnen, daß zwar § 30 des GmbH.-Gesetzes die Bestimmung enthält, daß das zur Erhaltung des Stammkapitals erforderliche Vermögen nicht an die Gesellschafter ausgezahlt werden darf, daß sich daraus aber nicht ergibt, daß die Anwendung dieser Bestimmung in der Praxis, nicht zu erheblichen Schwierigkeiten führt, sodaß das Argument des Reichsgerichts für das Aktienrecht, in dem es an einer dem § 30 des GmbH.-Gesetzes entsprechenden Vorschrift fehlt, sehr wohl verwendbar erscheint. Der Breitschen Ansicht ist aber außer dem vom Reichsgericht aaO. verwandten Argument noch ein weiteres wesentlicheres entgegenzuhalten. Wenn an den ersten Aktionär zum Rückerwerb von dessen Aktien Zahlungen geleistet werden, so kann das nur entweder Zahlung aus dem bilanzmäßigen, zur Verteilung an die Aktionäre zur Verfügung stehenden Gewinn oder Rückzahlung der Einlage sein. Etwas anderes ist nicht möglich; eine Zahlung an den ersten Aktionär aus angeblich vorhandenem Gewinn vor Feststellung der Bilanz oder aus Reserven ist in Wirklichkeit Rückzahlung der Einlage[12]). Die Ansicht, daß Rückzahlung aus Gewinn oder Reserven in jedem Falle zulässig ist, ist daher auch aus diesem

[11]) Aktienrecht § 213 Anm. 3 d.

[12]) RG. 107, 168 und in JW. 1930, 3731.

Grunde nicht zu teilen. Flechtheim[13]) verkennt denn auch die Bedenken, die der Breitschen Ansicht entgegenstehen, nicht und sucht ihnen dadurch zu begegnen, daß er in Abänderung der Breitschen Ansicht nicht die Zahlung aus dem Gewinn oder aus Reserven, sondern nur aus dem als Dividende zur Verteilung kommenden Gewinn für zulässig erklärt. Wäre diese Ansicht richtig, so würde die Zulässigkeit des Erwerbs eigener Aktien so außerordentlich eingeschränkt sein, wie dies dem Sinn und Wortlaut des § 226 nicht entspricht. Es kann deshalb auch dieser Ansicht nicht beigetreten werden. Hachenburg schließlich[14]) will im Erwerb eigener Aktien nach § 226 keine Verletzung des § 213 erblicken, wenn die Gesellschaft nicht mehr als den kursmäßigen Preis zahlt. Diese Ansicht ist von Nord[15]) widerlegt. Es wird deshalb hier auf dessen Ausführungen verwiesen.

Die hier vertretene Ansicht bewirkt daher allein, daß ein klares abgegrenztes Anwendungsgebiet für § 226 geschaffen wird. Mit dem Reichsgericht wird also die Ansicht vertreten, daß ein Erwerb von einem späteren Aktionär in keinem Falle gegen § 213 verstößt, sondern die Zulässigkeit eines solchen Erwerbes allein nach § 226 zu prüfen ist[16]).

---

[13]) JW. 1916, 937.

[14]) Festschrift für Cohn.

[15]) ZBH. 1931, 180.

[16]) Der Vollständigkeit halber sei an dieser Stelle darauf hingewiesen, daß auch durch § 217 die Fälle des Erwerbs eigener Aktien von einem späteren Aktionär nicht berührt werden. § 217 läßt Aktionäre in derjenigen Höhe für Verbindlichkeiten der Gesellschaft haften, in der sie gesetzwidrig Zahlung von der Gesellschaft empfangen haben. Er umfaßt jedoch nur solche Fälle, in denen es sich um Zahlungen an den Aktionär in seiner Eigenschaft als Gesellschafter handelt. Solche Fälle sind z. B. zu Unrecht bezogene Dividenden oder Zinsen, zu Unrecht verteilte Liquidationserlöse und Rückgewähr der Einlage. Erblickt man mit der hier vertretenen Ansicht in dem Fall des Erwerbs eigener Aktien von einem späteren Aktionär keine Rückzahlung der Einlage, vielmehr ein reines Gläubigerverhältnis des Aktionärs zur Gesellschaft, so findet § 217 keine Anwendung, und zwar auch dann nicht, wenn es sich zwar um einen nicht gestatteten, aber nach § 226 doch gültigen Erwerb handelt. Die entgegengesetzte Ansicht von Brodmann (Aktienrecht § 217 Anm. 2) beruht auf seiner zu II A b 8 erwähnten, grundsätzlich

2. In der Frage, wie die Verpflichtung einer Aktiengesellschaft zum Erwerb eigener Aktien zu beurteilen ist, ist, wie bereits oben angedeutet, dem Reichsgericht in der Literatur der Vorwurf mangelnder Eindeutigkeit gemacht worden. Aus RG. 76, 306; 87, 339; 121, 106 und in JW. 1912, 876 ergibt sich nämlich, daß das Reichsgericht es auch für die Beurteilung der Rechtsgültigkeit einer Verpflichtung zum Erwerb auf den Unterschied abstellt, ob diese Verpflichtung einem Zeichner bezw. Übernehmer oder einem späteren Aktionär gegenüber übernommen ist. In RG. 77, 71 wird vom Reichsgericht mit allgemein gehaltenen, auf den eben erwähnten Unterschied nicht eingehenden Ausführungen die Ungültigkeit einer derartigen Verpflichtung nach § 213 bejaht. Hieraus ist gefolgert worden, daß die Entscheidung RG. 77, 71 im Gegensatz zu der Entscheidung RG. 76, 306 stehe. Nun ergibt aber der veröffentlichte Tatbestand des Urteils RG. 77, 71, wenn auch nicht ganz zweifelsfrei, daß es sich dort um ein Abkommen mit einem Zeichner gehandelt hat. In RG. 87, 341 bestätigt aber das Reichsgericht ganz ausdrücklich, daß es sich sowohl im Falle RG. 77, 71 wie im Falle JW. 1912, 876 = LZ. 1912, 847 um Einlösungszusagen handelt, die dem ersten Übernehmer der Aktie bezw. demjenigen, der zuerst die Einlage auf sie zu leisten hatte, gegeben waren. Wenn auch die Ausführungen in RG. 77, 71 allgemein gehalten sind und keinen Unterschied zwischen der Verpflichtung zum Erwerb vom Zeichner bezw. Übernehmer oder einem späteren Erwerber machen, so sind sie doch nur anläßlich eines Tatbestandes gemacht, der die Verpflichtung zum Erwerb von einem Zeichner zum Gegenstande hatte. Es scheint umsoweniger möglich, aus den Entscheidungsgründen folgern zu können, daß sie auch für den Fall der Verpflichtung zum Erwerb von einem späteren Erwerber gelten sollen, als dann wohl zweifellos das Reichsgericht sich mit der Entscheidung RG. 76, 306 auseinandergesetzt hätte. Danach ist also im Gegensatz

---

nach den obigen Ausführungen abzulehnenden Auffassung, daß der Erwerb eigener Aktien grundsätzlich Rückzahlung der Einlage sei (aaO. § 213 Anm. 3 f.).

zu der bisher herrschenden Ansicht in der Literatur festzustellen, daß das Reichsgericht zur Frage der Gültigkeit einer Verpflichtung zum Erwerb eigener Aktien, also zur Gültigkeit der sogenannten Einlösungszusage, denselben Standpunkt einnimmt, wie zur Frage des Erwerbes, nämlich dahin, daß eine Verpflichtung, die einem späteren Erwerber gegenüber eingegangen wird, nicht gegen § 213 verstößt, ihre Wirksamkeit vielmehr allein nach § 226 zu beurteilen ist. Auch hier erscheint die Ansicht des Reichsgerichts die richtige. Wenn man zu einer klaren Trennung der Anwendungsgebiete der §§ 213 und 226 kommen will, ist eine Unterscheidung in der Beurteilung des Erwerbes und der Verpflichtung zum Erwerb in Bezug auf den Verstoß gegen § 213 nicht möglich. Nord[17]) will Verpflichtungen dann nicht als gegen § 213 verstoßend ansehen, wenn sie binnen kurzer Frist, etwa binnen weniger Tage, zu erfüllen sei, und besonders dann, wenn es sich nicht um große Aktienposten handele. Man wird dieser Ansicht nicht beitreten können; denn wenn man der Auffassung ist, daß in der Einlösungszusage eine Verpflichtung zur Rückzahlung der Einlage liegt, so ist es gleichgültig, ob die Verpflichtung sich nur über kurze Zeit erstreckt und ob es sich nur um eine einzige Aktie oder mehrere Aktien handelt[18]). Derartige Einlösungszusagen aus dem Grunde anders zu behandeln als Kaufverträge, weil es sich bei ihnen nur um einseitige Verpflichtungen der Gesellschaft gegenüber dem Aktionär handelt[19]), erscheint nicht berechtigt, weil die Einlösungszusage in den vom Reichsgericht entschiedenen Fällen und auch wohl stets in der Praxis nie allein gegeben wird, vielmehr Teil eines gegenseitigen Vertrages, eines Umsatzgeschäftes, wie es das Reichsgericht bezeichnet, ist. Es ist nicht zu verkennen, daß die Verneinung des Verstoßes einer Einlösungszusage, soweit sie einem

---

[17]) ZBH. 1931, 180.

[18]) Gegen Nord insoweit auch Schlegelberger-Quassowski-Schmölder, Verordnung über Aktienrecht, § 226, Anm. 48.

[19]) So Flechtheim in Bank-A. XXXI, 65.

späteren Aktionär gegenüber abgegeben wird, gegen § 213 eine gewisse Gefahr für die Gläubiger in sich trägt. Sie wird aber vermindert durch die Haftung der Organe der Aktiengesellschaft und ist nicht völlig zu beseitigen, wenn der Erwerb eigener Aktien nicht vollkommen verboten ist, was das deutsche Aktienrecht mit guten Gründen für nicht möglich gehalten hat.

3. Dieselben Gründe, die in dem Erwerb eigener Aktien durch einen späteren Aktionär und in der Verpflichtung zum Erwerb eigener Aktien von einem späteren Aktionär keinen Verstoß gegen § 213 erblicken lassen, führen dazu, bei dem Erwerb und bei der Verpflichtung zum Erwerb vom Zeichner oder Übernehmer die Anwendbarkeit des § 213 zu bejahen. Die Verpflichtung zum Erwerb eigener Aktien vom Zeichner oder Übernehmer ist immer Verpflichtung zur Rückzahlung der Einlage und ihre Gültigkeit, da nach § 226 in der alten Fassung keine Möglichkeit einer Ausnahme vom Verbot der Rückzahlung der Einlage gegeben ist, zu verneinen. Auch der Erwerb vom Zeichner oder Übernehmer wird in der Regel als Rückzahlung der Einlage nichtig sein. Anders als bei der Verpflichtung zum Erwerb wird hier aber im Einzelfall die Möglichkeit bestehen, daß Rückzahlung der Einlage nicht vorliegt, z. B. wenn der Kaufpreis nachweislich aus bilanzmäßig festgestelltem Gewinn genommen ist. Wenn oben die Breitsche Ansicht, daß es grundsätzlich für die Anwendbarkeit des § 213 darauf ankomme, ob die Zahlung aus Gewinn bezw. Reserven oder aus dem Grundkapital erfolge, auch mit dem Hinweis bekämpft worden ist, daß sie praktisch nicht durchführbar sei, so besagt das nicht, daß nicht im Einzelfall die Anwendbarkeit des § 213 dadurch in Fortfall kommen kann, daß der Nachweis geführt wird, die Zahlung sei aus bilanzmäßig festgestelltem Gwinn erfolgt.

III.

Rechtszustand nach der Aktienrechtsnovelle.

In der neuen Fassung des § 226 ist zwar die Grundtendenz, den Erwerb eigener Aktien einzuschränken, mit Recht aufrecht erhalten, jedoch enthält sie im Gegensatz zur alten nunmehr bestimmte Fälle, in denen der Erwerb eigener Aktien ausdrücklich gestattet ist. Diese Änderung bewirkt eine grundlegende Änderung im Verhältnis des § 226 zu § 213. Für die Beurteilung dieses Verhältnisses nach der Novelle ist nunmehr zwischen den vom Gesetz ausdrücklich gestatteten Erwerbsfällen und denjenigen Fällen, in denen der Erwerb nicht gestattet ist, zu unterscheiden.

A.

Wenn das Gesetz positiv ausspricht, daß in gewissen Fällen, die genau angegeben sind, die Gesellschaft eigene Aktien erwerben darf, so kann nicht in Frage kommen, daß die Gültigkeit des hier positiv gestatteten Erwerbs durch andere Bestimmungen des Gesetzes, insbesondere durch § 213, wieder in Frage gestellt wird. Anders kann eine so positive Gestattung, wie sie hier vorliegt, nicht aufgefaßt werden. Es kann nicht angenommen werden, daß der Gesetzgeber, dem ja das Problem des Verhältnisses der §§ 226 und 213 bekannt war, in § 226 mit der einen Hand geben wollte, um in § 213 mit der anderen Hand wieder zu nehmen. Danach ist in den nach der Novelle gestatteten Erwerbsfällen auch der Erwerb vom Zeichner oder Übernehmer gültig; ebensowenig kann eine Verpflichtung zum Erwerb von diesen als gegen § 213 verstoßend angesehen werden. Für die Frage der Gültigkeit kommt es hier lediglich auf § 226 an. Dieses Ergebnis erscheint auch vom rechtstheoretischen Standpunkt berechtigt; denn, abgesehen vom Falle der Einkaufskommission, der für die Gesellschaft und ihre Gläubiger Gefahren nicht mit sich bringt, ist nur der Erwerb eigener Aktien in Höhe von 10% des Grundkapitals bezw. von zweimal 10%, wenn nämlich zunächst 10% zum Zwecke der Einziehung und später 10% zur Abwehr eines schweren Schadens erworben werden, gestattet. In Abwägung der Interessen der Gesellschaft, ihrer Aktionäre und ihrer Gläubiger hat das Gesetz diese Erlaubnis zum Erwerb, wenn vielleicht auch nicht als unbedenklich, so doch als notwendig betrachtet; zur Verringerung des Risikos der Gläubiger ist sie der Höhe nach beschränkt und außerdem durch die Bestimmung des § 227 a unter eine gesteigerte Verantwortung der Verwaltung gestellt. In der zugelassenen Höhe ist durch die Novelle — und das ist eine der wesentlichsten grundsätzlichen Änderungen, die der neue § 226 bringt — der Grundsatz, daß in keinem Falle Einlagen an Aktionär zur Rückzahlung gelangen dürfen, verlassen[20]). Goldschmit[21]) und Rheinstrom[22]) stehen für den Fall des Erwerbes eigener Aktien ebenfalls auf dem hier vertretenen Standpunkt; für die Verpflichtung zum Erwerb stellen sie es jedoch auch weiterhin auf die Frage ab, ob sie dem Zeichner oder Übernehmer oder einem späteren Erwerber gegenüber übernommen worden ist, was Horrwitz-Ullmann[23]) gleichmäßig sowohl für den Erwerb als auch für die Verpflichtung zum Erwerb bejahen. Diesen Ansichten, die der aus der neuen Fassung des § 226 sich ergebenden grundlegenden Änderung des früheren Rechtszustandes nicht gerecht werden, kann aus den angeführten Gründen nicht gefolgt werden. Eine neue und interessante Konstruktion, die in gewisser Weise an die oben zu II angeführte Ansicht von Hachenburg[24]) anklingt, versuchen Lehmann-Hirsch[25]). Sie gehen davon aus, daß die unzulässige Rückgewähr der Einlage begrifflich eine ein-

[20]) Wie hier Schlegelberger-Quassowski-Schmölder Verordnung über Aktienrecht, § 226 Anm. 48; Friedländer, Aktienrecht, § 226 Anm. 10a; Staub-Pinner Nachtrag zur 12./13. Auflage, Einführung zu §§ 226, 227 II und § 226 Anm. 12; Netter in ZBH. 1931, 245; Heinz-Pinner in JW. 1931, 2931.

[21]) Das neue Aktienrecht § 226 Anm. 37.

[22]) Das neue Aktienrecht § 226 Anm. 13.

[23]) Kommentar zum neuen Aktienrecht § 226 Anm. 29.

[24]) In der Festschrift für Cohn.

[25]) Verordnung über Aktienrecht, II. Aufl. § 226 Anm. 3 a.

seitige Leistung der Gesellschaft sei, und man daher von einer Rückgewähr nur insoweit sprechen könne, als nicht vollwertiges Entgelt gegeben werde. Sie vergleichen den Fall des Erwerbes eigener Aktien von einem Aktionär mit dem Erwerb irgendwelcher Ware von ihm und folgern, indem sie die eigenen Aktien als ein Aktivum wie jedes andere ansehen, daß gegen den Erwerb eigener Aktien zum angemessenen Preise, gleichgültig ob er vom Zeichner oder späteren Aktionär erfolge, ebensowenig einzuwenden ist, wie wenn von ihm Waren zum angemessenen Preis gekauft würden. Würde ein Überpreis gezahlt, so läge in Höhe des angemessenen Preises ein nach § 226 zu beurteilender Kauf, in Höhe des den angemessenen Preis übersteigenden Preises eine nach § 213 zu beurteilende Rückzahlung der Einlage vor [26]).

So bestechend diese Konstruktion zunächst erscheint, kann ihr doch nicht gefolgt werden. Schon der Ausgangspunkt, die Gleichstellung der eigenen Aktie mit einer Ware, erscheint nicht annehmbar. Es handelt sich um grundlegend verschiedenes. Nur der Konstruktion der juristischen Person ist es ja überhaupt zu verdanken, daß es möglich erscheint, daß die Aktiengesellschaft ihr eigener Aktionär wird. Die Ware hat in der Hand der Gesellschaft unverändert denselben Wert, den sie in der Hand jedes anderen haben würde. Die eigene Aktie verliert in der Hand der Gesellschaft ihr Dividenden- und Stimmrecht. Wenn auch ihre Bilanzierung als Aktivum erfolgt, so unterscheidet sie sich doch durch die Besonderheit, daß es sich um ein eigenes Mitgliedschaftsrecht handelt, wesentlich von allen anderen Aktiven. Sie teilt zwangsläufig das Schicksal der Gesellschaft; geht es dieser schlecht, so sinkt auch ihr Wert, während der Wert anderer Aktiva unabhängig oder jedenfalls unabhängiger vom Schicksal der Gesellschaft ist. Die Unmöglichkeit des Vergleichs wird noch deutlicher, wenn man statt des von Lehmann-Hirsch gewählten Beispiels der Waren Wertpapiere nimmt. Hier wird nach dem über das Schicksal der in der

---

[26]) Hiergegen Goldschmit aaO. § 226 Anm. 5.

Hand der Gesellschaft befindlichen eigenen Aktien eben Ausgeführten der Unterschied zwischen dem Wert eigener Aktien und dem fremder Wertpapiere für die Aktiengesellschaft sofort klar. Es bedeutet also für die Gesellschaft einen recht erheblichen Unterschied, ob sie eigene Aktien oder fremde Wertpapiere oder Waren in der Bilanz als Aktiva führt. Es ist aber auch nicht richtig, daß, wenn die Gesellschaft von einem Aktionär Waren zu einem Überpreis kauft, in Höhe des Überpreises Rückzahlung der Einlage vorliegen muß. Sieht man von dem Fall ab, daß das Warenkaufgeschäft zu einem Überpreis zum Schein abgeschlossen ist und in Wirklichkeit Rückzahlung der Einlage beabsichtigt ist, handelt es sich vielmehr um ein reelles Geschäft, bei dem aus irgendwelchen anderen Gründen dem Aktionär ein höherer Preis gewährt wird, so ist das niemals Rückgewähr der Einlage. Hier steht der Aktionär der Gesellschaft nicht anders gegenüber als ein beliebiger Dritter, der einen solchen Warenverkauf tätigt. Es kommt hinzu, daß im Falle des Warenverkaufs zu einem Überpreis der Aktionär auch seine Aktien nicht der Gesellschaft zurückgibt. Die Rückgewähr der Aktie ist zwar für die Rückzahlung der Einlage nicht unbedingt erforderlich, sie dürfte aber die wohl ausnahmslose Regel bilden. Insoweit läßt sich also auch dieses Argument gegen die Ansicht von Lehmann-Hirsch verwenden. Schließlich kann es aber auch nicht als richtig anerkannt werden, daß, wenn die Aktiengesellschaft nur den richtigen Gegenwert der Aktie zahlt, hierin nie eine Rückzahlung der Einlage liegen kann. Geschieht dies an den Zeichner oder Übernehmer, so kann darin sehr wohl eine Rückzahlung der Einlage liegen; würde man dies verneinen, so würde das zu der Folgerung führen, daß, da ja nach § *226* auch ein nicht gestatteter Erwerb rechtsgültig ist, z. B. sofort nach der Gründung sämtlicher Aktionäre ihr Geld gegen Rückgabe ihrer Aktien unbeanstandet zurückerhalten könnten, wenn nur bis dahin der Wert des Unternehmens derselbe wie bei der Gründung geblieben ist. Daß dies nicht richtig sein kann, bedarf keines Beweises. Wenn nach der neuen Fassung des § 226 das Verbot der Rückzahlung der Einlage auch nicht mehr ausnahmslos gilt, so handelt es sich doch um eine eng und genau begrenzte Ausnahme, die nicht ausdehnend ausgelegt werden darf.

Folgt man der hier vertretenen Ansicht, so kommt man auch für das Recht nach der Novelle zu einer klaren und eindeutigen Abgrenzung des Anwendungsgebietes des § 213 von dem des § 226 in den bisher behandelten Fällen des ausdrücklich gestatteten Erwerbs. Für die im Fluß befindliche Neuregelung des gesamten Aktienrechts, in das nach dem vorliegenden II. Entwurf der § 226 als § 56 Aufnahme finden soll, wäre es im Interesse der endlichen deutlichen Klarstellung des Verhältnisses des § 226 zu § 213 zu begrüßen, wenn eine Bestimmung dahin aufgenommen würde, daß, soweit § 226 den Erwerb eigener Aktien ausdrücklich gestattet, ein Verstoß gegen § 213 nicht vorliegt. Die Aufnahme einer solchen Bestimmung wäre aber auch zu begrüßen, selbst wenn man auf Grund der neuen Fassung des § 226 einer anderen Ansicht als der hier vertretenen ist; denn wenn das Gesetz eine positive Erlaubnis zum Erwerb eigener Aktien gibt, so kann damit nichts anderes zum Ausdruck gebracht werden sollen, als daß er in den zugelassenen Grenzen für tragbar gehalten wird, und zwar nach Abmessung der Interessen aller Beteiligten [27]). Die von der hier vertretenen Ansicht abweichende Ansicht, die aus der neuen Fassung des § 226 die in den obigen Ausführungen gezogenen Folgerungen nicht ziehen zu können glaubt, kommt zu keiner klaren Abgrenzung des § 226 von § 213 in den ausdrücklich gestatteten Erwerbsfällen. Dies würde durch die Einfügung der oben vorgeschlagenen Bestimmung in das neue Aktienrecht erreicht werden; nach der hier vertretenen Ansicht würde es sich nur um Klarstellung eines bereits seit der Novelle bestehenden Rechtszustandes handeln.

---

[27]) So Schlegelberger - Quassowski - Schmölder aaO. Anm. 48.

B.

Was zu A für den Fall des ausdrücklich erlaubten Erwerbs eigener Aktien bezw. der Verpflichtung zu ihrem Erwerb gesagt ist, kann aber nicht in den Fällen unerlaubten Erwerbs eigener Aktien bezw. der Verpflichtung zu einem unerlaubten Erwerb gelten, selbst wenn das Gesetz im Interesse der Verkehrssicherheit die Wirksamkit durch einen Verstoß gegen § 226 nicht berühren läßt. § 226 Absatz 2 spricht im Gegensatz zu Absatz 1, der eine positive Erlaubnis gibt, nur davon, daß die Wirksamkeit durch einen Verstoß gegen § 226 Absatz 1 nicht berührt werde. Ob, abgesehen von § 226, Wirksamkeit überhaupt vorliegt, ist hier bewußt offen gelassen. Dies ist auch gerechtfertigt; denn im Falle des unerlaubten Erwerbs fallen alle die Gründe fort, die oben für die unbedingte Wirksamkeit eines erlaubten Erwerbs und einer nach § 226 erlaubten Verpflichtung zum Erwerb ohne Rücksicht auf andere Vorschriften angeführt sind [28]). Für die Fälle des nach § 226 nicht erlaubten, aber in seiner Wirksamkeit durch Verletzung des § 226 nicht berührten Erwerbs ist die Rechtslage die gleiche geblieben, wie für den § 226 in der alten Fassung. Für sie wird daher auf die Ausführungen zu II verwiesen. Friedländer [29]) und Schlegelberger-Quassowski-Schmölder [30]) vertreten in ihren auf diese Frage bezüglichen Ausführungen den unter II bekämpften Standpunkt, daß auch in der Zahlung des Kaufpreises für den Erwerb einer Aktie an einen späteren Aktionär Rückzahlung der Einlage liegen kann. Letztere beziehen sich für ihre Ansicht auf die Entscheidung des Reichsgerichts in RG. 77, 71 und JW. 1912, 876, indem sie davon ausgehen,

[28]) Wie hier Schlegelberger-Quassowski-Schmölder aaO. § 226 Anm. 49; Lehmann-Hirsch aaO. § 226 Anm. 62, allerdings unter Hinweis auf ihre oben bekämpften Ausführungen in Anm. 3a; Friedländer aaO. § 226 Anm. 10a, Flechtheim in Bank-A. XXXI, 14; Heinz-Pinner in JW. 1931, 2931; a. A. Goldschmit aaO. § 226 Anm. 37, der auch in einem unerlaubten, aber nach § 226 Abs. 2 wirksamen Erwerb unter keinen Umständen eine Verletzung des § 213 erblicken will.

[29]) aaO. § 213 Anm. 1.

[30]) aaO. § 226 Anm. 48.

daß es sich in den beiden vom Reichsgericht dort behandelten Fällen um solche gehandelt habe, bei denen die begünstigten Aktionäre nicht Ersterwerber [31]) gewesen seien. Es ist bereits oben unter II, insbesondere unter Bezugnahme auf RG. 88, 189, ausgeführt, daß diese Annahme nicht zutrifft.

In Bezug auf den Begriff der Einlage und auf die Fälle des nicht gestatteten aber gültigen Erwerbs eigener Aktien hat die Novelle nichts geändert. Die grundlegende, durch die Novelle erfolgte Änderung liegt darin, daß der Grundsatz des unbedingten Verbots der Rückzahlung der Einlage für die von § 226 in der neuen Fassung ausdrücklich gestatteten Erwerbsfälle durchbrochen ist.

---

[31]) Es sei noch darauf hingewiesen, daß aktienrechtlich als Ersterwerber der anzusehen ist, der bei Gründung oder Kapitalerhöhung die Aktie übernimmt oder zeichnet. Auch der Strohmann ist wahrer Zeichner (Staub-Pinner § 189 Anm. 25; § 182 Anm. 12). Bei der Schaffung von Vorratsaktien ist der erster Erwerber, der sie zeichnet. Der spätere Ewerber der Vorratsaktien bei ihrer Verwertung unterliegt nicht den Vorschriften über die Zeichnung und gilt als späterer Aktionär (Schmulewitz. Die Verwaltungsaktie S. 53). Die andersgeartete steuerrechtliche Betrachtungsweise (RFH. 14, 228; St. u. W. 1929, 1013) ist für das Aktienrecht ohne Bedeutung (vgl. Bing bei Düringer-Hachenburg § 182 Anm. 13).

Zum Begriff der Sorgfaltspflicht von Aufsichtsrat und Vorstand.

Von Rechtsanwalt Professor Dr. Heinrich Wimpfheimer in Berlin.

Das HGB. § 241 stellt an die Spitze seiner Maßgaben über die Pflichten und Verantwortungen des Vorstandes einer Aktiengesellschaft die Bestimmung: „Die Mitglieder des Vorstandes haben bei ihrer Geschäftsführung die Sorgfalt eines ordentlichen Kaufmanns anzuwenden." In gleicher Weise und in gleicher Absicht verfügt HGB. § 429 Abs. 1 für den Aufsichtsrat: „Die Mitglieder des Aufsichtsrats haben bei der Erfüllung ihrer Obliegenheiten die Sorgfalt eines ordentlichen Geschäftsmannes anzuwenden."

Diese beiden gleichlautenden Bestimmungen sind das Fundament, die magna charta für Vorstand und Aufsichtsrat. Sie sind bewußt allgemein und dehnbar gefaßt. Sie stellen eine Generalanweisung dar. Sie sind die tragende Bestimmung für das gesamte Wirken der beiden Organe, der Rahmen, in dem sich alle ihre Handlungen bewegen sollen, der Maßstab, mit dem ihre ganze Tätigkeit zu messen ist, mag sie im einzelnen welche Handlungen auch immer umfassen.

Auch da, wo das Gesetz für das Verhalten der beiden Organe Spezialbestimmungen aufstellt, sind diese nur als Sonderfälle dieses obersten Prinzips anzusehen. Das tritt deutlich in HGB. 241 Abs. 3 hervor, in dem die Fälle aufgezählt sind, welche stets eine Verletzung dieser Sorgfaltspflicht durch den Vorstand darstellen. Das gilt aber auch für alle den Vorstand und Aufsichtsrat betreffenden Bestimmungen, in denen nicht ausdrücklich auf die Generalklausel Bezug genommen ist.

Die Schwierigkeiten, die sich nun einer näheren Betrachtung entgegenstellen, beruhen in erster Linie in der scheinbaren Einfachheit und in der wirklichen Verschwommenheit des Begriffs. Dieser „ordentliche Geschäftsmann“ ist eine Idee. Nirgends ist er in natura zu finden. Man kann ihn nicht fragen und doch soll man nach seinen Anweisungen handeln. Es sind schwer zu erfüllende Ansprüche, die da das Gesetz an die ihm Unterworfenen stellt. In Wahrheit liegt ein Eingeständnis der Ohnmacht des Gesetzgebers vor und eine Verschiebung der Kompetenz. Aufgabe des Gesetzes ist es, die Normen zu schaffen. Aufgabe des Bürgers, sie zu befolgen. Statt dessen macht ihm hier das Gesetz zur Aufgabe, die Normen selbst zu finden, nach denen er leben soll. Es verweist also der Gesetzgeber ihn für diese Normen wieder auf sein eigenes Handeln oder Empfinden. Der Bürger soll also letzten Endes so handeln, wie er nach seiner Meinung glaubt, daß es der Gesetzgeber will. Trifft er aber diesen von ihm zu präsumierenden Inhalt des Gesetzes nicht, so wird er schuldig.

Es mag sein, daß ein anderer Weg zur Regelung dieser schwierigen Materie nicht gangbar war. Auch der Gesetzgeber kann nicht alle Wechselfälle des Lebens voraussehen, besonders wenn es sich um die kompliziertesten Dinge der Wirtschaft handelt. Aber eine doppelte Folge ergibt sich aus dieser Erkenntnis: Einmal, daß die Prüfung, ob der einzelne in solchen schwierigen Lagen dem vom Gesetz erforderten Maße auch wirklich entsprochen habe, mit besonderer Vorsicht erfolgen muß. Zum anderen, daß er bei dem Abwägen seines Handelns vom Gesetz letztens auf sein eigenes Gewissen gestellt ist. Trotzdem muß versucht werden, den Begriff aus sich selbst zu entwickeln.

Nun spielt die Sorgfalt des ordentlichen Geschäftsmannes nicht nur in HGB. §§ 241/249, sondern auch in anderen wichtigen gesetzlichen Bestimmungen eine maßgebende Rolle, z. B. in HGB. § 204 bei der Verantwortlichkeit der Gründer. Aber auch aus diesen Bestimmungen kann für eine Umreißung des Begriffs kaum etwas gewonnen werden. Sucht man weiter, so kommt man schließlich zu der für alle Haftungsverpflichtungen grundsätzlichen Bestimmung des BGB. § 276. wo als Voraussetzung für das gewöhnliche, schuldbefreiende Handeln die im Verkehr erforderliche Sorgfalt verlangt wird. Der Begriff der im Verkehr erforderlichen Sorgfalt ist offenbar gemäß dem Verkehrsgebiet des Handelsgesetzbuchs auf die Sorgfalt des ordentlichen Geschäftsmannes konkretisiert oder, wie sich die Denkschrift zum HGB. 1896 S. 194 ausdrückt, „die allgemeine Regel erhält für den Handelsverkehr einen bestimmteren Inhalt". Doch deckt der Oberbegriff nicht in allen Beziehungen den Unterbegriff. Das wird noch in die Erscheinung treten.

Zunächst wird man als „ordentlich" — abgesehen von den später zu berücksichtigenden Fällen von Mißbrauch — ganz allgemein definieren können, was regelmäßig geschieht. Das gilt insbesondere vom Wirtschaftsrecht. Schon dieser Begriff der Regelmäßigkeit weist in die Vielgestaltigkeit des Lebens. Regeln werden zwar zunächst für größere Ausschnitte des Lebens bestehen, aber sie werden sich auch für immer kleinere Teilausschnitte aus diesem größeren Kreis finden.

Noch differenzierter ist der Begriff des Geschäftsmannes. Er stellt keinen einheitlichen Typus dar. Es fallen unter ihn die verschiedensten Kategorien: horizontal geordnet alle wirtschaftlichen Berufsstände: der Industrielle, der Händler oder Kaufmann im engeren Sinne, der Bankier, auch der Landwirt. In vertikalem Sinne der Großkaufmann, der Detaillist, der Kleinhändler, der Trödler, der Großindustrielle und der Handwerker, der Großbankier und der Wechselagent. Alle sind Geschäftsleute. Für sie alle gelten einzelne gleiche Regeln und andere von einander verschiedene. Sie werden sich alle in ähnlichen Geschäftslagen nur zum Teil gleich verhalten, selbst wenn man überhaupt für sie alle begrifflich gleiche Lagen anerkennen will. Es gibt keinen Einheitsgeschäftsmann als Typus. Mindestens nicht in dem Sinne, daß man sich an seinem regelmäßigen Verhalten eine Richtschnur nehmen könnte. Es gibt nur Typen, einzelne Gruppen von Geschäftsleuten.

Schrifttum und Rechtssprechung äußern sich hierzu meist nur bei der Erläuterung des Oberbegriffs der verkehrsüblichen Sorgfalt (BGB. § 276). Dabei ist zwar die Tendenz zu beobachten, die erforderliche Sorgfalt nach objektiven Merkmalen abzugrenzen [1]).

Es wird der Grundsatz betont, daß nur das objektive Erfordernis, das was der Verkehr braucht und erheischt, Maßgabe für das Handeln sein können. Es ist aber interessant, zu beobachten, wie trotz dieser grundsätzlichen Einstellung in jedem einzelnen Fall zugegeben werden muß, daß es „Gruppen" und „Verkehrskreise" gibt, die ihre eigene Sorgfaltspflicht haben, und daß sich danach die Verantwortlichkeit in bestimmten Fällen richtet. So sagt RGZ. 119 S. 400: „daß Maßstab sei, was der regelmäßige und gesunde Verkehr unter Berücksichtigung der jeweiligen Verhältnisse fordert ...... Dabei sind grundsätzlich die Anschauungen eines gewissen engeren Verkehrskreises und die typischen Eigenschaften der einem solchen Verkehrskreise angehörigen Gruppen und Menschen nicht außer acht zu lassen". Es handelt sich hier um die Sorgfalt eines Segelschiffers im Verhältnis zu Schiffsführern überhaupt. Ähnliche Äußerungen finden sich allenthalben in der Rechtssprechung [2]). Staudinger (l. c.) erklärt, daß „typische Verhältnisse der beteiligten verkehrsmäßigen Gruppen oder Klassen von Menschen zu berücksichtigen" sind. Die Reichsgerichtsräte (l. c.) „schließen die Berücksichtigung gewisser Verkehrskreise nicht aus".

Dabei ist immer festzuhalten, daß es sich um die Erläuterung des Begriffs „der im Verkehr erforderlichen Sorgfalt" handelt, also um einen Maßstab, der bewußt aus der Sache, nämlich aus dem Verkehr, also objektiv bestimmt ist. Wenn

---

[1]) Vgl. Kommentare zum BGB.: Staudinger § 276 n. I[2], Reichsgerichtsräte § 276 n. 4b, Staub-Könige etc. HGB. § 347, Ennecerus-Kipp-Wolff, Lehrbuch zum BGB. I § 197 und die dort zitierten Entscheidungen.

[2]) Z. B. RGZ. 68, 423 (95, 17) 102, 49 (105, 23).

danach schon die Konkretisierung des allgemeinen Begriffs nach einzelnen Verkehrsgruppen nötig fällt, und dies zudem im Gesetze durch die Unterteilung in die Sorgfalt eines ordentlichen Kaufmanns und dieser ihrerseits wieder je nach Stellung und Berufskreise in eine solche des ordentlichen Spediteurs, Kommissionärs etc. anerkannt wird; wenn es ferner eine spezielle Sorgfalt eines Baumeisters, Arztes, Automobilfahrers [3]), Jägers [4]) gibt und wenn sich endlich diese Berufsgruppen wieder für die Verschiedenheit der von ihnen zu erforderten Sorgfalt unterteilen nach Alter, Bildung, Lebensstellung [5]), so ist es ganz selbstverständlich, daß es auch eine besondere Sorgfaltspflicht für Vorstandsmitglieder und Aufsichtsräte gibt. Wie aber die Unterteilung nicht Halt gemacht hat bei dem Schiffer als solchem [6]), und beim Kahnführer, je nachdem es sich um einen Schleppkahn oder gewöhnlichen Kahn handelt und weiter unterschied, je nachdem dieser sich in einem Schleppzug oder außerhalb eines solchen befand [7]); wenn man zu unterteilen hat Großindustrielle, Kleingewerbetreibende und Trödler, so wird man auch für Vorstands- und Aufsichtsratsmitglieder zu unterscheiden haben je nach Umfang und Bedeutung der Gesellschaft und nach Branchen. Aber nicht nur danach, auch je nach der inneren Gestaltung der Gesellschaft, ja nach der Organisation des Aufsichtsrats und des Vorstandes selbst können sich Gruppenbildungen ergeben.

Diese weitgehende Unterteilung gilt also schon für den durch objektive Merkmale bedingten Begriff der durch den Verkehr erforderten Sorgfalt. Bei der Sorgfalt des ordentlichen Geschäftsmannes aber, die für Vorstand und Aufsichtsrat maßgebend ist, tritt an Stelle der objektiven Bedingtheit das subjektive Element. Nicht das, was die Verhältnisse erfordern, ist in den Vordergrund gerückt, sondern das

[3]) Ennecerus-Nipperdey BGB. I § 197.

[4]) RG. Gruchot 48/788.

[5]) OLG. Dresden Seufferts Archiv 64, 186. RGZ. 68, 423.

[6]) RGZ. 119, 400.

[7]) RGZ. 102, 49.

Verhalten des Menschen, seine Einstellung zu den Dingen. Wie wird sich regelmäßig ein Geschäftsmann bestimmter Art unter bestimmten Verhältnissen verhalten, wird gefragt. Nicht in erster Linie, was erfordern die Verhältnisse?

Insofern deckt der Oberbegriff der im Verkehr erforderlichen Sorgfalt den Unterbegriff der Sorgfalt eines ordentlichen Geschäftsmannes nicht durchaus. Der eine Begriff geht von objektiven, der andere von subjektiven Merkmalen aus. Hieraus ergibt sich, daß die Prüfung einer Handlung an dem Maßstab eines ordentlichen Geschäftsmannes noch erheblich diffiziler und subjektiver, daher individueller abgestellt sein muß als die Prüfung des Verhaltens eines normalen Menschen im bürgerlichen Verkehr.

Aber auch damit ist die Grenze in der Unterteilung des Maßstabes noch nicht erreicht. Es wird bisher immer noch insofern an objektiven Merkmalen festgehalten, als ein objektiver Begriff, nämlich Üblichkeit und Regel, wenn auch abgewandelt nach den Anschauungen von „Verkehrgruppen und Klassen" zur Grundlage dient. Man steht immer noch im Bereich der Konkretisierung des allgemeinen Begriffs auf Gruppen. Ersichtlich sucht man sich dagegen zu wehren, die Konkretisierung zur Individualisierung vorzutreiben. RGZ. § 68 S. 423 (Urteil vom 22. 5. 08) erklärt noch, „daß die Berücksichtigung der Verschiedenheit verschiedener Gruppen von Menschen bei der Feststellung der jeweils anzuwendenden Sorgfalt, nicht aber die der Individualität des einzelnen Menschen zu berücksichtigen sei." Aber wenige Jahre später schon[8]) ist man bewußtermaßen zur Berücksichtigung der individuellen Verhältnisse übergegangen. Seitdem wird versucht, die beiden Prinzipien auszugleichen. Aber der innere Zwang der Dinge war stärker und hat die neuere Richtung zum Siege getragen. „Der abstrakte Maßstab ist nur für die Sorgfalt allgemein vorgeschrieben, d. h. für die Frage, ob mit der erforderlichen Sorge, Aufmerksamkeit, Beharrlichkeit, dem nöti-

[8]) Vgl. Franz Leonhard, Fahrlässigkeit und Unfähigkeit, Festgabe für Ennecerus, 1911.

gen Nachdenken und Zeitaufwand verfahren ist. Hinsichtlich aller nicht vom Willen abhängigen geistigen oder körperlichen Eigenschaften (Verstand, Kenntnisse, Geschicklichkeit, Übung, Körperkraft usw.) kann nur die Individualität entscheiden"[9]).

Dieses Anerkenntnis, daß die an einen ordentlichen Geschäftsmann zu stellenden Anforderungen modifiziert werden durch die jeweilige Individualität und die Eigenart des zu Beurteilenden, ergeben sich aber andererseits auch aus dem objektiven Prinzip der im Verkehr aufzuwendenden Sorgfalt selbst. Denn sobald — und das kann nach dem soeben Gesagten kaum bestritten werden — anerkannt werden muß, daß diese objektiv zu bemessende Sorgfalt sich abwandelt je nach Gruppen, Untergruppen und Grüppchen, gibt es praktisch keine Grenze in der Unterteilung bis zum Individium. Wenn es die besondere Sorgfalt eines ordentlichen Geschäftsmannes für ein Vorstands- oder Aufsichtsratsmitglied einer Industrie- oder Bankgesellschaft gibt, so ist nicht einzusehen, warum es nicht eine besondere Sorgfaltspflicht eines Mitgliegliedes des Vorstandes eines Elektrizitätswerkes und eines Großbankleiters oder Kommunalvertreters in seiner besonderen Eigenschaft als Delegierter in einen solchen Aufsichtsrat geben soll. So wird in diesem Falle das Verhalten dieser eng begrenzten Gruppe zum Maßstab des ordentlichen Geschäftsmannes.

Es ist aber auch ferner nicht einzusehen, warum zwar der einzelne Fall bei der Frage der Fahrlässigkeit zugrunde zu legen sein soll, nicht aber die naturgemäß gebundene Einstellung des einzelnen zu diesem Fall. Ebenso wie das Handeln des Menschen bedingt ist durch die sachlichen Verhältnisse, durch die gegebenen Zusammenhänge, ist sein Handeln auch bedingt durch seine persönliche Veranlagung und Einstellung. Gewiß können diese nicht zum alleinigen Maßstab gemacht werden. Ebenso gewiß ist es aber auch, daß von ihnen bei Prüfung des einzelnen Falles nicht abge-

[9]) Enneccerus-Kipp-Wolff, Lehrbuch des Bürgerlichen Rechts, § 197 S. 695 und die daselbst in n. 6 angeführte Literatur.

sehen werden kann. Da es keinen Kodex oder Comment gibt, bei dem man sich in allen Fällen Rat holen kann, da die Übung im einzelnen schwankt, wird der einzelne Angehörige einer solchen Berufsgruppe immer im wesentlichen auf seine eigene Empfindung und sein eigenes Gewissen angewiesen sein. Beide sind aber in erster Linie abhängig von seiner geistigen und charakterlichen Individualität. Wenn das Gesetz Menschen, die ihrer Natur nach verschieden sind, zu Aufgaben beruft, die nicht genau spezialisiert sind, so muß es sich bewußt sein, daß diese Aufgabe von verschiedenen Individuen, je nach ihrer Individualität, zu bewältigen versucht werden.

Die Individualität richtet sich aber nicht nur nach den angeborenen Eigenschaften, sondern auch nach der durch die Verhältnisse der Persönlichkeit aufgezwungenen Haltung. Ebenso, wie ein besonders gewissenhafter und ängstlicher Mensch anders handeln wird als ein großzügiger und unternehmender, ein fleißiger anders als ein zum beschaulichen Leben neigender, so wird sich auch ein unbeschäftigter Privatmann seinen Aufgaben anders widmen und widmen können, als ein bis zum äußersten beschäftigter und angestrengter Geschäftsmann. Gewiß wird man gegen eine Überspannung dieses subjektiven Prinzips für die Prüfung der zu erfüllenden Sorgfaltspflichten einwenden können und hat man eingewendet, daß niemand Aufgaben übernehmen soll, denen er nach seiner subjektiven Vereigenschaftung nicht gewachsen ist, oder die er nach seinem sonstigen Beschäftigungsgrad nicht voll ausfüllen kann. Aber diese Erwägung schlägt nicht restlos durch.

Schon in einem mehrgliedrigen Vorstand sind die Aufgaben geteilt. Entweder richtet sich die Einteilung nach der Individualität der zur Verfügung stehenden Persönlichkeiten oder die Persönlichkeiten werden berufen nach den einzelnen noch nicht genügend besetzten Aufgabenkreisen der Gesellschaft. Dies trifft in noch höherem Maße für die Auswahl der Aufsichtsräte zu. Es handelt sich bekanntermaßen bei der Besetzung von Aufsichtsratsstellen, manchmal übrigens auch bei Vorstandsstellen, nicht lediglich darum, Persönlichkeiten zu gewinnen, die dem ursprünglich gedachten Aufgabenkreis, also beim Aufsichtsrat der Kontrollfunktionen, zu genügen in der Lage sind. Ebenso oft handelt es sich darum, Persönlichkeiten oder durch sie repräsentierte andere Wirtschaftskörper an die Gesellschaft zu binden. Man will bei anderen Mitgliedern ihre persönliche Erfahrung für die Unterstützung der Geschäftsführung ausnützen. Man will Verbindungen der verschiedensten Art schaffen oder erhalten. Nicht selten auch Verdiensten um die Gesellschaft auch äußere Anerkennung zollen. In der Regel richten sich nach diesen Berufungsgründen auch die tatsächlichen Funktionen der Berufenen.

Es ist deshalb kein Zufall, wenn manche Aufsichtsratsgremien außergewöhnlich zahlreich werden. Darin können gewisse Mißstände liegen. Das ist auch in der Aktiennovelle vom 19. September 1931 durch Herabsetzung der Höchstzahl auf 30 Mitglieder zum Ausdruck gekommen. Es ist aber ebenso gewiß, daß durch diese schematische Begrenzung, wie sie notwendigerweise einem Gesetz innewohnen muß, für manche Gesellschaften auch Schwierigkeiten und eine Beengung der von ihnen für wünschenswert gehaltenen Geschäftsbetätigung liegt. Die Quittung hiefür gibt die Praxis in der neuerdings in Aufnahme kommenden Institution der „beratenden Aufsichtsratsmitglieder". Mag nun das Für oder Wider überwiegen, jedenfalls hat man bei Prüfung der Verantwortung nach dem Gesetze mit den Verhältnissen und Tatsachen zu rechnen, wie sie sich allgemein entwickelt haben.

Daraus ergibt sich zunächst, daß die Übernahme eines Aufsichtsrats- selbst eines Vorstandsmandates, und zwar im Interesse der Gesellschaft, für eine Persönlichkeit geboten sein kann, selbst wenn sie zur Überzeugung gelangt, daß sie nicht fähig oder infolge der Verhältnisse nicht in der Lage ist, allen Anforderungen, welche an ein Mitglied des Organs objektiv denklich gestellt werden können, zu genügen. Es reicht unter Umständen auch die Erfüllung der „handelsgesetzlichen Mindestbefugnisse" aus [10]). Würden die Anforderungen an

[10]) RG. in JW. 1924 S. 1144.

die Selbstprüfung in dieser Richtung überspannt, so würden wertvolle Kräfte dem Wirtschaftsleben verloren gehen [11]). Manche phantasiebegabte Köpfe, manche Persönlichkeit voll fruchtbarster Anregungen, mancher Techniker voll weitreichender Ideen müßte sich vom aktiven Leben zum Schaden der Wirtschaft zurückziehen oder mit Posten begnügen, wo sie ihre Fähigkeiten weder entfalten noch genügend ausnützen können. Das kann nicht der Wille eines Wirtschaftsgesetzes sein.

Aus diesem Gesichtspunkt heraus wird man auch den oft gehörten Vorwurf zu prüfen haben, der wegen der Übernahme allzuvieler Aufsichtsratsposten in der Regel erhoben wird. Gewiß mögen dabei auch eigensüchtige Motive mitpielen. Gewiß sind solche Überkonzentrierungen von Posten in einzelnen Persönlichkeiten von Gefahren und Mißständen begleitet. Gewiß hat auch deshalb hier die Aktiennovelle eine Begrenzung eingeführt. Gewiß ist aber auch, daß sich aus dieser Begrenzung wiederum wirtschaftliche Hemmungen ergeben werden. Denn es bleibt doch Tatsache, daß, mag auch persönliches Interesse mitwirken, jedenfalls solche Anhäufungen trotz ihrer sichtlichen Nachteile den Bedürfnissen und Wünschen der betreffenden Gesellschaften entsprochen haben müssen, sonst hätten sie solchen überlasteten Persönlichkeiten nicht immer neue Aufsichtsratsmandate übertragen. Man hat offenbar die Nachteile, die eventuell für die sonstige satzungsmäßige Tätigkeit dieser Herren entstehen kann, mit den Vorteilen ihrer Berufung abgewogen und sie bewußt mit in Kauf genommen.

Das hervorzuheben, scheint nicht unwichtig. Einmal unter dem Gesichtspunkt der vertraglichen Begrenzung der Pflichten solcher Organsmitglieder durch die berufende Gesellschaft selbst, andererseits unter dem Gesichtspunkt des konkurrierenden Verschuldens nach BGB. § 254. Gewiß ist damit noch nicht entschuldigt oder entschuldet, wer etwa nach seinen individuellen, geistigen oder sachlichen Verhältnissen zur Übernahme eines solchen Amtes nicht geeignet ist. Indes kann es gerade in der strukturellen Eigenart des betreffenden

[11]) Vgl. Küntzel, „Der Aufsichtsrat der Aktiengesellschaft" S. 29.

Individiums liegen, daß er zu dieser Erkenntnis nicht gelangt, sei es, weil ihm die Fähigkeit zur Selbsterkenntnis fehlt, oder sei es, weil auch die Abschätzung der sachlichen Möglichkeiten und Grenzen wiederum von seinem Charakter und Temperament abhängt. Wie im Leben die Dinge und Begriffe anders als in der Theorie ineinanderfließen, so vermischt sich auch hier wieder der objektive, durch Gruppenbildung bedingte Maßstab der Sorgfaltspflicht mit den individuellen Fähigkeiten, Möglichkeiten und Auffassungen.

Dazu kommt, daß sich Umfang und Tätigkeit eines Aufsichtsratsgremiums, wie der einzelner Mitglieder, weitgehend nach Herkommen und Übung richtet. Es gibt außer den erwähnten dürftigen Rahmengesetzen nur selten bestimmte und spezielle Vorschriften in den Satzungen. Es liegt auch ein grundsätzlicher Unterschied gegenüber dem Aufgabenbereich des Vorstandes vor. Dem Vorstand sind die Aufgaben durch die Ereignisse vorgezeichnet. Er hat diese zu bewältigen, das ihm anvertraute Unternehmen zu erhalten und in der vorbezeichneten, eventuell von ihm zu modifizierenden Richtung zu leiten. Die Aufgaben entstehen ihm aus den Tatsachen in der Hand.

Anders beim Aufsichtsrat. Er ist nach seinem ganzen Wesen theoretisch und praktisch in der Regel darauf angewiesen, das zu bewältigen, was ihm vom Vorstand oder gelegentlich von außerhalb vorgelegt wird. Um für seine aktive Tätigkeit, für seine Initiative, ein Maß zu finden, ist er in viel höherem Grade an Herkommen und Tradition gebunden. Gewillkürte Durchbrechung führt leicht zu Friktionen. Sie können u. U. der Gesellschaft mehr Schaden bringen als die Einhaltung vielleicht persönlich nicht völlig gebilligter Regel. Es ist auch bekannt, wie bedeutsam für das äußere Maß seiner Tätigkeit und die Kraft seiner Ingerenz, Zusammensetzung und Gewicht des Vorstandes, wie seiner eigenen Spitze (Aufsichtsratsvorsitzenden, Präsident) sind. Es ist in dieser Hinsicht besonders charakteristisch, daß bis zur Novelle vom 19. September 1931 für die außerordentlich wichtige Frage nach der Zahl der erforderlichen Aufsichtsratssitzungen keine gesetzliche Norm bestand außer der, daß der Aufsichtsrat wegen der zu erledigenden Regularien einmal im Jahr zusammentreten mußte. Auch hier bewußt alles dem Ermessen und der Beurteilung der jeweiligen Erfordernisse durch die Organe überlassen. Wie das Leben der Gesellschaft selbst ganz auf ihre Eigenart abgestellt ist, so auch das ihrer Organe.

Aber nicht nur Maß und Kraft der Tätigkeit des einzelnen Organmitgliedes hängt von seiner Eigenart ab. Auch sein Wirkungsfeld, das von ihm bevorzugte Gebiet seiner Betätigung, werden durch Neigungen, Kenntnisse und Berufungsgründe beeinflußt werden. Je zahlreicher und verschiedenartiger ein Gremium besetzt ist, desto differenzierter wird es arbeiten, sei es infolge natürlicher Entwicklung, sei es kraft bewußter Geschäftsordnung.

Dieser Verschiedenheit der Aufgaben innerhalb eines Vorstandes wie des Aufsichtsrats ist auch vom Rechte selbst unter allgemeiner Billigung der Praxis weitgehend Rechnung getragen. In einem mehrgliederigen Vorstand pflegt, ja muß als Voraussetzung einer ordnungsgemäßen Geschäftsführung bis zu einem gewissen Grade Aufgaben- und Spartenteilung herrschen. Ähnliches gilt vom Aufsichtsrat. Bei größeren Unternehmungen und größeren Aufsichtsratskollegien finden sich in der Regel Kommissionen und Ausschüsse für einzelne oder Gruppen von Aufgaben, als da sind: Arbeitsausschüsse, Revisionskommissionen, technische Kommissionen, Finanzausschuß usw. Das Gesetz sieht sie vor [12]), Rechtsprechung und Schrifttum erkennen sie an [13]).

Wenn es auch richtig ist, daß damit die grundsätzliche Verantwortung aller Mitglieder des Vorstands- oder Aufsichtsrats nicht aufgehoben ist [14]), so ist doch auch soviel richtig, daß in der praktischen Handhabung der Geschäfte und damit auch in der Verantwortlichkeit eine gewisse Verschie-

[12]) HGB. § 246 Abs. 1 Satz 2.

[13]) RGZ. 93, 338/. RG. in JW. 1924 S. 1144/. 1918, 817 mit Anmerkung; Staub-Pinner HGB. § 246 n. 12 S. 313, Riesse, Zur Aufsichtsratsfrage, 1903 S. 301 ff., Küntzel, Der Aufsichtsrat der AG. S. 54.

[14]) RGZ. 93, 338/. JW. 1918 S. 817, Staub-Pinner l. c.

bung und Differenzierung eintritt. Es stellt zwar dem Verantwortungsbewußtsein und der Verantwortungsfreudigkeit der deutschen Kaufmannswelt ein schönes Zeugnis aus, wenn sie an so maßgebender Stelle, wie es der Enqueteausschuß war, erklärt, daß, trotz der Spartenteilung, sich der gesamte Vorstand und dementsprechend auch der Aufsichtsrat für Verfehlungen einzelner Mitglieder verantwortlich fühlt [15]). Der Ausschuß selbst erklärt aber [15a]): Zwar trügen alle Aufsichtsratsmitglieder die Verantwortung. „Da die Aufsichtsratsmitglieder, die nicht Arbeitsausschüssen angehören, den notwendigen Einblick in die Gesellschaftsverhältnisse vielfach nicht haben können, müssen sie sich bemühen, Personen in die Ausschüsse zu wählen, deren Kenntnisse und Erfahrungen sie völlig vertrauen können. Die Aufsichtsratsmitglieder, die in den Ausschüssen nicht tätig sind, können also die Verpflichtungen, wegen deren sie haftbar gemacht werden, weniger klar übersehen, als die Angehörigen der Arbeitsausschüsse."

Damit ist aber — und nur darauf kam es hier an — festgestellt, daß tatsächlich ein Unterschied in der Tätigkeit und in der Verantwortlichkeit der einzelnen Aufsichtsratsmitglieder bestehen kann und in der Regel bestehen wird. Das entspricht auch durchaus dem geltenden Recht [16]). Auch das Reichsgericht hat zum Ausdruck gebracht, daß das einzelne Aufsichtsratsmitglied, sofern kein besonderer Anlaß zu Mißtrauen vorhanden ist, sich in der Regel auf den Bericht seiner Kollegen verlassen darf und daß es sich insbesondere bei Arbeitsteilung nicht um alle Einzelheiten kümmern kann [17]). Was Brodmann [18]) unter Berufung auf das Urteil des Oberlandesgerichts Kiel [19]) vom einzelnen Vorstandsmitglied

[15]) Bericht des Ausschusses zur Untersuchung der Erzeugung und Absatzbedingungen der deutschen Wirtschaft. Verhandlungen und Bericht des Unterausschusses für allgemeine Wirtschaftsstruktur (1. Unterausschuß) 3. Arbeitsgruppe: Wandlungen in den wirtschaftlichen Organisationsformen, 3. Teil: Generalbericht Seite 47 ff.

[15a]) S. 57 des zit. Berichts.

[16]) Vgl. Staub-Pinner HGB. § 246 n. II.

[17]) RGZ. 91, 77.

[18]) Aktienrecht § 241 n. II b.

[19]) OLG. 32, 128.

sagt, gilt auch vom einzelnen Aufsichtsratsmitglied: Es kann ihm, wenn eine Geschäftsverteilung stattgefunden hat, „nicht zugemutet werden, alles zu sehen“ [20]).

Das Ergebnis ist also einmal ein Bekenntnis zum Individualprinzip in der Verantwortlichkeit, das Anerkenntnis, das die Sorgfaltspflicht von Vorstand und insbesondere von Aufsichtsratsmitgliedern nicht nur nach den objektiven Erfordernissen, sondern auch nach den subjektiven Verhältnissen zu bemessen ist. Sodann leiten diese Überlegungen aber zu einem weiteren, für den Begriff der „Sorgfaltspflicht des ordentlichen Geschäftsmannes“ außerordentlich wichtigen Element über.

Zwar macht auch der Bericht des Enqueteausschusses die Aufsichtsratsmitglieder weitgehend verantwortlich. Er befreit sie insbesondere nicht von der Verantwortlichkeit für die Tätigkeitsgebiete einzelner delegierter Aufsichtsratsmitglieder und betont die Haftung der übrigen für deren richtige Auswahl (culpa in eligendo). Er erklärt aber gleichzeitig, daß sie dann den Kenntnissen und Erfahrungen der mit diesen Aufgaben besonders Betrauten auch vertrauen dürfen.

Das ganze Wirtschaftsleben ist aufgebaut auf dem Prinzip des Vertrauens. Geschäft verlangt Aktivität, Mißtrauen schafft Hemmungen. Das gilt sowohl nach außen dem Geschäftsgegner gegenüber, wie nach innen im Verhältnis zum Geschäftspartner. Das letztere gilt in erhöhterem Maße für alle Gesellschaftsverhältnisse, für ein Gesamthandverhältnis ganz gewiß, aber auch für eine Korporation. Wie die Sorgfaltspflicht eines ordentlichen Geschäftsmannes sämtliche Funktionen der Organsmitglieder einer Korporation als oberstes Prinzip durchflutet, so beherrscht das Prinzip des Vertrauens die Beziehungen der einzelnen zur gemeinsamen Arbeit berufenen Individuen innerhalb einer Korporation und muß sie beherrschen. Gewiß hat das Vertrauen seine Grenzen und zwar eben in der Sorgfaltspflicht des ordentlichen Kaufmanns. Deshalb gehört gerade die Erwägung, wie weit Ver-

[20]) Vgl. auch Riesser, Zur Aufsichtsratsfrage 1903, Festgabe für Koch S. 303.

trauen gehen darf, zu den Elementen, aus denen sich der komplizierte Begriff der Sorgfalt des ordentlichen Geschäftsmannes zusammensetzt. Wie der Begriff der geschäftlichen Sorgfalt sich je nach den Verhältnissen und Personen konkretisiert und individualisiert, so auch der als Komponente ihm angehörende Begriff des Vertrauens.

Man wird von einem ordentlichen Geschäftsmann. einem Vorstand oder Aufsichtsratsmitglied, ein anderes Verhalten gegenüber Organskollegen erwarten, mit denen er schon jahrelang zusammenarbeitet, als Neulingen gegenüber. Man wird eine andere Einstellung voraussetzen dürfen gegenüber Personen, die unbekannt plötzlich auftauchen, als gegenüber solchen, deren Ruf anerkannt und deren Ansehen in der Geschäftswelt fest begründet ist. Was dem einen gegenüber geboten sein mag, kann gegenüber dem anderen verboten sein.

Auch hier kann die Überschreitung gewisser Grenzen dem Unternehmen mehr schaden als nützen. Der geschäftliche Takt verknüpft sich hier eng mit der geschäftlichen Sorgfaltspflicht. Und wie keine Tätigkeit im Geschäftsleben ohne ein gewisses Risiko denkbar ist, so wird auch ein Organmitglied in der Ausübung seiner Pflichten zu Gunsten der Gesellschaft, deren Interessen es wahrzunehmen hat, ein gewisses Risiko laufen müssen. Wer dieses Risiko nicht laufen will, kann keine gechäftlichen Funktionen übernehmen. Da dies selbstverständlich ist, und da das Gesetz nicht gerade die typischen Geschäftsmänner vom Geschäftsleben ausschließen wollen kann, muß in den Begriff der geschäftlichen Sorgfalt eingeschlossen sein ein gewisses Quantum von Risikofreudigkeit, und zwar nicht zuletzt auf dem Gebiet der wesentlichen Grundlage des Geschäftslebens, dem Gebiet des Vertrauens.

Die Entwicklung der Wirtschaftsverhältnisse hat es in der allerletzten Zeit mit sich gebracht, daß die mißlichen Folgen des Teiles der kaufmännischen Qualitäten, die man in dem Wort Vertrauen zusammenzufassen pflegt, stärker hervorgetreten sind. Es ist aus diesem Grunde nicht verwunderlich, daß im Schrifttum, insbesondere der Tagespresse, letztens diejenige Einstellung zu erhöhter Bedeutung und größerer Beachtung gelangt ist, die Gewicht auf das Mißtrauen legt. Es darf darüber aber nicht vergessen werden, daß der Aufbau der Wirtschaft und ihr jahrzehntelanges gesundes Florieren nur möglich war durch das Überwiegen des Vertrauens. Es liegt im Begriff der Pluralität innerhalb des einzelnen Organs, daß sich die Mehreren wechselseitig aufeinander verlassen müssen und bis zu einem gewissen Grade sollen [21]). Denn die Mehrgliedrigkeit soll die Wirkungsmöglichkeit multiplizieren. Dient aber die Mehrgliedrigkeit im wesentlichen der gegenseitigen Überwachung, so ergibt sich statt einer Verstärkung der Wirkung ihre Abschwächung unter die Potenz des einzelnen.

So kommt man zu der Frage, was einem ordentlichen Geschäftsmann der betreffenden Kategorie und Position an Mißtrauen und an Mißtrauensäußerungen gegenüber seinen Kollegen desselben oder nachgeordneten Organen zugemutet werden kann oder nicht. Der Begriff der Fahrlässigkeit als einer Schuldart, also der Verletzung der ordentlichen Sorgfaltspflicht, findet seine Grenze in der Zumutbarkeit. Das ist anerkannten Rechtens [21a]). Das gilt nicht nur für das Strafrecht, sondern überall, wo das Recht eine Mißbilligung ausspricht. Denn mißbilligt kann nur werden, wenn das Gegenteil zumutbar war. Wo immer also der Schuldausspruch sich auf die Mißbilligung durch das Recht stützt, muß zuvor die Zumutbarkeit bejaht sein, auch im Zivilrecht.

Ein Prüfstein für die Richtigkeit eines Gedankens ist es immer, wenn er sich auch fruchtbar erweist für Probleme, zu deren Lösung er zunächst nicht bestimmt war. So ist die Zumutbarkeit als Grenze der Sorgfaltspflicht nicht nur als Maßstab für das zulässige Vertrauen wertvoll, sondern es wird damit auch gleichzeitig die Forderung nach Berücksichtigung individueller Eigenschaften bei der Sorgfaltspflicht neu ge-

---

21) Vgl. RGZ. 91, 77.

21a) Vgl. Frank, Über den Aufbau des Schuldbegriffs, 1907; Goldschmidt, Notstand als Schuldbegriff, 1913; Freudenthal, Schuld und Vorwurf, 1922.

stützt. Denn zumutbar ist nur, was von der betreffenden Persönlichkeit jeweils billigerweise erwartet werden kann. Zumutbar ist nur, was von dem einzelnen Vorstands- und Aufsichtsratsmitglied nach seiner Ausbildung, seinem Berufe, seiner Stellung innerhalb der Körperschaft, seinem Charakter, seinen Fähigkeiten, seiner Arbeitslast billiger- und regelmäßiger Weise geleistet werden kann. In diesem Rahmen findet die Sorgfaltspflicht eines ordentlichen Geschäftsmannes ihre Grenze.

Es ist aber noch ein drittes Moment für die Analyse des Begriffes „ordentlicher Geschäftsmann" im Hinblick auf den Pflichtenkreis von Vorstand und Aufsichtsrat wichtig. Es ist dies der Umstand, daß die sonst das Handelsrecht beherrschende und für Kaufleute generell geltende Sorgfaltspflicht nach HGB. die des „ordentlichen Kaufmanns", also nicht die des Geschäftsmannes wie in HGB. §§ 241 Abs. I und 249 Abs. I ist. Zweifellos ist diese Differenzierung von dem Gesetzgeber mit Bedacht vorgenommen. Man hat offenbar darauf hinweisen wollen, daß diese Organmitglieder wie selbständige Kaufleute, die auf eigene Verantwortung wirtschaften, handeln sollen [22]). Sie sollen sich nicht als Angestellte, wenn auch noch so hohen Grades, fühlen. Sie sollen die Geschäfte der ihnen anvertrauten Gesellschaften so treiben, als wenn sie eigene besorgten.

Darin liegt ein doppeltes: einmal eine Schranke. Es soll so gehandelt werden, es soll diejenige Sorgfalt aufgewendet werden, die der Geschäftsmann seinen eigenen Angelegenheiten entgegenbringt. Sie soll deshalb nicht geringer sein, weil er nicht das Risiko trägt. Aber andererseits liegt in dieser Maßgabe auch die Mahnung, in seinen Unternehmungen für die Gesellschaft nicht zu ängstlich zu sein. Er soll sich durch die Verantwortlichkeit für fremdes Gut in seiner Tätigkeit nicht zu stark hemmen lassen. Der Geschäftsmann will Geschäfte machen. Geschäfte setzen Unternehmungsgeist voraus und bedingen Risiko. In diesem Sinne soll er auch die ihm

[22]) Staub-Pinner HGB. § 202 n. 9 unter Berufung auf Neukamp.

anvertrauten Belange der Gesellschaft wahrnehmen. Also zugleich Zügelung und Anspornung. Zwischen diesen Extremen die richtige Mitte zu finden, überläßt das Gesetz wiederum jedem Einzelnen selbst. Auch hierin ein Hinweis auf die Individualität.

Aber auch in anderer Beziehung liegt in dem Begriff des Geschäftsmannes die Betonung der Eigenart. Der Geschäftsmann steht auch im Gegensatz zum Beamten. Für diesen sind Normen die Richtschnur seines Handelns. Wer aber erfolgreich wirtschaften, d. h. Geschäfte machen will, muß seine eigenen Wege gehen. Das setzt voraus und steigert wieder rückwirkend durch die ständige Übung seine besondere Eigenart. Sie muß überall da respektiert werden, wo auf die Sorgfalt des ordentlichen Geschäftsmannes abgehoben ist.

Wenn aber bei der Untersuchung dieses Begriffs die Berücksichtigung der Individualität so in den Vordergrund tritt, dann schrumpft — so merkwürdig das zuerst erscheinen mag — der Unterschied der dem einzelnen zumutbaren Sorgfalt und der „Sorgfalt, welche er in seinen eigenen Angelegenheiten anzuwenden pflegt" (BGB. § 708) sehr zusammen. Der Sprung ist kaum größer, als wie schon dargelegt, der Übergang von der Konkretisierung der Sorgfaltspflicht nach kleinsten Gruppen zu ihrer Individualisierung.

Auch dieses Ergebnis ist kein Zufall. Es findet seine Rechtfertigung in den inneren Verhältnissen. Denn wenn die „Sorgfaltspflicht wie in eigenen Angelegenheiten" zur Richtschnur für das Handeln und für die Verantwortlichkeit bei echten und eigentlichen Gesellschaften (BGB. § 708) geworden ist, so ist es logisch und liegt im Zwange der Tatsachen, daß dieser Gedanke auch wirksam werden muß bei den gesellschaftsähnlichen Korporationen.

Die begrifflichen Unterscheidungen zwischen Korporation und Gesellschaft sind bekanntlich sehr flüssig. Es ist nicht einzusehen, warum diese individualisierte Sorgfaltspflicht gesetzlich für die offene Handelsgesellschaft und Kommanditgesellschaft sanktioniert, für die ihr nahe verwandte Kommanditgesellschaft auf Aktien aber z. B. grundsätzlich verpönt sein soll. Somit wird in den hierher gehörigen Fällen das Maß der zu fordernden Sorgfalt stark beeinflußt von dem Maß der sonst von dem Betreffenden regelmäßig, insbesondere seinen eigenen Dingen gewidmeten Aufmerksamkeit.

In diesen Feststellungen liegt kein Freibrief für leichtsinniges Handeln, für Nachlässigkeit in der Verwaltung fremden Gutes. Denn wie der Gesellschafter nicht geschützt ist durch sein Verhalten in eigenen Angelegenheiten, wenn er grob fahrlässig handelt, so findet die Verantwortlichkeit des ordentlichen Geschäftsmannes ihre Grenze eben in der „Ordentlichkeit".

Diese „Ordentlichkeit", das muß scharf hervorgehoben werden, ist auch keineswegs identisch mit der Übung. Der Brauch ist als Richtschnur wichtig, aber nicht immer maßgeblich. Es kommt auf seinen Inhalt an. Es ist nur eine dünne Linie, in der sich Brauch und Mißbrauch berühren und überschlagen. Das gilt wie für das Recht im Allgemeinen, so auch für das Aktienrecht und die Verantwortlichkeit von Vorstand und Aufsichtsrat. Schon die Protokolle zum Allgemeinen Deutschen Handelsgesetzbuch vom Jahre 1861 [22a]) haben es für den Zweck des von ihnen aufgestellten Sorgfaltsbegriffs erklärt, auch einen „in Verkehr eingerissenen Schlendrian zu beseitigen". Das Reichsgericht hat dies mehrfach wiederholt [23]). „Die Berücksichtigung der Anschauung eines gewissen Verkehrskreises ist nicht ausgeschlossen, aber auf eine im Verkehr eingerissene Nachlässigkeit und Unsitte ist nicht Rücksicht zu nehmen", ebensowenig „auf etwa durch Zeiterscheinungen hervorgetretene Abschwächung der Ansichten über geschäftliche Redlichkeit und Sorgfaltspflicht" [24]).

[22a]) Bd. II S. 640.

[23]) RGZ. 50, 978/102, 49/105, 83, JW. 04, 356/06, 351/ Gruchot 48, 789.

[24]) Kommentar der Reichsgerichtsräte zum BGB. § 276 n. Ib unter Berufung auf ein offenbar nicht publiziertes Reichsgerichtsurteil.

Die Unterscheidung von Brauch und Mißbrauch, das Finden der haarscharfen Grenzlinie in der Praxis ist unendlich schwer. Dies gilt allgemein, aber im besonderen Maß bei Tatbeständen feinster und hochentwickeltster Wirtschaftsspezialitäten, deren volles Erfassen intimste Kenntnis des wirtschaftlichen Lebens, große Erfahrung in der Anwendung der Rechtssätze auf komplizierte Tatbestände und nicht zuletzt leichtes und sicheres Einfühlen in die Gedanken- und Ideenwelt des wirtschaftenden Menschen der betreffenden Kategorie erfordert.

Zu dieser Erkenntnis einen Beitrag zu liefern, war die Aufgabe dieser Zeilen. Die gegenwärtigen Zeitläufte haben es mit sich gebracht, daß unwillkürlich die Momente in den Vordergrund traten, welche den Rechtsfinder an das Menschliche aller Maßstäbe und Rechtssätze erinnern sollten. Auch dessen, gegenüber den Stürmen und „Forderungen der Stunde“, zu gedenken, ist Dienst am Recht!

Verträge zugunsten Dritter im Aktienrecht.

Von Rechtsanwalt Dr. Ernst Wolff in Berlin.

I.

Es gibt im Aktienrecht typische Fälle von Verträgen zugunsten Dritter. Teils sind sie im Gesetz vorgesehen, teils hat sie der Verkehr ausgebildet.

In Betracht kommen folgende Fälle:

1. Das gesetzliche Bezugsrecht ist nicht ein Vertrag zugunsten Dritter, vielmehr handelt es sich dabei um eine Befugnis des Aktionärs, die unmittelbar aus dem Gesetz folgt und dem Aktionär nicht durch Vertrag eingeräumt wird. Wohl aber beruht das indirekte Bezugsrecht auf einem Vertrage zugunsten Dritter. Ein indirektes Bezugsrecht liegt bekanntlich vor, wenn bei einer Kapitalserhöhung das gesetzliche Bezugsrecht des Aktionärs ausgeschlossen wird, ein Konsortium die neu zu emittierenden Aktien übernimmt und im Konsortialvertrage dem Konsortium zur Pflicht gemacht wird, die neuen Aktien dem Aktionär zu einem Vorzugskurse anzubieten. Dieses Verfahren hat sich eingebürgert, um einerseits dem Aktionär das Bezugsrecht zu sichern und andererseits den umständlichen Weg zu vermeiden, das neu zu emittierende Kapital zur Zeichnung aufzulegen [1]).

2. Diese Gewöhnung des Verkehrs hatte das Recht der Goldbilanzverordnung aufgenommen und für einen bestimmten Fall ein solches indirektes Bezugsrecht der Aktionäre zum gesetzlichen Tatbestand gemacht. Im § 9 der Goldbilanzverordnung war vorgeschrieben, daß, falls bei der Heraufsetzung des

[1]) Staub-Pinner, § 282, Anm. 1.

Betrages des Eigenkapitals neue Aktien ausgegeben werden, diese den Gesellschaftern auf ihr Verlangen zuzuteilen sind, es sei denn, daß ein Dritter die Aktien übernommen und sich dabei verpflichtet hat, sie den Aktionären zum Bezug anzubieten. Das gleiche war für den Fall einer Kapitalserhöhung vorgeschrieben, die während des Bestehens des Kapitalentwertungskontos beschlossen wurde. In diesen Fällen konnte also das gesetzliche Bezugsrecht der Aktionäre nur ausgeschlossen werden, wenn ein die Aktien übernehmender Dritter sich zum Bezugsangebot an die Aktionäre verpflichtet. Auch dieser Vertrag zwischen der Aktiengesellschaft und dem Übernehmer stellt einen Vertrag zugunsten Dritter, nämlich der Aktionäre, dar [2]).

3. Ein weiterer Fall liegt vor, wenn eine Aktiengesellschaft ihr Vermögen im ganzen veräußert (§ 303 HGB.) oder wenn sich zwei Aktiengesellschaften miteinander dergestalt verschmelzen, daß die eine ihr Vermögen als ganzes an die andere gegen Gewährung von Aktien der übernehmenden Gesellschaft überträgt (§ 305 HGB.). In beiden Fällen kann die Gegenleistung in der Weise vereinbart werden, daß sie unmittelbar an die Aktionäre erfolgt [3]). Geschieht dies, wird also vereinbart, daß die Aktionäre unmittelbar das Recht auf die Gegenleistung haben sollen, so liegt ein Vertrag zugunsten Dritter vor [4]).

4. Bei Pacht- und Betriebsüberlassungsverträgen und fusionsähnlichen Interessengemeinschaften besteht für die Aktionäre der einen beteiligten Gesellschaft häufig die Gefahr, daß durch den beabsichtigten Vertrag zwar das allgemeine Konzerninteresse gefördert wird, dagegen eine Gesellschaft und damit ihre Aktionäre Schaden leiden, etwa dadurch, daß die Tochtergesellschaft stillgelegt wird. In solchen Fällen führt man in der Praxis häufig einen billigen

---

[2]) Breit, Goldbilanzverordnung, Anm. 24 zu § 9; Byk, Goldbilanzverordnung, Anm. 9 zu § 9.

[3]) Staub-Pinner, Anm. 3 zu § 303; Anm. 3 zu § 305.

[4]) Staub-Pinner, a.a.O.; ferner OLG. Karlsruhe in Badische Rechtsprechung, neue Folge, Bd. 6, S. 197.

Ausgleich dadurch herbei, daß den Aktionären der Verpächterin usw. die gleiche Dividende wie die der Pächterin garantiert wird. Oft wird gegenüber den Aktionären der Tochtergesellschaft auch eine Abnahmegarantie für ihre Aktien zu bestimmten Kursen ausbedungen [5]). Haußmann [6]) gibt für eine solche Dividendengarantie das folgende typische Beispiel, das wie alle von ihm wiedergegebenen dem wirklichen Wirtschaftsleben entnommen ist:

„§ 9. *Ertragsbeteiligung an dem Gesamtbetrieb des Verpächters, abgestellt auf Dividende.* (Direkte Vergütung an die Aktionäre des Verpächters.)

Der Pächter steht dafür ein, daß der Verpächter während der Pachtdauer eine Unterbilanz nicht hat, und verpflichtet sich zu diesem Zweck, sämtliche Ausgaben und Abschreibungen, soweit durch sie eine Unterbilanz entstehen würde, dem Verpächter zu vergüten.

Der Pächter verpflichtet sich, soweit nicht er selbst oder Tochtergesellschaften, an denen er mit mindestens 95% beteiligt ist, im Besitz von Aktien des Verpächters sind, an die Aktionäre des Verpächters für die Dauer des Pachtvertrages eine Vergütung derart zu zahlen, daß jeder Aktionär des Verpächters für eine Aktie über 1000 RM. gegenüber dem Pächter direkt Anspruch auf eine Zahlung hat, welche einer Dividende auf nom. 2000 RM. Stamm-Aktien des Unternehmens des Pächters für das Betriebsjahr entspricht.

Der hiernach von dem Pächter den Aktionären des Verpächters zu zahlende Betrag ist jeweils für das letztabgelaufene Geschäftsjahr (Kalenderjahr) von dem Pächter nach dessen ordentlicher Generalversammlung zur Verfügung zu stellen. Die Zahlung erfolgt Zug um Zug gegen Einlieferung der an den Aktien des Verpächters

---

[5]) Veröffentlichungen des Deutschen Anwaltsvereins zur Reform des Aktienrechts, Teil 2, S. 76.

[6]) Das Recht der Unternehmenszusammenfassungen, S. 118.

haftenden Dividendenscheine für das betreffende Jahr an den Pächter.

Die Ansprüche gemäß den vorstehenden Bestimmungen stehen den Aktionären des Verpächters unmittelbar auf Grund dieses Vertrages zu. Der Pächter kann Zahlung an sich nicht beanspruchen."

Ein anderes Formular eines Dividendengarantievertrages findet sich bei Haußmann S. 58 ff. in Verbindung mit der Gründung einer Holding-Gesellschaft. Das Formular enthält für den Fall, daß die garantierende Gesellschaft, was ihr vorbehalten war, ihre Garantie kündigt, eine Verpflichtung zum Umtausch der garantierten Aktien gegen die Aktien der garantierenden Gesellschaft, und zwar folgenden Wortlauts:

„Im Falle der Kündigung hat jeder Besitzer von Stammaktien der Holding bis zum 30. Juni des folgenden Jahres einen unentziehbaren Anspruch gegenüber den Textilwerken auf Umtausch seiner Aktien in Stammaktien der Textilwerke und zwar nach Wahl der Textilwerke in alte oder gleichberechtigte neue — in dem Verhältnis, daß auf nom. 500 sfrs. Stammaktien der Holding 400 RM. Stammaktien der Textilwerke entfallen. Beide Aktien sind mit Dividendenscheinen von dem Geschäftsjahre, das dem Ablauf der Garantie folgt, zu liefern. Sollte auf die in Umtausch gegebenen Stammaktien der Textilwerke nach Ablauf der Garantie ein Bezugsrecht oder eine sonstige Vergünstigung irgendwelcher Art entfallen und bereits verwertet sein, für das der umtauschende Aktionär der Holding nicht nach den vorstehenden Bestimmungen entschädigt worden ist so ist ihm gleichzeitig mit Lieferung der Aktien der Wert des Bezugsrechtes oder der sonstigen Vergünstigung auf Grundlage der durchschnittlichen Bezugsrechtsnotierung an der Berliner Börse zu vergüten.

5. Dem Konzernrecht gehört ferner folgender Fall des Vertrages zugunsten Dritter an:

Es wird eine Holding-Gesellschaft gegründet, in welche

Beteiligungen an Unternehmen einer bestimmten Art eingebracht werden. Die einbringenden Großaktionäre machen dabei zur Bedingung des Verkaufs, daß den freien Aktionären das Recht eingeräumt wird, ihre Aktien in Aktien der Holding-Gesellschaft umzutauschen. Dieses Umtauschrecht der freien Aktionäre beruht auf einem Vertrag zugunsten Dritter, geschlossen zwischen den Gründern der Holding-Gesellschaft [7]).

II.

Den vorstehend geschilderten Fällen ist eigentümlich, daß der Dritte, zu dessen Gunsten die Vereinbarung getroffen wird, nicht eine namentlich bezeichnete Person, sondern der Aktionär als solcher ist. Die Frage entsteht, ob dies zulässig ist. Zweifellos kann der Aktionär als solcher gewisse Befugnisse haben. Dazu gehört z. B. das oben bereits erwähnte gesetzliche Bezugsrecht. Nicht nur von Gesetzes wegen, sondern auch durch Rechtsgeschäft können dem Inhaber eines Wertpapiers gewisse Befugnisse eingeräumt werden. Genau so wie dem Inhaber einer Schuldverschreibung der Anspruch auf ein gewisses Kapital und auf eine gewisse Verzinsung eingeräumt wird, können ihm auch weitere Rechte bei der Kreation des Wertpapiers zugestanden werden. Man denke z. B. an den Fall des convertible bond. Der Inhaber des convertible bond hat das Recht, seine Schuldverschreibung in eine Aktie umzuwandeln. Dieses Recht beruht nicht etwa auf einem Vertrag zugunsten Dritter, sondern ist bereits bei der Errichtung des Wertpapiers dem Inhaber des Wertpapiers eingeräumt worden, es hat also dieselbe Grundlage, wie überhaupt das Recht aus dem Papier, nämlich die Begebung des Papiers durch den Aussteller. Das Problem, um das es sich in unserem Falle handelt, nämlich das, ob durch Vertrag zwischen A und B dem jeweiligen Inhaber einer Aktie ein weder aus der Aktienurkunde, noch der Gesellschaftssatzung ersichtliches Recht eingeräumt werden kann, tritt also bei

[7]) Vgl. das Beispiel bei Haußmann, a.a.O., S. 54 und 57.

dem eben erörterten Beispiel gar nicht auf. Es können Bedenken bestehen, ob ein solches, der Aktie anhaftendes Recht durch einen Vertrag zugunsten Dritter geschaffen werden kann. Man könnte einwenden, daß der Inhalt eines Wertpapiers aus der Urkunde ersichtlich sein muß oder zum mindesten, wenn es sich um Wertpapiere über Gesellschaftsrechte handelt, wie bei der Aktie, aus der Satzung der Gesellschaft. Solche Bedenken hat man in der Praxis gelegentlich empfunden und hat sie auf andere Weise auszuräumen versucht. In der Tages- und Wirtschaftspresse wurde kürzlich der Fall der Aktiengesellschaft Essener Bergwerksverein König Wilhelm zu Essen erörtert. Diese Gesellschaft hatte im Jahre 1920 einen Interessengemeinschaftsvertrag mit der Steinkohlen-Gewerkschaft Minister-Achenbach geschlossen, an deren Stelle später die Firma Gebr. Stumm trat. Der Vertrag enthielt eine Dividendengarantie und Aktienabnahmeverpflichtung zugunsten der Aktionäre von König Wilhelm, und zwar lautete die Überschrift über diesem Vertragsteil: „Vertragsangebot". Der Garant sollte an das „Angebot" innerhalb bestimmter Frist gebunden und zur Abnahme der Aktien den Aktionären gegenüber verpflichtet sein, und zwar jedem einzelnen Aktionär gegenüber innerhalb bestimmter Frist von dem Tage an, an welchem dem Garanten mittels Briefes gegen Rückschein „die Annahme des Angebots mitgeteilt ist." Die Formulierung beruht augenscheinlich auf der Annahme, daß ein Vertrag zugunsten des jeweiligen Aktionärs nicht möglich ist. Dabei ist freilich übersehen, daß ein Angebot an den jeweiligen Aktionär erst recht nicht möglich ist, denn ein Angebot ist eine empfangsbedürftige Willenserklärung. Sie erhält also verpflichtende Kraft erst, wenn sie dem Angebotsempfänger zugeht. Zugegangen ist eine Erklärung dann, wenn sie mit Willen des Erklärenden dergestalt in den gewöhnlichen Empfangsbereich des Adressaten gelangt, daß es nur noch von dessen Willen abhängt, ob er von dem Inhalt Kenntnis erlangt oder nicht. Ein solches Zugehen ist bei einem Angebot zugunsten des jeweiligen Aktionärs nicht möglich. Freilich wurde der Interessengemeinschaftsvertrag von dem

Vorstand von König Wilhelm geschlossen, und er wurde von der Generalversammlung von König Wilhelm genehmigt. Aber weder der Vorstand noch die Generalversammlung können als bevollmächtigt zur Entgegennahme von Erklärungen angesehen werden, die den Aktionären gegenüber abzugeben sind, zumal dann nicht, wenn es sich nicht um gesellschaftsrechtliche Belange der Aktionäre handelt, sondern um Rechte, die den Aktionären als Gläubigern eingeräumt werden. Wäre also der beabsichtigte Erfolg nur in der Weise zu erreichen, daß jedem Aktionär ein Angebot gemacht wird, so erwiese sich das Problem als unlösbar, denn ein Angebot kann man dem jeweiligen Aktionär nicht machen.

In Wahrheit bestehen aber keine Bedenken dagegen, daß durch Vertrag zugunsten Dritter dem jeweiligen Aktionär eine Befugnis eingeräumt wird. An die Person des Drittbegünstigten bei dem Vertrage zugunsten Dritter dürfen keine geringeren, aber auch keine höheren Anforderungen gestellt werden als an die Person des Vertragsgegners. Wie allgemein anerkannt ist, braucht der Vertragsgegner nicht bestimmt zu sein; es genügt, daß er bestimmbar ist. Das gleiche muß für den Begünstigten beim Vertrage zugunsten Dritter gelten. Er muß bestimmbar sein, und er ist dann bestimmbar, wenn das Recht dem jeweiligen Aktionär zusteht. Er ist dann bestimmbar dadurch, daß er sich als Aktionär ausweist. Das Reichsgericht hatte [8]) die Rechtsgültigkeit einer Bürgschaft zu prüfen, die zugunsten des jeweiligen Inhabers eines mit Blanko-Indossament versehenen Wechsels ausgestellt war. Das Reichsgericht hat die Gültigkeit bejaht und dazu folgendes ausgeführt:

> „Der Bürgschaftsvertrag gegenüber einem Wechselinhaber und dessen Rechtsnachfolgern stellt sich hinsichtlich der Letzteren als Vertrag zu Gunsten Dritter nach § 328 BGB. dar, dergestalt, daß der abgegebenen Erklärung gemäß der Indossatar unmittelbar daraus das Recht auf die Leistung erwarb.“

---

[8]) Warneyer 1915, Nr. 9.

Der jeweilige Indossatar eines Wechsels ist nicht eindeutiger bestimmt als der jeweilige Inhaber einer Aktie. Zugunsten des letzteren können also ebenso gut Leistungen ausbedungen werden, wie nach der zitierten Entscheidung des Reichsgerichts zugunsten des ersteren. Das Reichsgericht scheint die Rechtslage so zu konstruieren, daß jeweils der Indossatar der Drittbegünstigte sein soll. Wenn also A den Wechsel erwirbt, so ist er der Drittbegünstigte; wenn er den Wechsel an B weitergibt, so scheidet A als Begünstigter aus, und B tritt an seine Stelle. Die Konstruktion scheint mir unnötig kompliziert. Meines Erachtens liegt die folgende Auffassung näher: Derjenige, der zum Zeitpunkt der Errichtung des Vertrages zugunsten Dritter, also beispielsweise bei Abschluß des Pachtvertrages, bei Übernahme der neu emittierten Aktien usw. Aktionär ist, erwirbt das Recht auf die Leistung. Veräußert er die Aktie, so gehen auf den Erwerber, wie überhaupt die akzessorischen Hilfsrechte nach § 401 BGB., so auch das Recht aus dem Vertrag zugunsten Dritter über. Der Aktienerwerber erwirbt also sein Recht nicht unmittelbar aus dem Vertrage zugunsten Dritter, sondern als Rechtsnachfolger seines Vormannes.

III.

Wie bei allen Verträgen zugunsten Dritter, so ist auch bei den angeführten Verträgen zugunsten Dritter im Aktienrecht die Hauptfrage die, ob der Dritte eine unmittelbare Berechtigung aus dem Vertrage erwirbt. Das hängt zunächst von der Bestimmung der Vertragschließenden ab. In dem oben wieder gegebenen Formular bei Haußmann ist ausdrücklich gesagt, daß die Ansprüche den Aktionären des Verpächters unmittelbar auf Grund des Vertrages zustehen sollen. In dem andern obenerwähnten Formular, das eine Dividendengarantie in Verbindung mit der Gründung einer Holding-Gesellschaft enthält [9]), heißt es:

[9]) Haußmann, a.a.O., S. 58 ff.

„Die Textilwerke garantieren der Holding für deren Stammaktien eine Dividende in Höhe ......“

Hier ist also klargestellt, daß nur der Gesellschaft selbst, nicht dagegen den Aktionären aus der Dividendengarantie ein Anspruch zustehen soll. Andererseits besagt der oben bereits wiedergegebene Wortlaut der Bestimmung über den Umtausch der Aktien, daß

„jeder Besitzer von Stammaktien ..... einen unentziehbaren Anspruch ...... auf Umtausch seiner Aktien“

haben soll. Im Gegensatz zur Dividendengarantie steht also der Anspruch auf Umtausch der Aktien in diesem Formular dem Aktionär als solchem, nicht nur seiner Gesellschaft zu. In diesem Beispiel ist schon nach dem Wortlaut Klarheit darüber geschaffen, ob der Aktionär ein unmittelbares Recht haben soll oder nicht.

Häufig schweigen die Verträge darüber. Es ist dann nach dem Sinn und nach dem Zweck des Vertrages zu entscheiden, ob und inwieweit eine unmittelbare Berechtigung des Aktionärs entstehen soll. Diese Entscheidung kann nur nach Lage des Einzelfalles getroffen werden. Gerade die bei Haußmann wiedergegebenen Vertragstypen zeigen, daß ein unmittelbares Recht des Aktionärs nicht immer gewollt, sondern daß das Recht bisweilen bewußt dem Aktionär versagt und der Gesellschaft als solcher eingeräumt ist. Man wird deshalb auch nicht sagen können, daß eine faktische Vermutung zugunsten eines unmittelbaren Rechts des Aktionärs spräche, vielmehr wird man sich jeden Fall auf seine Besonderheit ansehen müssen. Zu fragen ist vor allem: Was würden die Parteien vereinbart haben, wenn sie sich beim Vertragsabschlusse die Frage nach der unmittelbaren Berechtigung des Aktionärs vorgelegt haben würden? Es gibt Fälle, in denen der Zweck des Vertrages ohne die Einräumung eines unmittelbaren Rechts an die Aktionäre nicht erreicht werden kann. Der oben S. 3 erwähnte Ausgleich, der bei Interessengemeinschaftsverträgen und dergleichen zwischen den Konzerninteressen und den Rechten der Minderheit vorgenommen wird, ist unvollständig, wenn der Aktionär kein unmittelbares Recht erhält. Denn der Aktionär der Minderheit soll geschützt werden; er wird aber nicht geschützt, wenn es der Mehrheit freistände, den Vertrag über die Dividendengarantie oder über die Abnahmegarantie später wieder aufzuheben. Hier wird also aus dem Zwecke des Vertrages eine unmittelbare Berechtigung des Aktionärs herzuleiten sein. In Ermangelung derartiger besonderer Anhaltspunkte wird man annehmen müssen, daß nur die Gesellschaft die berechtigte ist [10]).

Bei dem indirekten Bezugsrecht läßt sich der Zweck des Vertrages auch ohne die Annahme eines unmittelbaren Rechts des Aktionärs erreichen, denn die Interessen des Aktionärs stehen zu den Interessen seiner Gesellschaft nicht im Gegensatz, und er wird sich deshalb darauf verlassen können, daß, wenn — ein in der Praxis wohl noch nicht vorgekommener Fall — das Emissionskonsortium ihm den Bezug der neuen Aktien verweigert, dann seine Gesellschaft gegen das Emissionskonsortium klagen wird. Das schließt natürlich nicht aus, daß sich auch bei dem indirekten Bezugsrecht ein unmittelbarer Anspruch des Aktionärs vereinbaren läßt; schweigt aber der Vertrag hierüber, so wird beim indirekten Bezugsrecht aus dem Zweck des Vertrages ein unmittelbarer Anspruch des Aktionärs nicht hergeleitet werden können [11]).

Mit der Feststellung, ob der Aktionär das Recht unmittelbar erwerben soll, ist für die Entscheidung der weiteren Frage noch nichts gewonnen, ob das Recht des Aktionärs ohne seine Zustimmung aufgehoben oder geändert werden kann. Wie aus § 328 Abs. 2 BGB. hervorgeht, kann auch, wenn der Dritte ein unmittelbares Recht erwerben soll, den Vertragschließenden die Befugnis vorbehalten bleiben, das Recht des Dritten ohne seine Zustimmung aufzuheben oder

[10]) Staub-Pinner, § 215, Anm. 4; vgl. auch Friedländer, Konzernrecht, S. 213 ff., und Preuß. Oberverwaltungsgericht in Steuersachen XI 225.

[11]) Anderer Auffassung Byk, Goldbilanzverordnung, Anm. 9 zu § 9.

zu ändern. In einem solchen Falle liegt es dann so, daß der Dritte zwar zunächst ein unmittelbares Recht auf die Leistung hat, daß er sich aber gefallen lassen muß, daß dieses Recht durch Bestimmung der Vertragschließenden aufgehoben oder geändert wird. Freilich spricht, wenn erst einmal die Unmittelbarkeit des Rechts feststeht, eine gewisse Vermutung für die Unabänderlichkeit, was im Begriff des Rechtserwerbs liegt [12]). Dies folgt auch schon aus dem Wortlaut des Gesetzes, das von dem Vorbehalt der Befugnis spricht, das Recht des Dritten ohne dessen Zustimmung aufzuheben oder zu ändern. Man wird deshalb sagen dürfen, daß grundsätzlich bei Bejahung eines Vertrages zugunsten Dritter der Dritte das Recht als ein unabänderliches erwirbt, wenn sich nicht aus dem Vertrage — sei es ausdrücklich, sei es aus den zur Auslegung heranzuziehenden Umständen — ergibt, daß sich die Vertragschließenden das Recht zur Vertragsänderung vorbehalten haben. Auch für diese Frage ist zunächst der Wortlaut der Vereinbarung entscheidend. In dem einen der oben wiedergegebenen Haußmann'schen Beispiele ist hinsichtlich des Anspruchs auf Umtausch der Aktien der Ausdruck gebraucht, daß jeder Besitzer von Aktien einen „unentziehbaren" Anspruch haben soll. Dieser Ausdruck stellt klar, daß den Vertragschließenden nicht freistehen soll, das Umtauschrecht nachträglich aufzuheben oder zu ändern, denn dann wäre das Recht eben kein unentziehbares. In dem Formular für den Fall der Dividendengarantie heißt es nur, daß die Ansprüche gemäß den vorstehenden Bestimmungen den Aktionären unmittelbar auf Grund dieses Vertrages zustehen sollen. Das sagt zwar über die Frage aus, ob die Aktionäre ein unmittelbares Recht haben sollen, und bejaht diese Frage, besagt dagegen nichts über die Frage, ob das Recht auch ein unentziehbares sein soll. Hier setzt die oben dargelegte Vermutung für die Unentziehbarkeit ein, da irgendwelche besonderen Umstände, die gegen die Unentziehbarkeit sprächen, nicht ersichtlich sind.

---

[12]) Staudinger, Anm. II c zu § 328 BGB.

Eine indirekte Vereinbarung der Entziehbarkeit liegt vor, wenn der Vertrag zugunsten Dritter, also beispielsweise die Dividendengarantie, Teil eines umfassenderen Vertrages ist und sich die Vertragschließenden vorbehalten haben, diesen Grundvertrag aufzuheben oder zu ändern. So war es in dem bekannten Interessengemeinschaftsvertrag Schultheiß-Patzenhofer-Ostwerke-Kahlbaum. Dieser Interessengemeinschaftsvertrag enthielt eine Dividendengarantie, und da eine Aufhebung oder Abänderung des Interessengemeinschaftsvertrages ausdrücklich vorgesehen war, so betraf eine solche Aufhebung oder Änderung selbstverständlich auch die Dividendengarantie, womit natürlich nicht etwa gesagt sein soll, daß man das dem Aktionär eingeräumte Recht beliebig durch Abänderung des Grundvertrages einschränken oder aufheben kann. Denn ist das Recht ein unentziehbares, so kann es auch nicht dadurch entzogen werden, daß der Grundvertrag geändert wird, sondern nur das Umgekehrte ist richtig: Wird der Grundvertrag kraft eines in ihm enthaltenen Vorbehalts geändert, so erlischt damit auch das in diesem Vertrag dem Aktionär eingeräumte Recht [13]).

Hat der Einzelaktionär das Recht als ein unentziehbares erworben, so bedarf es zu seiner Abänderung oder Aufhebung der Zustimmung jedes Einzelaktionärs. Es fragt sich, ob etwa der Generalversammlung die Befugnis zusteht, den Einzelaktionär hinsichtlich dieser seiner unentziehbaren Rechte zu vertreten, ob also beispielsweise das unentziehbare Umtauschrecht

---

[13]) Das meint wohl auch Haußmann, wenn er (Interessengemeinschaft Schultheiß-Ostwerke-Kahlbaum in der Festschrift für Heinitz, S. 232) ausführt:

> „Wird nun der Grundvertrag unter irgend einem Titel geändert, so kann dem Einzelaktionär, der die Berechtigung aus der Dividendengarantie hat, diese Änderung in gleicher Weise entgegengehalten werden wie der Gesellschaft, welche das Dividendenversprechen erhalten hat."

Nicht ganz klar sind hier die Worte „unter irgend einem Titel geändert". Meines Erachtens muß die Änderung, um dem berechtigten Einzelaktionär entgegengehalten zu werden, auf einem im Grundvertrage enthaltenen Verbehalt oder auf einer gesetzlichen Befugnis, wie z. B. § 326 BGB., beruhen.

des Aktionärs in dem Falle bei Haußmann S. 58 ff. durch einen Beschluß der Generalversammlung seiner Gesellschaft aufgehoben oder abgeändert werden kann. In der Literatur [14]) wird diese Rechtsansicht als vertretbar bezeichnet. Die Auffassung wird aber nur in den seltensten Fällen gerechtfertigt sein, denn eben die Gesichtspunkte, aus denen die Unentziehbarkeit des Rechts des Einzelaktionärs hergeleitet wird, werden in der Regel dagegen sprechen, daß ihm dieses unentziehbare Recht durch die Generalversammlung, in der vielleicht eine ihm feindliche Mehrheit herrscht, entzogen werden kann. Es werden also immer besondere Umstände notwendig sein, um die Abänderungsmöglichkeit des Rechts durch die Generalversammlung annehmen zu können, etwa der Umstand, daß in früheren Verträgen eingeräumte gleichartige Rechte durch die Generalversammlung abgeändert worden sind, ohne daß irgend ein Aktionär dagegen Einspruch erhoben hätte.

IV.

Bei einem Vertrage zugunsten Dritter liegt es in der Regel so, daß der Dritte lediglich ein Recht erwirbt, dagegen seinerseits keine Leistung zu bewirken braucht. § 328 BGB. spricht davon, daß an einen Dritten eine „Leistung" bedungen wird. Die üblichen Fälle, an die man dabei zunächst zu denken hat, sind die der Lebensversicherung, der Überweisung an eine Bank, des Ausstattungsversprechens eines Vaters für den Fall der Verheiratung, sofern es, was möglich, unmittelbare Rechte für den Schwiegersohn erzeugt, und ähnliches mehr. Im Fall der Dividendengarantie handelt es sich gleichfalls um eine einseitige Leistung an die Aktionäre, nämlich um die Zahlung einer Dividende in bestimmter Höhe. Alle übrigen Fälle unterscheiden sich aber hiervon dadurch, daß der Aktionär die Leistung nur zu empfangen hat, falls er seinerseits eine Gegenleistung gewährt. So hat beim indirekten Bezugsrecht der Aktionär, wenn er die Aktien beziehen will,

[14]) Friedländer, Konzernrecht, S. 214.

seinerseits die Einzahlung zu leisten. Er hat beim Umtauschrecht seine Aktien einzuliefern, ebenso bei der Abnahmegarantie. In dem obenerwähnten Falle der Aktiengesellschaft König Wilhelm scheint sich der Verfasser des Vertrages an diesem Unterschied gegenüber dem Normalfall des Vertrages zugunsten Dritter, dem Umstand, daß der Aktionär nicht nur eine Leistung erhalten, sondern auch bewirken soll, gestoßen zu haben, und dies scheint neben dem Bedenken, ob überhaupt dem jeweiligen Aktionär ein solches Recht eingeräumt werden kann, der Grund gewesen zu sein, daß man den Ausdruck des Vertragsangebots gewählt hat. Tatsächlich bestehen jedoch keine Bedenken, daß ein Vertrag zugunsten Dritter auch in der Form bestehen kann, daß der Dritte, wenn er die Leistung erhalten will, seinerseits eine Leistung bewirken muß. Es ist z. B. in der Rechtsprechung [15]) die Frage erörtert worden, ob der Anlieger einer Straße einen unmittelbaren Anspruch gegen ein Gas- oder Wasserleitungsunternehmen hat, wenn sich dieses im Vertrag mit der Gemeinde verpflichtet hat, alle Straßenanwohner mit Gas oder Wasser zu versorgen. Die Frage ist je nach den Umständen des Falles verneint oder bejaht worden, verneint worden aber nicht etwa deshalb, weil ein Vertrag zugunsten Dritter einen derartigen Inhalt nicht haben kann, sondern nur deshalb, weil man aus den Umständen des konkreten Falles einen unmittelbaren Anspruch des Straßenanliegers nicht herleitete. Gerade auf dem Gebiete des Gesellschaftsrechts, allerdings nicht dem der Aktiengesellschaft, sondern dem der GmbH., liegt eine Entscheidung des Reichsgerichts vor, die sich mit der Frage beschäftigt, ob es mit dem Wesen eines Vertrags zugunsten Dritter vereinbar ist, daß der Dritte nicht nur Rechte, sondern auch Pflichten übernimmt. Das Reichsgericht (Band 80 S. 175 ff, insbesondere S. 178) bejaht diese Frage:

„Auch der Umstand erscheint nicht bedenklich, daß

[15]) Rspr. OLG., Band 2 S. 474; Kohler in Zeitschr. für französisches Zivilrecht, Band 32, S. 110 ff.

die Kläger durch die Zuweisung des Geschäftsanteils nicht nur Rechte, sondern auch Pflichten gesellschaftlicher Art zu übernehmen hatten. Denn daß nur dann ein Vertrag zugunsten eines Dritten vorhanden sei, wenn dieser Dritte nur Rechte erhalten solle, wird vom Gesetze nicht verlangt. Dem Begünstigten steht es ja frei, ob er die Zuwendung annehmen und damit in die Pflichten eintreten will."

Immerhin ist nicht zu verkennen, daß die beiden Typen des Vertrages zugunsten Dritter — Recht auf die Leistung schlechthin oder Recht auf die Leistung nur gegen Bewirkung der Gegenleistung — sich voneinander unterscheiden. Was ist denn — so könnte man fragen — bei dem zweiten Typus die Leistung an den Dritten, die die Vertragschließenden vereinbaren? Man könnte daran denken, daß der Dritte in Fällen solcher Art ein bedingtes Recht erwerben soll, daß er also beispielsweise im Falle der Umtauschberechtigung seiner Aktien das Recht auf Lieferung der betreffenden Aktien erwerben soll, bedingt durch die Lieferung seiner eigenen Aktien. Eine solche Konstruktion würde aber meines Erachtens den praktischen Erfordernissen nicht gerecht werden. Ich setze den Fall, daß der Aktionär beim Umtausch der Aktien seinerseits Aktien geliefert hat, die für kraftlos erklärt worden sind. Konstruiert man das ihm eingeräumte Recht lediglich als ein bedingtes Recht, so entstehen zwischen ihm und dem Konsortium, das ihm die Aktien umgetauscht hat, keine Vertragsbeziehungen. Selbstverständlich kann das Konsortium zwar die Aktien, die es geliefert hat, zurückfordern, wenn die in Tausch erhaltenen für kraftlos erklärt worden sind, denn die Bedingung ist dann nicht eingetreten. Das Konsortium ist aber auf bloße Bereicherungsansprüche — eben wegen Wegfalls der Bedingung — beschränkt. Dagegen stehen ihm Gewährleistungsansprüche wegen Mängel im Recht bei einer solchen Konstruktion nicht zu, während doch das praktische Bedürfnis unzweifelhaft verlangt, daß solche Gewährleistungsansprüche gegeben sind. Das unbefriedigende Ergebnis zeigt, daß die Konstruktion nicht richtig sein kann. Dem praktischen Bedürfnis wird nur dann genügt, wenn man vertragliche Beziehungen zwischen dem Aktionär und demjenigen, an den er seine Leistung zu bewirken hat, im obigen Beispiel also zwischen Aktionär und Konsortium, annimmt. Zu einer solchen Konstruktion kann man gelangen, wenn man das dem Aktionär zustehende Recht als die Befugnis ansieht, einen Vertrag mit dem Leistungsempfänger, also beispielsweise mit dem Konsortium, abzuschließen. Der Aktionär hat eine ähnliche Stellung wie der Oblat bei einem Vertragsangebot. Wie gegenüber dem Oblaten eine Gebundenheit besteht, die er durch Annahmeerklärung zu einem Vertrage erweitern kann, so hat in Fällen der vorliegenden Art der Dritte das Recht, durch Erklärung ein Vertragsverhältnis zwischen sich und dem Leistungsempfänger zu schaffen. Damit ist aber nicht gesagt, daß der Dritte in einem solchen Fall wirklich die Stellung des Oblaten habe, daß ihm gegenüber ein Vertragsangebot gemacht sei, das er annehmen könne. Diese Konstruktion scheitert, wie bereits oben erwähnt, daran, daß ein Vertragsangebot zugehen muß, was gegenüber dem jeweiligen Aktionär nicht möglich ist. Vielmehr erlangt der Aktionär diese Gebundenheit als ein Recht gemäß § 328 BGB. Ein solches Recht erwirbt der Drittbegünstigte ohne seine Mitwirkung, es fällt ihm ohne weiteres an, und es steht ihm zu, solange er es nicht gemäß § 333 BGB. ausschlägt.

Daß die Konstruktion eines bedingten Rechts nicht richtig sein kann, beweist das oben bereits erwähnte Beispiel des Vertrags zwischen einer Gemeinde und einem Gas- oder Wasserunternehmen. Wenn in einem solchen Falle dem Straßenanlieger überhaupt ein Recht zusteht, was in der Regel nicht der Fall sein wird, so kann es nur das Recht sein, mit dem Unternehmen einen Vertrag auf Lieferung von Gas oder Wasser zu schließen. Die Konstruktion eines bedingten Rechts wäre in einem solchen Falle ganz unmöglich. Wie sollte bei einer solchen Konstruktion die Gasgesellschaft beispielsweise eine Bezahlung des von ihr gelieferten Gases durchsetzen können?

Dem Reichsgericht scheint in seiner obenerwähnten Entscheidung eine andere Konstruktion vorzuschweben, nämlich die, daß der Dritte, wenn er die nach dem Vertrage ausgesetzte Zuwendung annimmt, damit zugleich die von ihm nach dem Vertrage zu übernehmenden Verpflichtungen genehmigt (§§ 182, 184 BGB.) [16]). Eine solche Auffassung wird aber dem Wesen des Vertrags zugunsten Dritter nicht gerecht, welches Wesen darin besteht,, daß der Dritte eben Dritter ist und nicht Vertragsteil. Daß der Begriff der Verträge zugunsten Dritter verneint wird, wenn der Rechtserwerb des Dritten von einer Beitrittserklärung abhängig gemacht wird, ist allgemein anerkannt [17]). Dann ist es aber auch nicht angängig, bei demjenigen Typus des Vertrages zugunsten Dritter, bei dem der Dritte zugleich Verpflichtungen übernehmen soll, eine Beitrittserklärung des Dritten zu fordern.

Der Streit hat nicht nur dogmatische Bedeutung, sondern hat auch praktische Wirkungen. Vor allem gilt dies hinsichtlich der Form. Bei der Genehmigung braucht die für das Rechtsgeschäft bestimmte Form nicht innegehalten zu werden (§ 182 Abs. 2 BGB.). Handelt es sich dagegen um ein Vertragsangebot, so muß der Dritte, wenn er annehmen will, die gegebenenfalls vorgeschriebene Form beachten. Auf dem Gebiete des Aktienrechts kommen Formvorschriften kaum in Betracht, dagegen wird die Formfrage auf dem Gebiete des Rechts der GmbH. bedeutsam. Nach österreichischem GmbH.-Gesetz gibt es ein Bezugsrecht der Gesellschafter im Falle der Kapitalserhöhung; das deutsche Gesetz gewährt ein solches Bezugsrecht zwar nicht, verbietet es aber nicht [18]). Es besteht deshalb auch die theoretische Möglichkeit, wenngleich sie praktisch selten vorkommen wird, daß bei einer Kapitalserhöhung der GmbH. den Gesellschaftern ein indirektes Bezugsrecht eingeräumt wird. Nach der hier vertretenen Auffas-

[16]) Anscheinend ist das auch die Auffassung von Rehbein, BGB. II, S. 211 unter 5. Dagegen stehen Gierke, Deutsches Privatrecht, 3. Band, Schuldrecht, S. 403, Fußnote 4 und Planck, Anm. 3b zu § 328 auf dem oben im Text vertretenen Standpunkt.

[17]) Gierke, aaO., S. 381 zu Fußnote 19.

[18]) Hachenburg, GmbHGesetz, § 55, Anm. 14 und 34.

sung muß der Gesellschafter, der dieses indirekte Bezugsrecht ausübt, hierüber mit dem Emissionshaus einen gerichtlichen oder notariellen Vertrag schließen. Würde es sich dagegen um eine Genehmigung im Sinne von §§ 182, 184 handeln, so wäre die Beachtung der Form nicht erforderlich.

Ein weiteres Bedenken gegen die Theorie der Genehmigung besteht darin, daß die Zweiheit der Verträge durch sie verwischt wird. „Hängt die Wirksamkeit eines Vertrages" — so sagt § 182 — „von der Zustimmung eines Dritten ab . .". Damit ist klargestellt, daß es sich um einen einzigen Vertrag handelt; der Dritte, dessen Zustimmung erforderlich ist, schließt nicht einen Sondervertrag ab, sondern er macht den Vertrag wirksam. Dagegen bestehen in den vorliegenden Fällen zwei Vertragsverhältnisse nebeneinander: ein Grundverhältnis, an dem der Aktionär nicht als Vertragspartei beteiligt ist, sondern nur als Dritter, und ein kraft dieses Grundverhältnisses geschlossenes Vertragsverhältnis zwischen dem Aktionär und der einen Vertragspartei des Grundvertrages. Man kann sich dies an dem Beispiel des indirekten Bezugsrechts besonders deutlich vergegenwärtigen: Das Grundverhältnis besteht in dem Vertrage zwischen dem Konsortium und dem Übernehmer des emittierten Kapitals; an diesem Vertrage ist der Einzelaktionär nicht als Vertragspartei, sondern nur als Drittbegünstigter beteiligt. Kraft dieses Vertrages erwirbt der Einzelaktionär die Befugnis, mit dem Übernehmer der Aktien einen Kaufvertrag abzuschließen. Jeder Vertrag untersteht seinen besonderen Regeln. Der erste Vertrag ist der der Gesellschaft mit ihrem Zeichner, der zweite ein gewöhnlicher Kaufvertrag über Aktien. Zweifelhaft kann sein, inwieweit eine Abhängigkeit des zweiten Vertrages von dem ersten besteht. Nach § 334 BGB. stehen Einwendungen aus dem Vertrage dem Versprechenden auch gegenüber dem Dritten zu. Bei dem Normaltyp des Vertrages zugunsten Dritter, dem Typ der einseitigen Leistung, macht diese Bestimmung keine Schwierigkeit. Bei einem Lebensversicherungsvertrage kann die Versicherungsgesellschaft nach Eintritt des Versicherungsfalls auch dem Begünstigten gegenüber beispielsweise den Einwand der arglistigen Täuschung erheben. Ebenso dürfte bei einem Dividendengarantievertrag der Garant berechtigt sein, gegenüber dem Aktionär, der die garantierte Dividende verlangt, einzuwenden, daß er die nötige Summe an die Gesellschaft des Aktionärs bezahlt, diese aber diese Summe wider Treu und Glauben nicht zur Ausschüttung verwendet hat, oder daß die Verpflichtungen aus dem Pachtvertrag, in welchem die Dividendengarantie enthalten ist, von der verpachtenden Gesellschaft nicht erfüllt worden sind [19]). Das Verhältnis kompliziert sich bei dem Typus des Vertrages zugunsten Dritter, bei dem der Dritte nicht eine Leistung beanspruchen, sondern nur einen Vertragsschluß herbeiführen kann. Solange der Dritte von diesem Recht keinen Gebrauch gemacht hat, steht dem Versprechenden die Einwendung aus dem Vertrage zweifellos zu. Man denke an den Fall der Umtauschverpflichtung: Unbedenklich kann dem Aktionär, der den Umtausch seiner Aktien verlangt, entgegengehalten werden, daß seine Gesellschaft die Verpflichtung nicht erfüllt hat, die sie in dem den Umtauschanspruch begründenden Vertrag übernommen hat. Schwieriger wird die Lage dann, wenn zwischen dem Aktionär und dem Dritten die beiderseitigen Leistungen bereits bewirkt worden sind, wenn also im obigen Beispiel der Aktionär seine Aktien bereits umgetauscht hat. Kann dann der Vertragsgegner nachträglich die Annullierung dieses Umtauschs verlangen, wenn die Gesellschaft des Aktionärs vertragsbrüchig geworden ist? Sowohl konstruktive Erwägungen wie praktische Bedenken führen zur Verneinung dieser Frage. Man kann sich hierüber am besten an dem wiederholt erörterten Beispiel des Vertrags zwischen Gemeinde und Gasunternehmen klar werden: Ist in einem solchen Falle der Vertrag zwischen Straßenanlieger und Gasunternehmen noch nicht abgeschlossen, so bestehen keine Bedenken dagegen, daß die Gasgesellschaft dem Straßenanlieger, der Anschluß verlangt,

---

[19]) Haußmann in der Festschrift für Heinitz, S. 232 zu Fußnote 49.

entgegenhalten darf, die Gemeinde habe ihre Verpflichtungen nicht erfüllt. Wenn aber der Anschluß bereits hergestellt und die Lieferung von Gas vielleicht längere Zeit erfolgt ist, dann kann unmöglich der Gasgesellschaft zustehen, ihr Verhältnis gegenüber dem Abnehmer um deswillen rückgängig zu machen, weil die Gemeinde ihre Verpflichtungen ihr gegenüber nicht erfüllt hat. Dogmatisch rechtfertigt sich dies Ergebnis dadurch, daß eben in Fällen des jetzt erörterten Typs das Recht des Dritten ein Recht auf Abschluß des Vertrages ist. Ist dieser Vertrag einmal geschlossen, so hat er sein Eigenleben, folgt seinen eigenen Gesetzen, ist also von dem Schicksal und der Entwicklung des Grundvertrages nicht abhängig [19a]).

V.

In allen oben erörterten Fällen ist das Recht auf die Aktionäreigenschaft abgestellt. Das führt zu der Frage, welchen Einfluß eine Veränderung des Aktienkapitals, seine Erhöhung oder Zusammenlegung, auf das Recht hat. Es ist eine bestimmte Dividende garantiert, die Aktiengesellschaft erhöht ihr Kapital; ist nun die garantierte Dividende auf das erhöhte Kapital zu bezahlen? Wie steht es im umgekehrten Falle der Kapitalherabsetzung? Häufig enthalten Verträge ausdrückliche Bestimmungen für diesen Fall. In dem Formular des Dividendengarantievertrags bei H a u ß m a n n, S. 59 ff., heißt es wie folgt:

19a) Vergl. G i e r k e, aaO., S. 403, Fußnote 4:

„Ist für den Dritten das Recht ausbedungen, den Abschluß eines gegenseitigen Vertrages (z. B. eines Kaufes) oder eine Verpflichtungen nach sich ziehende Übertragung (z. B. eines Vermögens, eines Handelsgeschäfts, eines Grundstücks, einer Aktie) zu fordern, so erwirbt er zwar dieses Recht unmittelbar aus dem fremden Vertrage, überkommt aber, wenn er es ausübt, Verpflichtungen nur aus eignem Vertragsschluß oder eignem Erwerbsgeschäft."

P l a n c k, Vorbemerkung III, 3 a, beschäftigt sich mit der Frage, ob bei Nichtigkeit des Vorvertrags der Schuldner vom Gegner den Hauptvertrag kondizieren, vor allem eine Befreiung von den Verpflichtungen aus dem Hauptvertrag fordern kann und bejaht diese Frage, scheint also in Übereinstimmung mit dem im Text Gesagten der Meinung sein, daß der Schuldner dem Dritten gegenüber den Hauptvertrag erfüllen muß.

„Die Garantie der Textilwerke bezieht sich nur auf das Stammkapital von 50 Mill. sfrs. und kann durch Ausgabe neuer Stammaktien oder Vorzugsaktien ohne Zustimmung der Textilwerke nicht erweitert werden.“

Diese Bestimmung entspricht der Natur der Dinge und wird deshalb im Zweifel auch dann zu unterstellen sein, wenn sie nicht ausdrücklich vereinbart ist, wie in dem Formular bei Haußmann, S. 118. Es wäre unverständlich, sollte es der garantierten Aktiengesellschaft freistehen, durch eine Erhöhung ihres Aktienkapitals die Garantieverpflichtung willkürlich zu erweitern [20]). In Frage kommen kann nur, ob der unveränderte Umfang der Garantieverpflichtung sich in der Weise auszuwirken hat, daß die alten Aktien Anspruch auf die volle garantierte Dividende und die neu emittierten Aktien überhaupt keinen Garantieanspruch haben, oder ob sich die Garantieverpflichtungen auf altes und neues Aktienkapital proratarisch verteilen, eine Frage, die nur nach Lage des Einzelfalls beurteilt werden kann. Die erstere Lösung, nämlich daß sich die Dividendengarantie auf das unveränderte Kapital bezieht und daß dieses als eine Art Prioritätenkapital anzusehen ist, ist im allgemeinen die näherliegende und wird deshalb zu gelten haben, falls nicht etwas anderes ausdrücklich oder nach den Umständen vereinbart ist [21]).

Im Falle der Kapitalherabsetzung ist zu unterscheiden: Erfolgt bei der Kapitalherabsetzung eine Teilausschüttung des Grundkapitals, so vermindert sich die Garantieverpflichtung entsprechend. Denn einerseits kann dem Garanten nicht mehr die Aufrechterhaltung der vollen Garantie zugemutet werden, wenn bei der garantierten Gesellschaft nur mehr ein verkleinertes Kapi-

[20]) Vgl. Hachenburg, GmbH.-Gesetz, § 29, Anm. 22. Dort wird es allerdings als Auslegungsfrage bezeichnet, ob sich die Garantie auch auf den Fall einer Erhöhung des Stammkapitals erstreckt, weiterhin aber gesagt, daß, wenn das Stammkapital erhöht wird, die Garantie nicht ohne weiteres den neuen Geschäftsanteilen zugute kommt.

[21]) Friedländer, Konzernrecht, S. 215; Meyer, Die Dividenden- und Zinsengarantie bei Aktiengesellschaften, S. 132; KG. in JW. 1926, S. 2701.

tal arbeitet, und andererseits geschieht dem Aktionär kein Unrecht, denn er kann ja das ihm ausgeschüttete Kapital anderweit nutzbringend anlegen. Anders liegt die Sache bei der Kapitalherabsetzung zum Zwecke der Sanierung. Hier wird es in der Regel dem Zweck der Dividendengarantie entsprechen, daß der Aktionär auf die zusammengelegten Aktien dieselbe Dividende erhält wie vorher auf das nicht zusammengelegte Kapital, so daß, wenn ihm z. B. auf eine Aktie von 1000 RM. 8% Dividende = 80 RM. garantiert sind, ihm diese Dividende von 80 RM. auch dann zusteht, wenn seine Aktie von 1000 RM. auf 300 RM. herabgesetzt wird, denn die Dividendengarantie sollte ihn ja gerade gegen einen Geschäftsrückgang bei seiner Gesellschaft schützen [22]).

VI.

Verträge der in Rede stehenden Art erstrecken sich häufig auf eine geraume Zeit. Es besteht deshalb von vornherein eine gewisse Möglichkeit, daß sich die Wirtschaftslage während des Bestehens der Verträge entscheidend ändert. Hat eine solche Veränderung der Wirtschaftslage einen Einfluß auf die vertraglichen Beziehungen? Gerade bei dem wirtschaftlichen Erdbeben, das wir seit einiger Zeit durchgemacht haben und noch durchmachen, wird diese Frage akut. Sie entsteht hauptsächlich bei Dividendengarantie und bei Abnahmeverpflichtungen. Die Verträge, die solche Garantien und Verpflichtungen enthalten, liegen vielleicht schon Jahre zurück. Sie stammen aus den Zeiten der blühenden oder scheinblühenden Wirtschaft, und die Höhe der garantierten Dividende oder die Höhe des Kurses, zu dem die

[22]) Nach einem Aufsatz im Handelsblatt der Frankf.-Ztg. vom 26. VII. 32, Nr. 550/2 sollen sich in dem bekannten Fall der Dividenden-Garantie AEG-Sachsenwerk namhafte Gutachter auf den Standpunkt gestellt haben, im Falle einer Zusammenlegung der Aktien des Sachsenwerks sei die Garantie nur auf den zusammengelegten Betrag anzuwenden. Eine Nachprüfung ist mir ohne Kenntnis der Einzelheiten nicht möglich, das Ergebnis scheint mir bedenklich. Eine andere Frage ist, ob nicht aus den sogleich zu erörternden Gründen (vgl. unter VI) eine Herabsetzung der Garantie in Frage kommt.

Aktien dem Aktionär gegebenenfalls abzunehmen sind, entsprechen den günstigen wirtschaftlichen Verhältnissen zur Zeit des Vertragsschlusses. Das Gefühl sträubt sich dagegen, daß trotz der grundlegenden Wandlung aller wirtschaftlichen Verhältnisse die in einer anderen Wirtschaftsperiode festgesetzten Summen noch heute maßgebend sein sollen. Gibt es einen Rechtssatz, der es gestattet, diesem Gefühl Rechnung zu tragen, oder ist zufolge des Grundsatzes, daß Verträge zu halten sind, die Härte mit in Kauf zu nehmen? Unser Recht steht bekanntlich grundsätzlich auf dem Standpunkt der Vertragstreue und erkennt die clausula rebus sic stantibus als allgemeinen Rechtssatz nicht an. Darüber herrscht allgemeine Übereinstimmung [23]). Aber es gibt Verhältnisse, die stärker sind als Rechtssätze. In der Zeit der Geldentwertung hat sich die Rechtsprechung lange dagegen gesträubt, der Geldentwertung Rechnung zu tragen, aber schließlich setzte sich der Gedanke der allgemeinen Aufwertung durch, noch bevor das Aufwertungsgesetz für eine Reihe von Fällen positive Vorschriften schuf. Zugrunde lag der Gedanke, daß, wo ganz außerordentliche, nicht vorauszusehende, die gesamten Wirtschaftsverhältnisse katastrophal umwälzende Umstände ausnahmsweise ein Festhalten einer Partei am Vertrag als gegen jede gesunde Vernunft und gegen alle Billigkeit verstoßend erscheinen lassen, die Gerichte unter vorsichtiger Abwägung aller Umstände des Einzelfalls helfen müssen, wobei die Vorschrift des § 242 BGB., daß der Schuldner die Leistung so bewirken muß, wie Treu und Glauben mit Rücksicht auf die Verkehrssitte es erfordern, die positive rechtliche Basis abgibt. Es ist nicht zu verkennen, daß die gegenwärtige Zeit, was den Umfang der Umwälzung anlangt, der Zeit der Geldentwertung ähnelt, nur daß damals ein Verfall der Währung eintrat, während

[23]) Vgl. statt vieler Staudinger, BGB., II. Teil, Einleitung zum 2. Abschnitt, II, 3 und Düringer-Hachenburg, Band 4, Allgemeine Einleitung S. 62 und 63. Übereinstimmend wird dort ausgeführt, daß die clausula als allgemeiner Grundsatz zur Auflösung des Vertragsrechts führen würde.

heute ein Verfall der Sachwerte vorliegt. Aber das bedeutet für die rechtliche Beurteilung keinen entscheidenden Unterschied. Worauf es ankommt, ist die Umwälzung aller Verhältnisse; ob diese Umwälzung von der Währungsseite oder von der Preisseite ausgeht, ist unerheblich. Der Grundsatz muß freilich mit großer Vorsicht gehandhabt werden, und die Umstände des Einzelfalls sind mit besonderer Sorgfalt daraufhin zu prüfen, ob sie die Anwendung des Grundsatzes rechtfertigen. Dabei ist zu beachten, daß jedem langfristigen Vertrag, der feste Preisvereinbarungen enthält, ein aleatorisches Element eigen ist. Der bloße Umstand, daß die wirtschaftliche Entwicklung zu Ungunsten des Schuldners läuft, berechtigt ihn natürlich nicht, das von ihm übernommene Risiko auf den Gläubiger abzuwälzen. Aber in vielen Fällen liegt doch mehr vor. Verträgen über Dividendengarantie oder Abnahme zu einem bestimmten Kurse liegt in der Regel der Gedanke zugrunde, die Aktionäre vor ungünstigen Auswirkungen wirtschaftlicher Maßnahmen zu schützen. Die Einbuße, die diese Maßnahme für ihre Gesellschaft mit sich bringen kann und die die Gesellschaft um des Konzerninteresses willen auf sich nehmen will, soll dadurch wettgemacht werden, daß den Aktionären eine bestimmte Dividende oder ein bestimmter Kurs, zu dem sie ihre Aktien verwerten können, garantiert wird. Das Risiko, das der Garant übernimmt, liegt also in der Richtung der Konsequenzen, welche eine bestimmte geschäftliche Maßnahme, meist eine Konzernmaßnahme, für eine bestimmte Gesellschaft haben kann. Stellen sich diese Konsequenzen als schwerwiegender heraus, als sie sich der Garant bei Vertragsschluß vorgestellt hat, so gibt das natürlich nicht dem Garanten das Recht, eine Einschränkung seiner Garantie zu verlangen. Das gehört zu dem Risiko, das er übernommen hat. Hier handelt es sich aber um ganz andere Konsequenzen, nämlich um die Konsequenzen des allgemeinen Wirtschaftsverfalls. Auch wenn die betreffenden Maßnahmen nicht getroffen worden wären, die Gesellschaft also beispielsweise ihr Unternehmen nicht verpachtet, sondern ihre volle Selbständigkeit behalten hätte, würde sie von den Wirkungen des allgemeinen Wirtschaftsverfalls nicht verschont geblieben sein. Sie hätte mit ihrer Dividende heruntergehen müssen, der Kurs ihrer Aktien wäre gefallen. In dieser Erwägung liegt ein Fingerzeig für die Lösung der uns beschäftigenden Frage. Es kommt darauf an, die Garantie (Garantie der Dividende, Garantie des Kurses und dergl.) so auszulegen, wie sie sich die Beteiligten bei Vertragsschluß vorgestellt haben. Einen wesentlichen Anhaltspunkt für eine derartige Auslegung und gegebenenfalls Einschränkung der Garantie wird in der Regel der Zustand des Unternehmens bilden, der bestehen würde, wenn die den Anlaß der Garantie bildende Maßnahme nicht getroffen worden wäre. Derartige Verhältnisse lassen sich natürlich nicht mathematisch beweisen. Der Richter wird eine bei aller Vorsicht letzten Endes doch freie Beweiswürdigung eintreten lassen müssen, und alle Zweifel, die übrigbleiben, müssen zu Lasten desjenigen gehen, der die Garantie übernommen hat. Läßt sich aber nachweisen, daß und in welchem Umfange der Wirtschaftsverfall das betreffende Unternehmen auch dann ergriffen hätte, wenn es zu der mit der Garantie verknüpften Maßnahme nicht gekommen wäre, so ist die Garantie dementsprechend einzuschränken. Denn nach § 242 BGB. ist der Schuldner immer nur zu derjenigen Leistung verpflichtet, die in concreto nach Treu und Glauben mit Rücksicht auf die Verkehrssitte erfordert werden kann. Treu und Glauben mit Rücksicht auf die Verkehrssitte erfordern aber nicht, sondern verbieten, daß sich für den Gläubiger die Garantieerklärung gewissermaßen als ein Zufallsgeschenk darstellt; bestimmt, ungünstige Folgen einer konkreten Maßnahme auszugleichen, wird die Garantie, wenn anders sie nicht in dem oben dargelegten Sinn eingeschränkt wird, für den Gläubiger zu einem Mittel, seine Beteiligung an dem Unternehmen im Gegensatz zu nahezu allen übrigen Vermögenswerten vor den Folgen der Wirtschaftskrisis zu bewahren. Das kann umso weniger rechtens sein, als, so verstanden, eine derartige Garantie meist den wirtschaftlichen Ruin des Garanten herbeiführen würde.

Kolibri 360 GmbH
Ferdinand-Jühlke-Straße 7
99095 Erfurt, Deutschland
produktsicherheit@kolibri360.de